Reflexive Mediävistik

Campus Historische Studien
Band 64

Herausgegeben von Rebekka Habermas, Heinz-Gerhard Haupt,
Stefan Rebenich, Frank Rexroth und Michael Wildt

Wissenschaftlicher Beirat
Ludolf Kuchenbuch, Jochen Martin, Heide Wunder

Ludolf Kuchenbuch war Professor für Ältere Geschichte an der Fernuniversität Hagen und lebt in Berlin.

Ludolf Kuchenbuch

Reflexive Mediävistik

Textus – Opus – Feudalismus

Campus Verlag
Frankfurt/New York

Bibliografische Information der Deutschen Bibliothek
Die Deutsche Bibliothek verzeichnet diese Publikation in der Deutschen Nationalbibliografie.
Detaillierte bibliografische Daten sind im Internet über http://dnb.ddb.de abrufbar.
ISBN 978-3-593-39738-2

Das Werk einschließlich aller seiner Teile ist urheberrechtlich geschützt. Jede Verwertung ist ohne Zustimmung des Verlags unzulässig. Das gilt insbesondere für Vervielfältigungen, Übersetzungen, Mikroverfilmungen und die Einspeicherung und Verarbeitung in elektronischen Systemen.
Copyright © 2012 Campus Verlag GmbH, Frankfurt am Main
Umschlaggestaltung: Guido Klütsch, Köln
Umschlagmotiv: Siehe Bildlegende auf S. 73.
Druck und Bindung: Beltz Druckpartner, Hemsbach
Printed in Germany

www.campus.de

Inhalt

Vorausworte im Nachhinein.......................... 11

Textus

1. Alteuropäische Schriftkultur
   Ausgangsdimensionen und Grundtatsachen........... 41

2. Vom Mönchslatein zum Schriftdeutsch
   Über die Dynamik der Schriftkultur im Mittelalter...... 55

3. Pragmatische Rechenhaftigkeit?
   Kerbhölzer in Bild, Gestalt und Schrift................ 64

4. Teilen, Aufzählen, Summieren
   Zum Verfahren in ausgewählten Güterverzeichnissen
   des 9. Jahrhunderts............................. 98

5. *Numerus vel ratio*
   Zahlendenken und Zahlengebrauch in Registern der
   seigneurialen Güter- und Einkünftekontrolle im
   9. Jahrhundert................................. 123

6. *Register* und *rekenschap*
   Schriftordination in der Wirtschaftsführung der
   Abtei Werden (12. bis Anfang 16. Jahrhundert)......... 169

7. Sind mediävistische Quellen mittelalterliche Texte?
   Zur Verzeitlichung fachlicher Selbstverständlichkeiten 184

8. Zwischen Improvisation und Text
   Schriftanthropologische Erwägungen eines Jazzamateurs
   und Mediävisten zur Musikhistorie 217

Opus

9. Vom Brauch-Werk zum Tauschwert
   Überlegungen zur Arbeit im vorindustriellen Europa 249

10. *Opus feminile*
    Das Geschlechterverhältnis im Spiegel von
    Frauenarbeiten im früheren Mittelalter. 279

11. »Arbeit« und »Gesellschaft« vom späten 10. zum
    frühen 12. Jahrhundert
    Bemerkungen anhand vorwiegend urbarialer Überlieferung
    nördlich der Alpen. 316

12. Die dreidimensionale Werk-Sprache des Theophilus presbyter
    »Arbeits«-semantische Untersuchungen am Traktat
    De diversis artibus 341

13. Zurück zu Kunst und Werk?
    Ein mediävistischer Essay zur mittelalterlichen
    Vorgeschichte der modernen Arbeitsgesellschaft 402

Feudalismus

14. Feudalismus
    Versuch über die Gebrauchsstrategien eines
    wissenspolitischen Reizworts 419

15. Mediävalismus und Okzidentalistik
Erinnerungskulturelle Funktionen des Mittelalters und
das Epochenprofil des christlich-feudalen Okzidents 452

16. Das Huhn und der Feudalismus 479

17. *Censum dare*
Vorstudien zur herrschaftlichen Aneignungssprache im
Deutschen Reich im Spiegel von Besitz- und Zinsregistern
(12. bis 15. Jahrhundert) 485

Mediävistische Anthropologie

18. Zwischen Lupe und Fernblick
Berichtspunkte und Anfragen zur Mediävistik als
historischer Anthropologie 537

Veröffentlichungen und Manuskripte 568

Für Ylva, David und Paul

Vorausworte im Nachhinein*

»Selbst die Zeit ist nicht immun gegen die Zeit.«
David Mitchell

»Überall ist Vorkonstruiertes.«
Pierre Bourdieu

Die vorliegende Sammlung von Arbeiten aus gut zwei Jahrzehnten mediävistischer Studien verdankt sich der freundlichen Einladung von Frank Rexroth, meinem Nachfolger als Mitherausgeber der Reihe »Campus Historische Studien«, der Zustimmung des Herausgeberquartetts sowie der ermunternden und gelassenen Betreuung durch Tanja Hommen vom Campus Verlag. Auch die Verlage, in denen die nachfolgenden Texte ursprünglich erschienen sind, haben alle gerne die Lizenzen zum Abdruck erteilt. Was mich rundum dankbar macht und weiter ungemein freut, war die Freiheit, die man mir bei allem ließ. So konnte ich durchdenken, um welche Schwerpunkte und Zusammenhänge es bei einem solchen Unternehmen gehen könnte. Erstellen wollte ich weder eine Blütenlese des thematisch Repräsentativen neben den Büchern, noch eine Kompilation von weniger bekannten, weil versteckten bzw. verstreuten Publikationen – was immer beides heißen mag – und auch dem Ruf als Prüm- bzw. Grundherrschafts-Kuchenbuch wollte ich nicht nachlegend nachgeben. Nach einigem Zögern und Nachdenken ist nun ein Buch entstanden, mit dem ich mich durchaus im Fahrwasser meines professionellen Tuns insgesamt weiß, besonders aber meiner Lehre und Forschung an der FernUniversität in Hagen in dem 1985 neu geschaffenen, Antike, Mittelalter und Frühe Neuzeit übergreifenden »Arbeitsbereich Ältere Geschichte«, einer – meines Erachtens höchst produktiven – Verknappungs-Erfindung Lutz Niethammers.[1] Dort fanden die Erwei-

---

* Die mit L plus arabischer Ziffer versehenen Hinweise beziehen sich auf Titel des durchnummerierten Verzeichnisses meiner Arbeiten am Ende des Bandes (L 1–118).
1 An der FernUniversität war damals für eine Ausstattung des Geschichtsfachs in mehr als zwei Lehrgebiete der Geschichte kein Planungs- und Mittelspielraum. Die »Neuere« Geschichte war bereits da. So ergänzte man sie um die »Ältere« im Sinne der Vormoderne, und so traf auch die Berufungskommission ihre Wahl. Dass ich damit möglicherweise als erster Universitäts-Mediävist die – noch gar nicht so alte – kurrikulare Autonomie des Teilfachs »Mittelalterliche Geschichte« zu unterlaufen hatte und so zu seiner Entwertung beitrug, gehört zu den Indizien eines kulturellen Relevanzverlustes, der parallel, aber gegenläufig zum reformuniversitären Ausbauprozess, seit den späten 1970er-Jahren das Fach

terungen meines sozial- und wirtschaftsgeschichtlichen Arbeitens, die sich während der Berliner und Münchener Jahre ergeben hatten, im völlig neu zu erarbeitenden Lehrprogramm und Forschungsbetrieb einen idealen Nährboden. Insofern spiegelt die Auswahl ein Ineinander von Revisionen und Innovationen – ein Ineinander der alten und der neuen, und hoffentlich auch der künftigen Zeiten. Erwachsen ist aus dieser Perspektive ein dreiteiliges Kompositum – *Textus, Opus, Feudalismus* – mit einer Koda zur mediävistischen Anthropologie. Bevor ich es erläutere, sollte ich aber doch auf einige Präkonditionen, Begünstigungen und Zufälle meines Mediävistenlebens hinweisen.

Zeitspezifische Begünstigungen und persönliche Zufälle[2]

Ich konnte mir beim Lehramtsstudium (1960–1967) und dem weiteren Weg bis zum Rigorosum (1976) an der FU Berlin sowie beim Assistieren und Habilitieren (1971–1983) an der TU Berlin unverschämt viel Zeit lassen, denn in diese Jahre fielen – als politische Antwort auf Bildungsnotstand, Chancenungleichheit und Überbelegung – der Umbau und der Ausbau der Universitäten, eine nie dagewesene Expansion, von der auch die Historie

---

traf und bis heute seine Krise zuspitzt. Vgl. dazu die Analyse von Demade, Julien, »L'Histoire (médiévale) peut-elle exciper d'une utilité intellectuelle qui lui soit spécifique?«, in: Cândido da Silva, Marcelo/De Barros Almeida, Néri/Méhu, Didier (Hg.), *Pourquoi étudier le Moyen Age? Les médiévistes face aux usages sociaux du passé*, Paris, (im Druck 2012), online-verfügbar unter: http://lamop.univ-paris1.fr/spip.php?article 491. Eine »Verluste«-Liste aus deutscher Sicht bei Goetz, Hans-Werner, »Moderne Mediävistik – Methoden und Inhalte heutiger Mittelalterforschung«, in: ders. (Hg.), *Geschichte. Ein Grundkurs*, Reinbek 1998, S. 273f. Aus französischer Sicht: Guerreau, Alain, *L'Avenir d'un passé incertain. Quelle histoire du moyen âge au XXIe siècle?*, Paris 2001; ders., »Die französische Mediävistik am Anfang des neuen Jahrhunderts«, in: Goetz, Hans-Werner/Jarnut, Jörg (Hg.), *Mediävistik im 21. Jahrhundert. Stand und Perspektiven der internationalen und interdisziplinären Mittelalterforschung*, München 2003, S. 35–40. Mehr hierzu weiter unten.

2 Die folgenden Bemerkungen sind anti-autobiographisch gedacht. Mich hätte missverstanden, wer der Reihung der Begegnungen und der Tatorte einen Integralsinn zuschriebe (Lebenswunsch, Berufsziel, Eignung, Plan o. ä.). Zur Kritik der (auto-)biographischen Illusion habe ich viel gelernt bei Joseph Morsel, *De la qualification*, Manuskript 2009 (vorgelegt zu seiner Habilitation an der Sorbonne) und bei Demade, »L'Histoire«. Diese Auffassung schließt natürlich nicht aus, im Einzelnen zu fragen, welchen Intentionen ich jeweils Raum geben wollte, welche Fähigkeiten sich auswirkten, in welche Zielkonflikte ich geriet, welche Entscheidungen ich treffen konnte, wo ich mich fügte, was ich ablehnte bzw. verweigerte und was mir verweigert wurde.

einschließlich der Mediävistik und damit auch ich persönlich profitierte.³ Eine chancenreiche Zeit also für akademische Qualifikanten unter den noch wenigen Abiturienten. Und ich brauchte viel Zeit für die Beobachtung, Prüfung und Adaption der vielen Ideen und Initiativen, welche die Umorientierung meiner universitären Kohorte im theoretischen Denken, wissenschaftlichen Lernen, politischen Urteilen, ästhetischen Genießen und sozialen Benehmen erwirkten.⁴ Das alles war verortet im vom DDR-Regime ummauerten Westberlin.

Ich traf dabei auf hoch gebildete Lehrer in der FU und der TU Berlin, die mich nicht nur das Methodische abschauen und nachmachen ließen, sondern mich auch herausforderten und förderten – und mich trotz für sie verletzender politischer Herausforderungen samt der damit verbundenen seelischen Pressionen tolerierten: Hans Dietrich Loock, Wolfgang H. Fritze, Wilhelm Berges, Reinhard Elze, Ernst Pitz. Parallel dazu war es hinreißend, sich von der studentischen Provokultur – ohne Hang zur parteilichen Verfestigung – tragen zu lassen, in den Theoriewellen möglichst agil mitzuschwimmen und allen Warnungen vor der Fachidiotie Raum zu geben. Ich lernte funktionsegalitäre und frohsinnige Kollegialität im TU-Lehrbetrieb bei und mit Konrad Kwiet, Hans Dieter Hellige, Hans Ebert, Reinhard Rürup, Wolfgang Hofmann, Karin Hausen, Beate Wagner-Hasel und Klaus Herbers. Ich durfte bei philosophischen Köpfen, akribischen Empirikern, systemkritischen Provokateuren und weitsichtigen Weltbürgern als Freund zuhören und mitreden: bei Hans-Dieter Plümper, Heinz Dieter Kittsteiner und Bernd Michael, Barbara Duden und Ivan Illich, Ruth und Lenz Kriss-Rettenbeck, Janós Bak und David Sabean, Norbert Schindler und Rainer Beck, Jean Robert und Uwe Pörksen, Lutz Niethammer und Jürgen Osterhammel sowie bei den Jazzmusikern Ekkehard Jost und Hans Lüdemann. Ich konnte zwei Jahrzehnte lang in der FernUniversität Hagen auf ideale Mitarbeiterinnen und Mitarbeiter wie auch Kolleginnen und Kollegen bauen,

---

3 Details bei Peter Moraw, Kontinuität und später Wandel. Bemerkungen zur deutschen und deutschsprachige Mediävistik 1945–1970/75, sowie Peter Johanek, Zu neuen Ufern? Beobachtungen eines Zeitgenossen zur deutschen Mediävistik seit dem letzten Kriege in: Peter Moraw./Rudolf Schieffer (Hg.), *Die deutschsprachige Mediävistik im 20. Jahrhundert*, Ostfildern 2005, S. 103–174.

4 Obwohl kein veritabler 68er, sondern ein Vorausjahrgang (noch Vorkriegskind 1939), mit Studienbeginn 1960 eher existenzialistisch orientiert, verweise ich hier dennoch auf »unsere« gesammelten Erinnerungen und Erfahrungen in: Faber, Richard/Stölting, Erhard (Hg.), *Die Phantasie an die Macht? – Versuch einer Bilanz*, Berlin/Wien 2002, besonders aber die meines Weggefährten Heinz-Dieter Kittsteiner, »*Karl Marx*, 1968 und 2001«, S. 214–237.

die meine Anliegen verstanden, aufgriffen und im Zaum hielten: Thomas Sokoll, Josef Wiesehöfer, Eckhard Meyer-Zwiffelhoffer, Uta Kleine. Meine Frau Ylva Eriksson-Kuchenbuch trug all das als Althistorikerin, Übersetzerin, Autorin, Redakteurin, Korrektorin, Zurechtrückerin und Mutter unserer Söhne David und Paul Henrik beständig mit.

Aufregende Fachinnovationen verdanke ich – über den normalen Revisions-, Belehrungs- und Ergänzungsstrom der Mediävistik hinaus – Adriaan Verhulst, Franz Irsigler, Klaus Schreiner, Johannes Fried, Otto Gerhard Oexle, Arnold Angenendt und Christel Meier, dazu – als Leser – Kurt Flasch, Peter v. Moos und Wolfgang Kemp. Überraschende Erweiterungen meines Horizonts ergab die Zusammenarbeit mit den Mitherausgeberinnen und Mitherausgebern wie auch den Autorinnen und Autoren der Zeitschrift »Historische Anthropologie« (HA) sowie der Reihen »Campus Historische Studien« und »Historische Semantik«, von denen ich hier nur die jeweiligen Initiatoren nennen kann: Heide Wunder, Jochen Martin, Heinz-Gerhard Haupt und Adalbert Hepp (Campus Verlag), Michael Mitterauer, Richard van Dülmen, Alf Lüdtke und Hans Medick (HA) sowie Bernhard Jussen, Gadi Algazi und Christian Kiening (HS) – und, nicht zu vergessen, der Restaurator Kornelius Goetz, mit dem zusammen die Entwicklung eines Fernstudien-Curriculums für Restauratoren gelang. Nicht zuletzt wurde die Forschungsarbeit mit meinen französischen Mediävistik-Freunden, dem Ehepaar Anita Guerrau-Jalabert und Alain Guerreau, Joseph Morsel und Julien Demade immer verbindlicher.

Als Reinhard Elze, auswärtiger Gutachter im Hagener Berufungsverfahren, mir auf einer Postkarte zur »Belehnung« mit der »Älteren Geschichte« an der FernUniversität gratulierte, beschwor er mich, *nie* im Reformieren nachzulassen – Letzteres sei sein betrübliches Schicksal gewesen. Dieser Appell zur strategischen und dauerhaften Distanz gegenüber dem Konventionellen, zum ergebnisoffenen Experimentieren, zum Erdenken und Beschreiten unbekannter Routen und unausgetretener Pfade gerade auch über die Mediävistik hinaus war *der* verantwortungsethische Maßstab für mich.[5] Für

---

[5] Dieser Impetus und seine praktischen Konsequenzen im Verbund mit dem epochenübergreifenden Lehrauftrag in Hagen sind der entscheidende Grund für das, was ich selbst innerfachlich hintanstellte bzw. unterließ bzw. wozu ich von Meinungsführern der Mediävistik nicht animiert und engagiert wurde: ausgedehnte Archivstudien, auswärtig bezahlte Forschungsjahre, kritische Editionen von Handschriften, Mitwirkung an der Herausgabe wichtiger Fachzeitschriften, standes- und fachpolitische Pressure-Aktivität, Organisation großer Tagungen – eine Ausnahme bildet die *Textus-Tagung 2001* im Göttinger Max Planck-Institut für Geschichte –, Beantragung umfänglicher externer Forschungsmittel,

ihn offen zu sein und ihn zu beherzigen wurde mir aber auch leicht gemacht. Denn zu den unschätzbaren kollegialen und amikalen Begünstigungen kam die Glücksserie meiner Tatorte: das Friedrich-Meinecke-Institut der Freien Universität Berlin (1961–1968), das Institut für Geschichtswissenschaft der Technischen Universität Berlin (1971–1983), das Bayerische Nationalmuseum in München (1983–1985) und schließlich die FernUniverstät in Hagen (1985–2004). Diese vier singulären Arbeitsplätze provozierten mich pausenlos zum erneuernden Erdenken und Probieren, zum Dazulernen und Erweitern. Sei es der bunte Haufen aufmüpfiger Junghistorikerinnen und -historiker im Meinecke-Institut: Hier wurde das Gegendenken, Gegenreden, Gegenlesen und Selbermachen ertrotzt und geübt, durchaus nicht ohne jedes Verständnis von Teilen der Kritisierten im Institut; andere dort hätten uns lieber relegiert gesehen. Sei es die TU-Assistentenkooperative: Mit ihr wurden integrierte Einführungen und epochenübergreifende Kurse unter Beteiligung aller Dozenten durchgesetzt, während man dabei das Lehren lernte und zugleich die ungestümen Studierenden an die Leine kritischer Historie nahm, auch an die als wenig relevant erachtete des Mittelalters bzw. Feudalismus. Sei es die Planung, Präsentation und Betreuung des bayerischen Schulmuseums in Schloß Ichenhausen und die didaktische Neuerschließung kulturhistorischer Monumente im Bayerischen Nationalmuseum in München, die mich in ein heftiges Nachholstudium der Geschichte der Kultur-Dinge (neben der gewohnten der Schriften), der Volkskunde und der Kunstgeschichte trieb. Sei es der Aufbau und Ausbau des Fernstudien-Curriculums einer Älteren Geschichte in Hagen. Hier ging es, ohne einengende ministerielle und disziplinäre Vorgaben, um die Ausarbeitung eines ernsthaft epochenübergreifenden Vormoderne-Konzeptes, das beständig zur Relativierung der mediävistischen Kompetenzen, Konventionen und Interessen, zum Umdenken und Nachgeben, zur Nachfrage nach der Geschichte als wissenschaftlichem Gesamt-Objekt und nach dem Gesamtsinn des Studiums sowie zu einem stets innovierenden Blick auf die mediale Verantwortung in der Lehre nötigte. Das alles in einer Epoche der schrittweisen Ablösung des herkömmlichen Lehrstuhlbürobetriebs durch vernetzte Rechnerkonfiguratio-

Begutachtungen (von externen Forschungsprojekten, Dissertationen, Habilitationen), Wechsel der Universität. Dauerhaft stark gemacht habe ich mich dagegen für disziplin- und epochenübergreifende Organe und Publikationsreihen (»Historische Anthropologie«, »Campus Historische Studien«, »Historische Semantik«) oder Lexika (*Der Neue Pauly, Historisches Wörterbuch der Philosophie*). Auch habe ich punktuell wohnortgeschichtliche Initiativen ergriffen, Museumsschrifttum erarbeitet oder mich an einem Schulbuch beteiligt.

nen, der Einübung in das Korrespondieren, Schreiben und Forschen mit dem PC, der medialen Umwälzungen der wissenschaftlichen Hilfsmittel und Dienstformen.[6]

Während meiner Antrittsvorlesung auf dem Hagener *Dies Academicus* (1987) durften sich alle Lehrgebietskinder in mein Büro zurückziehen. Als wir sie nach der Zeremonie abholten, war an der Tür ein Zettel befestigt mit der Krakel-Aufschrift: »Bitte nicht stöhren. Wir bastel!!« Er blieb dort dauerhaft als *unsere* heitere und schwerwiegende Devise kleben. Und bei jedem Besuch freute sich der Provokateur und Universalgelehrte Ivan Illich erneut über sie, um mich dann konsequent zum Nein-danke-Sagen gegen Überbürokratisierung und zum anregenden Wildern in allen möglichen Disziplinen anzustiften.

Bei meinem Abschied 2004 war ein Angebot von über 30 Studienbriefen zu den Zeiträumen zwischen Homer und Marx für die inzwischen über 2.000 Studierenden erstellt, und es besteht erfolgreich weiter – natürlich reformiert. Berlin-Dahlem und Berlin-Charlottenburg, München und Hagen waren eigenwertige Plätze für aufregendes, offenes, kritisches Basteln in Kleinkollektiven – wenn ich einmal von der zweieinhalb-jährigen Peripetie in Hagen zwischen 2001 und 2004 absehe.[7]

Inzwischen sind schon allerhand Jahre vergangen, die ich als entamteter Historiker für die Fortsetzung der Arbeit nutzen konnte. Mit dem sofortigen Zurückzug nach Berlin war der Zugang zu den so reichen Bibliotheken, zu diversen mediävistischen Veranstaltungen und Kontakten in den Universitäten eröffnet. Hinzu kamen und kommen die Einladungen zu Vorträgen, Gesprächen, Konsultationen, Gastrollen (etwa im Kolloquium von Michael Borgolte), mittels derer ich ausreichend herumkomme und mich dabei besonders darüber freue, dass es Jüngere, und nicht nur Mediävistinnen und Mediävisten sind, die wünschen, mit mir zu denken und von meiner aktuellen Arbeit zu hören. Alles in allem: eine gesteigerte Privilegierung durch selbstbestimmte Themen- und – vor allem – Terminwahl, das heißt durch ausgedünntes, entschleunigtes, müßiges und konzentriertes »Weiterbasteln«.

---

6 Eine Zwischenbilanz hierzu: Kuchenbuch, Ludolf/Sokoll, Thomas, »Geschichtswissenschaft im Fernstudium. Ein Bericht aus der FernUniversität/Gesamthochschule in Hagen«, in: Schmale, Wolfgang (Hg.), *Studienreform Geschichte – kreativ*, Bochum 1997, S. 359–379.

7 Meine von der FernUniversität nicht publik gewünschte Schlussbilanz wurde dankenswerterweise doch veröffentlicht: »Dankbar und zornig. Abschied von der FernUniversität«, in: *Historische Anthopologie* 12 (2005), S. 278–291.

Das Kompositum Textus – Opus – Feudalismus – Mediävistische Anthropologie

Vorgeschichten

Die für diesen Band getroffene Auswahl und Ordnung bietet, wie eingangs angedeutet, weder ein umfassendes Abbild, noch einen konzentrierten Spiegel meines wissenschaftlichen Tuns. Vielmehr folgt sie bestimmten sachlichen und methodischen Gesichtspunkten, anderen wiederum nicht,[8] und zeigt Trends, Verschiebungen und Erweiterungen meines professionellen Horizonts. In meinen Berliner Studienjahren (1961–1966) war die Dringlichkeit gestiegen, nach den aktuellen Ursachen und Beziehungen zwischen Herrschaft, Ungleichheit und Gewalt zeitgeschichtlich zu suchen. Diese Wissensbegierde übertrug sich dann auf mein tiefengeschichtliches Fragen. Daraus entstand beim Hineinwachsen in die Mediävistik – gegen das vorherrschende Interesse der Lehrenden an der Nationalstaats-, Kirchen-, Ideen- und Landesgeschichte – die sozialgeschichtliche Forschungsabsicht. Sie war inspiriert von der kritischen Theorie der Vergesellschaftung und von der Schichtungs- und Klassensoziologie. Für ein so geleitetes Mittelalterbild hieß das: Ideologiekritik, Feudalismus und Strukturfunktionalismus.

Von diesen Vorgaben war das folgende Jahrzehnt getragen: die Aufarbeitung der Feudalismus-Thematik und die Dissertation über die Sozialstruktur der Klosterherrschaft der Karolinger-Abtei Prüm anhand des Besitz- und Einkünfteregisters von 893. Letztere ein bei aller fachgerechten peniblen Nutzung des Dokuments doch riskanter Balanceakt zwischen Gruppen-, Schicht-, Klassen- und Ständekonzepten. Imaginiert war dabei ein sozialer Binnenraum (Struktur), angelegt als Querschnitt durch eine Institution, die ich als *eine* Herrschaft über ein im Status höchst differenziertes und räumlich weit gestreutes und regional konturiertes Konglomerat von »bäuerlichen« Untertanen verstand. In dem zu dieser Zeit entstandenen Feudalismus-Sammelband[9] mündete die kritische Sichtung des internationalen, west-ost-gespaltenen Positions- und Streitgestrüpps (samt ihrer sozialistischen und

---

8 Beiseite gelassen sind Folgearbeiten zur Dissertation und zur Habilitationsschrift, Studien über Bauern, die Grundherrschaft und die regionale Agrarentwicklung, zur Abfall- bzw. Restegeschichte, über Marc Bloch und Karl Marx, zur Geschichte von Riten, Raum, Geld, Familie sowie Einzelstücke zu Musik und Bild-Kunst.
9 Kuchenbuch, Ludolf/Michael, Bernd (Hg.), Feudalismus – Materialien zur Theorie und Geschichte, Frankfurt/Berlin/Wien 1977.

marxistisch-leninistischen Kontrahenten) in zwei weiterführende Gebote: Eine streng historische Arbeit an der Feudalismus-Problematik müsse sich zum einen – über die politische Ideologiekritik hinaus – der linguistischen Analyse von Begriffsgebrauchssituationen bedienen, zum anderen Hypothesen zur abstrakten Fassung der spezifisch feudalen Vergesellschaftung ausarbeiten. Bernd Michael und ich suchten ersteres im Diskursteil des Buches zu befolgen. Im zweiten Teil erarbeiteten wir ein Konzept einer »feudalen« Produktionsweise (im vorindustriellen Europa). Dessen Neuerung bestand darin, bisherige Simplifizierungen und Determinismen dieser Begriffsform durch eine sozialstrukturelle Ausdifferenzierung und eine Erweiterung um die Dynamik der Reproduktion zu ersetzen. Damit waren – aus unserer Sicht – die rein ökonomischen Klassen (und ihre antagonistischen Widersprüche) vom Tisch, und die Zeitstrukturen des Feudalismus – Expansionen und Konjunkturen, Krisen und Schrumpfungen – waren auf der Agenda.[10]

In den Habilitationsjahren von 1978 bis 1983 an der TU Berlin, die mit der Umorientierung auf die Stadt-Land Beziehungen und die Krisenphänomene im späteren Mittelalter begonnen hatten, hielten am empirischen Fall der ostfälischen Kleinregion nördlich von Goslar (14. Jahrhundert) nicht nur die gängigen Krisenmodelle nicht stand, sondern es entstand, auf der breiten Basis von besitz- und einkommensstatistisch relevanten Dokumenten kirchlicher und laikaler Herrschaften desselben »Landes«, ein sehr differenziertes Strukturbild von den Herrschaftsverhältnissen – eine *mehr*herrenschaftliche Besitzverteilung und Rentenkontrolle bei den *einzelnen* Dörflern bzw. ihrem Besitz und eine von sozialen Gräben tief geprägte lokale *Nachbarlichkeit*.[11] Niedergeschlagen haben sich in der Studie weiter die feministischen Provokationen dieser Jahre. Hierzu mussten auch mediävistische Antworten gesucht werden.[12] Im Kapitel über die Haushaltung wurden aber nicht nur Indizien zur Genus-Ordnung[13] zwischen Mann und Frau geboten. Es ging auch – theoretisch viel weitergehend – um eine begriffliche Wende: Ich habe von da an auf die Benutzung des modernen (polit-)ökonomischen Begriffs der »Produktion« verzichtet und ihm den der »Arbeit« vorzuziehen begonnen, ein wichtiger Schritt zur Entmodernisierung meiner Begriffssprache,

---

10 Dazu auch L 16, 17, L 20, 22 bezeugen konzeptionelle Verarbeitungen raumzeitlich externer Studien (insbesondere aus der Wirtschaftsanthropologie).
11 L 3, 44.
12 L 25; 37, 39, 44.
13 Hierbei habe ich entscheidend gelernt von Illich, Ivan, *Genus. Zu einer historischen Kritik der Gleichheit*, Berlin 1983.

die nun näher an die Ausdrucksgewohnheiten und Sinnkonflikte in mittelalterlichen Dokumenten herangeführt werden konnte.

Zeitlich parallel wuchs meine Neugier auf mentale und kultische Phänomene, die sich aus diversen innovativen Arbeiten – ich denke an Arno Borst, Jacques LeGoff, Georges Duby, Aaron Gurevič – speisten, denen allen die Kritik bzw. der Abschied von Überbau- bzw. Ideologiedogmen gemeinsam war.[14] Meine Probevorlesung im Habilitationsverfahren 1983 handelte – deutlich in diesem neuen Fahrwasser – von Ablass-Urkunden städtischer Kirchen im späten 13. Jahrhundert.[15] Auch in der Feudalismus-Frage kam es zu verschiedenen Erweiterungen bzw. Verschiebungen. In Seminaren und Vorlesungen am Ende der TU-Jahre ließ sich die Chronologie der Diskurse seit dem 16. Jahrhundert ausbauen, das Bündel der definitorischen Dimensionen erweitern, die Vielfalt der regionalen Ausformungen (im Wege der Kritik der frankozentrischen Einheit von Grundherrschaft und Lehnswesen) durchdenken und schließlich die Kritik des universalgeschichtlichen Dogmatismus fortsetzen.[16] Die Verschiebung einerseits zur Begriffs-*Geschichte* des Feudalismus und andererseits zu seiner dimensionsoffenen Erforschung in Empirie und Konzeptualisierung trat klar hervor.

Die letzten Erfahrungsschübe in der Kette der Erweiterungen markierte die zwar kurze, aber ereignisreiche und neuartige Arbeit in München für die Einrichtung des Bayerischen Schulmuseums in Schloss Ichenhausen bei Ulm und die Mitbetreuung des Exponate-Bestands im Haupthaus des Bayerischen Nationalmuseums (BNM) als Konservator (1983–1985). Beim Durchdenken, Planen und Einrichten des schulgeschichtlichen Museums kam es im Gespann mit Ruth und Lenz Kriss-Rettenbeck, dem Museumsdirektor, sowie dem Schul- und Expertenkritiker Ivan Illich zu Hinterfragungen der erziehungsideologischen Selbstverständlichkeiten, die auf die historische Relativierung des westlichen Wegs zur allgemeinen Literalität (als Einheit von Lesen und Schreiben), auf das Buch als alphabetischen Gegenstand und auf alle Implikationen schriftnormierten Handelns selbst hinausliefen. Der dekonstruktive Blick auf die sogenannte Erfolgsgeschichte der

---

14 L 18, 24, 94. Zur ersten Generation anthropologisch ausgerichteter Mediävisten siehe Beitrag »Zwischen Lupe und Fernblick«.
15 Im Zusammenhang hiermit: L 96.
16 1982 entstand eine ausführliche Untersuchung über »Die Entwicklung des Feudalismusbegriffs im Werk von Karl Marx«, in der nachgewiesen wird, wie unselbständig (also nicht per se zum kohärenten Begriff fügbar) und wie zeitbezogen (also sich wandelnd) Marx' Bemerkungen zum Feudalismus/Mittelalter sind (L 76). Vgl. hierzu L 48. bzw. Beitrag »Mediävalismus«.

Bildungspolitik weltweit, auf die Herausschälung geschichtlicher Indizien zur Kontraproduktivität der Pflicht-Beschulung, zur Entwertung und Verödung praktischer Oralität, zum Analphabetismus, zur Produktion privilegierender Literalität und zum Klassencharakter der bürgerlichen Bildung, zur Alltagsgestalt administrativer Schriftlichkeit usf. – all das erforderte geschichtliche Aufklärung durch Historisierung sowohl der Literalität als auch der Oralität.[17] Diese Horizonterweiterung konvergierte mit dem dramatischen Auftrieb, den in diesen Jahren die von den Medieninnovationen und den aus ihnen erwachsenden Kommunikationstheorien aufgescheuchten Sprach- und Kulturwissenschaften mit großen Forschungsprogrammen zur Systematisierung und Historisierung des Gespanns der »Literalität und Oralität« in Szene setzten.

Weitere Ausweitungserfahrungen und Historisierungsgebote ergaben sich mir für die Kunstwerke-Welt im BNM, deren ästhetischer Zeremonialismus und Wertfetischismus die erkennende Betrachtung erschwerte. Diskussionen über bestimmte Objekte mit den Restauratoren im Hause führten sehr schnell zu kaum lösbaren Zielkonflikten darüber, welcher Benutzungsspur eindeutig Kunstwert, welcher noch Dokumentationscharakter oder aber nur Staub der Jahrhunderte, Weg-Reinigung als Schmutz bzw. Abfall zuzuerkennen sei.[18]

Damit ist genug zur Begründung der Situation angedeutet, von der aus die Titulierungen und die Bündelung der Beiträge organisiert sind.

Begründungen

Die drei Begriffe des Untertitels verstehe ich als disziplinierte Devisen einer mit mediävistischer Anthropologie ummantelten Sozialgeschichte des Mittelalters und einer Strukturtheorie des Feudalismus. Sie sollten nicht als persönliche mediävistische Kompetenzfelder bzw. als geistiges Eigentum missverstanden werden. Sie sind vielmehr aus der kollektiven Lehrverantwortung

---

17 L 88, 101: Katalog.
18 Mein Engagement für eine Zurück-Verfolgung des modernen Abfalls bis zu seinem Verschwinden in partikularen Resten (Fäkalien, Mist, Staub, Dreck, Schutt und dergleichen) stammt aus dieser wissenschaftlichen Konfrontation – die Atommüllentsorgung und die Katastrophe von Tschernobyl bildeten allerdings den Drohraum dahinter. Vgl. den Beitrag »Zwischen Improvisation und Text«, L 26, 27, 29. Diverse Forschungsanträge, für dieses Feld und eine entsprechende Publikation Zeit und Mittel bewilligt zu bekommen, fanden keine Befürwortung.

und Konzeption des Fernstudiums in Hagen hervorgegangen und bildeten das dortige ABC der Wissensvermittlung im Arbeitsbereich Ältere Geschichte. Wir durften uns dort über die Bedingungen und Formen eines gestuften Studiengangs in das Mittelalter bis hin zur forschenden Selbständigkeit der Studierenden und schließlich zum akademischen Vollexamen eigene Gedanken machen und dabei Prioritäten und Essentials etablieren. Das hat entscheidend auf meine Forschung eingewirkt.

Ursprünglich war vom Verlag der Obertitel »Arbeit – Schrift – Feudalismus« vorgeschlagen. Meine Bedenken haben jedoch zur Änderung der Wortwahl und der Reihung geführt. Statt der Reihenfolge, in der mir die drei Komplexe im Laufe meiner Arbeit wichtig wurden, erscheint mir heute der Dreischritt »Textus – Opus – Feudalismus« die angemessenere Lösung. Vor die Verstehens- und Deutungsarbeit gehört alles über Herkunft, Status, Gehalt und Befragbarkeit der mittelalterlichen Überlieferung als der *prima materia* der Mediävistik – dafür steht hier »Textus« als Eigenname – nicht die Quelle als moderne Leitvorstellung. Das lateinchristliche »Opus« – nicht die moderne »Arbeit« – gehört an die zweite Stelle, weil mit ihm die aufwendigen Werktätigkeiten gemeint sind, die das Überleben Aller »gewannen« und über die Grundformen der sozialen Ausprägung entschieden – die *prima materia* damaligen Überlebens. Der Begriff »Feudalismus«, von seinen romantischen, liberalen und sozialistischen Fesseln gelöst, kann für das hypothetische soziale Ganze stehen, mit dem das dynamische Zusammenwirken aller Machtelemente in den konkreten Hierarchien und Herrschaften und ihren Repräsentationsformen bezeichnet ist – die *quaestio prima* für die Zeitgenossen damals *und* für die Mediävistik heute, wie ich meine.[19] Soweit die dreiteilige Botschaft.

Darstellungsformen, Leserschaft, Forschungsstand

Bevor der Sinn der Reihenfolge, also der Stellenwert der einzelnen Beiträge skizziert wird, noch der Hinweis, dass es mir auch darum gegangen ist, in diesem Band möglichst viele unterschiedliche Darstellungsformen vertreten zu wissen, dies durchaus im Sinne von Droysens Topik. Dies wird leider nicht eben häufig zu einem Kriterium von Wiederabdrucken gemacht. Das

---

19 Für ein mittellateinisches Schlüsselwort, das – analog zu *textus* und *opus* – den Feudalismus tragfähig ersetzen könnte, fehlt mir bislang eine Lösung. Im Beitrag »Mediävalismus und Okzidentalistik« jongliere ich daher mit den Termini *ecclesia* und *potestas*.

Thema und sein andauernder Wert gibt in der Regel den Ausschlag. Mir ging es bei der Textauswahl jedoch auch darum, die Verschiedenartigkeit der wissenschaftlichen Ebenen, der angewandten Methoden, der eingeschlagenen Darstellungswege und -formen sowie auch der stilistischen Variationen, also das breite Spektrum der Vermittlungslösungen zu dokumentieren. Es geht, viel zu wenig eingestanden, stets um die jeweilige Leserschaft. Um zu zeigen, wie groß das Feld ist, habe ich – neben den detailliert ausgearbeiteten Vorträgen auf thematisch engen Mediävistik-Tagungen im In- und Ausland – folgende Formen hinzugenommen: eine Hörfunkrede in einem Dritten Programm (2), einen Basistext aus einem Lehrbrief für Studienanfänger (1), die Abschlussrede im Rahmen einer Ringvorlesung über die Aktualität des Mittelalters (7), eine programmatische historische Aufklärung für Sozialphilosophen der Moderne (9), eine medienanthropologische Provokation für Musikologen (8), einen Schlüsselwort-Beitrag für ein Handbuch der Kulturwissenschaften (15), einen polemischen Erinnerungs-Essay für literarisch-philosophisch Interessierte (13), einen Kurzbeitrag in einem Ausstellungskatalog zur Welt eines Klosters (6), einen Forschungsüberblick für einen internationalen Mediävistenkongress (18), eine Fallstudie für Soziolinguisten des Mittellateins (12), und dann auch ein paar vergnügliche, aber bedenkliche Seiten für eine befreundete Neuzeitlerin (16). Ich hoffe, man kann diesen Beiträgen ansehen, wie interessant mediävistisches Schreiben für diverse Foren sein kann.

Zugleich wohnt dieser Auswahl inne, dass es – gleich, ob im Nachdruck, im Erstdruck in deutscher Sprache bzw. im Erstdruck überhaupt – nicht angemessen sein konnte, die von Stück zu Stück anderen Apparate einander formal exakt anzugleichen (Zitierweise, bibliographische Erfassung usf.). Der Reiz der Differenz, der sich gerade aus der Anpassung an den Schreibanlass und die damit definierte Leserschaft ergeben hat, sollte nicht verloren gehen. Den Zwecken entsprechen ihre Formen: unterschiedlicher Dokumentationsaufwand und eigene Beweisart – lange lateinische Wortlautpassagen (plus Übertragung, wenn für nötig gehalten) –, Bildgut, Schemata, Anhänge mit aufbereiteten Dossiers, genaue und detaillierte Erfassung der Forschungsliteratur oder wenige, streng ausgewählte Hinweise zum Weiterlesen.

Schließlich darf der Hinweis nicht fehlen, dass ich die einzelnen Stücke nicht um Forschungsarbeiten ergänzt habe, die seit ihrer Publikation erschienen sind. Die Gepflogenheit, derlei anhangsförmig – meist nur bibliographisch ergänzend mit dem Zusatz »dazu neuerdings«,»anders aber jetzt« oder ähnlich – aufzulisten, hat mir selten eingeleuchtet, weil eigentlich jeder neue Beitrag eine Herausforderung zur Auseinandersetzung darstellt – was aber im Rahmen des vorliegenden alten Wortlauts nur selten gelingen kann. Umarbeitung wäre dann angebrachter, nicht Nachdruck.

Die drei Teile des Buches

Textus

Alles historische Arbeiten kommt um die Frage des Überliefertseins der Zeugnisse, die zu untersuchen sind, als *primärer* Aufgabe nicht herum. Die Materialität und Form der mittelalterlichen Schriftstücke (*scripta*), die Art ihrer Herkunft, ihres Status als schriftliche, bildliche oder figürliche *Stücke* (die beschriftet sind), sowie die Wege ihrer Überlieferung bilden das Feld, ohne dessen Aufklärung keine weitere Untersuchung fruchten kann. Aber warum konnte für die Betitelung dieser Problemlage nicht der Begriff der Schrift bzw. der Quelle oder des Textes genügen, warum wurde der lateinische Begriff *textus* gewählt? Nur die ganze erste Sektion des Buches selbst kann hierzu ausreichend antworten. Nur so viel sei hier angedeutet: Das lateinische Wort *textus* (und später auch das deutsche Fremdwort *Text*) ist im Verständnis des langen Mittelalters *kein* Passepartout für jedwedes Schriftstück. Es wird selten benutzt, und wenn, dann nahezu exklusiv für die Heilige Schrift als liturgischer Gegenstand (Evangelienbuch) bzw. für die visuelle Ordnung und den inneren Sinn wortlautstabiler Schriften (wie der Bibel). Die Folgerung: Im Mittelalter sprach man kaum von *textus* – wenn, dann übertragen aus diesem engen Ausgangsbereich.[20] Was aber sind dann die unzähligen *scripta* eigentlich, und welche materialen, formalen, inhaltlichen Wandlungen sind bei ihnen erkennbar, in welchen Verständigungsforen wirken sie, wer hat den Nutzen von ihnen? Dieser ganze Teil des vorliegendes Bandes ist also Text-Kritik, zielt auf die Differenz zwischen den mittelalterlichen Schriftstücken und dem modernen Textverständnis, das ja durchgehend die Forschungsmethodik leitet: der modernen (Text-)Hermeneutik.

---

20 Im Begleitband zur *Textus*-Tagung im MPIG in Göttingen 2001 (L 5) sind 14 zeit-, gattungs- bzw. fallbezogene Wortgebrauchs-Studien versammelt, ergänzt um weitere im ausführlichen Nachwort.

Ohne Historisierung des Textes und die Gebrauchsanalyse der *scripta* keine Mediävistik – so lautet die Devise.[21] Die Reihe der acht Beiträge beginnt mit Bestimmungen der Basiselemente der alphabetischen Schriftkultur insgesamt und geht dann zum Bestand derjenigen Charakteristika über, ohne welche die lateineuropäische Schriftkultur, ihr Machtpotential und ihre enorme Wandlungsdynamik im Mittelalter – einschließlich der aufkommenden vernakulären Schriftwerke – nicht verständlich wird (1). Die entscheidenden Wandlungsetappen dieser sozial begrenzten Klerus-Literalität werden im anschließenden Beitrag, darauf aufbauend, von der Spätantike bis zur Reformation möglichst anschaulich dargelegt (2). Danach folgen vier Detailstudien über Schriftstück-Typen bzw. -Gattungen, mit deren Hilfe regiert werden konnte: Kerbhölzer (3); Besitz- und Einkunftsregister, Urkunde, Rechtsbuch, Rechnung (4,5 und 6). Sie alle verdanken sich dem mündlichen Wissen an der lokalen Sozialbasis (Verschriftung durch Visitation und Inquisition) und wurden von den Herrschaftsbeauftragten für interne Zwecke bearbeitet (Verschriftlichungen). Beiden Vorgängen wohnten Möglichkeiten eines verbesserten Umgangs mit allen Elementen des Schriftstücks inne (Rolle/Kodex, Seiten-Layout, Figur, Buchstabe, Ziffer, Zeichnung, Zeichen usf.), der langfristig auf stumm lesbare Aneignung und effektivere Nutzung hinauslief. Es ging um visuelle und kalkulatorische Ordinations-Gewinne durch kleinschrittige Verdeutlichungen, Ergänzungen und Formalisierungen. Umgekehrt, von heute aus gesagt: Es ging um Beiträge zur Genealogie der modernen Rationalisierung und Numeralisierung des Schreibens, Denkens und Rechnens bei der Erfassung und Manipulation der sozialen Wirklichkeit (Herrschaftspraxis). Diese Ausrichtung der Beiträge auf den Schrift*macht*wandel verstehe ich als Korrektiv zu dem in der Mediävistik vorherrschenden Interesse an Literalitätstypen und -praktiken in Kultus und Kultur der geistlichen und weltlichen Aristokratien. Eine kritische Auseinandersetzung mit mediävistischen Text- und Textualitätskonzepten dient daher im folgenden Beitrag dazu, ausgehend von einigen mittelalterlichen *textus*-Geschichten gängige Indienstnahmen des modernen *Text*- und *Quellen*-Begriffs für die mediävistische Arbeit zu hinterfragen (7). Seit der Entstehung dieses Textes im Jahre 2000 meide ich beide Begriffe bei der mediävistischen Arbeit. Den Abschluss dieses ersten

---

21 Das Buch von Illich, Ivan, *Im Weinberg des Textes. Als das Schriftbild der Moderne entstand. Ein Kommentar zu Hugos »Didascalicon«* (Frankfurt a. M. 1991) entstand aus den Gesprächen über die Historizität der okzidentalen Schriftkultur und ist die buchförmige Ausarbeitung seines Beitrages zum einführenden Lehrbrief »Alteuropäische Schriftkultur« unseres Lehrprogramms.

Teils bildet ein Spagat zwischen der Form und Rolle von Notaten im Amateur-Jazz und der Frage nach der schriftkulturellen Differenz zwischen *cantus* und *musica* im 12./13. Jahrhundert. Damit habe ich die Klangaufzeichnung (Musikschrift) in mein Historisierungsfeld einbezogen. Unterbrochen wird der Spagat durch einen musikgeschichtlichen Rückwärtslauf von der heutigen Musik zur mittelalterlichen *musica*. In diesem Zusammenhang ergab sich die Notwendigkeit, das dreidimensionale Sinn-Feld von *textus, scripta* und *usus* zu schematisieren und auf seine inneren Bewegungsformen hin zu deuten (8). Soweit das Profil der Beiträge – auf Vieles musste verzichtet werden.[22]

Opus[23]

Ich habe bereits angedeutet, wie wichtig – und gewunden – die Verschiebung vom Leitbegriff der »Produktion« bzw. vom Produktionsparadigma zu dem der »Arbeit« war. Die seit den 1980er-Jahren sich verschärfenden Debatten über Phänomene wie die Verknappung der beruflichen Lebensarbeit, die strukturelle Arbeitslosigkeit, die unterbezahlte Frauenarbeit, die unbezahlte Hausarbeit, die Arbeitsimmigration, das steile Anwachsen der Sozialleistungen legten allenthalben die Frage nach der epochalen Reichweite und Vorrangstellung des Lohnarbeitssystems, also auch die nach dessen Herkunft nahe. Wenn der Gesellschaft die Arbeit auszugehen droht – in welchen historischen Voraussetzungen und Konstellationen gründet dann überhaupt ihre Vormacht und Allgemeinheit? Das war und ist eine genuin mediävistische Frage.

In den fünf Beiträgen dieses Teils geht es stets um zweierlei: zum einen um die Kritik der Hineintragung moderner (Lohn-)Arbeitsmaximen in das Mittelalter, zum anderen um die Herausschälung mittelalterlicher Erfahrungen vom Subsistenzhandeln, Tauschen und Abgeben aus der zeitgenössischen Sprache. Sich von Modernismen zu distanzieren, sich zu bemühen,

---

22 Im schriftkulturellen Forschungsfeld ist mir die Auswahl besonders schwer gefallen. Nicht aufgenommen sind: die systematische Sichtung der deutschen Forschungsliteratur zu den Übergängen zwischen Oralität und Literalität (L 55), weitere Aspekte der Erinnerungs- und Bildungsmacht (L 36, 42), die Herausstellung der langfristigen Effekte des Neuschreibens (43, 47, 65), die Rolle und Gestalt der stadtbürgerlichen und territorialherrschaftlichen Literalität (L 45, 46).
23 Wichtige Horizonterweiterungen hierzu verdanke ich Scharfe, Martin, *Menschenwerk. Erkundungen über Kultur*, Köln/Weimar/Wien 2002.

fremdartige Verhältnisse und Ausdrucksweisen zu identifizieren, bestimmten diese Forschung. Die Alterität der vormodernen »Arbeit« wurde eine immer dringlichere Frage. Wir suchten Antworten in den 1990er-Jahren im Anschluss an die Erstellung und den Einsatz des sechsbändigen Werkes »Grundkurs Ältere Geschichte«. Gerne sind damals Thomas Sokoll und ich der Einladung gefolgt, die Erträge dieser mehrjährigen intensiven Bemühungen an historisch interessierte Sozialphilosophen weiterzugeben (9). Es ging im Fernstudien-Kurs um die Ausgangslage des aktuellen Geltungsschwunds des Lohnarbeitsdogmas in Verbindung mit ethnologischer Alterität im Feld der Subsistenzvielfalt, worauf dann eine begriffsgeschichtliche Nachzeichnung des europäischen Denkweges und eine Serie von exemplarischen »Arbeits«-Fällen in der Form von Zeugnis-Interpretationen von der Antike übers Mittelalter bis in die Frühe Neuzeit aufgebaut werden konnte. Im Aufsatz haben wir dann die Differenzen zum modernen (Lohn-)Arbeitsbegriff und die Risiken modernzeitlicher Übertragungen in die Arbeitsforschung der Vormoderne präzisiert und zur Begriffs-Hypothese gesteigert: Brauch-Werk als vorherrschende Art der subsistentiellen Naturaneignung. Für das Mittelalter hatten sich wichtige Eigenheiten und Wandlungen ergeben: der Rahmen des Dienstes (*servitium*) für alles Unterhaltshandeln im früheren sowie die austauschorientierte Bewertung aller Güter (in der Preis-Form) im späteren Mittelalter. Durchgehend präsent war das enorm variantenreiche Beziehungs- und Bedeutungsspiel der Leitwörter *servitium/dienst – labor/arebeit – opus/werk – ars/wissen-können – merces/lo(h)n*.

Diese Beobachtungen haben mich im Anschluss in Einzelstudien geleitet, die hier nun durch vier ausgewählte Beiträge repäsentiert sind. In ihnen bin ich noch näher an die jeweils zeitgenössische Ausdrucksweise herangerückt. In einer Untersuchung über Horizonte des Frauen-Werks (*opus feminile*) im Bildgut und in fünf verschiedenen frühmittelalterlichen Zeugnisarten kamen verschiedene Aspekte der Kräfteverhältnisse zwischen den beiden *sexus*, ihren ebenso geschiedenen wie verschränkten Milieus ans Licht – eine Relativierung der »geschlechtsspezifischen Arbeitsteilung« war der begriffshistorische Nebeneffekt (10). Die Suche nach der »Arbeit« in Registern des langen 11. Jahrhunderts im deutschen Reich (11) erwies die Vorherrschaft der *opus*-Vorstellung für die herrschaftlichen Einkommensarten innerhalb der ruralisierten Güterkomplexe (*servitium/census*). Nicht ihre herstellende Mühsal (*labores*), sondern eben ihre Dienst-Werke banden die Leute an die Herren: die *opera* standen damals im Zentrum des servitialen Sinn- und Funktionssystems, das heißt im Zentrum der Synthese der sozialen Reproduktion.

Auch die linguistisch und semantisch detaillierte Untersuchung der Sprache des Goldschmieds Theophilus presbyter (zirka 1120) – weit über dem ruralen Fundament der Dörfler – erwies die Dominanz damaligen *opus*-Denkens, nun aber in ganz anderen Sinnrichtungen: *opus* als kreativer Auftrag an den Menschen zum Lobe Gottes (dem Sündenfall zum Trotz), *opus* als aufschreibbares, lehr- und lernbares Wissens-Terrain vom herstellenden Handeln und hergestellten Gut, *opus* als Hintergrund bzw. Umgebungsfeld praktischer Gewohnheiten (12). Schließlich war mir die Lehre des Augustiner-Chorherren Hugo (von Sankt Viktor) von den mechanischen Wissenskunden als *humana opera* – in seinem wirkungsreichen Lehrbuch *Didascalicon* (vor 1140) – von Nutzen, um gegen moderne Geschichts-Ignoranz an die eigenartige Kohärenz vormoderner Brauchwerk-Konzeptionen zu erinnern (13). Die Suche nach weittragenden Zeugnissen für die *alle* Daseinbereiche umfassende und hoch differenzierte *opus*-Sinnwelt, die der Lohnarbeitslogik der Moderne so fern steht und doch auch in ihr nachglimmt, hat meines Erachtens gerade erst begonnen. Wie viel wäre nun noch zu tun.[24] Die hier versammelten Beiträge[25] verstehen sich als Anregung zu weiterer Forschung – es könnte um einen zeiteigenen Maximalsinn für zahllose Ausdrucksbereiche gehen, um ein semantisches Zentralorgan des lateinchristlichen Sprachkörpers.

Feudalismus

Das Feudalismus-Thema ist hier in vier recht verschiedenen Ausprägungen vertreten: als Forschungsdiskussion und Historik, als Hypothesenbündel, im Lupenbild eines Wort-Tropfens, in der langfristigen Sinnverschiebung weniger Formel-Sätze.
Auch für dieses Feld hat sich die Ausgangslage deutlich geändert, besonders seit dem Zusammenbruch der sozialistischen Staaten im östlichen Europa und dem Ende des Kalten Krieges sowie der damit verbundenen Veränderungen innerhalb der Weltanschauungsbegriffe. Für diejenigen, die jede Nachgeschichte und Gegenwärtigkeit historischer Schlüssel- oder Fahnenwörter wie dem des Feudalismus aus ihrem fachlichen Tun auszugrenzen

---

24 Der von Verena Postel 2006 herausgegebene Sammelband »Arbeit im Mittelalter. Vorstellungen und Wirklichkeiten«, bietet viele sprachliche, theologische, technische und figürliche Neuigkeiten zur Sache.
25 Nicht berücksichtigt sind L 25, 35, 38, 44, 106.

trachten, mag er nun definitiv ein alter, abgelegter Hut sein. Ich halte dagegen. Als rhetorische Waffe ohnehin unausrottbar, bleibt er, umfassend befreit von ökonomistischen und universalhistorischen Periodisierungsfesseln, als Diskursbegriff von lebhaftem Interesse – zur Kritik am Eurozentrismus, am Frankozentrismus, am Etatismus bzw. Konstitutionalismus zum einen, in der Form regionaler und sektoraler Detailstudien zum anderen. Darüberhinaus sollten Tests für neue Aufgaben gemacht werden – was ich in mehrere Richtungen versucht habe: Über den Weg der Diskurse und den Stand der Forschung berichte ich im Schlussraisonnement der 2000 stattgefundenen Tagung über die wissenschaftliche *Gegenwart* des Feudalismus, gepaart mit sieben Thesen zu seiner Historik (14).[26] Für die Kulturwissenschaft habe ich die Etappen des langfristigen Gebrauchswandels der populären Mittelalterimaginationen (als »Mediävalismus«[27]) skizziert und vier Hypothesen zum »Epochenprofil des christlich-feudalen Okzidents« angefügt, in denen ich versuche, zeitgenössische lateinische Schlüsselwörter für eine theoretische Artikulation zu nutzen (15) – und zwar in *kritisch*-okzidentalistischer Absicht.[28] Im folgenden fröhlichen Spagat zwischen dem Huhn und dem Feudalismus dient die lexische Vielfalt, dienen die schier unzähligen Bestimmungswörter um das Federvieh herum als semantische Sonde für gesamtgesellschaftliche Reichweite – das Huhn als sozioanimalischer Mikro-Index, zum feudalen *pars-pro-toto*-Argument ausgeweitet (16). Obwohl auch auf semantische Indizien der Basisvergesellschaftung abgestellt, sind in der vierten Studie die Methode und ihr Ziel recht andere. Hier geht es darum, den für das Herreneinkommen unverzichtbaren sprachlichen Großbestand der Besitz- und Einkünfteregister (vom 8. bis 15. Jahrhundert) auf langfristigen Wandel zu befragen. Dies war nur durch eine breit gestreute Dokumentation des dafür einschlägigen Schriftguts und die Herausfilterung der Aussagekerne aus dem sprachlichen Gesamtbestand möglich – Korpusanalyse anhand von Formelsätzen. Im Ergebnis zeigt sich zweierlei: zum einen wird im Mittelalter (noch) nicht »bezahlt«, zum anderen wird eine kaum merkliche, aber prinzipielle Verschiebung vom Einfordern zum Einkommen der Zinse, vom Normativen zum Praktischen der herrschaftlichen Aneignung deutlich

---

26 Frühere Studien zur Diskursgeschichte und Historiographie: L 17, 20, 22, 76; ein neuerer Überblick L 12 (70); eine vergleichende Abwägung L 64.
27 Ausführlicher Groebner, Valentin, *Das Mittelalter hört nicht auf. Über historisches Erzählen*, München 2008.
28 Zwei detaillierte Befassungen mit den gewichtigen Büchern von Michael Mitterauer und Joseph Morsel dienen ähnlichen Zielen: L 67, 113.

(17).²⁹ Die materielle Verkettung der Herren mit den Beherrschten konkretisiert, konventionalisiert und naturalisiert sich.

Schließlich folgt zum Ende die Koda »Mediävistische Anthropologie«. Schon in meinen späteren Jahren als Doktorand ergaben sich Anregungen, gezielt ethnologische Feldforschungen und Theoriebeiträge zu lesen, um mich beim Umgang mit den Zeugnissen aus dem 9. Jahrhundert gewissermaßen doppelt zu befremden: Mich sowohl vor Modernismen zu bewahren als auch meine Aufmerksamkeit für die frühmittelalterlichen Eigenheiten im Kontrast zu außereuropäischen Gesellschaften und Wirtschaften zu schärfen. Diese Neigung hat sich fortgesetzt³⁰ und währt, modifiziert, durchaus bis heute. Zu Teilen trug sie mir wohl die Einladung des oben erwähnten Initiatoren-Quartetts ein, mich an dem Experiment der neuen Zeitschrift *Historische Anthropologie* (HA) als Mediävist zu beteiligen. Die folgenden Jahre der Mitarbeit haben mich peu à peu darüber belehrt, welche Überzeugungskraft in den begrenzten Lösungen der Einzelstudien lag und liegt, die alle um schwer zugängliche Alterität, konfliktreiche Sozialität und vielsinnige Repräsentation kreisen – und dabei gewichtige Programmatik eher nachliefern als voraussetzen.³¹ Auch meine Bilanz zu den drei Generationen anthropologisierender Mediävistinnen und Mediävisten der zweiten Hälfte des 20. Jahrhunderts (18) erweist diese Vorsicht bei ihren Experimenten mit neuen Themenfeldern, neuen Zeugnisgattungen. Zunehmend mehr Mediävistinnen und Mediävisten beschreiten diesem Weg, noch aber eine Minderheit, die eher wenig Aufhebens von ihrer anthropologisierenden Inklination macht, jedoch beachtlich vorankommt: Vergessen und Erinnern, Verwandtschaft und Freundschaft, Leib-Seele-Beziehungen, Macht und Gewalt, Subsistenz und Markt, Schrift und Bild sind auf der anthropologischen Agenda, ob unter dem zeugnisnahen Mikroskop oder im theoriegeleiteten Weitblick. Ich selbst neige mehr und mehr dazu, die meisten meiner eigenen Forschungen in diesen anthropologisierenden Fächer einzufalten. Zur Stützung habe ich in dem hier ausgewählten Aufsatz zur Überlegung angeregt, ob es für die Mediävistik nicht zweckdienlich sein könnte, von »okzidental-christlicher Hominologie zu sprechen« – um sich so von den antiken und modernen Konnotationen freizumachen, die dem Anthropologie-Wort trotz seiner enormen begrifflichen Bandbreite und Beweglichkeit innewohnen.

---

29 Hierzu gehört die Voraussstudie übers »Geben« im früheren Mittelalter: L 58.
30 L 20, 8/1, 13, 48.
31 Mein schriftanthropologischer Versuch: L 43; eine Kritik des Konzepts und Verfahrens des Anthropologenkreises um die Zeitschrift Paragrana: L 95.

Der Obertitel – »Reflexive Mediävistik«?

Was ist bzw. was soll nun *reflexive* Mediävistik leisten? Um welche Qualität geht es? Ein solches Etikett nahmen und nehmen die Mediävisten bislang nicht in Anspruch. Reflexion bzw. Reflexivität scheint keine Instanz zu sein, die das fachwissenschaftliche Gebaren in besonderer Weise ausweisen könnte. Wenn – selten genug – explizit von der Historie als *reflexiver* Disziplin überhaupt gesprochen wird, dann ist über die Feststellung des Vergangenheits(rück)bezuges, über die Rationalität der Methodik und den Erfahrungsgewinn im Zuge der historischen Arbeit (Selbsterkenntnis, Erfahrenheit) hinaus wenig zu finden.[32] Für gewichtigere argumentative Anleihen sind also Umwege in Nachbardisziplinen nötig. Was lässt sich von dort mitnehmen?

Die Philosophie bietet wichtige allgemeine Orientierung.[33] Erst seit dem 17. Jahrhundert, ausgehend von dem optischen Phänomen der *Zurückbeugung* des Lichts, in das Denken eingewandert, hat sich der Reflexions-Diskurs, stets in enger Verbindung mit der Metaphorik des Spiegels, bis in das 20. Jahrhundert im Rahmen der cartesianisch engen Ausgangsfrage nach gesicherter Erkenntnis des Subjekts im kritischen Rückgang auf seine Geistestätigkeit (im Gegensatz zur äußeren Wahrnehmung) bewegt. Die Reflexion wird und bleibt ein wichtiges Element der Subjektphilosophie. Was den Formen der *reditio ad seipsum* im Lauf der Wandlungen dabei eigen bleibt, ist die trennende Wirkung der Reflexion, die Preisgabe der Unmittelbarkeit, eine Art Aufspaltung in das erkennende Denken und die gleichzeitige Beobachtung desselben. Also eine im Subjekt verankerte *Entzweiung* der denkenden Selbstvergewisserung – ein »sich selber Zusehen« beim Denken. Erst die Klärung der *Differenz* zwischen den Bewusstseinsleistungen und ihren Vergegenwärtigungen durch die Phänomenologie und die Lebensphilosophie entließ diesen Subjektbegriff aus dieser epistemologischen Enge und führte

---

32 Zum Beispiel Goertz, Hans-Jürgen, »Geschichte – Erfahrung und Wissenschaft. Zugänge zum historischen Erkenntnisprozeß«, in: ders. (Hg.), *Geschichte. Ein Grundkurs*, Reinbek 1998, S. 34: Geschichtswissenschaft ist »eine Reflexionswissenschaft. In ihr wird unsere Beziehung zum Vergangenen reflektiert bzw. das Problem, das die Vergangenheit für uns darstellt. [...] Historische Erkenntnis ist letztlich auch Selbsterkenntnis.« Sie soll zu Einsichten führen, die zukünftiges Handeln freisetzen. Goertz spricht im Weiteren noch von einem »methodisch reflektiertem« Umgang im Sinne intersubjektiver Nachprüfbarkeit.

33 Zahn, Lothar, »Reflexion«, in: *Historisches Wörterbuch der Philosophie* 8, Darmstadt 1992, Sp. 396–406; ein hilfreicher konziser Überblick von Schwemmer, Oswald, »Reflexion«, in: Mittelstraß, Jürgen (Hg.), *Enzyklopädie Philosophie und Wissenschaftstheorie 3*, Darmstadt 1995, S. 525–527.

zu einer wichtigen Verschiebung im Reflexionsbegriff. Oswald Schwemmer fasst sie wie folgt zusammen: »Es geht nicht mehr um den Aufweis der (Vollzugs-)Identität von Erkennendem und Erkanntem im (Selbst-)Bewußtsein, sondern um die kritischen Rückfragen an ein ›direkt‹ an seinen Zielen ausgerichtetes Denken und Handeln«.³⁴ Mit der Einpassung des Subjektbewusstseins in sein soziales Bedingungsgefüge wurde der Weg frei für ein Reflexionskonzept, dass nun im denkenen Rückbezug auf die gegebene Gesellschaft die Bedingungen von Freiheit und Autonomie im Subjekt entschlüsselt. Der Reflexionsbegriff wechselt gewissermaßen seine Richtung von der spaltenden Selbstanalyse zum kritischen, distanzierenden denkenden Blick auf die soziale Realität um der autonomen Selbstbegründung willen.³⁵

Diese sozialphilosophische Wendung ist in allen neuerlichen Raisonnements in der Sozialwissenschaft als einer *reflexiven* Soziologie (bzw. Anthropologie) spürbar.³⁶ Die dortigen Positionen differieren erheblich – es kann primär um den (weiterhin cartesianischen) Rückbezug des Subjekts auf sich als Person und den ihn prägenden Zeitgeist gehen, oder um die Analyse ihrer Funktion als Soziologe, oder um die Reflexion der lebensweltlichen Primärerfahrungen, die ungeprüft in die soziologischen Arbeitsprozesse eingehen. Die radikalste Position vertritt Pierre Bourdieu, dem Reflexivität als umfassendes Regulativ aller Dimensionen der soziologischen Praxis gilt, vor allem ihrer unbewussten Selbstverständlichkeiten.³⁷ Gemeint sind die kritische Objektivierung der sozial hoheitlichen Position als *homo academicus*, das »Brechen« mit Selbstverständlichkeit und Konformismus (*common sense*) in sich selbst, die Aufhebung allen disziplinären Revierverhaltens, die methodisch offene Umwandlung jedes Objekts (Gegenstands) in ein wissenschaftliches sowie die Herausarbeitung der Verallgemeinerbarkeit bzw. Bedeutung der Objekte für das soziale Ganze.

Hier kann auch ein Mediävist anknüpfen – wenn man seine zünftlerisch begrenzte Fachpraxis, das universitär geprägte Selbstverständnis und das weniger trainierte transdisziplinäre Mitdenken berücksichtigt. Aber es gibt gute praxistheoretische Hilfen aus dem eigenen Lager, auch wenn sie nicht pro-

---

34 Schwemmer, »Reflexion«, S. 526.
35 Hierzu klärend Habermas, Jürgen, *Der philosophische Diskurs der Moderne*, Frankfurt 1985, S. 344–379. Er plädiert für den Ausweg der Reflexivität von der subjektzentrierten in die kommunikative Vernunft.
36 Geleitet haben mich zum Folgenden Bourdieu, Pierre/ Wacquant, Loic J.G., *Reflexive Anthropologie*, Frankfurt a. M. 2006, besonders S. 62–77, S. 102ff. Die Unentschiedenheit im Gebrauch der reflexiven Soziologie bzw. Anthropologie im Buch wird nicht begründet.
37 Ebd., S. 251–294.

grammatisch als »Reflexivität« firmieren: So bietet etwa der 24-teilige »Aufgabenkatalog für die Geschichtswissenschaft«, den Joachim und Orlinde Radkau vor nun knapp 40 Jahren, also in der Hochzeit reformintensiver Reflexionen über die eigene Wissenschaftlichkeit aufstellten, immer noch sehr gute Schützenhilfe.[38] Und von mediävistischer Seite lassen sich die wohlüberlegten Erfahrungsmaximen von Kurt Flasch zur Selbstbegründung einer Philosophiehistorie vom Mittelalter[39] sowie die zwölf kritischen Thesen und Postulate von Alain Guerreau zur Mediävistik im Übergang zum 21. Jahrhundert ergänzen.[40] Da diese Kataloge Vieles mit dem Bourdieuschen Bündel gemeinsam haben, kann man sie gewissermaßen mit ihm abgleichen. So findet man dann auch das für eine reflexive Mediävistik zusätzlich Spezifische heraus – was wiederum Gelegenheit zur eigenen Positionierung bietet:

1. Am Wenigsten ausgeprägt scheint die Reflexion über das berufliche Milieu zu sein. Hier ergeben sich kaum Konkretisierungen zu dem, was Bourdieu zur Privilegierung und Verantwortung des Sozialwissenschaftlers durchdenkt. Ein Versuch sei dennoch gewagt. Für das kollektive Bewusstsein der Mediävistik ist die Qualität des *Handwerklichen* so etwas wie ein a priori. Es begründet Mitgliedsstolz nach innen, erzeugt Aversion von außen. Vor allem aber: Es regiert die Initiation und danach die professionelle Position *vor* allen inhaltlichen Fähigkeiten und Ansprüchen, den sogenannten Schwerpunkten (der *Kennerschaft*, der *Spezialisierung*), und *vor* dem Darstellungskönnen (dem *Stil*). Im Chor polemisiert wird gegen jede Form der Popularisierung jenseits dieses Handwerklichen. Ein verschwiegenes Gut ist die *Konfession*. Offiziell wird sie heruntergespielt – aber man weiß es natürlich besser, tauscht sich mündlich darüber aus und organisiert seine Präferenzen. Kurt Flasch wagt sich weit vor, wenn er konfessionsgeprägte Attitüden – wie den Neothomismus oder das Luthertum – namentlich und präzise entschlüsselt. Ebenso wichtig aber ist sein Bekenntnis, dass er keine vorgängige wissenschaftliche Begründung seines Interesses an der Philosophie des Mittelalters geben, sondern nur eben diesen Ausgangspunkt *reflektieren* könne »nach Kriterien, die andere vermutlich anerkennen«.[41] Die gegenläufige Bewegung

---

38 Radkau, Joachim u. Orlinde, *Praxis der Geschichtswissenschaft. Die Desorientiertheit des historischen Interesses*, Düsseldorf 1972, S. 227–235.
39 Flasch, Kurt, *Theorie der Philosophiehistorie*, Philosophie hat Geschichte 2, Frankfurt a. M. 2005, S. 291–377.
40 Guerreau, *L'Avenir*, S. 295–310.
41 Flasch, *Theorie*, S. 321. Er bedenkt im Folgenden seine *curiositas* nicht nur am Neuen, sondern auch am Unverständlichen, an der abundanten Überlieferung, an der Notwen-

der Reformexpansion und des Bedeutungsverlustes der Mediävistik im letzten Viertel des 20. Jahrhunderts wurde bislang nur ansatzweise erinnert, durchdacht und eingeordnet.[42] Von außen gesehen entsteht der Eindruck, die Mediävistik müsse und könne schwere Zeiten eben aussitzen, aktuell dadurch, dass sie sich als multidisziplinäre Epochenwissenschaft versteht, organisiert (Mediävistenverband) und in der Öffentlichkeit darstellt. Vielleicht sind hierzu einige Bemerkungen über die Widersprüche meiner praktischen Jahre hilfreich. Durch die Jahre prägend blieb die Startkonstellation in den 1960er-Jahren. Mir wurde durch meine eigene Kohorte die Initiation in die Mediävistik schwer gemacht. Die Kommilitoninnen und Kommilitonen, die Freunde, die mich umgaben, zweifelten an dem Nutzen und der Bedeutung des Mittelalters und der ohnehin konservativen Mediävistik für eine progressive Zukunft: Mediävistik – ein mit skurril-elitären Zugangsbarrieren abgeschirmtes Orchideen-Fach. Mein Weg in das Fach hinein, stimuliert durch die originellen und soliden mediävistischen Lehrer, entbehrte so der Selbstverständlichkeit und Zielsicherheit. Alles lief neben der aufwendigen binnenfachlichen Qualifikation auf eine Dauerspannung hinaus, die zum ständigen Nachdenken über die eigene Rolle als Mediävist oder als Historiker, als historischer Soziologe, als universitäre Lehrperson usf. animierte. Der Kompromiss dieser Phase der Berliner Jahre: Konzessionen an die kulturpolitische Relevanz bei der Themenwahl – die Sozialstruktur beherrschter Bauern als Soziologie des Mittelalters – und die Provokation des Establishments – Ideologiekritik im Wege der Feudalismus-Diskussion. Nur in norddeutschen protestantisch-links-liberalen Milieus der Universitätshistorie und anrainender Fächer kam eine solche Kombination mit relevanter Spezialisierung und distanzierter Identität als Mediävist gelegen – vorausgesetzt, die ausschlaggebenden Fachqualifikationen einschließlich der Habilitation waren erbracht.[43] In beiden neuen Milieus und Rollen, dem Abstecher in das

---

digkeit der fachinternen Kritik an falschen Gesamtbildern, Problemgeschichten, Vorläuferstudien und ideologischen Indienstnahmen, bis er dieses Interesse-Bündel mit dem Bedenken schließt, wie wichtig die Anerkenntnis des Vergangenseins der Gedanken sei, die man sich im Mittelalter machte.

42 Vgl. Groebner, *Das Mittelalter hört nicht auf*, Schieffer/Johanek, *Die deutschsprachige Mediävistik* und Demade, »L'Histoire«.

43 Das Besondere am *Milieu* der Geschichtswissenschaft in BRD-Zeiten, verglichen mit anderen westeuropäischen Staaten, war eine große Mitgliederzahl, eine großräumige konfessionelle und politische Nord-Süd-Spaltung, eine plurizentrische Organisation und eine sehr heterogene Fächer-Ausstattung an den Universitäten, die durch die breite Ergänzungswelle durch Gesamthochschulen seit den 1960er-Jahren noch weiter ausdifferenziert wurde. All dies konditionierte den relativ *offenen Reproduktionsstil* der Fächer. Als im Ge-

Museum (München) und dem Dauerauftrag im Arbeitsbereich Ältere Geschichte (Hagen) kam es zu weiteren Distanzierungen von der mediävistischen Normalidentität. Der Umgang mit den Bildern, Figuren und Geräten erschütterte die Selbstverständlichkeit der Schriftbezogenheit aller Objekte – ich lernte mich als »DIN-A4-Gehirn« zu kritisieren. Um mit der epochenübergreifenden Lehre Ernst zu machen, war mit mehreren Dimensionen der Autonomie »meiner« Disziplin zu brechen – mit dem »kurzen« Mittelalter (500–1500), mit den gängigen Epochenlehren vom Mittelalter und dem Profil des Themenkonsensus, mit der Verbindlichkeit der Nachweisgewohnheiten, mit den handwerklichen Anforderungen an streng mediävistische Fachlichkeit.[44] Mit dem Übergang an die FernUniversität 1985 war der Weg frei für die Umsetzung dieser Anbahnungen sowie die Fortsetzung der Experimente für zwei Jahrzehnte in einem – für die deutsche akademische Landschaft – einzigartigen Geschichtscurriculum. Ohne polemische Widerrede gegen dessen leichtfertige Modularisierung konnte ich 2004 nicht gehen.

2. Bourdieus zweite Dimension, das Brechen mit dem *common sense* im Selbst und mit den geläufigen Überzeugungen (*Doxa*) der Anderen im Fach, wird von den Radkaus, von Flasch und Guerreau als enorm wichtige Aufgabe reflexiver Selbst- und Fachkritik angesprochen – sei es die naive Suche nach den Ursprüngen, die Suche nach Vorläufern, der Glaube an durch die Zeiten gleichbleibende Probleme und Geltungen, sei es die naive Übersetzung alter Sprachzeugnisse, der anachronistische Einsatz moderner Begriffe und Konzepte, sei es die Annahme anthropologischer Konstanten im menschlichen Denken, Fühlen, Verhalten, Handeln durch die Zeiten samt ihrer interpretatorischen Konsequenzen. Auch meine Produktion ist in diesem Feld fest und kongruent verankert. Die Konfrontation des Mittelalters mit der Moderne, die Offenlegung der Differenzen, der Fremdartigkeit und Verschlossenheit des Mittelalters wurden zu wichtigen Hebeln der eigenen Forschung und der Lehre: Tauschwert versus Brauch-Werk, Musik versus *musica*, Text versus *textus* und vieles mehr. Hinzu kamen tiefgreifende Veränderungen: Mein Weg führte, gut erkennbar an allen drei Sektionen, von der Ideologie-

---

schichts-Curriculum verankertes Teilfach hatte die mittelalterliche Geschichte einerseits einen Grund-Status (mit Minimalausstattung), musste andererseits aber stets um ihre Autonomie besorgt sein – bis hin zur Latein-Frage, zum curricularen Anteil, zur Stellendefinition und Berufungspolitik. Die historischen Nachbardisziplinen befanden häufig maßgeblich darüber, welche Mediävistik und wie viel Mittelalter am Ort studiert werden sollte.

44 Zur Ergänzung vgl. Fußnote 5.

kritik über die Begriffsgeschichte zur historischen (Text-)Semantik – jedoch nicht im Sinne der Ersetzung einer (alten) Denkform bzw. Forschungsmethode durch eine andere (neue), sondern als Verschiebung, Kumulation und Überlagerung, was (für mich) auf Bereicherungen hinauslief.

3. Die Aufklärung der hemmenden bzw. zerstörerischen Folgen des disziplinären *Revierverhaltens* gilt allen meinen Gewährsleuten als wichtige Ursache der andauernden und sich verschärfenden Krise. Was Flasch als illegitime Autonomie, als »Abtrennungsgelüste der Disziplinen« beklagt, die den Strukturen des Wissens und Denkens im Mittelalter überhaupt nicht entsprächen, sondern sich allein der modernen Kodifizierung der wissenschaftlichen Arbeits- und Kompetenzteilungen verdanke, steigert Guerreau zur irrationalen »Logik der Zersplitterung«, zur kontrapoduktiven Spezialistenpolykratie, der jeder Sinn für das Ganze und seine Zusammenhänge abhanden gekommen sei. Der Ideologie der Spezialisierung, die sich unablässig mit Lippenbekenntnissen zur Interdisziplinarität tröste, hält er die Chance zu einer sowohl inhaltlichen als auch methodischen *Plurispezialisierung* entgegen. Jede Mediävistin, jeder Mediävist könne mit Leichtigkeit sowohl Literaturinterpret als auch Stadtarchäologe, Lateinlexikograph, Siedlungsgeograph, Liturgieforscher usw. sein – wenn die Einübungs- und Anerkennungsformen der Mediävistik – als doch multidisziplinärer Epochenwissenschaft – es nur zuließen. Ich habe im Laufe der Jahre über den engeren Ausgangspunkt der (ländlichen) Sozialstrukturgeschichte hinausgefunden in das offene Terrain einer post-disziplinären mediävistischen Anthropologie. Ebenso verunsichernde wie bereichernde Abstecher in andere Disziplinen wie Philosophie, Literaturwissenschaft, Archäologie und Siedlungsforschung, Bildwissenschaft, Musikologie, Linguistik/Lexikologie trugen das ihre dazu bei.

4. Das Reflexionsfeld der methodischen Verwissenschaftlichung der Objekte bzw. Gegenstände – hier bewusst materialistisch verstanden als *Schrift-Stück/ Stoff/Material* – liegt den Historikern und insbesondere den Mediävisten deutlich am meisten am Herzen.[45] Kein Wunder: Sie haben es, anders als die daten-produzierenden Gegenwartswissenschaften, mit außerordentlich unterschiedlich verursachten und überlieferten, immer »übergebenen« Zeugnissen/Dokumenten zu tun. Deren Indienstnahme für die Forschung und die Techniken allerdings, also die Operationen, sie zugänglich und versteh-

---

45 Zur Ergänzung berufe ich mich hier erneut auf die Untersuchung von Morsel, *De la qualification*.

bar zu machen – das Auffinden, die Archivierung, die Gattungsbestimmung, die Datierung, die Autorisierung, die Edition (des »Originals«), die Übersetzung –, laufen stets Gefahr, sie nach Form und Inhalt so weit zu textualisieren, dass sie ihrem damaligen Gebrauchssinn in verschiedenster Form und Stufung entfremdet sind, ob als Transskription, als stabilisierter Wortlaut, als typographierter Teil im Buch, als Gesamttext (im Bestand der wohlgeordneten Dokumentation) oder im sprechenden Zitat bzw. Referat (in der Darstellung). Im Zustand moderner Verfügbarkeit sind sie in »Quellen« der Disziplin verwandelt. Wenn überlieferungs-reflexive Mediävistik diese modernisierende Aneignung (die man auch als Originalitäts-Schwund verstehen könnte) problematisiert, dann im Wissen um die Vielfalt und konfliktuöse Parteilichkeit damaliger Literalitätsniveaus und (oraler) Verständigungskonstellationen, denen sich die Schrift-, Bild- und Gestaltwerke verdanken. Jedes Dokument hat in dieser Sicht als eigenartiger Tatort zu gelten. Flasch radikalisiert sie zur »Kampfplatz«-These. Durch die moderne mediävistische Arbeitsteilung vorgegeben, resultieren daraus Einordnungen bzw. Zuständigkeiten: das Epos, der Schwank den Literaten, die Chronik den Tatenerzählern, die Vertrags-Urkunde den Juristen und das Gesetz den Konstitutionalisten, die Urbare und Rechnungen den Ökonomen, die Bibelauslegung den Theologen, die Messneumen den Musikologen, Kruzifix, Retabel und Glasfenster den Kunstwissenschaftlern, die Pfostenlöcher und Flurwüstungen den Archäologen der Mediävistik. Die Kritik dieser Abschottungen, dieser Basis für die Reproduktion der Spezialistenpolykratie, hat enorme Bedeutung für die Befreiung der Mediävistik aus ihren selbst geschaffenen und gehüteten Beschränkungen. Eine wichtige Revisionsdevise besteht darin, diese teildisziplinäre Revierherrschaft über die gängigen Dokumenttypen durch radikales Restituieren einerseits und gezieltes Ausweiten der Quellenbasis andererseits zur damaligen Funktion und Eigensinnigkeit aufzubrechen. Zur objektmethodischen Reflexion gehört schließlich die Frage, welche Aufschlüsselungsverfahren der Dokumente den Verstehensaufgaben am besten entsprechen. Verkürzt gesagt, geht es um die Alternative, im Dokument entweder nach dem vom Autor Intendierten bzw. Gemeinten zu fahnden (Hermeneutik) oder jedes Schriftstück als ein Aussagegesamt (Sprach-Korpus) daraufhin zu untersuchen, was sein Vokabular und dessen Verteilung sowie seine Syntax dafür hergibt, welche soziale Ausdrucksform regiert, ob also die Frage beantwortbar ist, welche zeitgenössische Instanz sich hier artikuliert bzw. worüber *man* sich damals gerade streitet und verständigt (Semantik). Der Erzählroutine auf der Basis der konfligierenden Absichten der Handlungsbeteiligten, welche die Darstellungspraxis der Mediävisten weithin regiert, wird also die Suche nach dem kollektiven »Wir« bzw. unbewussten »Es« der sozialen Ausdruckweise als eigener Wirklichkeitsform gegenübergestellt. Dass beide Verfahren sich nicht ausschließen, ist selbstverständlich. Doch welche Rolle sie innerhalb des Fachs und für seine Zukunft spielen, ist eine offene Inquisition wert.

Mir selbst wurden diese Probleme der fachwissenschaftlichen Aneignung und Textualisierung der »Quellen« erst relativ spät bewusst, trotz schrittweiser Ausweitung der Zeugnisbasis meiner Arbeit. Die Historisierung des Text-Begriffs und die Gebrauchsgeschichte von *textus* haben mir die Augen über die Eigenart der materiellen Gestalt, der Sinnhorizonte und kommunikativen Funktionen der mittelalterlichen *scripta* (und *res*) geöffnet. Noch etwas später ist mir klar geworden, welchen ergänzenden, ja gesteigerten Beweiswert im Vergleich zur gewohnten Klärung des Sinnhorizonts von einzelnen Schlüsselbegriffen die *Mikrosemantik* haben kann – ob es das lexikographisch verfügbare Sinnfeld nur eines Wortes und seiner Attribute war, das numerische Gewicht eines formelhaften Basissatzes in unzähligen Lokalbeschreibungen oder die elaborierte mehrstufige Ausdrucksweise einer Person in nur einem Schriftwerk.[46] Heute brauche ich nicht mehr von »meinen Quellen« zu sprechen, sondern betrachte es vielmehr als eine Hauptaufgabe, die Ausdrucksstruktur mittelalterlicher Dokumente aufzuschlüsseln.

5. Als die Königsfrage sowohl für Bourdieu als auch für meine Gewährskollegen gilt die nach dem *Rang* des untersuchten Objekts für den Begriff vom sozialen Ganzen. Schon 1972 haben Joachim und Orlinde Radkau die geschichtswissenschaftliche Praxis danach beurteilt, wie wichtig das Abzielen auf makrohistorische Zusammenhänge, auf die Wiederholungsformen in Strukturen, auf deren beschleunigte oder verlangsamte Reproduktion, auf das Ineinander des Alten mit dem Neuen, auf das Gewicht der sozialen Konflikte genommen wird. In sehr ähnlicher Absicht pocht Guerreau darauf, was bei jedem einzelnen Untersuchungsschritt als Fernziel im Auge zu behalten sei, die mittelalterliche bzw. feudale Gesellschaft als (gedachte) Totalität unzähliger, aber hierarchisch strukturierter Beziehungen (Kohärenz). Auch Flasch reiht sich hier ein, wenn er die Eigenarten der auf Problemlagen antwortenden Denk-Ereignisse, deren Erforschung ja mit Recht die Hauptarbeit ausmache, im *Holismus* des epochalen Ganzen verankert sieht. Der

---

46 Zu allen Fragen der lexikographischen und semantischen Aufschlüsselung größerer, vor allem digitalisierter Zeugnis-Korpora ist auf Guerreau, *L'Avenir* zu verweisen.

Standardvorwurf, diese Perspektive medialisiere das Eigenartige (Besondere/ Individuelle/Einzigartige) der untersuchten Dokumente bzw. der in ihr repräsentierten Lebensverhältnisse bzw. unterwerfe es abstrahierender Verallgemeinerung (und entsprechender Vereinfachung), verkennt sie zutiefst, geht es ihr doch gerade um *zeitrahmen-adäquate* Erklärungen des Unwiederholbar-Singulären. Schließlich bleibt dabei stets klar, dass beide Denk- und Deutungsbewegungen, die induktive wie die deduktive, als Hypothesenbildungen zu verstehen sind, jeder autoritativen Verfestigung widerstrebend, offen für jede Kritik. Mich haben diese Spannungen zwischen dem Besonderen und Allgemeinen, ihre reziproken Spiegelungen, aber auch Störungen, anhaltend begleitet und zu Darstellungsexperimenten herausgefordert. So habe ich mich gefreut, wenn ich ihnen zugespitzte Form geben konnte – wie im Fall des feudalen Huhns –, oder wenn nur aufwendige Kleinstarbeit Regelhaftigkeiten und Merkmale zutage förderte, welche die latente Vorstellung vom Zusammenhang der ausschlaggebenden sozialen Beziehungen (die begriffliche Gesamt-Hypothese) verunsicherten – um sie zu ergänzen, zu modifizieren, zu verbessern. Daher gilt: Keine Reflexion ohne Revision. Ob all dies nun *meine* Mediävistik hinreichend als *reflexive* begründet, hat die Leserschaft zu entscheiden.

Textus

1. Alteuropäische Schriftkultur Ausgangsdimensionen und Grundtatsachen*

Ausgangsdimensionen

Es geht im Folgenden darum, eine methodische Vermessung anzustellen, die der Frage nachgeht: Wie lässt sich die Geschichtlichkeit einer Schriftkultur denken? Diese Vermessung stellt keine Geschichte des Schriftprinzips oder der Schriftkultur selbst dar, auch keine Theorie von beidem, sondern sie soll das Praxisfeld einer sozial und medial begrenzten Schriftkultur aufbereiten helfen, einer Schriftkultur also, die beherrscht bleibt von der Mündlichkeit (Oralität) der Lebensvollzüge. Wichtig ist dabei, dass die Elemente dieser Vermessung selber geschichtlicher Veränderung unterliegen.

Vermessen wird nach *Dimensionen*: Der zu vermessende Raum ist die Welt der *Schrift-Stücke*, der Dinge also, zu denen und in denen sich das Kulturprinzip (bzw. die kulturelle Technik) des Schreibens zum Geschriebenen verdinglicht, objektiviert hat und stetig neu objektiviert. Der Terminus »Stück«, von althochdeutsch *stucki* bzw. mittelhochdeutsch *stuck/stock:* das (von einem Ganzen) Abgetrennte, soll auf die unhintergehbare Materialität des Geschriebenen verweisen. Schreiben erzeugt nicht nur Schriftwerke, sondern auch Schriftstücke. Schriftkultur besteht aus und in ihnen, bezieht sich auf sie: Man kann dies den *Schriftbezug* einer Kultur nennen. Meines Erachtens kann man folgende Dimensionen unterscheiden, mit deren Hilfe die Historizität von Schriftstücken und die des Umgangs mit ihnen herausgestellt und beurteilt werden kann:

1. die *Herstellung* von Schriftstücken,
2. die *Wahrnehmung* von Schriftstücken,
3. die *Sinn tragenden Formen* in Schriftstücken,
4. der *Inhalt* von Schriftstücken und ihre *Beziehungen* untereinander,

---

* Teil der Einführung im Studienbrief der FernUniversität *Alteuropäische Schriftkultur,* Kurseinheit 1, Hagen 2003 (vgl. L 7).

5. die Art und Weise, wie diese vier Dimensionen in jeweils anderer Weise konkret funktionieren, bildet die *Schriftpraxis*.

Warum ist solcher Aufwand an Abstraktion nötig? Könnte man nicht einfach sagen: Es geht um das *Schreiben*, also das »Wie des Machens«, um das *Lesen*, das »Wie des Gebrauchens«, um die *Sprache*, das mediale »Was des Machens«, um den *Sinn*, das »Was des Gebrauchens« und endlich um die soziale *Funktion*, das »Warum und Wozu« dieses schriftgestützten bzw. schriftbezogenen Tuns?

Man könnte das. Es ist aber meine Absicht, eine Distanz zu unseren gewohnten, einfachen und geläufigen Leit-Begriffen zu erzeugen. Im Laufe der Zeit habe ich selbst beim Eindringen in das Thema der Historizität der Schriftkultur gemerkt, wie eng diese einfachen Leit-Begriffe – Schreiben, Lesen, Sprache – vom eigenen Erfahrungsraum umschlossen und bestimmt sind: Es ist die nahezu unsichtbare Einheit von stummem Lesen, Schreiben und Denken, die Grundfiguration heutiger geistiger Arbeit, die den Sinn jener Leitwörter bestimmt. Um aus diesem selbstverständlichen Erfahrungs-Dogma auszubrechen, ist eine Distanzierung von den geläufigsten Wörtern, das Suchen nach alternativen Wörtern und Begriffen sinnvoll, die wegen ihrer Allgemeinheit bzw. ihres abstrakten Charakters versprechen, fremde und unpassende Phänomene angemessen zu erfassen. Diese Sicht auf die andere Schriftkultur als einer prinzipiell fremdartigen kann man als eine schrift*anthropologische* Sichtweise bezeichnen. Die folgende thesenhafte Erläuterung der einzelnen Dimensionen soll diese Sichtweise erweisen.

Herstellung

Schriftkultur hat es mit der Geschichtlichkeit der *Herstellung* von Schriftstücken zu tun. Die Markierung von Sprach- oder Bildsinn tragenden Zeichen auf einer Fläche geht nicht im Schreiben bzw. Zeichnen/Malen, wie wir es verstehen, auf, sondern kann ganz andere Handlungen umfassen und viel mehr bedeuten. Es geht hier um die Folgen, die der *Zeichenbestand* einer Schrift für die Schreibfähigkeit hat: Tausende von ideographischen oder Hunderte von piktographischen Schriftzeichen (wie etwa in der chinesischen oder der altägyptischen Schrift) sind als Bestand nicht so leicht zu handhaben wie etwa 25 griechische oder lateinische Buchstaben. Gleiches gilt für den *Stoff,* der als Beschreibfläche dient: Inwiefern ist Meißeln in Stein, Schneiden in Holz, Eindrücken in weichen, Ritzen in gebrannten Ton, Pinseln auf Seide dem Umgang mit Feder, Tinte und Papier vergleichbar, inwiefern nicht? Zum Schreiben können sowohl die den Schriftauftrag *vorbereitenden* Verrichtungen gehören, als auch alles, was zum fertigen Schriftstück (Blatt, Stab, Brettchen, Rolle, Kodex, Stele, Tafel) gehört. Viele Schriften entstanden und bestehen weiter aus *Bildern.* Bilder begleiten Schriften, Bilder erklären Schriften bzw. Schriften erklären Bilder: Sind deshalb deren Maler Schreiber? Worin ist begründet und wer verfügt, *was* geschrieben wird? Schreiben kann Ab-Schreiben nach Vorlage, Auf-Schreiben nach Diktat sein. Das Diktat kann im Vor-Lesen von bereits Geschriebenem oder im eigenen spontanen bzw. genau überlegten Verfassen bestehen. Der Verfasser oder Diktierende kann von sich sagen, er habe geschrieben.

Endlich die Frage, wer die *Autorität* des Geschriebenen darstellt: Offenbarungsworte »schreibt« Gott, Urkunden »schreibt« der Herrscher – selbst wenn er lediglich unterschreiben bzw., schreibkundig oder nicht, lediglich be-siegeln kann. Beim Herstellen eines Schriftstücks geht es aber graphisch um wesentlich mehr, nämlich auch um die Anordnung des zu Schreibenden auf der Fläche. Schreiben ist *flächenbezogenes Handeln.* Es geht um die flächige Organisation des graphischen Systems, in dessen Rahmen Sinn verschlüsselt und entschlüsselt wird, dem die schreibende Hand gehorcht. Es geht um die ersichtliche Ordnung *aller* Bestandteile auf der Schrift tragenden Grundeinheit. Bleiben wir im Rahmen des alteuropäischen Alphabetismus bzw. »ABC-dismus«, dann heißt das: Es geht um die Beziehungen von Buchstabe zu Wort, von Wort zu Zeile, von Zeile zu Seite/Blatt, von Seite zu Rolle/Kodex/Buch. Dazu gehören allerdings wichtige weitere Elemente, die keine genuinen Bestandteile der (Buchstaben-)Schrift sind: Abkürzungs- und Satzzeichen, Akzente, Zahlzeichen und diakritische Zeichen (das heißt Unterscheidungszeichen zur zusätzlichen Differenzierung von Buchstaben/Phonemen). Dazu kommen Schriftteile, welche die Schriftblöcke gliedern, die Sinnteile exponieren: Stichworte, Überschriften, Verzeichnisse, Absätze, Paragraphen, (Seiten-)Zählungen. All dies ist als ein *graphisches Ganzes* zu sehen, das sich ständig verändert, Geschichte hat. Es weist die Schriftpraxis und Schriftkultur zugleich als Umgang *mit* der Schreibfläche und als Prägung *durch* die Fläche aus: Die schreibende Hand wird von diesem Bündel von Konventionen geführt, ja regiert. Wir hingegen, geprägt von ganz anderen Kulturtechniken, müssen über solche Prägungen rätseln, das damals Selbstverständliche als das uns Fremde bloßlegen, beschreiben und deuten.

Das zeitspezifische graphische System regiert aber nicht allein das einzelne Schriftstück. Seine Form und Kapazität bestimmt darüber, wie die Schriftstücke untereinander verknüpft sind und gegenseitig erschlossen werden können. Eine »flächengeschichtliche« Betrachtungsweise wird die Verweisformen beachten, die verschiedene einzelne Schriftstücke (grob oder fein) aneinander bindet (Technik der Zitation). Sie wird den mehrere Schriften enthaltenden Kodex, die Thora-Lade, den Urkunden-Schrein, das Tontafel-Magazin, die Bibliothek und das Archiv als *Orte versammelten* Schriftguts im Blick haben, als Räume, in denen Schriftflächen bewahrt und einzusehen bzw. zugänglich sind. Endlich wird sie die Schrift über Schriften, den *Schriftenkatalog* als Ordnungselement würdigen.

Flächengeschichte als Dimension der Schriftkultur handelt also nicht nur von Entwicklungen der Flächengestaltung, -nutzung und -imagination, sondern auch von solchen der Flächenverknüpfung, -kumulation und -hierarchie. Im unpaginierten alten Kodex, der weder Titel noch Worttrennung hat, wird der wörtliche Anfang des Geschriebenen (das Incipit) gleich einem Anfangsmoment der Lektüre erachtet und organisiert. Im modernen Buch hilft der Titel als ein mit der Seitenzahl ausgestatteter Ort, den Inhalt des Geschriebenen (wieder) zu finden. Aus der *Stunde* der Lektüre wird so die *Stelle*, der Ort zum Nachschlagen. War das Buch der Bücher im früheren Mittelalter die Bibel (oder eine andere heilige Schrift), so ist es heute die Bibliographie – oder bereits der Online-Katalog.

Die Herstellungsgeschichte von Schriftstücken sollte somit nicht allein die *Technik* des Schreibens und die *Imagination* des graphischen Systems aller Schreibflächen im Auge haben, sie muss gleichzeitig die Erstellung des Schriftstücks sowohl nach seinen materiellen als auch seinen symbolischen und sozialen Umständen und Bedingungen als *vielschichtigen Vorgang mit vielen Beteiligten* betrachten, das ist die methodisch leitende These.

Wahrnehmung

Schriftkultur hat es mit der Geschichtlichkeit der *Wahrnehmung* von Schriftstücken zu tun. Es besteht grundsätzlich die Gefahr, dass wir – unbewusst – annehmen, Menschen der Vergangenheit hätten in der uns selbstverständlichen Art und Weise gelesen. Ohne genauere Kenntnis davon also, wie ein Schriftstück in der Zeit, für die es heute als historisches Zeugnis betrachtet wird, gelesen wurde, wie damals sein Sinn entschlüsselt, wie das linienartige Nebeneinander der Zeichen (ob Buchstaben, Ideogramme oder Piktogramme) auf der Fläche in das Nacheinander des Sinnverstehens im Kopf verwandelt wurde, ist die Gefahr der ahistorischen Übertragung kaum zu bannen. So wie wir es selbstverständlich finden, leise zu lesen, und nur im Ausnahmefall Kindern, Blinden, Alten oder Analphabeten etwas vorlesen, so waren zu anderen Zeiten andere Formen des Lesens selbstverständlich. Ebenso wenig wie heute dachte man ehemals über diese Gewohnheiten nach – deshalb wurde darüber so gut wie nichts überliefert, deshalb fehlen uns schriftliche Nachrichten darüber. Um diese Differenzen aufzuspüren, kommt es sehr darauf an, die wichtigsten Wörter für die Wahrnehmung von Geschriebenem und ihre Zusatzbestimmungen genau auf ihren Sinn zu prüfen, und zwar innerhalb eines Schriftstils, bei einem Autor, in einer Epoche. Man denke etwa nur daran, was zum Beispiel Verben wie (vor-, mit-, über-)lesen, (an-, zu-) hören, vernehmen, (geschrieben) sehen, (an-, auf-)sagen, (vor-) tragen bzw. singen oder (vor sich hin) murmeln bedeuten können.

Es geht aber nicht nur darum, welche *Sinne* am Vorgang des Lesens beteiligt sind, ob man leise – mit den Augen – lesen kann oder laut – mit den Ohren – lesen muss, ob der Finger, fühlend bzw. zeigend, die Verbindung zwischen Auge und Zeile hält, oder ob man gar »in sich«, im eigenen Kopf oder Herzen liest. Man muss zugleich auch die Frage nach der Beteiligung verschiedener Personen bzw. Instanzen stellen, die sich nicht nur nach ihrem technischen Vermögen zur Lektüre oder ihrer Leseerfahrung, sondern auch nach ihrer kulturellen, kultischen, politischen oder ökonomischen Kompetenz voneinander unterscheiden. Wer darf lesen, wer muss vorlesen, wem wird vorgelesen? Muss der Vorleser verstehen, was er liest? Heißt Lesen wortwörtliches Ablesen oder übersetzendes Artikulieren eines fremdsprachigen Sinns? Viele Fragen dieser Art ließen sich anschließen. Lese-Geschichte hat es also mit *zweierlei* zu tun: Die Sinn-Entschlüsselung muss auf die Beteiligung verschiedener Sinne bzw. Organe (oder Orte) achten (Augen, Ohren, Kehle, Zunge, Lippen, Finger, ja das innere Auge oder das Herz). Eine Vielfalt sozial verbindlicher Gesten kann dazu gehören. Dass wir etwa beim Lesen meist auf einem Stuhl sitzen, ist, historisch gesehen, ein junges Phänomen und auch dann nicht überall verbreitet gewesen. Lesen ist also – Hantierung, Haltung, Handlung – ein spezifisch *historischer Wahrnehmungs-Habitus*. Lesen heißt das Zusammenspiel nicht nur der Buchstaben, Zeichen und Figuren selbst, sondern ebenso ihre Position im Rahmen des graphischen Systems, der eigenartigen Träger des Geschriebenen (Zettel, Urkunde,

Heft, Foliant, Grabstein, Kirchenportal). Wahrnehmungsgeschichtlich ist es entscheidend, die habituellen Verschiebungen in diesem hochkomplexen Zusammenspiel zu beobachten. Es geht also um *Sinne-Kombinationen* (als Struktur der Wahrnehmung) und um *Sinnes-Wandel* (als Entwicklung der Wahrnehmung).

Man darf also, wie auch beim vormodernen Schreiben – nicht von einer im Einzelleib vereinigten bzw. verschlossenen Sinn-Entschlüsselung (*Perzeption* und *Rezeption*) ausgehen, sondern man sollte sich das Lesen als sozialen Vorgang geteilter und gestufter Beteiligung vorstellen: Vortragen, Vernehmen, Verstehen – all dies kann als Lesen gelten, wird aber gleichzeitig von verschiedenen Personen, die am Lesevorgang beteiligt sind, repräsentiert. Die lese-historische bzw. lese-anthropologische These ist daher: Es geht um eine Rezeption in der Form organisch und sozial geteilter Perzeption.

Sinntragende Formen in Schriftstücken

Die Schriftkultur hat es auch mit der Geschichtlichkeit der sinntragenden Formen (Medien) zu tun. Gemeint ist natürlich vor allem die Sinnbewahrung und -vermittlung durch in Schrift übertragbare Sprachen. An dieser Stelle drängt sich die Mündlichkeit (Oralität) unausweichlich in die Darlegung. Schriftlichkeitsgeschichtlich geht die Betrachtung der Sprache nicht in der herkömmlichen Sprachgeschichte auf, die vor allem die Schreibweise (Graphie), den Wortbestand (Wortschatz), die Wortfügung (Syntax) und die Ausdrucksart (Stil) einzelner Sprachen erforscht – also genuin schriftspezifische Erscheinungen. Unter schriftanthropologischem Blickwinkel geht es dagegen maßgeblich um die Frage, wie die oben genannten Elemente in der Sprache des Schriftstücks mit den *Redeweisen* in Beziehung stehen, aus denen sie stammen, auf die sie sich beziehen, in die sie münden. Nicht nur, dass Schriftsprache nie ganz einfangen kann, was und wie gesprochen wird und wurde. Die Wörter, die Buchstaben säen und ernten nur einen Bruchteil dessen, was die Stimme meinen kann oder meinte. Denken sie allein an alle expressiven Ausformungen des Sprechens wie das Deklamieren, Rufen, Murmeln, Flüstern usf. Nur wenn man jeweils den tiefen Graben zwischen Rede und Sprache klärt, kann man ermessen, was die Schrift-Sprache bzw. was die Schriftstücke aus dem Gesagten machen (können) oder sie denen antun, die nur sprechen, nicht schreiben, nicht lesen können oder wollen. Was die

Soziolinguistik als den »Medienbruch« zwischen Oralität und Literalität versteht und erforscht, das untersucht die Schrift-Anthropologie als ein grundlegendes soziales Geschehen. Alle Verschriftung von Gesagtem oder Ausgesagtem, alles Verlesen von (Vor-)Schriften ist stets ein Begegnungsmoment zweier Welten, in dem über Macht und Ohnmacht, Offensive oder Defensive der Literaten oder der Illiteraten entschieden wird und deshalb entscheidende Auskunft geben kann über die soziale Praxis.

Darüber hinaus geht es aber auch um die sachliche und soziale *Reichweite* einer Schriftsprache und die Beziehungen mehrerer Schriftsprachen untereinander. Erstreckt sich eine Schriftsprache allein auf das Heilige oder auch auf das Recht, auf die Wirtschaft? Nach welchen Regeln wird sie gehandhabt: als totes System, das heißt in erstarrter und bindender Schreibweise (Ortho-Graphie), oder in enger Verbindung mit vielen alltäglich gesprochenen Mundarten, deren Klang und Ausdrucksweise mit jedem Munde, jedem Stand, jeder Landschaft variiert – also gewissermaßen als *Sprachen-Schrift*? Weiter ist wichtig, in welcher Nähe, Distanz und Rangstufung Schriftsprachen zueinander stehen, ob sie – obwohl gleichzeitig in Gebrauch – sich ausschließen, oder ob die eine an der anderen graphisch, phonetisch, grammatikalisch orientiert ist. In einer historisch-anthropologischen Perspektive der Schriftkultur ist all dies von größter Bedeutung. Gesellschaften und Zeiten, in denen meist gesprochen, Weniges geschrieben und nur zu bestimmten Anlässen (vor-)gelesen wird, die keine normierte Muttersprache(n) haben, sondern in Mundarten leben, deren Schriftsprache(n) sich nicht auf das Ganze der sozialen Wirklichkeit beziehen, sondern nur spezifische Wirklichkeits-Segmente in schriftkulturelle Pflege nehmen bzw. sie beherrschen, darf man nicht mit der – modern geläufigen – Haltung gegenüberstehen, jede Rede, jede Sache, jedes Problem könne verschriftet werden, jede Sprache gleichbedeutend neben der anderen stehen. Die dritte These lautet also: Die soziale und mediale Reichweite der Schrift-Sprache bestimmt – in ihrem Verhältnis zu den oralen Verständigungsmustern – maßgeblich über die historisch-anthropologische Eigenart einer Kultur mit.

Inhalt von Schriftstücken und ihre *Beziehungen* untereinander

Auch die Dimension der Geltung und Bewegung der Schrift-Inhalte gehört auf den Prüfstand der Geschichtlichkeit. Alle Wissenschaften, die überkommene Schriften deuten, sind von diesem Postulat berührt. Es geht hier nicht darum, die Deutungslehren und Interpretationsmethoden der verschiedenen Disziplinen kritisch zu vermessen. In schrifthistorischer Perspektive ist es entscheidend, dass man sich bewusst macht, inwiefern und inwieweit überkommene Schriftstücke *autonome* Gebilde waren, sowohl in ihrer Form als auch in ihrem Sinn. Anders gesagt, es geht darum, ob sie von ihren direkten Nutzern als *Texte* erstellt und verstanden wurden, oder ob sie erst später von nachfolgenden Generationen (bis hin zu uns) zu Texten gemacht worden sind. Dies mag seltsam klingen, ist doch für uns nahezu alles Geschriebene und Gedruckte Text: vom Text des Gesetzes über den der Oper, den der Musik, den des Geldscheins oder den der Arbeitslosenstatistik. Gerade darin besteht das schriftgeschichtliche Problem. Ein aus der Vergangenheit überkommenes Schriftstück hat selber eine Geschichte, die wir allzu leicht vergessen, wenn wir es zum Gegenstand unseres Verstehens, zum Text *für uns* machen. Wir müssen wissen, was durch diese aneignende Benutzung geschehen kann. Zur Erklärung hier nur drei Gesichtspunkte:

1. Die moderne Editionsweise und die Übersetzung von alten Schriften (als Druckschrift, mit deren technischen Gesetzen) hat zur Folge, dass neben dem Verschwinden des alten Schriftbilds, der Veränderung der alten Schreibweise, der Ersetzung der alten Sprache auch zum ursprünglichen Inhalt Gehöriges getilgt wird bzw. dass das in Vergessenheit gerät, was nicht zum Text im engeren modernen Sinn gehört: Bilder, Gebrauchsspuren wie Unterstreichungen, Durchstreichungen, Randbemerkungen, Flecke usf. Das heißt, die Modernisierung der Form berührt den alten Inhalt – dies auch schon in früheren Zeiten. In der tausendjährigen Überlieferung eines Schriftstücks sind wir heute lediglich die gerade letzten Benutzer. Wie viele Vorgänger wir hatten, welche Veränderungen, das heißt nicht nur Verbesserungen, sondern auch Entstellungen, Umnutzungen, Verrümpelungen, Beschädigungen den ursprünglichen Dokumenten widerfuhren, all das gehört mit zur Geschichte des Schriftstücks als Text.

2. Unsere Vorgänger können übergangen oder unterschlagen haben, welcher Gattung das Schriftstück zuzurechnen ist, zu was es – vor ihrer Zeit – getaugt hat. Überlieferung bringt stets die Gefahr mit sich, dass der *Zusammenhang* des einzelnen Schriftstücks mit seinesgleichen und mit anderen Schriftgattungen seiner Zeit verloren geht. Heutzutage nennt man diesen

Zusammenhang *Kontext*. Diese Trennungen berühren den Inhalt des Schriftstücks maßgeblich, wird es doch in anderer Umgebung anders deutbar.

3. Wenn überkommene Schriftstücke als Texte – die Fachwissenschaften haben viele Wörter dafür: Quelle, Material, Zeugnis, Werk, Dokument – herangezogen, betrachtet, gedeutet, ja *aus*-gewertet werden, dann ist, schriftkulturell und schrifthistorisch gesehen, eine *Aneignung* vollzogen. Was mit dem Erkenntnisauftrag der modernen Fachwissenschaft als zeitgemäße Wahrheitssuche gerechtfertigt ist, könnte jedoch im Selbstverständnis der Toten, (zu) denen das Schriftstück gehört, als Kirchenraub, Grabschändung und Ideenvergiftung gelten. Jede Vertextung von Schriftstücken muss sich dieser sowohl entfremdenden als auch aneignenden Randbedingungen der Modernisierung gewärtig sein und bleiben. Neben den entfremdenden Wirkungen des Zusammenspiels von Überlieferung und Deutung ist aber auch der Gesichtspunkt der *Kumulation* von Schriften, der des *Bestandswachstums* und der *Bestandsdifferenzierung* nicht zu vergessen. Während in Formen mündlicher Gedächtnisbildung und Gedächtniskultur das jeweils Unwichtige, Belanglose dem Vergessen anheimfällt oder vergessen gemacht, das Erinnerungswürdige hingegen den Verstehensbedürfnissen der Gegenwart angepasst wird, kann Verschriftetes in seiner festgehaltenen Form veralten, ohne zu sterben, kann ohne Anerkennung überdauern, kann als geistiges Gerümpel liegen bleiben. Aber nicht nur dies führt in Schriftkulturen zur Aufhäufung von Schriften. Noch wichtiger ist die Wirkung des *Auslegungs*prinzips. Das Schriftstück, dessen Inhalt normative Kraft innewohnt und das deshalb nicht nur wortwörtlich verkündet, sondern auch im Schriftsinne verstanden werden muss – man denke an alle »Heiligen Schriften« oder »Gesetze« – erzeugt unablässig neue Schriftstücke, die es auslegen. In dem Maße, wie ihr alter ewiger Sinn (Kanon) im Licht der jungen, zeitgemäßen Erwartungen und Erfahrungen der Erklärung bedarf, gebiert eine Schrift die andere(n), und zwar nicht nur nach, sondern auch neben sich. Es entsteht und entwickelt sich ein (gelehrtes) Auslegungswissen in breiter Verzweigung mit verschiedenen Graden der Offizialität und Aktualität. Für eine schriftanthropologische Sichtweise und Bearbeitungsmethodik kommt es also – das ist die vierte These – darauf an, diese beiden Grundtatsachen der kulturellen Entfremdung sowie der wissensausweitenden Kumulation der Schriftstücke im Laufe der Zeit durch die sinn-aneignende Auslegung zu bedenken und mit den Selbstverständlichkeiten der heutigen Textsituation und Textinterpretationslehren zu konfrontieren.

Schriftpraxis

Für die Geschichte einer Schriftkultur ist schließlich der Maßstab, das heißt die Häufigkeit, die sachliche Reichweite und die soziale Bedeutung des Gebrauchs von Schriftstücken und Schriftwerken entscheidend. Ich fasse dieses Zusammenspiel der bisher behandelten Dimensionen zum Ganzen der jeweiligen *Schriftpraxis* zusammen. Aus dieser Bündelung ergibt sich eine zentrale schriftanthropologisch-historische Folgerung. Die kurzen Kommentare zu den vier Dimensionen mündeten meist in Hinweise darauf oder Fragen danach, wer mit welchem Ziel und Effekt Umgang mit Schriftstücken hat. Erst im Zusammenwirken detailgenauer Nachzeichnung der Herstellungstechnik von Schriftstücken, der Anordnungsformen, Artikulationsweisen und Deutungsstile in Schriftstücken, sowie ihrer Wahrnehmung und Tradition bzw. Erneuerung entsteht ein spezifisch historisches schriftkulturelles Bild, wird die *Situation* einer Schriftkultur, das aktuelle Profil der gültigen Schriftbezüge deutlich. Die Vermessungsarbeit führt also direkt an den wissenschaftlichen Umgang mit fremden Schriftstücken heran. Das ist die methodische Essenz meiner Ausführungen. Es geht immer darum, was jeweils schriftanthropologisch der Fall ist. Jedes Schriftdokument ist ein *Tatort*, dessen verborgenes Geschehen und Gewicht zu eruieren ist.

Damit kann die Vermessung enden. Doch sollte noch Folgendes betont sein: Die Geschichte der Schriftlichkeit ist keine Fachwissenschaft, keine Grund-, Hilfs- oder Teildisziplin, sondern ein spezifisches Fragen und Antworten, das aus dem Durchkreuzen vieler Disziplinen besteht, ohne diese nach Bedeutung zu staffeln. Die Geschichte der Schriftlichkeit kann also bekannt machen mit vielen Methoden, mit Nachbarwissenschaften, kann vermitteln, dass Geschichtswissenschaft kein sachlich abgezirkeltes Terrain ist, sondern dahin führt, wohin das Interesse zielt und wie weit die Überlieferung reicht. Die Geschichte der Schriftlichkeit kann aber auch den Selbstverständlichkeiten im Umgang mit Stift, Papier, Buch und Gedächtnis, die heute (noch?) gelten, mit Herkunftswissen und Abgrenzungsgeist beikommen. Das Beste, was einem Historiker bzw. einer Historikerin als Person passieren kann, ist das Ereignis der *Selbstveränderung* mit Hilfe der Geschichte. Daraus ergibt sich letztlich die Ernsthaftigkeit des gesellschaftlichen Auftrags der Historie als Wissenschaft.

Grundtatsachen der Schriftkultur im Mittelalter

Zur Ergänzung des bisher Dargelegten werden im Folgenden zehn Grundtatsachen der mittelalterlichen Schriftkultur in faustformelartiger Aufzählung beigegeben.

1. Im Jahrtausend des Mittelalters (und bis heute) herrschte und herrscht die lateinische Schrift, das heißt der kleine Bestand lateinischer Buchstaben (also das ABC von A bis Z, nicht das griechische Alpha-Bet) ergänzt durch die lateinischen Zahlzeichen.

2. Dieser schmale Bestand, der für eine ungewöhnlich stabile Schreibweise (Graphie) sorgt, wird im Laufe des Mittelalters durch verschiedene Zeichensysteme maßgeblich ergänzt: durch die indisch-arabischen Ziffern (0, 1 bis 9 plus dezimale Subdivision zum Stellenzahlsystem: 1.027, 44 usf.), durch eine komplexere Zeichensetzung, die der Schriftsprache mehr syntaktische Binnenlogik beschert, durch nicht buchstäbliche bzw. numerische Zeichen (Operatoren), die es erlauben, Rechen- und Messoperationen zu verschriften, zum Beispiel der Bruchstrich, das Gleichheitszeichen, das Wurzelzeichen usf., dazu Unmengen von Signaturen zur Identifikation von Waren, Häusern, Meistern, Firmen usf.

3. Zu diesen Ergänzungen kommen zwei weitere Darstellungsdimensionen voller Entwicklungskraft: die Bebilderung der Schriften in Büchern und die Beschriftung von Bildern in Fenstern, auf Wänden, Decken, Böden, mobilen Gegenständen (Grabplatten, Teppichen, liturgischen Gewändern) in ganz verschiedenen Mal-, Stick- und Wirktechniken, sowie die Erfindung der Notation von ein- und mehrstimmigen Gesängen, später auch instrumentalen Musiken (Liniensystem für die Höhe und Mensuralnotation für die Länge der Töne, Pausenzeichen usf.).

4. Im früheren Mittelalter gilt die Vorherrschaft des Pergaments (vor Holz, Stein, Metall und Textilien) und des Kodex sowie des Heftes (vor der Rolle, dem Holztäfelchen), seit dem 13. Jahrhundert allmählich begleitet, dann zunehmend verdrängt vom Papier (aus verkochten Lumpen). Für beide Organisationsformen der Schreibfläche gilt das Prinzip der Seite (Vorder- und Rückseite des Blattes) und des aus mehreren Lagen gefalteten und zwischen zwei feste Deckel gebundenen Buchs. Die Verbesserung der Seiten- und

Buchordnung erbringt ungeahnte Rationalisierungsgewinne, die sich auf die Herstellung und Handhabung (Schreiben und Lesen) der Schriftstücke auswirkt und – über die Layout-Revolution des 12. und 13. Jahrhunderts – schließlich zum Druck mit beweglichen Lettern, zu Holzschnitt und Kupferstich fuhrt. Damit wird die pergamentene Kodexkultur von der papierenen Buchkultur abgelöst.

5. Durch die verschiedenen Standardisierungsschübe in der Schreibproduktion (Schrifttypen, -farben, -größen, Druck) treten die öffentliche Graphie und die private Schreibweise auseinander. In den Feldern der Schriftpraxis entstehen Kombinationen von Buchschrift, Aktenschrift und Handschrift, ein wesentlicher Ausgangspunkt für die Objektivierung (Amtsschriften) und die Individualisierung der Schriftformen und des Schreibstils. Schreiben und Buchherstellung wird damit auch zur gewerblichen Profession, Schriftwerke werden zu käuflichen Gütern.

6. Ähnliches gilt für die Lesetechnik. Im Laufe des Mittelalters entsteht, maßgeblich unterstützt von der Entstehung der Worttrennung und der syntaktischen Interpunktion, die leise Lektüre – neben allen Formen von reoralisierendem Verlesen, Vorlesen, Mithören usf. Diese stille Lektüre bildet die Voraussetzung für die Beschleunigung und die Privatisierung des Lesens (wobei die Brille entscheidend mithilft), die Transformation der Lesestätten in Räume geistiger Stillarbeit und intimer Gefühle- und Genüsse (Mystik), dies im Wesentlichen im Sitzen und mit einer spezifischen Einengung (und Konzentration) auf den Sehsinn mit entsprechenden Folgen für die sinnliche Wahrnehmung des Wissens und der Welt (Visualisierung).

7. Kaum zu überschätzen in seiner schriftkulturellen Tragweite ist die Überführung der alteuropäischen Regionalidiome oder vernakulären Redeweisen in die lateinische Schrift. So entsteht seit dem 12. und 13. Jahrhundert eine regional und sozial variierende Mehrsprachigkeit in jeweils eigentümlicher Schriftgestalt – Latein und Niederdeutsch hier, Latein und Volgare bzw. Provenzalisch dort. Damit wird die schriftkulturelle Doppelhegemonie, die Verbindung von lateinischer Schrift und lateinischer Sprache, aufgebrochen und zur alteuropäischen Schriftsprachenvielfalt mit all ihren Folgen für Politik, Glauben, Wirtschaft und Literatur – insbesondere für alle (mutter-)sprachgestützten »Nationalisierungen«.

8. Im Mittelalter wird, ausgehend von der beständigen Auslegung der maßgeblichen Offenbarungsworte Gottes (als *textus* der Heiligen Schrift), eine Verstehenskultur etabliert, die unablässig Kommentare und Glossen zu vorgängigen Schriftwerken, zuerst in Theologie und Kirchenrecht, dann zunehmend auch in allen praxisrelevanten Wissensbereichen (Wissenschaften) generiert. So entsteht ein – ungleichmäßiges – Wachstum an Deutungsschriftgut mit der Tendenz, sich zu eigenen Gattungen zu verselbständigen. Gattungen allerdings, die durch die Tradition der antiken Wissensformen maßgeblich vorbestimmt bleiben: Das Recht, die Poesie, die Medizin, das technische Wissen, die kirchliche, staatliche und städtische Administration, der Waren- und Geldhandel, der Landbesitz, die grundherrliche Rentenkontrolle und das Gewerbe finden zum eigenständigen Schriftwesen und zu besonderen Bewahrstätten (Enzyklopädien, Archive, Bibliotheken, Bücherbehältnisse und -möbel). Begleitet wird dieses Wachstum von einer Individualisierung der Verfasserschaft, die immer mehr Schreiber, Kopisten, Kompilatoren und Kommentatoren zu »Autoren« werden lässt. Das Wachstum findet zudem in verschiedenen Einrichtungen zur Ausbildung und Verfeinerung der jeweiligen Schreib- und Lesetechniken seinen Niederschlag: Klosterschulen, städtische Lateinschulen, kommerzielle Privatanleitung (Lehre), Studium an Universitäten, klerikales und humanistisches Gelehrtentum.

9. Trotz aller Kumulations- und Ausdifferenzierungsprozesse in den Formen, den Inhalten und den Funktionen des Schreibens und Lesens, Zeichnens und Malens der Schrift-, Zeichen- und Bild-Stücke bzw. -Werke kommt es während des Mittelalters nirgends zur formal und sozial umfassenden Alphabetisierung (Literalität). Vielmehr ergibt sich eine stets schwer überschaubare Vielgestaltigkeit, die von hoch elaborierter Verfasserschaft in mehreren Sprachen (Gelehrtheit, Dichtung) über Grundkenntnisse des Diktierens, Notierens, Unterschreibens usf. sowie laienhaftes Erkennen und Mitbekommen von Geschriebenem oder Gelesenem im breiten Alltagsfeld bis zu eng spezialisierten Ausführungstechniken in Gottesdienst, Amtsstube, Kontor, Bauplatz, Werkstatt oder Schreibstube reicht. Man könnte von ständisch begrenzten Amplituden schriftkulturell beeinflusster oder dominierter Lebensführung sprechen: Jeder soziale Status tendiert zum eigenen schriftpraktischen Profil.

10. Alle diese Grade und Profile stehen in jeweils anderen Wechselbeziehungen zu den alltäglichen oder zu berufsspezifischen Formen mündlicher Lebensführung und Wissensnutzung. Auf allen Foren, in allen Situationen des Schriftgebrauchs findet man deshalb eigentümliche Entsprechungen oder Ausformungen der Mündlichkeit im Verhältnis zum Schriftgebaren: artifizielle Singtechnik hier, Versimprovisation zur schlichten Leier dort, einfachste Rechenoperationen beim Vermessen, Wiegen, Bauen hier, täglicher Dreisatz im Kontor dort, theologische Gedächtniskunst beim Beweisgang zum Sinn einer Bibelstelle hier, dialektische Zerpflückung eines kanonistischen Satzes dort, ein ungelenkes Kreuz zur Bezeugung der Mitwisserschaft hier, eine seitenlange Liste von Warenzeichen, Firmennamen und Lieferungsterminen dort.

2. Vom Mönchslatein zum Schriftdeutsch
Über die Dynamik der Schriftkultur im Mittelalter*

Viele haben aus dem Geschichtsunterricht noch das Ereignis in Erinnerung, das als Höhepunkt der Reformation gilt: Martin Luther auf dem Reichstag von Worms im April 1521. Sein angebliches Bekenntnis: »Hier stehe ich und kann nicht anders. Gott helfe mir!« galt für Jahrhunderte als Maxime des mutigen Protestantismus. Worum ging es damals konkret? Der Augustinermönch und Theologieprofessor aus Wittenberg war seit Anfang Januar vom Papst gebannt. Dennoch war er von Kaiser Karl V. vorgeladen worden, um sich zu verantworten, gesichert durch einen kaiserlichen Geleitbrief. Luther, das stellte sich schnell heraus, sollte widerrufen. Er wurde vor den Kaiser zitiert und folgendes gefragt:

Doctor Martinus welle ansagen, ob er sich zu den buchern bekenn, die in seinem Namen seint ausgangen, und ob er sie widerruffen welle oder nicht.

Danach wurden ihm die Titel der betreffenden Werke einzeln vorgelesen. Luther antwortete nur kurz, bat weiter um einen Tag Bedenkzeit und erklärte sich am folgenden Tag auf Lateinisch und auf Deutsch. Zitiert sei hier eine moderne Verdeutschung seiner lateinischen Erklärung:

Allerdurchlauchtigster Kaiser, durchlauchtigste Fürsten! Eure geheiligte Majestät hat mir gestern zwei Fragen vorgelegt: ob ich die unter meinem Namen verbreiteten Schriften, deren Titel verlesen wurden, als die meinigen anerkenne und ob ich sie weiter vertreten oder widerrufen wolle. Auf die erste Frage habe ich sofort die klare Antwort gegeben, bei der ich auch bleibe und in Ewigkeit bleiben werde: Es sind meine von mir unter meinem Namen veröffentlichten Schriften, sofern nicht durch gegnerische List oder durch Besserwisserei etwas darin verändert oder entstellt worden ist. Denn ich erkenne nur das an, was mir allein gehört und von mir allein geschrieben ist, ohne jede fremde Auslegung, so gut sie auch gemeint sei.

Luther verhielt sich hier bereits wie ein »moderner« Autor. Er bekannte sich in Worms nur zu den von ihm selbst geschriebenen Worten in seinen Bü-

---

* Leicht geänderter Text eines Vortrags, gehalten im Juli 2001 (im Südwestfunk).

chern. Für mögliche schriftliche oder mündliche Abweichungen von diesem »autorisierten« Wortlaut, seien sie nun beim Satz, also beim Übergang zum Druck entstanden, oder in der öffentlichen Auseinandersetzung aufgekommen, übernahm er keine Verantwortung. Luther betonte dies so konkret, weil er wusste, dass seine Worte in aller Munde waren. Man schätzt heute, dass 1521 zirka 500.000 Exemplare seiner Schriften verbreitet waren – und wie viel größer mag die Zahl derjenigen gewesen sein, denen aus diesen Schriften vorgelesen worden war oder die wenigstens von ihnen gehört hatten? So wie der zum Ketzer erklärte Luther im Kampf um den rechten Glauben nur seine eigenen Auslegungen keiner anderen als der Heiligen Schrift als Bezugspunkt der Kritik anerkannte, so musste er diese Auslegungen als korrekt gedruckte Texte definieren, um deren wahren Gehalt zu ringen und rechten war. Die Reformation ist, so gesehen, also ein Kampf um das Bibelverständnis auf der Grundlage standardisierter, schneller und massenhafter Vervielfältigung, personaler Autorschaft und Textoriginalität. Oder kürzer gesagt: ein Streit um gedruckte Worte.

Diese Situation war durchaus neu. Aber in welcher Hinsicht? Gutenbergs Erfindung des Buchdrucks mit beweglichen Buchstaben lag schon 70 Jahre zurück. Druckwerkstätten hatten sich, von Oberdeutschland ausgehend, um 1521 in über 50 Städten des deutschen Reiches etabliert. Ein wichtiger Anteil des früher handschriftlich überlieferten Schriftguts lag inzwischen gedruckt vor; viele Übersetzungen aus dem Lateinischen ins Deutsche, darunter auch eine Bibel, hatten viel heiliges und profanes Wissen für Lateinunkundige zugänglich gemacht. Das für die Reformation Neue bestand also nicht im gedruckten Buch, sondern in der Methode, wie dieses etablierte Instrument im Meinungskampf eingesetzt wurde. Die sich gewissermaßen jagenden gedruckten Bücher, Pamphlete und Flugblätter »machten« die Reformation. Sie war keine Medieninnovation, sondern vielmehr eine Lektüre- und Debattenrevolution. Gerade um eine Medieninnovation soll es im Folgenden gehen, nämlich um die unauffällige, aber beständige Anbahnung all dessen, was die moderne vielsprachige und druckschriftliche Buchkultur seit der frühen Neuzeit bis heute möglich gemacht hat. Aber es geht nicht nur um die Geschichte des Buchs als Schrift tragendem Gegenstand – es geht auch um den Denkstil und die Verhaltensweisen im Umgang mit Schrift und Buch. Man könnte es die alphabetische Mentalität im vormodernen Europa nennen: Auch das Lesen und Schreiben, das Nutzen und Verstehen von Schriften und Büchern hat eine bewegte, hoch interessante und zu wesentlichen Teilen mittelalterliche Geschichte.

Diese beginnt natürlich früher. Die Schriftkultur der Antike war zwar bestimmt von der Lautschrift, aber zweigeteilt: Griechisches Alphabet und römisches ABC bestanden nebeneinander. Jeder dieser beiden damaligen Weltsprachen diente eine entsprechende Schrift, aufgetragen auf Papyrusrollen, die leider fast alle vergangen sind, bewahrt aber auf unzähligen Inschrift-Steinen, die heute die Museen und Ruinenfelder bevölkern. Es waren die lateinischen Christen und die katholische Kirche, in deren Kreisen man sich zwischen dem 2. und dem 5. Jahrhundert für drei Neuerungen entschied:

- Erstens für die Übersetzung des Kanons der hebräischen und griechischen heiligen Schriften ins Lateinische, woraus eine für das Christentum des Westens geltende Normbibel, die *Vulgata*, entstand
- Zweitens für die Nutzung des Pergaments, der Schafs- bzw. Ziegenhaut, als viel beständigerem Beschreibstoff
- Drittens für den Kodex, das zweiseitig beschriebene, aus vielen Blättern zusammengebundene »Schriftding«, das die Rolle ablöste. Ein solches lateinisches, heiliges und haltbares Ding konnte vom 4. Jahrhundert an als »Text« gelten.

Diesem Ding, dem pergamentenem Kodex der heiligen Schriften, sollte die Zukunft gehören. Das christliche Glauben, Denken und Herrschen im mittelalterlichen Westen blieb an diese Buchform gebunden. Noch etwa tausend Jahre später konnte ein älterer Zeitgenosse Luthers, der gelehrte Abt und Büchersammler Johannes Trithemius, in seinem »Lob der Schreiber« mit Recht behaupten, das per Hand beschriebene Pergament sei dem Papier, das die gedruckten Wörter trug, haushoch überlegen. Pergament überdaure tausend Jahre – und wie lange halte das Papier? Höchstens zweihundert Jahre. Aber: Selbst wenn Trithemius oder Luther einen Kodex aus dem 5.-7. Jahrhundert vor sich liegen gehabt hätten – er wäre für sie kaum in gewohnter Manier lesbar gewesen, obwohl beide die lateinische Sprache und die lateinische Schrift bestens beherrschten. Warum? Vor allem das Schriftbild des Kodex hätte ihnen schwer zu schaffen gemacht. Die darin in abstandsloser Buchstabenfolge geschriebenen Zeilen wären ihnen unzugänglich erschienen. Sie hätten die einzelnen Wörter nicht auf einen Blick erfassen können. Nur durch suchendes und aufrufendes, murmelndes Gruppieren der Buchstabenfolgen hätten sie die Wörterkette, die den geschriebenen Sinn enthielt, ermitteln können – so wie es heute noch die Erstklässler beim Lesenlernen mit dem unter der Zeile mitwandernden Zeigefinger tun.

Dieser lückenlosen Schreibweise der Antike entsprach ein völlig anderer Lesestil: die aussprechende, mitsprechende, laute Lektüre, das Lesen mit den Augen für ein Verstehen mit den Ohren. Solches Lesen war schwieriger, bedurfte intensiver Ausbildung und Übung. Gute Leser waren begehrte Diener. Der normale Gebildete, die römischen Aristokraten und Senatoren ließen sich vorlesen. Und sie nahmen selten den Griffel in die Hand, sondern diktierten ihren Schreibern ihre Briefe, Befehle und Gedichte. Gelehrte Leute wie Cicero, Tertullian oder Augustinus, die persönlich schrieben und lasen, waren die Ausnahme. Luther jedoch verstand sehend, was er stumm las. Diese Technik, auch noch für uns selbstverständlich, ist erst ganz allmählich entstanden. In der Spätantike fast noch eine Unmöglichkeit, haben sie die frühmittelalterlichen Geistlichen, besonders aber die Mönche, in winzigen Schritten auf den Weg gebracht. Nicht etwa, dass sie das stille Lesen gezielt lernen wollten. Lesen war für sie eine grundlegend hörbare Angelegenheit, auch meist eine gemeinsame. Im Zentrum des klösterlichen Lebens standen die gottesdienstlichen Gebete bzw. Gesänge und Lesungen der einschlägigen Bibelworte. Dazu kam das Vorlesen erbaulicher Schriften bei Tisch. »Für sich« zu lesen, war eher verpönt – in der Regel des Heiligen Benedikt wird jedem Mönch nur ein Buch pro Jahr zur Lektüre empfohlen, mehr nicht.

All das geschah lateinisch, in einer Sprache, die außerhalb der Kirchen immer weniger gesprochen wurde. Das alltägliche Reden der Leute in den westlichen Provinzen des ehemaligen Römischen Reiches hatte sich längst weit vom starr gewordenen Schriftlatein entfernt, ohne dass sich bereits die späteren romanischen Sprachen entwickelt hätten. An seine Seite waren die Idiome der germanischen Eindringlinge, der Franken, Westgoten, Ostgoten, Bajuwaren, Angeln und Sachsen getreten, die nun zu christianisierten Herren und Bauern geworden waren. Aus all diesen Leuten rekrutierte sich der neue geistliche Stand, der einzig schriftkundige in dieser neuen Gesellschaft. Geistlicher zu werden hieß also, das Lateinische als Sprache und als Schrift lernen zu müssen, sich darin beständig zu üben, um Fortschritte auf dem Weg zu Gott zu machen und den Gläubigen die rechte Lehre zu weisen und geistliche Hilfe zu leisten. Es waren besonders die irischen und die angelsächsischen Mönche, also diejenigen, denen das Lateinische besonders fremd war, die seit dem 7. Jahrhundert damit begannen, sich den Zugang zum Latein dadurch zu erleichtern, dass sie beim Schreiben, besonders aber beim Abschreiben alter Bücher, die lateinischen Buchstaben zu Wörtern gruppierten und regelmäßige Abstände zwischen ihnen ließen. Wie diese neue Gewohnheit allmählich auf das Festland übergriff und dann ab dem 11. Jahrhundert als Standard in ganz Lateineuropa galt, ist eine verwickelte, erst jüngst in ihren Grundzügen erforschte Geschichte. Wie dem auch sei, auf diese Weise entstand das »Wortbild«, ein abstraktes Schriftgebilde ganz eigener Art, mehr als ein Buchstabe und meist auch mehr als eine Silbe, mit Hilfe dieser beiden aber unendlich in Zusammensetzung und Länge variierbar. Das Wort war nun das sichtbare »Atom« der christlich-lateinischen Schriftsprache, ohne die Starrheit der Hieroglyphe oder die Komplexität des chinesischen Schriftzeichens – eigentlich ein Schriftzwitter zwischen Laut und Satz, ein Garant für effektiveres Sinnerfassen – und die Voraussetzung für die verinnerlichte, stumme Lektüre. War für Augustinus das Wort noch grundsätzlich Klang, so konnte es nun seine Herrschaft als Zeichen beginnen.

Die Schriftkundigen gewöhnten sich im früheren Mittelalter aber nicht nur an dieses Wortbild, sondern sie arbeiteten auch an der Verbesserung der Seite; sie schufen das Seitenbild. Würde ich anstelle von Seitenbild den Begriff »Layout« verwenden, wäre sofort klar, was ich meine. Die Maximen, mit denen besonders die schriftgelehrten Diener um Karl den Großen auf die Mönche und den Klerus einredeten, lauteten: mehr Deutlichkeit, mehr Genauigkeit, mehr Korrektheit – natürlich zum Lobe Gottes und gedeihlicher Herrschaft, dies besonders im Lateinwesen, beim Schreiben, Aussprechen, Singen, Verstehen und »Verdolmetschen«. Diese Kulturpolitik, die sogenannte »karolingische Renaissance«, führte zum einen zu einer klareren Buchstabenformung. An die Stelle des regionalen Wirrwarrs herkömmlicher Schreibweisen trat im Laufe etwa eines Jahrhunderts eine, den einzelnen Buchstaben verdeutlichende Kleinschrift, die als karolingische Minuskel in die Geschichte eingegangen ist und die bis heute die Grundlage unserer Druckschrift bildet. Sie verbreitete sich in so gut wie allen Klosterschreibstuben. Dazu kamen weitere graphische Verdeutlichungen. Bei ihren Abschreibereien zogen die Mönche mit Lineal und Bleistift gleich lange Linien auf der Seite, damit die Buchstabfolge nicht tanzte und der gesamte Schriftblock ausgewogen in der Mitte der Seite platziert war, umgeben von gleichmäßigen, schriftfreien Randflächen. Man bildete Absätze, indem man Zeilenreste oder ganze Zeilen frei ließ, um Sinneinheiten sichtbar zu machen. Man hob den Beginn von Absätzen oder Sätzen durch einen Großbuchstaben hervor. Man benutzte größere Buchstaben für Überschriften oder wählte eine andere Schriftart, ja auch eine andere Schriftfarbe, besonders das auffällige Rot. Man nummerierte Abschnitte mit römischen Zahlzeichen. Man ließ genau berechneten Platz zwischen den Zeilen oder im Schriftblock, um vorher geplante Zeichnungen, Figuren oder Zeichen hinzuzufügen, ebenso aber ließ man Platz für viel kleiner geschriebene Bemerkungen zum Hauptschriftblock. Man ordnete Aufzählungen von Namen, Orten oder Dingen in Kolumnen, schrieb sie also untereinander, um sie überschaubar zu machen. So entstand ein Arsenal von schreibtechnischen Ordnungsmitteln, das dann seit dem 12. Jahrhundert jeder gute Schreiber im Kopf hatte, wenn er ans Werk ging, das heißt eine Seite plante. Ein Bild also nicht nur vom schnell erfassbaren einzelnen Wort, sondern auch eine Vorstellung von der deutlich gegliederten Seite war entstanden. Die standardisierte Seite war geboren, verwendbar für jedes Schriftstück, sei es die einseitige Urkunde oder die Grabinschrift, das unscheinbare Heft einer Güterbeschreibung, die Sammlung von Königsedikten oder das Prachtevangeliar.

Doch damit nicht genug. Die Ordnungsdynamik erfasste auch den Kodex selbst. Die Mönche durchgliederten und erschlossen nicht nur die Seite, sondern auch das Werk. Sie unterteilten die Werke, die sie diktiert bekamen oder abzuschreiben hatten – die Bibel nicht ausgenommen –, auf mehreren Stufen in Bücher, Teile und Kapitel. Dann benannten sie diese Ordnung nach dem ABC, der Zahlenreihe oder einer Kombinationen von beidem. So erhielt alles Wichtige seine formale Signatur: Buch A, Teil c, Kapitel VI, Abschnitt 4 usf. Die Autoren oder die Abschreiber bauten in die Werke neuartige, über die Bibelzitate hinausgehende Verweise ein: »siehe oben in Teil c«, »vergleiche weiter unten Kapitel 24«, »Augustinus hat im 4. Buch seiner Bekenntnisse gesagt« oder ähnlich. Sie stellten dem Gesamtwerk entsprechende Inhaltsverzeichnisse voran. Schließlich zogen sie wichtige Namen oder Begriffe aus dem Werk und stellten an dessen Ende alphabetische Listen von ihnen zusammen, die auf diejenigen Werkabschnitte verwiesen, in denen von ihnen die Rede war. So wurden Wörter zu Stichwörtern, und es entstanden Namens- und Sachregister. All diese Methoden, die vom 8. bis zum 11. Jahrhundert in Klöstern oder Domschreibschulen, zuerst vereinzelt, dann häufiger aufkamen, wuchsen im 12. und 13. Jahrhundert zu einem Verbund zusammen, der einen ganz neuen Buchtyp in die Welt setzte: das Buch als studierbarer Wissensraum. Das Buch, in dem alles geordnet und verortet war, das Buch zum Nachschlagen, ein Werkzeug, in dem man, präzise geführt, gezielt nach etwas suchen konnte. Dieser Buchtyp bot keine Erzählungen von den göttlichen Offenbarungen oder dem Leben und Wunderwirken der Märtyrer und Heiligen, keine in- und auswendig gewusste Ordnung der Lebensnormen wie in der Klosterregel oder der Messliturgie, Grundtypen des Buches im frühen Mittelalter, welche die »Lesen-hörenden«

sich nahezu einverleibten. Das neue Buch war vielmehr ein Instrument der Weltaneignung, gemacht, um es variabel und effektiv zu benutzen. Ein Zeitgenosse Luthers, Johannes Sambuccus, fasst diese Attitüde 1566 in die Maxime: »Nicht die Lesung, sondern der Gebrauch des Buches macht klug und erfahren.« Eine Maxime, die noch heute gilt.

Warum dieser schriftkulturelle Übergang zum Gebrauchsbuch? Im 12. und 13. Jahrhundert stand die Geistlichkeit vor neuen Aufgaben. Die soziale Umwelt war in rasante Bewegung geraten: Zahlreiche technische Innovationen, die Machtgewinne der herrschenden Klassen, das unübersichtliche Gewimmel und Getümmel in den wachsenden Städten, die zunehmende Vermarktung der Güter mit all ihren Folgen für Preis und Betrug, Gewinn und Verlust, die Ausweitung der bislang bekannten Welt durch Fernhandel und Kreuzzüge und das Einströmen unbekannten Wissens aus dem Orient – alle diese Zeichen der Zeit zwangen die Mönche und den Weltklerus dazu, direkter auf die Gläubigen in Palast, Stadt und Dorf zuzugehen, sie durch mehr Wissen, Predigt, Schulung und Disziplinierung fester an die Kirche zu binden. Die Bettelorden der Franziskaner und Dominikaner stehen für diesen neuen Stil der Seelsorge. Sie besonders waren es, die dem Gebrauchsbuch zum Durchbruch verhalfen. Als Prediger benötigten sie gut erschlossene Sammlungen erbaulicher Fabeln und Geschichten, als Beichtväter Hilfsmittel zur Feststellung der Sünden, zur Bemessung der Bußen und zur Erteilung der Absolution, als Inquisitoren Handbücher des Kirchen- und Strafrechts. Und als Lehrer an den aufkommenden Universitäten schließlich benötigten sie Standardexemplare der kommentierten Bibel sowie des wiederentdeckten römischen Rechts und Enzyklopädien des damaligen Wissens von der Welt in Diesseits und Jenseits.

Dieser neue scholastische Weltklerus blieb aber nicht der alleinige Benutzer. Es waren die Stadtbürger, die sich den neuen weltoffeneren Buchtyp, besonders aber seine Ordnungselemente lernfreudig und wendig zunutze machten. Als sie selber schriftkundig und schriftberechtigt wurden – im 12. Jahrhundert –, stellten sie schnell auf Zweckmäßigkeit ab. Schon bei der schriftlichen Bewahrung und Korrektur ihrer Rechtsgewohnheiten in den Stadtrechten oder Zunft- und Gewerbeordnungen übernahmen sie alle gängigen Techniken der Schrift-, Seiten- und Buchgestaltung. Darüber hinaus aber entwickelten sie sehr verschiedene schriftgestützte Formen der gegenseitigen Kontrolle – Protokolle, Verträge, Eid-Formulare, Inventare und Steuerlisten, Einnahmen- und Ausgabenrechnungen –, Formen, die eine flexiblere Anpassung der Schriftpraxis an die alltäglichen Gegebenheiten des gewerblichen Austauschs und des Immobilienverkehrs bezeugen als die kirchlichen Schriftträger. Dies gilt noch mehr für das kaufmännische Geschäftsgebaren. Nicht nur der Nachrichtenverkehr, auch die Schuldenführung und die Darlehensgeschäfte wurden mit Briefen, Konten und Wechseln in zunehmender Anpassung an die täglichen Vorgänge bewältigt. Bei alldem gingen die Stadtbürger in zweierlei Hinsicht noch weiter als der Klerus, der sie das alles im Kern gelehrt hatte: Erstens wechselten sie schneller und radikaler zum Schreiben und Lesen in ihrer Sprechweise bzw. Mundart über. Sicher profitierten sie dabei wieder von den Jahrhunderte langen Glossierungs- und Übersetzungsmühen der Mönche, die seit dem 9. Jahrhundert versuchten, auf althochdeutsch schriftlich zu erzählen, moselfränkische Orts- und Personennamen oder bayerische Heilkräuter in die lateinische Schrift zu fassen, die Benediktsregel ins Alemannische zu übersetzen oder gar das Evangelium in rheinfränkische Verse zu bringen. Die Kaufleute und Handwerker des 13. Jahrhunderts sprachen längst selbstbewusst ihr *dütsch*, ob nun ober- oder niederdeutsch, und versuchten es ohne große Umschweife auch zu schreiben, natürlich nicht in Runen, sondern in der ihnen geläufigen lateinischen Schrift, egal, wie orthographisch die Wörter und Sätze dabei gerieten. Nach der Blüte der mittelhochdeutschen adlig-höfischen Dichtung, von der auch heute noch einige Namen und Kostproben weithin bekannt sind, waren es eben die Städter, die ernsthaft auf die Verschriftung ihres Sprechens drängten und damit eine alltagsnahe Schriftsprache schufen, aus der das spätere Deutsch hervorging. Damit brachen sie die gut 500-jährige Alleinherrschaft des Mönchlateins, ohne dabei auf die Errungenschaften zu verzichten, welche die Arbeit der namenlosen Mönche in den Schreibstuben der Klöster, der Kleriker in den Domschulen und der städtischen Prediger hervorgebracht hatten. Sie gliederten Europa regional-sprachlich auf, ohne seine lateinschriftliche Einheit preiszugeben.

Zweitens: Auch was die Bürger technisch hinzufügten, kann sich sehen lassen. Gewöhnt ans enge Zusammenleben und weiträumige Austauschen, gingen sie im schriftlichen Verwalten ihrer Kommunen voran, schufen effektive Verbindungen zwischen der Schreibstube mit Briefeingang und -ausgang, der Amtsstube, der Gerichtslaube, der Rechenkammer und dem Archiv. Sie probierten, aus Kristall- und Glassegmenten Brillengläser zu schleifen, erleichterten damit für viele Leser und Schreiber ihr Geschäft bis in das hohe Alter und legten den Grundstein für Fernrohr und Mikroskop. Sie errichteten Stampfmühlen, in denen Lumpen zu dem Brei zerkleinert wurden, aus dem man dann Papier schöpfte, das dem viel teureren Pergament bald billige

Konkurrenz machte und zur Ausweitung der Schreibgewerbe führte. Und aus ihren Reihen kam jener Tüftler Johannes Gutenberg, dem die Verbindung von Buchstabenbleiguss und Druckstock zur »schwarzen Kunst« gelang. Es wäre unhistorisch, wollte man diese Errungenschaften gegen die der Mönche aufrechnen. Beide Epochen bilden eine Einheit, eine äußerst bewegungs- und ertragsreiche Geschichte der alteuropäischen Schriftmacht und Schriftkultur, als deren Nutznießer und Gefangener Martin Luther auf dem Wormser Reichstag ebenso erscheint wie auch wir noch heute.

Eine der massivsten Selbstverständlichkeiten europäischer Kultur war und ist die alphabetische Schriftpraxis. Das Kulturverhalten, das wir mit den lateinischen Schriftzeichen, mit der penibel geordneten Seitenfläche, dem analytisch erschlossenen Buchraum, dem sinnreichen und vielsprachigen Text, dem öffentlichen Autor und dem käuflichen Buch, mit der systematischen Bibliothek, mit der stummen Lektüre, dem handschriftlichen Privatleben und dem Schulzwang für alle Kinder assoziieren, ist ganz maßgeblich während des Mittelalters entstanden, ist Resultat der Eigendynamik Alteuropas. Heute steht jeder, ob staunend und tatendurstig oder zaudernd und deprimiert, vor dem Schwall der audiovisuellen Medien und den Verlockungen und Nötigungen der mikroelektronischen Herstellungs-, Vermittlungs- und Bewahrtechniken. Wer in dieser Lage Orientierung, Abstand und Urteilskraft sucht, kann Wichtiges hierzu im Blick zurück auf die so ereignisreichen Jahrhunderte des Mittelalters entdecken.

3. Pragmatische Rechenhaftigkeit? Kerbhölzer in Bild, Gestalt und Schrift*

> *Come è bello vivere in questo regno: si mangia, si beve e si segna tutto su un pezzo di legna.*
>
> Italienisches Sprichwort

Dass Kerbhölzer als Kronzeugen pragmatischer Rechenhaftigkeit reklamierbar sind, dürfte auf den ersten Blick kaum Widerspruch hervorrufen. Kann man aber noch weitergehen und sie auch im weiten Feld der pragmatischen Schriftlichkeit verorten, für deren programmatische Erforschung Hagen Keller so grundlegende wie detailgerechte Pionierarbeit geleistet hat?[1] Kerbhölzer, darauf möchte ich mit diesem Beitrag hinweisen, gehörten auch im Mittelalter zu den *instrumenta* tagtäglicher Lebensbewältigung in überraschend vielen administrativen und ökonomischen Milieus – und in überraschend vielfältigen Verbindungen mit dem Schriftgebaren. Was weiß man eigentlich über sie? Schier empirisch schon viel zu wenig, aus verständlichen Gründen. Gehörten sie doch in den Bestand von Kulturdingen, die meist im Zuge der Nutzung verbraucht, danach umgenutzt, zerbrochen und weggeworfen oder verfeuert wurden. Nur ein etwaiger Streit oder eventuelles Sicherheitsdenken ließen sie überleben. Michael T. Clanchy spricht von Millionen verlorener mittelalterlicher Kerbhölzer.[2] Gleiches gilt sicher für die frühe Neuzeit und bis weit in die Moderne. Kerbhölzer gehören zu denjenigen Tat-Sachen der Vergangenheit, denen qua eigener Daseinslogik wenig Überlieferungsglück beschieden sein konnte.

Bis heute hat man sich nicht sonderlich für diese unscheinbaren und oft rätselhaften Alltagsgeräte interessiert. Eine systematische und vergleichende Forschung über sie hat noch nicht begonnen, obwohl schon vor 50 Jahren Lucien Febvre und andere dazu aufgerufen hatten. Natürlich hat es hier und da Studien gegeben, aber sie sind verstreut, ja versteckt in ganz verschiede-

---

* Erschienen in: *Frühmittelalterliche Studien* 36 (2002), S. 469–490, Tafeln XIII-XV.
1 Nachweise erübrigen sich hier. Dennoch möchte ich auf den programmatischen Aufsatz hinweisen, der mir immer wieder zur Orientierung gedient hat: Keller, Hagen, »Vom ›heiligen Buch‹ zur ›Buchführung‹. Lebensfunktionen der Schrift im Mittelalter«, in: *Frühmittelalterliche Studien* 26 (1992), S. 1–31.
2 Clanchy, Michael T., *From Memory to Written Record, England 1066–1307*, 2. Aufl. London 1993, S. 123–124.

nen Disziplinen: in der Geschichte der Zahlen und der des Rechnens, in der Rechtsgeschichte, in der Archäologie, in der Volkskunde bzw. der Folklore und der Ethnologie, in der historischen Linguistik und schließlich in der Geschichte der Administration.[3] Den Überblick über diese verstreuten Arbeiten erschwert weiter die Tatsache, dass viele der beteiligten Disziplinen ihre gegeneinander abgeschotteten nationalen Traditionen und Methoden haben. Um aus derartig verstreuten Kenntnissen ein Ensemble zu bilden, bedarf es transdisziplinärer Disziplin. Vor wenigen Jahren habe ich mit dieser Arbeit begonnen, mich dabei aber weitgehend auf die deutschsprachige Situation beschränken müssen.[4]

---

3 Zahlen-Forschung: Menninger, Karl, *Zahlwort und Ziffer. Eine Kulturgeschichte der Zahl*, 3. Aufl. Göttingen 1979, S. 26–55 (mit vielen Zeugnissen verschiedener Sprachen) sowie Ifrah, Georges, *Universalgeschichte der Zahlen*, Frankfurt 1991 (frz. Original: 1981), S. 110–117, S. 174–183. Zur deutschen Rechtsgeschichte bieten ersten Zugang: Carlen, Louis, »Holzurkunden« und Schmidt-Wiegand, Ruth, »Kerbholz«, in: *Handwörterbuch der deutschen Rechtsgeschichte*, Bd. II, 1978, Sp. 223–225, Sp. 701–703, sowie Wacke, Andreas/Baldus, Christian, »Kerbhölzer als zivilprozessuale Beweismittel im Usus modernus«, in: *Forschungen zur Rechtsarchäologie und Rechtlichen Volkskunde* 15 (1993), S. 369–389. Der beste neuere wirtschaftsgeschichtliche und mediävistische Beitrag stammt aus Belgien: Wyffels, Carlos, »De kerfstock in onze Gewesten«, in: *Mededelingen van de Koninklijke Academie voor Wetenschappen, Letteren en Schone Kunsten van Belgie* (Klasse der Letteren) 50/1 (1988), S. 19–39, Beilagen A-J; Zur Archäologie und Volkskunde: Grandell, Axel, *Karvstocken*, Ekenas 1982; ders., »Finds from Bryggen Indicating Business Transactions«, in: *The Bryggen Papers, Supplemetary Series* 2, Oslo 1988, S. 66–72. Die meisten Einzelbeiträge kommen aus der museumsnahen Volkskunde. Anlass sind in der Regel Kerbstockfunde. Hier nur eine kurze Umschau neuerer Arbeiten: Arnould, Maurice-A., »Quelques attestations anciennes de la taille (kerfstock), moyen de preuve et procédé de calcul«, in: *Revue du Nord* 48 (1966), S. 98–101; Bárdosi, János, »A savaria múzeum rovásfái«, in: *Savaria. Bulletin der Museen des Komitats Vas* (1964), S. 223–253 (mit deutscher Zusammenfassung); Chojnacki, Jozef, »Miera i Mir (Mirowanie) w cywilizacji europejskiej«, in: *Lud* 63 (1979), S. 129–157 (mit englischer Zusammenfassung); Gerschel, Lucien, »L'Ogam et le Nombre«, in: *Etudes Celtiques* 10 (1962), S. 127–166, S. 516–557; Hémardinquer, Jean-Jacques, »A propos d'une enquête sur la taille: tour d'horizon européen«, in: *Annales E.S.C.* 18 (1963), S. 141–148; 19 (1964), S. 940–941; ders., »La taille, impôt marqué sur un baton (Landes, Pyrénées, Bourgogne)«, in: *Bulletin philologique et historique 1969* (1972), S. 507–512; Lochen, Leif, »Talstokken«, in: *Maihaugen* (1969), S. 83–86; Schempf, Herbert, »Holzurkunden. Von der Verwendung von Kerbhölzern, Rowischen und Spänen«, in: *Volkskunst* 12 (1989), S. 19–22. Den klassischen *accounting*-Beitrag (aus rein englischer Sicht) lieferte Robert, Rudolph, »A Short History of Tallies«, in: A. C. Littleton/B. S. Yamey (Hg.), *Studies in the History of Accounting*, London 1965, S. 75–85; ergänzend später Baxter, T. W., »Early Accounting: the Tally and the Checkerboard«, in: *The Accounting Historians Journal* 10 (1989), S. 43–83.

4 Kuchenbuch, Ludolf, »Kerbhölzer in Alteuropa. Von der Dorfschmiede zum Schatzamt«, in: Nagy, Balázs/Sebök, Marcell (Hg.), *The Man of Many Devices, Who Wandered Full*

Grundsätzlich unterscheidet man zwei Formen des Kerbstocks. Das einfache Kerbholz, der sogenannte »Zählstock«, hält in Kerben gereihte oder gebündelte Mengen/Stückzahlen fest, ohne dass irgendein Sozialbezug damit ausgedrückt ist. Dieser ergibt sich allein durch den Kreis der Beteiligten. Beim zweiteiligen, längs gespaltenen »Doppelholz« oder »Paarkerbholz« (bipartiter Typ) ist das anders: Kopf/Haupt und Einsatz/Einlage, identisch gekerbt, stehen formal zwei »Parteien« als Beweismittel für Kredit oder Schuld, Anspruch oder Entlastung/Quittung zur Verfügung. Weiter soll dies hier nicht definiert werden. Je mehr man sich nun mit Kerbhölzern befasst, desto größer wird die Scheu, sie sachlich oder technisch zu eng zu verstehen. Denn je mehr man über sie erfährt, desto vielfältiger erscheinen sie in ihrer Gestalt und in ihrem Gebrauch.

Im Folgenden soll eine Vorstellung davon vermittelt werden, inwiefern Kerbhölzer in das Forschungsfeld der pragmatischen Schriftlichkeit gehören. Beginnen möchte ich mit Bemerkungen anhand einiger Bildzeugnisse. Danach soll auf die dingliche Überlieferung eingegangen werden. Um die Eigenarten der schriftlichen Dokumente geht es dann im anschließenden Teil. Die abschließdende Bilanz wird das Ganze kurz bündeln. Vorweg aber einige grobe Feststellungen zu Aufkommen und Verbreitung der Kerbhölzer:

1. Überlieferungsgenaue Forschung über Kerbhölzer kommt um die Skepsis gegenüber spracharchäologischen Indizien und ihren Verknüpfungen nicht herum. Deshalb verzichte ich hier auf alle derartig begründeten Vermutungen über den frühgeschichtlichen Kerbholzgebrauch. In diese Frühzeit gehört auch die griechische und römische Antike.[5] Ebenso muss ich die archäologisch fundierten Hypothesen über das Kerben als Vor- oder Frühstufe des Schreibens beiseitelassen.[6] Im Folgenden gilt die Beschränkung auf das nachantik-vormoderne Europa, Schwerpunkt ist das Mittelalter.

2. Soweit meine Kenntnisse bisher reichen, setzen die lateinischen Schriftzeugnisse zum Kerbholzgebrauch wie auch die Bilddokumente mit Kerbhölzern erst im 11. Jahrhundert ein (England und nordwestliches Festland). Sie

---

Many Ways, Festschrift in Honour of Janós M. Bak, Budapest 1999, S. 303–325. Viele der hier vorgetragenen Beobachtungen und Argumente fußen auf dieser Studie, die Beispiele sind meist anderen Dokumenten entnommen.

5 Vgl. Menninger, *Zahlwort und Ziffer* und Baxter, »Early Accounting«, S. 46–47.

6 Einführend: Schmandt-Besserat, Denise, »Forerunners of Writing«, in: Günther, Hartmut/Ludwig, Otto (Hg.), *Schrift und Schriftlichkeit/Writing and Its Use*, Berlin 1994, Bd. 1,1, S. 264ff.

beziehen sich auf Abgabeerhebungen und Frondienstkontrollen. Die wichtigsten, im Mittelalter benutzten Wörter sind *talea/tailla/tallia, dica,assisa/ incisio* und *kerva*. Bezeugt ist auch die Nähe zur *precaria* und *exactio*. Nach den Gründen für dieses späte Auftauchen wurde bislang nicht gefragt. Es ist natürlich nicht ausgeschlossen, dass es nur an entsprechender Aufmerksamkeit für frühere schriftliche oder dingliche Zeugnisse gemangelt hat.

3. Im Laufe des späteren 12. Jahrhunderts begegnet uns das Kerbholz im ausgefeilten Kontrollsystem des Schatzamtes der englischen Krone. Es dient dort vor allem als zweiteiliges Quittungsinstrument, ist formal standardisiert und ausgestattet (Zuschnitt, Kerbungen, Beschriftungen). Daneben wird es im Darlehensgeschäft für die Schuldenmemorierung benutzt. Aus beiden Erscheinungen lässt sich schließen, dass der Kerbholzgebrauch auf der Insel schon im früheren 12. Jahrhundert weit verbreitet war.

4. Im 13. und 14. Jahrhundert verdichtet sich die Überlieferung in England weiter. In der königlichen Finanzverwaltung wird der Kerbholzgebrauch raffiniert. Er findet sich im adligen und städtischen Kreditwesen und taucht schließlich in der herrschaftlichen Verwaltung auf (*estate management*). Auch in Flandern begegnet seit dem früheren 13. Jahrhundert das Kerbholz im unteren Bereich der Finanzverwaltung der Grafschaft. 50 Jahre später scheinen der Handel (einschließlich der Transportkontrolle) und das Exportgewerbe regelrecht durchsetzt vom Einsatz ein- und zweiteiliger Kerbhölzer. Ähnlich scheint es – nach norwegischen Funden zu schließen – im Hanseraum gewesen zu sein. Leider fehlen systematische Forschungen über andere Regionen.

5. In Mitteleuropa beginnt vom 14. Jahrhundert an die vulgärsprachliche Überlieferung, die sich stetig erweitert und nur wenige Regionen unberührt lässt. Ebenso ist es mit der Terminologie. Das deutschsprachige Wortfeld etwa, dialektal breit gefächert, bietet eine Fülle von Einzelausdrücken, die nach Material (Holzarten, besonders Haselnuss), Form (Stock, Tafel), Zurichtung (Kerbe) und Anwendungsbereichen ausdifferenziert ist.[7] Die Zeug-

---

[7] *Deutsches Rechtswörterbuch*, Bd. 7, 1978, Sp. 754–766 zu Kerb, Kerbe, kerben, Kerber, Kerbholz, Kerbmeister, Kerbstock, Kerbzettel; dazu kommen 32 Verweis-Lemmata, ohne die das wörtliche Überlieferungsfeld nicht vollständig wäre. Ergänzungen zum Bestand bei Brunner, Karl, »Kerbhölzer und Kaveln«, in: *Zeitschrift des Verein für Volkskunde* 22 (1912), S. 337–352. Arbeiten über das Bezeichnungsfeld für Kerbhölzer in anderen Sprachen sind mir nicht bekannt.

nisse belegen die Kerbholznutzung in den unteren Ebenen der herrschaftlichen Versorgung und Verwaltung, in den Städten, dort besonders beim Borgkauf/Kreditkauf (Nahrung, Kleidung, Instandhaltung, Kleinkredit) und im längs geteilten Gewerbe (wie etwa der Textilienherstellung), und schließlich auf dem Land, dort besonders in der lokalen Gemeindeverwaltung (Viehtrieb), bei der Erhebung und Eintreibung von Renten und Steuern sowie in vielen Bereichen des Borgkaufs oder des lokalen Handwerks (Müllerei, Schmiede).

6. Im Prozess der Konfessionalisierung/Reformation wird das Kerbholz, dem bis dahin jede christlich-kirchliche Konnotation fehlt[8], von protestantischer Seite »ideologisiert« zu einem dem Rosenkranz nahestehenden Entschuldungszeichen. »Etwas auf dem Kerbholz« zu haben, wird zum sprichwörtlichen Ausdruck für moralische Schuld – neben den ökonomischen Schulden.

7. Vom 16. bis zum 18. Jahrhunderts ist der Kerbholzgebrauch, besonders auf dem Land, in aller Breite in Europa bezeugt. Im 17. Jahrhundert wird das Kerbholz zum Gegenstand juristischer Traktate. Sein Status als Rechtsmittel wird (analog zur Urkunde) diskutiert, und es geht in diesem Sinne in normative Ordnungen ein, bis in den *Code Napoléon*. Parallel dazu gerät es aber gegenüber den papierenen Schrift- und Rechenpraktiken schrittweise in die Defensive, bis es im Zuge der Aufklärung, im Rahmen der Abwertung aller illiteraten Verhaltensformen, zum typischen Gerät von Analphabeten abgewertet, sozusagen primitivisiert wird.

8. Sein vielfältiger Gebrauch lebt in Europa allerdings bis weit in das 20. Jahrhundert fort. Das bezeugen die volkskundlichen Sammlungen in weiten Teilen Europas zwischen Katalonien und Rumänien, Skandinavien und Italien. Lexikalisch gesehen geht das Verbreitungsfeld noch weit über Europa hinaus. Bis heute überlebt hat das Prinzip des Kerbholzes etwa beim Anschreiben auf den Bierdeckel in den Gaststätten.

---

8 Ein bislang völlig übersehener Sachverhalt.

Bildliche Zeugnisse

Die folgenden fünf bildlichen Zeugnisse aus dem 11. bis 15. Jahrhundert sind mir mehr oder weniger zufällig bekannt geworden. Mit ihnen möchte ich auf verschiedene Bedeutungsbereiche des Kerbholzes im Mittelalter hinweisen. Die Figurationen verweisen auf den mentalen Hintergrund, das implizite Wissen im Mittelalter um die Kerbhölzer und ihre Dienste. Sie repräsentieren typische Momente bzw. Situationen, zu denen das Kerbholz als Gerät gehört und die es als Zeichen repräsentiert.

Abb. 1: Getreidedrusch im Dezember. Illumination in einem Kalendarium (Schule von Winchester, späteres 11. Jh.). The British Library, London: Cottidiana B V.

1. In das spätere 11. Jahrhundert datieren die 12 Monatsblätter des Kalendariums aus Christchurch in Canterbury, deren schriftliche Teile pro Monat mit breitformatigen Monatsbildern am Kopf der Seite ausgestattet sind.[9] Das besondere an diesen Illuminationen ist ihre szenische Komplexität, verglichen mit den sonst üblichen, mit saisontypischen Geräten ausgestatteten

---

9 Der komplette Zyklus findet sich abgedruckt in Brüggemeier, Franz-Josef/Schenkluhn, Wolfgang (Hg.), *Die Welt im Jahr 1000*, Freiburg/Basel/Wien 2000, S. 34–35. Zur Sache: Epperlein, Siegfried, *Der Bauer im Bild des Mittelalters*, Ost-Berlin 1975, S. 34ff. Zur Überlieferung: Dodwell, C. R., *The Canterbury school of illumination* 1066–1200, London 1954.

Monats-Figuren. Die hier interessierende Seite gehört dem Dezember. In Szene gesetzt ist eine saisontypische Arbeit: der Getreidedrusch und das Sieben auf der Tenne unter Kontrolle (Abbildung 1).[10] Vier Handlungen folgen, in Leserichtung, aufeinander: die Heranschaffung des Getreides im von zwei Figuren geschulterten Tragekorb, der Drusch durch zwei Gestalten, die mit gelenkigen Dreschflegeln arbeiten, die Siebung durch eine weitere gebückte Gestalt und schließlich am rechten Rand eine Aufseherfigur, die in beiden Händen einen Stock hält, der an beiden sichtbaren Kanten/Seiten gekerbt ist. Es sind also insgesamt vier Dienste dargestellt, die jeweils ineinandergreifen. Der Sinn der Kerbholzdarstellung scheint mir darin zu liegen, dass der Aufseher den Mengenverlust bzw. Gewichtsgewinn, der mit Drusch und Reinigung des Getreides einhergeht, kontrolliert. Es findet eine Mengenveränderung statt, die sich in einer Maßveränderung niederschlägt. Die Zahl der herangetragenen Körbe mit Getreide entspricht nicht der wegzutragenden. Womit der Weitertransport zur Mühle oder zum Speicher der Herrschaft erfolgt, wahrscheinlich in festeren und kleineren Körben, ist nicht dargestellt. Das Kerbholz ist hier also als Kontrollgerät beim weiterverarbeitenden Frondienst im Einsatz, als Begleitgerät beim Maßwechsel. Es gehört – im Selbstverständnis der Zeit – zum *instrumenta*-Bestand agrikoler Appropriation und ist in der Hand ihrer Agenten – ein prägnantes ländliches Herrschaftszeichen.

2. Die in Abbildung 2 gezeigte figurierte A-Initiale gehört in die Zwiefaltener Abschrift der »Etymologiae« des Isidor von Sevilla vom Ende des 12. Jahrhunderts.[11] Über den rechten Arm mit dem Querbalken des A verbunden, sitzt eine Figur auf einer Bank, mit der linken Hand einen Kerbstock an seinem Griff haltend. Mit dem rechten Zeigefinger zeigt die Figur auf die dritte von 13 Kerben – ein »Praktizierbild«, wie Christel Meier treffend schreibt. Die A-Initiale bildet den Anfang des Wortes »Arithmetica« und leitet das Kapitel über diese ein, hat also werkdisponierende Funktion. Im

---

10 Die Reihenfolge der Szenen: Januar – Pflügen, Februar – Rebschnitt, März – Aussaat, April – Gastmahl, Mai – Schafhut und Verzehntung, Juni – Getreideschnitt, Juli – Holzfällen, August – Heumahd, September – Eichelmast, Oktober – Beizjagd, November – Wärmung am Feuer, Dezember – Getreidedrusch.
11 Heute in der Württembergischen Landesbibliothek Stuttgart (Cod. pict. et philol.). Die Abb. wurde übernommen aus: Meier, Christel, »Die Illustration des ›Speculum maius‹ von Vinzenz von Beauvais im enzyklopädischen Kontext«, in: *Frühmittelalterliche Studien* 33, 1999, S.252–286, hier: S. 256 (mit Tafel XII, Abb. 34). Vgl. weiter: Löffler, Karl, *Schwäbische Buchmalerei in romanischer Zeit*, Augsburg 1928, S. 70 (Tafel 42a).

Abb. 2: Initiale von Arithmetica, Isidor Etymologiae (Zwiefalten, Ende 12. Jh.). Württembergische Landesbibliothek Stuttgart: Cod. Poet. et Philol. Fol. 33.

Text Isidors findet sich kein Hinweis auf das Kerbholz. Gegen Ende des 12. Jahrhunderts symbolisiert das Kerbholz jedoch – analog zum Monochord in der *musica* – den »artistischen« Umgang mit den Zahlen – nicht das römische Zahlzeichen und nicht das Rechentuch ist hier gewählt. Das Kerbholz in der Initiale dient als Eingangszeichen für die zählenden Künste, als quadriviales Emblem.

3. Etwa um die Mitte des 14. Jahrhunderts versuchte der Illustrator des »Dresdener Sachsenspiegels« den zweiten Paragraphen von Abschnitt I, 23 des Landrechts Eike von Repgows mit einer Figuration zu erläutern, die sich ebenfalls eines Kerbstocks bedient (Abbildung 3).[12] Auch hier fehlt das

---

12 Abdruck nach Amira, Karl (Hg.), Die Dresdener Bilderhandschrift des Sachsenspiegels, Leipzig 1925, Bd. 2,2 Tafel 21; dazu Bd. 2,1, S. 220f.

Abb. 3: Rechenschaft des Vormunds, Eike v. Repgow, Sachsenspiegel (ca. Mitte 14. Jh.). Karl Amira (Hg.), Die Dresdener Bilderhandschrift des Sachsenspiegels, Leipzig 1925, Bd. 2,2, Tafel 21.

Kerbholz im Text.[13] Er handelt vom Verhältnis des erbberechtigten Mündels zu seinem Vormund in dem besonderen Fall, dass dieser selbst nicht Erbe im Falle des Tods des Mündels ist. In diesem Fall ist der Vormund nämlich verpflichtet, jährlich über seinen Umgang mit dem Gut des Mündels Rechenschaft abzugeben. Dieser Sachverhalt ist nun in Szene gesetzt: Hinter dem sitzenden Mündel sitzt der Vormund. In der vorderen Hand hält er ein Kerbholz, die hintere ist zum Gestus der Pflichterinnerung erhoben. Das rudimentär gezeichnete Kerbholz dient hier als Merkzeichen für die Rechenschaftspflicht – ohne Textreferenz. Rechenschaft heißt hier: Rechnungslegung über die Nutzung des Guts nach Ablauf des Jahres vor dem Erbberechtigten. Als Zeichen für diesen Vorgang steht das Kerbholz. Seine Kerben verweisen auf die Rechtmäßigkeit und die Nachprüfbarkeit seines zwischenzeitlichen Handelns – das Kerbholzbild als Mahnzeichen zur Verlässlichkeit in komplexen privaten Eigentums- und Nutzungsverhältnissen.

---

13 Eckhardt, Karl August (Hg.), *Das Landrecht des Sachsenspiegels*, Göttingen 1955, S. 43.

Abb. 4: Zinsbuchhaltung, Initiale (Ausschnitt) der Eingangsseite des Güterbuchs der Abtei Tennenbach (1317-41). Max Weber (Bearb.), Das Tennenbacher Güterbuch (1317-1341), Stuttgart 1969, Frontzispiz (Veröffentlichungen d. Kommission f. geschichtliche Landeskunde in Baden-Württemberg, Reihe A, Quellen 19).

4. Im vierten Bildwerk geht es wieder um eine Initiale: Die S-Initiale der Eingangsseite des Güterbuchs der Zisterzienserabtei Tennenbach, das zwischen 1317 und 1341 entstanden ist.[14] In die beiden S-Bögen sind zwei beschriftete Figurationen eingepasst. Im oberen Bogen kniet der Abt Johannes Zerli. Im unteren Bogen sitzt der *FRATER IO(hannes) MEIS* auf einem Stuhl am Pult mit dem aufgeschlossenen Güterbuch selbst und scheint mit der linken Hand in das Buch zu weisen. Mit der rechten zeigt er auf einen

---

14 Weber, Max (Bearb.), *Das Tennenbacher Güterbuch (1317–1341)*, Stuttgart 1969, Veröffentlichungen der Kommission für geschichtliche Landeskunde in Baden-Württemberg, Reihe A, Quellen 19. Das Buch ist ein Mischkodex aus Urbar und Kartular, auffällig ist die alphabetische Ordnung der Güter.

Mitbruder, dem ein Kerbholz am Gürtel hängt. Dieser zeigt auf eine dritte, als Bauer kenntliche Gestalt, die, gestützt auf einen Stecken, mit der rechten Hand wiederum auf den Schreiber zurückweist. In der Forschung wird die Szene so verstanden, dass der Mönch in der Mitte ein Zisterzienserkonverse ist, der seinem mithilfe des Urbarbuchs abrechnenden Mönchsbruder die Korrektheit der Zinszahlung des Bauern bezeugt, wobei das Kerbholz an seinem Gürtel »bildlich die Abrechnungshandlung dokumentiert«[15]. Man kann meines Erachtens noch weiter gehen: Die drei Figuren bilden eine soziale Figuration, die über den Ritus der Abrechnung hinausweist. Dem pflichtigen Bauern stehen die beiden mit dem Schriftwissen und dem Zahlstock ausgestatteten Mönche gegenüber, ihm bleiben allein sein Gedächtnis und seine Rede. Den Beginn des Buchs, in dem sich die Abtei ihrer Güter und Einkommensansprüche versichert, bildet ein Selbstbild dieser Herrschaft: Es zeigt sich in der Verfügung über Schrift und Zahl.

5. Vom Ende des 15. Jahrhunderts stammt schließlich das fünfte Bildwerk, ein Ausschnitt aus einem Glasfenster im Kreuzbogen der Kathedrale von Doornik (Abbildung 5).[16] Im Vordergrund ist die Vergabe des Bierverteilungs- oder -ausschankrechts durch den Vertreter des Kapitels dargestellt. Im Hintergrund wird das Brauen und Abfüllen des Biers in mehreren Teilhandlungen veranschaulicht. Anscheinend vergibt der Domherr in der Mitte das Recht an die links stehende Gestalt. Die rechte, ausgewiesen durch Stab (und Kurzschwert), könnte richterlicher Natur sein. Der Lizenzempfänger linkerhand, der vor sich die Bierschubkarre hat, trägt am Gürtel, neben den Karrenschlaufen, ein Bündel von mindestens acht Kerbhölzern. Von solchen Bündeln weiß man über die dingliche Überlieferung. Es gibt vollständig überkommene Bündel. Viele Einzelhölzer sind am Kopf durchbohrt, hingen also an Bändern. In dieser Szene haben Schauplatz und Funktion gewechselt. Schauplatz ist die städtische Öffentlichkeit, und es geht um ein Gewerbe der täglichen Versorgung, in welchem der Borgkauf gang und gäbe ist. Erst nach einer Reihe von Lieferungen, die auf die zusammengelegten Kerbhölzer von Verkäufer und Kunde sukzessive angekerbt wurden, hat der Kunde bezahlt. Dabei wurden die Kerben beider Hölzer in Gegenwart beider Parteien und eines Dritten verglichen und nach erfolgter Zahlung getilgt (»Abkerbung«). Das Bündel der Hölzer der Schuldner, auf deren unbezahlte Kufen Bier an-

---

15 Schneider, Reinhard, *Vom Klosterhaushalt zum Stadt- und Staatshaushalt: der zisterziensische Beitrag*, Monographien zur Geschichte des Mittelalters 38. Stuttgart 1994, S. 129.
16 Nach Wyffels, »De kerfstock in onze Gewesten«, Beilage J.

Abb. 5: Kerbholzbündel am Gürtel eines Kaufmanns, Glasfenster im Kreuzbogen der Kathedrale v. Doornik (Ende 15. Jh.). Carlos Wyffels, De kerfstock in onze Gewesten, in: Mededelingen van de Koninklijke Academie voor Wetenschappen en Schone Kunsten van Belgie, Klasse der Letteren 50/1, 1988, S. 19-39, Beilage J.

gekerbt sind, gilt hier, neben der Bierkarre, als typisches Merkmal, als Berufszeichen. Das Bündel symbolisiert das Soll des Kundenkreises und zugleich den Kredit des Lieferers.

Was können uns diese Bilddokumente zeigen? Auch wenn sie, über die grobe Kerbung hinaus, zur Form nichts beitragen können, bringen sie zur kulturellen Bedeutung umso mehr zum Vorschein. Das Kerbholz galt als Zeichen der herrschaftlichen Kontrolle beim Maßwechsel, als instrumentales Inbild für die Zahlenkunde, als Rechtssymbol für private Rechenschaftspflicht, als ländliches Herrschaftszeichen im Verbund mit dem Buch und als Berufszeichen für ein kundennahes Gewerbe. Sicher würde die semiotische Palette durch weiteres Bildgut noch mehr an Profil gewinnen. Die Stärke dieses Bildgutfächers liegt darin, dass er über Einzelsituationen hinausweist. Das Bildgut erweist, dass das Kerbholz zum Bestand der Memorial- und Pflichtsymbole des Zeitalters gehört. Es steht als Zeichen numerischer Memoria, Pflichtigkeit und Gerechtheit neben anderen *instrumenta* des Austauschs und der Verteilung wie die Waage, die Längen-, Gewichts- und Hohlmaße und die Münze.

Dingliche Zeugnisse

Was nun können die sogenannten Realdokumente zum Thema beitragen? Zunächst einmal: Die Überlieferungssituation ist alles andere als klar. Was die Museen, die archäologischen Depots, die Bibliotheken und die Archive beherbergen, ist kaum erfasst. Es gibt keine systematische Erhebung über lokale, regionale und nationale Bestände, kaum eine auf Vollständigkeit abzielende Inventarisierung in den betreffenden Institutionen. Veröffentlichungen tragen noch vielfach den Charakter des Kuriosen. Einzelstücke bzw. Einzelfunde sind die Regel. Am meisten ist bislang aus Gerichtsakten, denen einzelne Kerbhölzer als Beweismittel beiliegen, aus volkskundlichen Museen, die gezielt bäuerliche Geräte sammelten, und aus Grabungen zum Vorschein gekommen. Die meisten Stücke lassen sich nur sehr begrenzt in ihren früheren »Sitz im Leben« zurückversetzen. Sie bleiben sachlich unverständlich besonders dann, wenn jede Beschriftung fehlt und wenn keine Rückbezüge auf den ursprünglichen Gebrauch möglich sind, weil es weder Umgebungsschriftgut noch mündliche Zeugnisse gibt. Gänzlich stumm sind diese Relikte freilich nicht. Das Kostbare an ihnen ist ihre technische Zurichtung. Mit ihrer Form und ihrer Formung vergegenwärtigen sie unhintergehbar ihre damalige Funktion und Bedeutung – auch wenn beides rätselhaft bleiben muss, wenn der Realbezug verloren ist. Sie verblüffen durch ihre Vielgestaltigkeit. Das leicht bearbeitbare Material (besonders das Haselholz), die Bemessung (vom hand- bis zum meterlangen Stock), die Kerbung und die Beschriftung machen ein Register von Typen möglich, das vom schlichtesten, grob und regellos beritzten Stöckchen bis zur wertvollen Holzurkunde reicht.[17] Eine solche Urkunde besitzt nicht nur eine genormte

---

17 Das formal entsprechende pergamentene Schriftstück, die zweifach geschriebene, danach für beide Parteien zerschnittene Urkunde, heißt im Mittelalter »Chirograph«, »Kerbzettel«, »Spaltzettel« o. ä.

Größe und Form, ihre Partien (Kopf, Rumpf, Enden, Vorder- und Rückseiten, Innenflächen, Kanten) sind als gegliedertes, standardisiertes Ensemble von Zeichengruppen und Schriftflächen organisiert, die Kerben und Ergänzungszeichen liegen nach Form und Position in ihrem Sinn fest, und die penible Beschriftung (mit Tinte) nach Position und Zusammensetzung hat einen klar formulierten Inhalt. Der Augenschein erlaubt zu sagen: Kein Stock gleicht einem anderen. Die beiden Teile von bipartiten Hölzern jedoch gehören – nach Wuchs, Maserung und Spaltung bzw. Schnitt – unverwechselbar zusammen, bilden ein zwillingshaftes Unikat. Die Variabilität in der Form und der Bedeutung der Kerben und Zeichen scheint dabei kaum Grenzen zu kennen. Das Kerbholz ist ein Instrument, dessen technische Zurichtung jedem Zweck angepasst werden kann. Diese allgemeinen Bemerkungen sind nun mit nur wenigen Hinweisen auf konkrete Zeugnisse zu erläutern.

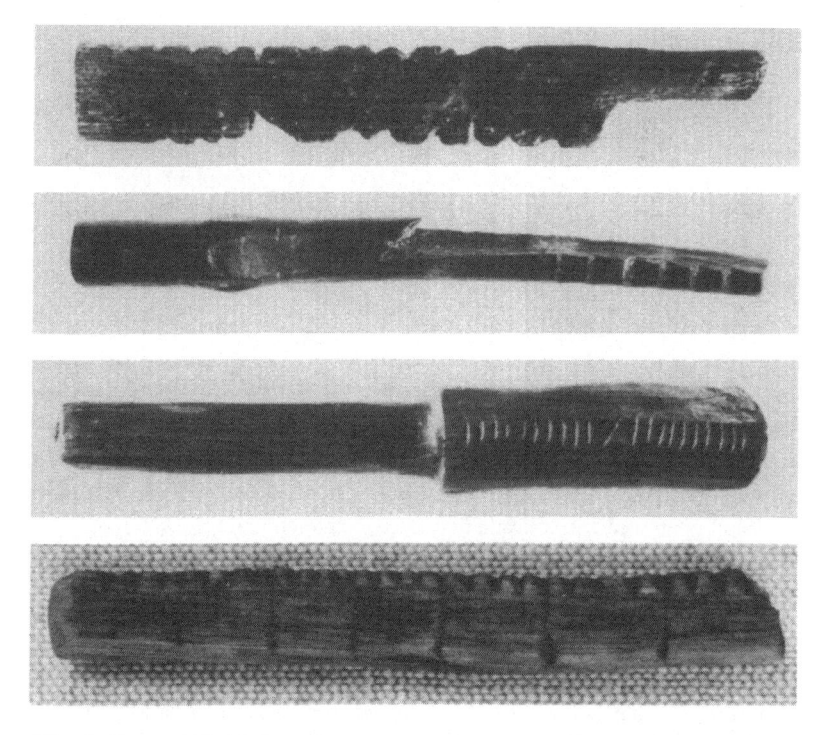

Abb. 6: Diverse Kerbhölzer (Bryggen, 1130-1350). Axel Grandell, Finds from Bryggen Indicating Business Transactions, in: The Bryggen Papers, Supplementary Series 2, Oslo 1988, S. 66-72.

Zunächst zur Archäologie: In Bryggen (bei Bergen/Norwegen) wurde 1955 nach einem Brand ein Bestand von Gerätschaften, darunter zirka 600 Kerbhölzer geborgen.[18] Die Stücke, sehr verschieden in Größe, Gestalt und Markierung, gehören in die Zeit von zirka 1130 bis 1350. Axel Grandell hat mit guten Gründen vermutet, dass die meisten dieser Kerbhölzer als Kontrollmittel beim Be- und Entladen von Schiffen, also zum *Cargochecking* beider Parteien verwendet wurden. Dazu genügten einfache Zählstöcke, die als Quittung und Gegenquittung für beide Parteien dienten. An vier ausgewählten Beispielen belegt Grandell die Formenvielfalt (Abbildung 6). Es gibt einfache Knüppel, die mit dem gleichen Kerbzeichen sukzessive gekerbt sind. Daneben sind auch Stöcke mit einer differenzierten Kerbenfolge überliefert, die wiederum mit der Gruppierungsgewohnheit von Fellen im Ostseeraum übereinstimmt. Auch bipartite Hölzer mit verschiedenen Kerbentypen gehören zum Bestand. All das bestätigt, dass derartige Kerbhölzer im 13. und 14. Jahrhundert im ganzen Ost- und Nordseebereich gebräuchlich waren. Die Stadt Bergen war einer der wichtigsten Handelsplätze dieses Großraums. Hier trafen Kaufleute von England bis Finnland aufeinander. Eine Besonderheit in dem Bestand aus Bergen ist, dass viele Stücke mit Runen beschriftet sind.

Aus der reichen englischen Realüberlieferung seien hier die privaten Kerbhölzer herausgegriffen, dies auch deshalb, weil sie von Hilary Jenkinson bereits 1925 in vorbildlicher Form präsentiert und gedeutet worden sind.[19] Knapp 250 Stücke brachte er aus dem *Public Record Office Museum*, dem *British Museum*, den *Exchequer*-Akten und privaten Sammlungen zusammen. Sie gehören vorwiegend in das 13. und 14. Jahrhundert. Einige Teilbestände enthalten in mehreren Fällen Kopf und Einsatz und sind in beschrifteten Leder- oder Tuchbeuteln überkommen, manche sogar im Verbund mit den dazugehörigen Abrechnungen. Wenn der Kreditor und der Debitor mit Name und Herkunft bekannt sind, gewinnt man einen Eindruck vom Kreis der Beteiligten und vom räumlichen Einzugsbereich von Kerbholzgruppen.[20]

---

18 Grandell, »Finds from Bryggen«.
19 Jenkinson, Hilary, »Medieval Tallies, Public and Private«, in: *Archaeologica or Miscellaneous Tracts* 74 (1925), S. 289–324; hier: S. 310–320, Edition: S. 329–350. Vorausgegangen war eine Studie, in der Jenkinson erste Bestimmungen versucht hatte: Jenkinson, Hilary, »Exchequer Tallies«, in: *Archaeologica or Miscellaneous Tracts* 62/2 (1911), S. 367–380, hier: S. 379f.
20 Jenkinson, »Medieval Tallies, Public and Private«, Edition Nr. 7/8, 9/10, 11/12, 46/47, 48/49 bis 71.

Weiter erkennt man Sequenzen von Lieferungen[21] und stößt auf den schriftlichen Niederschlag, den das Kerbholz im Verwaltungsablauf gefunden hat. Der Bestand erlaubt die Einschätzung, dass das Kerbholz in privaten, das heißt nicht königlichen Kreisen außerordentlich beliebt war und bei allen Arten von Geschäften mitwirkte. Dies gilt besonders vom 13. zum 14. Jahrhundert. Wie es dazu kam, und warum danach der Kerbholzgebrauch aus der Mode kam, muss ungewiss bleiben. Im Blick auf die Zeit davor vermutet Jenkinson mit guten Gründen, dass Kerbhölzer lange vor dem systematischen Einsatz in der königlichen Einkünfteverwaltung (seit Mitte des 12. Jahrhunderts) weit verbreitet waren. Dass jedoch die königliche Verwaltung die weitere Ausbreitung und die Form des Kerbholzgebrauchs beeinflusst hat, lässt sich daran ablesen, dass viele private Hölzer überliefert sind, die im Einzugsbereich der Versorgung des Königshofs fungierten. Sie gleichen einerseits in Größe und bipartiter Gestalt den königlichen Hölzern und sind auf eine Weise gekerbt, die auch im königlichen Schatzamt üblich war.[22] In der Verteilung der Kerbungen und Beschriftungen auf den verschiedenen Flächen allerdings sind sie wesentlich weniger normiert als die Hölzer aus den *Exchequer*-Akten. Zudem kommt es auf den privaten Hölzern immer wieder zu ausführlichen Beschriftungen, die, im Gegensatz zu den auf den Geldindex festgelegten und sprachlich standardisierten Königshölzern, viel stärker variieren. Die Gründe: Sie repräsentierten vielfach noch reale Güter und Leistungen, die bezeichnet werden mussten. Während ihrer mehrphasigen Benutzung – sozusagen von Etappe zu Etappe – wurden sie nacheinander gekerbt, signiert, mit Schrift beritzt bzw. beschrieben. Und sie wurden in überschaubaren Mitwisserkreisen benutzt. Jenkinson konnte im Bestand 17 verschiedene Beschriftungsformen unterscheiden. Sie reichen von knappsten Benennungen bis zu ausführlichen Bemerkungen, die über die Besitzer- und Ortsnamen, den Betreff und den Zeitpunkt Auskunft geben. Nur ein Beispiel: Aus einer privaten Sammlung stammen drei zweiteilige Hölzer, die als Annex einer *bailiff*-Rolle des Herrenguts (*manor*) von Wheathamstead aus dem Jahre 1278/1279 erhalten sind.[23] Auf den Hölzern sind Getreide- und

---

21 Eine Beutelbeschriftung lautet: »*In isto filacio sunt decem et quattuor tallie de vino capto ad expensas domini Edwardi Principis Wallie Annis regni regis Edwardi filii Regis Henrici XXIo XXIIdo XXIIIo XXIIIIto et XXVto*«, zitiert nach Jenkinson, »Medieval Tallies, Public and Private«, S. 312.

22 Jede Rechengeldart hat ihre eigene Kerbform (Pfennig, Schilling, Pfund). Vgl. dazu Siegrist, Marianne/Ely, Richard von, *Dialog über das Schatzamt, lateinisch und deutsch*, Zürich 1963, S. 373–376 (mit Zeichnung).

23 Jenkinson, »Medieval Tallies, Public and Private«, S. 331–332: Nr. 7–12, Plate LXf.

Erbsentransfers zwischen Robertus Bernereve und Simon Boleheved festgehalten. Das erste Holz, das auf Weizen vom Gutsland und vom Zehnten im Gesamtwert von 1 lib., 9 sol., 4 den. gekerbt ist, trägt auf dem Kopf den Text: *Whathamsted. – Tallia Roberti Bernereve ibidem de frumento tam dominici quam decimarum de exitu liberato Simoni Boleheved servienti ibidem post festum Michaelis anno VIIo.* Der Text auf dem Einsatz lautet: *Whathamsted. – Tallia Simonis Boleved contra. Robertum Bernereve grangiarum ibidem de frumento de exitu tam dominici quam decimarum ab eo recepto post festum Michaelis anno VIIo.* Dazu findet sich am oberen Ende *Frumentum dominicum*, am unteren Ende *Frumentum decimarum de Pyccotes*.

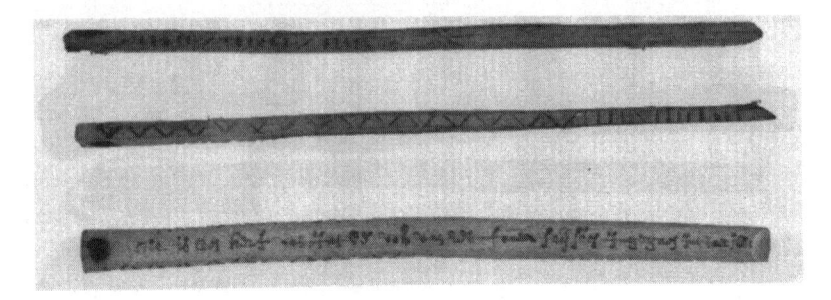

Abb. 7: Beschriftetes zweiteiliges Kerbholz, Prozessakten Brügge (1661). Carlos Wyffels, De kerfstock in onze Gewesten, in: Medelingen van de Koninklijke Academie voor Wetenschappen en Schone Kunsten van Belgie, Klasse der Letteren 50/1, 1988, S. 19-39, Beilage E.

Will man noch mehr aus der dinglichen Überlieferung erfahren, dann reichen die bislang bekannten Zeugnisse aus dem Mittelalter allein nicht aus. Man muss jüngere mitberücksichtigen. Aus dem Bestand von über 60 Einzelstücken aus dem 16. bis 18. Jahrhundert, die Carlos Wyffels in den Prozessakten der Archive von Antwerpen, Brüssel, Doornik, Gent, vor allem aber von Brügge gefunden hat, ergibt sich ein ähnliches Bild wie im England des 13. und 14. Jahrhunderts.[24] Beide Grundtypen sind vertreten. Der bipartite Typ teilt sich in *kerf* und *tegen-, conter-* oder *controleurekerf.* Die Hölzer variieren erheblich in der Länge (7–33 Zentimeter). Die Beschriftung kann mehrgliedrig sein. Vor allem wird festgehalten, was die Kerben repräsentieren (zum Beispiel auf einer Seite die Währung, auf der anderen die Gattung). Dazu kommen immer wieder Orts- bzw. Personennamen und Datierungen.

---

24 Wyffels, »De kerfstock in onze Gewesten«, S. 25–28.

Dit is den kerf van Jan de Vos van het sommer saijson ingegaen int jaer 1661, so lautet die Beschriftung auf dem Rücken eines in seiner ganzen Länge gespalteten Holzes aus dem Stadtarchiv von Brügge, das einem Brügger Fleischhauer gehörte und auf dem der Bezug von 191 Lammfellen festgehalten war (Abbildung 7).[25] Hier soll nicht der ganze Sachverhalt interessieren, sondern nur die Kerbung. Drei Schnittformen (Zeichen) sind verwendet, die glatte gerade Kerbe für ein Stück; die schräge Kerbe für 5 Stücke und zwei am Fuß verbundene Schrägen für 10 Stücke. Die Schnittweise ist jeweils die gleiche, eine einfache gerade Ritzung quer über die Stockfläche. Man sieht hier, dass die Mengenangaben und ihre Gruppierung nicht auf die Form und den Sinn der römischen Zahlzeichen festgelegt sein mussten, sondern eher werk- und hantierungsadäquat gewählt sind. Es kam allein auf darauf an, dass die Zeichen im Kreis der Beteiligten akzeptiert und verstanden wurden.

Aus einem Bestand von einfachen Stöcken, in welche die Weinkorbträger bei der Weinlese in der Steiermark (20. Jahrhundert) für jeden zur Weinpresse herabgetragenen Korb eine Kerbe schnitten, geht hervor, wie verschieden jeder Träger beim Gliedern bzw. Gruppieren seines mit seinen Initialen versehenen Stocks verfahren konnte. Die Menge von 10 Körben konnte auf sechsfache Weise markiert (angekerbt) werden[26]:

IIIIIIIIX – 9 einfache Kerben mit einer abschließenden Kreuzkerbe,
IIIIIIIX – 8 einfache Kerben mit einer Kreuzkerbe für den 9. und 10. Korb,
IIIVIIIX – zweimal drei einfache Kerben, dazu ein V-Schnitt für den 4. und 5. und ein X-Schnitt für den 9. und 10. Korb,
IIIIIIIIIL – 9 einfache kürzere Kerben, eine lange 10 Kerbe (L), die um den ganzen, nicht entrindeten Stock führte,
IIIIIIIII – 9 einfache kürzere Kerben, eine breitere und tiefere Kerbe,
IIIIIIIIII – 10 einfache Kerben.

---

25 Ebd. ‚Beilage E.
26 Eberhart, Helmut, »Die ›Buttntragasteckn‹. Eine Untersuchung über einen noch in Verwendung stehenden Zählholztypus anhand von steirischen Beispielen«, in: *Sammeln und Sichten. Beiträge zur Sachvolkskunde. Festschrift für F. Maretus zum 75. Geburtstag*, Wien 1979, S. 83–93 (mit 8 Abbildungen verschiedener Stöcke), hier: S. 90. Erwähnung verdient, wozu diese Stöcke insgesamt dienten: 1. für die Schätzung der saisonalen Weinmenge, denn alle Stöcke wurden vom Eigentümer eingesammelt, der alle Kerben ablas und addierte; 2. für den Vergleich dieser Summe mit der Ernte des Vorjahrs; 3. für die Entlohnung der Träger; 4. als Gehstütze für die Träger auf den steinigen Hängen. Ähnlich variable Zeichnungsverfahren waren in Westungarn üblich; vgl dazu Bárdosi, »A savaria múzeum rovásfái«, S. 251.

Bei den hier gewählten Darstellungen der sukzessiv entstehenden Menge (10 Körbe) ist die Bündelung in fünf Fällen durch Varianten nur einer Kerbform erreicht worden, die auf der Ebene des ein Stück-Zeichens verbleiben: die senkrechte in zwei Längen und zwei Breiten und die nach unten oder oben geschrägte Kerbe. So konnte man den vierten und fünften Korb durch eine Fuß-Verbindung, den neunten und zehnten Korb durch sukzessive Kreuzung (X), Verlängerung (L) oder Verbreiterung (**I**) ausdrücken. Die Kreuzkerbe für den zehnten Korb am ersten Beispiel dagegen, in einem Zug entstanden, repräsentiert als Zeichen nicht mehr nur das 10. Stück, sondern auch die Menge 10 – hier ist der Übergang zum Zahl-Zeichen, zur (lateinischen) Ziffer spürbar. Natürlich lassen sich noch viele andere Möglichkeiten der Darstellung denken, welche die steirischen Korbträger nicht gewählt haben (etwa Punkte, Kreise, Rundungen usf.). Solche graphischen Spielräume in Form, Größe und Stellung beim reihenden und gruppierenden Kerben stehen im deutlichen Kontrast zu allgemeinen, externen Normzeichen (etwa den römischen oder später den arabischen Ziffern und der lateinischen Graphie). Sie begegnen dort, wo der Kreis der Beteiligten überschaubar ist, alle nicht nur mitwissen, sondern auch mitreden, mithören und mitsehen können. Ein Handlungszusammenhang unter Bekannten also – man könnte auch von Kund(ig)en sprechen. Eine Praxis unter Nachbarn, in Kleinbetrieben oder herrschaftlichen Nahverhältnissen.[27] Hierher gehören auch andere Zeichen und Bezeichnungsgewohnheiten: Hausmarken, Brandmarken, Meisterzeichen, Warenzeichen/Gütesiegel, nicht-buchstäbliche Initialen etc. Über die geistige Eigenart dieses ganz anderen, vormodernen Wechselspiels zwischen dem Aufzählen (Reihen) bzw. Ordnen (Bündeln) und dem Markieren bzw. Notieren durch Schnitte, Kerbungen und Ritzungen ist – soweit ich weiß – wenig nachgeforscht worden.[28] Die Markierungen sind vor allem stück- bzw. maßgebundene Mengenausdrücke: 1 Mastschwein, 1 Sack Mehl, 1 Karre Schindeln, 1 Bündel Stockfisch, 12 Körbe Trauben, 14 Tage Fron-

---

27 Hierher passt die Charakterisierung des Kerbholzgebrauchs der *Siculi*, nach Transsylvanien ausgewanderter Bauern, von Nicolaus Olahus (1493–1568): »*Ad explicandum animi sui sententiam ac voluntatem quotidianam praeter usum papyri et atramenti, aut characteris aliarum linguarum notas quasdam bacillis lignis incidunt, aliquid inter se significantes; quibus ita incisis apud amicos seu vicinos vice nuntii apostolaeve utuntur*«; zitiert nach: Panaitescu, »Rábojul in Istoria Transilvaniei«, in: *Revista Istorica Romana* 8 (1950), S. 28–47.

28 Ansätze bei Menninger, *Zahlwort und Ziffer*, S. 44–59 (in Verbindung mit den Bauernzahlen). Weder bei Crump, Thomas, *The Anthropologie of Numbers*, Cambridge 1990, noch bei Goody, Jack, *The Domestication of the Savage Mind*, Cambridge 1977, habe ich Anschlüsse an die alteuropäischen Kerbhölzer gefunden.

dienst am Herrenhof, 60 Pfennige Kriegssteuer usf. Auf diese konkrete Bindung kommt es wohl an. Die Kerbzeichen repräsentieren partikulare Mengen, die gewohnheitlich geordnet sind und nicht notwendig dem Dezimalsystem folgen. Man denke nur an Mengennamen wie Paar, Dutzend, Schock usf. – jede alte Sprache strotzt von diesen ganzzahligen Mengenausdrücken, die auf ganz bestimmte Sachbereiche beschränkt sind und unterschiedliche, für ihre jeweilige Handhabung günstige Divisoren haben (2, 3, 5 usf.). Sie sind auch nicht mit monetären Wertausdrücken zu verwechseln, selbst wenn Währungsangaben auf die Hölzer geschrieben sind. Jede Menge bleibt an die prämetrischen lokalen bzw. regionalen Hohl-, Längen- und Gewichtsmaße und die gängigen Messpraktiken gebunden. Die Zählbarkeit der Sachen und Leistungen beschränkt sich auf den betreffenden Lebenskreis. Dies bedeutet, dass 12 Körbe Trauben in jedem Winzerdorf, eine Karre Schindeln im waldreichen Bergland oder in der Marsch, ein Sack Mehl am Fronhof oder auf dem städtischen Versorgungsmarkt, 60 Pfennige in jedem Herrschaftsbereich qualitativ und quantitativ etwas anderes sind.[29] Was auf den Kerbhölzern notiert ist, drückt prinzipiell die lokal bzw. sektoral fixierte und gültige Ordnung der Dingwelt aus. Die Kerbe gehört zu dem Formalsten, das der jeweiligen sozialen Ordnung der Dinge und Handlungsbeziehungen innewohnt. In ihr manifestiert sich die materiale Konkretheit einer prinzipiell partikularen numerischen Vernunft, die nichts von metrischen Verallgemeinerungen weiß – weil sie sie nicht braucht. Diese Ordnung ist natürlich alles andere als harmonisch und stabil. So, wie Konflikte um Maß und Gewicht in den vormodernen Alltag gehörten, waren auch Kerbhölzer nicht nur Garanten der Fairness beim zeitverschobenen Beschaffen und Bezahlen, sie waren auch Zeichen ungleicher Verpflichtungen und bedrohlicher Schuldenlast.

---

29 Grundlegend: Kula, Witold, *Measures and Men*, Princeton 1986; zu verschiedenen Zahlensystemen: Hocquet, Jean-Claude, *La métrologie historique*, Paris 1995, S. 87–101; Zu Maßsystemen siehe: Witthöft, Harald, *Umrisse einer historischen Metrologie zum Nutzen der wirtschafts- und sozialgeschichtlichen Forschung*, 2 Bde., Göttingen 1979.

Schriftzeugnisse

Auch im Bereich der Schriftzeugnisse kann sich die Kerbholzforschung im Wesentlichen nur auf verstreute, beiläufig bzw. mit-überlieferte Kurzpassagen in Urkunden, in herrschaftlichen, dörflichen und städtischen Statuten sowie in Rechnungen berufen. Vom Kerbholz wird kaum erzählt, sieht man einmal von den wenigen bekannten Zerstörungsgeschichten ab[30]. Auch über Streit um sie weiß man kaum etwas. Systematisch nachgedacht wird über Kerbhölzer im seltenen Falle praktischer Anweisungen (englisches Schatzamt, Gutsverwaltung) und, im 17. und 18. Jahrhundert, von Juristen des *Usus modernus*.[31] In einer vorläufigen Übersicht wie dieser ist es nicht nötig, auf all das hinzuweisen, was bisher von verschiedenen Seiten zusammengetragen wurde. Es sollte vielmehr um eine Auswahl gehen, mit der das für die Schriftzeugnisse Charakteristische in den Vordergrund tritt und so das bisher gewonnene Bild verbreitert und vertieft wird. Es wird vor allem um zweierlei gehen: um den jeweiligen Wortlaut und Kontext im engeren, schriftlichen Sinne des Wortes sowie um den sprachlich vermittelten Sitz im Leben. Die Zeugnisse habe ich weder nach chronologischen noch nach räumlichen Gesichtspunkten, sondern nach sozialen Gebrauchsbereichen gewählt. Beginnen werde ich mit dem Kerbholzgebrauch in herrschaftlichen Haushalten, unterteilt, soweit das möglich ist, in Einnahmen (agrikole Produktion und Steuern) und Ausgaben (Einkauf und Löhne). Danach werde ich auf städtische Gebrauchsfelder hinweisen und mit Vermutungen über genuin dörfliche Phänomene schließen.

Das Haushalten der Herrschaften

Als besonders disponiert für eine differenzierte Verwendung von Kerbhölzern kann das agrikole Wirtschaften auf großen Domänen unter Einsatz von Fron- oder Lohndiensten der örtlichen Bauern und Häusler gelten. Über Kerbholzgebrauch auf den bipartiten Domänen im Frühmittelalter (7. bis 10. Jahrhundert) ist nichts bekannt. Auf das frühe Bildzeugnis zur Frondienstkontrolle im Kalendarium von Christchurch wurde bereits eingegangen. Prominent sind die Traktate zur manorialen Haushaltung (*husbandry*)

---

30 Hierzu knapp: Kuchenbuch, »Kerbhölzer in Alteuropa«, S. 307f.
31 Wacke/Baldus, *Kerbhölzer*.

und zur Abrechnung (*compotus*) im 13. und 14. Jahrhundert aus England.[32] Dieses Schriftgut entstand im Anschluss an Erfahrungen, die in der Einkommensverwaltung der Krone in den großen Domänen (*manors*), den Amtsbezirken (*hundreds*) und im Schatzamt (*exchequer*) während des 12. Jahrhunderts gemacht wurden (*pipe rolls* seit 1131). Seit der Mitte des 13. Jahrhunderts kristallisierten sich diese beiden Schriftguttypen heraus, die in bislang unbekannter Ausführlichkeit von den täglichen Geschäften und den jährlichen Abrechnungen der *stewards* (*senechal*), *bailiffs* und *reeves* (*provost*) auf den Gütern der *domini* handeln. In ihnen sind Sachkenntnis, Amtsakkuratesse und Zweckorientierung verbunden zu einer neuartigen Attitüde zwischen guter Regierung und Gewinnstreben, bekannt vorher aus den neuen Orden der Zisterzienser und Prämonstratenser.[33] Dorothea Oschinsky spricht von gezielter Unterrichtung in diesen Aufgaben – besonders wohl in Oxford, auch anhand solcher Sammlungen von Verwaltungsmaximen und Abrechnungsformularen, die von erfahrenen Vertretern der neuen Administratoren verfasst wurden. Die zahlreichen Handschriften enthalten jeweils verschiedene Mischungen von ihnen und verraten deutlich ihre praktische Ausrichtung.

So kann es kaum überraschen, wenn das Kerbholz (*talea, tallia, taille*) in ihnen verschiedentlich präsent ist. Aber auch hier gilt: Es geschieht meist beiläufig. Das Kerbholz wird vor allem im Blick auf die Abrechnung, die ja Ausgleich und Entlastung der Verantwortlichen bedeutet, als unverzichtbares Instrument angesehen. Aber nur im Verbund mit anderen Beweismitteln. In einem verbreiteten Merkversgedicht wird dies in den Satz gefasst: *Tallia cum rotulo concordet ubique valhoris*. An anderer Stelle wird es wie folgt in die Reihe anderer Abrechnungs-*monumenta* gestellt: *tallias, rotulos, memoranda, brevia, litteras acquietacionis vel tallias acquietacionis*.[34] Auch über die Form und die Beschriftung gibt es Anweisungen. In einem kurzen *ordo ad talliandum* von 1260 werden die Länge des Stocks, seine Teilung und die Ordnung

---

32 zum Folgenden: Oschinsky, Dorothea, *Walter of Henley and other Treatises on Estate Management and Accounting*, Oxford 1971. Die von Oschinsky entweder vollständig oder in Auszügen edierten Zeugnisse (vier didaktische Verwaltungstraktate und sieben Rechnungsanleitungen) datieren hauptsächlich zwischen 1240 und 1300; dazu zwei Zeugnisse von 1350 bzw. 1380/81.

33 Zu den benediktinischen Vorleistungen: Kuchenbuch, Ludolf, »Ordnungsverhalten im grundherrlichen Schriftgut vom 9. zum 12. Jahrhundert«, in: Fried, Johannes (Hg.), *Dialektik und Rhetorik im früheren und hohen Mittelalter*, München 1997, S. 175–268; zu den Zisterziensern: Schneider, *Klosterhaushalt*.

34 Oschinsky, *Walter of Henley*, S. 241.

der Kerben in Bezug auf die Währungs- bzw. Getreide-Maßeinheiten beschrieben.[35] 1292 formulierte ein Anonymus, der für die Güterverwaltung des Bistums von Salisbury die damals gängigen Traktate kompilierte, das Wichtigste zur Beschriftung wie folgt: *Sciendum, quod in qualibet tallia debent quatuor principaliter annotari. Primo contra quem fiat ista tallia et nomen eius primo apponatur. Secundo de qua re loquitur ista tallia. Tercio res contenta in tallia utrum recepta fuerit vel soluta. Quarto et ultimo data regis.*[36] Andere Passagen zeigen, dass es mit den genannten vier Prinzipien allein nicht getan war. Für neue Verwalter galt etwa, dass sie umgehend über die lokalen Gewohnheiten des Schneidens und Beschreibens von Kerbhölzern und über die geltenden Maße, Gewichte und Werte unterrichtet wurden. Diese lokal Verantwortlichen (*praepositus/provost*) waren es insbesondere, die häufigen Umgang mit Kerbhölzern hatten, etwa bei der Kontrolle der Maßverschiebungen beim Dreschen, der Weiterlieferung des Getreides zum herrschaftlichen Speicher, der Saatgutreste nach der Aussaat. Mit dem *provost* hatte der ihm unterstellte *hayward* über die Durchführung aller im Jahreslauf anfallenden agrikolen Fron- und Lohndienste (*prieres, custumes, overaynes fetes*) auf der Domäne mittels Kerbhölzern abzurechnen. Diese waren dann die Grundlage für die jährlichen Gesamt-Abrechnungen von *baillif* und *provost* vor der Herrschaft. Allen Bestimmungen wohnt der Befehlston inne. Weiter hat man den Eindruck, dass die Kerbhölzer wie Gelenke fungieren zwischen den Haupt- und Nebengliedern im Arbeits- und Abschöpfungsalltag der Domänen. Trotz lokaler Variationen scheint die Schrift regelmäßig im Einsatz gewesen zu sein: Die Hölzer sind komplex beschrieben, und das auf ihnen fixierte Wissen wird in andere Schriftstücke übertragen. Ihre Funktion ist klar: Sie regulieren Schwachstellen, verhindern Unterschlagung und Diebstahl (besonders von Korn), sichern die unteren Chargen gegen die oberen ab und umgekehrt. Sie organisieren Rangdifferenzen genauso wie Gegenseitigkeit. Man könnte sie als Kitt auffassen, der den Zusammenhalt zwischen all denjenigen bewirkt, die an zeitverschobenen Transfers beim Haushalten für die Herrschaft beteiligt sind.

Überraschend ähnlich ist es 400 Jahre später in den Amtsdörfern der Herzöge von Braunschweig und Lüneburg zugegangen. Dies zeigen ausführliche Bestimmungen einer Amtskammerordnung von 1688.[37] Hier wird

---

35 Ebd., S. 460.
36 Ebd., S. 244.
37 Steinacker, K. (Hg.), *Sammlung der größeren Organisations- und Verwaltungsgesetze des Herzogtums Braunschweig, Holzminden 1837*, S. 325–392, hier: S. 341, S. 358.

noch deutlicher gesagt, dass die *Kärbstöcke* ein Garant dafür sind, dass es zwischen den *Beamten* der Herrschaft (*Conductor/Amtmann/Pachtman/ Voigt*), den subordinierten *Dienern* bzw. *Meistern* und den Bauern und Häuslern (*Unterthanen*) gerecht und friedlich (*billig, gut, richtig*), und für die Herrschaft vorteilhaft zugeht. Ein wichtiger Bereich ist die Quittierung von abgestatteten Diensttagen im Wochentakt – entweder auf Stöcken oder in Dienstbüchern. Vorausgegangen waren Beschwerden der *Unterthanen* darüber, dass die Amtsleute immer wieder Dienstgeld verlangt hätten anstelle von Frontagen, welche die Pflichtigen aber längst abgegolten hätten. Diesen Missstand (*gedoppelte Dienstlast*) soll nun der penible Kerbholzeinsatz beseitigen. Auch die Abrechnung mit den Lohndreschern soll über Ankerbung der Arbeitsleistungen bis zum Zahltag erfolgen. Weiter wird den Aufsehern der Scheune (*Scheurenvoigt*) befohlen, alles täglich gedroschene Getreide, sortiert nach Kornarten, auf Doppelhölzer zu kerben – auf einer Seite von Kopf und Einlage die Garbenzahl vor dem Drusch, auf der anderen die Korbzahl danach. Nach der Kerbung soll der Scheunenaufseher die Hölzer von einem Schreibkundigen beschriften und datieren lassen, *deut=und lesefertig* machen. Danach soll er die Einlagen dem Amtmann übergeben und seine Kopfhölzer gebündelt aufbewahren für die Jahresabrechnung und für den Fall, dass ein *Oberamtman* das Amt visitiert. Gleiches gilt für andere örtliche Beauftragte wie den *Acker=Voigt*, den *Braumeister*, den *Schweine= Meister*, den *Schaff=Meister*, den *Kühehirten* und die *Meiersche*, die das Jungvieh, das Federvieh und die Milchverarbeitung (Käserei, Buttern) unter sich hat. Beim Verlust von Kerbhölzern droht der Abzug eines Viertels des Jahres-*Deputats*. Diese Details über das dreistufige Haushalten in den Braunschweigischen Amtsdörfern bestätigen das Bild, das die englischen Gutshöfe boten. Nur wird deutlicher gesagt, dass auf der untersten Ebene die Alternative zwischen dem *zeichnen* oder *schneiden*, das heißt Aufschreiben oder Kerben besteht. Ob dies darauf hindeutet, dass dort bereits das rudimentäre Schreiben (und Lesen) verbreitet war?[38]

Kommen wie nun zu den Steuern. Ob während der hochmittelalterlichen Jahrhunderte bei Erhebungen von Abgaben für den König, den Grafen oder Vogt regelmäßig Kerbhölzer benutzt wurden, wurde bislang nicht systematisch erforscht. Man hat sich bislang nicht die Mühe gemacht, die weit verstreuten urkundlichen Belege (seit dem späten 10. Jahrhundert) zu Wör-

---

38 Es wäre reizvoll, dieser Frage in breiterem Zusammenhang nachzugehen. Meine kursorische Lektüre in Überblickswerken zur frühneuzeitlichen Literalitätsentwicklung hat bislang keine Anhaltspunkte ergeben.

tern wie *talea/tallia, tasca, in/accisa, ochia, dica, baculum, kerv,* dazu aber auch die Termini des ganzen Steuer-Wortfelds (lat.: *precaria, petitio, collecta, exactio, fodrum, adiutorium;* dt.: *bede, schoß, stiura, schatzung* usf.[39]) auf Verfahrenstechniken hin zu befragen. Die terminologischen Spuren zum Kerben und Schneiden stehen, das scheint hier und da sicher, in enger Nachbarschaft mit den Steuer-Wörtern und (ehemals) königlichen bzw. publiken Rechten zur Erhebung von Abgaben seit dem 11. Jahrhundert.[40] Aber wie weit kann man derlei verallgemeinern? Vorsicht scheint geboten.

Für den französischen Dauphiné im 15. Jahrhundert sieht man dank der vorbildlichen Studie von Isabel Vernus-Moutin klar.[41] Bei Steuererhebungen in den Jahren 1428 und 1472 benutzen in zwei südlichen Steuerbezirken (*bailliage*), in den Baronnies und im Gapencais, zwischen einem Drittel und der knappen Hälfte aller 130 Dörfer (*communauté*) anstelle von Schriftrollen (*rotulus*) Kerbhölzer (*bacculum*) dazu, die Häuser mit ihren Steueranteilen zu fixieren. Es waren besonders kleine und arme Siedlungen. Jeder Stock (*bâton*), lang genug, um je einen Punkt pro Haus (*domus*) im der Reihenfolge der lokalen Häuserordnung und die Kerben der ihm zugewiesenen Steuerpflicht (in vier Münzsorten) aufzunehmen, repräsentierte das ganze Dorf.[42] Nach der Einsammlung der Steuer per Rundgang des Kommissars durch das Dorf wurde der Stock zerbrochen oder verbrannt. Dieser Kerbholzgebrauch war vorher nicht bekannt. Ein Jahrhundert später (1578) wurde er explizit verboten. Wie ist dies alles zu deuten? Isabel Vernus-Moutin hat die ein-

---

39 Zum europäischen Steuer-Vokabular vgl. die Überblicksartikel »Steuer«, »Steuerwesen«, »Taille«, »Bede«, in: *Lexikon des Mittelalters* Bd. 8, München 1997, Sp. 142–157; Sp. 435–6; Bd. 1, 1980, Sp. 1779–1781.

40 Als Beispiel: Menant, Francois, *Campagnes Lombardes au Moyen Age. L'Economie et la Société Rurale dans la Région de Bergame, de Crémone et de Brescia du Xe au XIIIe Siècle*, Rom 1993, S. 476, S. 530, S. 635f.

41 Vernus-Moutin, Isabel, *Le bois et l'écrit. L'usage des bâtons de taille dans le Dauphiné médiéval*, in: *Evocations* (1999), S. 63–75.

42 Im Schriftgut über das Dorf La Bâtie-Montsaléon wird 1428 das Verfahren ausführlich beschrieben – eine kostbare Passage für die Geschichte des Kerbholzes: »*Et paulo post superius nominati loco rotuli exhiberunt dicto commissario quendam bacculum ochiatum, dicentes quod non habebant aliquos rotulos, nec perequationes suas faciant nisi per ochias. Et interrogati quomodo se habet in dicta perequatione per ochias, dixerunt quod quolibet punctum in dicto bacculo factum facit unam personam caput hospitii facientem, et consueverunt incipere ad faciendum sua puncta ab uno latere dicti loci, tendendo seriatim per omnes domos, usque quo venerunt ad domum ubi inceperant; et faciunt sub quolibet puncto tot ochias quot grossos debet solvere ille pro quo est factum dictum punctum, et pro dimidio grosso unam levatam ochie; et a latere ipsius bacculi, faciunt alias ochias que quartos grossos designant; et in dicto latere faciunt levatas, que pattacum* (i.e. 2 denarii) *signifficant.*«

leuchtende Erklärung vorgeschlagen, dass die Bewohner mit dieser Aufzeichnungsweise mehrere Ziele zugleich erreichten: Sie vermieden die Kosten für das teure Pergament bzw. Papier. Sie führten den Auftrag, die ihrem Dorf pauschal zugewiesene Steuerquote auf alle Hauswirte zu verteilen, zu ihren Bedingungen durch: in ihrer okzitanischen Mundart (*langue populaire*), nicht in lateinischer Schriftsprache, und in ihrem Zeichensystem, mit Punkten und Kerben, nicht mit lateinischen Buchstaben und Ziffern. Und sie vermieden, das lokale Wissen über die wirtschaftliche Lage ihrer Dorfgenossen in einer ihnen fremden Amtssprache schriftlich weiterzugeben. Zu allem diente die einfache Form des Kerbholzes und dessen *charakter*-lose Markierung.⁴³ In dieser Form war es nicht lesbar, das heißt nutzlos für die Herrschaft. Die Leute wollten keine Quittung, sie wollten kein Bezugswissen für künftige Besteuerungen liefern, sie wollten als Steuerobjekte vergessbar werden. Fälle wie dieser zur ländlichen Besteuerung im Dauphiné zeigen, wie anders Kerbholzgebrauch sozial organisiert und begründet sein konnte – verglichen mit den Beispielen aus England und dem Herzogtum Braunschweig-Lüneburg. Das Holz ist zwar auch hier das Verbindungsstück zwischen der Herrschaft und den Bauern, bleibt aber parteiisch. Anzeichen, die noch genauer zu prüfen sind, sprechen dafür, dass man auch in spätmittelalterlichen deutschen Dörfern bei der Erhebung der Land-*Bede* ähnlich vorging.⁴⁴

Nun zum Ausgeben: Am Fall der Entlohnung von Drescharbeitern ist schon angeklungen, dass in den ländlichen Haushaltungen der Herrschaften ständig Arbeitsaufwendungen nötig waren, die man nicht mit der innerhäuslichen Dienerschaft bestreiten konnte. So etwa Saisonarbeiten, deren befristeter Aufwand die Hinzuziehung von Lohndienern wie die Drescher nötig machte. Ihre Leistungen kerbte man sukzessive auf Hölzer, um sie dann am Zahltag zum Gesamtlohn zu addieren. Gleiches gilt auch für standesspezifische Investitionen des Adels. Hier stehen Wehrbauten an vorderer Stelle. So auch bei den hessischen Grafen von Nassau(-Dillenburg). Andreas Bingener hat in einer neuen Studie exemplarisch die Ausgaben untersucht, die 1463/64 bei der Wiederherstellung der Burg Ginsberg anfielen, mit der die wichtige Verbindungsstraße aus dem Dillgebiet in das Sauerland kontrolliert werden konnte. Neben dem Bezug von Gerüst- und Zimmerholz,

---

43 Aus den Kommentaren zum Vorgang geht hervor, dass die Leute ihr Verfahren qua Gewohnheit genau kannten und mit eigenen Begriffen (*oche, ouche*) bezeichneten.

44 Dies ergab eine erste stichprobenartige Durchsicht der deutschen Weistümer: Grimm, Jacob (Hg.), *Weistümer*, 1840–1878, Nachdruck Berlin 1957. so etwa Bd. 1, S. 511 (Niedersteinheim/Südhessen, zirka 1430); Bd. 6, S. 535 (Fankel/untere Mosel, 1446), Bd. 2, S. 429 (ebd., 1459).

Schiefersteinen, Kacheln, Nägeln etc. waren es vor allem die auswärtigen Handwerker, die ins Geld gingen: Maurer, Steindecker, Schmiede, Gießer, Schlosser, diverse Hilfsarbeiter – besonders aber Zimmerleute (für die Fachwerke). Während der Bauzeit fielen insgesamt 246 Sommer- und 43 Wintertagelöhne für sie an. Und der Bauleiter Heinmann, Schultheiß im nahen Hilchenbach, hat sie auf verschiedenen Kerbhölzern zu Abrechnungszwecken festgehalten.[45] Leider berichtet Bingener nichts über den Kerbholzeinsatz auch bei den anderen Lohnhandwerkern und -arbeitern – er dürfte logisch nahegelegen haben. Doch war er nicht zwingend. Neuere Studien über städtische Baumaßnahmen im deutschen Nordwesten zeigen, dass nicht mit Kerbhölzern, sondern mit Zetteln (*schedula*) gewirtschaftet, besonders die Erinnerung gestützt, der Transport kontrolliert und die Löhne abgerechnet wurden.[46] Wo lagen die Vorteile dieser Alternative? War das Papier hier bereits preiswert genug; war hier die Schrift unverzichtbar? Mehr Details kennt man über herrschaftliche Borgkäufe, die über Kerbhölzer organisiert wurden. Dies aber nur, weil sie in den Abrechnungen als Beweisstücke erwähnt sind. Ein Beispiel: In einer Ausgabenrechnung der Abtei Werden (Ruhr) von 1438/39 heißt es: »ich habe für meinen Herrn im Laufe dieses Jahres auf einen Kerbstock Wein(lieferungen) aufgetragen; (die Summe) beläuft sich, wie der Kerbstock beweist, auf 54 Mark, 2 Schilling, 9 Pfennig«.[47] Auf solche kurzen Abrechnungs-Bemerkungen kommt es an, um die Reichweite des kerbholzvermittelten Borgkaufs zu ermessen. Für die Abtei Werden waren es 1438/39 der Bezug von Wein, Fleisch, Brot und Schuhen. Aus verschiedenen Ausgabenrechnungen der Hofhaltung der Braunschweig-Lüneburger Herzöge in der Residenz Celle (15. Jahrhundert) weiß man, dass Bier, Weißbrot, Malz, Schuhe *auf Kerbe geholt* wurden.[48] Eingenäht in ein Rechnungsbuch des Grafen Ladislaus von Fraunberg (Reichsgrafschaft Haag/Bayern) von

---

45 Bingener, Andreas, »Bauaufwendungen im nassauischen (Ober-)Amt Siegen am Beispiel der Renteirechnung von 1436/64«, in: Seggern, Harm von/Fouquet, Gerhard (Hg.), *Adel und Zahl. Studien zum adligen Rechnen und Haushalten in Spätmittelalter und früher Neuzeit*, Ubstadt-Weiher 2000, S. 121–134; hier: S. 128.

46 Sander-Berke, Antje, »Zettelwirtschaft. Vorrechnungen, Quittungen und Lieferscheine in der spätmittelalterlichen Rechnungslegung norddeutscher Städte«, in: Widder, Ellen u. a. (Hg.), *Vestigia monasteriensia: Westfalen – Rheinland – Niederlande*, Bielefeld 1995, S. 351–364.

47 [...] hebbe ich mynem heren bynnen dissen jare ob eynen kerfstock an wyn obgedragen, dat sich lerlopet op vyre und vyfftich mr 2s 9d als der kerfstock dat uytwiset; zum Text und Kontext vgl. den Beitrag »*Register* und *rekenschap*«.

48 Dormeier, Heinrich, *Verwaltung und Rechnungswesen im spätmittelalterlichen Fürstentum Braunschweig-Lüneburg*, Hannover 1994.

1557, sind sogar noch zwei derartige Kerbhölzer selber überliefert. Sie beweisen, dass der Graf bei einem Metzger und einer Bäckerin in Landshut auf Kredit hatte kaufen lassen; der Bote hat diese Hölzer dann mit dem Namen und Beruf der Krediteure beschrieben, damit sie für die Rechnungslegung identifizierbar wurden.[49] Mark Mersiowsky hat in seiner vergleichenden Monographie zur spätmittelalterlichen Verwaltungspraxis im deutschen Nordwesten dem Kerbholzgebrauch einen systematischen Platz im herrschaftlichen Ausgabewesen zugewiesen.[50] Ob dieser Platz so bescheiden bleiben wird, wie er bislang erscheint, kann nur künftige Forschung zeigen. Alle Kenner und Kennerinnen der Materie vermuten allerdings, dass bislang nicht viel mehr als die Spitze eines Eisberges bekannt ist.

Damit kann das Feld der herrschaftlichen Appropriation und Konsumtion verlassen werden.

Städtische Gebrauchsfelder

Über den Umgang mit Kerbhölzern in den mittelalterlich-frühneuzeitlichen Städten ist noch weniger bekannt. Als Markstein der Forschung kann hier die frühe Studie von Hilary Jenkinson über den Geldleiher Willelmus Cade gelten.[51] Bei Cade waren im Jahre 1165/66 vom englischen König, über wichtige Höflinge und Kirchenleute, Sheriffs, Barone so gut wie alle höheren Stände verschuldet; aber auch auswärtige Kaufleute gehörten zu seinem Kundenkreis. Gesichert hat sich Cade bei seinen Schuldnern *per cartam* oder *per taliam*. Ob man diesen Mann, wahrscheinlich flämischer Herkunft, aber im Kentischen begütert, bereits in das früh-bürgerliche Lager einordnen kann, mag bezweifelt werden – auch Jenkinson tut dies nicht. Es sollte hier nur auf ein Feld des Kerbholzgebrauchs hingewiesen werden, das bislang nicht berührt wurde, den Geldverleih. In den flandrischen Städten des 13. bis 17. Jahrhunderts, das hat Carlos Wyffels gezeigt[52], war das Kerbholz stän-

---

49 Abgebildet und erläutert in: *Schrift-Stücke. Informationsträger aus fünf Jahrtausenden. Eine Ausstellung der Bayerischen Staatsbibliothek und des Bayerischen Hauptstaatsarchivs*, München 2000, S. 133f. (Nr.112).
50 Mersiowsky, Mark, *Die Anfänge territorialer Rechnungslegung im deutschen Nordwesten. Spätmittelalterliche Rechnungen, Verwaltungspraxis, Hof und Territorium*, Residenzforschung 9, Stuttgart 2000, S. 79, S. 305.
51 Jenkinson, Hilary, »William Cade, a Financier of the Twelth Century«, in: *The English Economic History Review* 28 (1913), S. 208–220 (mit Edition S. 220–227).
52 Wyffels, »De kerfstock in onze Gewesten«, S. 28ff.

diger Begleiter beim Borgkauf von Wein und Brot, in der Taverne, in der Lakenweberei, in den Transportgewerben, für Entlohnungen. Man kerbte Sach- und Geldschulden sowie Bußen ein, quittierte Lieferungen und Leistungen mittels Kerbhölzern, benutzte sie für Wertübertragungen an Dritte. Auch bei Steuererhebungen kamen sie seit dem 13. Jahrhundert zum Einsatz, besonders aber seit dem 16. Jahrhundert. Fast überall waren die Hölzer zweiteilig und beschriftet (mit Name, Sachbetreff und Währung) – und sie galten als Beweismittel vor Gericht. Ähnlich dürfte es auch in den Städten der »deutschen Lande« gewesen sein. Leider fehlen Spezialstudien über einzelne Städte. So kann hier nur der Eindruck helfen, den man aus der ausführlichen Belegsammlung im »Deutschen Rechtswörterbuch« zum Kerben, Kerbholz und Kerbstock sowie seinen Synonymen gewinnt.[53] Man trifft auf Passagen aus rund 30 Städten zwischen Lübeck und Solothurn, Leiden und Glogau vom 13. bis 18. Jahrhundert. Frankfurt ist allein mit 6 Passagen vertreten. Die städtischen Regierungsorgane, die Zünfte und einzelne Gewerbe sind an der Regulierung des Kerbholzgebrauchs beteiligt. Im Vordergrund steht der Borgkonsum: Wein, Bier, Brot, Salz, Fisch und andere Viktualien sowie der Besuch der Wirtshäuser. Aber auch die gewerbliche Arbeit und die Lohnarbeit kommen ins Spiel, ab und an auch die Erhebung von Zöllen und direkten Steuern (*bede*). Ladungen zum Gericht und Bußen (*brüche*) erfolgen über Kerbungen. Kerbhölzer sind, in Einzelspuren, wie selbstverständlich präsent neben Brief und Siegel, Zettel und Urkunde, Maß und Münze. Ihr Grundmerkmal: Sie sind *warteken der betalinge* – Wahrzeichen der Zahlung(spflicht).

Studien über den Gebrauch von Kerbhölzern unter dörflichen Nachbarn ausgehend von Schriftdokumenten des 11. bis 18. Jahrhunderts sind mir bislang nicht bekannt geworden. Auch hier gilt, noch verschärft, dass es an schriftlicher Überlieferung bis in das 13. und 14. Jahrhundert weitgehend mangelt und für die folgenden Jahrhunderte die Forschung noch zu wenig gesichtet hat, was eigentlich überkommen ist. So weiß man über die Gewohnheiten des Kerbholzgebrauchs unter ländlichen Nachbarn am meisten von der Volkskunde. Viel ist hier, besonders in den ostmitteleuropäischen Ländern, zusammengetragen worden, meist ausgehend von dinglicher Überlieferung.[54] Es bleibt aber zu fragen, ob man von diesen Zeugnissen des späten 19. und 20. Jahrhunderts ohne weiteres auf die Zeiten davor zurück-

---

53 *Deutsches Rechtswörterbuch*, Bd. 7.
54 Vgl. die bereits erwähnten Studien von Arnould, Bárdosi, Chojnacki, Hémardinquer und Schempf.

schließen kann. Sicher geben diese modernzeitlichen Zeugnisse einen konkreten Eindruck von den Formen und Funktionen genossenschaftlichen Umgangs mit den Kerbstöcken – aber die sozialen, rechtlichen und wirtschaftlichen Rahmenbedingungen sind doch radikal andere. Wenn man sich hier ein vorläufiges Bild machen will, dann hilft – im deutschen Fall – nur die exemplarische Sondierung in den dörflichen Dokumenten par excellence, den Weistümern. Auf Anhieb ist überraschend wenig zu finden, wenn man Vereinbarungen beiseitelässt, die mit dem Ortsherrn oder seinem Vertreter bestehen, insbesondere direkte Abgaben (*beden*), Borgkauf von *bannwein*, einem Vorverkaufsrecht des Ortsherrn, und Weiderechte. Gekerbt wird dann, wenn die Gemeinde Dritte in Dienst nimmt, besonders den Hirten, der versorgt und kontrolliert werden muss – so 1625 im schwäbischen Itzlingen.[55] Gekerbt wird unter den Nachbarn selbst, wenn jemandes Vieh durch Zäune bricht und Wachsendes wegfrisst – Bußkerben für Flurschaden also, um den Frieden wiederherzustellen: so in Grosselfingen und Baldingen (Schwaben, 17. Jahrhundert).[56] Hier lässt sich noch anschließen, was Helmut Zückert in Ordnungen brandenburgischer Amtsdörfer aus dem 17. und 18. Jahrhundert gefunden hat. Dort wurden verschiedene Vergehen vom Schultheißen auf Rügehölzer gekerbt und am Gerichtstag mit Bußen geahndet: Etwa das Nichterscheinen beim Ausbessern von dörflichen Einrichtungen, beim Brandschutz, zum sonntäglichen Gottesdienst. Zum Kerbholzgebrauch bestand im Übrigen kein Zwang, die Bußen konnten auch anders *annotirt* werden.[57] Schließlich noch ein kurzer Schwenk in die Alpen. Louis Carlen hat in den Rechnungsbüchern des Walliser Unternehmers Kaspar Jodock von Stockalper (1609–1691) eine beachtliche Zahl von Belegen zum Kerbholzgebrauch gefunden – sie heißen dort *Tesseln* (lat. *tesserae*). Die Passagen handeln vor allem von Tesseln, mit denen Weiderechte auf Almen (Alprechte/Kuhrechte) fixiert sind; dazu kommen Belege über angekerbte Borgkäufe von Bediensteten.[58] Die Schriftzeugnisse zum genossenschaftli-

---

55 Grimm, Jacob (Hg.), *Weistümer*, Bd. 6, S. 216f. Es geht um die Kontrolle des dem Hirten anvertrauten Viehs (*so zöhlt man das viech ab und schneidets ans holz*) und seine Entlohnung während seiner Hutungszeiten mit Brot, Hafer und Geld.
56 Ebd., Bd. 6, S. 217, Bd. 4, S. 277, Bd. 6, S. 12; die Formel lautet: *eine einigung/ainung anschneiden*.
57 Zückert, Hartmut, »Gemeindeleben in brandenburgischen Amtsdörfern des 17./18. Jahrhunderts«, in: Peters, Jan (Hg.), *Gemeindeleben. Dörfer und kleine Städte im östlichen Deutschland, 16.-18. Jahrhundert*, Köln/Weimar/Wien 2001, S. 141–189.
58 Carlen, Louis, »Zum rechtlichen Gebrauch von Kerbhölzern im 17. Jahrhundert«, in: *Forschungen zur Rechtsarchäologie und Rechtlichen Volkskunde* 13 (1991), S. 173–177; Carlen bietet dort einen Überlick über die einschlägige Literatur zu den Holzurkunden im Wallis.

chen Kerbholzgebrauch in den Dörfern sind dünn gesät und setzen erst spät ein – das ist der vorläufige Eindruck. Er beschränkt sich auf Anrechte, auf die Kontrolle Dritter und auf Vergehen aller gegen kommunale Belange. Mehr zu behaupten wäre Spekulation.

Bilanz

In drei Schritten habe ich zu zeigen versucht, wie eng Kerbhölzer in die verschiedenen Felder pragmatischer Schriftlichkeit verfilzt waren – ohne dass sie dabei an Eigenart einbüßten. Beim derzeitigen Wissensstand muss aber unsicher bleiben, ob die beigebrachten Zeugnisse überhaupt repräsentativ sind, ob es nicht viel treffendere hätte geben können. Schließen möchte ich mit vier bilanzierenden Bemerkungen, die zum Teil in Fragen für künftige Forschung, anfechtbare Hypothesen und schiefe Metaphern übergehen:

1. Die bisher bekannten Zeugnisse zeigen überdeutlich, wie ungleich die Überlieferung über Zeiten, Räume und Sachgebiete verteilt ist. Am meisten weiß man über den herrschaftlichen Gebrauch von Kerbhölzern, einiges über den in den Städten, am wenigsten über den unter ländlichen Nachbarn. Eine banale, aber deshalb nicht unwichtige Feststellung. Inwieweit dies primär an den dominanten Perspektiven der bisherigen nationalen und disziplinären Forschung liegt, an den Überlieferungsmodalitäten oder an der damaligen Verbreitung und sozialen Verteilung (bzw. dem Fehlen) des Kerbholzgebrauchs selbst, bleibt zu klären.

2. Zum Erscheinungsbild, das sich heute bietet, lässt sich folgendes feststellen: Zum einen ist das Kerbholz nicht wegzudenken aus der alphanumerischen Grundausstattung Alteuropas. Typologisch gehört es in den Pulk von Zeichen tragenden Kleingerätschaften und Werkzeugen, mit denen der damalige Alltag allerorten gespickt war (Marken, Stempel, Münzen, Siegel, technische Instrumente). Funktional gehört es zu den Aufzeichnungsmitteln: Schrift, Bild und Zahl auf gleich welchen Stoffen. Seiner konkreten Ausformungen nach ist eine Charakterisierung schwer, da zwischen der schlichten Kerbenreihe über eine kleine Schafherde und der *Exchequer*-Aktie über die immensen Erträge einer Grafschaft zahllose Übergänge möglich sind, dies auch auf einem einzelnen Holz – jedes selbst kann durch Ergän-

zung, Tilgung, Verlagerung usf. in Bewegung sein oder geraten. Kerbhölzer sind immer in Gesellschaft: Ohne das Wissen und die Erinnerung der Beteiligten (den Kreis der praktisch Eingeweihten) sind die schriftlosen Hölzer funktional tot, ohne penible Beschriftung bzw. begleitendes Schriftgut kann ihre numerische Botschaft weder räumliche noch zeitliche Veränderungen überstehen. Kerbhölzer waren nicht zwingend nötig. Es gab andere Mittel: Das Gedächtnis, die Wachstafel, den Zettel – und sie wurden ständig in Verbindung, in Ergänzung oder im Ersatz (als Alternative) zu Kerbstöcken benutzt. Der Kerbstock war *eine* Möglichkeit, die aber vielfältig genutzt wurde. Zum anderen scheint das Kerbholz als Instrument im alteuropäischen Großraum vom 11. bis zum 18. Jahrhundert nicht zu fehlen. Doch es spielte in der christlich-kirchlichen Sündentheorie und Entschuldungspraxis keine Rolle – vor der Konfessionalisierung. Schiebt man aber diese räumlichen und normativen Konstanten beiseite, dann zeigen sich verwunderliche Diskontinuitäten und Disparitäten. Warum, hat man zu fragen, stiegen die Kerbhölzer in der englischen Einkommensverwaltung so hoch und hielten sich so lange (bis zur Gründung der *Bank of England*)? Das war, soweit bislang bekannt, in keiner anderen Reichs- oder Fürstenverwaltung der Fall. Dort verblieben die Kerbhölzer im unteren und äußeren Bereich: in der Küche, der Kellnerei, auf den Domänen, den Steuerbezirken. Warum sind Kerbhölzer in Handel und Handwerken in bestimmten Bereichen selbstverständlich, in anderen wiederum selten? Warum sind sie erst recht spät im dörflichen Nachbarschaftswesen bezeugt? Für empirisch fundierte Antworten darauf fehlt es an Kenntnissen, ist es zu früh.

3. Wenn man aber nach dem Verhältnis der ökonomischen Beziehungen (Kredit und Schuld) zu den numerischen Techniken fragt, dann ergeben sich drei Hypothesen, kann man meines Erachtens drei soziale Hauptfelder des Kerbholzgebrauchs unterscheiden: die herrschaftlichen Haushalte, die gewerbliche Arbeitsteilung und das Tausch- und Marktgeschehen in der Stadt sowie die dörfliche Aufgabenteilung und Kooperation. Jeder dieser Bereiche kennt gewissermaßen seinen Kerbholzgebrauch: In den Herrschaften ist es die Kontrolle der Appropriation von der örtlichen Wirtschaft und Abgabenerhebung bis zur Rechenschaftslegung in Schatzamt oder Kämmerei. Den Händlern und Gewerben kommt es auf die Kontrollen der Verarbeitungsprozesse, der Güterbewegungen und der Zeitverschiebungen zwischen Kauf und Zahlung an. Den Dörflern geht es um die Kontrolle der innerdörflichen Arbeitsteilung und der Kooperation im Umlauf des Jahres. Diesen funktio-

nalen Merkmalen – das ist die zweite Hypothese – entsprechen die formalen und operationalen. Auf den weiten, vorwiegend vertikalen Wegen der Appropriation, vom Untertanen-Frontag oder Zinspfennig zum Schatzamt, begegnet uns so gut wie jede Kerbholzform. Es geht um die volle Kasse des Herrn. Am oberen Ende der Wege steht der feudale Renten-Stock. Im Bürgertum erfordern die zirkulären und repetitiven Bewegungen von Herstellung, Transport und Absatz Flexibilität und Variabilität von Fall zu Fall, von Vorteil zu Vorteil. In den Dörfern braucht man weder Schrift noch Zahl, und, wenn der Mengen-Erinnerung nicht mehr zu trauen ist, dann allenfalls den Kerben. Man kennt sich, verteilt die Aufgaben unter sich, bringt einander Kerben bei, und sieht sich besser in der Taverne wieder als vor Gericht, um den Frieden wiederherzustellen. Diese gewagten, einfachen Hypothesen ziehen eine dritte nach sich: Es erscheint logisch, dass es die Herren sind, die als erste das Kerbholz brauchen (können), dann erst die um Markt und Eigentum formierten Bürger, und zuletzt die verdorften Bauern. So würde sich erklären, warum die frühesten Zeugnisse in den Bereich der Steuererhebung und der Einkommensverwaltung (11. und 12. Jahrhundert) gehören, dann die städtischen Belege folgen, und die Dörfler sich nicht vor dem 14. Jahrhundert eigenständig zu Wort melden.

4. Im Dreieck zwischen Messen, Rechnen und Schreiben lassen sich die Kerbhölzer wie folgt verankern: Sie hängen notwendig am Eckwert der vormetrischen Maße und Unterscheidungspraktiken. Der Umgang mit Mengen, den sie dokumentieren, gehört noch in das graphische Vorfeld von Zahl und Ziffer. Auch wird mit ihnen nicht gerechnet – im Sinne der verschiedenen Arten der vormodernen Rechenkunst. Es wird auf ihnen gereiht und gruppiert, vielleicht noch addiert, mehr nicht. Sie sind Bewahr-Geräte, keine Operationswerkzeuge. Mit der Ab-Rechnung löst man sich bereits von ihnen. Durch ihre Tilgung wird man quitt mit der Herrschaft, oder man beendet das Abenteuer zeitversetzten Austauschs. Zur Schrift haben sie kein und jedes Verhältnis – es kommt auf den Zusammenhang an: Wo die Erinnerung und der Augenschein der Eingeweihten alles entscheidet, braucht man die Buchstaben nicht und denkt nicht an sie. Wo aber der Wirkungsbereich des Kerbholzes den Bekanntenkreis oder die gemeinsame Erinnerungskraft sprengt oder riskiert, wo er ins Unbekannte führt, Zeiten überbrücken muss und damit dem Missbrauch Spielraum bietet, fügt man sie hinzu – vom kunstlos geritzten Namensanfang bis zu urkundengleichem Wortlaut voller Namen, Gattungen, Daten und Umstände in gestochener Geschäftskursive.

Wie Verschiedenes die Kerbhölzer verkörpern, das möchte ich – etwas waghalsig – in folgende Figuren fassen: Sie gemahnen an den Igel, der vor dem Hasen (der Schriftlichkeit) immer schon da ist oder sein könnte, an das Chamäleon, das von Fall zu Fall seine Farbe wechselt, an den Kitt, der Ungleiches verbinden kann, und an das Gelenk, das hält und in Bewegung hält. Um noch einfacher im Bild zu werden: Ist das Kerbholz nicht eines der unscheinbaren, aber höchst effektiven und signativen Geräte, die für vielseitige Verlässlichkeit im Kleinen im sozialen Getriebe Alteuropas bürgen? So etwas wie dessen mnemopraktische Sicherheitsnadel?[59]

---

[59] Auf meinem Kerbholz-Kerbholz habe ich Dankkerben für Hilfe und Mitteilungen über Fundstellen und Fundstücke von: H. Brand (Paris), M. T. Clanchy (London), J. Demade (Nürnberg), K. Goetz (Oettingen), D. Kraack (Berlin), C. Lippelt (Wolfenbüttel), F. Mersiowsky (Tübingen), J. Peters (Potsdam), W. Schich (Berlin), E. Schubert (Göttingen), U. Schwarz (Wolfenbüttel), A. Verhulst (Gent), I. Vernus-Moutin (Mâcon), H. Zückert (Potsdam).

4. Teilen, Aufzählen, Summieren Zum Verfahren in ausgewählten Güterverzeichnissen des 9. Jahrhunderts*

Dieser Beitrag ist erwachsen aus Gesprächen und Forschungen, die um das Aufkommen des Tabellierens im appropriativen und dispensativen Schriftgut Lateineuropas kreisen. Hiermit ist die Beschränkung auf *scripta* gemeint, die zum einen durch Aufzeichnen von Gütern, Rechten, Pflichtigen, Einkünften, Ausgaben, Preisen sowie aus deren weiterer Benutzung und Verwahrung entstehen, zum anderen solche, die das Versorgungshandeln selbst begleiten oder überhaupt erst konstituieren[1]. Über diese engere Thematik hinaus suche ich den weiteren Zusammenhang, der mit der Aufgabe gegeben ist, den Text-Begriff zu historisieren.[2] Ich teile zudem die Intentionen des Freiburger Sonderforschungsbereichs 321 (Übergänge und Spannungsfelder zwischen Mündlichkeit und Schriftlichkeit), aus den – heuristisch in der ersten Forschungsetappe so fruchtbaren – Oppositionen Ongscher Provenienz herauszukommen.[3] Exkursartig vorweggesagt: Natürlich sind im Schriftgut des früheren Mittelalters mannigfaltige Formen des Tabulierens verbreitet. Das (senkrecht) geordnete Untereinanderschreiben von Namen zum Beispiel in Verbrüderungs-, Memorial- oder Zeugenlisten, von Sachbezeichnungen und Begriffen in Intitulationen, von Zahlwörtern bzw. Zahlzeichen besonders im quadrivialen Schrifttum und von Verweisziffern, wie etwa in den Kanontafeln der Evangelien oder Kombinationen von derlei in Kalenda-

---

* Erschienen in: Schaefer, Ursula (Hg.), *Schriftlichkeit im frühen Mittelalter*, ScriptOralia 53, Tübingen 1993, S. 181–206.
1 Van Caenegem, R. C./Ganshof, Franqois Louis, *Kurze Quellenkunde des Westeuropäischen Mittelalters. Eine typologische, historische und bibliographische Einführung*, Göttingen 1964, S. 67–110.
2 Eine Geschichte von *Text* und *textus* fehlt. Ich verweise nur auf die Präliminarien von Knobloch, Clemens, »Zum Status und zur Geschichte des Textbegriffs. Eine Skizze«, in: *Zeitschrift für Literaturwissenschaft und Linguistik* 77 (1990), S. 66–87 sowie die Belege bei Schulz, H./Basler O., »Text«, in: *Deutsches Fremdwörterbuch*, Bd. 5, Berlin/New York 1981, S. 201ff.
3 Ong, Walter J., *Oralität und Literalität. Die Technologisierung des Wortes*, Opladen 1987, S. 42ff.

rien, gehört zum graphischen Arsenal der schriftlateinischen Chiropraxis seit der Spätantike.[4] Und selbst diese Vielfalt schlichten Kolumnierens erschöpft die damaligen Möglichkeiten noch nicht aus. Auch die doppelte, rasterhafte Indizierung von einer Seite und von oben her ist gebräuchlich, etwa bei frühen Ostertafeln. Die Vorteile dieser kolumnierenden und rasternden Nutzung von Zeile und Seite dürften den denkenden und schreibenden Mönchen und Nonnen mithin durchaus geläufig gewesen sein. Ausführliche Reflexionen darüber jedoch fehlen.[5] Das ist verständlich für die Beschäftigung mit einer Zeit, während der sich erst allmählich die Vorstellung vom Wort-Bild als Resultat konsequenter Worttrennungspraxis beim Schreiben einstellt[6], im Grammatikunterricht der Satz noch nicht als interpungierbares Gefüge vermittelt wird[7], das Rechnen mit den römischen Zahlen nicht nur aufwendig ist, sondern auch jeden komplizierteren Rechenakt aus den Schreibakten verbannt[8], die graphische Einrichtung der Seite weder abwägend noch belehrend im Gespräch ist. So ist über das Verhältnis der buchstäblichen Graphie der *voces* bzw. *orationes* zu all den paginalen, linearen, spatialen und figurativen Ordinationsgewohnheiten bisher keine prominente Stimme bekannt. Da die Forschung hierzu erst an die Bestandsaufnahme der Desiderata geht, dürfte noch mancher überraschende Fund zu erwarten sein.[9] Mitten in den *Carmina* Theodulfs von Orleans, einem der hoch gebil-

---

4 Vgl. Palmer, Nigel F., »Kapitel und Buch. Zu den Gliederungsprinzipien mittelalterlicher Bücher«, in: *Frühmittelalterliche Studien* 23 (1989), S. 43–88; Murdoch, John E., *Album of Science. Antiquity and the Middle Ages,* New York 1984.

5 Zum späteren Mittelalter: Parkes, Malcolm Beckwith, »The Influence of the Concepts of *Ordinatio* and *Compilatio* on the Development of the Book«, in: Alexander, J. J. G./ Gibson, M. T. (Hg.), *Medieval Learning and Literature. Essays presented to Richard William Hunt,* London 1976, S. 115–141; Rouse, Richard H./Rouse, Mary A., »*Statim invenire.* Schools, Preachers, and New Attitudes to the Page«, in: Benson, Robert L./Constable, Giles (Hg.), *Renaissance and Renewal in the Twelfth Century,* Oxford 1982, S. 201–225.

6 Saenger, Paul, »La naissance de la coupure et de la séparation des mots. Coupure et séparation des mots sur le continent au moyen âge«, in: Martin, J.-H./Vezin, J. (Hg.), *Mise en page et mise en texte du livre manuscrit,* Paris 1990, S. 447–455.

7 Vezin, Jean, »La ponctuation du VIIIe au XIIe siècle«, in: Martin, J.-H./Vezin, J. (Hg.), *Mise en page et mise en texte du livre manuscrit,* Paris 1990, S. 439–442.

8 Fischer, Walther L., »Vom Abacus zum Ziffernrechnen«, in: Kriss-Rettenbeck, Lenz/Max Liedtke (Hg.), *Erziehungs- und Unterrichtsmethoden im historischen Wandel,* Schriftenreihe zum Bayerischen Schulmuseum Ichenhausen 4, Bad Heilbrunn 1986, S. 126–151.

9 Gumbert, Johann Peter, »Zur ›Typographie‹ der geschriebenen Seite«, in: Keller, Hagen/ Grubmüller, Klaus (Hg.), *Pragmatische Schriftlichkeit im Mittelalter. Erscheinungsformen und Entwicklungsstufen,* Akten des Internat. Kolloquiums 17.-19. Mai 1989, Münstersche Mittelalter-Schriften 65, München 1992, S. 283–292.

deten Leute an Karls des Großen Hof, finden sich zum Beispiel die »De tabella« überschriebenen Verse:[10]

Parva brevis gemino potiorquc fruorque tabella Officio, specie intus et apta foris.
Ornatum exterius habitus superaddo ferenti, Interius servo verba ligata notis.

Sicher ist es sehr gewagt, Theodulfs *tabella*-Verse in den hier dargelegten Zusammenhang zu ziehen. Sicher aber scheint mir auch, dass der ständige Umgang der Literaten mit handlichen, schmalen und gerahmten Schreibtafeln zu Notierungs-, Memorierungs-, Entwurf- und Diktierzwecken auch den Ordinationssinn im Blick auf andere Schriftstücke orientierte, gleich, welche metaphorische Reichweite die Wörter *tabella/tabula* seit der Spätantike aufwiesen. Es gibt leider weder eine (Form- und Funktions-)Geschichte der Tabelle noch eine der tabellarischen Imaginationen.[11] Das Folgende ist noch im Vorfeld von Tabelle und Tabellierung angesiedelt. Im Blick auf die spätere Einwanderung des Tabellierens in das ökonomische Schriftgut möchte ich diskutieren, was es mit der Herstellung, dem Gebrauch und der Bewahrung grundherrlicher Aufstellungen auf sich hat, dies in Anlehnung an Michael Clanchys ungemein handliche Unterscheidung von *making, using* und *keeping* von Schriftstücken.[12] Ich ordne der Herstellung das Wort »Verschriftung«, den Vorgängen der Bewahrung und des Gebrauchs das der »Verschriftlichung« zu.[13]

---

10 Ernst Duemmler (Hg.), MGH Poet. Lat. 1., Hannovcr 1881, S, 553: »Klein, kurz erfülle ich, die *tabella* (Schreibtäfelchen, Briefchen?), gerne einen doppelten Dienst, mit sowohl innen als auch draußen (nach außen) geeignetem (passendem) Aussehen. Draußen (äußerlich) füge ich dem mich Tragenden den Schmuck der äußeren Erscheinung hinzu, drinnen verwahre ich die durch die Zeichen zusammengeschnürten Worte.« Franco Munari (Berlin), der mich freundlicherweise zu Theodulfs Versen belehrt und beraten hat, macht darauf aufmerksam, dass Theodulf auf Ovid, *Amores* 1, 12 anspielt. Dies würde bedeuten, dass der dortige Sinn von *tabella* (kleine briefliche Nachricht) leitend war für seine beiden *Disticha*.
11 Gumbert, Johann Peter, »Zur ›Typographie‹ der geschriebenen Seite«, S. 288.
12 Clanchy, Michael T., *From Memory to Written Record. England 1066–1307,* London 1979. Literalitätskonzepte, die vor allem vom Beziehungsdreieck Schreiben – Lesen – Buch geprägt sind, sind für das hier Dargelegte heuristisch weniger brauchbar. McKitterick, Rosamund (Hg.), »*The Carolingians and the written word,* Cambridge 1989; McKitterick, Rosamund (Hg.), *The uses of literacy in early mediaeval Europe,* Cambridge 1990.
13 Zur Diskussion um die Begriffe *Verschriftung* und *Verschriftlichung* vgl. den Beitrag von Wulf Oesterreicher, »Verschriftung und Verschriftlichung im Kontext medialer und konzeptioneller Schriftlichkeit«, in: *Schriftlichkeit im frühen Mittelalter,* ScriptOralia 53, Tübingen 1993, S. 267–292.

Von solchen grundherrlichen Aufstellungen sind seit dem späten 8. bis zum beginnenden 10. Jahrhundert rund dreißig Stücke – von Sachsen bis nach Latium bzw. von Thüringen bis in die Bretagne – überliefert.[14] Kein Stück gleicht nach Länge, Ausführlichkeit, Sachbezug dem anderen. Sie werden, wenn überhaupt, recht verschieden betitelt: *breve, breviarium, compendium, commemoratio, notitia, carta, polypticum, plenarium, numeratio, dinumeratio, ratio.* Daraus wird ersichtlich, dass sie nicht als spezifische Schriftgutgattung gelten. Kaum eines ist urschriftlich überliefert; die meisten finden sich in später entstandenen Mischcodices, dort im wenig geordneten Gemenge mit Urkunden, Traditionsnotizen, Berichten, Liturgica und anderem mehr. Ebenso wenig werden sie als *textus* bezeichnet – worin das gründet, bleibt, über diesen Beitrag hinaus, noch gründlich zu erforschen.

Ich möchte nun an wenigen Beispielen aus den Jahrzehnten zwischen 830 und 860 zeigen, wie der Umschlag vom mündlichen Wissen in die sachlich geordnete schriftliche Aufzeichnung *(descriptio)* zu denken sein könnte, welche Prinzipien der begrifflichen Fassung und Anordnung der Inhalte (Orte, Güter, Leute, Rechte, Pflichten) man dabei am Werke findet, was man zum Gezählten und Unzählbaren sagen und welche Formen und Stufen nachgeordneter Ordination und Aggregierung man beobachten kann. Abschließend möchte ich den Ertrag in einer Bilanz bündeln.

Protokolliertes Wissen

Ich beginne mit einer der zirka 150 aus dem langobardisch-karolingischen Italien stammenden Gerichts-Urkunden *(placita)* des 8./9. Jahrhunderts.[15] Vor dem 24. Januar des Jahres 835 muss das Protokoll einer Befragung *(bre-*

---

14 Fossier, Robert, *Polyptyques et censiers,* Typologie des Sources du Moyen Age Occidental 28, Turnhout 1978, Morimoto, Yoshiki, »Etat et perspectives des recherches sur les polyptyques carolingiens«, in: *Annales de l'Est* 40 (1988), S. 99–149, Hägermann, Dieter, »Quellenkritische Bemerkungen zu den karolingerzeitlichen Urbaren und Güterverzeichnissen«, in: Rösener, Werner (Hg.), *Strukturen der Grundherrschaft im frühen Mittelalter,* Veröffentlichungen des Max-Planck-Instituts für Geschichte 92, Göttingen 1989, S. 47–73; Kuchenbuch, Ludolf (1991a), *Grundherrschaft im früheren Mittelalter,* Historisches Seminar NF 1, Idstein 1991.

15 Dazu: Wickham, Chris, »Land disputes and their social framework in Lombard-Carolingian Italy, 700–900«, in: Davies, Wendy/Fouracre, Paul (Hg.), *The settlement of Disputes in Early Medieval Europe,* Cambridge 1986, S. 105–112.

ve inquisitionis) im Streit um Dienstleistungen von Leuten in »Conni« (nicht identifiziert), die zur Kirche von Massaglia gehörten, für den karolingischen Königshof Limonta am Comer See entstanden sein. Es ging um die Ernte von Oliven, ihre Pressung und den Transport des Öls nach Pavia.[16] Vor dem dortigen Königsgericht sagten zur Sache neun Personen aus, die vorher unter der Bedingung, dass sie, was immer sie davon wüssten, darüber die Wahrheit sagen sollten *(ut quicquid exinde scirent certam dicerent veritatem)*, vereidigt worden waren. Diese Bezeugungen sind aufschlussreich, weil man sie nicht im Ergebnis referiert, sondern zu großen Teilen in der Ichform protokolliert hat. Ich zitiere die Aussagen von Besolo, Grigoaldus, Andro, Petrus und Leo:[17]

---

16 Castagnetti, Andrea u. a., *Inventari altomedievali di lerre, coloni e redditi,* Fonti per la storia d'Italia 104, Rom 1979, S. 21–23.

17 Derartiges lombardisches Protokoll-Latein in sinnvolles Deutsch zu übersetzen, ist mehr als nur sachlich riskant. Es wird notwendig das Eigenartige, das oft auch im schriftsprachlich Falschen repräsentiert ist, getilgt. Es geht hier ja nicht ums literarisch Formularische, um poietische Mündlichkeit und ihre Verschriftung, sondern um eben nicht schöpfungssprachliche, sondern nach rechtlicher Bedeutsamkeit suchende Sprechakte, die, in den Verbindlichkeitsrahmen eidlicher Wahrheitstreue gestellt, eher von ihren kathartischen Qualitäten her beurteilt wurden. Hier also der »Wortlaut«:

Besolo dixit et recordavit: Certe scio et bene memoro hodie per annos XXV et amplius facientem talem conditionem casale illo de Conni, qui pertinet de ecclesia Massalia in corte domni imperatoris Lemunta, que et homines illi qui in ipsa casa habitabant per conditionem adiuvabant et colligebant oliveta illa de curte ipsa et premebant ipsum seu adiuvabant illud evehere ad civitatem Papiam; et si hoc non faciebant, tunc pertinentes de ipsa curte domni imperatoris potestative pignorabant ipsam casam vel homines illi qui inibi habitabant, et debent minare remos et persolvere per annum foenum fascium unum. Grigoaldus homo senex dixit: Scio per annos quadraginta casale illo in Conni, qui pertinet de Massalia, habentem talem conditionem in curte domni imperatoris Lemunta, que et homines qui in ipsa villa habitabant per conditionem adiuvabant colligere oliveta de ipsa corte; et si hoc non faciebant, pertinentes de ipsa corte potestative pignorabant ipsam casam et homines qui ibi habitabant. Andro homo senex dixit: Scio per annos XXXV homines qui habitabant in casa illa Conni, qui pertinet de ecclesia Massalia per conditionem adiuvare colligere oliveta domni imperatoris in Lemunta; et si hoc non faciebant, tunc pertinentes domni imperatoris de ipsa corte potestative pignorabant ipsam casam et ipsos homines. Petrus homo senex similiter dixit, sicut Andro superius dixit quod hoc sciret per annos XL. Leo homo senex dixit: Scio casale illo in Conni, qui pertinet de ecclesia Massalia, talem habentem conditionem in corte domni imperatoris Lemunta per annos XL, quod homines illi qui inibi habitabant per conditionem adiuvabant colligere oliveta de ipsa corte et minabant remos et adiuvabant premere ipsum oleum atque evehere ad Papiam aut de tractura paccabant cum actore de ipsa corte; quod si hoc non faciebant, pertinentes domni imperatoris habitantes in ipsa casa pignorabant (...). Zur Sache: Castagnetti, Andrea, »Dominico e massaricio a Limonta nei secoli IX e X«, in: *Rivista de storia dell'Agricoltura* 8 (1968), S. 3–20.

»*Besolo* hat gesagt und sich erinnert: Ich weiß sicher und erinnere mich gut von heute (gerechnet) 25 Jahre und weiter zurück, als jenes Anwesen von ›Conni‹, das im Hofbezirk Limonta des Herrn Kaisers (liegt und) zur Kirche von Missaglia gehört, folgenden Dienst tat: Das Anwesen und die Leute, die dort wohnten, halfen dieser Pflicht entsprechend und ernteten in jener Ölbaumpflanzung jenes Hofbezirks und pressten das Öl und halfen, es in die Stadt Pavia zu fahren. Und wenn sie dies nicht taten, dann beschlagnahmten (pfändeten) die Verantwortlichen des kaiserlichen Hofbezirks mit Gewalt jenes Anwesen oder die dort hausenden Leute, und sie müssen die Ruder führen und pro Jahr ein Bündel Heu erlösen.«

»*Grigoaldus,* ein alter Mann, hat gesagt: Ich weiß seit vierzig Jahren, dass jenes Anwesen in ›Conni‹, das zu Massaglia gehört, folgende Dienstpflicht im kaiserlichen Hof Limonta hat: Dies und die Leute, die dort wohnten, halfen dienstpflichtig die Olivenbaumpflanzung dieses Hofes zu ernten; und wenn sie das nicht taten, beschlagnahmten die Verantwortlichen dieses Hofes mit Gewalt jenes Anwesen und die Leute, die dort wohnten.«

»*Andro,* ein alter Mann, hat gesagt: Ich weiß, 35 Jahre lang halfen die in jenem Anwesen in ›Conni‹ ansässigen Leute, die zur Kirche von Massaglia gehören, dienstpflichtig die Ölbaumpflanzung des Herrn Kaisers in Limonta abzuernten; und wenn sie das nicht taten, dann beschlagnahmten die für diesen Hof des Herrn Kaisers Verantwortlichen mit Gewalt dieses Anwesen und diese Leute.«

»*Petrus,* ein alter Mann, hat ähnlich (aus)gesagt, wie obiger Andro ausgesagt hat, dass er dies seit 40 Jahren wisse.«

»*Leo,* ein alter Mann, hat gesagt: Ich weiß, dass das Anwesen in ›Conni‹, das zur Kirche Massaglia gehört, im kaiserlichen Hof Limonta folgende Dienstpflicht seit 40 Jahren hat: Dass jene Leute, die dort wohnten, dienstpflichtig halfen, die Ölbaumpflanzung dieses Hofes abzuernten und die Ruder führten und halfen, jenes Öl zu pressen und nach Pavia zu schaffen oder sich mit dem Verwalter dieses Hofes über den Transport einigten; wenn sie dies nicht taten, pfändeten die Verantwortlichen des Herrn Kaisers die Bewohner dieses Anwesens.«

Schon auf den ersten Blick erhellt, dass jeder der Befragten sich nicht nur anders ausgedrückt und die Reihenfolge der Teilaussagen verändert hat, sondern sachlich teilweise anderes gesagt hat, unter Eid und eingeleitet von der Versicherung: »ich weiß«. Die Abweichungen beziehen sich nicht nur auf die Reichweite der Erinnerung, sondern auch auf die Bestandteile der Dienstverpflichtung, den Spielraum ihres Vollzugs und die Details über die Bestrafung im Verweigerungsfalle. Auch wenn man unterstellen darf, dass die einzelnen Aussagen von divergierenden Interessen vor Ort bestimmt gewesen sind: Hier wird eine Sprechvarianz offensichtlich, die eine Festlegung des Wissens auf einen einzigen Wortlaut ausschließt, gleichwohl das Finden der

Wahrheit garantieren kann. Solange die Beweiskraft der Aussage *(dicere et recordari)* als Zeugnis im Sprechakt des Aussagenden begründet bleibt – und keine anderen rechtsförmlich rituellen oder dinglichen Stellvertreter eingesetzt werden (rechtssprachliche Formeln, Unterschriften, Siegel, Erinnerungs-Ohrfeigen an jüngere Zeugen oder Ähnliches.) –, bleibt der Verschriftungsakt geprägt vom Redestil der Beteiligten. Formelgut, besonders zu Beginn der Aussage, beim Benennen von Orten, Personen und Zeitbezügen mischt sich mit sachlich und in der Reihenfolge variierenden Äußerungen. Das ist selbst – wie in diesem Fall – noch gut zu erkennen, obwohl der Druck auf die *iurati,* dasselbe zu bezeugen, nicht nur das gleiche zu meinen, es aber anders zu sagen, bestanden haben und die Fassung des Gesagten ins Latein im Ergebnis glättend und standardisierend gewesen sein dürfte. Wenn, wie hier im Falle des zitierten Petrus, die Ähnlichkeit der Aussage mit der eines der Vorgänger groß genug war, konnte man sich ganz vom Gesagten losmachen und ergebnisprotokollarisch festhalten: *similiter dixit sicut Sunderarius.* Aus der selbst-redenden Antwort ist damit eine sachorientierte Formel über sie geworden. Was um der Vermeidung von Wiederholungen willen zur Formel kontrahiert wird, bedeutet zugleich sowohl definitive Tilgung von Gespochenem als auch gültiger Wortlaut von anderen. Die verschriftende Seite hat die Initiative in der Wortlautgestaltung übernommen. Zwei Typen »lateinisierender« Verschriftung von Antworten im rechtserheblichen Befragungszusammenhang sind also deutlich geworden: die verlaufskonforme Aufzeichnung von Gesagtem und die vergleichsbezogene Kontraktion und Ersetzung von Gesagtem. Beide Typen sind hier sicher nur unzureichend modelliert.[18] Sie sollen auch lediglich dazu dienen, einem dritten Typ Profil zu geben, dem die folgenden Bemerkungen gelten: der domanialen *descriptio.*

---

18 Ganz andere Typen mit ähnlichen Ausgangspunkten sollen hier nicht unerwähnt bleiben: das antwortende Nachsprechen von mündlich oder schriftlich verbindlichem Wortlaut (Eidesformeln, Glaubensbekenntnisse, Abschwörungen vom Unglauben), Bekundungen von eigenen Verfehlungen, Denunziationen von Delikten anderer im Sendgericht, Antworten in der Liturgie.

Divisionsgeleitete Beschreibung

Im engsten zeitlichen und sachlichen Zusammenhang mit dem *breve inquisitionis* von Limonta ist eine Aufzeichnung von Gütern und Rechten entstanden, die ebenfalls auf der Aussage mindestens eines Verschworenen basiert. Sie endet mit dem Satz: »*ista hec iuravit Domnus scarus*« – der genannte Domnus könnte sogar mit einem Domnolinus im Gerichtsprotokoll identisch sein.[19] Man kennt die eidliche Bezeugung solcher Aufstellungen auch aus anderen Verzeichnissen. Dort wird zudem gesagt, dass sie auf antwortenden Bekundungen der Vereidigten fußen.[20] Die Aufzeichnung über Limonta besteht in einer Beschreibung dessen, was die ungenannten Beauftragten in der *villa* an Gütern, Personen und Rechten vorgefunden haben *(invenimus)*: ein kleiner Herrenhof, eine Kapelle (mit Zehntrecht), fünf auf Herrenland lebende Unfreie mit ihren Abgaben und Diensten, zwei Freie, die sich gegen einen Anerkennungszins in den Schutz dieser *villa* gestellt haben, Olivenhaine mit Ertragsangabe. Für den Kenner frühmittelalterlicher Güter- und Einkünfteverzeichnisse bietet diese kurze Aufstellung nach Inhalt und Form wenig Neues. Sie ist durchaus repräsentativ für die Vorstellungen von der Wirklichkeit und Beschreibbarkeit dessen, was die herrschenden Stände besaßen und aus solchem Besitz für ihr Auskommen zu beziehen trachteten. Diese Verzeichnisse gelten der Historie traditionell als kostbare Faustpfänder zur Erforschung von Wirtschaft und Gesellschaft im früheren Mittelalter. Dabei geht es vorrangig um den konkreten Sinn ihrer Inhalte. Die Verfahren, nach denen sie erstellt, tradiert und gebraucht werden, kommen meist nur im quellenkritischen Vorfeld unter den Stichworten der Redaktion und des Stils zur Sprache, beide auf das Verhältnis zwischen Muster bzw. Formular und realitätsbezogener Eigenart bezogen, ebenso natürlich im Blick auf den oft so wenig klaren Benutzungszweck.[21] Zur Charakterisierung des Denkstils, dem sie sich verdanken, ist es bisher nicht gekommen.

Um deutlich zu machen, woran mir liegt, wähle ich ein kurzes Verzeichnis über eine Kirche in Bergkirchen (bei Dachau) im Eigentum des Bistums Freising, das der Mönch Cozroh, der die Freisinger Schenkungsurkunden

---

19 Castagnetti u. a., *Inventari altomedievali di terre*, S. 24.
20 Die Formel: *isti dictaverunt et juraverunt;* vgl. Kuchenbuch, Ludolf, »Verrechtlichung von Erinnerung im Medium der Schrift (9. Jahrhundert)«, in: Assmann, Aleida/Harth, Dietrich (Hg.), *Mnemosyne. Formen und Funktionen der kulturellen Erinnerung,* Frankfurt/M., 1991, S. 39f.
21 Hägermann, »Quellenkritische Bemerkungen«, S. 47–73.

(ab zirka 824) in ein Kartular versammelte, dem Jahr 842 zugeordnet hat. Es lautet:

»Dieses kurze Schreiben hält zur Erinnerung das fest, was wir dort in Bergkirchen gefunden haben. Zuerst eine Kirche, in der Kirche drei Altäre, 13 Leintücher, 1 vergoldetes Reliquienkästchen, 1 vergoldetes Kreuz und ein anderes Kreuz aus Zinn, 1 geschmückter, vergoldeter Kranz, 1 Abendmahlskelch und Oblatenteller mit Gold verziert und einen weiteren Abendmahlskelch und Oblatenteller aus Zinn, 1 Lektionar, 1 Meßbuch, 2 Glocken, eine aus Bronze und eine aus Eisen, ein Chorhemd und ein Meßgewand; und die Orte, die dieser Kirche den Zehnten geben, sind 9 an der Zahl; ein Hof mit Haus und drei Scheunen, zum Haus gehören 9 Unfreie – 6 Knechte und 3 Mägde –, 12 Rinder – 7 Ochsen und andere 5 Jungtiere –, 26 Schweine, 2 Schafe, 7 Gänse und 4 Hühner, 2 Kochkessel – einer klein und ein anderer groß –, 1 Pflugschar und 1 große Sense, 2 Karren, 1 Kette; 1 Weinfass und drei andere Gefäße für Bier, 2 Bienenstöcke, 10 Scheffel Spelt und 11 Scheffel Gerste und 20 Scheffel Roggen; drei Hufen an bebautem Herrenland, Wiesen zu 200 Fuder und das Herrenland gänzlich gesät; und dort gehören zu besagtem Hof 2 besetzte Hufen; darauf sind zusammen 10 Unfreie; jede von ihnen gibt im Jahr 12 Eimer Bier und jede von ihnen 1 Ferkel und 2 Hühner; und deren (Ehe)Frauen wirken im Jahr 1 Hemd, und jene Hufen fronen pro Woche 3 Tage, und sie haben 9 (Stück) Vieh; und eine von ihnen hat 1 Pferd und die andere Hufe hat 6 Schafe; und der herrschaftliche Knecht hat 1 Pferd: und alle jene herrschaftlichen Knechte 6 (Stück) Vieh und eine der Hufen hat 4 Schweine.«[22]

Der Vorgang ist ganz deutlich: Die Bestandsaufnahme erfolgte am Ort selbst. Man findet den Besitz vor *(invenimus)*, inspiziert ihn von der Scheune

---

22 Bitteraus, Theodor, *Die Traditionen des Hochstifts Freising,* Quellen und Erörterungen zur Bayerischen und Deutschen Geschichte, NP 4, 1, München 1905, Nachdruck Aalen 1967, S. 550f.: *Breve commemoratorium hic innotescit. quod ibi invenimus ad Percchirichun: inprimis basilicam infra basilica altare tria sindones XIII capsam I deauratam crucem I deauratam et aliam crucem de stagno paratam coronam I deauratam calicem et patellam I auro decoratas et alium calicem et patenam stagnatas lectionarium I missalem I campanas II una aera et ali ferrea albam I et planetam I; et ville qui ad illam basilicam decimam dant sunt VIIII; curtem cum domo et horrea tria infra domum mancipia VIIII servos et ancillas III armenta XII boves VII et alias iuniores V porcos XXVI oves II aucas VII et pullos IIII caldarios II, unus minor et alter maior; vomerem I et ligonem I falcem maiorem I carras II catenam I cubam I et alia vasa ad cervisa utendum tria; de apibus alveoria II de spelda modios X et de ordea modios XI et de segale modios XX; terram dominicam cultam colonia tria de pratis carradas CC et terram dominicam pleniter seminatam; et ibidem ad ipsam curtem aspiciunt mansos II vestitos; inter illos continentur mancipia X; uterque ex ipsis mansis dant in anno de cervisa situlas XII et uterque ex ipsis frisgingam I pullos II: et utrasque uxores eorum operantur in anno camisalem I, et ipsi mansi operantur in ebdomada III dies et ipsi habent armenta VIIII; et unus de his habet caballum I; et ipsi totos servi dominici armenta VI et unus ex ipsis mansis habet porcos IIII.* Zur Quellenkritik: Hägermann,»Quellenkritische Bemerkungen«, S. 53f.

bis zum Oblatenteller, sieht Gegenstände konkret vor sich *(ibi, infra, ibidem)* soweit das Interesse und die Augen reichen. Wie viel Heu dagegen Wiesen erbringen, was eine Hufe *(mansus)*, ein Unfreier *(mancipium)*, ein jährlicher Zins oder wöchentlicher Dienst ist, musste vorher gewusst sein, bevor man es *hic et nunc* durch Nachfragen finden und zusammenstellen bzw. zählen konnte. Das Vokabular erstreckt sich nicht nur auf die sinnlich fassbaren Dinge, sondern ebenso auf zeitliche und rechtliche Verhältnisse, die nur im Wechselspiel zwischen dem lateinischem Wissen der herrschaftlichen Erfrager und dem mündlichen Gewohnheitswissen der dortigen Leute Schriftgestalt annehmen konnten. Die Beschreibung beginnt überschriftartig. Man drückt sich ordinativ aus *(inprimis)*. Die Besitzaufnahme schreitet übersichtlich und deduktiv voran; zuerst das Wichtigste: die Kirche, die Altäre, die Altargeräte, ihr Einkommen; dann der Herrenhof und sein Zubehör: klares Fortschreiten vom Großen zum Kleinen, vom Wichtigen zum Unwichtigen. Es folgt das Land: Menge, Art, Zustand; schließlich die zugehörigen Hufen und deren Inhaber mit Zins und Fron. Erst gegen Ende, bei der Aufzählung des Viehbesitzes der Unfreien, gerät die Aufzählungsfolge etwas aus dem Tritt: die Bestandsangaben der Hufner und der Unfreien auf dem Fronhof gehen durcheinander. Dieser leichten Tendenz zur Auflösung der Sachfolge entspricht auch die nicht konsequent ordinative Durchgliederung des Ganzen. Man beginnt mit »erstens«, ohne dass explizit ein »zweitens« folgt. Gegen Ende läuft die Beschreibung additiv aus, ohne eine abschließende, dem Beginn entsprechende Feststellung.

Im Präsens der wenigen Verben spiegelt sich distanzlos der Moment der Bestandsaufnahme. Die meisten Anschlüsse sind syndetisch schlicht gehalten; präpositionale oder adverbiale Gelenke sind weit weniger vertreten *(infra, cum, ibidem, inter* usf.). Doch auch wenn man den Eindruck hat, dass die *descriptio* weder ordinativ konsequent noch reflexiv distanziert ist, kommt man nicht umhin, ihr begriffliches Distinguieren und ordnungsbewusste Methodik zuzusprechen beim Versuch, vor Ort das *quid* mit dem *quantum* in das rechte Verhältnis zu setzen. Die Aufstellung verdankt sich, das wurde deutlich, nicht nur einer Inspektion, sondern auch einer Inquisition. Es gibt Hinweise genug in den zeitgenössischen Quellen, dass nicht nur bei allen möglichen Streitschlichtungen die Befragung von Zeugen und Wissenden entscheidend war.[23] Zu unterschiedlichen Zwecken wurden sorgfältige Inquisitionen mit dem Ziel der Verzeichnung von Gütern und Rechten ange-

---

23 Davies, Wendy/Fouracre, Paul (Hg.), *The settlement of Disputes in Early Medieval Europe*, Cambridge 1986, S. 34ff.

stellt.²⁴ Mit den bekannten »Brevium Exempla« aus dem Ende 8. Jahrhunderts ist auch eine wohl königlich autorisierte Zusammenstellung verschiedener Inventartypen (in einer Handschrift zusammen mit dem *Capitulare de villis*) überliefert, die zur Orientierung dienen sollte.²⁵ Leider sind aber keine Zeugnisse solcher Befragungen selbst überkommen. Eine Fragenzusammenstellung zur Ausstattung von Landkirchen aus der Feder von Hinkmar von Reims aus der Mitte des 9. Jahrhunderts kommt diesen Geboten schon recht nahe, befasst sich aber nicht mit der Ausstattung von Unfreien bzw. deren Abgaben und Diensten.²⁶ Die älteste Fragenliste dieser Art, die *Inquisitio Eliensis*, gehört zu den *Domesday Satellites*, entstanden um 1086.²⁷ Beiden Katalogen ist nun zu entnehmen, dass das Wissenswerte begrifflich vorformuliert und in seiner Reihenfolge vorbestimmt gewesen sein dürfte. Dies ist natürlich auch der quellenkritischen Forschung nicht entgangen. Dort spricht man von verschiedenen Formularen, besonders aber Formen der »Redaktion« der Verzeichnisse.²⁸ In diesem Begriff sind jedoch die Akte der Vorbereitung einer Güteraufnahme und die darauf folgenden Nachbereitungen nicht grundsätzlich genug auseinandergehalten – dies im obigen Sinne von Verschriftung und Verschriftlichung. Gerade darum aber soll es hier gehen. Lässt sich ermitteln, welcher Denkstil in Deskriptionen wie der von Bergkirchen am Werke ist? Die Aufgabe des Schreibers besteht darin, sehr viele Einzelheiten der Sache und der Menge nach übersichtlich zu verschriften. Sehe ich recht, dann ist die Aufstellung über Bergkirchen vor allem durch ein

---

24 Lesne, Emile, *Histoire de la propriété ecclésiastique en France*. Bd. 3, *L'inventaire de la propriété. Eglises et trésors des églises du commencement du VIIIe à la fin du XI siècle*, Lille 1936.

25 Verhein, Klaus, »Studien zu den Quellen zum Reichsgut der Karolingerzeit«, in: *Deutsches Archiv zur Erforschung des Mittelalters* 11 (1955), S. 333–392.

26 Stratmann, Martina, *Hinkmar von Reims als Verwalter von Bistum und Kirchenprovinz*, Quellen und Forschungen zum Recht im Mittelalter 6, Sigmaringen 1991; *Capitula quibus de rebus Magistri et decani per singulas ecclesias inquirere, et episcopo renuntiare debeant* (J. P. Migne Patrologia Latina, Bd. 125, Sp. 777–791). Ein Auszug zur Verdeutlichung: *I. Inquirendum in qua villa aut cuiuslibet sancti honore praelitulatus sit presbiter, vel a quo fuerit ordinatus. II. Si habeat mansum habentem bunuaria duodecim, praeter coemeterium, et cortem, ubi ecclesia et domus ipsius continetur, aut si habeat mancipia quatuor. III. Quot mansos habeat in sua parochia ingenuiles er serviles, aut accolas, unde decimam accipiat. IV. [...].*

27 Galbrath, V. H., *The Making of Domesday Book*, Oxford 1961, S. 60; Clarke, H. B., »The Domesday Satellites«, in: P. H. Sawyer (Hg.), *Domesday Book: a reassessment*, London 1985, S. 50–70.

28 Perrin, Charles-Edmond, *Recherches sur la seigneurie rurale en Lorraine. D'après les plus anciens censiers (IXe-XIIe siècles)*, Publications de la Faculté des Lettres de L'Université de Strasbourg 71, Paris 1935.

bestimmtes Verfahren geprägt. Man könnte es als mehrschichtiges und abstufendes Teilen *(dividere in partes)* bezeichnen. Besonders bei der Beschreibung der Einzelheiten wird dies klar. Im Falle der Aufnahme der Kreuze, der Glocken, der Unfreien, des Rindviehs, der Kessel wird zuerst die Gesamtzahl angegeben, danach erfolgt eine Aufteilung nach je verschiedenen Gesichtspunkten, die zugleich den Rang bzw. Wert des Benannten vermitteln. Die liturgischen Kreuze, Abendmahlskelche, Oblatenteller und Glocken sind nach ihrer *materia* (Gold oder Zinn, Bronze oder Eisen) unterschieden und gestuft, die *mancipia* nach ihrem Geschlecht, das Rindvieh nach seinem Alter, die Kessel nach ihrer Größe. Was im Kleinen das Gliedern gestattet, steht auch hinter der Ordnung im Großen. Zuerst wird das kirchliche Gut aufgeführt, danach folgen die weltlichen Sachen. In der kirchlichen Sektion wird erst das einzelne Ganze, die Kirche, benannt, dann folgen, auf das Heiligste, den Altar bezogen, die Liturgica – sicher auch nach ihrem sakramentalen Rang gestuft. Ähnliches kann man bei der Aufführung der weltlichen Güter erkennen. Der Hof (im Singular) bildet den Ausgangspunkt; die Akzidenzien dortselbst sind klar und stufend distingiert (Gebäude, Leute, Vieh, Geräte, Vorräte). Dabei regieren die Unterscheidungen von Haus und Stall/Scheune *(mancipia)*, von groß und klein (Vieh und Geflügel), von verschiedenen Tätigkeitsbereichen (Geräte und Werkzeuge für Zubereitung, Feldarbeit, Transport, Vorratshaltung) die Gliederung. Erst dann folgt der Außenbereich, auch hier wieder das Herrenland vor dem Hörigenland. Dort zuerst die Leute und deren Abgaben und Dienste, dann ihr *peculium*. Dieses teilende Verfahren, durch das distingiert und rangiert wird, findet sich nun auch in vielen anderen Bereichen verschrifteter Wirklichkeit. Es hat den Anschein, dass hier ein geistiger Habitus greifbar wird, der für die lateineuropäische Literalität des früheren Mittelalters überhaupt charakteristisch ist. Johannes Fried hat neuerlich diesen Habitus als »dividierendes Denken« angesprochen, das im engsten Zusammenhang stehe mit dem nur in seiner Schwundstufe überkommenen und vermittelten antiken Trivialwissen.[29] In der Tat begann, maßgeblich in Wort und Lehrdialog angestoßen von Alcuin[30], seit dem späten achten Jahrhundert die Ausrichtung der monastischen Lateinbil-

---

29 Fried, Johannes, »Vorbemerkungen«, in: Werner Simon (Hg.), *Akten des 26. Deutschen Rechtshistorikertages: Frankfurt am Main, 22. bis 26. September 1986,* Frankfurt/M. 1987, S. 396f.,

30 Edelstein, Wolfgang, *Eruditio und sapientia. Weltbild und Erziehung in der Karolingerzeit. Untersuchungen zu Alcuins Briefen,* Freiburg 1965, S. 114ff.

dung auf genauere Schulung in Grammatik, Rhetorik und Dialektik.³¹ Diese Schulung – so Fried – dürfte den Denkstil der folgenden Generationen zunehmend modelliert haben, und das könne nicht ohne Folgen für den Blick auf die gesellschaftliche Realität geblieben sein. Besondere Wirkung ist dabei der Rudimentärdialektik zugekommen, wie sie erstmals Alcuin im kurzen Lehrdialog, eng angelehnt an Porphyrius, Boethius und die *Decem categoriae* geschaffen hat.³² Schaut man in die *Dialectica* hinein,³³ dann sind die Ähnlichkeiten zwischen dem Lehrdialog und dem Bergkirchener Verzeichnis in formaler Begrifflichkeit und Verfahrensweise tatsächlich verblüffend – nur mit dem Unterschied, den man zwischen philosophischer und alltäglicher Logik erwarten darf: Was bei Alcuin explizit ausgedrückt und als Verfahren systematisch reflektiert wird, ist im anonymen Verzeichnis praktisch »da«. Etwas genauer gesagt: Ob die *partes* der *philosophia, isagogae* oder *quantitas,* die *species* der *physica* oder der *logica,* die *modi* der *praedicationes,* die *ratio* der *qualitas* – es ist bei Alcuin immer das gleiche dividierende Definieren, das die Antworten des Magisters bestimmt. Dabei wird stets deduziert, logisch abgestiegen vom Allgemeinen zum Besonderen, oder besser: Was jeweils bestimmt werden soll, wird methodisch zum *genus,* das in seine *species* zu dividieren bzw. auf seine *differentiae* hin zu bestimmen ist; oder der Ausgangspunkt ist eine *substantia,* deren *praedicamenta* bzw. *accidentia* (in Auswahl) charakterisierend hinzukommen. Thema der *dialectica* selbst ist ja die Einführung in die Bestimmbarkeit jeder *res* durch *genus, species, differentia, accidens* und *proprium* sowie die Entfaltung der *accidentia* jeder Sache *(substantia),* die zum Gegenstand wird, durch *quantitas, ad aliquid, qualitas, facere, pati, situs, ubi, quando, habitus.*³⁴ Auch die Ordnung des ganzen Inhalts erweist sich als deduktives Fortschreiten zu immer mehr spezieller und

---

31 Glauche, Günter, *Schullektüre im Mittelalter. Entstehung und Wandlungen des Lektürekanons bis 1200, nach den Quellen dargestellt,* Münchener Beiträge zur Mediävistik und Renaissance-Forschung 5, München 1970; Schrimpf, Gangolf, *Das Werk des Johannes Scottus Eriugena im Rahmen des Wissenschaftsverständnisses seiner Zeit. Eine Hinführung zu Periphyseon,* Beiträge zur Geschichte der Philosophie und Theologie des Mittelalters NF 23, Münster 1982, S. 23ff., Riché, Pierre, *Ecoles et enseignement dans le Haut Moyen Age. Fin du Ve siècle – milieu du XIe siècle,* Paris 1989.
32 Beckmann, Jan P., »Logik«, in: *Lexikon des Mittelalters.* Bd. V. München 1991, S. 2072; Marenbon, John, *From the circle of Alcuin to the school of Auxerre. Logic, theology and philosophy in the early Middle Ages,* Cambridge Studies in Medieval Life and Thought, third series 15, Cambridge 1981, S. 30ff, 144n.
33 J. P. Migne, Patrologia Latina, Bd. 101, Sp. 950–976.
34 Die weiteren Abschnitte von Alcuins Dialektik (Widerspruch, Argumentation, Definitionsweisen und -arten, Topik, Interpretation) lasse ich hier beiseite.

differentieller Bestimmungsfülle. Der Blick auf das Verzeichnis zurück zeigt schnell, dass Bestimmungsakte divisorisch-dialektischer Art in Hülle und Fülle zu finden sind. Natürlich geht es kaum um das Wesen *(proprium)* der dort beschriebenen Güter und Rechte – wiewohl man es darin sehen könnte, das alles dem Hochstift des Bistums Freising gehört. Alle anderen *partes* der *isagogae (genus, species, differentia, accidens)* sind freilich präsent. Noch deutlicher regieren die meisten der zehn *categoriae* die Aufstellung: Alles ist am genannten Ort, alles ist abgezählt darauf – kam es schließlich auch an. Vieles ist näher situiert, nach Größe, Geschlecht, Alter, Gestalt, Material, Funktion bestimmt, manches auch nach dem *quando*: die *in anno* zu leistenden Abgaben und die in *ebdomada* fälligen Frontage. Natürlich reicht eine einzelne Beweisführung dieser Art nicht aus, auch wenn es deutliche Spuren dafür gibt, dass in den Freisinger Schreibschulen und Bücherstuben der Karolingerzeit triviales Schriftgut (Priscian, Boethius, aber auch Alcuin) entstand und benutzt wurde.[35] Auch das Vokabular und das Ordnungsgefüge in anderen grundherrlichen Aufstellungen haben dafür herzuhalten. Die Arbeit daran hat aber erst begonnen.[36] Wer immer obigen Filiationen der schlichten Güterverzeichnung mit der Schuldialektik nicht in jedem Detail zustimmen kann, wird die These, dass zum und beim Verschriften von Gütern und Rechten ein divisionsgeleiteter Denkstil gehörte und für das Ganze prägend ist, ernst nehmen können.

Standardisierte Erhebung

Etwa 961/62 fügte Folcuin, ein Mönch der Abtei Saint-Bertin (nördliches Flandern), in seine gewissenhaft mit *scripta* aus den Klosterbeständen bestückten *Gesta abbatum sancti Bertini Sithiensium* ein Verzeichnis ein, das in den Jahren zwischen 844 und 849 entstanden sein muss. Er übernahm auch dessen ein gutes Jahrhundert zurückliegenden Titel: »Zusammenstellung

---

35 Bischoff, Bernhard, *Die südostdeutschen Schreibschulen und Bibliotheken in der Karolingerzeit,* Teil 1, Die bayerischen Diözesen, 3. Aufl. Wiesbaden 1974, S. 90, S. 112, S. 117f., S. 122, S. 127, S. 149f.

36 Weiteres zu dieser Frage ist dargestellt in meinem Aufsatz: »Ordnungsverhalten im grundherrlichen Schriftgut vom 9. zum 12. Jahrhundert«, in: Johannes Fried (Hg.), *Dialektik und Rhetorik im früheren und hohen Mittelalter. Rezeption, Überlieferung und gesellschaftliche Wirkung antiker Gelehrsamkeit vornehmlich im 9. und 12. Jahrhundert.* , Schriften des Historischen Kollegs, Kolloquien 27, München 1997, S. 175–268.

von Beschreibungen der Orte für den Unterhalt der Mönche« *(Breviatio uillarum monachorum uictus).*[37] Die Forschung ist sich in der Beurteilung dieses Verzeichnisses nicht einig. Die einen rühmen seine realistische Ausführlichkeit, die anderen halten es für eine Komposition von abstrakten, ja normativen Angaben, denen wenig Wert für eine realistische Interpretation zukomme.[38] Dieser Dissens bräuchte hier kaum zu interessieren, ginge es dabei nicht auch um das Verhältnis des Verschriftungsstils zur Wirklichkeitswahrnehmung. Die Kapitel über die Güter und Rechte in den etwa zwölf Orten mit Kirche, Herrenhof, Herrenäckern, -wäldern, -wiesen, mit pauschal genannten Freien und Unfreien besetzten Hufen samt Abgaben und Diensten sowie namentlich Genannten mit unverhuftem Besitz und besonderen Aufgaben gleichen sich in Aufbau und Terminologie derart, dass sie vielfach nur noch in den Quantitäten differieren. Ein kurzer Auszug aus den Aufstellungen zu Bayenghem-lès-Eperlecques und Coyecques mag dies verdeutlichen. Ich zitiere nur die ersten Sätze (Kapitel XXIIII und XXV):[39]

In Beinga villa habet ecclesiam. Indominicatum mansum cum casticiis. De prato bunaria XV. De terra arabili bunaria CXX. De silva grossa bunaria XL, ad saginandos porcos XX. De silva minuta bunaria C. Mansa XVIII et semis per bunaria XII, et ille dimidius per bunaria VI, cum servis XI qui faciunt III dies in ebdomada, ancille VIIII faciunt ladmones VIIII. Alii ingenui faciunt II dies in ebdomada et de ingenuis feminis X veniunt ladmones V. [...] In Coiaco habet ecclesiam cum bunariis XVIII, mancipia II; de luminaribus solidos III. Casam indominicatam cum aliis casticiis. De prato bunaria XL. De terra arabili bunaria CLX. De silva minuta bunaria XXXV. Mansa XXI per bunaria X. Sunt in eis servi XV qui faciunt in ebdomada dies III; ancille VII faciunt ladmones VII. Alii ingenui qui faciunt in ebdomada II dies et ille ingenue femine unaquaque facit ladmen semis [...].

Man hat den Eindruck, als sei eine bis zu fast jedem Einzel-Punkt vorformulierte und geordnete Aufstellung zur Hand gewesen, als man an die Untersuchung und Befragung in den *villae* ging. Das ist durchaus wörtlich zu verstehen: Der aufnehmende Schreiber kann die Aufstellung (ohne die *quanta*) auf einem Blatt oder einer Wachstafel bei sich gehabt haben. Die Beschreibung bestand dann im Wesentlichen nur noch darin, das Formular mündlich und

---

37 Ganshof, François, »Le polyptyque de l'abbaye de Saint-Bertin (844–859)«, in: Mémoires de l'Institut National de France. Académie des Inscriptions et Belles Lettres 45 (1975), S. 57–209, hier: S. 67f.

38 Dazu: Fossier, Robert, *Polyptyques et censiers*, S. 24ff. Er plädiert für die Abstrakheit. Vgl. auch: Morimoto, »Etat et perspectives«, S. 125–151 und Hägermann, »Quellenkritische Bemerkungen«, S. 64. Beide vertreten den realistischen Charakter des Stücks.

39 Ganshof, »Le Polyptyque«, S. 78ff.

schriftlich abzuarbeiten und dem jeweiligen Einzelpunkt das Quantum in Zahlwort oder römischem Zahlzeichen beizufügen. Ein solches Verfahren gehört in die Nähe dessen, was uns heute als begrifflich standardisierte Erhebung gilt. In diesem Verschriftungsvorgang haben diejenigen, die am Ort Auskunft geben, natürlich keine eigene Stimme mehr. Er ermöglicht, zugespitzt gesagt, die rein numerisch exakte Aufzählung und Durchzählung. Mit dieser Standardisierung hängt zusammen, dass heute der Sinn mancher *vocbula*, die damals nur als solche, ohne jeden umschreibenden Zusatz, benutzt wurden, nicht mehr klar wird. Was etwa genau *ladmones* (gewebte (Woll-) Tücher?) oder *lunarii* (Montagsleute?) sind,[40] bleibt rätselhaft. Das sprechendste Detail für die enge Orientierung am begrifflichen Schema ist die Mitführung von *vocabula* auch dann, wenn sozusagen »Fehlanzeige« annotiert werden musste. Es will etwas heißen, wenn man *lunarium nullum, ladmen nullum, ad host* (Gestellungspflicht für den Heerestross) *nihil* notiert,[41] anstatt die *vocabula* einfach wegzulassen. Das Kategorienskelett, der Umfang und die Ordnung des *quid* waren also so festgefügt, dass die Leerstelle verschriftet werden konnte. Man hatte vorher entschieden, was man vor Ort zählen wollte – in diesem Falle etwa nicht den Vieh- und Gerätebestand, nicht die Vorräte, nicht die Haushaltsmitglieder, nicht Zeitpunkt und Inhalt einzelner Verpflichtungen usf. –,[42] und hielt sich dann konsequent daran, bis hin zur Zählung des »Nichts«.[43]

---

40 Ebd., S. 94f, S. 96f.
41 Ebd., S. 81, S. 84.
42 Dies etwa sind inhaltliche Schwerpunkte anderer Verzeichnisse aus dem früheren Mittelalter.
43 Ich habe diese Formulierung gewählt, um den schriftlichen Stellenwert des »Nichts« (von etwas) anzusprechen. Man sollte die Verschriftung des *nullum* erstens im Zusammenhang damit sehen, dass die additiven römischen Zahlzeichen damaliges praktisches Rechnen (in ganzen positiven Zahlen) mit dem Nichts ausschlossen, zweitens die standardisierten Ausdruckssequenzen im dispensativen Schriftgut – Grobschema: *locus – quid – quantum* – der Menge (Anzahl) in Zahlwort bzw. Ziffer einen festen Platz zuwiesen, an gleicher Stelle auch das Wort »Nichts« einnehmen konnte. Dies drittens in einer Zeit, in der Rhabanus Maurus Bedas indirekte Einführung eines Stellenwertsystems (beim Fingerrechnen) umordnend und eher praxisfern fortschreibt (Englisch, Brigitte. *Die Artes Liberales im frühen Mittelalter, 5.-9. Jahrhundert. Das Quadrivium und der Computus als Indikatoren für Kontinuität und Erneuerung der exakten Wissenschaften zwischen Antike und Mittelalter*. Phil. Diss. masch., Bochum 1993, S. 349ff.). Erst im Laufe der kommenden Jahrhunderte (10. bis 13. Jahrhundert) werden die konsequente Worttrennung, die Ordnungsgewinne beim Einrichten der Seite und beim Kolumnieren, die Einwanderung der arabischen Zahlen samt der indischen Null und der ergänzenden operationalen Zeichen (Gleichheit, Bruch, Plus, Minus usf.; dazu Menninger, Karl. *Zahlwort und Ziffer. Eine Kulturgeschichte der Zahl*. 2. Aufl. Göttingen 1958) in Rechenoperation und Schreibweise die Verschriftung

Dieser eigenartige Aspekt appropriativer Verschriftungspraxis ist noch nicht systematisch untersucht.[44] An einem anderen systematischen Punkt der Deskription begegnet man dem Gegenpol des nicht Vorhandenen, dem »Ausreichenden«: In vier *villae* wird das kommunale Weideland (dt. *Allmende*) in die Formel *de pastura communi sufficienter* bzw. *satis* gefasst.[45] Die Mönche, welche die Güteraufzeichnung für die Konventualen der Abtei Saint-Bertin erstellten, registrierten also – an einzelnen Punkten – das Unzählbare im negativen wie im positiven Sinne. Neben der Entfaltung des Wissenswerten zum Zählbaren hin enthält das Verzeichnis aber auch Hinweise darauf, dass man sich Wiederholungen ersparte: Raffungen *(inter omnes, omnes excepto)*, Verweise auf Gleiches *(sicut superius, similiter ut)* durchziehen die Aufstellungen. Solche Abkürzungen und Aggregierungen sollten aber nicht in eins gesetzt werden mit Additionen, die auf der Grundlage der abgeschlossenen *descriptio* erstellt wurden. Hier ist einer der damaligen Übergänge von der Verschriftung zu den Verschriftlichungen zu sehen.

Tilgung, Summation, Abstraktion

Auch das kurz vor 845 entstandene Güterverzeichnis der Abtei Montierender (südliche Champagne) ist davon geprägt, dass die Schreiber sich sehr eng an eine Art Formular gehalten haben, dementsprechend die Ortskundigen in den über dreißig *villae* ausgesagt und geschworen haben.[46] Wodurch sich dieses Stück von dem vorigen unterscheidet, ist ein deutliches Mehr an Bedachtheit im Blick auf die verschrifteten Gegebenheiten. Zum einen werden

---

des *nullum* bis zur alltäglichen Handlung hin ermöglichen. Um die Wandlungen zu verstehen, die diese neuartige Rechenhaftigkeit nicht nur als geistigen (dazu: Murray, Alexander, *Reason and Society in the Middle Ages*, Oxford 1978, S. 141–210), sondern auch als skripturalen Habitus ausmachen, ist es von Interesse, wann und wie die Praxis des Beschreibens von Rechten an Gütern und Einkünften auf ein Eintragen hin kontrahiert wird, das auf satzloses Denken und Schreiben hinausläuft. Das gilt auch im Blick auf die Genesis des Tabulierens im Bereich des Einnehmens und Ausgebens.

44 Auf »Fehlmeldungen« in den *Brevium Exempla* (c. 29) weist lediglich Verhein, Klaus, »Studien zu den Quellen zum Reichsgut der Karolingerzeit«, in: *Deutsches Archiv zur Erforschung des Mittelalters* 11 (1955), S. 378 hin.

45 Ganshof, »Le Polyptyque«, S. 82–85.

46 Droste, Claus-Dieter, *Das Polyptichon von Montierender. Kritische Edition und Analyse*, Trierer Historische Forschungen 14, Trier 1988, S. 19–46.

immer wieder Bezüge ausgedrückt, die sich nicht allein auf die Beschreibung eines Ortes beziehen (zum Beispiel *omnes de villa, omnem decimam, inter totos*).[47] Auch Partikel wie *ut supra* oder *ut ceteri* zeugen nicht nur vom Blick auf das gerade Ausgeführte, sondern haben die früheren Teile im Gedächtnis.[48] In der Überschrift zum dritten Teil des Ganzen, der Aufnahme der Prekarien (Güter, die diejenigen – meist lebenslang – nutzen, die sie vorher dem Kloster geschenkt haben), drückt man sich »ankündigend« aus: *In precariis quoque ista habentur.*[49] Schließlich gehört zu jedem Abschnitt dieses Teils eine *summa*.

Heutzutage gilt als Summe eine Gesamtzahl, die das Resultat einer Addition ist. In den sieben *summae* im Prekarien-Verzeichnis von Montierender ist nun keineswegs alles addiert, was addierbar war, wiederum manches enthalten, was nicht zu addieren war, deshalb lediglich wiederholt wird. Nur zwei Beispiele. Das erste: *Sunt in summa: mansa.V. hospicium.I. mancipia. VIIII. lignaris carra.VIII. pulli.XVIII. scindele.D. frescinge.VI. et agniculi.II.*[50] Verglichen mit der voraufgehenden Aufstellung sind hier nur die Hofreiten addiert. Man hätte auch deren penibel in Ruten gemessene Flächen ermitteln und die dazugehörenden Joch Land zusammenfassen können. Alles andere ist nur Wiederholung. Aber nicht alles ist wiederholt. Ein Gartenstück *(olea)* taucht ebenso wenig in der *summa* auf wie die Ackerdienste. Darauf kam es offensichtlich nicht an. Das zweite: *Sunt in summa: mansa .ll.*[51] Hier wurden zwei sehr verschiedene Hofreiten addiert. Die erste, eine herrschaftliche, 58 Quadratruten groß, dazu 60 Morgen Acker- und 5 Morgen Wiesenland; die zweite, ein *mansellum*, zu 18 Quadratruten, sechseinhalb Morgen Acker- und 1 Morgen Wiesenland. In der *summa* sind diese gewaltigen Unterschiede verschwunden. Auch auf sie kam es nicht an. Das Ziel der Kontraktion zur hauptsächlichen Menge war die Qualität *mansus. Sunt in summa* heißt hier also: »Das macht in der Hauptsache«, nicht: »Das macht im Ganzen«. Bei dieser rudimentären Form der additiven und repetitiven Schürzung zum Hauptsächlichen ist es auch in der abschließenden Zusammenfassung zu den Prekarien geblieben.[52]

---

47 Ebd., passim.
48 Ebd., S. 27, S. 32.
49 Ebd., S. 40.
50 Ebd., Nr. LV, S. 45: »Das macht im Ganzen: Hofreiten 5, Kate 1, Unfreie 9, Holzfuhren 8, Hühner 18, Schindeln 500, Ferkel 6, Lämmer 2.«
51 Ebd., Nr. LII, S. 44.
52 Ebd., S. 46.

Recht andere Qualitäten hat da das Polyptychum der Abtei Saint-Remi in Reims aus den Jahren nach 848. Ich wähle aus den über zehn Einzel-*breves* zur Erläuterung das von Ville-en-Selve.[53] Man kann behaupten, dass die *descriptio*-Technik der Karolingerzeit hier ihren ausgefeiltesten Stand erreicht hat.[54] Dies zeigt sich an zweierlei. Zum einen daran, dass der *descriptio*-Typ für die *villa* viel genauer und umfassender ausgelegt ist als etwa im Falle von Montierender. Das gilt ebenso für den Besitzkomplex in direkter herrschaftlicher Nutzung *(mansus dominicatus:* Hof, Felder, Wiese, Weingut, Wald) wie für die bäuerlichen Einzelhufen. Dort werden alle Inhaber von freien und unfreien Hufen *(mansi ingenuiles* bzw. *serviles)* und auch kleineren Anwesen *(accolae)* namentlich und mit ihrer Rechtsqualität aufgeführt. Es folgen Abschnitte, in denen die Frauen der Hufeninhaber namentlich und mit ihren Kindern (nur Zahlenangabe) erscheinen; danach alle nicht auf Hufen, aber innerhalb des Domanialbezirks ansässigen Leute; danach alle auswärtig wohnenden Zugehörigen *(forenses)*. Schließlich wird auch die dortige Kirche mit allem Zubehör – ähnlich ausführlich wie im Falle Bergkirchens – inventarisiert. Direkt davor nun ist eine *summa* gesetzt, die wie folgt lautet:[55]

SUMMA: Excepto manso dominicato et presbyteri beneficio quod subsequitur, mansi ingenuiles.XXVII. et dimidius, seruiles.XVII., accola.I.; omnes mansi donant araticum; in tertio anno decimam de ueruecibus. Hinc exeunt frumenti modii.XVI. et dimidius, mixtae annone modii.LX., pastae.XII., pulli.CLXXXIIII., ova.DCCCCLXV., vini modii.CCLXIIII. et dimidius, argenti solidi.XLIII., dinarii.II., scendulae.IIIDCC., ligni carri.CXLVIII., faculae.CCLV.; de diurnariis ingenuis forensibus librae.III., dinarii .XII.; de seruis et ancillis interius et exterius manentibus solidi.XII.; presbiter solidi.X. SUMMA argenti: librae.VI., solidi.VI., dinarii.II.

Was ist hier ausgewählt und was addiert? Zuerst erstaunt der Hinweis darauf, was man nicht einbezogen hat: den *mansus dominicatus* und das Priesterlehen. Aufgeführt sind dann die *summae* der zwei Hufenarten. Die Verpflichtung zur Ackerbestellung und zu anderen Stück- bzw. Zeitdiensten ist ausgelassen. Hier ging es nur um die Abgaben: Ackerertragszins, Lämmerzins, Getreidezehnt, Geflügelzinse, Wein, diverse Holzabgaben und Silbergeld.

---

53 Devroey, Jean-Pierre, *Le polyptyque et les listes de cens de l'abbaye de Saint Remi de Reims (IXe-XIe siècles)*, Edition critique, Travaux de l'Académie Nationale de Reims 163, Reims 1984, S. 10–15.

54 Die allmähliche Erfahrungsbildung ist am Fall Reims – eine seltene Ausnahme – rekonstruierbar; dazu Devroey, Jean-Pierre, »Les premiers polyptyques rémois, VIIe-IXe siècles«, in: Verhulst, Adriaa (Hg.), *Die Grundherrschaft im frühen Mittelalter*, Gent 1983, S. 78–97.

55 Devroey, *Le polyptyque et les listes*, S, 14.

Hierbei ist der Rechtsgrund (Entrichtung anstelle des Trossdienstes) getilgt. Es folgen die aufsummierten Gelder der auswärtigen Freien, der (vorher gar nicht einzeln benannten) Unfreien und des Priesters. Alle Namen, alle Männer und Frauen, die zum Ort gehören, sind verschwunden, nicht einmal ihre Gruppen- oder ihre Gesamtzahl ist genannt. Allein die Summen ihrer Zinse zählten. Und dann das Neue: die *summa (summarum) argenti* – zusammen 6 Pfund, 6 Schillinge und 2 Pfennige. Mit ähnlich gebauten Summierungen schließen alle Einzelbeschreibungen. Am Ende des Ganzen findet sich dann noch eine erstaunlich gut gegliederte letzte *summa summarum*.[56] Zuerst erscheinen die Summen der Herrenhufen, der bäuerlichen Hufen (unterschieden nach Rechtsqualität), der Kirchen, der Müllereien. Dieser Abschnitt schließt mit einer neuen Gesamtzahl: der aller Hufen, gleich welcher Funktion oder Rechtsqualität.[57] Diesem Abstraktionstyp begegnet man in der *Summa generalis* noch öfter: bei der Aufsummierung der Weinzinse zu kleinem und großem Scheffel (addiert wird nach letzterem). Bei der Addition der Schafe verschiedenen Alters (Neugeborene, Lämmer, Einjährige, Böcke) ergibt das 246 *capita*. Dasselbe bei den Mastschweinen und den Ferkeln. Die Geldzinse der Hufen und der Auswärtigen konnte man, wie im Einzel-*breve* gehabt, addieren. Auffällig aber hier der Hinweis auf den *census incertus* von Markt, Brücke und Müllereien – was schwankt, ließ sich eben nicht summieren.

Damit ist klar: Im Summieren trifft man auf eine andere ordinative Haltung. Es geht um Reduktionen verschiedener Art, die jedoch alle auf die numerische Schürzung zum intern Wichtigen abzielen. Es wird weggelassen, und es wird subsumiert. Neben der Tilgung kommt Abstraktion zum Zuge, durch die bislang Distinktes (auch distinkt Gezähltes) subsumierbar, mit anderem addierbar wird.

Am Fall des sogenannten Lorscher Reichsurbars,[58] einer Zusammenstellung von Beschreibungen mittelrheinischer Krondomänen, möchte ich noch auf ein weiteres Feld nachgeordneter Verschriftlichung hinweisen. Das Stück zeigt verschiedene Spuren der Überarbeitung. Am wichtigsten scheint mir,

---

56 Ebd., S. 55f.; dazu: Lützow, Britta, »Studien zum Reimser Polyptychum Sancti Remigii«, in: *Francia* 7 (1979), S. 29, S. 47ff.

57 *Summa: mansi dominicati.XVIII., ingenuiles.CCCXXIIII. et dimidius. seruiles.CXC. et dimidius. accolae.XVIIII. Sunt et ecclesiae.X. et dimidia, farinarii.VIII. Sunt simul, exceptis ecclesiis, accole et farinariis, mansi .DXXVI.*

58 Glöckner, Karl (Hg.), *Codex Laureshamensis*, 3 Bde., Darmstadt 1936, Bd. III: S. 173–178; dazu überlieferungskritisch: Gockel, Martin, *Karolingische Höfe am Mittelrhein*, Veröffentlichungen des Max-Planck-Instituts für Geschichte 31, Göttingen 1979, S. 28–34.

dass es über eine treffende Überschrift verfügt. Sie besteht aus einem Satz und lautet: *Hec est summa et dinumeratio rerum pertinentium ad villas que inferius nominantur.* Entscheidendes zu Form und Inhalt ist damit angesprochen: die Zweiteilung in Aufzählung und Summation, der Ortsbezug der Güterbeschreibung. Dies entspricht einer späteren, sprich verschriftlichenden Perspektivik. Jeder der folgenden Abschnitte ist mit einer Zwischenüberschrift versehen, welche die gleiche Haltung ausdrückt. Es heißt immer: *de Nerstin, de Triburen, de Wormatia* usf. Im Folgenden, das heißt dem ursprünglichen Wortlaut, blieb aber die Situation bei der Aufnahme erhalten, denn es heißt dort regelmäßig: *in Nerstein, in villa Triburen* usf.[59] Schließlich hat der Schreiber vorgängigen Wortlaut gewissermaßen ersetzt, wenn er in den *summae* statt althochdeutscher Wörter wie *huoba* bzw. *eslinge* lateinisch *mansus* und *axilis* schreibt. All diese den vorgefundenen Wortlaut umgebenden Einzelheiten belegen den Willen, das Gegebene zugänglicher, übersichtlicher und verständlicher zu machen. Es sei dahingestellt, ob dies in einem Zug, durch einen Schreiber, der zugleich redigierte, geschah oder in mehreren, zeitlich auseinandergezogenen Schritten. Der Effekt dieser Ordination aber ist deutlich: Das ursprüngliche Stück ist von seiner Ausgangssituation abgerückt worden. Es wurde betrachtet, verbessert, ergänzt.[60]

Zum Abschluss sei noch auf das *Breviarium Sancti Lulli Episcopi* hingewiesen.[61] Es ist ein äußerst lakonisches Verzeichnis des Grundbesitzes der Abtei Hersfeld, der zur Zeit Lullis an die Abtei kam. Es entstand in der Zeit zwischen 802 und 815 und wurde gegen Ende des 9. Jahrhunderts überarbeitet. Ohne weiter in die Details eintreten zu können: Hier scheint mir dem Inhalt nach der Tatbestand der »Liste« nahezu erreicht zu sein. Ein Auszug:

In Thuringia: villam que dicitur Gebise, et sunt in illa hubun LXX, mansus XLIIII. Villam que dicitur Wehmare, et sunt in illa hube XL, mansus XXXIII. [...] In villa Lupentia hub(as) X, m(ansus) V. In villa Mehderstede hub(am) I. In villa Sunnebrunnun hub(as) X, m(ansus) VI. [...].[62]

---

59 Ob der Bearbeiter auch die Gliederung der Sinnabschnitte durch Einfügung des einleitenden *Item* zu verantworten hat, bleibt unklar.

60 Zur Stellung des *Codex Laureshamensis* in der Lorscher Urbarialüberlieferung und zur Ordnung sowie Datierung der Hubenlisten siehe Staab, Franz, »Aspekte der Grundherrschaftsentwicklung von Lorsch vornehmlich aufgrund der Urbare des Codex Laureshamensis«, in: Rösener, Werner (Hg.), *Strukturen der Grundherrschaft im frühen Mittelalter*, Veröffentlichungen des Max-Planck-Instituts für Geschichte 92, Göttingen 1989, S. 285–334.

61 Weirich, Hans (Hg.), *Urkundenbuch der Reichsabtei Hersfeld*, Bd. 1, Veröffentlichungen der historischen Kommission für Hessen und Waldeck XIX, I, Marburg 1936, S. 61–74.

62 Ebd., S. 71–74.

Bis heute herrscht noch keine Einigkeit in der Forschung darüber, was die Unterscheidung zwischen *hu(o)ba* und *mansus* bedeutet.[63] Die nirgends im Stück erläuterte Abbreviatur, stamme sie nun aus der Feder der Ersteller oder des Redaktors ein Jahrhundert später, verwehrt uns Heutigen das Verständnis. Umso wichtiger sind uns die Gliederung des Stücks und die rahmenden Sätze. Das einleitetende Kompositum *Breve commemoratorium* ist schon treffend: »Abgekürztes Erinnerungsstück«.[64] Die folgenden Teile sind doppelt ordiniert: zunächst nach den Schenkenden, innerhalb dieser Gliederung dann nach Gauen. Beides wird in den diesen Teilen vorangestellten Sätzen auch ausgedrückt.[65] Selbst das Vorrücken von Gau zu Gau von Norden nach Süden ergibt geographischen Sinn. Schließlich wird am Schluss das genannt, worauf es angekommen sein dürfte: *Continentur enim in summa hub(e) ML et mansus DCCXCV* – insgesamt 1.050 Hufen und 795 Mansen. Diese Summen werden im anschließenden letzten Satz noch auf das Versorgungsziel hin situiert: *Numerus fratrum est CL*. Unserer Rechenhaftigkeit entspräche es, wenn nun eine *ultima calculatio* folgen würde: der Ertrag von gut 12 Hufen pro Mönch. Das war und ist im *Breviarium* allerdings nicht zu lesen.

Bilanz

Das hier vorgestellte Schriftgut hat durchaus eigenes Profil. Damit ist aber weder das äußere Erscheinungsbild noch die Abweichung im Detail im Vergleich mit anderen *scripta* dieser Zeit gemeint. Gerade im Schriftbild unterscheiden sich die Verzeichnisse so gut wie gar nicht von Berichten, Urkunden, Liturgica und anderem gleicher Zeit. Und alles, was sie im Einzelnen charakterisiert, eignet kaum ausschließlich ihnen. Meist sind sie nicht datiert. Sie haben keinen Autor; höchstens sind die veranlassenden Autoritäten, seltener noch die Schreiber oder Abschreiber bekannt. Auch deshalb lässt sich im Blick auf ihre Entstehung kaum von Originalen im strengen Sinne sprechen. Die Geburt der Stücke verdankt sich einem situativ geplan-

---

63 Wehlt, Hans-Peter, *Reichsabtei und König, dargestellt am Beispiel der Abtei Lorsch mit Ausblicken auf Hersfeld, Stablo und Fulda*, Göttingen 1970; Hägermann, Dieter, »Quellenkritische Bemerkungen«, S. 65f.
64 Ebd., S. 66.
65 Zum Beispiel: *In isto breve continetur, quicquid* [...]; *Ista omnia superius nominata tradita fuerunt ad monasterium* [...]; *Et istud, quod inferius est, traditum fuit postea* [...].

ten und geistig konzipierten Verschriftungsakt intern definierter Einzelbegriffe, die zusammen als Bestand gelten können (Vokabular/Kode). Was man am Ort erfahren, vor allem aber zählen will, muss vorher umrissen und ordentlich sequenziert sein. Hierbei – das ist, im Anschluss an Johannes Fried, die These – hat der divisionsgeleitete und rangorientierte Denkstil, den die monastische Schulung im Trivium seit dem späteren 8. Jahrhundert vermittelte, besonders aber die dialogisch gebaute Dialektik eine unübersehbare Rolle gespielt. Diese formulatorische Planung sollte wohl auch Distanz zur mäandernden und variativen Ausdrucksweise der ortskundigen Befragten schaffen. So entstehen in vielem ähnlich ordinierte, aber von je verschiedenen Verzeichnungsinteressen geprägte Aufstellungen mit gleichem Grundvokabular, die allerdings von vielerlei situativen Details durchsetzt sind. Immer wieder kommt es zu Ausuferungen ins Narrative; mundartbezogene Ausdrucksweisen (mit der entsprechenden Graphie) durchstoßen die Decke des Lateins. Diese *locus*-bezogenen *dinumerationes* werden nun keinesfalls als kanonisierter Sprachbestand oder fixierter Wortlaut überliefert. Kennzeichnend für die Verzeichnisse ist gerade die Vielfalt sich anschließender, nachträglicher Bearbeitungen (Verschriftlichungen). Der erste Schritt ist die Zusammenstellung der Deskriptionen einzelner Besitzkomplexe *(breves, brevia)*, die auch auf Zetteln *(schedula)* oder Wachstafeln geschrieben waren, zum Korpus. Immer wieder wird dieser Vorgang *breviatio (villarum* oder ähnlich) genannt. Das kann in Rollen- oder Codexform geschehen. Im Zuge dieses Einschreibens können sich Haltungen zum Ganzen und zum Detail entwickeln, die äußerst wichtige skripturale und ordinative Momente der Verschriftlichung darstellen. Zum einen die Entwicklung von Überschriften (vom ankündigenden Satz bis zum abstrakt-kategorialen, designativen »Titel«). So entsteht das Bewusstsein vom Inhalt und vom Anfang eines Ganzen. Dann die interne Aufgliederung. Hier ist der Umschlag von der schlichten Abfolge im Sinne einer Durchzählung (»eins«, »zwei«, »drei«) zur Ordnung nach Bedeutsamkeit (nah – fern, groß – klein; direkt – indirekt genutzt) mit Ordinalzahlen (»erstens«, »zweitens«) grundlegend. Dazu kommen subordinative Abschnittsbildungen – die zweite Ebene. Beide Gliederungsarten fördern auch die Einflechtung und Ausarbeitung von Verweisen auf zurückliegende oder folgende Teile *(partes, capitula)* oder Stellen *(loci)*. An ihnen ist die Verschiebung von narrativ-chronologischen Beziehungsausdrücken (früher – jetzt – später) zu topographischen (oben – unten, hier – dort) erkennbar: Das Schriftstück wird – nicht nur metaphorisch – umgewandelt zum sachlichen Bestand, in dem der Leser nutzungsorientiert nach Details suchen kann. Zu diesen strukturierenden Ergänzungen kommen schließlich die Änderungen des vorgefundenen Wortlauts: die Tilgungen von Wiederholungen *(similiter, sicut N.* bzw. *in N.)*, die Klärung von Unverständlichem *(id est)*, die Kürzung der Syntax bis hin zur satzlosen Reihung. Für all das steht, wenn man sich überhaupt dazu äußert (und es nicht nur einfach »tut«), der Ausdruck *redigere* zur Verfügung. All das bedeutet Abrücken vom Situativen. Der Umschlag vom *invenimus in N.* zum *de N.* besteht in vielen, zum Teil winzigen Schritten skripturaler, ordinativer und den Inhalt bedenkender Art, die alle distanzierend wirken und zusammen den ersten großen Akt bewahrender Verschriftlichung ausmachen. Damit werden diese *scripta* – soweit ich weiß – aber noch nicht zu *textus*.

Eher der Benutzung zuzuordnen ist die summative Bearbeitung der Stücke. Diese Form der Verschriftlichung ist als grundsätzliche Richtungsänderung zu verstehen. Man kehrt sich von der deskriptiven Breite und kategorialen Tiefe des Vorhandenen ab und sucht nach dem numerisch Generellen. Bei der numerischen Erschließung der sachlichen Bezugsfelder – vor allem den *res* und den *census* – besteht die doppelte Tendenz, sowohl das nicht Summierbare (Namen, Rechte) als auch das nicht Wichtige bzw. das Untergeordnete (etwa das Ackerland der Hufen, die Lieferungstermine von Abgaben) zu tilgen. Noch wichtiger aber scheint mir zu sein, dass im Sinne der *quanta*-Bildung übergeordnete Abstraktionsebenen gesucht und gefunden werden, durch die man bereits Addiertes zur *species* eines übergeordneten *genus* machen, das heißt Pfennigzinse verschiedener Herkunft unters Silber subsumieren, Rinder, Schafe und Schweine als Stücke Vieh addieren kann. Diese Abstraktionen können bis zur Unverständlichkeit für außenstehende Dritte führen. Auch wenn heute oft nicht mehr einsichtig ist, wozu diese verschiedenen *summae* dienten: Der Umschlag von den vielen Wörtern bzw. Worten in die wenigen, aber umfänglichen Mengen bleibt unübersehbar. Das wenige Viele dient vor allem der Übersicht für die Empfängerseite. Das so entstandene Schriftwissen hat definitiv seinen Bezug zur Situation, aus der es stammt, verloren und bildet die Grundlage für empfängerpraktischen Kalkül.

Wie begonnen, so möchte ich mit exkursartigen Bemerkungen schließen. 1990 entwickelte Peter Koch seine linguistisch-historischen Untersuchungen über die älteste frühromanische Gebrauchsprosa äußerst klar an dem polaren Theorem »Sprache der Nähe – Sprache der Distanz«,[66] das auch erlaubte, Jack Goodys Erörterungen der durch *listing* entstandenen Schriftsysteme zu rezipieren.[67] Kochs entsprechende Einstufung der frühromanischen Aufstellungen als »Listen«, gekennzeichnet durch »syntagmatische Linearität«, verträgt im Blick auf meine Bemerkungen wohl doch noch mehr Historisierung. Zum einen ist der Eintrag als formale Monade der Liste nicht nur rezeptions-, das heißt hier: lesegeschichtlich, sondern auch schrift- und graphiegeschichtlich unscharf. Denn es müsste vorweg geklärt sein, ob die Schreibweise wirklich kolumnierend (pro Sinneinheit ein Eintrag, das heißt eine Zeile) war, oder, wenn nicht, ob trotzdem bereits zeilenentbunden (also vertikal) gelesen wurde. Zum zweiten ist sehr die Frage, ob man die Entstehung von Listen so systematisch und zugleich spontan zu denken hat, wie Koch dies entwickelt. Manches spricht dafür, den Umschlag von der Aufzählung in die Liste nicht allein vom Zweck der Aufzeichnung einer nicht »memorierbaren Fülle kontingenter Detailinformationen«[68] her zu konzipieren, sondern auch als auf numerische Abstraktion zielenden Verschriftlichungsakt zu denken, der auf skripturalen Vorstufen bis hin (bzw. zurück) zur narrativ geprägten Aussage fußt. Dieser Vorgang wäre also als gerade schriftbezogene Entwicklung von Distanz vom Oralen her zu fassen, der mindestens teilweise in der Entkleidung von Syntax besteht. Schließlich sollte man bedenken, dass alles Volkssprachliche im früheren Mittelalter im engsten Bezug auf das Latein zu denken ist. Auf diesen allgemeinen Sachverhalt hat aus anglistischer Sicht Ursula Schaefer mit Recht hingewiesen. Nicht nur die poetischen, sondern auch die gebrauchsprosaischen Schriftstücke, gleich welcher Volkssprache, müssen vor dem skripturalen, lingualen, ordinativen und intellektuellen Hintergrund hegemonialer Lateinpraxis beschrieben und gedeutet werden. Ich hoffe, hierzu mit meinen Bemerkungen über das Teilen, Aufzählen und Summieren in grundherrlichen Registern des 9. Jahrhunderts beigetragen zu haben.

---

66 Vgl. Koch, Peter/Oesterreicher, Wulf, »Sprache der Nähe – Sprache der Distanz: Mündlichkeit und Schriftlichkeit im Spannungsfeld von Sprachtheorie und Sprachgeschichte«, in: *Romanistisches Jahrbuch* 36 (1985), S. 15- 43.

67 Koch, Peter, »Von Frater Semeno zum Bojaren Neacsu. Listen als Domäne früh verschrifteter Volkssprache in der Romania«, in: Wolfgang Raible (Hg.), *Erscheinungsformen kultureller Prozesse*, ScriptOralia 13, Tübingen 1990, S. 121–166; Goody, Jack, *The domestication of the savage mind*, Cambridge 1977, S. 78–84.

68 Koch, »Von Frater Semeno«, S. 143.

5. *Numerus vel ratio*
Zahlendenken und Zahlengebrauch in Registern der seigneurialen Güter- und Einkünftekontrolle im 9. Jahrhundert*

Forschungslage

Tolle numerum a rebus omnibus et omnia pereunt – diese Einsicht Isidors in seinen *Etymologiae*[1], regelmäßig wiederholt in Traktaten, die über die ordnungsstiftende Funktion der Zahlen und ihrer Zeichen handeln[2], hat ein prominentes Anwendungsfeld auch in denjenigen Schriftstücken, in denen es um die Habe der Herren und das Soll ihrer Untergebenen geht. Sie gelten gemäß der herkömmlichen Gebiets- und Kompetenzteilung der Forschung als Parade-Quellen der Wirtschaft. Solche angestammt-autonome Engorientierung am ökonomischen Denken und Handeln Bereich soll hier vermieden werden.[3] Vielmehr gilt die Methode, ganz direkt vom Einzeldokument, von seiner besonderen Gestalt und dem ihm eigenen Sinnraum auszugehen. Untersucht werden sollen einige domaniale Verzeichnisse (*breves/brevia*) aus dem 9. Jahrhundert, ergänzt um wenige Details aus fränkischen Kapitularien und *artes*-Schriften. Es geht um den Gebrauch der Zahlen. Untersucht wird, was, wie und warum in diesen Registern aufgezählt, zusammengezählt und (wieder) geteilt wird und wie sich darin die Eigenart der hier operierenden Numerik erweist – Hraban nennt sie *ratiocinatio numerorum*.[4] Solche Fragen

---

* Erschienen in: Wedell, Moritz (Hg.), *Was zählt. Ordnungsangebote, Gebrauchsformen und Erfahrungsmodalitäten des »numerus« im Mittelalter*, Köln-Weimar-Wien 2012, S. 235–272 (Pictura et Poesis 31).

1 Lindsay, W. M. (Hg.), *Isidori Hispalensis Episcopi Etymologiarum sive Originum Libri XX*, Oxford o. J., III, 4.

2 So etwa Hrabanus Maurus, *De computo*, Corpus Christianorum Continuatio Mediaevalis XLIV, hg. Wesley M. Stevens, Turnhout 1979, S. 205.

3 Ein – trotz des Untertitels – methodisch bewusster und sachlich ertragreicher Anfang in diesem Sinne: Emmerich, Bettina, *Geiz und Gerechtigkeit. Ökonomisches Denken im frühen Mittelalter*, VSWG-Beihefte 168, Wiesbaden 2004.

4 Hrabanus, *De Computo*, I, 4, S. 198.

sind in der Registerforschung bislang noch wenig gestellt worden.[5] Das belegt ein Blick auf ihr mittlerweile weit verzweigtes Terrain. Man denke an die kritische Quellenkunde[6], die Handbücher zu wirtschafts- und sozialgeschichtlichen Grundfragen, die Monographien über Einzelherrschaften, die Lokal- bzw. Regionalstudien über Domanialwirtschaft und -kontrolle, Handel und Transport, Demographie, Haushalt und Familie.[7]

Auch die in den letzten Jahrzehnten so immens angewachsene und aufgefächerte schrift-, bild- und zeichenkulturelle Forschung hat sich dem Zah-

---

5 Mit den folgenden Bemerkungen knüpfe ich an eine Reihe eigener Forschungen zum Denkstil, zur Wissensgenerierung und zur Aufzeichnungspraxis in Klöstern im Zeitalter der monastischen Schriftkultur an: Kuchenbuch, Ludolf, »Verrechtlichung von Erinnerung im Medium der Schrift (9. Jahrhundert)«, in: Assmann, Aleida/Hardt, Dietrich (Hg.), *Mnemosyne. Formen und Funktionen der kulturellen Erinnerung*, Frankfurt a. M. 1991, S. 36–47; »Teilen, Aufzählen, Summieren. Zum Verfahren in ausgewählten Güterverzeichnissen des 9. Jahrhunderts«. in: Schaefer, Ursula (Hg.), *Schriftlichkeit im frühen Mittelalter*, ScriptOralia, 53, Tübingen 1993, S. 181–206; »Die Achtung vor dem alten Buch und die Furcht vor dem neuen: Cesarius von Milendonk erstellt 1222 eine Abschrift des Prümer Urbars von 893«, in: *Historische Anthropologie* 3 (1995), S. 175–202; »Ordnungsverhalten im grundherrlichen Schriftgut vom 9. zum 12. Jahrhundert«, in: Fried, Johannes (Hg.), *Dialektik und Rhetorik im früheren und hohen Mittelalter. Rezeption, Überlieferung und gesellschaftliche Wirkung antiker Gelehrsamkeit vornehmlich im 9. und 12. Jahrhundert*, Schriften des Historischen Kollegs, Kolloquien, 27, München 1997, S. 175–268; »*Register* und *Rekenschap*. Schriftkulturelle Streiflichter zur Wirtschaftsführung in der Abtei Werden, 12. bis Anfang 16. Jahrhundert«, in: Gerchow, Jan (Hg.), *Das Jahrtausend der Mönche. KlosterWelt Werden 799–1803*, Köln 1999, S. 138–144; »Sind mediävistische Quellen mittelalterliche Texte? Zur Verzeitlichung fachlicher Selbstverständlichkeiten«, in: Goetz, Hans-Werner (Hg.), *Die Aktualität des Mittelalters*, Herausforderungen, Bd.10, Bochum 2000, S. 317–354; »Ecriture et oralité. Quelques compléments et approfondissements«, in: Schmitt, Jean-Claude/Oexle, Otto Gerhard (Hg.), *Les tendances actuelles de l'histoire du Moyen Age en France et en Allemagne*, Paris 2002, S. 143–165; »Pragmatische Rechenhaftigkeit? Kerbhölzer in Bild, Gestalt und Schrift«, in: *Frühmittelalterliche Studien* (FS für Hagen Keller) 36 (2002), S. 469–490 (u. Tafeln 22–31); mit Uta Kleine, »*Textus* im Mittelalter – Erträge, Nachträge, Hypothesen«, in: dies. (Hg.), »*Textus*« im Mittelalter. Komponenten und Situationen des Wortgebrauchs im schriftsemantischen Feld, Veröffentlichungen des Max-Planck-Institus für Geschichte, 216, Göttingen 2006, S. 417–453.

6 Fossier, Robert, *Polyptyques et Censiers*, Typologie des sources du Moyen Age occidental 28, Turnhout 1978.

7 Vgl. zur neueren Entwicklung der Forschung Morimoto, Yoshiki, *Etudes sur l'économie rurale du haut Moyen Age. Historiographie, Régime domanial, Polyptyques carolingiens*, Brüssel 2008, S. 29–210; zur Sache die umfassende zweibändige Synthese von Devroey, Jean Pierre, *Économie rurale et société dans l'Europe franque (VIe-IXe siècles)*, Bd. 1: Fondements matériels, échanges et lien social, Paris 2003; ders., *Puissants et misérables. Système social et monde paysan dans l'Europe des Francs (VIe-IXe siècles)*, Mémoire de la Classe des Lettres, Collection in-8°, 3e série, Bd. XL, Brüssel 2006.

lengebrauch noch kaum gestellt.[8] Formen und Schreibweisen von Zahlwörtern und Zahlzeichen finden, über das Bekannte hinaus,[9] keine Beachtung, es sei denn, man muss sich beim kritischen Edieren dafür rechtfertigen, dass statt der römischen die arabischen Ziffern eingesetzt sind (Modernisierung). Oder es wird nachgerechnet, Fehler werden ermittelt und korrigiert, die Verfahren werden in die gängige mathematische Formelsprache gekleidet. Dies gilt auch für die Arbeiten über das administrative Schriftgut des früheren Mittelalters, in denen die Habe- und Sollregister ihren Platz haben.[10] Wichtige Anstöße zu der hier verfolgten Fragestellung gab, über initiative Studien zum quadrivialen Denken und Handeln etwa von Alexander Murray und Werner Bergmann hinaus,[11] Johannes Fried, indem er auf die Wirkungen der trivialen und quadrivialen *artes*-Schulung auf das Denken und die Wirklichkeitserfassung in den Klöstern, Kathedralen und Palatien pochte.[12] Viel zu bieten zur Graphie und Sprachstruktur haben auch die Studien über die Genesis und Form von Listen des Romanisten Peter Koch.[13] Anzuknüpfen

---

8 Zur Orientierung medienphilosophisch:Krämer, Sybille/Bredekamp, Horst (Hg.), *Bild – Schrift – Zahl*, München 2003; anthropologisch: Crump, Thomas, *The Anthropology of Numbers*, Cambridge Studies in Social and Cultural Anthropology 70, Cambridge 1990. Eine erste, sachlich breit angelegte Begegnung zwischen Historie und Ethnologie dokumentiert: Coqery, Natacha/Menant, Francois/Weber, Florence (Hg.), *Écrire, compter, mesurer. Vers une histoire des rationalités pratiques*, Paris 2006. Generell sei verwiesen auf den umfassenden Forschungsbericht bei Wedell, Moritz, *Zählen. Semantische und pragmatische Studien zum numerischen Wissen im Mittelalter*, Historische Semantik 14, Göttingen 2011, S. 17–95.

9 Kanonisch zur Graphie sind immer noch die kargen Bemerkungen von Bischoff, Bernhard, *Paläographie des römischen Altertums und des abendländischen Mittelalters*, 2. Aufl., Berlin 1986, hier S. 232–234.

10 Zum Beispiel Schiefer, Rudolf (Hg.), *Schriftkultur und Reichsverwaltung unter den Karolingern*, Opladen 1996; McKitterick, Rosamund (Hg.), *The Uses of Literacy in Early Mediaeval Europe*, Cambridge 1990.

11 Allg. Murray, Alexander, *Reason and Society in the Middle Ages*, Oxford 1978; Bergmann, Werner, *Innovationen im Quadrivium des 10. und 11. Jahrhunderts. Studien zur Einführung von Astrolab und Abakus im lateinischen Mittelalter*, Sudhoffs Archiv Beih. 26, Wiesbaden 1985.

12 Fried, Johannes, Vorbemerkungen, in: Simon, Wener (Hg.), *Akten des 26. Deutschen Rechtshistorikertages*, Frankfurt a. M., 22. bis 26. September 1986, Ius commune Sonderheft 30, Frankfurt a. M. 1987, S. 395–405; ders.., *Dialektik und Rhetorik*, S. VII-XX.

13 Koch, Peter. »Von Frater Semeno zum Bojaren Neascu. Listen als Domäne früh verschrifteter Volkssprache in der Romania«, in: Raible, Wolfgang (Hg.): *Erscheinungsformen kultureller Prozesse. Jahrbuch 1988 des Sonderforschungsbereichs »Übergänge und Spannungsfelder« zwischen Mündlichkeit und Schriftlichkeit*, ScriptOralia 13, Tübingen 1990, S. 121–165; ders.: »Graphé. Ihre Entwicklung zur Schrift, zum Kalkül und zur Liste«, in: ders./Krämer, Sybille (Hg.), *Schrift, Medien, Kognition*, Tübingen 1997, S. 43–82.

ist bei allem natürlich an die zahlen- und maßgeschichtliche Grundlagenliteratur.[14] Weitere Orientierung bieten zum Frühmittelalter die kompetenten Überblicksartikel über Zahlen und Maße im neuen »Hoops« von Michael Schulte und Harald Witthöft.[15] Die Gliederung des Folgenden ergibt sich relativ klar aus der Dreiteilung der *administratio* der frühmittelalterlichen Herrengüter und -rechte. Der Erfassung von Habe und Soll folgt die Errechnung der erwarteten Erträge; den Abschluss bildet deren Zuordnung zu den Empfängern. Dem entsprechen in etwa auch die Dokumententypen bzw. deren interne Aufgliederung: die Auflistung von Besitz und Zinsen bzw. Diensten (*descriptio, enumeratio, breviatio*), deren Summierung (*summa*) sowie die herrschaftsinterne Verteilung und Verwendung der Einkünfte (*dispensatio reddituum*). Nur diese ersten drei Phasen werden im Folgenden untersucht, wobei der Zahlengebrauch in der *descriptio* am meisten Aufwand und Raum, auch manchen Umweg beanspruchen wird. Es empfiehlt sich aber noch die Vorschaltung einiger einleitender Bemerkungen über die Herstellungsweise der Güter- und Rechte-Register (*inquisitio*), und ohne eine abschließende Gewichtung der Ergebnisse und die Benennung einiger Aufgaben für die künftige Einordnung in das zeitgenössische Zahlenverständnis und in die Zählpraxis sollte es nicht abgehen.

Inquisitio und *descriptio* – Aufzählung

Über die Entstehung der frühmittelalterlichen Habe- und Soll-Auflistungen – nur etwa 30 sind bis zirka 1000 überliefert – besteht im Groben durchaus Klarheit.[16] Die Anlässe zur Aufzeichnung, direkt mitgeteilt oder indirekt er-

---

14 Menninger, Karl, *Zahlwort und Ziffer*, 2 Bde. Göttingen 1957/1958; Ifrah, Georges, *Universalgeschichte der Zahlen*, Frankfurt a. M. 1986 (frz. Original: 1981); Kula, Witold, *Measures and Men*, Princeton 1968.

15 Schulte, Michael, »Zahlensysteme«, in: Jankuhn, Herbert u. a. (Hg.), *Hoops Reallexikon der germanischen Altertumskunde*, 2. Aufl., Bd. 35, 2007, S. 817–828; ders., »Zahlen und Maße«, ebd., S. 801–817; Witthöft, Harald, *Maße und Gewichte*, Bd. 19, 2001, S. 398–418; zu ergänzen ist hier Beaujouan, Guy, »Nombres«, in: Le Goff, Jacques/Schmitt, Jean-Claude (Hg.), *Dictionnaire raisonné de l'Occident Médiéval*, Paris 1999, S. 834–844.

16 Die klassische, sachlich umfassende Darstellung für das frühere Mittelalter ist immer noch Lesne, Émile, *Histoire de la propriété ecclésiastique en France*, Bd. 3, *L'inventaire de la propriété. Eglises et trésors des églises du commencement du VIIIe à la fin du XI siècle*, Lille 1936, S. 1–84; eine detaillierte kritische Umschau – unter Ausschluss der westfränkischen Polyptychen – bietet Hägermann, Dieter, »Quellenkritische Bemerkungen zu den karolinger-

schlossen, differieren stark: dramatische Notlagen und Wirrnisse durch feindliche Raubzüge, königliche Beisteuergebote oder Herrschaftsteilungen, aristokratische Entfremdungen, Reorganisationen der zerrütteten internen *administratio*, Güter-Teilungen zwischen Abt, Konvent und Filialen, Eigentumswechsel des ganzen Besitzes oder seiner Teile, Streit mit den lokalen Agenten über ihre Sachwaltung und mit den Abhängigen über die Zusammensetzung und Menge ihrer Pflichten – diese gängigen Anlässe verweisen auf aktuelle äußere Krisen oder auch tiefer liegende interne Missstände. Sehr viel weniger weiß man darüber, *wie* die Inventare hergestellt wurden. In keinem Stück ist die Wissenserhebung als in sich gegliederter Vorgang mitdokumentiert. Aber aus verschiedenen Spuren in den Stücken selbst und aus Zeugnissen, die auf solche Erhebungen rekurrieren oder sie anordnen (Kapitularien, Gerichtsurkunden), lässt sich auf folgendes Vorgehen bzw. Verfahren schließen: Beauftragte der Herrschaft(en) suchen die Wissens- bzw. Tat-Orte nacheinander auf (*Itinerar*). Sie begehen und besichtigen die dortigen Güter und erfragen nach vorher festgelegten Kriterien (Formular, Fragenkatalog) in einem öffentlichen Verfahren das Wissenswerte. Dazu bedienen sie sich erfahrener und kundiger, dort ansässiger Leute guten Leumunds (*boni homines*). Sie werden auf wahrheitsgemäßes Aussagen (*dicere*) zu den ihnen gestellten Fragen, die (auf lateinisch) vorformuliert sein können, vereidigt (*iurati*). Solche Wahrheit heischende *inquisitio* zielt von Fall zu Fall auf Verschiedenes ab – seien es die geltenden Arbeits-Gewohnheiten, die sozialen Positionen, Gruppierungen und Beziehungen, die Besitz-, Zins- und Dienstformen oder die Konfliktregelungsusancen.[17] Die im vernakulären Idiom gegebenen Antworten werden dann in lateinischer Sprache und Schrift auf Wachstafeln, Pergamentzettel oder -rollen fixiert. Damit findet ein radikaler doppelter Medienwechsel statt. Dieser ist und bleibt wohl die für die Forschung dunkelste Stelle. Aber man kann von seinem Ergebnis, das heißt von Form und Inhalt der Register her, das Folgende festhalten: Die Fixierung geschieht in einer standardisiert formelhaften Sprache, deren Kernaussagen

---

zeitlichen Urbaren und Güterverzeichnissen«, in: Rösener, Werner (Hg.), *Strukturen der Grundherrschaft im frühen Mittelalter*, Veröffentlichungen des Max-Planck-Instituts für Geschichte 92, Göttingen 1989, S. 47–73.

17 Hierzu Heidrich, Ingrid, »Befragung durch Beauftragte – Beeidung durch Betroffene. Zum Verfahren bei mittelalterlichen Besitzaufzeichnungen«, in: *Vierteljahrschrift für Sozial- und Wirtschaftsgeschichte* 85 (1998), S. 352–358; eine tragfähige Einordnung in weitere Zusammenhänge bieten Esders, Stefan/Scharff, Thomas (Hg.), *Eid und Wahrheitssuche. Studien zu rechtlichen Befragungspraktiken in Mittelalter und früher Neuzeit*, Gesellschaft, Kultur und Schrift, Mediävistische Beiträge 7, Frankfurt a. M. 1999, S. 11–47.

auf eine Koppelung von *quis, quid* und *quantum* hinauslaufen. Jede lokale *descriptio* besteht dementsprechend aus einer intern geordneten Aneinanderreihung solcher Kernaussagen. Durch sie schimmert das jeweils gewählte Formular bzw. Fragenschema durch. In ihm gründet, ob eine rudimentäre oder eine detaillierte Beschreibung und Auf-Zählung vorliegt. Inwieweit die Aussageeinheiten und die ganze *descriptio* jeweils durch temporale, lokale, modale und finale Umstandsbestimmungen konkretisiert und erweitert werden, hängt also ganz wesentlich vom Ermittlungsauftrag und Wissensinteresse der Beauftragten, der Herrschaftsseite ab. Zwischen einem nackten Kernsatz wie *N. solvit solidos V* und einer umständlichen Erklärung wie *Hoc est agrarium secundum aestimationem iudicis, pervideat hoc iudex, secumdum quod habet, donet: de XXX modiis III donet et pascuarium desolvat secundum usum provinciae* ist gewissermaßen alles möglich. Man weiß jedoch, dass Vollständigkeit in der Beschreibung (als sachliche Detaillierung und numerische Erfassung) unmöglich ist. Daher werden diese Schriftstücke oft *breve* bzw. *breviatio* genannt. Mit ihnen wird eine herrschaftsrelevante Auswahl aus dem Vorfindlichen getroffen, ist das Geforderte und Ausgesagte zur schriftförmigen Serie gekürzt. Welche geistige Vorarbeit hinter den Aussagereihen der Listen steht, lässt sich nur von Fall zu Fall bestimmen bzw. ahnen, da präzise einschlägige Fragenkataloge erst später – etwa für das *Domesday Book* (1086) – überkommen sind.[18] Aber an der Stringenz sowohl des Vokabulars und seiner Verwendung als auch an der Regelhaftigkeit der Aussageketten vieler Beschreibungen lässt sich ablesen, wie weit die Erhebung ins Detail gehen, wie weit sie standardisiert sein, wie klar sie auf das lokale *quantum* des *quid* hinauslaufen sollte.[19] In der 62. Anordnung des *Capitulare de villis*, der Landgüterordnung Karls des Großen, wird diese Einstellung einmal treffend zusammengefasst. Die *villici* der königlichen Domänen sind angehalten, zu Weihnachten über alles dort Getane und Vorhandene zu berichten: *omnia seposita, distincta et ordinata ad nativitatem Domini nobis notum faciant, ut scire valeamus, quid vel quantum de singulis rebus habeamus.*[20]

---

18 Fragenkataloge zur Kontrolle von Leutpriester und Pfarrgemeinde sind von Hinkmar von Reims und Regino von Prüm überliefert. Auf sie kann hier nicht eingegangen werden. Siehe hierzu: Lambrecht, D., »De kerkelijke Wroegingsprocedure in de frankische Tijd. Genese en eerste Ontwikkkeling«, in: *Tijdschrift voor Rechtsgeschiedenis* 49 (1981), S. 47–100.

19 Zu verschiedenen Formen vgl. Kuchenbuch, »Teilen« pass.

20 Brühl, Carlrichard (Hg.), *Capitulare de villis. Cod. Guelf. 254 Helmst. der Herzog August Bibliothek Wolfenbüttel,* Dokumente zur deutschen Geschichte in Faksimiles, Reihe I, Bd. 1, Stuttgart 1971, S. 61.

Auf die praktischen Auswirkungen dieser geistigen Technik, dieser skriptozentrischen Ordnung der lokalen Realien und der seigneurialen Postulate auf den Zahlengebrauch wird genau einzugehen sein. Nach Abschluss der örtlichen Erhebungen werden die diversen Beschreibungen des jeweils lokal bzw. domanial Ermittelten dann in der Zentrale zu einem Schriftwerk redigiert und kompiliert, können dann auch in ein selbständiges Schriftstück, ob Rolle oder Kodex, überführt oder mit anderen administrativen, memorialen und kultbedeutsamen *scripta* vereint werden. So weit zum Verhältnis zwischen dem mündlichen Erfahrungswissen der abhängigen Landleute, der Untersuchungs- und Erhebungsform des Herrschaftswissens und seiner ersten Verschriftungen. Es ist im Übrigen eine vielbeachtete Tatsache, dass die ersten Redaktionen später meist kopiert, umgeschrieben und kodifiziert, das heißt neuen Situationen im Kloster angepasst wurden. Gerade diese späteren Abschriften sind es, die in der Regel überlebt haben.

Descriptio und *quantitates* – Schätzung und Valorisierung, Messung und Zählung

Im Folgenden gilt es, wenige Habe- und Soll-Register genauer auf ihren Zahlengebrauch hin zu untersuchen. Da dies in möglichst enger Anpassung an das jeweilige Schriftbild und an die Schreibweise (wenn verfügbar), besonders aber an das Vokabular, an den Wortlaut und an die sachliche Ordnung geschehen soll, müssen längere Passagen präsentiert werden. Die dabei auftretenden Wiederholungen werden in Kauf genommen, zumal so auch das Durchschnittliche und Repetitive in ihnen besser durchschlägt. Die Darlegung wird dabei öfter den Charakter eines Kommentars über diese Dokumentenauszüge haben. Von ihm aus kann dann umso plausibler aus anderen Zeugnissen ergänzt und verallgemeinert werden.

Stift Essen (900–950)

Ich beginne mit einem Ausnahmefall, einem kurzen Stück nicht im Klosterlatein, sondern in *altsächsischer* Diktion, eine Eigenart der sächsisch-westfälischen Klöster bzw. Stifte, nicht unähnlich auch den angelsächsisch-insularen Verhältnissen. Es ist zwischen 900 und 950 im Frauen-Stift Essen (Ruhr) in einen stiftsinternen Kodex mit Homilien Gregors des Großen eingetragen worden. In ihm sind Einkünfte aus Amts-Höfen der näheren Umgebung festgehalten, die für den Verbrauch im Brau-»Amt« der Abtei bestimmt gewesen sein dürften.[21] Der Anfang des Stücks, vier Höfe betreffend, lautet (Abbildung 8):[22]

Van vehus ahte ende ahtedeg mudde maltes
ende ahte brod tuena sostra erito viar mudde
gerston viar vother thiores holtes. tethrimhoge.
tidon ahtetian mudde maltes ende thriu vother
holtes. ende viartig bikera. ende usero herino
misso tua crukon.
Van ekanscetha similiter
Van rengereng thorpa similit. Van hukre.
tha similiter ana that holt te then hoge
thidon. That negeldet thero ambahto neuue
thar [...].

»Von Viehhof 28 Scheffel (Mütt) Malz und 8 Brote, 2 Sester Erbsen, 4 Scheffel Gerste, 4 Fuder trockenes Holz, zu den drei hohen Festen 18 Scheffel Malz und 3 Fuder Holz und 40 Becher und zum Fest unserer Patrone 2 Krüge. Von Eckenscheid ebenso.Von Eingeldorf ebenso.Von Huckarde ebenso, ohne das Holz zu den hohen Festen: Das liefert (*gilt*) keines dieser beiden Ämter.«

Man hat eine karge Aufzählung vor sich, deren Einheiten dem oben skizzierten *ubi-quid-quantum*-Schema der Registersprache folgen. Zuerst wird der *locus* in Namensform gegeben. Dann folgt die Reihe der Abgaben in der Kurzsatzform der verblosen Verbindungen von *res/qualitas* (Malz, Brot, Erbsen, Gerste, Holz) und *quantitas*. Die Mengen sind regelmäßig zu *ganzzahlig* erfassten Maßeinheiten (Mütt, Sester, Fuder, Krüge Bier, später auch Eimer Honig) aggregiert sowie teilweise ergänzt durch zeitliche und materiale Attribute (Festtage, trockenes Holz), oder gekürzt durch Rückverweise auf den erstgenannten Hof (*similiter*). Auffällig am Zahlengebrauch ist zum einen,

---

21 Ältester Druck: Lacomblet, Theodor J. (Hg.), »Heberolle«, in: *Archiv für die Geschichte des Niederrheins* 1 (1832), S. 12–13; sowie neuerdings Kuchenbuch, Ludolf, Grundherrschaft im früheren Mittelalter, Historisches Seminar N.F. 1, Idstein 1991, S. 185, mit Übersetzung und Erschließungsliteratur; zur Ergänzung: Bodarwé, Katrinette, *Sanctimoniales litteratae. Schriftlichkeit und Bildung in den ottonischen Frauenkommunitäten Gandersheim, Essen und Quedlinburg*, Quellen und Studien. Veröffentlichungen des Instituts für kirchengeschichtliche Forschung des Bistums Essen 10, Münster 2004, S. 197–199.

22 Ich habe die moderne Zeichensetzung der Edition getilgt und – nach dem Faksimile (vgl. Abb. 8) – zeilengleich mit der Handschrift gesetzt.

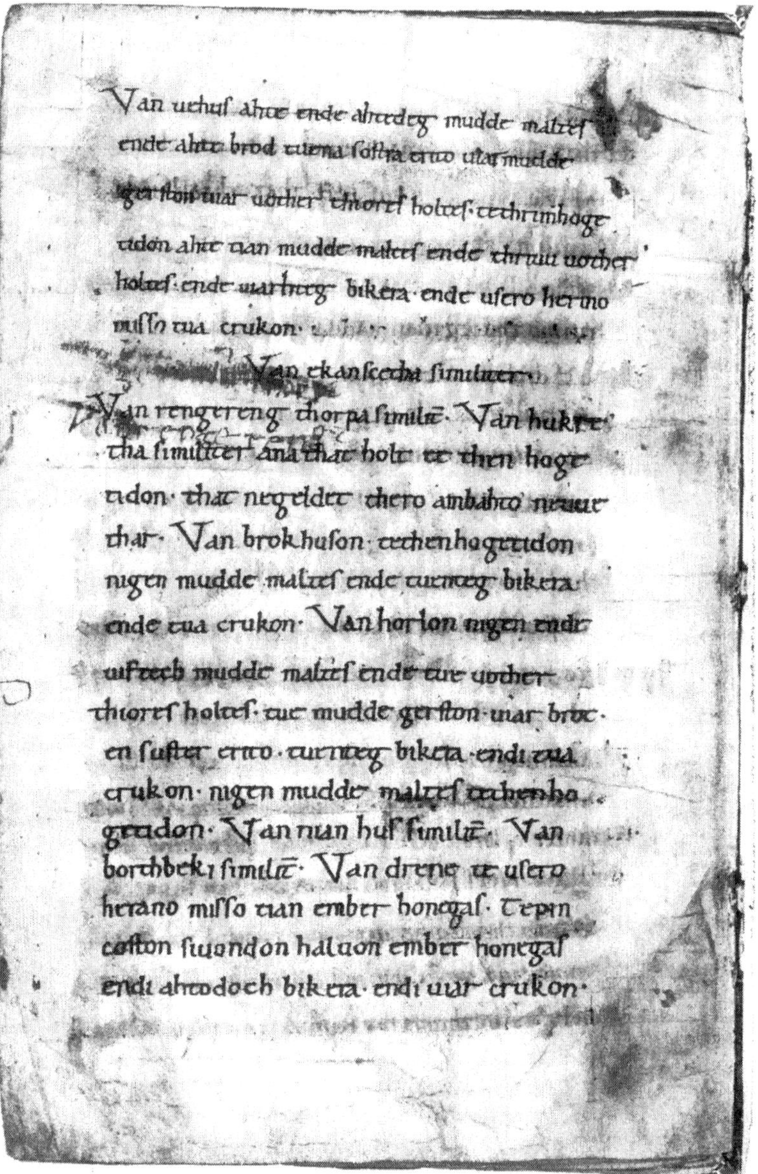

Abb. 8: Brauamtsregister des Damenstifts Essen (900-950). Universitäts- und Landesbibliothek Düsseldorf, Ms. B 80, fol. 153v.

dass nur Zahl*wörter* verwendet werden, keine Zahl*zeichen* (Ziffern), und zum zweiten, dass diese Wörter stets *vor* den Sachen bzw. Maßen stehen. Das schriftlich Festgehaltene hat also Sprechcharakter behalten. Die Quantität bildet das erste Glied der zwei- bzw. dreiteiligen Sinneinheit (Anzahl, Maß, Gut). Die kurze Liste ist auf das Pergament gewissermaßen (noch) *gesprochen* worden, die Aufzählung ist erzählt, sie war daher möglicherweise auch zum »Lesenhören« da. Es fehlt – worauf zurückzukommen sein wird – die numerologisch wichtige Inversion von *quantitas* und *res*. Und wie ist es zu deuten, dass im lateinschriftlichen Altsächsisch der Essener Stiftsdamen die Zahl*zeichen* fehlten? Es dürfte derlei noch gar nicht gegeben haben – spezifisch altsächsisch-althochdeutsche Zahlzeichen. Verwunderlich ist das sicherlich nicht, da ja der lateinische Buchstabenbestand für die Verschriftung benutzt wurde. Die lateinischen, ja buchstäblichen Zahlzeichen sind hier (noch) nicht verwendet, da wohl deren Reduktion des altsächsischen Mengenworts auf das lateinische Buchstabenzeichen nicht plausibel erschien. Noch im etwa ein halbes Jahrhundert später entstandenen, ebenfalls altsächsisch verfassten Zinsregister des Stiftes Freckenhorst (Münsterland) dominiert dieselbe Aussageweise einschließlich der altsächsischen Zahlwörter. Aber ab und an wird dort bereits eine Anzahl lateinisch benannt oder glossiert, und ganz selten ist auch ein lateinisches Zahlzeichen benutzt.[23] Schließlich sollte erwähnt sein, dass das Essener Stück zwar Ansätze einer *locus*-bezogenen Untergliederung aufweist (Versalien, Absatz), ihm aber eine konsequente Sinngliederung und eine umfassende Gesamtordination, etwa durch einen abgesetzt überschriebenen Titel, fehlt. Dies ist deshalb erwähnenswert, weil alle ordnungsstiftenden Schrifthandlungen, die über die krude *enumeratio* hinausgehen, erfahrungsgemäß zum Gebrauch von Ordinalzahlwörtern tendieren. Im Essener Stück machen – ganz ohne Zahlzeichen – die *Kardinalzahl-Wörter* und ganzzahlig erfasste Stücke- und Maßmengen das schriftmetrische und -numerische Geschehen aus.

---

[23] Fiedländer, Ernst (Hg.), *Die Heberegister des Klosters Freckenhorst nebst Stiftungsurkunde, Pfründenordnung und Hofrecht*, Codex Traditionum Westfalicarum I, Münster 1872, S. 25–59. Gleich zu Beginn trifft man auf diese Mischungen: »*Thit sint thie sculde van themo vrano vehusa: van themo hove selvomo tuulif gerstena malt, ende X malt huetes, ende quatuor muddi ende quatuor malt roggon, ende ahte muddi ende thruu muddi banao ende veir (quattuor) kogii ende tue specsuin (quattuor) cosuin, quatuor embar smeras, ende alle thie verscange, die hirto hared, otherhalf hunderod honero, thue mudde eiero, thriu muddi penikas, enon salmon, ende thero abdiscon tuulif sculdlakan ende tue embar hanigas ende en suin sestein pennigo werht, ende en scap ende ses muddi huetes, ende tein scok garvano*«.

Saint-Maur-des-Fossés (zirka 869)[24]

Zur Erläuterung des Zahlengebrauchs in Beschreibungen von Domänen, die in Herrenhof und -ländereien sowie zins- und dienstpflichtige Familiengüter zweigeteilt sind, sowie von (bewohnten) Arealen habe ich zwei *Brevia* des 16-teiligen Registers der Abtei Saint-Maur-des Fossés (ö. Paris) und Abschnitte aus dessen *Notitia de areis* über Grundbesitz in Paris gewählt. Die Aufstellungen betreffen (a) die 62 abhängigen Kleingüter im klosternahen La Varenne-Saint-Hilaire (Kapitel 1), (b) die recht große *villa* von Miré mit 60 *mansi* (exzentrische Lage im Departement Maine et Loire) (Kapitel 9) sowie (c) 3 der insgesamt 34 *area*-Beschreibungen der *Notitia* (Nr. 1, 2, 4). Sie lauten:[25]

(a) *Habet (Sanctus Maurus) in Varena mansos caroperarios .XXXVII. et sunt ex ipsis in beneficio mansi .IIII. et tres partes et sunt ibi manoperarii .XVIII. Sunt ibi ospicia .VII. Et manent inter mansos caroperarios et manoperarios et ospicia homines .CXXI. Solvunt mansi carroperarii in tertio anno unusquisque solidos .V. et alios duos annos unusquisque vervecem cum agno. Solvunt de annona inter totos annis singulis modios .CVIIII. Arant ad ivernaticum unusquisque perticas .III. et ad tramisum .II. et in tertia ebdomada faciunt corbadam. Solvit unusquisque pullos .III. cum ovis. Habet ibi mansos manoperarios .III. et solvunt in tertio anno solidos .VIIII.*

(b) *Habet in Mairiaco mansum indominicatum cum casa et diversis edificiis suprapositis cum viridiario et omnibus congruis adiacentiis. Habet ibi de vinea indominicata iuctos, id est aripennos .C. De terra arabili indominicata ad modios ducentos quadraginta unius sationis. De prato iuctos .LX. De silva plus minus bunuarios .C. habens in giro plus minus leuvam .I. Est ibi capella honoris Sancte Marie dicata, ad quam respicit terra arabilis ad modios .XXX. unius sationis. De vinea iucti .VI. De silva .IIII. De prato .II. Est ibi etiam alia ecclesia parrochialis sub honore Sancti Melanii dicata, cui aspicit terra arabilis ad modios .L. unius sationis et de vinea iucti .XIII., de prato .V. Solvunt censum inter capellam et ecclesiam libram unam. Habet in ipsa villa factos, id est mansos .LX. Solvit unusquisque de hostileso, id est pro bove, solidos .II. et porcos .II. aut solidos .IIII., multones .II. aut solidos .II. Solvit inter vinericiam et pascionem de vino modios .VI. De lignario denarios .VI. Facit pecturam in cultura dominica et seminat ibi de suo tritico modios .II. Solvit de avena modios .V. De faba sextarios .IIII. Fodit unusquisque iuctum*

---

24 Zur Überlieferung, Kritik und Deutung verweise ich hier vorweg auf die umsichtige neuere Edition von Hägermann, Dieter/Hedwig, Andreas (Hg.), *Das Polyptychon und die Notitia de areis von Saint-Maur-des-Fossés. Analyse und Edition*, Beihefte der Francia 23, Sigmaringen 1990.
25 Ebd., S. 91 und S. 93; Interpretation S. 56–58 und S. 62–64.

*.I. in vinea dominicata. Solvit pullos .III. cum ovis .XV. et alios pullos vindemiales cum ovis. Solvit sinapem et faces.*²⁶

(c) *Notitia des areis Sancti Petri Fossatensis monasterii, que sunt in Parisi civitate.*

(1) *Prima area, quam tenet Langaudus habet in longum pedes XL et in transverso pedes XCV, de uno latere terra Sancti Gervasii, ab alio lateri et uno fronte terra Sancti Iuliani. Habet exitum in via publica, debet denarios .IV. cum eulo(g)ias.*

(2) *Area, quam tenet Ebruinus habet in longum pedes XC, et in transverso pedes L. Habet in circuitum terra Sancti Gervasii et exitum in via publica, debet denarios .XXI. cum eulogiis.*

(4) *Area, quam tenet Hildemannus habet in longum pedes L, ab uno fronte pedes XLV, ab alio fronte pedes XXV, de uno latere terra Sancti Gervasii, ab alio lateri terra Ingelberto, de uno fronte terra Sancti Petri et Sancta Maria, habet exitum in via publica, debet denarios .IIII. cum eul(ogiis).*²⁷

»(a) (Der Heilige Maurus, das heißt die Abtei) hat in La Varenne 37 karrenpflichtige Hufen (*mansus*). Und von ihnen sind 4 und 3 Viertel verliehen. Und es sind dort 18 handdienstpflichtige Hufen.

Es sind dort 7 Klein-Höfe. Und (dort) haben, die karren-, handdienstpflichtigen Hufen und Klein-Höfe umfassend, 121 Leute ihre Bleibe. Von den karrenpflichtigen erlöst jede (Hufe) im dritten Jahr 5 Schillinge, und in den anderen beiden Jahren jede ein Schaf mit Lamm. Sie erlösen alle zusammen jährlich 109 Scheffel Getreide. Jede pflügt zur Wintersaatzeit (einen) 3 Ruten (breiten Herrenackerstreifen), zur Sommersaatzeit 2 und in der 3. Woche leisten sie einen (erbetenen) Frontag. Jede erlöst 3 Hühner mit Eiern. 3 der dortigen handdienstpflichtigen (Hufen) erlösen im 3. Jahr 9 Schillinge.

(b) (Der Heilige Maurus) hat in Miré eine Herren-Hufe samt Haus und verschiedenen Gebäuden dort mit (Blumen-)Garten und allem passendem Zubehör. Er hat dort 100 herrschaftliche Weinparzellen. (Es gibt) Herren-Ackerland für (die Aussaat von) 240 Scheffeln pro Saatperiode. An Wiesenland 60 Stück. An Wald rund 100 Bonnier, ungefähr eine plusminus 1 Meile im Umkreis. Dort ist eine Kapelle zu Ehren der Hl. Maria, zu der Ackerland für die Aussaat von 30 Scheffeln pro Saat gehört. 6 Weinparzellen. 4 Wälder. 2 Wiesen. Dort ist auch eine andere Pfarrkirche, dem Hl. Melanius geweiht, zur der Ackerland zu 50 Scheffeln pro Saatzeit gehört und 13 Weinparzellen, 5 Wiesen. Kapelle und Pfarrkirche erlösen zusammen 1 Pfund (Silber). Er hat in dortiger Domäne (*villa*) 60 Hufen. Jede erlöst anstelle des Heerstrosses, das heißt für die Ochsengestellung, 2 Schillinge und 2 Schweine oder 4 Schillinge. Sie erlöst anstelle der Weinfuhre und für die Weidenutzung (zusammen) 6 Scheffel

---

26 Ich habe sowohl die Versalisierung, als auch die Absetzung und die Mischung von handschriftlicher und moderner syntaktischer Zeichensetzung der Herausgeber übernommen. Ein Abgleich mit der Handschrift war nicht möglich, in der kritischen Edition fehlen Faksimiles.

27 Hägermann/Hedwig, *Polyptychon*, S. 98.

Wein. Für die Holznutzung 6 Pfennige. Sie bearbeitet eine Rute im Herrenlandterrain und sät dort 2 Scheffel seines Saatguts aus. Sie erlöst 5 Scheffel Hafer, 4 Sester Bohnen. Jede bearbeitet im Herrenweinberg 1 Parzelle. Sie erlöst 3 Hühner samt Eiern, sowie andere Weinernte-Hühner samt Eiern. Sie erlöst Senf und (Kienspan-) Fackeln.

(c) Aufzeichnung über die Grundstücke des Hl. Petrus der Abtei de Fossées, die in der Stadt Paris sind.

(1) Das erste (Grund-)Stück, das Langaudus hält, hat längs 40 Fuß und in der Transverse 115 Fuß, an der einen Seite (grenzt) das Land des Hl. Gervasius (an), an der anderen Seite und der Front das Land des Hl. Julian. Es hat den Ausgang zur öffentlichen Straße hin. Es soll 6 Pfennige samt Geschenken (geben).

(2) Das Stück, das Ebruinus hält, hat längs 90 Fuß, in der Transverse 50 Fuß. An alle Seiten grenzt Land des Hl. Gervasius und der Ausgang (ist) zur öffentlichen Straße. Es soll 21 Pfennige samt Geschenken (geben).

(3) Das Stück, das Hildemannus hält, hat längs 50 Fuß, an der einen Front 45 Fuß, an der anderen Front 25 Fuß, an der einen Seite (grenzt) das Land des Hl. Gervasius (an), an der anderen Seite das Land Ingelberts, an einer Front das Land des Hl. Petrus und der Hl. Maria. Es hat den Ausgang zur öffentlichen Straße. Es soll 4 Pfennige samt Geschenken (geben).«

Vorweg wenige Sätze zum Inhaltsverständnis, das heißt zum Besitz- und Pflichtengefüge beider Domänen.[28] Es gibt drei Güterarten in La Varenne – 55 Vollhöfe zum einen, die ehemals zu gemessenen Fuhrdiensten verpflichtet, zum anderen handdienstpflichtig waren (37 *mansi caroperarii* bzw. 18 *manoperarii*), sowie 7 Kleinstellen (*ospicia*). Da kein Herrenhof samt Landausstattung genannt ist, dürften alle Stellen mit ihren aufgeführten Pflug-Diensten (*pertica*-Flächen, *corbada*-Tage) auf den großen Wirtschaftshof der Zentrale bezogen gewesen sein. Ihre Zinse lassen auf Getreidebau und Schaf- sowie Hühnerhaltung schließen. In Miré ist dagegen die Herrenhofanlage (*mansus indominicatus*) ausführlich beschrieben, mit Haupthaus und anhängigen Gebäuden, Garten, Wein-, Acker-, Wiesen- und Waldländereien. Hinzukommen zwei komplex ausgestattete und geldzinspflichtige (Eigen-)Kirchen. Die 60 Hufen (*facti/mansi*) haben Schweine, Widder, Wein, Holz, Hafer, Bohnen, Hühner mit Eiern, Senf und Kienspäne (Fackeln) und, alternativ zur (ehemals für den Heerestross nötigen) Ochsengestellung, Schwein und Widder, Silberdenare als Zins zu erlösen (*censum solvere*); zudem bestellen sie Herrenacker- und Rebgartenanteile (pflügen, besäen, umgraben).

Was und wie wird nun gezählt?

---

28 Einzelinterpretionen der Kapitel ebd., S. 56–58, S. 62–64.

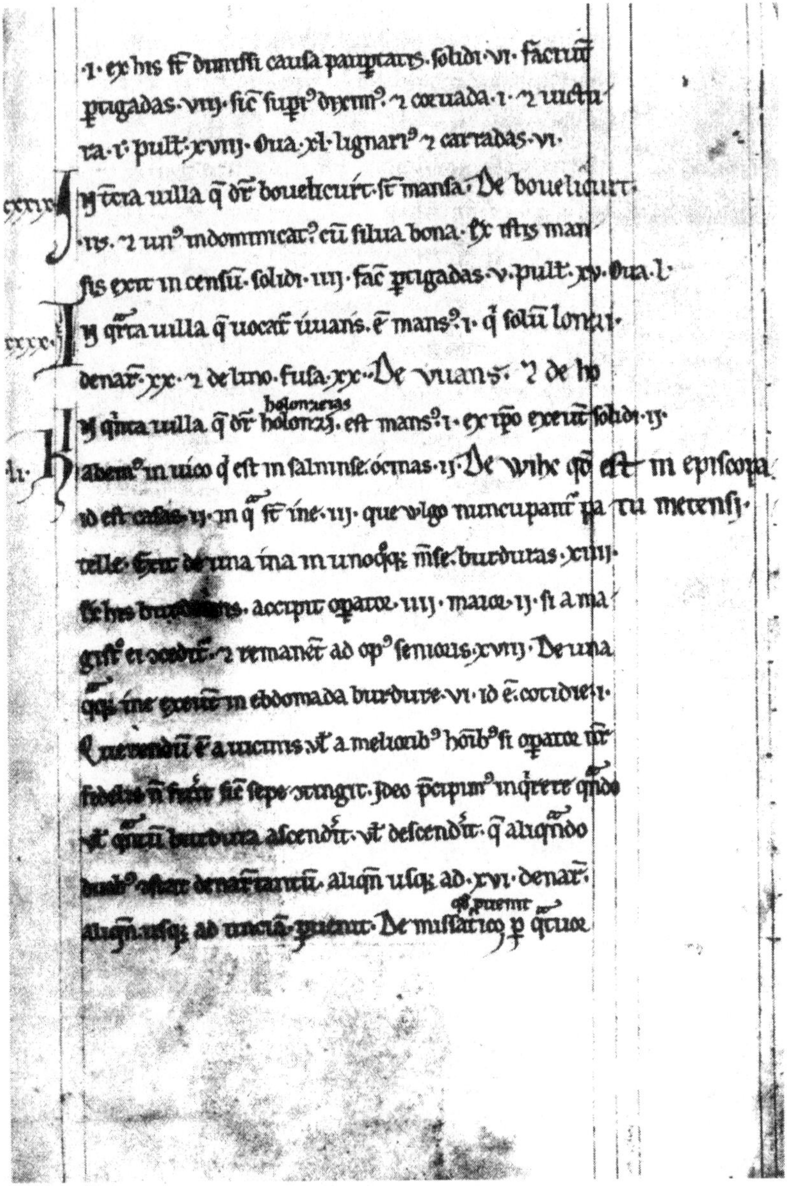

Abb. 9: Urbar der Abtei Prüm (893/122). Landeshauptarchiv Koblenz, Best.18, Nr. 2087, Bl. 21r.

Zahlen als Zeichen, als Wörter, in Sätzen

Zuerst zur Schreibweise: Im Gegensatz zum Essener Stück regieren hier die lateinischen Zahl*zeichen*, die stets durch Punkte (in den Handschriften meist über der Zeilengrundlinie auf mittlerer Höhe der Buchstaben) abgesetzt sind. Gut sichtbar ist diese langfristige Gewohnheit in dem beigegebenen Faksimile der Handschrift des Registers von Prüm (893/1222) (Abbildung 9). Aber ab und an – in beiden *brevia* insgesamt fünfmal – bedient man sich doch des Zahl*worts*. Regelhaft geschieht dies in *ordinativer* bzw. *denuntiativer* Funktion bei der Verschriftung von Zeitenfolgen (*uno, altero, tertio anno* bzw. *ebdomada*) und von verschiedenen Nutzungseinheiten mit gleichem Zins oder Dienst (*bannos* – gebotene Frontage – *tres unum in vinea, alterum in prato, tertium in messe*). Das geht nicht nur aus weiteren Domänenbeschreibungen von Saint-Maur, sondern auch aus anderen Registern der Zeit hervor. In *kardinaler* Funktion ist das Zahlwort bei der Einzahl (*libram unam*), bei besonders großen Mengen (*ad modios ducentos quadraginta*) und bei Divisionen (*tres partes*) benutzt. Diese Schreibweise gründet, neben der syntagmatisch festliegenden Nennung des Zahlworts vor dem Bezugsnomen, sicher auch darin, dass man für diese Zahlspezies noch keine eigene Zeichenform kannte (wie *erstens* bzw. der *erste* als *1.*).

Demgegenüber aber ist der Zahl*zeichen*gebrauch dominant, und zwar der *kardinale*: 48 Belege gegenüber 5 in den drei Stücken. Dies geschieht zahlzeichenneutral, das heißt jede Menge – hier alles zwischen I und CXXI – kann bezeichnet werden. Dass sich hier die Verteilung überdeutlich auf die Mengen zwischen II und XV konzentriert, gründet in der Sache: Es geht ja hauptsächlich um die numerisch begrenzten Zinse und Dienste pro Woche bzw. Jahr. Durchgehend ist auch die *Ganzzahligkeit*. Nur dann und wann ist von Halbierungen die Rede. Deren Schreibweise changiert. Das zeigen andere zeitgenössische *brevia*, in denen sie entweder wörtlich (*dimidium, medietas*) oder durch eine Durchstreichung des letzten betreffenden Zahlzeichens festgehalten sind. Weitere deskriptive Unterteilungen sind eher selten, betreffen meist Landeinheiten wie Äcker (*bunuaria*) oder, wieder in anderen Registern, besonders die ja komplex zusammengesetzten *mansi*. Dazu unten mehr. Wörter und Zeichen für numerische Aggregierungen (Vielfache) wie Dutzend, Schock sind nicht benutzt, was nicht heißt, dass sie nicht zum Wortschatz gehörten und entsprechend beim Sprechen benutzt wurden. Sie waren – in diesem Zusammenhang – nicht schriftwürdig oder hatten keine buchstäblichen Repräsentanten, kein Schriftwort.

Wie ist dieser Bestand syntaktisch verortet? Für fast alle Gebrauchsstellen gilt: Das Zahlzeichen ist seinem Bezugswort, ob es im Nominativ oder Akkusativ steht, *nachgestellt: pullos III, perticas IIII, de avena modii V, in longum pedes XL* usf. Meines Erachtens ist diese Inversion von *res* und *quantitas* als Finalisierung der Aussagen auf die Menge hin zu verstehen. Sie bildet die ausschlaggebende Variable in der Reihung der sich wiederholenden Sachelemente. Im Einzelposten der *descriptio* ist also der Sinn regelhaft in eine *numeratio* umgeschlagen. Ob solche Wortfolgeart bzw. Syntax bereits als autonom-schriftlich angesehen wurde, also nicht mehr zum Aussprechen und Lesenhören geeignet war, oder ob man sie schon als genuin »zahlschriftlich« verstand, bleibe dahingestellt.[29] Da die handschriftliche Überlieferung keine Kolumnierung bietet, ist wohl in Sätzen nicht nur gedacht, sondern auch geschrieben worden. Auf jeden Fall setzt die Satzform die herrschaftliche Intention der Wissensgenerierung und -speicherung in numerischen Stil um. Die *ultima ratio* dieser Ausdrucksform ist, so die These, die jeweilige *Anzahl* derjenigen Dinge und Pflichten, von denen man wissen wollte.

Distinktion, Zählbarkeit, Anzahl

Was wird nun dieser Zurichtung auf die Anzahl unterworfen? Sichtet man alle Einzelposten, dann ergibt sich ein doch sehr differenziertes Bild, das tief in die damaligen Möglichkeiten und Probleme führt, die diversen Versorgungsdinge und -handlungen für die Herrschaft sinnvoll zu unterscheiden und zu gruppieren – man denke an Karl den Großen und sein Gebot zum *seponere, distinguere et ordinare*. Gerade bei der *descriptio* war die seigneuriale Kunst der Unterscheidung, die *ars dialectica in rebus* sozusagen, gefragt. Auf welche Distinktionen musste es der Herrschaft ankommen?[30]

Die Zählbarkeit der Einzelsachen (res)

Am Einfachsten hatte man es noch mit dem zu zinsenden Vieh. In den Urkunden pauschal als *peculium* bezeichnet, gelten einzelne Pferde, Ochsen,

---

29 Ich denke, dass das formularbezogene Diktieren durch diese ataktischen Verbindungen durchscheint: Zuerst wird die *res* aufgerufen, dann die *quantitas* ein- bzw. dazugeschrieben, die Kopula ist längst geschwunden. Bedeutet diese Operationsweise eine numerisch höher stufende Abstraktion?

30 Hierzu habe ich in meinem Beitrag »Teilen, Aufzählen und Summieren« sowie in der Untersuchung zum Ordnungsverhalten (L 47) Querverbindungen zwischen Güterverwaltung und trivialem Denkstil nachzuweisen versucht.

Rinder, Schweine, Schafe, Ziegen im seltenen Falle der summierenden Abstraktion als Einzelhaupt, *caput,* einer *species* und werden scheinbar problemlos erfasst, gruppiert, zum *census-*Posten aggregiert, als Anzahl schriftlich fixiert. In anderen Registern, in denen auch die agrikolen Geräte und Vorräte des Herrenhofs, die liturgischen Gegenstände der Ortskirche inventarisiert sind, geschieht dies in analoger Weise. Doch ergeben sich bei näherem Hinsehen schnell Bedenken in quantitativer und auch qualitativer Hinsicht. Schon in Verbindungen wie *pullos III cum ovis, verveces VI cum agnis suis* wird deutlich, dass nicht Alles *res singularis* war bzw. sein konnte, nicht alles in seiner real-distinkten Gestalt Bedeutung hatte und dementsprechend identifiziert und gezählt werden musste, sollte und konnte. Bei manchen Zinsforderungen in Miré wie denen des Senfs oder der Kienspäne fehlen sowohl Menge als auch Anzahl – entweder sie schwankte zu sehr, war wenig verbindlich, oder sie fiel schlicht nicht ins Gewicht. Als Pole dieser Nicht-Zählwertigkeit oder Nicht-Zählbarkeit blitzen ab und an in anderen Registern Kürzel wie *nihil* bzw. *habundanter* oder *sufficienter* von Etwas auf. Zwischen dem Nichts und der Fülle als Polen des Zahllosen ist das seigneuriale Habe- und Soll-Zahlenspiel entfaltet. Hinzu kommt, wie aus anderen Registern ersichtlich, die unklare Abmessung der diversen Woll- und Leintücher (Ellenanzahl in Länge und Breite), welche die *mansus-*Frauen zu weben hatten, und ebenso der diversen Holzzinse (Schindeln, Scheite, Fackeln, Gerten, Bretter, Stämme usf.). Beide *materia-*Bereiche werden in den Registern aus ganz verschiedenen Gründen höchst unterschiedlich distingiert oder summiert. Aber was heißt unklare Abmessung, wenn die Gestalt, die Solidität der zinsbaren Sache nicht festgelegt war? Schaut man über den Tellerrand des Registers von Saint-Maur, dann entdeckt man schnell, dass nicht nur die Erkennung der *census-*Form diffizil sein konnte, sondern besonders ihre Anerkennung. Was für die Herrschaft ein zu zinsendes Ei war, mag noch eine einfache Sache gewesen sein. Über den Zustand der Eier, ihre Konservierung, steht nichts geschrieben. Bei Holzstößen für die Feuerung, ist die Trockenheit entscheidend, bei Weidenruten für die Zäunung die Biegsamkeit. Aber was heißt Trockenheit, was Biegsamkeit? Wer prüfte beides, entschied also über den richtigen, das heißt den herrschaftlich akzeptablen Zustand? Bei wichtigen Zinsgütern hing viel davon ab, wie sie im Moment der Entrichtung von der Herrschaft eingeschätzt wurden. Ein selten anschauliches Beispiel dafür gibt die intensive Begutachtung des »Hufenschweins« durch verschiedene Klosteragenten aus der Rechtsweisung des Straßburger Hofs Münchweier (zirka 1150):

Quicumque habet mansum statutum, ita ut debeat reddere omnia iura, ille persolvet caenobio in festo sancti Andreae unum porcum qui dicitur Hobswin, de quo fratres et servitores sanctae Mariae habituri sunt sagimen, et hic accipiendus est cum iuramento coci et villici et hominum caenobii, qui visu et auditu perceperunt quantitatem et precium eius et sciunt, quantus et quanti debeat esse.[31]

Ob man jede Zinsübergabe im Zeichen solcher Begutachtung bzw. Schätzung (*aestimatio*) zu sehen hat, mag dahin gestellt sein. Auf jeden Fall unterschlagen die schlichten Formeln der Register, dass es nicht nur um die Distinktion, sondern ebenso um die Akzeptanz ging, und die hing von der Qualitätsprüfung ab. Die Formeln der Register sagen darüber nichts; sie sind Forderungskataloge, keine Empfangsabrechnungen. Ihre Anzahlen bieten zwar Simplifizierungen, die aber keineswegs willkürlich sind. Vielmehr stellen sie – kompromisshafte? – *Lösungen* der oft so schwierigen Verschriftungsaufgaben dar. Zwischen der Forderung, dem Soll, und der akzeptierten Lieferung, ist eine Differenz unübersehbar, welche die Beziehung zwischen der *materia* und dem *numerus* des Zinses kompliziert. Ihre schlichte schriftförmige Abgrenzung im Register täuscht darüber leicht hinweg.

Die Zählung des Gemessenen

Viel häufiger in den beiden Domäneninventaren sind Posten, in denen zwischen die *qualitas* und die *quantitas* Maßwörter eingeschoben sind. Typisch sind Formulierungen wie etwa: *de vino modios V, area de una fronte in longum perticas XL, de prato iuctos LX, de terra arabili bunuaria XXXVIII*. Scheffel und Rute, auch Kufe und Becher sind konkrete handliche Werkzeuge, Joch und Bonnier hingegen bereits als festgelegtes Vielfaches von Grundmaßen (Fuß, Rute) errechnete Orientierungsindizes. Dies alles, um zu große bzw. zu kleine, unfest bis flüssige sowie divers oder unscharf zusammengesetzte Sachen bzw. Güter zählbar zu machen. Im Wege ganz verschiedener Hantierungen – (mehrfache) Gruppierung und Häufung, Unterteilung und Detaillierung – erlauben die Maße eine numerische Ordnung dieser »Mengen«-Sachen. Betroffen sind zum einen erdgebundene Sachen bzw. Habe (*res, terra*) wie Wälder, Felder, Weinparzellen, Wiesen, Hofstätten, zum anderen mobile

---

31 Druck: Kuchenbuch, »Grundherrschaft«, S. 229: »*Jeder, der eine rechtmäßige Hufe hat, von der er alle Forderungen erfüllen muss, soll dem Kloster am St Andreastag ein Schwein, das ›Hufen‹-Schwein erlösen, von dem die Brüder und Dienstleute des Marienklosters den Schmer zu bekommen pflegen. Es soll auf Grund einer Begutachtung des Kochs, des Meiers und der Klosterinsassen angenommen werden, die mit Auge und Ohr sein Gewicht und seinen Wert geprüft haben und wissen, wie groß und wie beschaffen es sein muss.*«

Gemenge wie Heu, Körner, Trauben, Woll- und Flachsfasern bzw. Wein, Holz, Bier, Senf. Um hier Klarheit zu gewinnen, ist es vorteilhaft, von den Herren-Liegenschaften auszugehen und dann das Hufensoll zu prüfen.[32]

Herren-Terrains

Von ein-, zwei- oder dreidimensional verstandenen »Längen«, »Flächen« oder »Räumen« im Sinne modern-geometrischer Raumneutralität – Quadratmeter, Hektar, Liter, Gramm usf. – zu sprechen, verbietet sich hier strikt. Strecken, Erstreckungen und Räumlichkeiten, flüssige und körnige Gemenge und Gewichte werden im Frühmittelalter radikal anders hantiert, verstanden und imaginiert. Eine Forschung, der diese Alterität zugrunde liegt, ist erst im Werden.[33] Was bieten die Einzelbezeichnungen, das Vokabular und die Syntagmen unserer Dokumente? In der Beschreibung des Herrenhofes sowie der beiden Kirchen samt ihrer Pertinenzen in Miré wird das Ackerland in 240 bzw. 30 bzw. 50 Scheffeln (*modii*) Saatgut pro Zyklus gemessen – nicht die Erstreckung als *terra*, sondern der ertragsgenerierende Aufwand in sie (*fructificare*) ist hier also das sachlich und numerisch Entscheidende. Die Wiesen und die Weingärten hingegen sind in eigenen Landmaßen – Jochen (*iucti*) – abgemessen und gezählt, deren Unterteilungen unbekannt sind. Ebenso die Waldungen: Waren sie kleiner, dann sind sie in Jochen inventarisiert, war dort extensiver Getreidebau (zwischen den Bäumen und Stubben) möglich, in Bonniers (*bunuaria*). Um weitläufigere Waldgelände zusammenzufassen, galt ein zusätzliches Großmaß, die Meile, deren Unterteilung unscharf bleibt (*in giro plus minus leuva I*). Zwei völlig verschiedene Prinzipien sind hier also bestimmt: die nötige Investition – Scheffel Saatgut – in bestimmte (Acker-)Landmengen, und mehrere verschiedene Land-Maße – Joch, Bonnier und Meile – für die Wein-, Wiesen- und Waldterrains. Damit aber nicht genug. Es gab weitere Messungsmöglichkeiten. Die herrschaftlichen Ackeranteile, die von den *mansi* zu pflügen und zu besäen sind, sich also in deren Regie bis zur Ernte befinden, heißen in Miré *pectura* (*peditura*), was auf in Fuß gemessene Breiten bzw. Streifen schließen lässt. Daneben, in

---

32 Es kann hier nicht um die übliche Aufzählung der Maße und Gewichte samt ihrer unterstellten zeitgenössischen oder gar modern metrischen Relationen gehen. Die Erkundung der Beziehungen und Grenzen zwischen Zählen und Messen erfordert ein anderes, weniger übersichtliches Vorgehen.

33 Zum Raum vgl. Kuchenbuch, Ludolf/Morsel, Joseph, »Soziale Räume/Ländliche Räume«, in: Melville, Gert/Staub, Martial (Hg.), *Enzyklopädie des Mittelalters*, Bd. 2, Darmstadt 2008, S. 246–256, zu Maße und Gewichte: Witthöft, *Maße und Gewichte*.

La Varenne, haben diese Streifen ihren Namen von der Ausmessung in Ruten (*pertica*), also einem längeren Maß(-stab). Wieder anderswo werden sie entweder als Morgen (*iornales*) oder als Joch (*jugera*) gemessen und gezählt – dort leitet also die Erfahrung (oder Geltung) des zeitlichen bzw. instrumentalen Arbeitsaufwands das Maßwort. Auch für die Wein-, Wiesen- und Waldanteile gibt es Alternativen. Sie zielen auf (Durchschnitts-)Erträge wie Fuder Wein bzw. Heu und die Zahl der Schweine ab, zu deren spätherbstlicher Eichel- oder Eckernmast der Wald taugt. Gerade hier taucht neben der *mensuratio* die *aestimatio* auf. Im Register der Konventsmensa der Abtei Lobbes (868/69) gehört die Formel *silva, in qua juxta estimationem saginari possunt porci* [...] zum festen Bestand der Inventarisierung der Herrenländereien.[34] Hier ist die Bodenmessung durch die saisonale Nutzungsschätzung ersetzt. Der Waldnutzen, auf den es alimentär ankommt, sind die spätherbstlichen Baumfrüchte – Eicheln, Eckern. Die Schweine mästen sich – unter Aufsicht – daran (*saginatio*), wie das Vieh grast. Wie viele es sein können, resultiert aus langjähriger Erfahrung mit dem durchschnittlichen Fruchtertrag des Baumbestandes. Doch zu mehr als pauschaler Schätzung der Schweineanzahl führt das nicht; stets sind es runde Anzahlen (12, 20, 30, 50, 100) oder aber man ist sich nicht sicher und lässt dann diese numerische Position unausgefüllt – eine schriftliche Leerstelle der Suffizienz? Zwischen dem *nihil* und dem *abundanter* sowie der gezählten Anzahl ist immer wieder mit dem numerisch Ungefähren bzw. Ungenauen zu rechnen. Dass die hier aufgeführten, örtlich geltenden Maße in ihrer Vielgestalt notwendig ein metrisches System mit überregionaler Normierung bilden, ist unwahrscheinlich. Dagegen sprechen schon die so verschiedenen, alternativen Bezeichnungsrichtungen und ihr konkreter Sinn: investive Vorleistung, diverse Erstreckungsmaßstäbe, Arbeitsaufwand, Ertragserwartung. Zudem fehlen direkte oder durch einen kleineren oder größeren Nenner bestimmte Relationen. Vereinzelte Korrelationen hier und da – 1 *jugum* = 2 *ionales* usf. – führen, gerade wenn sie methodisch unbedacht verallgemeinert werden, in die Irre. Es bleibt große Unsicherheit im Blick auf die Realbezüge. Die metrische Erfassung der lokalen Nutzungselemente, auf die man überall in den frühmittelalterlichen Registern (und Urkunden) trifft, ist in ihrer Vielfalt deshalb ein Phänomen geblieben, dem im Allgemeinen nur wenig mediävistischer

---

34 Devroey, Jean-Pierre, *Le polyptyque et les listes de biens de l'abbaye Saint-Pierre de Lobbes (IXe-XIe siècles)*, Brüssel 1986, S. 5–14.

Erfolg beschieden ist, trotz vereinzelter solider Aufmerksamkeit.[35] Für die hier untersuchten Verhältnisse kann man prinzipiell unterstellen, dass kaum Bedarf für eine umfassende Maßeordnung der Böden ausgehend von nur einem kleinsten oder einem größten Basismaß bestand. Die im hier verschrifteten Handlungsfeld geläufigen Maßnormen und Messweisen mussten nicht über den Ortszusammenhang hinaus gültig und verständlich sein. Ihre Hantierung der – wie immer bezeichneten – Landmaße gewährleistete die soziale Verteilung der Basisgüter und deren Verfügungswechsel; in ihnen gerann und bewegte sich die aktuelle materiale Ortsordnung, artikulierte sich die lokale Vergesellschaftung der Böden. Die diversen Acker-, Wiesen-, Wein-, Wald-Stücke, ihre Lage, ihre Fruchtbarkeit und ihre Größe, pro *species* vergleichend gemessen, bedeuteten für diejenigen, die sie bebauten und nutzten, jeweils etwas ganz Bestimmtes, Konkretes. Die Maße bildeten hier keinen überregionalen Zusammenhang von numerisch klar aufeinander bezogenen Gattungen und Mengen, sondern fungierten, gerade in ihrer Partikularität, als toposoziale Garanten der ortseigenen Güterdifferenzierung und Güterverteilung. Der Fuß, die Elle, die Rute (und das Seil sowie der Pflock), das Joch, der Morgen, mit denen man umging bzw. in dem man abzählte und zusammenzählte, hatten ihre *hier* geltenden Längen und konnten auch, wenn nötig, korreliert und vervielfacht bzw. dividiert werden. Dieser funktionale metrische Lokalismus schloss natürlich überhaupt nicht aus, dass man sich zum Beispiel am weit verbreiteten alten römischen Fuß orientierte, ob nun direkt oder in ganzzahliger Relation zu ihm. Und die Herrschaft wird stets versucht gewesen sein, ihre zentralen Maßeinheiten und Messverfahren sachlich und sprachlich vor Ort zu implantieren. Einen ganz anderen normativen Schauplatz betritt man mit den sogenannten karolingischen Maßreformen; sie reflektieren ein reichspolitisches Ordnungsdenken, dessen Wir-

---

35 Allgemeine Hinweise bei Portet, Pierre, »Remarques sur les systèmes métrologiques carolingiens«, in: *Le Moyen Age 97* (1991), S. 13–15, besonders die meist übersehenen *Excerpta de mensuris* im Anhang des *Corpus agrimensorum romanorum* (vor 818). Unverzichtbar sind die Regionalstudien von Guerreau, Alain, »L'évolution du parcellaire en Mâconnais (env. 900–env. 1060)«, in: Feller, Laurant/Mane, Perrine/Piponnier, Francoise (Hg.), *Le village médiéval et son environnement. Etudes offertes à J.-M. Pesez*, Paris 1998, S. 509–535; Kasten, Brigitte, »Mansengrößen von frühmittelalterlichen Hofstätten gemäß dem Chartular des lothringischen Klosters Gorze«, in: Greule, Albrecht u. a. (Hg.), *Studien zu Literatur, Sprache und Geschichte in Europa. Wolfgang Haubrichs zum 65. Geburtstag gewidmet*, St. Ingbert 2008, S. 701–711.

kung über die Herrschaftszentren und einige Königsgüter hinaus jedoch nur sehr schwer abzuschätzen ist.[36] Im Falle der Rute und des Fußes lassen sich der Maße-Lokalismus und die Landmessverfahren[37] sowie ihr Sinn doch konkreter belegen. Wenn das Register von Saint-Maur über die *pes*-Zahl der Rute(n) schweigt, dann ist das der Normalfall; mensurale Subdivisionen oder Äquivalenzen gehörten eben nicht zum schriftlich Nötigen. Im Register der Abtei von Montierender (südliche Champagne) stößt man gelegentlich auf eine zweistufige Subdivision (*ionalis – pertica – pes*), deren Geltungsrahmen bleibt jedoch unklar.[38] Solche Spuren sind noch längst nicht systematisch gesammelt und auf ihren lokale bzw. domaniale Funktion hin geprüft – dies auch im Blick auf die Frage, wer die Maßnormierung und -kontrolle jeweils »in der Hand« hatte. Brigitte Kasten konnte jüngst in urkundlichen Gütertransaktionen lothringischer Herren an die Abtei Gorze herausfinden, dass dort die Hofstätten (*mansio*) in Ruten von einer Variationsbreite zwischen 9 und 20 Fuß gemessen sind. Leider verlautet nichts über die Unterteilung des Fußes.[39] Ein genauerer Blick auf die oben zitierten Auszüge aus der *Notitia de areis* kann zeigen, wie (und warum) die *areae* beschrieben werden.[40] Für jede der 34 *areae* ist zum einen die *pes*-Anzahl stets nur einer Länge (*in longum*) aufgezeichnet, dazu die einer mittigen Querung (*in transversum*) bzw. die der beiden gegenüberliegenden differierenden Begrenzungen (*de uno/alio fronte*). Man betrachtet also jedes Stück als vierfach begrenzt, und man vermisst es

---

36 Hierzu die detaillierten Erwägungen von Witthöft, Harald, *Münzfuß, Kleingewichte, pondus Caroli und die Grundlegung des nordeuropäischen Maß- und Gewichtswesens in fränkischer Zeit*, Ostfildern 1984; ders., »Thesen zur einer karolingischen Metrologie«, in: Butzler, P. Leo/Lohrmann, Dietrich (Hg.), *Science in Western and Eastern Civilization in Carolingian Times*, Basel/Boston/Berlin 1993, S. 503–524; Devroey, Jean-Pierre, »Units of measurement in the early medieval economy: the example of carolingian food rations«, in: *French History 1* (1987), S. 68–92; vorsichtiger urteilt, nach erneuter Sichtung der schriftlichen Überlieferung, Portet, »Remarque«, S. 5–24.
37 Allgemeine Auskunft bei Nitz, Hans-Jürgern,, »Landvermessung«, in: Reallexikon der Germanischen Altertumskunde/Hoops² 18 (2001), S. 20–28.
38 Droste, Claus-Dieter, *Das Polyptichon von Montierender. Kritische Eidition und Analyse*, Trier 1988, S. 25: (*mansi*) […] *debent .IIII. iornales qui habent .L. perticas in longitudine et unum in latitudine que pertica habent .XV. pedes*.
39 Kasten, »Mansengrößen«, pass.
40 Vgl. den Kommentar von Hägermann/Hedwig, *Polyptychon*, S. 47–50. Zur wirtschaftlichen Bedeutung der protourbanen *areae* vgl. Hägermann, Dieter, »Grundherrschaft und städtischer Besitz in urbarialen Quellen des 9. Jahrhunderts (Saint-Maur-des Fossés, Saint-Remi de Reims und Saint-Amand-les-Eaux)«, in: Duvosquel, Jean-Marie/Dierkens, Alain (Hg.), *Villes et campagnes au Moyen Age*, Liège 1991, S. 355–365.

gewissermaßen »von innen«, und zwar »überkreuzt«: ein Mal die Länge (*longitudo*) von der Mitte der Vorderfront (*frons*) hinüber zur Mitte der hinteren Begrenzung, die Breite (*latitudo*) entweder ein Mal quer von Mitte der Längsseite gerade hinüber, oder aber, vorwiegend bei verschiedenen Breiten, zwei Mal entlang beider Innenkanten. Es geht also nicht um eine »Quadratfuß«-Anzahl pro *area*. Dazu fehlt schlicht der Gedanke, die Distanzen zwischen den Begrenzungen geometrisch und rechnerisch aufeinander zu beziehen. Man könnte vielmehr von einer von innen mensurierten Einhegung von der Mitte zweier Seiten durch das Zentrum sprechen, wodurch man praktisch durchschnittliche Erstreckungen gewinnt. Diese Messung und Zählung aber genügt den Verantwortlichen der Abtei nicht. Was für sie genauso zählt wie die innere Länge und Quere ist die äußere Begrenzung jedes Grundstückes, die Fixierung seiner Lage im *circuitus*, in der *civitas* Paris. Wo befindet es sich? Die Antwort: stets an einer *via publica*, bisweilen am *marcado* und regelmäßig neben und zwischen den *terrae* anderer *potestates*. Die Terrains von 11 kirchlichen Einrichtungen sowie drei laikalen Inhabern umgrenzen nach diesem Muster: *de uno latere terra Sancti Petri, de alio latere terra Sancti Gervasii, de uno fronte terra Sancti Juliani, de alio fronte via publica*. Jede *area* der Saint-Maur Abtei hat auf diese Weise ihre vier angrenzenden Nachbarn, oft ihren *exitus* zur Straße. 16 der Grundstücke grenzen seitwärts oder bzw. und rückwärts an andere der Abtei – St. Peter gilt als deren Patron.[41] Es entsteht aber kein geschlossener Pulk. Jedes hat eine andere Position im Besitz-Flickenteppich der lokalen Mächte entlang der Straßen. Die 34 *areae* von Saint Maur werden also als nicht nur intern eingehegt, sondern auch als extern in das Besitzgemenge eingefügt beschrieben, das heißt machttopologisch situiert. Zu ihrer Bestimmung als seigneuriale *loci* gehört nicht nur die Mensuration, sondern auch die Lokation – oder: Zum *numerus*, der Größe, kommt die *potestas*, die soziale Position.

Mansus-Zinse

Mit den *Gefäßmaßen* soll zu den mensurierten *mansus*-Zinsen in La Varenne und Miré übergegangen werden. Hier steht es nicht anders als mit den Landmaßen. Als Ensemble ermöglichen sie die Gruppierung, die Verteilung und den Handwechsel der mensurablen Mobilgüter – der seigneurialen Aufzeichnungslogik gemäß. Aber auch hier bleibt Vieles unklar. Saatgetreide, Zinsgetreide und Wein werden gleichermaßen in Anzahlen von Scheffeln

---

41 Hägermann/Hedwig (Hg.), *Polyptychon*, S. 48–49.

(*modii*) inventarisiert. Aber ob es nur einen, für alles Schütt- oder Fließgut lokal bzw. domanial verbindlichen Scheffel gab, ob er gehäuft oder gestrichen galt, oder ob die Trauben, der Hafer, der Weizen jeweils *ihren* Scheffel, die Bohnen oder die Beeren *ihren* Sester (*sextarius*) hatten, ist nicht aufgezeichnet (Fässer, Eimer, Kannen und Becher können, weil hier nicht erwähnt, beiseite gelassen werden). Letzteres steht aber eher zu vermuten. Vereinzelte Spuren in anderen Registern deuten darauf hin, dass die domanialen (Korn-)Maße überregionalen Normmaßen (wie dem von Karl dem Großen 794 verordneten *modius publicus*[42]) nicht im Volumen glichen, sondern, wenn überhaupt korreliert, auf diese durch ganzzahlige Relationen bezogen waren – was aber in Vielem Vermutung bleiben muss. Ging es nicht ums erstmalige Messen mit den Standardmaßen am Ort, sondern um die Abgleichung verschiedener Maße im Sinne der Zinsforderung, dann wurde kontrolliert umgeschüttet bzw. umgegossen und dabei neu bzw. umgezählt. Derlei geschah ohnehin ständig – nicht nur im Moment der Zinsübergabe, sondern auch des nachbarlichen Tauschs oder des Verkaufs, das heißt potentiell bei jedem Wechsel des einen Gebrauchsbereichs von Schütt- und Fließgut in einen anderen. Das Umfüllen vom lokalen zum regionalen, von kommunalen in den seigneurialen bzw. merkatilen, vom kleineren in den größeren Scheffel (oder umgekehrt) gehörte zu allen Alltags- und Aneignungsgeschäften. Die jeweiligen Prozeduren waren in der Regel nicht schriftwürdig.[43] Aber man weiß aus späteren Zeiten, dass zur lokalen Kontrolle an einem festen Platz Gefäß-Normale sorgfältig gehütet wurden. Die ständig benutzten Maße konnten an ihnen geeicht werden, egal, ob nun die Herrschaft oder die Leute das Prä in der Kontrolle hatten. Bezeichnungen für lokale bzw. regionale Gefäß-Maße (Bistümer, Klöster, Städte und deren Einflussbereiche) kommen erst ab dem 11. Jahrhundert auf. Daher ist nicht verwunderlich, wenn in den Beschreibungen nicht nur von La Varenne und Miré, sondern auch aller weiteren Domänen von Saint-Maur die *census*-Maße – *modius* für Trauben, Sommer- und Wintergetreide, *sextarius* für Bohnen, Trauben und Hafer, *carrada* für Holz – so kommentarlos mitlaufen (ebenso

---

42 Witthöft Harald, »Münze, Maß und Gewicht im Frankfurter Kapitular«, in: Fried, Johannes (Hg.): *794 – Karl der Große in Frankfurt am Main. Ein König bei der Arbeit. Ausstellung zum 1200-Jahre-Jubiläum der Stadt Frankfurt am Main*, Sigmaringen 1994, S. 124–128

43 Das Register von Saint-Remi bildet mit Belegen in 7 Domänen über kleine und große Scheffel (*modius ad minoram/maioram mensuram*) Wein, Salz, Gerste und Korn (*annona*) eine Ausnahme. Vgl. Devroey, Jean-Pierre, *Le polyptyque et les listes de cens de l'abbaye de Saint Remi de Reims (IXe-XIe siècles)*, Edition critique, Travaux de l'Académie Nationale de Reims 163, Reims 1984, S. 4, S. 5, S. 10; S. 55; S. 62; S. 65; S. 72.

im Übrigen auch halbe Scheffel). So klar also beim flüchtigen Blick auf die Register die Verbindung von Gefäßmaß und Anzahl erscheint, hinter den schlichten und lakonischen Formeln verbergen sich komplexe, variable und bewegliche Beziehungen und Verhältnisse, die von den Widersprüchen und Spannungen zwischen den Abgebenden und den annehmenden Herren geprägt sind. Jedem Scheffel Zinsgetreide wohnt gewissermaßen der abschätzende Kleinkrieg um *qualitas, quantitas* bzw. *numerus* und *potestas* inne.

Die Zählung und die Zählbarkeit der homines und der mansi

Was wird in La Varenne und Miré als zählbarer *homo* verstanden, was gilt als zählbarer *mansus*? Im ersten Fall lässt sich sagen: Der *homo* steht als zählwürdiger Index für die permanent ansässige Kleingruppe, in der Regel Frau, Nachkommen und Gesinde, »hinter« dem Mann – eine Art Kollektivsingular. Die Herrschaft achtet meist – es gibt aber prominente Ausnahmen – allein auf ihn, weil er, Herr im Kleinsten, für die Einlösung des Solls zu bürgen hat. Er (allein) ist es, der also für die Herrschaft zählt. An ihm bemisst sie ihre Erwartungen, er ist ihr sozionumerischer Garant. Diese Sicht bestimmt besonders solche Register, denen an der kurzfristigeren Fixierung der Sollerwartungen, also am aktuellen namhaften Zeugen gelegen war. Dabei kommt regelmäßig zum Vorschein, dass der *homo*-Index nicht mit dem des *mansus* aufgehen musste. In La Varenne sind summativ 121 *homines* registriert – sie sind irgendwie auf die 62 Stellen – *mansi, ospicia* – verteilt. In anderen Registern wird dieser Sachverhalt entweder durch die Aufteilung der Stellen (bis zur *mansus*-Viertelung) oder durch die Untergliederung der Hofstätten in mehrere Herdstellen (*foci*) präzisiert. Auch hier sind also numerische Unschärfen zu erkennen, die durch sachliche Abbreviaturen und begriffliche Definitionen gelöst werden. Über ganz andere Verzeichniskriterien von *homines* und ihre Zählungen, die im Register von Saint-Maur fehlen, muss hier nicht gehandelt werden. Die Fülle der Erscheinungen in anderen Registern – das gesamte Wortfeld der Sozialtermini ist hier involviert – würde hier den Rahmen sprengen. In La Varenne und Miré steht jedoch nicht der ephemere *homo*, sondern der dauerhaftere *mansus* als rentabler Zählindex im Vordergrund. Er bildet die andere, die sachliche Seite der Medaille, fungiert als dingliches Bezugs-Gesamt der Herrschaftsansprüche. Daher muss in der Regel nicht aufgezeichnet werden, aus welchen und wie vielen Ausstattungselementen er zusammengesetzt ist. Wo dies aber dennoch geschieht, etwa in den Registern der Abteien von Saint-Germain-des-Prés (Paris) oder Saint-Remi (Reims), ergeben sich unendliche Größenvariationen des immer gleichen Kompositums aus Hofareal (*area*) und Herdstelle (*focus*), Äckern, (Wein-)Gärten und Wiesen. Welches Ausstattungsminimum die Zählbarkeit des *mansus* als ganzer Einheit (*plenus, integer*) begründet, dürfte eine von unscharfen Richtgrößen ausgehende Ermessenssache zwischen Herr bzw. Lokalagent und *familia* gewesen sein.[44] Die jeweilige Herrschaft musste, um berechenbarer Abgaben und sinnvoller Diensteregelungen willen, auf eine zählbare Ordnung der Besitzeinheiten bedacht sein und versuchen, diese stabil zu halten. Sie wäre sonst den lokalen Besitzbewegungen unter den Leuten durch Zurodung, *de facto*-Umgruppierung der Acker-, Wiesen- und Weinanteile bei Heiratsausstattungen oder im Erbgang, durch Arrondierungstausch sowie Kauf und Verkauf aus welchen Motiven immer ausgeliefert gewesen. Die Klagen über Derangements der seigneurialen *mansus*-Ordnung durch solche Aktionen der Familialen sind in den Herrscheranordnungen (Kapitularien) unüberhörbar. Und es gibt deutliche Anzeichen dafür, dass bestimmte *brevia* (Saint Bertin, Montierender, Saint-Remi) ihre Aufzeichnung einer radikalen Neuordnung durch die Herrschaft verdanken. Die domaniale *mansus*-Ordnung, seit dem späteren 7. Jahrhundert von den Karolingern im Verein mit Klöstern und Bistümern zwischen Loire und Rhein etabliert und in die ostrheinischen und oberitalienischen Reichsgebiete ausgebreitet, war (und blieb noch lange) die *conditio sine qua non* für die Radizierung der *census* und *servitia* – und für deren Zählung. Vielfach wirken solche *mansus*-Ordinationen formalistisch, stellen so etwas wie einen auf das numerisch Gültige hin »gesäuberten« Zustand dar, vermitteln eine nahezu fiktiv anmutende Klarheit und Starrheit der im Konkreten eher unübersichtlichen und bewegten Verhältnisse. Eine schriftlogische Reinheit, die auf entsituierte Distanz und Überblick abzielt. Solche »Vereinfachungen« beziehen sich nicht nur auf die Bestimmung des Zählindex, sondern dann auch auf das numerische Operieren mit ihm, auf die Summation und die Division der Stellen. Einmal werden *mansi dimidii* bzw. *quartarii* kommentarlos addiert,

---

44 Zur Frage der *mansus*-Größen im Fall der Klosterherrschaft Prüm im regionalen Verbund Kuchenbuch, Ludolf, *Bäuerliche Gesellschaft und Klosterherrschaft im 9. Jahrhundert. Studien zur familia der Abtei Prüm*, Vierteljahrschrift für Sozial- und Wirtschaftsgeschichte, Beiheft 66, Wiesbaden 1978, S. 61–71.

ein andermal (um bestimmter Zinse willen) halbiert, geviertelt bzw. in (ungezählte) *partes* aufgeteilt, wohl wissend, dass diese Teilung sachlich gar nicht präzise aufgehen kann. Gleiches gilt auch für die Aufreihungen der Einzelpflichten. Auch hier werden die Verhältnisse auf eine Klarheit hin verkürzt, die nicht praktisch war, aber eben dem Gebot der Zählbarkeit und der Schriftförmigkeit entsprach: die Division etwa von Maßeinheiten, deren Realitätsbezug alles andere als sicher war, die Halbierung von Lebendvieh, zu dem zwei Pflichtige veranlagt waren, die Viertelung von Ochsenkarren-Gestellungen, oder die Pauschalisierung von diversen Zinsen für *mansus*-Gruppen. Ein weites Feld dieser Unschärfen bilden auch die Zeitmaße der *servitia*. Tag, Woche, Jahr, so klar sie für distinkte Zählungen erscheinen, so leicht löst sich ihre numerische Festigkeit auf. Was etwa bedeutet »einmal im Jahr«, wenn der Termin nicht feststeht? Was ein Bittfrontag (*corbada*) in einer dritten Woche, wenn diese Woche nicht feststeht? Was bedeuten Wachfrondienste, die weder sachlich noch terminlich bestimmt sind? Alle diese und viele andere Unklarheiten werden nur verständlich, wenn man insgesamt einen Verschriftungsstil unterstellt, in dem das, was für die dauerhafte Fixierung der Ansprüche zählt, den Vorrang vor einer klaren, exakten und widerspruchsfreien Numerisierung hat. Im Weißenburger Register der *villa* von Altenstadt (Mitte des 9. Jahrhunderts) hat die Herrschaftsseite für diese Unschärferelation die treffende Formel *opus sufficiens* parat bzw. vermeidet konkrete Maßnennungen: *(debet) de ligno mensuram I,* oder *unusquisque partem suam de sepe facere (debet).*[45] In Registern über Domänen der Abtei Prüm (893), weit über das Rheinland verstreut, wählt man analog – im Blick auf die Unbestimmbarkeit von Fronterminen – Formeln wie *in die suo* bzw. *per ordinem suum.*[46] Der Numerisierung des domanialen Alltags, dessen war man sich klar, waren enge Grenzen gesetzt.

Argentum – Lösungs-Pfennige und Rechen-Schillinge

In den Registern über La Varenne, Miré und Paris findet man nur wenig über die Zählung dessen, was die wirtschaftsgeschichtliche Forschung oft vorschnell generell als »Geld« bezeichnet bzw. versteht und sich damit das Risiko von modernen Missverständnissen einhandelt.[47] Wer im Wortschatz

---

45 Dette, Christoph (Hg.), *Liber Possessionum Wizenburgensis*, Mainz 1987, S. 104–105, S. 106, S. 108.
46 Kuchenbuch, *Prüm*, S. 136–138.
47 Gute Einführung in die deutsche Wortgeschichte: Stock, Markus, »Von der Vergeltung zur Münze. Zur mittelalterlichen Vorgeschichte des Wortes *Geld*«, in: Grubmüller, Klaus/

der frühmittelalterlichen Register nach Allgemeinbegriffen für Geld sucht, wird selten fündig, und wenn, dann stößt er auf das *argentum*, nicht auf *moneta, pecunia* oder *nummus*. In den Registern von Saint-Pierre in Montierender (vor 845), Saint-Remi in Reims (848), Saint-Pierre in Lobbes (868) und Sankt Salvator in Prüm (893) etwa wird dieses Wort vor allem dann benutzt, wenn man von der Pfennigmünze und seinen Aggregaten (»Rechengeld«) abstrahiert, wenn es um numerische Abstraktionen, vor allem die Summation geht. *Sunt in summa de argento solidos, in(ter) totum de argento, summa argenti*– so beginnen die Formeln. Sie münden stets in mit Anzahlen verkoppelte Kombinationen von Rechen-Pfunden (*librae*), Rechen-Schillingen (*solidi*) und Pfennigen (*denarii*), seltener auch Unzen und Halbpfennigen (*oboli*). Pauschalisierte Münzzinsbeträge gelten also nur in bestimmten Ausdruckssituationen als *argentum*, Das ist auch in anderen Überlieferungsbereichen ähnlich. Dazu später noch etwas mehr.[48] Das Zins-Silber ist hier ganz stofflich als Münz-*materia* verstanden und benannt. Man unterstellt die autorisierte, in Qualität (Feingehalt) und Einzelmenge (Gewicht) standardisierte Pfenniggestalt. Die preziöse und präzise Stofflichkeit des Silbers überlagert meist implizit das Wortfeld der Währungsbezeichnungen. So fehlt es auch explizit in den Beschreibungen von La Varenne, Miré und Paris. Die dortigen Münz-Belege sind karg. In ihnen dürfte es um in Pfennig- bzw. Schillingbeträge konvertierte oder konvertierbare Schweine-, Schaf- und Holzabgaben und Ochsengestellungen gehen. Dazu kommt ein pauschaler Eigenkirchen-*census* von einem Pfund Silber (*libram unam*) sowie die ganz regelmäßig am Ende jedes *area*-Eintrags verzeichneten Pfennige und Schillinge in Paris. Ausgehend von Letzteren ist erst einmal Folgendes festzuhalten[49]: Es gilt hier das karolingische Währungsgefüge, eine Ordnung in Zwölfer- und Zwanzigergruppierungen: 240 *denarii* = 20 *solidi* = 12 *unciae* = 1 *libra*, mit dem Denar als einziger barer Münze, alle anderen sind den Maßen analoge Vielfache, die der Valuierung, Aggregierung und Berechnung der

---

Stock, Markus (Hg.), *Geld im Mittelalter. Wahrnehmung – Bewertung – Symbolik*, Darmstadt 2005, S. 34–52; eine genaue Untersuchung der mittellateinischen Allgemeinbegriffe fehlt, verstreute Hinweise findet man in Bompaire, Marc/Dumas, Francoise, *Numismatique médiévale. Monnaies et documents d'origine francaise*, Turnhout 2000; die beste sachliche Einführung: Spufford, Peter, *Money and ist use in medieval Europe*, Cambridge 1988, S. 40–49.

48 Für die urkundliche Überlieferung die exemplarische Studie von Petry, Klaus, *Monetäre Entwicklung, Handelsintensität und wirtschaftliche Beziehungen des oberlothringischen Raumes vom Anfang des 6. bis zur Mitte des 12. Jahrhunderts*, Trier 1992, S. 54–56.

49 Benutzt ist für das Folgende die ganze *Notitia* bei Hägermann/Hedwig (Hg.), *Polyptychon*, S. 98–102.

Denarmengen dienen – Medien also der *ratio* bzw. des *computus*. Weder Unze noch Halbpfennig sind in der *Notitia* benutzt, obwohl sie zur Gruppierung sowohl der Einzelzinsmengen als auch der *summa* aller am Schluss getaugt hätten. In einer *libra* ist nur der pauschale Eigenkirchenzins in Miré ausgedrückt, nicht die *summa* in der *Notitia*. Die Aggregierung der Pfennigbeträge über 12 hinaus zum Schilling-Dutzend ist nicht konsequent gehandhabt, denn von den 13 der 28 Einzelzinse, die 12 und mehr Denare betragen, sind nur 6 in der Kombination von Schillingen und »restlichen« Denaren notiert. Es wird also nicht konsequent gruppiert und entsprechend benannt. Dazu kommt eine andere Unschärfe. Vergleicht man die Fußzahlen der Längen und Breiten der einzelnen *areae* mit ihren Zinshöhen, dann ergeben sich keine eindeutigen Entsprechungen. Das kann nur heißen, dass seine Erstreckung keine hinreichende Bedingung für die Zinshöhe des Grundstücks war. Auch dies spricht für die Bedeutung seines *situs* im *potestas*-Gefüge.

Sieht man die beiden Domänenregister und dazu den Kontext aller 17 Abschnitte des Polyptychons genauer an, dann fällt auf, wie wenig der Silberpfennig bzw. der Rechensolidus in den Pflichtenkatalogen der *mansi* vertreten ist. Kurz seien zunächst die Zinse aufgezählt, für die das Silber *nicht* eintritt: Hühner/Eier, Getreide, Wein, Bohnen, Flachs, Schindeln, Fackeln. Derlei sollte so und nicht anders übergeben sein. Dasselbe bei den meisten Diensten: ohne Ausnahme die Ackerfronden und Arbeiten in den Weingärten, viele Transporte, Zäunungen und die wöchentlichen *dies* (ohne Qualifikation) der Servilmansen. Dienste, so kann man hier folgern, geraten so gut wie gar nicht in das Zählwerk monetärer Ablösung, lassen sich also kaum in Silbermengen taxieren und umwandeln. Dem entspricht in der Gegenrichtung, dass die Leute beim Ableisten der Bittfrontage Verpflegung bekommen (*prebenda*), keinen Pfennig-Lohn, es wird mit *victus* unterhalten, nicht mit *merces* vergütet.[50]

Was ist bisher gewonnen? Die überregionale numerische Ordnung der Währungen wird zwar anerkannt, beim gruppierenden Zählen aber nicht konsequent angewandt. Nur ein Bruchteil der *census* und servitia, die in das Soll gehören, wird pfennignumerisch taxiert. Die Höhe der Taxierung bemisst sich nicht allein nach der *materia*, sondern ist auch Ausdruck der sozialen Stärke.

---

50 Hägermann/Hedwig (Hg.), *Polyptychon*, S. 94: *Cum fecerint corbadas, in mense martio debent habere panem et ligumen et siceram. Mense Maio panem et caseum. Mense octobrio panem et vinum, si esse potest.*

Nun sind die wenigen *Pfennig*-Zinse durchzugehen. Lakonische Pauschalbeträge, den Leute von ungemessenen Zinsländereien (*terra censalis*) erlösen, müssen in ihrer Bedeutung unklar bleiben – vielleicht war kein fester Fruchtertrag zu verzinsen, und so blieb nur die Pauschale (Kapitel 3, 5). Deutlich begründet sind einmal 12 Denare: *de pascione* – solche Weidenutzungsgebühren sind anderwärts als Münzforderung verbreitet, konkurrieren aber mit diversen anderen Realien – Hafer, Trauben, Holz usf. (16). Einmal sind auch die Fronfahrten (*carropera*) für beide *mansus*-Typen im Domänenbereich abgelöst (10). Schon regelhafte Münzbindung gilt für Zinse von Leuten, deren »Haupt« dem Herrn gehört, die *cavaticarii* (10, 17). Sie nutzen meist kein Herrenland, sondern stehen mit Leib und Leben – herkömmliche Forschung sagt »persönlich« – im Schutz der Herrschaft, wofür sie einen anderwärts häufig *census de capite* genannten Zins von einigen Denaren geben – hier sind es 4 –, aber es gibt auch Alternativen zum Silber, verbeitet sind etwa besonders Klumpen von Wachs für die Erleuchtung der Kirche.[51] Die Abgabeforderung von Schillingbeträgen anstelle der Beteiligung am Heereszug (*hostilicium, hairbannus, pro (h)oste*) halten immerhin 3 Domänenregister fest (6, 9, 10). Die enge Nachbarschaft mit der 7 Male belegten Forderung eines Mutterschafs mit Lamm (*vervecem cum agno*), jedes zweite Jahr bei den Ingenuilmansen (*mansi carroperarii*) fällig, legt den Sinn eines Zinses von 2 bis 5 *solidi* nahe (1–4, 9, 13, 14); er dürfte auf ein ursprünglich jedes zweite Jahr fälliges (Mast-)Schwein zurückgehen. Gerade die Formelfolge *porcos II aut solidos II, multones II aut solidos* II in La Varenne stützt diese Vermutung.[52]

Solche in der Forschung als *alternative* bzw. *definitive* Geldzinse geläufigen Abgaben geben Anlass, den Blick auf ausführlicher überlieferte Situationen auszuweiten. Hierzu taugt besonders gut das Register der Abtei Prüm (893).[53] Dort findet man in den ausführlichen Rentenkatalogen von weit über 100 Domänen vom Niederrhein bis Oberlothringen ausreichend Belege für die Wandlungsetappen des Realzinses zum Pfennigquantum. Da dort

---
51 Eine Ausweitung ins breite, dornige Feld der (*cero-*)*censuales* dieser Zeit muss hier unterbleiben. Vgl. Kuchenbuch, *Prüm*, S. 260–268.
52 Vgl. Hägermann/Hedwig (Hg.), *Polyptychon*, S. 70–72. Die Herausgeber vermuten dagegen einen Zusammenhang mit der Heeresabgabe, die inzwischen obsolet ist und allein von der Abtei genutzt wird.
53 Kuchenbuch, *Prüm*, S. 156–167; ein detaillierte und münzhistorische Aufklärungen bietende Reinterpretation bei Petry, Klaus, »Die Geldzinse im Prümer Urbar von 893. Bemerkungen zum spätkarolingischen Geldumlauf des Rhein-, Maas- und Moselraumes im 9. Jahrhundert«, in: *Rheinische Vierteljahrsblätter* 52 (1988), S. 16–42.

hauptsächlich die Mastschweine (*sualis*) betroffen sind (in 72 Kapiteln), lassen sie sich in den Sinnverschiebungen des Formelguts nachweisen. Am Anfang steht, am häufigsten belegt (39), die Valuierung: *solvit sualem I valente denarios XII* bzw. *solidos V.* In der nächsten, wenig belegten Etappe (3) tritt an die Stelle der Valuierung die Alternative: *sualem I aut denarios XII*, und deutlich öfter (10) ist die Umwandlung als definitive gefasst: *pro suale denarios XII*. Von hier aus ist der Schritt zur attributslosen Silbermünzforderung nicht mehr weit. Erschließbar sind dann der ursprüngliche Hebungsgrund (Radizierung) und seine Realgestalt nur noch aus der Stellung des Pfennigzinses im Sollkatalog und aus seiner Höhe – so ersichtlich im La Varenne-Register und in vier weiteren von Saint-Maur bzw. acht von Prüm.

Von diesen Vorgängen, die von der Forschung meist pauschal *Monet(ar)isierung* genannt werden und die Übergänge zur *Geldrente* markieren, sind in den Prümer Domänen auch Osterferkel (*friskinga*), Heerestrossleistungen, Widder bzw. Schafe und Schindeln betroffen, dies aber meist mit weit geringerer Frequenz. Der Sog zur Versilberung, so breit er sachlich angelegt scheint, bleibt schwach. Und die sie stoppende Gegenbewegung, die Rückverwandlung, die Entrichtung in *natura*, ist praktisch gang und gäbe. Das zeigt der allerdings erst später mögliche Vergleich zwischen urbarialen Forderungen und Einkommensrechnungen (13. Jahrhundert).

Wie sind diese drei Phasen genauer zu verstehen? Wieder gibt der Wortgebrauch Einiges her. Auch wenn die *valente*-Belege von der wirtschaftsgeschichtlichen Forschung plausibel als Zeugnis für das zunehmende Eindringen des Geldes als *Wertmaßstab* in das seigneuriale Getriebe verstanden werden, so zentriert der lexikalische Befund zum *valente*-Gebrauch mehr um »Geltung« bzw. »Gültigkeit«, um Akzeptanz bzw. Anerkennung im seigneurialen Verhältnis als um einen abstrakt-ökonomischen »Wert«, der sich ja aus dem Marktgeschehen herleitet.[54] Vielleicht sollte man doch vorsichtiger sein. Die klare syntagmatische Nachbarschaft der Valenz mit den Pfennigzinsen, das heißt mit dem Silber als dem standardisierten und detaillierten Stoff, der den Zins*realien* übergeordnet erscheint, ist nicht zwingend aus der Erfahrung des Markt-Preises als Wertausdruck im Wechselspiel zwischen Angebot und Nachfrage abzuleiten. Nirgends wird bei der Valuierung der Zinse auf den Marktverkehr verwiesen. Wenn eine bestimmte Menge an Schweinen in dieser Herrschaftssprache keine bestimmte Menge an Schafen

---

54 Vgl. Niermeyer, Jan Frederik, *Mediae Latinitatis Lexicon Minus*, Leiden 1976, S. 1058–1059; zum frühdeutschen Sinn von *gelt* als abgegoltener Schuld (in Sachgut) bzw. als Verpflichtung vgl. Stock, »Vergeltung«.

oder oder ein bestimmtes Maß an Getreide »wert« sind, dann schließt das ihre Vergleichbarkeit oder ihr für einander Eintreten natürlich nicht aus. Im Handlungsfeld der Domäne, der *mansi* miteinander und mit anderen Kleinbetrieben, das heißt in ihren vielfältigen Vergleichs-, Tausch-, Gebe- und Nehme-Geschäften, fungierten die Estimationen der lokalen Gruppen bzw. Herrschaftsagenten, so wie es die oben erwähnte Zinsschweintaxierung in Münchweier ausweist. Es geht um den lokalen *Gebrauchs-Nutzen*.

Im Übergang zum Silber verschiebt sich die Diktion. Die *valente*-Belege findet man ausschließlich in Pfennig/Schilling-Syntagmen. Weshalb diese begrenzte eigene Bezeichnungsart? Man könnte sie als Verschiebung von den Nutzen-Schätzungen bzw. Vergleichungen zur Silber-Valenz auffassen. Der Gedanke liegt nahe, dass dies mit den transdomanialen Qualitäten des Silbers zusammenhängt. Mit der Taxierung der *census*-Realien in Münzmengen ist das domaniale Nutzungs- und Ausnutzungsmilieu von außen durchbrochen – oder geöffnet. Geöffnet mindestens in zwei Richtungen, für zwei Funktionen, für die Schatzakkumulation und den standesgerechten *usus* der Herrschaft zum einen (*dispensatio*) – worüber man Einiges weiß[55], zum anderen für den Erwerbsnutzen von Silberlingen (*emptio*) durch Verkäufe eigens hergestellter Realien auf Märkten oder bei anderen Gelegenheiten (*venditio*) – wovon man kaum Etwas weiß.[56] Die Münze in ihrer materialen Dauerhaftigkeit und ihrer garantierten Tauschgeltung ermöglicht die Abstraktion partikularer Sachen, konkreter Abgabe-Objekte und terminiertem Kommzwang zum Pflügen, Karren, Wachen usf. Ob ihre vielseitige Stellvertretung einen Vorteil oder Nachteil für die Pflichtigen bedeutet, soll hier nicht abgewogen werden. Entscheidend ist, dass sie Bestandteil des Solls sind. Aber ist es zutreffend, wenn die Forschung von der *Zahlung* der Pfen-

---

55 Hägermann, Dieter, »Der Abt als Grundherr«, in: Prinz, Friedrich (Hg.), *Herrschaft und Kirche. Beiträge zur Entstehung und Wirkungsweise episkopaler und monastischer Organisationsformen*, Stuttgart 1988, S. 345–385, hier S. 354–369; Kasten, Brigitte, *Adalhard von Corbie. Die Biographie eines karolingischen Politikers und Klostervorstehers*, Düsseldorf 1985, S. 127–137; Kuchenbuch, »Ordnungsverhalten«, S. 195–202.

56 Zur Typologie frühmittelalterlicher Märkte allgemein: Kuchenbuch, Ludolf, »Markt (frühes Mittelalter)«, in: *Der Neue Pauly*, Bd. 7 (1999), Sp. 925–926; vgl. auch Hess, Wolfgang, »Geldwirtschaft am Mittelrhein in karolingischer Zeit«, in: *Blätter für deutsche Landesgeschichte* 98 (1962), S. 26–63; Despy, Georges, »Villes et campagnes du IXe et Xe siècles: L'exemple du pays mosan«, in: *Revue du Nord* 50 (1968), S. 145–168; Devroey, Jean-Pierre, *Economie rurale et société dans l'Europe franque (VIe-IXe siècles)*, Paris 2003, S. 158–169; aufschlussreich ist der dem späteren Mittelalter gewidmete Überblick über England von Dyer, Christopher, »Peasants and coins: the uses of money in the middle ages«, in: *The British Numismatical Journal (1997)*, S. 30–47.

nigzinse an die Herrschaft spricht? Auch hier gibt es sprachliche Indizien dafür, mehr Vorsicht walten zu lassen. Dies zeigt überdeutlich der Bestand der Transfer-Verben in den Sollauflistungen und ihr Gebrauch. Die *homines* be*zahlen* nicht mit den Denaren; für dieses Verb gibt es kein Sinnäquivalent im damaligen Latein. Auch im Deutschen kommt es erst sehr viel später auf und entwickelt sich erst dann allmählich zum zentralen Verb des Geldtransfers.[57] Die Leute »erlösen« die Pfennige, genauso, wie alle anderen *census* (und *servitia*) auch. Das Verb *solvere* repräsentiert – tausendfach in den Registern belegt – einen entscheidenden Aspekt der seigneurialen Aneignungssprache – dies im sinnreichen Wechselspiel mit den Verben *debere, reddere, dare* und *venire*.[58] Der Zinspflichtige löst sich, trennt sich vom Erarbeiteten. Diese Trennung macht das Stück zum Zins. So auch der Silberpfennig. Es ist nun aber aufschlussreich, dass im Kontext des Silberpfennigs – und nur hier – von der *redemptio*, vom (*se*) *redimere* die Rede ist – nur ab und an, aber doch sachlich und räumlich breit gestreut. Im Register von Saint Amand-les-Eaux sind alternativ Fuhren bzw. Arbeiten in den Weinbergen, Hemdzinse und Wachehalten von diesem Verbgebrauch betroffen, in dem von Saint Pierre (Lobbes) ebenso Weinarbeiten (mit Karren), in dem von Saint-Remi (Reims) Distanzfuhren, in dem von Saint Pierre-le-Vif (Sens) ein Getreidezins, und in der Domäne Ferrières-en-Brie von Saint Maur »kaufen« die *mansus*-Inhaber den Einsatz eines Mannes beim Heerestross zurück (*pro homine redimendo de oste solidos II*). Diese exklusive Verbindung des Münzsilbers mit dem »Zurückkaufen« ist bemerkenswert. Bevor ihr noch genauer nachgegangen werden kann, ist es nützlich, ein lokales Register zu betrachten, das noch weitere Aspekte zur numerischen *ratio* bei der Erhebung domanialen Wissens bietet.

Abtei Sankt Salvator in Prüm (893)

In dem großen, weit über 100 Kapitel umfassenden Register der karolingischen Königsabtei Abtei Prüm findet sich eine ganz untypische *descriptio*. In ihr geht es nicht um die übliche Domanial- und Hufenhabe und deren Soll,

---

57 Zum Aufkommen von *zaln* in der seigneurialen Register- bzw. Rechnungssprache im späten 14. Jahrhundert vgl. Beitrag »Censum dare«.
58 Zu dieser Ausdrucksstruktur: Kuchenbuch, Ludolf, »*Porcus donativus*. Language Use and gifting in Seigniorial Records between the Eighths and the Twelfth Centuries«, in: Algazi, Gadi/Groebner, Valentin/Jussen, Bernhard (Hg.), *Negotiating the Gift. Pre-Modern Figurations of Exchange*, Göttingen 2003, S. 193–246, hier: S. 199–209.

sondern es wird über den Besitz von Salzwerkstätten, ihren Betrieb und ihre seigneurialen Erträge gehandelt.[59] Hier der Wortlaut:

XLI. Habemus in Uico, qui est in Salninse, ocinas II id est casas II, in qua sunt ine III, que vulgo nuncupantur platelle. Exit de una ina in unoquoque mense burduras (X)XIIII. Ex his burduris accipit operator IIII, maior II, si a magistro ei conceditur, et remanent ad opus senioris XVIII. De unaquaque ina exeunt in ebdomada bordure VI, id est cotidie I. Querendum est a vicinis vel melioribus hominibus, si operator noster fidelis non fuerit, quod sepe contingit. Ideo precipimus inquirere, quando vel quantum burdura ascenderit vel descenderit, que aliquando duobus constat denarios tantum aliquando usque ad XVI denarios, aliquando usque ad unciam pervenit. De missatico per quatuor ebdomadas reddunt balcarii rationem. In medio aprili incipiunt bordure usque intrante mense decembrio, postea autem ine dabitur in canlo, si magister voluerit. Invenimus ibi fratres IIII his nominibus Ingillardus, Ermenardus, Adelardus, Teodaldus et Gibuinum cum filiis IIII et Folbertum. Solvit unusquisque pro capite suo denarios V. Sunt ibi femine VI, solvit unaquaque denarios VI, quod fiunt solidi III. Adelardus tenet curtilem I, inde debent exire denarii X et de vino sextarii II et inter panem et carnem denariatas II. Engilgardus tenet heralem, id est curtilem, solvit denarios IIII; Ermenarius similiter, Gibuinus similiter. Vidua una tenet heralem I, solvit denarios IIII. De peculiari exeunt denarii XVI, quod sunt inter tres inas in unoquoque mense denarii XLVIII. De manaida pro pastu solidi V in mense maio; de una ina faculae XLVIII, que fiunt inter III inas CXLIIII; si faculas recipere noluerit prepositus, tunc dabitur ei de unaquaque ina de sale carrada I. De cyconia vel stadiva dominica, id est locus, ubi stat, quando aquam haurit, quot inas procuraverit, tot solidos V per annum exigere debes. De tributo debent in anno exire denarii XI de una ina, quod sunt inter tres denarii XXXIII. De canla, id est, si tota hieme tempore sal fieri permittitur, debet in medio aprili de sale exire de una ina modii C, quod fiunt modii CCC.[60]

»Wir (Abt und Konvent von Prüm) haben in Vic-sur-Seille, das im Seille-Gau liegt, 2 Werkstätten, d. h. 2 Hütten, in denen sind 3 *inae*, die volkssprachlich Pfannen heißen. Der Ertrag jeder Pfanne beträgt monatlich 24 Traglasten (Bürden). Von diesen Traglasten bekommt der Werkmann 4, der Meier 2, wenn der Meister sie ihm einräumt; so bleiben für den Abt 18 Traglasten. Aus jeder Pfanne kommen pro Woche 6 Bürden, d. h. (werk)täglich 1. Von den Nachbarn oder besseren (begüterten und gut beleumundeten) Leuten ist zu erfragen, ob unser Werkmann nicht treu gewesen ist, was oft geschieht. Deshalb befehlen wir, dass untersucht wird, wann und um wie viel die Traglast (im Verkaufs-Wert/Preis) steigt oder fällt. Er beträgt nämlich manchmal nur 2, manchmal 16 Pfennige und manchmal eine Unze. Über den (an uns zu schickenden) Ertrag erstatten die Rechenmeister alle vier Wochen Rechnung. Mitte April beginnen die Traglasten (d. h. der Sülzbetrieb) und dauern bis Anfang

---

59 Äußere Merkmale (Graphie, Durchgliederung, Impagination) sind hier nicht zu betrachten, weil die ausschlaggebende Handschrift eine Kopie aus dem frühen 13. Jahrhundert ist.
60 *Das Prümer Urbar*, ed. von Ingo Schwab, S. 197–199; zur Überlieferungskritik S. 84–87.

Dezember. Später aber wird die Pfanne zur Benutzung während des ganzen Winters mittels Holzrohren freigegeben, wenn der Meister es will.

Wir trafen dort 4 Brüder mit folgenden Namen an: Ingillard, Ermenard, Adelard, Teodald und Gibuin mit 4 Kindern sowie Folbert. Jeder zahlt 5 Denare für seinen Kopf. Weiter sind dort 6 Frauen. Jede zahlt 6 Denare, das macht zusammen 3 Schillinge. Adelard hat einen kleinen Hof, dafür sind zu geben: 10 Denare, 2 Sester Wein, und Brot und Fleisch zusammen im Wert von 2 Denaren. Engilard hat 1 Kleinhof und erlöst 4 Denare. Ebenso Ermenard. Ebenso Gibuin. Eine Witwe hat einen Kleinhof und erlöst 4 Denare.

Aus dem Betrieb der Werkleute kommen 16 Denare, das sind für alle 3 Pfannen zusammen pro Monat 48 Denare. Aus dem Weiderecht kommen im Mai 5 Schillinge. Aus jeder Pfanne kommen 28 Fackeln, macht für alle 3 Pfannen zusammen 144. Wenn der Propst keine Fackeln haben will, wird ihm von jeder Pfanne 1 Karre Salz gegeben. Vom Solbrunnen, d. h. dem Platz, wo der Werkmann steht, wenn er die Sole schöpft, sollst Du (gemeint ist wohl der für die Salzdomäne zuständige, oben genannte Außenpropst) pro Jahr für jede Pfanne, die er mit Sole versorgt, je 5 Schillinge erheben. An Tribut gehen jährlich 11 Denare pro Pfanne ein, das macht zusammen 33 Denare. Wenn es erlaubt war, den ganzen Winter hindurch Salz zu sieden, sollen aus jeder Pfanne Mitte April 100 Scheffel kommen, das macht zusammen 300 Scheffel.«[61]

Als Minimum für das sachliche Verständnis mag Folgendes genügen:[62] In Vic-sur-Seille tritt an mehreren Stellen Salzsole aus, das sich aus tiefer liegenden Steinsalzlagern speist. Dort und in weiteren benachbarten Orten haben diverse Herrschaften ihre Salz-*sedes*. Zur Prümer *sedes*, wo die Sole aus einem Brunnen mittels eines Seils eimerweise geschöpft und in einem Bassin gehortet wird, gehören zwei Siedehütten (*o(ffi)cina*) mit zusammen drei Sudpfannen (*patella*), in denen die Sole kristallin gekocht wird, um dann nachgetrocknet und für den Abtransport oder Verkauf in Bürden (*burdura*) verpackt zu werden. Die Arbeiten bewerkstelligen *operatores* unter der Leitung eines Meiers, kontrolliert wiederum vom Außenpropst (*magister/praepositus*): Man könnte diese Werktätigkeiten als gewerbliche Frondienste analog zu den agrikolen verstehen. Wahrscheinlich sind die Werkleute zum Großteil identisch mit den namentlich genannten Inhabern von mehreren dortigen Hofstellen (*curtilis*) mit Weingärten, denen Weiderechte zustehen: kleinbäuerliche

---

61 Kuchenbuch, »Grundherrschaft«, S. 177–178.
62 Kuchenbuch, *Prüm*, S. 293–297; Reprise mit Korrekturen bei Hägermann Dieter/Ludwig, Karl-Heinz, »Mittelalterliche Salinenbetriebe. Erläuterungen, Fragen und Ergänzungen zum Forschungsstand«, in: *Technikgeschichte* 51 (1984), S. 155–189; Bemerkungen zur sachlichen und sprachlichen Ordnung in diesem Kapitel bei Kuchenbuch, »Ordnungsverhalten«, S. 225–226.

Hütten als Nebenbetriebe zur Salzsiederei. Die Erträge des Solebetriebs gehen in der Hauptsache, zu drei Vierteln, direkt an die Herrschaft, das letzte Viertel kann den Werkleuten und ihrem Meister überlassen werden. Hinzu kommen diverse *census* der Werkleute – und damit können wir zu unserem Thema übergehen. Das Verhältnis zwischen den Zinsformen ist – verglichen mit den bipartiten Domänen – in Vic regelrecht umgekehrt. Sechs der neun Zinse, die man unterscheiden kann, haben definitive Pfennigform. Der *census de capite* der *operatores* und ihrer Frauen beträgt 5 bzw. 6 Denare. Jede *curtilis* zinst 4 Denare, hinzukommen reale Wein- und valuierte Brot- sowie Zubrotzinse.[63] Als Weidezins wird eine Pauschale von 5 Schillingen verlangt. Der Solschöpfungszins von 5 Schillingen pro Sudpfanne wird vom Werkmann erhoben. Der jährliche Nutzungszins für die Sudpfanne beträgt 11 Denare. Schließlich wird ein Zins in erheblicher Höhe – 16 Denare monatlich – von den Salzertragsanteilen erhoben, die Werkleuten überlassenen sind. So gut wie alle Elemente der seigneurialen Habe in Vic sind also auf Pfennigertrag konditioniert: die Sole, die Pfannen, die Leute, die Hofstätten, die Weide, die Eigenanteile der Leute am Salzbetrieb. Ist hier also »Geldwirtschaft« gegeben? In der Tat ist der Monetisierungsgrad in Vic-sur-Seille erstaunlich. Neben dem Salz scheint es für die Herrschaft nur das Silber zu geben. Aber welche anderen Einnahmen konnte die Prümer Leitung erwarten über die im Solbetrieb gewonnenen Salzerträge hinaus, die nach Prüm zu transportieren waren?[64] Die *operatores* hatten nach Art ihres Besitzes und ihrer Tätigkeit kaum anderes zu bieten als Silberlinge. Diese konnten sie durch Verkauf ihrer Salzerträge erwerben, sei es auf Salzverkaufsplätzen am Ort, auf periodisch geöffneten *villa*- bzw. *vicus*-Marktplätzen in der Umgebung oder in der *civitas* Metz mit ihrem tagtäglichen differenzierten Marktgeschehen.[65] Da-

---

63 Das Adjektiv *denariatus* (von *denariare*) – ist ein seltenes Wort. Es gehört eher in die Formelsprache der Freilassung, des Freikaufs von Unfreien mittels Silbermünzen; der Freigekaufte heißt bisweilen *denariatus*. An dieser Stelle spart man sich das *valente* mittels adjektivischer Wendung.
64 Hierzu Kuchenbuch, *Prüm*, S. 297–298.
65 Die wichtige Unterscheidung der Markttypen verdankt man Irsigler, Franz, »Grundherrschaft, Handel und Märkte zwischen Maas und Rhein im frühen und hohen Mittelalter«, in: Flink, Karl/Janssen, Wilhelm(Hg.), *Grundherrschaft und Stadtentstehung am Niederrhein*, Kleve 1989, S. 52–78; zu den seigneurialen Sammel- bzw. Verkaufs-»Märkten«, ausgehend von Prüm, eine optimistische Sicht von Hägermann Dieter, »Grundherrschaft und Markt im Prümer Urbar«, in: *Das Prümer Urbar als Geschichtsquelle und seine Bedeutung für das Bitburger und Luxemburger Land*, Bitburg 1993, S. 17–26; zuletzt Devroey, Jean-Pierre, »L'espace des échanges économiques. Commerce, marché, communications et logistique dans le monde franc au IXe siècle«, in: *Uomo e spacio nell'alto medioevo*, Settimane

für, dass es solche regelhaften Verkaufschancen gegeben hat, spricht nicht nur die Einräumung des Salzertragsanteils. Hauptindiz sind die auffälligen Schwankungen der Pfennigmengen pro Bürde (*ascendere/descendere*) mit einer Amplitude zwischen 2 und 20 Pfennigen. Auffällig ist auch, dass selbst hier das Wort *pretium* fehlt.

Was lehrt nun noch genaueres Hinsehen? Im Umgang mit den Zahlen, fast ausschließlich in Zeichenform, ergibt sich nichts Neues. Die Zählung der einzelnen Sachen bzw. Stücke sowie der gemessenen Mengen bewegt sich im Rahmen des Üblichen. Auch hier sind die Salz-Maße (*burdura, modius, carrada*) nicht rechnerisch aufeinander bezogen, und man aggregiert die Silberdenare nicht zu Schillingdutzenden und Zählpfunden. Erneut führt uns aber die Ausdrucksweise weiter. Am direkteren Stil des ganzen Kapitels – er beginnt schon mit dem *invenimus* – erkennt man, dass hier mündlich *gerechnet* wird. Es wird addiert, vervielfältigt, abgezogen und geteilt. Aus verschiedenen Wendungen wie *que* bzw. *quod fiunt, quod sunt, et remanent* sowie *id est* sprechen diverse Rechenoperationen zur Herstellung von gezählten Summen und Teilen bzw. Resten. Diesen selten greifbaren unmittelbaren Operationen bei der Wissensermittlung und ihrer Verschriftung lässt sich an die Seite stellen, dass an einer Stelle der Außenpropst direkt zur konkreten Abgabeforderung aufgefordert wird: [...] *tot solidos per annum exigere debes*. Und schließlich ist auch das Verfahren der *computatio* bezeugt. Seinen Helfern bei der Kontrolle der Erträge bzw. des Verkaufs (und der Preisregulierung) wird strenges periodisches Abrechnen verordnet: *de missatico per quattuor ebdomadas reddunt balcarii rationem*. Leider bleibt unklar, ob schriftliche Hilfe im Spiel ist. Der Grund: Die Werkleute sind verdächtigt, beim Absatz häufig zu veruntreuen – was sich, dem folgenden Satz nach nur auf eine anstößige Nutzung des Salzlast-Preises beziehen kann. Nutzen die Werkleute also – heimlich – die Nachfragesituation zur Erzielung hoher Erlöse? Das liegt durchaus nahe. Wer aber befindet über die Angemessenheit der Verkaufserlöse? Der Vorwurf der Untreue dürfte hier ergehen, weil die Werkleute die seigneuriale Regulierung des Preisniveaus oder der Nachfrage umgehen, was sie möglicherweise auch im Schutze ihrer Herrschaft gegen die Absatzinteressen benachbarter Salz-Herren oder deren Werkleute tun. Das Mittel, dies zu verhindern, ist, wie bei der Schweinetaxierung, eine seigneuriale, eventuell auch forale Öffentlichkeit, das heißt die vermittelnde und investigative Mitwirkung von – immer mehreren – gut beleumdeten Agen-

---

di studio del centro Italiano di studi sull'alto medioevo, 50, Spoleto 2003, S. 347–392, hier: S. 370–381.

ten und Nachbarn als Augen- und Ohrenzeugen bei der Taxierung des aktuellen Preises im Sinne der verkaufenden Herrschaft.[66] Zum herrschaftlich geforderten und kontrollierten Dienst-Verkauf von Salz (und Wein) sind auch Hunderte von *mansus*-Leuten in den Domänen zwischen dem Mutterkloster und der Mosel sowie bei der Filialzelle Altrip (siehe Worms) verpflichtet.[67] Die betreffenden Formeln legen nahe, dass es sich um unregelmäßig anfallende Pflichten handelt: Einerseits können sie befohlen werden (*si eis precipitur*), andererseits haben die Pflichtigen die Wahl untereinander, wann wer an der Reihe ist (*per ordinem suum*). Nichts verlautet über Orte, Tage und Konditionen dieser Kommissions-Verkäufe. Aber spätere Details sprechen dafür, dass es hier um den Absatz zu herrschaftlichen Preisen an benachbarte und auch Prümer Landleute geht, denen es an Wein und Salz fehlt, möglicherweise auch unter Ausschluss anderer konkurrierender Anbieter. Das ließe sich also als ein Verkaufsmonopol in Fronform verstehen (Bannverkauf). All diese Einzelheiten, die in Vic-sur-Seille geballt in Erscheinung treten, verweisen auf differenzierten Umgang der Werk- und Landleute mit den Silbermaßen als Valuierungs- und Rechenindizes sowie in abgezählter barer Münze. Bezeugt sind die regelmäßigen Kontakte dort, wo man durch Verkäufe Silberlinge erwerben kann: sowohl für die Herrschaft im kontrollierten Kommissionsverkauf als auch für sich. Man kann dies als Märkte-Anbindung der Kleinbetriebe und ihre Ausrichtung auf das Münzsilber verstehen. Aber reicht diese Feststellung für unser Thema hin?

Die geldhistorische Forschung hat für den Einzugsbereich der Prümer Güter zwischen Niederrhein und Oberlothringen weit über 20 Münzstätten und Marktorte ermittelt, und die Abtei selbst hat vom späteren 9. Jahrhundert an gezielt königliche Markt- und Münzprivilegien für sich erwirkt.[68] Allerdings haben sich bislang keine Spuren für eine Prümer Münzprägung vor dem späten 11. Jahrhundert finden lassen. Abt und Konvent in Prüm haben also für ihre Herrschaftsbereiche und für ihre Familiaren keinen Ge-

---

66 Umfassend zu dieser wichtigen Funktionsgruppe – Herkunft, Status, Aufgaben – vgl. Nehlsem-Stryck, Karin, *Die boni homines des frühen Mittelalters, unter besonderer Berücksichtigung der fränkischen Quellen*, Berlin 1981. Welti, Manfred, »Der Gerechte Preis«, in: *Zeitschrift für Rechtsgeschichte. Germanistische Abteilung* 113 (1996), S. 424–433 konzentriert sich auf das Problem der Alternative zwischen *aestimatio dominica* und *aestimatio communis* bei der Preisfindung und deren Entwicklung.

67 Kuchenbuch, *Prüm*, S. 145.

68 Petry, Klaus, »Die Münz- und Geldgeschichte der Abtei Prüm im Spiegel der Münzfunde und der schriftlichen Überlieferung«, in: *Das Prümer Urbar als Geschichtsquelle*, Bitburg 1993, S. 27–64.

brauchszwang von Eigenprägungen etabliert. Das bedeutet im Umkehrschluss, dass sie die Gepräge akzeptiert haben, mit denen sie ihr Haupt, ihre Schweine oder Schafe, ihren Heerestrossdienst loskauften. Daher findet man keine Hinweise auf Streit um die Geltung von »fremden« Geprägen, oder auf Wechselgebote. Dies bedeutet auch, dass die Familiaren nicht zum Umtauschen und Umrechnen der für die Herrschaft erworbenen Silberpfennige in deren Währung gezwungen waren, also nicht »auszugleichen« hatten, in wie weit die einzelnen Denare nach Münzherr, Münzort, Feingehalt oder Gewicht untereinander differierten. Die numismatischen Funde und Befunde aus dieser Zeit bestätigen die Pfennigdiversität – da sind zum einen die Gewichtsdifferenzen pro Stück, die durch die unscharfe *al marco*-Ausmünzung entstehen, und dazu kommen Änderungen im Münzfuß im Zuge münzherrlicher Widerrufung und Neuemission. Beides ergibt sich klar aus den ungemein breiten Gewichts- und Herkunftsstreuungen der Funde.[69] Die Geltung dieses Allerwelts-Münzsilbers war also im regionalen Beschaffungs- und im domanialen Übereignungsraum nicht fraglich, nicht fälschungsverdächtig. Egal welcher Herkunft, die Zinspfennige waren gleich gültig. Ihre Zählung war schlichte Formsache. Für die Abtei, so hat man hochgerechnet, könnten es zwischen 20.000 und 32.000 Silberpfennige (80–134 Pfund Silber) gewesen sein. Von hier aus lässt sich nun die allem übergeordnete Funktion des Münzsilbers in den Registern bestimmen. Fasst man nämlich den weiteren Weg dieses Silbers ins Auge, dann entpuppen sich die erörterten Orientierungen und Bindungen der Pfennigzinspflichtigen als Elemente bzw. Etappen eines bewusst geförderten, zugleich aber argwöhnisch beobachteten Silberflusses in herrschaftliche Richtung, ein Fluss, bei dem so gut wie nichts auf den Etappen hängenbleiben bzw. versanden sollte. Die *mansi* in La Varenne und die *curtiles* in Vic-sur-Seille bildeten somit Durchlaufstationen der Silberakkumulation der Herrschaften. Die Familiaren dienten gewissermaßen als Transferagenten für die Mehrung des *argentum*, egal, woher es kam. Dieser Gleich-Gültigkeit der Münzen, ihrer valorisierten Neutralität, entspricht die Einfachheit im Abzählen der Einzelstücke und die Offenheit beim Gruppieren zu Schilling, Unze und Pfund.

---

69 Man vergegenwärtige sich nur beispielhaft die Gewichtsdifferenzen (1,01–1,69 Gramm) und die Herkunftsstreuung (allein 25 Prägeorte neben der Mehrheit der nicht lokalisierten Gepräge) der 1856 identifizierten Denare im Fund von Pilligerheck (Kreis Mayen-Koblenz) (zirka 855), dargelegt bei Petry, *Monetäre Entwicklung*, S. 360–363.

Summae: Aufrechnungen

Abschließend nur noch wenige Bemerkungen über die Schürzungswege der domanial registrierten Wissensbestände. Das gängige zeitgenössische Wort hierfür ist die *summa*. Die damalige Aufgabe des Summierens war klar. Es ging, nach der Erhebung und der Erstverschriftung, um weitere Adbreviaturen des jeweiligen Lokalwissens, um geraffte, möglichst vergleichbare Überblicke über die gesicherte Habe und das erwartbare Soll zu gewinnen. Was also und wie wird summiert?[70]

Saint-Remi in Reims (nach 848)

Zum bekannten, in Vielem einmalig detaillierten Register der Abtei Saint-Remi in Reims gehört auch eine Zusammenstellung der an 13 Klostervasallen vergebenen Güterkomplexe samt Einkünften. Der zweite Abschnitt lautet:

> *Ebroinus vasallus habet beneficium in Atriciaca Curte mansos ingenuiles .III.*
> *Unus ex his arat hibernatica satione mappas* (Ackerstreifen) *.III.; aestiuatica similiter; facit corrogatas .VIIII.; soluit annis singulis speltae modios .XII.; ordei modium .I.; anniculum .I.; pullos .VI., oua .XXX.; in hostelicia denarios .X.; ligni carra .IIII.; in banno pro pasto .I.; ad scuriam de materiamine carrum dimidium; scindulas .C. et dimidiam; ad hortum claudendum mensura(e) perticas .II.; caroperas et manoperas; pro bove aquensi* (Transportdienst nach Aachen) *denarium .I.*
> *Alius vero mansus arat hibernatica satione mappam .I. et dimidiam; aestiuatica similiter; facit corrogatas .VIIII.; donat annis singulis spelte modios .XII.; ordei modium .I.; pullos .III., oua .XV.; in hostelicia denarios .V.; ligni carra .II.; duobus annis scindulas .C., tertio anno axilos .C.; ad ortum claudendum mensurae perticam .I.; caroperas et manoperas; pro bove auquensi denarium .I.*
> *Tertius namque arat hibernatica satione mappas .II. et dimidiam; aestiuatica similiter; facit corrogatas .VIIII.; donat annis singuis ordei modium dimidium; in hostelicia denarios .XI.; pullos .VI., oua .XXX., ligni carri .II.; pro pasto banni carrum .I.; caroperas et manoperas.*
> *In Braito mansi .III.; unusquisque facit in anno mappas .III., diurnales .II.; donat pro soale denarios .XII.; pullos .III., oua .XV. Est ibi terra dominicata ubi possunt seminari sigili modii .VIII., spelte modii .XVIII.*
> *In Villa Pullionis habet mansos .II.; arat unusquisque mappas .II. in anno; et donat de argento solidos .V. Sunt ibi de terra dominicata campi .IIII., recipients semine sigili mo-*

---

70 Hierzu erste Erwägungen von mir in »Aufzählen« in diesem Band (Tilgung, Summation, Abstraktion).

dios .XV.; prata ubi possunt colligi foeni carra .II.; vinea ubi possunt colligi modii .XXX.; habentur ibi mancipia .IIII. Summa: De terra dominicata recipiente sigil modios .XXIIII., speltae modios .XVIII.; vinea .I. ubi colliguntur vini modii .XXX.; mansi ingenuiles .VIII., donant speltae modios .XXIIII., ordei modios .II. et dimidium, anniculum .I., pullos .XVIII., oua .CXX., de denariis solidos .XV. denarios .II., axiles .L., de materiamine carrum dimidium, ad ortum claudendum mensure perticas .III., pro bove aquensi denarios .II.[71]

»Der Vasall Ebroinus hat 3 freie Hufen in *Atricia Curte* (n. id.) zu Lehen. Die eine von ihnen pflügt zur Wintersaat 3 Streifen; Gleiches zur Sommersaat; sie leistet 9 erbetene Frontage; sie erlöst jährlich 12 Scheffel Spelz; 1 Scheffel Gerste; 1 einjähriges Schaf; 6 Hühner; 30 Eier; für den Trossdienst 10 Pfennige; 4 Karren Holz; für den Weidebann 1 (Karre); eine halbe Karre Bauholz zur Herrenscheune; 150 Schindeln; sie zäunt den Herrengarten in der Länge von 2 Ruten; (sie leistet) Karren- und Handdienste; anstelle der Ochsenfuhre nach Aachen 1 Pfennig.

Die andere Hufe pflügt zur Wintersaat eineinhalb Streifen; Gleiches zur Sommersaat; die leistet 9 erbetene Frontage; die gibt jährlich 12 Scheffel Spelz; 1 Scheffel Gerste; 3 Hühner; 15 Eier; für den Trassdienst 5 Pfennige; 2 Karren Holz; zwei Jahre jeweils 100 Schindeln, im dritten Jahr 100 Scheite; sie zäunt den Herrengarten in der Länge von 1 Rute; (sie leistet) Karren- und Handdienste; anstelle der Ochsenfuhre nach Aachen 1 Pfennig.

Die dritte (Hufe) pflügt zur Wintersaat dreieinhalb Streifen; Gleiches zur Sommersaat; sie leistet 9 erbetene Frontage; sie gibt jährlich einen halben Scheffel Gerste; für den Trossdienst 11 Pfennige; 6 Hühner; 30 Eier; 2 Karren Holz; für den Weidebann 1 Karre; (sie leistet) Karren- und Handdienste.

In *Braito* (n. id.) (hat Ebroinus) 3 Hufen; jede bearbeitet jährlich 3 Streifen und 2 Joch; sie gibt anstelle des Schweins 12 Pfennige; 3 Hühner; 15 Eier. Dort ist Herrenland, wo man 8 Scheffel Roggen und 18 Scheffel Gerste aussäen kann.

In Poullion hat (Ebroinus) 2 Hufen. Jede pflügt 2 Streifen jährlich; und sie gibt 5 Schillinge Silber. Dort sind 4 Felder Herrenland, in die man 15 Scheffel Roggen einsäen kann; Wiesen, wo 2 Karren Heu zu ernten sind; eine Weinparzelle, wo 30Scheffel zu ernten sind; man hat dort 4 unfreie Leute (*mancipia*).

Summe: Herrenland, das 24 Scheffel Roggen, 18 Scheffel Gerste aufnimmt; 1 Weingut, wo man 30 Scheffel ernten kann; 8 freie Hufen, sie geben 24 Scheffel Spelz; zweieinhalb Scheffel Gerste; 1 Jahresschaf; 18 Hühner; 120 Eier; an Pfennigen 15 Schillinge und 2 Pfennige; 50 Scheite; eine halbe Karre Bauholz; Gartenzäunung zu 3 Ruten; für die Ochsenfuhre nach Aachen 2 Pfennige.«

Es geht um Lehen des Vasallen Ebroin. Man hat eine klar gebaute Aufstellung seines Besitzes von insgesamt 8 Ingenuilmansen vor sich, verteilt auf drei Orte (3 plus 3 plus 2); in den beiden letzteren liegen Herrenäcker, deren

---

71 Devroey, *Polyptyque*, S. 58–59. Ich übernehme die Schreibweise, Interpunktion und Textgliederung.

Bebauung auf die Ackerfronden der *mansi* gestützt ist. Bevor die abschließende *summa* betrachtet wird, ist ein Blick auf die Pflichtenkataloge der einzelnen *mansi* zu werfen. Für die ersten drei in *Atriciaca Curte* gilt in der Sache und der Reihenfolge mit kleinen Lücken und Schwankungen in den Mengen das gleiche Regime: drei Ackerdienste am Anfang und die ungemessenen Spann- und Handdienste gegen Ende, dazwischen die Zinse: Spelt und Gerste, einjähriges Schaf, Hühner und Eier, die Ablösungsdenare vom Heerestrossdienst, verschiedene Holzkarren und Schindeln bzw. Scheite, die Zäunung, und abschließend der abgelöste Fuhrdienst nach Aachen. In der *summa* nun sind die addierten Saatgutmengen für die Herrenländereien und die schlichte Wiederholung eines Weingartens mit seinem Ertrag vorgezogen. Dann folgen die addierten Zinsmengen der 8 *mansi* in der gegebenen Reihenfolge und in den Formeln des Pflichtenkatalogs. In sie sind die abweichenden Pfennigzinse der 5 mansi in *Braito* und *Villa Pullionis* integriert. So entsteht eine nahezu listenanaloge Addition der Posten (später regelhaft mit *item* eingeleitet). Nur: Alle Dienste am Anfang und Ende der Einzelkataloge sind weggelassen. Auffällig ist schließlich noch, dass einerseits die Sachbezüge der Geldzinse – *in hostelicia, pro soale* – getilgt sind, andererseits die Ablösungsdenare der Aachenfahrt noch gesondert stehen. Der nähere vergleichende Blick hat also die wichtigsten Elemente der Schürzung des domanialen Wissens freigelegt: die Umstellung der Reihenfolgen, die Tilgung von ganzen Posten (vor allem der Dienste) und von Realbezügen bei Pfennigzinsen, um deren Summierung zu erleichtern, und die Wiederholung von Singulärem, ein gewisser Konservatismus bei der summativen Einebnung von Pfennigzinsen.

In der *summa* aller 13 Lehengüterkomplexe[72], in der über 33 *mansi* und ihre Zinse resümiert werden, wiederholt sich diese Vorgehensweise mit leichten Modifikationen. Sie wird schriftlich erfolgt sein, im Durchgehen durch die Einzelabschnitte pro Posten.[73] Gleiches kann man auch von der großen *summa* des ganzen ursprünglichen Reimser Registers sagen.[74] Summiert sind die *mansi*, das Saatgut, dann die Zinse von Getreide, Wein, Heu, von allen Schafarten (Mutterschafe, Lämmer, Einjährige, Widder), von den Schweinen, den Hühnern und Eiern sowie den diversen Holzabgaben und schließlich die Pfennigzinse. Innerhalb dieser Postenfolgen kommt wird aber ein

---

72 Devroey, *Polyptyque*, S. 62.
73 Hierbei ist auf die weit verbreitete Ver-Gleichung der Pflichtenkataloge durch das Adverb *similiter* zu verweisen. Sie dient nicht nur der Abkürzung bei der Verschriftung, sondern auch der Addition.
74 Ebd., S. 55–56.

weiteres Mittel der Schürzung offensichtlich: die Abstraktion. Etwa die Summation aller Schafartenanzahlen zur Gesamtzahl an *capita* – Gleiches bei den Schweinen. Und auch bei der Schlussaddition der Pfennigzinse hat man von ihrer Herkunft aus den *mansi* und von den *homines* ohne Hofstelle (*diurnarii*) abgesehen. Die *capita* der Zinstiere und die *denariorum libra*, an anderer Stelle das *argentum*: Das sind die abstraktesten numerischen Indizes, die hier für die Ermöglichung einer *summa summarum* stehen. Mehr Abstraktion war nicht angebracht, aber wohl auch ohne Tilgung erheblicher Posten kaum möglich. Das *census*-Soll ist hier auf seinen numerischen Punkt gebracht – allerdings ohne die *servitia*.

Schaut man sich weiter in den Summationen anderer Register um, dann findet man keine so klar aufsteigenden Stufungen von der domanialen über die sektorale zur totalen Summierung wie in Saint-Remi. Aber es ergeben sich noch zusätzliche Perspektiven des verallgemeinerten Zählungsinteresses. Aufschlussreich ist da wieder das Prümer Register. Es gibt radikalere Reduktionen beim Summieren entweder auf nur eine Spezies oder auf das Bündel der wichtigsten Zinse, oder man fast auch regional zusammen. Zweimal begegnet man der Aufrechnung eines regionalen Gesamts der entscheidenden Real-Erträge, des Getreides und des Weins, über die Distanzfuhren der Hufner zum Mutterkloster (*angariae*). Alle diese vielen Aufrechnungen bezeugen im Wesentlichen den Willen zu einer schriftförmigen Konzentration von Habe und Soll, sie verbleiben aber zugleich – in vielen Abstufungen – in der Partikularität ihrer domanialen Ausgangslagen. Nur ein letzter Hinweis: Der Forschung viel besser bekannt und entsprechend viel zitiert sind Aufstellungen von Gesamtzahlen des *villae*- und Hufenbesitzes von Klöstern und Bistümern (etwa Hersfeld, Saint-Riquier, Bistum Augsburg) sowie in zahlreichen urkundlichen Besitzbestätigungen. Soweit diese knappen Hinweise zu den zahlenförmigen Schlussstufen der schriftlichen Lagerung des seigneurialen Wissens im 9. Jahrhundert.

Rückblick und Ausblick

Was ist geleistet? Versucht wurde eine Beschreibung und Deutung der Kulturtechnik der Güterverwaltung mit Blick auf den Zahlengebrauch. Die Untersuchung blieb dabei weitgehend auf die schriftsprachliche Oberfläche beschränkt – ein »Kleben« an den Wortfeldern und Wortlauten der Register also um der semantischen Eigenheiten dieses Schriftsprachtyps willen, das zu manchen Umwegen und vielen Unsicherheiten führte, auch solchen im eigenen Ausdruck. So mündete der Verzicht auf den Gebrauch von Wörtern wie »Fläche«, »Meter«, »Wert« und »Geld« – in entmodernisierender Absicht – in sicher ungelenke, vorläufige Wortwahl und umständliche Wendungen. Geklärt werden konnte das Verhältnis zwischen lateinischem Zahlwort und Zahlzeichen im Sprach- und Schriftgebrauch, ebenso das zwischen Kardinal- und Ordinalzahlen, ebenso die Positionierung der Zahlzeichen in der Zeile, im Text und auf der Seite. In aller Kürze gesagt: Die kardinalen Zahlzeichen führen eine Art Buchstabendasein in den Registern, sind noch nicht umgeben von differenzierenden Operatoren, haben noch keinen eigenständigen Platz in Zeile, Abschnitt und auf der Seite; nur Ordnungszeichen können da eine marginale und farbliche Ausnahme machen. Die Satzgefüge der Register sind auf die Anzahlen als finalem Bedeutungsteil ausgerichtet – nicht nur *enumeratio* im Ganzen, sondern *numeratio* im Blick auf jede Sache und alles Tun. Die Zählungen entfalten ihre Ordnungsrolle zwischen zwei Polen der Unzählbarkeit, dem *nihil* und dem *sufficienter* in den gängigen, mündlich vollzogenen Operationen der *computatio*.[75] Ihre ganzzahligen Gruppierungen folgen dezimalen und duodezimalen Ordnungen – einschließlich versprengter Halbierungen und Viertelungen.

Besonderen Aufwand erforderte die Beschreibung der Abgrenzungen der zu zählenden Phänomene voneinander, der ihrer Gleichungen und ihrer Gruppierungen. Jeweils eigene Kriterien und Dimensionen der »Zählbarkeit« kamen zum Vorschein: die öffentlich-rituelle Estimation der Einzelsachen, das lokal-logische Ermessen und Messen (bzw. Wiegen) der Grundstücke und Schüttgüter (bzw. Flüssigkeiten) mittels diverser, nicht notwendig auf einander bezogener *mensurae* und *pondera,* sowie schließlich die externuniversale Valuierung in Silberpfennigen (*denarius*) und deren Recheneinheiten (*solidus, uncia, libra*). Alle Operationen des Trennens, Sortierens, Gruppierens, Rangierens haben etwas Unscharfes und Ambivalentes an sich, werden ständig unter den Leuten austariert, in ihrer Geltung und Dauer jedoch von der Herrschaft bestätigt oder bestimmt. Diese *Dreiheit von Eigenheiten der Zählbarkeit* verstehe ich hier als eine hypothetische Typisierung, durch welche die Gemeinsamkeiten und Übergänge bei der numerischen Erfassung im Einzelnen bewusst eingeebnet sind.

---

[75] Noch Adam Riese gliedert sie in seinem »Rechenbuch auff Linien und Ziffren« (Frankfurt 1578, S. 3–9) in *Numerirn, Addirn oder Summiren, Subtrahirn, Duplirn, Medirn, Multiplicirn, Dividirn.*

Was wäre, angesichts des so engen empirischen Ausgangspunktes und der vorwiegend semantischen Untersuchungsmethode, in nächsten Schritten zu tun? Sicher wären andere Schriftgattungen, die um materiellen Besitz, um Macht und Reichtum kreisen, einzubeziehen (Privilegien, Transferurkunden, Grenzbeschreibungen, Gerichtsentscheidungen, herrschaftliche Erlasse u. a.). Ebenso aber auch Ergebnisse der Archäologie und Bautengeschichte.[76] Weiter wäre der Zusammenhang mit der Ordnung und Verausgabung der appropriierten Güter in den Herrschaftszentren herzustellen. Zum dispensativen Regiment in den Pfalzen, Bistumskirchen und Klöstern gibt es Dokumente und neuere Forschung zur Genüge.[77] Ausgelassen wurde hier auch der Versuch einer Verknüpfung des herrschafts*praktischen* Zahlengebrauchs und Rechnens mit den numerologischen Wissensdiskursen und deren Vermittlung im monastischen *artes*-Unterricht. Lassen sich nicht nur die diversen zeitgenössischen *computus*-Traktate, sondern etwa auch die Alkuin zugeschriebenen *Propositiones ad acuendos iuvenes* als praxisrelevantes Hintergrundwissen, als Denkspiel für das domaniale Handlungs- und Verschriftungsfeld erweisen?[78] In dieser Aufgabensammlung geht um einfache, meist dreisatzähnliche Rechenoperationen. Die Mehrheit der Aufgaben beziehen sich auf die klösterliche Welt, auch auf ihre Güterverwaltung: Größenberechnungen von Landstücken und Gebäuden, die Lösung von Transportproblemen, der Verkauf und die Aufteilung von Vieh und Tuch, die Zuteilung von Brot oder Getreide.[79] Schließlich wären die Ergebnisse noch auf die langfristigen Entwicklungen in diesem Bereich bis zum Aufkommen der

---

76 Vgl. Alain Guerreau, Mesures des églises médiévales de Lyon; Emanuele Lugli, A. Mathematical Land: Measurements in Twelth and Thirteenth Century Modena and the Po Valley, beide in: Wedell, Was zählt (Fn.*), S. 119–154, 273–294.

77 Etwa: Hägermann, »Der Abt als Grundherr«; Kasten, *Adalhard von Corbie*; Kuchenbuch, »Ordnungsverhalten«.

78 Gericke, Helmut/Folkerts, Menso (Hg.), »Die Alcuin zugeschriebenen Propositiones ad acuendos iuvenes (Ausgaben zur Schärfung des Geistes der Jugend). Lateinischer Text und Übersetzung«, in: Butzer, Leo/Lohrmann, Dietrich (Hg.), *Science in Western and Eastern civilization in Carolingian times*, Basel/Boston/Berlin 1993, S. 283–363; Einführung dort S. 273–282.

79 So z. B. Gericke/Folkerts, »Propositiones«, S. 337–339. Aufgabe 33: *Ein pater familias hat 90 Familiaren und lässt ihnen 90 Scheffel Getreide geben (de annona modios XC). Er ordnet dabei an, dass die Männer je 3 (ternos), die Frauen je 2 (binos) und die Kinder je ½ Scheffel (semodia) erhalten. Sage, wer es kann, wie viele Männer, wie viele Frauen und wie viele Kinder es sein müssen.* Lösung: *Nimm sechsmal 3 (duc sexies ter), das macht 18, und nimm 20mal 2 (vicies binos), es sind 40, Nimm 64 mal ½ (sexgaenies quaternos semis), das sind 32. Das heißt: 6 Männer empfingen 18 Scheffel, 20 Frauen empfingen 40 Scheffel und 64 Kinder empfingen 32 Scheffel. 6 und 20 und 64 zusammengenommen ergeben 90 Familiaren, 18 und*

schriftlichen Einkommens- und Ausgabenrechnungen und die weitere Technisierung des Zahlenverständnisses und Rechnens zu beziehen.[80] So kann diese Studie nichts weiter sein als ein Einstieg in weitere Arbeiten über den Zahlengebrauch in der schriftvermittelten Kontrolle der sozialen Praxis frühmittelalterlicher Herrschaften.

---

40 und 32 zusammengenommen ergeben 90 Scheffel. Es sind also 90 Familiaren und 90 Scheffel.

80 Schriftkulturell: Kuchenbuch, »Ordnungsverhalten«, S. 237–268; zur weiteren Wissensgeschichte: Murray, *Reason*; Bergmann, *Innovationen* sowie Knapp, Hans Georg, »Zahl als Zeichen – Zur ›Technisierung‹ der Arithmetik im Mittelalter«, in: *Historia Mathematica* 15 (1988), S. 114–134.

6. *Register* und *rekenschap*
Schriftordination in der Wirtschaftsführung der Abtei Werden (12. bis Anfang 16. Jahrhundert)*

Vorbemerkungen

Weder die Gründungsmemoria noch das etablierte monastische Zusammenleben konnten in der Abtei Werden ohne vielfältige Schriftbezüge auskommen. Gleiches galt aber auch – seit ihrer Frühzeit – für den Erwerb und die Sicherung der weit verstreuten Landgüter, der auf ihnen lebenden Familiaren und aller auf beziehungsweise von ihnen erwirtschafteten oder erhobenen Einkünfte: Ein Verbund von Urkunden und Urbaren verbürgte seit dem späten 8. Jahrhundert die Ansprüche von Abt und Konvent auf standesgemäßen *victus* und *vestitus* sowie beider Pflichten gegenüber ihren Gönnern, Freunden und Herren. Diese Beziehung auf Schriftstücke ist eine der Basiskonstanten der materiellen Werdener Geschichte überhaupt. Als am 26. Juli 1317 Graf Engelbert von der Mark als Vogt der Abtei im Zuge weitreichender Kompromisse mit Abt Wilhelm die wichtigsten Pflichten der klösterlichen Hofleute (*haveslude*) in Barkhofen, Kalkofen und Viehaus nach Weisung verständiger Alter aus deren Kreis beurkunden ließ, wurde erneut bestätigt, dass der *abt van Werden oire erffgrundthere is, und dem sullen se tijns und pacht geven na uthwijsen breven und registeren des stichts*.[1] Und noch knapp 200 Jahre später erklären die Barkhovener Hofleute: *Vort so kennen wy den selven unsen heren den abt alsulcke renthe end rechticheyt, als hier yn synen registeren hefft*.[2] In beiden Dokumenten werden grundherrliche Schriftstücke (*breve, register*) als Instanz für die Entrichtung von *tijns, pacht, renthe* und der *rechti-*

---

* Erschienen in: Gerchow, Jan (Hg.), *Das Jahrtausend der Mönche: Klosterwelt Werden 799–1803*, Köln 1999, S. 138–144.
1 Kötzschke, Rudolf (Hg.), *Die Urbare der Abtei Werden a. d. Ruhr, Bd. 2: A, Die Urbare vom 9.-13. Jahrhundert*, Publikationen der Gesellschaft für rheinische Geschichtskunde XX: Rheinische Urbare, Bonn 1906, ND Düsseldorf 1978, S. 388.
2 Ebd., hier: »Hofrecht Barkhoven«, S. 504; Die Aussage steht als zweiter Punkt gleich hinter der Anerkennung des Abtes als *grunther* und firmiert unter dem Titel *Registrorum confirmatio*.

cheyt anerkannt und bestätigt. Aber diese Zeugnisse, und damit sind wir beim Thema, drücken eine Konstanz des Konsenses zwischen Klosterherr und Landleuten aus, dem die konkreten Verhältnisse nur bedingt entsprachen. Denn dieser Konsens war ständig gefährdet, wurde nicht allein von bäuerlicher Seite auf die Probe gestellt, sondern ebenso von all denen riskiert, die als Herren oder in deren Namen um dauerhaften Besitz und aktuelles Einkommen rivalisierten. Gerade diese Dimension der Konfliktstruktur aber ist es, die das administrative Schriftgut zu großen Teilen überhaupt erst generiert. Grundherrliche Schriftkultur ist vor allem Ausdruck komplexer Misstrauensverhältnisse unter der Besitzenden und Berechtigten selbst, und soll unter ihnen Frieden halten und Anpassungen an die Zeitläufte leisten.

Werdens administrative Überlieferung ist – nicht nur in engen fachwissenschaftlichen Kreisen – berühmt. Welchem Schüler wird nicht die Chance gegeben, sich das Schema der »Friemersheimer Villikation« in seinem Schulbuch einzuprägen? In keinem gängigen deutschen Geschichtsatlas, in keinem Handbuch der Agrar-, Wirtschafts- und Sozialgeschichte fehlt der Fall Werden, an dem den Studierenden deutlich gemacht wird, dass die mittelalterlichen Grundherrschaften eben nicht nur aus Villikationskomplexen, sondern auch aus Hebe-Bezirken bestanden. Es war Rudolf Kötzschke, der diese grundlegende Unterscheidung in das allgemeine Bild der Agrarverfassung einbrachte[3] und damit der einseitigen Lehre von den frühmittelalterlichen Grundherrschaften als Konglomeraten von Fronhofsverbänden entscheidend ergänzte. Sein Paradefall war Werden, waren die westfälischen und friesischen Besitzungen der Abtei; als seine Kronzeugnisse dienten die Urbare, die er – mittels neuartiger Maßstäbe editorischer Akribie – herausgab (1906, 1917f.[4]). Aber so effektiv sich gerade die frühmittelalterlichen Urbare und Heberegister Werdens zur Korrektur der herrschenden Lehre auswirkten, so begrenzt, ja verengend musste Kötzschke seinen Auftrag empfinden, allein mittels der Urbare Entscheidendes zum Wandel der Werdener Grundherrschaft im späteren Mittelalter beitragen zu können.[5] Angesichts dieses Dilemmas entschied er sich für ein erweitertes Editionskonzept, das bis heute – 80 Jahre nach der Veröffentlichung – gültig geblieben ist. Kötzschke nahm nicht allein die eindeutig als urbariale Register definierbaren Zeugnisse in seine Edition auf, sondern ergänzte und vermehrte den Bestand um ver-

---

3 Kötzschke, Rudolf, *Studien zur Verwaltungsgeschichte der Großgrundherrschaft Werden an der Ruhr*, Leipzig 1901.
4 Ders. (Hg.), *Die Urbare der Abtei Werden a. d. Ruhr, Bd. 3:* B Lagerbücher, Hebe- und Zinsregister vom 14. bis 17. Jahrhundert, Bonn 1917.
5 Kötzschke (Hg.), *Urbare A*, S. Vff.

wandte Gattungen, wie Einkünftelisten, und um andersartiges Schriftgut, wie etwa Rechnungen, Urkunden, Hofrechte. Damit bereitete er – ähnlich wie Karl Lamprecht eine Generation vor ihm – den Weg für ein umfassendes funktionales Verständnis des eigenartigen Wandels der grundherrlichen Überlieferung. Sich heute über den spätmittelalterlichen Wandel der grundherrlichen Administration der Abtei Werden zu äußern, bedeutet zweierlei: Einerseits muss man sich mit Kötzschkes Editionstechnik – einer Welt von technischen Operationen und sachlichen Verweisen – vertraut machen, zum anderen bestehen kaum Chancen, über das hinauszugelangen, was er in Edition und Darstellung erarbeitet hat. Jede Befassung mit dem Fall Werden gerät so zu einer Hommage an Rudolf Kötzschke – so auch mein Beitrag. Was allein ich über Anverwandlungsversuche an die Leistung dieses Gelehrten hinaus bieten kann, sind Seitenaspekte, die sich neuerer schriftpragmatischer Forschung verdanken.[6]

Wie werde ich vorgehen? Zunächst sollten in aller Kürze die hochmittelalterlichen Voraussetzungen für die späteren Wandlungen benannt sein. Danach muss es um die Beziehungen zwischen Besitzwahrung, Einkommensorganisation und Schriftpraxis vom frühen 14. bis zur Mitte des 15. Jahrhunderts gehen und anschließend ist die verwaltungsschriftliche Reorganisation im Zuge der Einführung der Bursfelder Reform in Werden zu umreißen.

Voraussetzungen im 12. und 13. Jahrhundert

Mehrere eng zusammenhängende Phänomene sind charakteristisch für die grundherrliche Entwicklung Werdens im hohen Mittelalter. Die Bemühungen um den Neuerwerb von Gütern kommen nicht nur zum Abschluss, es

---

6 Schreiner, Klaus, »Verschriftlichung als Faktor monastischer Reform. Funtionen von Schriftlichkeit im Ordenswesen deshohen und späten Mittelalters«, in: Keller, Hagen/Grubmüller, Klaus/Staubach, Nikolaus (Hg.), *Pragmatische Schriftlichkeit im Mittelalter. Erscheinungsformen und Entwicklungsstufen*, München 1992, S. 37–75; Kuchenbuch, Ludolf,»Ordnungsverhalten im grundherrlichen Schriftgut vom 9. zum 13. Jahrhundert«, in: Fried, Johannes (Hg.), *Dialektik und Rhetorik im früheren und hohen Mittelalter. Rezeption, Überlieferung und gesellschaftliche Wirkung antiker Gelehrsamkeit vornehmlich im 9. und 12. Jahrhundert*, Schriften des Historischen Kollegs, Kolloquien 27, München 1997, S. 175–268; Hildbrand, Thomas, *Herrschaft, Schrift und Gedächtnis. Das Kloster Allerheiligen und sein Umgang mit Wissen in Wirtschaft*, Recht und Archiv (11.-16. Jahrhundert), Zürich 1996.

beginnen auch die Auseinandersetzungen mit lokalen Rivalen um den Erhalt des Besitzes bzw. die Verfügung über die Einkünfte, und manche dauerhaften Verluste zeichnen sich bereits ab. Der Abt, die Konventualen und ihre Diener orientieren ihre Verbrauchsgewohnheiten zunehmend an Beschaffungsweisen und Standards, die von spezialisierten städtischen Gewerben, von Nah- und Fernmärkten sowie von den Preistrends bestimmt werden. Der zunehmende Geldbedarf trägt maßgeblich zur Umformung der frondienstverfassten Villikationen in Produkt- und Geldrenten liefernde Meiereien bei, die mit Erbzinsgüterkomplexen zu neuartigen Hebebezirken (Ämter) verbunden werden. Dabei verbreitet sich die Anwendung rechtlich präzisierter Nutzungsformen (Vermeierung zu Teilbau oder Festzins, Verpachtung bzw. Verlehnung zu Ministerialenrecht), die immer öfter urkundlich festgehalten werden. Die Aufteilung des Gesamtvermögens in Abts-, und Konventsgut (Propstei) verfestigt sich, bisweilen von heftigen Kontroversen erschüttert. Hinzu kommt die Ausgliederung der Sondervermögen kleinerer Klosterämter. Schließlich entpuppt sich der Konvent immer deutlicher als eine stiftähnliche Versorgungsanstalt für adlige Herren, die mit Außenstehenden, aber auch untereinander um ihre Pfründen rangeln.

Diese Vorgänge fanden nur teilweise klaren schriftlichen Niederschlag. Hervorzuheben ist die Kodifikationsinitiative Abt Wilhelms um zirka 1150. Es entstand der erst später sogenannte *Liber privilegiorum maior monasterii Werdenensis*[7], ein solide ordinierter Mischkodex, bestehend aus einem Kartular, Traditionsnotizen des späten 9. und mittleren 11. Jahrhunderts und zwei neu, nach einheitlichen Gesichtspunkten von der Zentrale erstellten Registern des Helmstedter (Abbildung 10) und Werdener Klosterguts.[8] Alle Teile ergeben zusammen so etwas wie eine repräsentative Güter-, Rechte- und Einkünfte-Summa, die letzte bis zur Rezentralisierung gut 300 Jahre später. Die Schriftgutentwicklung der folgenden anderthalb Jahrhunderte ist bestimmt von Partikularisierungen aus zwei Richtungen: von der Empfängerseite (Gesamtregister der Propstei, der kleineren Klosterämter[9]) zum einen, von Hebebezirken bzw. Höfen verschiedener Empfänger (Abt, Propstei)[10] zum anderen. Zusammen mit nicht urbarialen Aufzeichnungen und einigen

---

7 Alles zum *Liber maior* bei Kötzschke (Hg.), *Urbare A*, S. CXXXIII bis CXLII.
8 Kötzschke (Hg.), *Urbare A*, Nr. VI und VII. Zum Ordinationsniveau des Helmstedter Registers vgl. Kuchenbuch, »Ordnungsverhalten im grundherrlichen Schriftgut«, S. 248f.
9 Kötzschke (Hg.), *Urbare A*, Nr. VIII, Nr. XV.
10 Ebd., Nr. IX (G1,G2), Nr. X, Nr. XII, Nr. XIII.

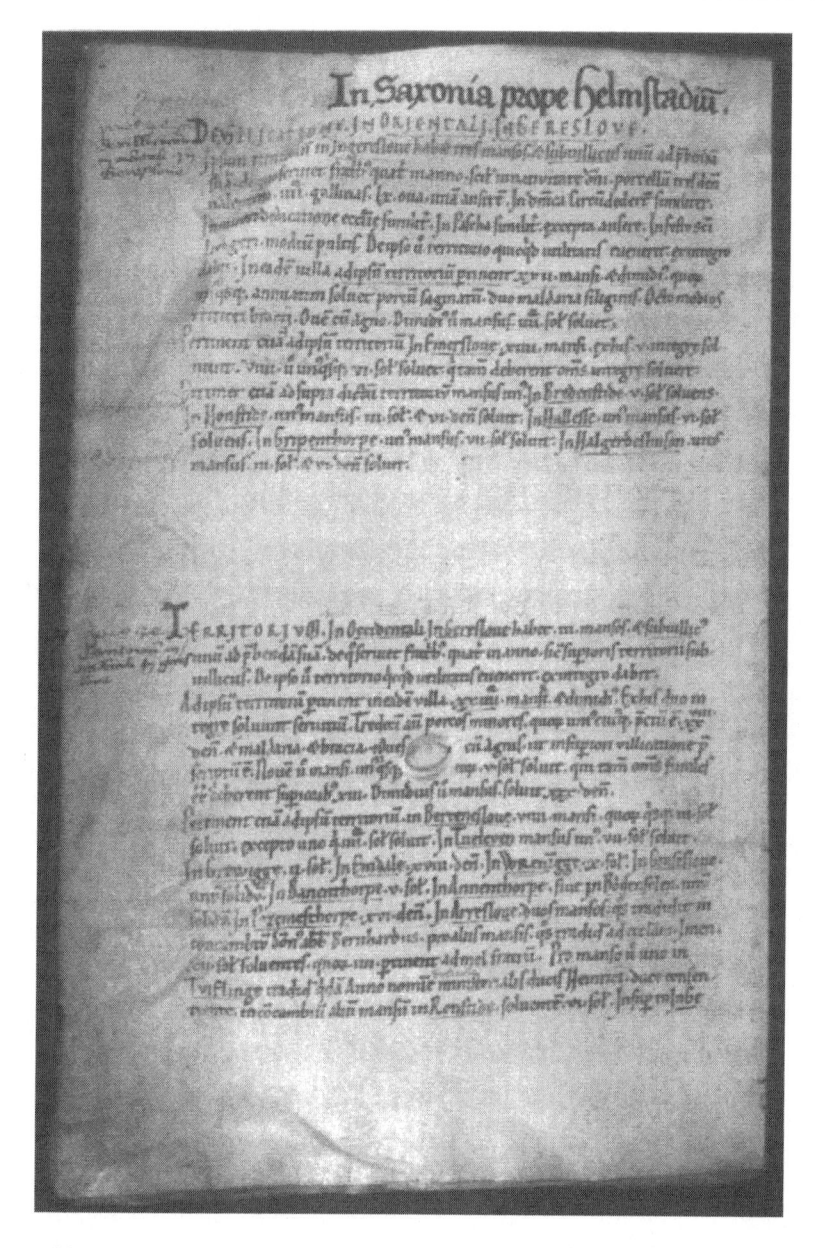

Abb. 10: Beginn des Heberegisters des Klosters Sankt Ludgeri vor Helmstedt aus dem Liber privilegiorum maior monasterii Werdeniensis (um 1150). Hauptstaatsarchiv Düsseldorf, Kat. Nr. 257, fol. 41v.

Urkunden[11] spiegeln diese Zeugnisse die schrittweise Auflösung der Einheit der Güter- und Einkünfteorganisation. Die Teilregister aus dem 13. Jahrhundert, in ihrer Form den früheren gleichend, zeigen deutlich den neuen ökonomischen Stand der Dinge: Die Fronden sind weitgehend verschwunden und die Höfe vermeiert, viele Abgaben zu Münzquanta konvertiert.

Vom 14. bis in die Mitte des 15. Jahrhunderts: Vom Einnehmen zum Abrechnen

Es ist nicht ganz leicht, sich von der Fülle der von Kötzschke entweder vollständig oder in Auszügen gedruckten Aufzeichnungen zur Werdener Besitz- und Einkünfteverwaltung im 14. und früheren 15. Jahrhundert ein klares Bild zu machen. Dies gründet sicher darin, dass nun neben dem Abt, der Propstei und den kleineren Klosterämtern (Siechenamt, Gartenamt, Prior, Gruftamt, Memorienamt, St. Johannis Altar) weitere Empfänger mit eigenem Schriftgut hervortreten: die Kellnerei, das Speicheramt, die Pforte, die Nikolaikirche, das Werkamt und die Küsterei. Doch es geht nicht nur um mehr Instanzen, sondern auch um häufigeren und differenzierteren Schriftgebrauch. Zum einen vermehren sich die Besitz- und Heberegister alten Typs, die Ansprüche festhalten, und damit sozusagen Soll-Register sind. Ich habe für das 14. Jahrhundert ein Gesamtregister (für die Pforte) und acht Teilregister dieser Art (besonders für Propstei und Abt) gezählt. Daneben treten nun Auflistungen aktueller Einkünfte (*recepta*) von einzelnen Höfen, von Hofgruppen, von besonderen Abgaben (Drittgarben, Handwechselgebühren, Wachszinse, Judenzinse). Kötzschke nennt sie Einnahmen. Sie geben Aufstellungen zu einem Termin oder Zeitraum wieder oder sind sukzessive gebucht. Soweit ich sehe, sind es allein sieben für das 14. Jahrhundert. Schließlich beginnen die jährlichen Abrechnungen im strengeren Sinne des Wortes – also die Kombinationen von *recepta* und *exposita* – mit oder ohne Umrechnungen der Naturaleinkünfte in die gültige Währung, mit oder ohne *restant*-Vermerken (und Summen) zur Säumigkeit, mit oder ohne abschließende Gegenüberstellungen mit positiver oder negativer Bilanz: die erste, abschriftlich, von 1344/46 für den Propsteihof Rüste, spätere Abschriften der ersten Serie für den Abt (1361–1380), erstellt vom Notar Dietrich,

---

11 Liste von Zinsleuten (1265) (Nr. XI), Memorienkalender (Nr. XIV) sowie die Urkunden Nr. 1, 3, 5, 6, 10a-b, 13, 14, 16 in: Kötzschke (Hg.), *Urbare A*, Anhang A.

das älteste Original von 1396/98.¹² Überblickt man das Schriftgut der 39-jährigen krisengeschüttelten Amtszeit Abt Adolfs II. von Spiegelberg (1398–1431/36)¹³, dann ist man erstaunt über den zunehmenden Schriftgebrauch – nun natürlich längst in der üblichen Geschäftskursive: 12 konventionelle Heberegister, darunter sechs Ämter-Plenarien (Kellnerei, Speicheramt, Pforte, Propstei, Klosterämter, Küsterei), ein Vogtbedeverzeichnis (1400), ein Lehnsregister (1412). Die sachlich breit gestreuten *recepta*-Listen der Abtei (1398–1428) und der Kellnerei etwa liegen in den ersten Jahrzehnten seines Abbatiats. Schließlich die überwältigenden Belege für die Versuche aller Empfänger, kontinuierlich, das heißt von Jahr zu Jahr über Einnahmen und Ausgaben Rechnung legen zu lassen. Der älteste (Teil-)Bestand ist der des Werkamts (1397–1401). Es folgen die abteilichen Abrechnungen der Güter um Moers (1402–1420: 10 Jahrgänge) zusammen mit der Pforte (1419–1421), dann das Speicheramt mit einer fast geschlossenen Serie (ab 1427–1449/50), gleichzeitig erneut das Werkamt (1427–1456: 22 Jahrgänge), noch einmal der Abt (1436/37) sowie schließlich die kleineren Klosterämter (ab 1442–1464/65).¹⁴ All das kann nur heißen: Die verschiedenen Empfängerinstanzen versuchen im Laufe der ersten Hälfte des 15. Jahrhunderts zur kontinuierlichen Jahresabrechnung über *recepta* und *exposita* überzugehen. Dies aber, so ist zu ergänzen, nicht in eigener Kompetenz. Für die meisten dieser Rechnungen zeichnen Schreiber, Notare verantwortlich, die sich pflichtbewusst mit Namen nennen: J. Gassel, J. von der Porten, J. Xanten, St. Knop, G. Graschop, J. Volmer, H. Brust¹⁵. Wer kontinuierlich gebucht hat, worüber sie dann abrechnen, ist unklar. In diesen Jahrzehnten gehen die Schriftführenden zur umgangssprachlichen Fassung der Heberegister, der Buchungen und der Abrechnungen über. Das früheste Zeugnis ist lokaler Herkunft: 1334 ließ der mit dem Hof Lüdinghausen belehnte Ritter Hermann eine Sollaufstellung desselben in der regionalen Mundart abfassen¹⁶. Gegen Ende des 14. Jahrhunderts bricht gewissermaßen der Damm zur

---

12 Kötzschke (Hg.), *Urbare B*, Nr. XXII Beilage, Nr .XVI 7–15 und Beilage (nach 17). Dazu Kötzschke (Hg.), *Urbare A*, S. CI.
13 Zum Wirken Adolfs: Stüwer, Wilhelm, *Die Reichsabtei Werden a. d. Ruhr*, Germania Sacra NF 12, Berlin 1980, S. 335ff.
14 In der im Text aufgeführten Reihenfolge (meist nur in Auszügen): Kötzschke (Hg.), *Urbare B*, Nr. XLIVa, Nr. XXXVa, Nr. XXX, Nr. XLVI, Nr. XLIVb, Nr. XXXIa, Nr. XLVII (Beilage). Zur handschriftlichen Überlieferung: Kötzschke (Hg.), *Urbare A*, S. CLIV-CLXI sowie seine Vorbemerkungen zu den (Teil-)Editionen.
15 Hinweise zu ihnen, soweit ermittelbar, bei Kötzschke (Hg.), *Urbare A*, S. LXXXVf.
16 Kötzschke (Hg.), *Urbare A*, Nr. XIII, Beilage, S. 331ff.

materna lingua hin, wie es einmal heißt. Das Niederdeutsche/Westfälische wird, besonders in den Rechnungen – die Heberegister hinken etwas nach –, die Regel. Nur bestimmte Termini, Formeln sowie die Abschlussprotokolle verbleiben noch zeitweilig im Latein. Doch ist es nun das Ensemble der lateinisch-niederdeutschen Fachwörter, das die administrativen Schriftstücke durchzieht. Für das *registrum* gibt es kein Äquivalent, es wird als Fremdwort heimisch. Statt *computatio* gilt nun *rekeninge* oder *rekenschap*, statt *receptum upboringhe* und statt *expositum uitgift*. Die Bilanzierung kann dann lauten: *alsus upboren ind uitgeven tegen eynandern affgereichent* sind.[17] Alle anderen appropriationsspezifischen Ausdrücke werden nun ebenso gang und gäbe: *rente, tyns, gulde*. Liest man die Details der frühen Buchungen, dann wird schlaglichtartig klar, wie beim Einnehmen und Ausgeben, beim Rechten und Kontrollieren vor Ort, vor Gericht und in der Zentrale mündliche Botschaften, schriftliche Nachrichten und schriftliche Beweismittel (*literae, breve, mandata, notula, privilegia*) ineinandergreifen. Ständig sind berittene Boten unterwegs, um Schriftstücke zu überbringen, vorzulegen (*uitwisinghe*). Die Verantwortlichen tragen *rotulae* bei sich, vergleichen beim Buchen von Einnahmen mit den Soll-Registern, notieren die Ausstände, ergänzen die Heberegister, wo irgend Platz ist, streichen erledigte Ansprüche, legen neue Zettel, zu Heften gefaltete Blätter an, ergänzen Rollen, fertigen Reinschriften. Solche Schreibhandlungen können in diesen Jahrzehnten ohne Not ausgeweitet werden, weil mit dem Papier ein wesentlich billigerer Beschreibstoff als das Pergament verfügbar wird. Im administrativen Schriftgut Werdens taucht das Papier spätestens um die Wende zum 15. Jahrhundert auf.[18] En passant wird ein weiteres Hilfsmittel greifbar, deren aufgabenspezifische Tugenden kaum zu überschätzen sind, der *kerfstock*. In Gerhard Pasmans Rechnungslegung für die Abtei von 1438/39 wird mehrfach auf dieses zeitspeichernde Kreditierungs- und Schuldstundungsinstrument bezuggenommen.[19] Wie viele Käufe beim Bäcker und Fleischer, wie viele Instandhaltungs- und Herstellungsdienste (Schuhe, Kleidung), wie viele Tavernenbesuche oder Weinlieferungen mögen auf Kredit mittels des längs gespaltenen Kerbholzes (für Kreditor und Debitor die identische Kerbung pro Leistung) organisiert wor-

---

17 Kötzschke (Hg.), *Urbare B*, S. 276, 21.
18 Zum Beispiel ebd., Nr. LII/1400, Nr. XLVII/1430, Nr. XXXVI/1434, Nr. L/1458.
19 So etwa ebd., S. 246,11f.: »*hebbe ich mynem heren bynnen dissen jare ob eynen kerfstock an wyn opgedragen, dat sich verlopet op vyre und vyfftich mr 2s 9d als dey kerfstock dat uytwyset*«. Weitere Erwähnungen: S. 233, 27 (Fleisch); S. 238, 25 (Brot); S. 239, 7 (Schuhe), S. 240, 35 (Kornzumessung?) sowie S. 30, 30 (1361) (Brot).

den sein, um ständiges Zahlen zu vermeiden und beim Zahlungstermin fälschungssicher operieren zu können?[20] Schließlich: die Rationalisierung des Aufschreibens laufender Details und abschließender Dinge. Was die Amtsleute, Notare, Schreiber auf all den Seiten der Zettel, Rollen, Lagen, Hefte und Bücher zu notieren hatten, nahm zunehmend differenziertere Gestalt an. Die tausendfach belegte Grundfigur dieses Aufschreiben ist das *Item*. Seine sachliche Vielfalt von der satzlosen Namen-Güter-Zahlen-Kombination über knappe Ergebnisprotokollsätze (Behandigung, Verlehnung) bis zu ausführlichen Berichten über besondere Aufwendungen oder Streitbeilegungen zu erörtern, fehlt hier der Platz. Was in dieser Zeit beim erstmaligen Aufschreiben jedes *Item*, dann beim Abschreiben, Redigieren, Zusammenfassen, Umgruppieren nach den verschiedensten Ordnungsgesichtspunkten gelernt wurde, hat sehr viel mit zweckbewusster Inskription und Impagination zu tun: Sollte das *Item* als abgeschlossener Block (Absatz) fungieren, also mit eigenem Zeilenbeginn und entsprechend freigelassener Restzeile an seinem Ende? Oder sollte es zum Pulk der anderen Posten gleichen Betreffs gehören – wenn ja, wie? Durch direkten Anschluss auf der gleichen Zeile, oder abgesetzt durch Ziffer, Initiale, Freiraum? Oder sollte seine Gleichheit mit den anderen ebenso klar zum Vorschein kommen wie sein besonderer Sinn?

Dies sind abstrakte Fragen. Deshalb ein konkretes Beispiel: Als der Notar/Schreiber Herman Brust die Jahresrechnung für das Speicheramt erstellte, ging er mit den *Items* der *obboeringhe* durchaus anders um als sein Vorgänger Guntram de Graschapp im Jahr 1426.[21] Hatte dieser die lateinischen *Items* der Getreide-*recepta* bereits sprachlich so standardisiert, dass zuerst die Menge, dann die Rechtsform und dann der entrichtende Ort bzw. Name aufeinander folgten, so gestaltete jener sie – nun auf niederdeutsch – so um, dass die Beträge an das Ende kamen. Außerdem rückte er diese ans – immer gleiche – Zeilenende, eine mit einem Strich durchgezogene sprachliche Lücke lassend. So entstand, *Item* unter *Item*, eine Quantitiäten-Kolumne, die senkrecht überschaubar war (Abbildung 11). Eine gute Vorbereitung für die Summation, wenn auch noch nicht die schriftliche.[22] Mit solchen Ord-

---

20 Hierzu Kuchenbuch, Ludolf, »Kerbhölzer in Alteuropa – Zwischen Dorfschmiede und Schatzamt«, in: Nagy, Balázs Nagy/Sebök, Marcell (Hg.), *The Man of Many Devices, Who Wandered Full Many Ways. Festschrift in Honor of János M. Bak*, Budapest 1999, S. 303–325, sowie der Beitrag »Pragmatische Rechenhaftigkeit«.
21 Kötzschke, *Urbare B*, Nr. XLVIa, S. 354ff.
22 Die Werdener Schreiber operieren – bis ins 16. Jahrhundert hinein – innerhalb der einzelnen *Item*s und der ganzen Abrechnungen noch mit römischen Zahlzeichen. Addiert, sub-

nungsakten können alle gleichen Aussageelemente der *Items* zu Kolumnenelementen mutieren – dies natürlich zum Zwecke der schnelleren Erfassung dessen, worauf es meist ankam: die Mengen. Solche numerische Rationalisierung der Binnenstruktur des Postens mag hier als ein Beispiel dafür genügen, mit welchen winzigen Elaborierungsschritten im begleitenden, konstatierenden und bilanzierenden Geschäftsschriftgut im 14. und 15. Jahrhundert zu rechnen ist.

Die Epoche der pfründenegoistischen Korrosion und Misswirtschaft hat, das sollte wenigstens im Ansatz deutlich geworden sein, schriftpragmatisch verschiedenerlei Positives zu bieten: flexiblen Umgang mit Kleinschriftgut, Formgewinne bei der Ausgestaltung desselben, Anpassung des Schriftgebarens an die Tagesgeschäfte, genauere Verbindungen zwischen sukzessiven bzw. iterativen Schreibhandlungen und Schriftstücken längerer Dauer. Aber es fehlte an Konsequenz, Stetigkeit, Weitblick und Integrationssinn.

Die Zentralisierung der schriftlichen Administration (1474–1518)

Was die meist unbekannten, häufig wechselnden Schreiber und Notare im 14. und 15. Jahrhundert gesät hatten, ernten, nun aber zur funktionsteiligen Ordnung zusammengebaut, die Rentmeister, Schreiber und Archivare der Jahrzehnte nach der Einführung der Bursfelder Reform 1474 und der Integration aller Ämter zur zentralen Wirtschaftsverwaltung unter Leitung des Kellners. Der erste Satz des neuen Vollregisters aller Besitzungen der Abtei, das der neue Schreiber Volbert Schade in jahrelanger Arbeit erstellte (1474–1477), ist programmatisch: *Registrum bonorum pensionalum monasterii Werdenensis tempore reverendi domini Ade abbatis sancti Martini Coloniensis et administrationis huius loci [...] ex diversis dominorum diversorumque officiorum eorum registris collectum et in unum comportatum eum eorundem officiorum annotatione, ut ex originalibus reperiri poterint.*[23] Das neue Plenarium fußt also systematisch auf den verfügbaren Vorlagen der ehemaligen Ämter, versteht sich als synthetische Kompilation allen Erfahrungswissens der Ver-

---

trahiert und geteilt wurde noch im mündlich vermittelten Gebrauch des Abakus/Rechentischs. Das erweisen die spruchartigen Abrechnungssätze in den Rechnungen. Das schriftliche (stumme) Rechnen mit dem Stellensystem und den arabischen Ziffern, der Algorithmus, ist noch nicht eingeführt.

23 Kötzschke (Hg.), *Urbare B*, Nr. LIIIa, S. 447. Zu Entstehung, Inhalt und Bedeutung des Registers sowie Volbert Schades Wirken: Kötzschke (Hg.), *Urbare A*, S. CLXIIIf. und die Vorbemerkungen S. 445ff.

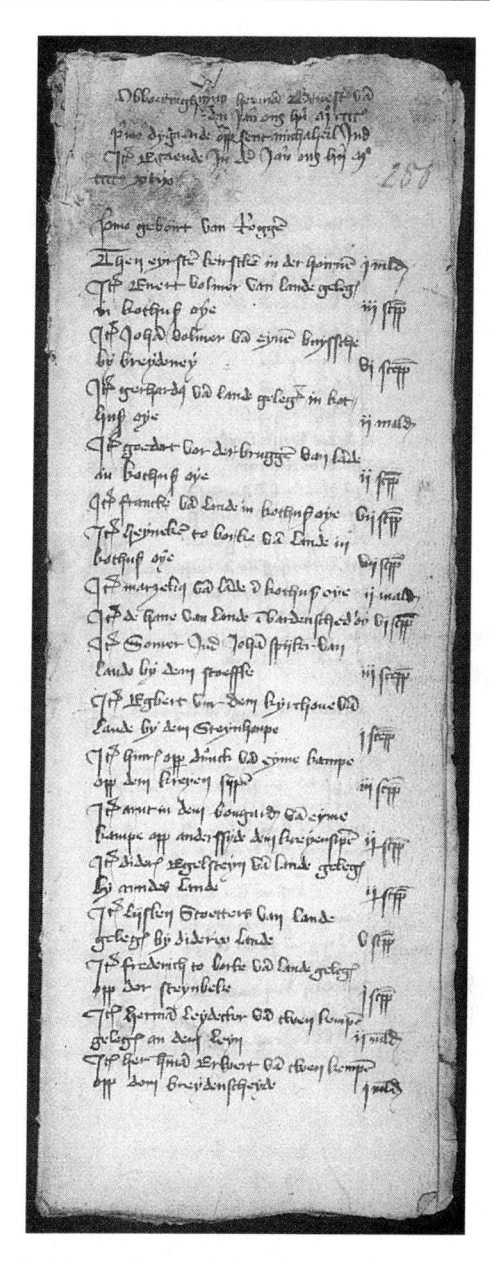

Abb. 11: Beginn der Jahresrechnung des Speicheramts der Abtei Werden (1448/49), verfaßt und geschrieben von Herman Brust. Hauptstaatsarchiv Düsseldorf, Kat. Nr. 259, fol. 250.

gangenheit; dazu kamen, hier nicht gesagt, natürlich Befragungen in den Hofverbänden. Dies alles ganz im Dienst effektiver zukünftiger Benutzung, denn das Register hat intern ein neues Ordnungsniveau: Innerhalb der Ortskomplexe regiert für die Pflichtigen der *ordo alphabeti*. Und am Ende gibt es einen *Index totius precedenti registri*. Gleich darauf komplettiert Schade seine grundherrliche Bestandsaufnahme mit einem ausführlichen Lehenregister (1480), das ebenso aus früheren Unterlagen schöpft.[24] Beide Kompilationen entstanden vorwiegend zum Zweck der Sicherung bzw. Wiederherstellung aller alten Rechte. Dies war aber nur ein Schritt. Überschaut man das Schriftgut der ersten drei Jahrzehnte, dann erkennt man ohne Mühe, wie die verschiedenen Verschriftungsaktivitäten ineinandergreifen. Neue Amtmänner erstellen vor Ort neue Heberegister in einer bislang nicht gekannten Detailliertheit; Vereidigungen werden aufgezeichnet, ebenso hofgerichtliche Weisungen protokolliert.[25] Der Rentmeister Gortfrid Carthuis erstellt ein neues Register über die Einkünfte aus dem Werdener Stiftsgebiet, vom Niederrhein und aus Westfalen, das im ordinativen Umgang mit den *Items* in den Heberegistern neue Maßstäbe setzt: Jeder Abgabe-Einzelposten beginnt mit einer neuen Zeile, Postengruppen sind durch Leerzeilen abgesetzt. So bekommt jeder Pflichtige den ihn betreffenden Postenblock.[26] Auch die Buchungen unregelmäßiger Einnahmen (Kurmede, Wachszins) werden nun aufgenommen. Besonders wichtig scheinen mir die nunmehr anlaufenden regelmäßigen Buchungen der einlaufenden Renten. Auch sie haben eine neue übersichtlichere Form; denn es wird nicht mehr Eingang für Eingang zum *Item* im leeren Heft gemacht, sondern man legt in diesen von Kötzschke treffend »Hebemanuale« genannten Büchern pro Pflichtigem ein mehrteiliges Soll-*Item* an, lässt aber pro einzelner Abgabe Leerstellen für Lieferungsvermerke, sozusagen Quittungslöcher, frei.[27] Flankiert wird diese Neuerung von Abrechnungsbüchern für unregelmäßig anfallende Einkünfte, aber auch Zahlungen an Außenstehende – jedes *Item* folgt dem gleichen Schema (Datum, Ergebnisprotokoll, Zeugen, mit Platz für Ergänzungen),

---

24 Kötzschke, *Urbare B*, Nr. LIIIb.
25 Vgl. etwa das Register des Amtmanns Johannes von Heeshusen über den Hofbezirk Asterlagen (1479), in: Kötzschke, *Urbare B*, Nr. LIV; Vereidigung: Nr. LVI Ba; Weisungen für 7 Hofbezirke von 1484/85 hat Kötzschke unter Nr. LVIII auszugsweise mitgeteilt.
26 Kötzschke, *Urbare B*, Nr. LIX.
27 Vgl. Kötzschkes Erläuterungen zu diesem neuen, bislang nicht edierten Typ (1489/1497): Kötzschke, *Urbare B*, Anhang C 3.a, S. 888.

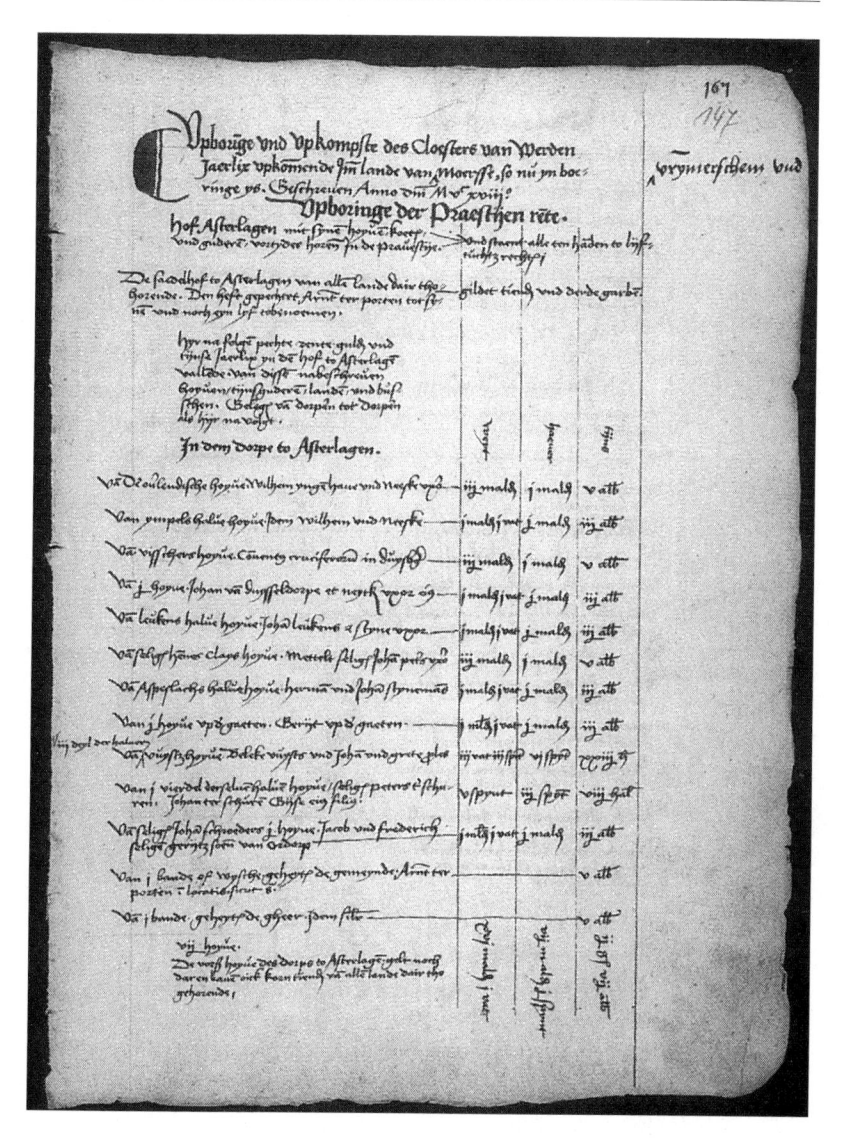

Abb. 12: Beginn des von Johannes Kruyshaer tabellarisch gefaßten Einkünfteregisters des Hofes Asterlagen der Abtei Werden (1518). Hauptstaatsarchiv Düsseldorf, Werden Akten, IXa 2, fol. 147.

obwohl ganz verschiedene Personen eintragen.[28] All das mündet in die Abrechnungen, die auf den Grundlage der verschiedensten Einzelbuchungen zentral vom Kellner vorgenommen werden. In einem frühen Stück (1481/82)[29], erstellt vom Prior und Kellner Antonius, kommt es immer wieder zu den Kolumnierungen, von denen oben die Rede war.

Der mittelfristige Erfolg dieser von Archiv, Schreibstube, Kellnerei und Rentmeistereien ausgehenden verwaltungsschriftlichen Offensive ist bekannt und braucht hier nicht wiederholt zu werden.[30] Wie bescheiden der Neubeginn im Zeichen der *Devotio moderna* auch war, schriftpragmatisch bedeutet er eine folgerichtige Applikation all der kleinen Schritte zu mehr argwohnsgeleiteter Ordnung, die so kennzeichnend für die zersplitterten Versorgungspraktiken des vorausgehenden Jahrhunderts waren – nur gibt es jetzt den zentralen Index, in dessen Namen die effektive Bündelung erfolgt: den Haushalt.

Schließen möchte ich mit wenigen Bemerkungen über ein Schriftstück, mit dem an Vergangenes angeknüpft, zugleich aber Neues mit kaum zu überschätzender Reichweite geschaffen wird. Im Jahr 1519/20 trägt der humanistisch gebildete Kellnereischreiber, Archivar und Bibliothekar der Abtei Johannes Kruyshaer[31] Abschriften von Heberegistern der Hofverbände Emmerich und Asterlagen (von 1479) in das große Besitz- und Heberegister Volbert Schades in einer Form ein, die an die oben erwähnten Kolumnierungspraktiken anschließt. Aber er geht einen Schritt weiter, indem er dem *Item*-Satz drei Kolumnen anschließt und diese graphisch zu Spalten umgestaltet (Abbildung 12). So entsteht eine vierspaltige Tabelle – er selbst äußert sich im Dokument nicht zu diesem Verfahren – mit den Indizes Ort, Weizen, Hafer, Zins, die am Kopf der Tabelle ausgewiesen sind; am Fuß erscheinen die Summen. Dem heutigen, unablässig mit Zahlenwerken konfrontierten Leser dürfte diese Kreuztabelle sehr ungelenk vorkommen: Zu viel ist noch in ihr zu lesen, Maß und Menge sind noch nicht getrennt, es fehlen die arabischen Zahlen.[32] Aber hier hat ein gebildeter Schreiber – sicher in Anknüpfung an ihm gut bekannte Erscheinungen im administrativen Schriftwesen, für seinen Kompetenzbereich einen Anfang gemacht. Ein Anfang,

---

28 Kurze Erläuterung ebd., C 3.b, S. 889.
29 Ebd., Anhang C 2.c., S.871–77.
30 Ebd., S. XLVI-L; Stüwer, *Die Reichsabtei Werden* , S. 103f.
31 Zu Kruyshaer als Schreiber: Kötzschke, *Urbare A*, S. LXXXVIIIf.; des weiteren Stüwer, *Die Reichsabtei Werden*, S. 52f., S. 520f.
32 Allerdings werden im Falle des Hofes Emmerich die Zeilen arabisch durchgezählt und die zeitgenössische Foliierung ist ebenso arabisch gehalten.

der damals allerorten, Schritt für Schritt, der Vorstellung, (Teil-)Realitäten seien numerisch, ohne satzweise Sprache, beschreibbar, den Weg bahnte und die Form vorschlug. Siebzig Jahre später wird Landgraf Wilhelm IV. von Hessen nach langjähriger Regierung für seinen Sohn ein Verwaltungsmanuale (den später sogenannten »ökonomischen Staat«) erstellen, das, nach Sachgebieten geordnet und in der Form meist mehrspaltiger Tabellen, als ein Meilenstein in der Geschichte administrativer Planung gilt.[33]

---

[33] Vgl. die schöne Beschreibung und Deutung bei Gerhard Theuerkauf, »Zur Typologie spätmittelalterlicher Territorialverwaltung in Deutschland«, in: *Annali della Fondazione Italiana per la Storia Administrativa 2*, Mailand 1965, 1976, S. 37-76.

7. Sind mediävistische Quellen mittelalterliche Texte? Zur Verzeitlichung fachlicher Selbstverständlichkeiten[1]

Vorbemerkungen

Welch kurioser Obertitel – wird der Leser denken. Hinter ihm verbergen sich zwei Absichten: Zum einen möchte ich daran erinnern, dass zur Aufrechterhaltung und Förderung der Aktualität des Mittelalters die beständige Historisierung unseres fachlichen Selbstverständnisses selbst gehört. Die Wörter »Mediävistik«, »Quelle«, »Mittelalter« und »Text« sind Schlüsselwörter unseres Fachs, und deren jeweilige Geschichte sollte zum eisernen Bestand unserer Identität gehören. Aber nicht über jedes dieser Wörter sind wir bislang historisch hinreichend aufgeklärt. Gerade der »Text«, über dessen Herkunft und Schicksal wir bislang am wenigstens wissen, wird neuerdings allerorten fortschreitend zum strategischen Begriff unseres wissenschaftlichen Verhaltens, methodisch und rhetorisch. Neuere Diskussionen über den *linguistic turn* in der Mediävistik zeigen dies besonders gut. Hier kritischen Anschluss zu finden und durch Funde zur *textus*-Geschichte weiterführend beizutragen, ist meine zweite Absicht.

Wie werde ich vorgehen? Zuerst werde ich mich bemühen, die geschichtliche Schichtung der ersten drei Nomina des Titels – Mediävistik, Quelle, Mittelalter – zu skizzieren. Im zweiten Teil werde ich einleitend die aktuelle Rolle des Textes und die Forschungssituation zur Textgeschichte andeuten, dann auf die Herausforderungen des *linguistic turn* in unserem Fach zu sprechen kommen, was viel mit dem Text-Verständnis zu tun hat. Danach werde ich Grundlagen und exemplarische Situationen der Gebrauchsgeschichte des »Textes« im Mittelalter skizzieren. Schließlich folgen bilanzierende Anmerkungen.

Der Titel besteht aus einer Frage und verlangt deshalb eine Antwort. Ein Historiker, eine Historikerin, sie werden immer dann als gut amtierend gel-

---

[1] Erschienen in: Goetz, Hans-Werner (Hg.), *Die Aktualität des Mittelalters*, Bochum 2000, S. 317–354.

ten, wenn sie auf eine Frage weder mit »Ja«, noch mit »Nein«, sondern mit bedachtem, zögerlichem »Jein« zu antworten verstehen. Aber vorher wird natürlich die Frage selbst auf ihre Struktur und Berechtigung hin geprüft. Ist meine Frage also berechtigt und richtig gestellt? Diejenigen, denen ich sie bislang stellte, waren verdutzt bzw. irritiert: Selbstverständlich »sind« mediävistische Quellen mittelalterliche Texte (natürlich nur, soweit sie Schriftquellen sind). Es werde, pragmatisch betrachtet, dasselbe nur zweimal ausgedrückt. Genau diese spontane Reaktion war der Stein des Anstoßes, das Warnsignal für mich. Es geht mir im Folgenden um die Infragestellung dieser Gleichsetzung. Verdient, was die heutigen Mittelalterforscherinnen und -foscher ihre »Quellen« nennen, die Bezeichnung »Texte« des Mittelalters – und umgekehrt? Die pragmatische Neigung zu dieser Gleichsetzung ist das Thema der folgenden Darlegungen. Ich möchte durch Hinweise auf Herkunft und Reichweite der involvierten vier Begriffe erreichen, dass man auf die Gleichung *mediävistische Quellen = mittelalterliche Texte* mit geschichtlich geschultem Argwohn blickt und daraus Vorsicht und Sorgfalt beim Gebrauch ableitet. Wenn ich die Grundtendenz meiner Darlegung als »Verzeitlichung« bezeichne, dann geschieht dies im dankbaren Anschluss an die begriffgeschichtliche Grundlagenarbeit von Reinhart Koselleck, ohne die heutiges Fach- und Gegenwartsverständnis nicht mehr auskommen kann.[2]

»Mediävistik«, »Quelle« und »Mittelalter«

Die angefragte Gleichung ist, wie soll es unter Historikerinnen und Historikern anders sein, natürlich historisch entstanden und gewachsen. Aber wie? Ohne Nachfragen ist hier nicht weiterzukommen. Es geht um Alter, Sinn und Geltung der Wörter »Mediävistik«, »Quelle«, »Mittelalter« und »Text«. Eine meiner Thesen ist, dass diese vier Begriffe als Leitwörter historischer Orientierung bzw. Wissenschaft zu verschiedenen Zeiten aufgekommen sind, somit erst sukzessive in Beziehungen zueinander haben geraten können und erst heutzutage in die systematischen engen Begründungs- und Verweisbeziehungen eingetreten sind, die der Titel hinterfragt. Die Mediävistik – das sei vorweggenommen – ist dabei die jüngste, der Text die älteste terminologische Erscheinung. Alle vier sind ihrem Sinn nach ins Deutsche einge-

---

[2] Reinhart Koselleck, *Vergangene Zukunft. Zur Semantik geschichtlicher Zeiten*, Frankfurt a.M. 1995.

wandert, zwei, ohne ihre Gestalt als Fremdwort zu verleugnen (Mediävistik und Text), zwei als Übersetzungswörter aus dem Lateinischen (Mittelalter – *medium aevum, media aetas*; Quelle – *fons*). Keiner der Termini war und ist sinn- und funktionsstabil, keiner wird es bleiben. Damit haben sich stets auch ihre Sinnbeziehungen untereinander verändert und werden es zukünftig weiterhin tun.

Mediävistik

Zunächst zum Terminus »Mediävistik«, eine Analogbildung zu Anglistik, Germanistik usf. Er ist ein junges Erfolgwort und besitzt noch wenig Vergangenheit. Deshalb fehlt es an solide erforschter und bequem lesbarer Geschichte darüber. Ich muss mich mit unscharfen Erinnerungen und wenig systematischen Beobachtungen begnügen. Als ich in den 1960er-Jahren studierte, nannten sich oder hießen meine Lehrer höchst selten Mediävisten, noch meinten sie, Mediävistik zu betreiben. Zudem war es nicht möglich, Mediävistik als prüfbares Hauptfach zu studieren. An meinen Studienorten ging es vielmehr um die die Epochentrias Antike-Mittelalter-Neuzeit übergreifende Geschichte. An ein Signal erinnere ich mich aus der mittellateinischen Philologie: Karl Langosch betitelte seine 1969 gehaltene Abschiedsvorlesung, in der er sich vehement für eine Öffnung seiner Disziplin zu einer interdisziplinären Mittelalterkunde einsetzte, mit »Mediävistik«. Damit bezeichnete sich programmatisch, komplementär diejenige Latinistik, die das mittelalterliche Latein eben nicht mehr als minderwertige Kümmerform des klassischen, sondern als einen äußerst lohnenden Gegenstand *sui generis* verstanden wissen wollte. Von hier aus weist ein Pfad zum heutigen Erfolg. Eine andere, sicher wichtigere Spur führt zurück zur kulturpolitischen Krise nach der Zeit des Nationalsozialismus. Schon in den ersten Semestern wurde uns, die wir in das ältere Fach der Germanistik und Geschichte hineinwuchsen, ein Buch dringend zur Lektüre empfohlen, dessen Autor für die Idee einer gemeinsamen, also einenden europäischen Kulturtradition derjenigen Nationen warb, die sich im 20. Jahrhundert in zwei entsetzliche Weltkriege gestürzt hatten. Es war das Buch »Europäische Literatur und lateinisches Mittelalter« des Romanisten und Latinisten Ernst Robert Curtius, erstmals 1948 erschienen. Curtius erinnerte voll mitreißenden Ideenreichtums und mit umfassender Belesenheit daran, dass nicht nur die literarische Ästhetik und philosophische Ethik der klassischen Antike grundlegend für den europäischen Weg gewesen sind, sondern dass die Traditions- und Transformationsleistungen des lateinischen Mittelalters als Ganzheit hinzukommen mussten, um das antike Kulturerbe wirksam zu erhalten und die nationalen Kulturen als europäische möglich zu machen. Hermann Heimpel fasste 1949 in seinem Geleitwort zu Heinz Quirins »Einführung in das Studium der mittelalterlichen Geschichte« das Programm von Curtius in fachlich relevante Worte, die selber programmatisch gemeint waren:

»Die umfassende Betrachtung des geschichtlichen Lebens aber, zu der unsere Forschung strebt, führt letzten Endes zu einer Mediävistik, die ihre Jünger im Sprengen der schulmäßigen Fachgrenzen beglückt. […] In eindrucksvoller Weise hat Ernst Robert Curtius eine der Altertumswissenschaft ebenbürtige Mediävistik gefordert, welche die nationalen Philologien zusammenfaßt, die nationalen Literaturen als Zweige eines Baumes erkennt, dessen Stamm die lateinische Literatur des europäischen Mittelalters ist. Aber mit den Literaten allein ist es nicht getan. Die geforderte Totalität in der Betrachtung mittelalterlicher Geschichte, d. h. die Erfassung des Zeitalters in seiner Besonderheit, muß die Geschichte in den Boden des sozialen und wirtschaftlichen Lebens senken, sie mit den Kräften des großen wie des kleinen Raums verbinden, aber ebenso zur Geschichte der Sprache, des Glaubens und Betens, der Sitte, zu den Symbolen als den Zeichen eines unschriftlichen Lebens, zur Geschichte der Kunstformen, des philosophischen und theologischen Denkens in Beziehung setzen, ohne sich dabei gleich wieder auf den romantischen Begriff des Volksgeistes einzuschränken. Eine solche totale Betrachtung ist insbesondere von der Siedlungs- und Kulturraumforschung zu erwarten.«[3]

Derlei Programmatik kam noch zu früh. Ich weiß bislang von keinen weiteren Paukenschlägen, beobachtete aber im Laufe der Zeit, wie ernst es einige

---

3 Heimpel, Hermann, »Geleitwort«, in: Quirin, Heinz. *Einführung in das Studium der mittelalterlichen Geschichte*, Braunschweig 1949; hier zitiert nach der 2. neubearbeiteten Auflage, Braunschweig 1961, S. 14f. Heimpels Bezeichnung der Mittelalterforschung als »Mediävistik« gründet in einer doppelten Differenz der mittelalterlichen Welt zur Neuzeit: ihrer sachlichen Fremdheit und ihrem Überlieferungsmangel, der eine eigene Methodik erzwingt. »Also gerade das, was für die Neuzeit selbstverständlich ist oder scheint, die Welt, in der die Taten geschehen, ist dem Mediävisten der eigentliche Gegenstand der Forschung. Denn es ist seit der Reformation mit uns einiges geschehen, das uns die Welt vorher fremdartig und zunächst unverständlich, d. h. dem »gesunden Menschenverstand« unzugänglich macht: das Mittelalter will als eine uns zugehörige, aber fremd gewordene Welt begriffen sein. […] Diese Struktur selbst, eben die Welt des Mittelalters, ist so geartet, daß sie eine handwerklich lehrbare Methode erträgt und fordert. Hat der Historiker der Neuzeit Not, im Kampf mit den Aktenmassen das Wesentliche festzuhalten, so zwingt die Interpretationskunst des Mediävisten der kargen und vielfach sachfremden Überlieferung des Mittelalters Aussagen ab, welche der Laie von der betreffenden Quelle niemals erwarten würde.« (S. 13f.)

meiner akademischen Lehrer mit der methodisch gesicherten Beachtung lateraler Disziplinen wie Archäologie, Geographie, Kunstwissenschaft, Sprachwissenschaft meinten, ohne jedoch das Wort »Mediävistik« im Sinne einer allgemeinen Mittelalterwissenschaft zu benutzen. Auch erinnere ich mich daran, dass ich mich selbst seit den frühen 1970er-Jahren – nunmehr Assistent für mittelalterliche Geschichte – zunehmend als Mediävist bezeichnete, wohl um meine Professionalität und berufliche Distinktion als Spezialist zum Ausdruck zu bringen, legte mir darüber aber keine Rechenschaft ab. Hier bahnte sich etwas an; das Markenzeichen Mediävistik verbreitete sich kaum merkbar, sickerte in weitere Arbeitsbereiche und Disziplinen oder begegnete von dort kommend. Während in der 6. Auflage des »Vademecums deutscher Lehr- und Forschungsstätten« von 1973 nur zwei Mediävistik-Einträge im Register zu finden sind (sie beziehen sich auf die Forschung eines katholischen Religionsphilosophen und einer Romanistin), sind es in dessen 11. Auflage von 1994 bereits 24. Seit einigen Jahren bin auch ich Mitglied des 1983 gegründeten Mediävistenverbandes e. V., der laut seinem Gründungsprogramm »der Erforschung des Mittelalters, der interdisziplinären Zusammenarbeit zwischen deutschsprachigen Mediävisten und der Förderung von Nachwuchswissenschaftlern« dient. Er hat inzwischen weit über 800 Mitglieder aus gut 20 verschiedenen Einzel- bzw. Teildisziplinen (von der Anthropologie über die Keltologie, die Slavistik bis hin zur Musikologie, Kodikologie, Romanistik und eben: der Geschichte). Diese Details stimmen zu anderen: »Mediävistik« als Terminus zur Bezeichnung eines etablierten Fachs, einer Großdisziplin, ist im Aufstieg begriffen. Seit 1988 gibt es die Zeitschrift »Mediävistik« mit dem Untertitel »Internationale Zeitschrift für interdisziplinäre Mittelalterforschung«, herausgegeben von Peter Dinzelbacher. Gründungen von Mediävistik-Verbänden gab es seit den 1970er-Jahren auch in anderen Ländern, aber die einzelnen Entwicklungen gleichen sich nicht. Der französische Verband etwa vereinigt nur die Historiker. 1996 kam die Zeitschrift des deutschen Mediävistenverbandes mit dem Titel »Das Mittelalter. Perspektiven mediävistischer Forschung« hinzu. Alfred Heit und Ernst Voltmer konnten schließlich in ihrer 1997 erschienenen »Bibliographie zur Geschichte des Mittelalters« dort, wo die Geschichte des Mittelalters als wissenschaftlicher Gegenstand zu bestimmen ist, vom »fachlichen und thematischen Profil der Disziplin Mediävistik« sprechen.[4] Trotz dieses deutlichen Verbreitungstrends als Programmbegriff fehlt das Stichwort Mediävis-

---

4 Heit, Alfred/Voltmer, Ernst, *Bibliographie zur Geschichte des Mittelalters*, München 1997, S. 36.

tik noch in den so wichtigen Hilfsmitteln des Fachs wie dem »Lexikon des Mittelalters« (1977–1998), und, eigentlich noch verwunderlicher, im interdisziplinär gestalteten »Sachwörterbuch der Mediävistik« von 1992.[5] Auch etymologisch ist es bislang nicht nachgewiesen. Noch fehlt es als Stichwort in der letzten Auflage des wichtigsten Nachschlagewerks dieser Art, dem Kluge-Seebold.[6] Ich bin aber sicher, dass es in der Neuauflage des so hervorragenden »Deutschen Fremdwörterbuchs«[7] als brandneues deutsches Fremdwort nicht mehr fehlen wird.

Was steckt hinter diesem Erfolgstrend? Ich vermute, anknüpfend an Hermann Heimpel, vier Gründe: Zum ersten hat das Mittelalter als jeweilige Phase einer langen nationalen Staats- und Volksgeschichte, sei es der deutschen, der englischen usf., an Bedeutung eingebüßt: Das »deutsche Mittelalter« früherer Zeiten hat einem »Deutschland im Mittelalter« Platz gemacht, und es mehren sich die Skeptiker – ich gehöre zu ihnen –, die für die Zeit von 500–1500 zwar zu Teilen vom werdenden Deutschen Reich bzw. deutschen Staat, nur in Ansätzen von der deutschen Nation, aber gar nicht vom deutschen Volk reden mögen. Man weiß zudem längst, dass keine der regionalen Natio- bzw. Ethnogenesen während der mittelalterlichen Jahrhunderte den anderen gleicht. Umso mehr erkennt die Forschung Ähnlichkeiten über die Räume hinweg. Ich brauche hier die Reichweite von Einrichtungen wie dem Latein als Schrift und Sprache, der Bistumsorganisation und dem Mönchtum, von Adel und Grundherrschaft, Stadtgemeinde und Universität nicht herauszustellen. Damit hat das Jahrtausend von der Christianisierung bzw. Völkerwanderung bis zur Konfessionalisierung an pränationaler, eigenständiger Gesamtkontur gewonnen. Zum zweiten haben sich diejenigen Mittelaltersektionen, die bislang innerhalb der systematischen Wissenschaften wie den Linguistiken und Literaturwissenschaften, der Archäologie, Musikwissenschaft und Medizin, der Rechts-, Religions- und Wirtschaftswissenschaft usf. verortet waren, soweit intern profiliert und aufeinander zubewegt, dass sie mittlerweile mehr Verwandtschaft mit ihren mediävistischen Cousins und Cousinen empfinden als mit den Brüdern und Schwestern ihrer traditionellen Disziplinen: Den Lebensunterhalt schaffen, Gesundbleiben, Feiern, Musizieren, Reden, Dichten, Denken, Rechnen, Haushalten, Gewinne machen, Frieden halten und der Glaube sind nur verschiedene Dimensio-

---

5 Dinzelbacher, Peter (Hg.), *Sachwörterbuch der Mediävistik*, Stuttgart 1992.
6 Kluge, Friedrich/Seebold, Elmar (Hg.), *Etymologisches Wörterbuch der deutschen Sprache*, 23. Auflage, Berlin/New York 1995.
7 Basler, Otto/Schulz, Hans (Hg.), *Deutsches Fremdwörterbuch*, Bd. 1–3, A-C (cutter), 1997.

nen zeitgenössischer Lebenswelten. Man spürt zunehmend, dass gattungsspezifische Deutungsspezialisierungen, hier das höfische Epos, dort die Königsurkunden, hier die Siedlungsarchäologie, dort die Kodikologie, hier die Kirchenfenster, dort die Steuerverwaltung, die Reflexion auf das Ganze mittelalterlicher Situationen und Gegebenheiten systematisch behindern. Wo derlei Erfahrungen erstmalig gemacht wurden, ist mir nicht ganz klar. Ich vermute jedoch, dass die Anstöße zur Annäherung und Integration eher von den Philologien des westlichen Auslands, besonders den *Medieval Studies* in den USA ausgegangen sind, die ja völlig getrennt von ortsfesten Monumenten und Zeugnissen aus dem Mittelalter und den nationalgeschichtlich vorgegebenen Kontinuitätspostulaten in Europa arbeiten konnten, zugleich auf interdisziplinären Zusammenhalt angewiesen waren; hierzu ist das Nötigste in einem programmatischen Sammelband, herausgegeben von John van Engen, zusammengetragen und von Paul Freedman und Gabrielle M. Spiegel in einem Aufsatz reflektiert.[8] Ebenso sollte man den Einfluss, den die mediävalistischen Impulse, die während der vergangenen eineinhalb Jahrhunderte als Imaginationsreserven zur aktuellen Deutung der Moderne durchdrangen oder bewusst lanciert wurden, auf die Integration der Einzeldisziplinen zur Mediävistik gehabt haben, nicht unterschätzen; hierzu haben Studien im Ausland von Brian Stock, Norman Cantor und L. J. Workman, in Deutschland besonders von Otto Gerhard Oexle sowie Arbeiten, die unter dem Stichwort »Mittelalterrezeption« firmieren, viel zu bieten.[9] Man denke nur an die Wellen der Neo-Romanik oder Neo-Gotik in

---

[8] Van Engen, John (Hg.), *The Past and Future of Medieval Studies*, Notre Dame 1994; Freedman, Paul/Spiegel, Gabrielle M., »Medievalisms Old and New: The Rediscovery of Alterity in North American Medieval Studies«, in: *The American Historical Review* 102 (1998), S. 677–704.

[9] Stock, Brian *Listening for the Text. On the Uses of the Past*, Baltimore/London 1990; Cantor, Norman F., *Inventing the Middle Ages. The Lives, Works, and Ideas of the Great Medievalists of the Twentieth Century*, New York 1991; Workman, L. J. (Hg.), *Medievalism in Europe*, Cambridge 1993; Oexle, Otto Gerhard, »Das Bild der Moderne vom Mittelalter und die moderne Mittelalterforschung«, in: *Frühmittelalterliche Studien* 24 (1990), S. 1–22; Oexle, Otto Gerhard, »Das Mittelalter und das Unbehagen an der Moderne. Mittelalterbeschwörungen in der Weimarer Republik und danach«, in: Burghartz, Susanna u. a. (Hg.), *Spannungen und Widersprüche. Gedenkschrift für Frantisek Graus*, Sigmaringen 1992, S. 125–153; Oexle, Otto Gerhard, »Die Moderne und ihr Mittelalter – eine folgenreiche Problemgeschichte«, in: Segl, Peter (Hg.), *Mittelalter und Moderne. Entdeckung und Rekonstruktion der mittelalterlichen Welt*, Sigmaringen 1997, S. 307–364; vgl. auch die Aufsatzsammlung von Oexle, Otto Gerhard , *Geschichtswissenschaft im Zeichen des Historismus. Studien zu Problemgeschichten der Moderne*, Göttingen 1996. Unter dem Stichwort »Mittelalterrezeption« haben mediävistische Germanisten eine Reihe von Tagungen organi-

der Kirchen- und Rathausarchitektur, an den Fabrikenbau, ebenso aber auch an den Erfolg von Umberto Ecos Roman »Im Namen der Rose« sowie an alle Abenteuer-, Ulk- und Science-Fiction-Filme in mittelalterlicher Ausstattung bis hin zum Aktivurlaub in Ruinen, nachgebauten Dörfern oder Ritter-Spielcamps. Schließlich hat auch die Institutionalisierung als Artikulation von Berufsinteressen ihre Bedeutung: Mediävisten-Verbände sind als Gruppe auch eine Kultur-, Wissenschafts- und Erziehungslobby, die sich für einen angemessenen Platz des Mittelalters in Forschung, Lehre und (Medien-)Öffentlichkeit einsetzt.

Was nun bedeutet dies alles für meine Frage? Wer Mediävistik sagt, meint eine junge, internationale und interdisziplinäre Zeitalter-Wissenschaft, die in der Öffentlichkeit anerkannt sein will. Wer von mediävistischen Quellen spricht, meint nicht nur die fränkischen *Reichsannalen*, die *Goldene Bulle* oder das *Domesday Book*, sondern auch höfische Epen, Kräuterbücher, Prozessionsordnungen, Grabinschriften, Weltkarten, Musiktraktate, Reiserechnungen, Silberpfennige und Kloakenprofile egal aus welcher Region Europas – und erkennt diese als bedeutsam für die Lebenswelten bzw. Kulturen im Mittelalter an. Nicht mehr die traditionelle Auffassung von der Stellung des Mittelalters als Teil der jeweiligen nationalen Geschichte, sondern die Betonung der Eigenart und Vielfalt dieses vormodernen europäischen Zeitalters selbst, ein enges Verhältnis der beteiligten Fächer zueinander sowie ein Bekenntnis zur gesamten Überlieferung aus dieser Zeit zeigt der Gebrauch des Mediävistik-Namens an. Das führt zum zweiten Punkt.

Quelle

Seit wann bezeichnen die Historiker das, woraus sie ihr Wissen beziehen, umfassend als ihre Quellen? In jeder aktuellen Einführung in die Geschichtswissenschaft gelten die Quellen grundsätzlich als der Stoff oder das Material, von dem Historikerinnen und Historiker ausgehen, mit dem sie umgehen können müssen, um Fragen zu beantworten, Vermutungen plausibel zu machen und Kenntnisse zu belegen. Seit wann aber ist das so? Unter welchen Umständen fielen die Entscheidungen für die Verwendung dieses Wort aus

---

siert, deren Ergebnisse publiziert sind, so etwa: Burg, I. V. u. a. (Hg.), *Mittelalterrezeption IV: Medien, Politik, Ideologie, Ökonomie*. Gesammelte Vorträge des 4. Internationalen Symposions zur Mittelalter-Rezeption an der Universität Lausanne 1989, Göppingen 1991.

der Wasser-Metaphorik? Auch hierzu fehlt es heutzutage noch an einschlägiger Forschung. Michael Zimmermanns neuerliche Abhandlung ist chronologisch lückenhaft, eher eine metaphorologische Blütenlese.[10] Die Suche nach einer Antwort führt zurück in das frühe 18. Jahrhundert. Ein guter Ankerpunkt ist das bedeutendste deutschsprachige Nachschlagewerk jener Zeit, Johann Heinrich Zedlers »Grosses, vollständiges Universal-Lexikon Aller Wissenschaften und Künste«. Wer dort das Stichwort »Quelle« sucht, findet an vorderster Stelle den Satz: »Wie das Wasser in einer Quelle, Brunnen oder Flusse drey, und doch dem Wesen nach eins sind; also ist auch Gott der Vater die Liebes- und Lebensquelle aller seligmachenden Wohlthaten der heiligen Dreyeinigkeit.«[11] Von den »Quellen« der Geschichte keine Spur. Auch wer unter dem Stichwort »Historie« nachschlägt, kommt der Sache zwar einen Schritt näher, wird aber zur Quelle nicht fündig. Die Historie hat es im Verständnis Zedlers mit Zeugnissen zu tun, das heißt mit selbst Gesehenem, mit Nachrichten anderer vom gleichzeitig Gesehenen, mit Erzählungen anderer von zurückliegenden Zeiten, öffentlichen Dokumenten, Archiven, Acta, Münzen, Inschriften und vielem mehr. Schon wenig später, 1752, ist dies deutlich anders: Johann Martin Chladenius unterscheidet in seiner »Allgemeinen Geschichtswissenschaft«, der ersten deutschsprachigen Geschichtstheorie, für die Ordnung all dessen, »woraus man die Geschichte erlernet«, die »Denckmale (monumenta)« von den »Schrifften«, welchletztere er in »historische Hülfsmittel« und »Quellen (gantz und gar historischen Inhalts)« teilt: nämlich Briefe, öffentliche Schriften und Akten, Werke der Geschichtsschreiber.[12] Mit dem Terminus »Quellen« übersetzte er hier das lateinische Wort *fontes*, das seit Langem als Ursprünglichkeit und Wissenserkenntnis verbürgendes Gedankenbild für die schriftliche *materia* vergangener Zeiten aus der herkömmlichen Rechts-, Reichs- und Kirchengeschichte geläufig war. Diese Übersetzung und zugleich Ausweitung machte schnell Karriere. Augustin Schelle fasst knapp dreißig Jahre später in seinem »Abriß der Universalgeschichte« die »ächten Denkmale, unverfälschten Urkunden oder glaubwürdigen Nachrichten« als die »Quellen der Geschichte« zusammen.[13] 1811 heißt es dann in der »Ökonomisch-technologischen Enzyklopä-

---

10 Zimmermann, Michael, »Quelle als Metapher. Überlegungen zur Historisierung einer historiographischen Selbstverständlichkeit«, in: *Historische Anthropologie* 5 (1997), S. 268–287.
11 Bd. 30, 1741, S. 176.
12 Chladenius, Johann Martin, *Allgemeine Geschichtswissenschaft*, Nachdruck der Ausgabe Leipzig 1752 ,Wien/Köln/Graz 1985, S. 355ff.
13 Schelle, Augustin, *Abriß der Universalgeschichte*, Salzburg 1780, Bd. 1, S. 2.

die« von D. Johann Georg Krünitz unter dem Stichwort »Quelle« noch allgemeiner: »Alle glaubwürdige Nachrichten merkwürdiger Begebenheiten sind Quellen der Geschichte«.[14] Alles Weitere ist Elaboration im Prozess fachwissenschaftlicher Methodisierung und Differenzierung. Ich nenne hier nur noch folgende Etappen: In Friedrich C. Dahlmanns »Quellenkunde der deutschen Geschichte« von 1830 schließt der Terminus »Quelle« alle Forschungsliteratur ein; dieses Werk mündet in seinen folgenden Auflagen in den berühmten Dahlmann-Waitz. Johann G. Droysen unterscheidet dann in seiner Historik-Vorlesung von 1856 zwischen intentionalen »Quellen«, den unabsichtlichen »Überresten« und den »Denkmälern« als Zwittern zwischen beiden. Ernst Bernheim vereinfacht noch radikaler in seinem »Lehrbuch der Historischen Methode und der Geschichtsphilosophie« von 1889: Er subsumiert die unwillkürlichen »Überreste« und die willkürlichen »Traditionen« unter den einen Terminus der Quellen. Dies wird dann in so gut wie allen neueren Systematiken fortgeschrieben. Breiteste Wirkung hatte dabei Ahasver von Brandts »Werkzeug des Historikers« von 1958. Bisherige Schlusssteine sind Hans-Werner Goetzens »Proseminar«-Kompendium sowie Heinz-D. Heimanns »Einführung«.[15]

Warum diese Hinweise? Ich wollte herausstellen, dass parallel zur Wandlung der *Historia* von einer traditionellen Handlangerin für klassische Disziplinen (wie besonders die Jurisprudenz und die Theologie) zu einer autonomen universitären Wissenschaft eine Systematisierung der deutbaren Überlieferung stattgefunden hat, die in das Dogma von den Quellen als dem originalen Werkstoff einer neuen akademischen Berufsgruppe mündet. Die Quelle als Metapher für alle Formen nutzbarer Überlieferung suggeriert Vorstellungen der Unhintergehbarkeit: Klarheit, Reinheit, Mannigfaltigkeit und Ursprünglichkeit. Hinter der Quelle ist die Erdhöhle, das der Erkenntnis verschlossene Terrain, das Dunkel der Vergangenheit. Die Quelle gilt als letzte, quasi naturale Autorität im disziplinären Selbstverständnis. Viel zu wenig ist bisher darüber nachgedacht worden, was das die Quellen-Metapher umgebende Bildgut methodisch repräsentiert. Ich verweise hier nur an folgende Verbalverbindungen: Quellen fließen, fluten, schweigen, müssen erschlossen oder zum Sprechen gebracht werden. Immer noch lesenswert dazu sind Hans Blumenbergs metaphorologische Bemerkungen von 1971.[16] Ein Jahr

---

14 Bd. 119, 1811, S. 610.
15 Goetz, Hans-Werner, *Proseminar Geschichte: Mittelalter*, Stuttgart 1993, S. 62–65; Heimann, Heinz-Dieter. *Einführung in die Geschichte des Mittelalters*, Stuttgart 1997, S. 39.
16 Blumenberg, Hans, »Beobachtungen an Metaphern«, in: *Archiv für Begriffsgeschichte* 15 (1971), S. 161–214, hier S. 190–195.

später haben Joachim und Orlinde Radkau über die Quellen-Metaphorik der Historiker als einen Pulk höchst ambiguer Reizvorstellungen von ihrer Praxis nachgedacht, bis heute aber kaum Nachfolge gefunden.[17] Dabei wäre es für das historische Selbstbewusstsein der Historiker wirklich wichtig, mehr über Konstanz und Wandel ihrer Sicht auf diese berufseigene *prima materia* zu wissen, die vor allem anderen Wissensgut zur sinnstiftenden Veredelung taugt. Ich ergänze dies hier nur noch um einen Aspekt; man könnte ihn den possessiven nennen: Wer von »seinen« Quellen spricht (und nur der ist ausreichend professionalisiert), hat Überliefertes der Vergangenheit entnommen bzw. entliehen, um es zur Produktion von Geschichte zu nutzen. Wer »Quelle« sagt, hat Relikte von ihrer Vergangenheit und ihrer Überlieferung weg und zu sich hin gewendet, um sie für seine Fakten- und Sinnkonstruktionen in Dienst (an seiner Gegenwart) zu nehmen. Diese aneignende Wandlung des Schrift-, Bild- und Sachguts zum Material-»Rohling« scheint mir konstitutiv für das modernzeitliche Konzept der geschichtlichen Arbeit zu sein. Inwiefern das Bewahren, Sammeln und Benutzen von Überlieferung während des Mittelalters selbst solche Haltungen mitgeneriert hat, wäre noch zu erforschen. Auf jeden Fall gab es vielerlei Ordnungsmuster von deutbarer Überlieferung und Bezugsformen auf sie, die nicht deckungsgleich mit modernzeitlicher wissenschaftlicher Indienstnahme sind, aber durchaus als Vorformen derselben aufgefasst werden können. Doch wie viel wissen wir über diese Vorgeschichte? Mönchstheologie, Scholastik, Humanismus, konfessionsgeleitete Überlieferungskritik und Hof-Historie dürften die Voraussetzungen für den Aufstieg der Quelle zur Leitmetapher positivistischer Historie geschaffen haben. Der Durchbruch dieses Bildes und seine Elaboration zum materialen Generalnenner liegt nun aber lange zurück, und es steht zu vermuten, dass die metaphorische Kraft des Bildes von den »lauteren Quellen« – hier knüpfe ich an die metaphorologischen Erörterungen von Hans Blumenberg und an die quellengeschichtliche Bilanz von Rudolf Schieffer an –[18] im Laufe des 20. Jahrhunderts geschwunden ist und durch andere geläufige, aber weniger verbrauchte Termini wie »Überlieferung«, »Zeugnisse« bzw. »Material« ersetzt oder durch Metaphern wie »Spur« oder »Doku-

---

17 Radkau, Joachim u. Orlinde, *Praxis der Geschichtswissenschaft. Die Desorientiertheit des historischen Interesses*, Düsseldorf 1972, S. 73ff.

18 Blumenberg, »Beobachtungen an Metaphern«, S. 194f.; Schiefer, Rudolf, »Die lauteren Quellen des geschichtlichen Lebens‹ in Gegenwart und Zukunft«, in: Borgolte, Michael (Hg.), *Mittelalterforschung nach der Wende* 1989, Historische Zeitschrift, Beiheft 20, München 1995, S. 239–254.

ment-Monument« relativiert wird, die neue Sichtweisen ausdrücken.[19] Wie im Falle der Mediävistik, so gilt es, auch beim Gebrauch des Quellen-Begriffs sich klar darüber zu sein, für welche Vorstellung von der Überlieferung man dabei optiert und worin dies historisch gründet.

Mittelalter

Die Herkunft des »Mittelalters« als Name für die Zeitspanne zwischen Antike und Moderne ist im Wesentlichen bekannt. Unter den vielen Studien beruft man sich da am besten auf die Arbeiten von Jürgen Voss, Uwe Neddermeyer und Dieter Mertens.[20] Ich erinnere nur aufzählend an die wichtigsten Etappen: das spätmittelalterliche Auftauchen des humanistischen Schimpfwortes von der primitiv-lateinischen *media aetas* als »terminologischem Lückenbüßer im Niemandsland« zwischen Antike und Gegenwart (Peter von Moos[21]), die protestantischen Blicke auf die Zeiten verweltlichter Papstherrschaft, die philologischen Großtaten der nachtridentinischen Gelehrten (man denke nur an Charles Du Fresne Sieur Du Canges noch heute unentbehrliches »Glossarium mediae et infimae latinitatis« von 1678), die pragmatisch-didaktische dreiteilige Zeitraumgliederung des protestantischen

---

19 Ich denke hier an das Modell der Historie als *observation* von *temoignages*, das Marc Bloch 1940/41 in seiner *Apologie pour l'histoire ou Métier d'historien* (1993 herausgegeben von Etienne Bloch), Paris 1993 der traditionellen französischen Geschichtsforschung entgegengesetzt hat; weiter an das von Carlo Ginzburg in »Spurensicherung. Der Jäger entziffert die Fährte, Sherlock Holmes nimmt die Lupe, Freud liest Morelli – die Wissenschaft auf der Suche nach sich selbst« (in: ders. *Spurensicherungen. Über verborgene Geschichte, Kunst und soziales Gedächtnis*, Berlin 1983, S. 61–96), ermittelte »Indizienparadigma«, oder an die Produktion von »Dokumenten« im Rahmen der »historiographischen Operation« von Michel de Certeau, *Das Schreiben der Geschichte* (1975), Frankfurt a. M./New York 1991, S. 71–133, hier S. 93ff.

20 Voss, Jürgen, *Das Mittelalter im historischen Denken Frankreichs. Untersuchungen zur Geschichte des Mittelalterbegriffes und der Mittelalterbewertung von der zweiten Hälfte des 16. bis zur Mitte des 19. Jahrhunderts*, München 1979; Uwe Neddermeyer, *Das Mittelalter in der deutschen Historiographie vom 15. bis zum 18. Jahrhundert. Geschichtsgliederung und Epochenverständnis in der frühen Neuzeit*, Köln/Wien 1988; Mertens, Dieter, »Mittelalterbilder in der Frühen Neuzeit«, in: Althoff, Gerd (Hg.), *Die Deutschen und ihr Mittelalter: Themen und Funktionen moderner Geschichtsbilder vom Mittelalter*, Darmstadt 1992, S. 29–54, S. 177–186; vgl. auch den breiten Überblick in: Gatto, Ludovico, *Viaggio intorno al concetto di medioevo. Profilo di storia della storiografia*, 3. Aufl., Rom 1992.

21 Moos, Peter von, »Gefahren des Mittelalterbegriffs. Diagnostische und präventive Aspekte«, in: Heinzle, Joachim (Hg.), *Modernes Mittelalter. Neue Bilder einer populären Epoche*, Frankfurt a. M. 1994, S. 33–63.

Universitätslehrers Cellarius (1685) mit der *media aetas* in der Mitte, die Teutsche Reichshistoria des 18. Jahrhunderts, erpicht auf quellenkritische Modellierung der antiken, mittelalterlichen und neuzeitlichen Überlieferungen. Dann die Auffüllung und Aufwertung zum bipolaren Wert- und Wesensbegriff durch Aufklärung und Romantik im späten 18. und frühen 19. Jahrhundert: hier das barbarische, feudale, gewalttätige, finstere, dort das christliche, gotische, höfische, lichte Mittelalter. Seitdem spielen die beiden kulturpolitischen Optionen in alle folgenden nationalstaatlichen, konfessionellen, zivilisationsstolzen oder kulturkritischen, rassistischen oder euroideologischen, wachstums- oder krisenorientierten Auseinandersetzungen um den Sinn der eigenen Geschichte hinein. Die Europäer leben seit 150 Jahren mit diesem ständig umstrittenen, wie Otto Gerhard Oexle sagt »entzweiten« Mittelalter.[22] Und die Fachhistorie leistete dazu nicht nur zentrale Dienste, sondern lieferte sicher nicht ihr rational Bestes. Gewiss bleibt zweierlei: Aus diesen Debatten resultierten unschätzbare Wissens-, Wertungs- und Methodisierungsgewinne, und alle mit dem Mittelalter Befassten sind sich mehr oder weniger klar, dass sie sich aus den Kontroversen und Deutungsanstrengungen um die sinngeschichtliche Rolle »ihres« Zeitalters nicht »pragmatisch« heraushalten können, sondern vielmehr mit ihnen Schritt halten müssen. Angefangen bei der Beteiligung an kulturpolitischen Auseinandersetzungen um den Platz des Mittelalters im Geschichtsunterricht in den Schulen; weiter über die Berechtigung und Integration neuer Fragestellungen und Themenfelder – Memoria und Oralität, Geschlechtergeschichte, Historische Anthropologie, Umweltgeschichte – bis hin zur streitbaren Kritik an den unübersichtlichen Verbrauchstechniken von stereotyp-archaisierenden Versatzstücken aus überholten Mittelalter-Bildern in den Massenmedien.

Aber es mehren sich auch die Anzeichen dafür, dass der Konventionsbegriff Mittelalter nicht mehr so selbstverständlich über die Lippen geht, dass die alten Einwände gegen ihn – Hartmut Boockmann nannte ihn einmal Verlegenheitsbegriff –[23] neue Nahrung gewinnen. Dies entweder in dem Sinne, dass über Revisionen der Binnengliederung bzw. Ausweitung des Geltungszeitraums gestritten wird. Man denke an die zweiteilende Rolle des 12. Jahrhunderts oder an Jacques Le Goffs »langes« Mittelalter – hierzu hat

---

22 Oexle, Otto Gerhard, »Das entzweite Mittelalter«, in: Althoff, Gerd (Hg.), *Die Deutschen und ihr Mittelalter*, S. 7–28, S. 168–177.

23 Boockmann, Hartmut, »Tausend Jahre Verlegenheit zwischen Antike und Neuzeit: Vorstellungen vom Mittelalter – Umrisse des Mittelalters«, in: ders./Jürgensen, Konrad (Hg.), *Nachdenken über Geschichte. Beiträge aus der Ökumene der Historiker in Memoriam Karl Dietrich Erdmann*, Neumünster 1991, S. 267–281.

Hans-Werner Goetz Wichtiges angemerkt.²⁴ Oder, das ist das Weitergehende, es wird das Wort »Mittelalter« gemieden, und stattdessen werden Wendungen wie »Lateineuropa«, »Alteuropa«, »Vormoderne«, »vorindustrielles Europa« bevorzugt. Auch ein alter, vielgescholtener Konkurrent, der »Feudalismus«, nunmehr marxistisch-leninistischer Instrumentalisierungen ledig, könnte wieder dazugehören. Als der neutralste Weg bietet sich der Rückzug auf die Orientierung an Jahrhunderten an. Auch gegenüber dem Mittelalterbegriff gilt also die Pflicht zur Historisierung: ohne Geschichte der Mittelalter-Vorstellungen und Mittelalter-Definitionen keine Wissenschaft von der mittelalterlichen Geschichte. Kein Gebrauch des Epochenzeichens Mittelalter, so sinnprall, einseitig, pragmatisch, konventionalisiert, ja abgeschliffen er auch daherkommen mag, ist neutral, sondern bezieht seine Legitimität aus dessen historischer Tiefenschärfe und kontemporärer Wertbeziehung bzw. kultureller Relevanz.

Text und *Textus*

Aktualität des Textes und Textforschungsgeschichte

Schließlich der Text, jenes mit lat. *textus* (zu lat. *texere*: weben, flechten) vorgegebene Fremdwort, das seit dem 14. Jahrhundert im Deutschen auftaucht. Über die Inhaltsbeschreibungen, wie sie zu Beginn der 1980er-Jahre im »Deutschen Fremdwörterbuch« gegeben wurden, ist die Entwicklung zwar längst hinaus. Trotzdem biete ich sie einleitend.²⁵ »Text« in seiner allgemeinen Bedeutung wird dort so umschrieben: »schriftlich festgehaltene, inhaltlich-thematisch zusammenhängende Folge von Wörtern, Sätzen; Wortlaut einer Rede eines Schriftstücks«. Man denkt hierbei an Alltagssprachliches wie den Gesetzes-, Schlager-, Zeitungs- oder Klar-Text usf. Dazu gehören wissenschaftliche Sinnbereiche, die sich in philologisch-literarische (Ur-, Übungs-Text oder Textausgabe, Textkritik usf.) und linguistische (Textgram-

---

24 Goetz, Hans-Werner, »Das Problem der Epochengrenzen und die Epoche des Mittelalters«, in: Segl, Peter (Hg.), *Mittelalter und Moderne,* S. 163–172.

25 Basler, Otto/Schulz, Hans (Hg.), *Deutsches Fremdwörterbuch* Bd. 5, 1981, S. 201–204. Das hier gegebene Sinnfeld und seine Belege bleiben äußerst nützlich, gerade als Ergänzung zu dem, was das Grimmsche Wörterbuch bietet (Bd. 21, 1935/ND München 1984 , Sp. 294–296).

matik, Kontext, Textualität usf.) differenzieren. Heute ist diese Sinnfeldstruktur in Auflösung begriffen. Der Text und seine Komposita fungieren mittlerweile als Schlüsselwörter bei so gut wie jeder wissenschaftlichen Aktivität, egal im Fahrwasser welcher Disziplin und im Gefüge welcher Diskurse sie sich wähnt oder weiß. Der Sprachphilosoph Maximilian Scherner hat in seinen begriffsgeschichtlichen Arbeiten von 1996 und 1999 diese mittlerweile unübersichtliche Lage nutzbringend für den Interessierten geordnet[26]: Er meint nicht nur fünf verschiedene linguistische Text-Begriffe unterscheiden zu können – solche nämlich in struktur-, kommunikations-, sprachsystem-, handlungs- und kognitionsorientierter Perspektive –, sondern weiß darüber hinaus von weiteren vier »translinguistischen« Textbegriffen: »Text« in semiotischer, kultureller, soziologischer und poststrukturalistischer Sicht. Doch damit immer noch nicht genug. Längst natürlich hat der Text sein digitales Dasein in der Software-Nomenklatur jedes Computers, etwa in Abkürzungen wie dem Dateizeichen »TXT«. Hier sind semiotische Verschiebungen von noch kaum fassbarer Tragweite im Gefüge der herkömmlichen schriftkulturellen Gedankenbilder im Gange; agile Protagonisten einer inventiven Hypertext-Kultur stehen empörten Schriftkultur-Verfechtern gegenüber, die über das Verschwinden des Textes in »Chip und Net« trauern. So liegt es nahe, sich mit Uwe Pörksen zu fragen, ob der Text nicht im Begriffe ist, zum »Plastikwort« zu degenerieren.[27]

Trotz der phänomenalen Benutzungskonjunktur, die ja ständig einer Entgrenzung ins Nichtssagende gleichkommt, sind Stimmen, die neben fachgerechter Substanzbestimmung – wie eben in der Textlinguistik – auf geschichtliche Differenz und Entwicklung von Text, ebenso aber auch Textualität und Kontext pochen, noch wenig zu hören. Welche Fachwissenschaft forscht nach dem historischen Schicksal ihres Text-Verständnisses? Meine Suche in den gängigen Hilfsmitteln hat bislang wenig Früchte getragen. Auf die Philosophie habe ich schon hingewiesen. Maximilian Scherner hat mit seinen Studien im Rahmen des »Historischen Wörterbuchs der Philosophie« einen wichtigen, ja grundlegenden Anfang begriffsgeschichtlicher Art gemacht, der jedoch enger sprachphilosophischer Perspektive folgt. Wie steht es mit entsprechenden Arbeiten in anderen Disziplinen? Die Theologie lebt weiter fest in ihrer normativ-konfessionellen Textüberlieferungslehre

---

26 Scherner, Maximilian, »›Text‹. Untersuchungen zur Begriffsgeschichte«, in: *Archiv für Begriffsgeschichte* 39 (1996), S. 103–160; ders., Artikel »Text«, in: *Historisches Wörterbuch der Philosophie*, Bd. 10, Darmstadt 1999, S. 1038–1043.
27 Pörksen, Uwe, *Plastikwörter. Die Sprache einer internationalen Diktatur*, Stuttgart 1988.

bzw. Textkritik und Hermeneutik bzw. Auslegung; die Artikel zum »Text« innerhalb ihrer Hilfsmittel sind durchweg systematisch gebaut, kommen ohne jede geschichtliche Orientierung aus. Ähnlich ist es mit der Rechtswissenschaft. Auch die Philologie – man denke nur an Herbert Krafts neuerliches Vademecum – historisiert ihren eigenen Zentralbegriff bislang kaum.[28] Sie hat aber, besonders aus textpragmatischer Sicht, begonnen, ihre klassischen Ausgangspunkte zu relativieren. Dafür sprechen die Debatten über die neueren Editionen von Dichtungen, deren Autoren – aus welchen Gründen immer – unklar autorisierten Wortlaut hinterließen (wie Kleist, Hölderlin, Kafka), ebenso aber auch die Verunsicherungen, die sich aus kodikologischen Untersuchungen und Gebrauchsrekonstruktionen mittelalterlicher Werke und Bücher ergeben haben. Über den Stand der Dinge informiert hier Karl Stackmann.[29] In der kulturwissenschaftlich ausgerichteten Altphilologie haben John Scheid und Jesper Svenbro wichtige Beobachtungen zur Rezeption und Literarisierung der griechischen Gewebemetaphorik durch römisch-lateinische Autoren beigesteuert, wie noch zu zeigen sein wird.[30] Überraschend ist, dass gerade die allgemeine Sprach- und Kommunikationswissenschaft, die kaum mehr andere Gegenstände als Texte kennt, noch ohne Text*geschichte* auskommen kann.[31] Ebenso die vergleichende Kulturwissenschaft – ich nenne hier nur Jan Assmann und Burghard Gladigow. Sie entfaltet, situiert und historisiert die Schließung der Texte zum Kanon von Bibel und Gesetz und erforscht die Beziehung des Kommentars zum Text, begnügt sich beim Text selbst aber mit überraschend kargen Grundbestimmungen.[32] Auch die so grundsätzliche Verschiebung der letzten 25 Jahre von der Werkinterpretation zur pragmatischen Textanalyse in so gut wie allen Literaturwissenschaften hat noch nicht dazu geführt, dort den Text zur präzisen Verzeitlichung freizugeben; knappe Bestimmungen findet man bei Gunther Martens.[33] Nicht viel anders ist die Situation in den Bildwissen-

---

28 Kraft, Herbert, *Editionsphilologie,* Darmstadt 1990.
29 Stackmann, Karl, »*Neue Philologie?*«, in: Heinzle, Joachim (Hg.), *Modernes Mittelalter,* S. 398–427.
30 Scheid, John/Svenbro, Jesper, *Le métier de Zeus. Mythe du tissage et du tissu dans le monde gréco-romain,* Paris 1994.
31 Besch, Werner u. a. (Hg.), *Sprachgeschichte. Ein Handbuch zur Geschichte der deutschen Sprache und ihrer Erforschung,* Ungeheuer, Gerold/Wiegand, Herbert Hans (Hg.), Handbücher zur Sprach- und Kommunikationswissenschaft, Bd. 2, 1–2, Berlin/New York 1984.
32 Assmann, Jan/Gladigow, Burkhard (Hg.), Text und Kommentar, Archäologie der literarischen Kommunikation IV, München 1995.
33 Martens, Gunther, »Text«, in: *Reallexikon der deutschen Literaturgeschichte,* Bd. 4, 2. Aufl. 1984, S. 403–417.

schaften. Selbst dort, wo die Text-Bild-Beziehungen untersucht werden, bleibt das Bezeichnungsverhalten auf der Text-Seite deutlich unspezifischer als auf der Bild-Seite. »Text« steht austauschbar für das Medium »Schrift« oder für die »Sprache« bzw. das »Wort«.[34] Obwohl das Grundziel dieses neuerlich enorm wachsenden Forschungsfeldes darin besteht, den Zwillingscharakter (*opus geminatum*) so vieler ästhetischer und literarischer Werke und das Zusammenwirken beider Künste herauszustellen, erscheint im Ergebnis dieser Arbeiten die piktorale Seite vielfältiger differenziert und spezifiziert als die skripturale – sie bleibt gewissermaßen Text. Noch weniger entwickelt ist textgeschichtliche Sichtweise in der (mediävistischen) Musikwissenschaft. Geht es um Text-Melodie-Beziehungen – in vieler Hinsicht das zentrale Thema der Musikgeschichte des früherem Mittelalters –, dann wird die Notierungsweise des Klanggeschehens minutiös charakterisiert und gedeutet, nicht aber der Text in, über oder unter der Notation. Wie schwierig der Weg dorthin innerhalb dieser Disziplin ist, beweisen die verdienstvollen Arbeiten von Michael Walter und Laurenz Lütteken.[35] Der – neben Maximilian Scherner – beste begriffsgeschichtliche Überblick kommt aus der Linguistik: Clemens Knoblochs Aufsatz »Zu Status und Geschichte des Textbegriffs« von 1990[36]; auf ihn ist gleich zurückzukommen.

Schließlich die Historie: Auch in ihr treibt der Text sein ubiquitäres Wesen als Allerweltswort, ob im Sinne der geschlossenen Darstellung unter dem Titel oder über den Fußnoten, als Synonym der Schriftquellen überhaupt, als all das, was es zu interpretieren gilt, sei es Schrift oder Rede, Schrift-, Bild- oder Dingsinn. Up to date-denkende Kollegen und Kolleginnen sprechen mittlerweile lieber von ihren Texten als von ihren Quellen oder ihren Aufsätzen bzw. Büchern. Clemens Knobloch hat dafür die passenden Worte gefunden: Das Wort »Text« dient hier als »nominatives Äquivalent« für alle »auslegungsbedürftigen sozialen Zeichengebilde«. Es bietet sich als Passepartout, als Deckwort für alle Sinn nahen anderen Wörter wie Werk, Schrift,

---

34 Initiativ und grundlegend hierzu: Meier, Christel/Ruberg, Uwe (Hg.), *Text und Bild. Aspekte des Zusammenwirkens zweier Künste in Mittelalter und früher Neuzeit*, Wiesbaden 1980. Da hier Kunst- und Literaturwissenschaft transdisziplinär zusammenwachsen, ist künftig ein Hauptertrag zur Text-Geschichte zu erwarten.

35 Walter, Michael, »Musik und Sprache: Voraussetzungen ihrer Dichotomisierung«, in: ders. (Hg.), *Text und Musik. Neue Perspektiven der Theorie*, München 1995, S. 9–31; Lütteken, Laurenz, »Padua und die Entstehung des musikalischen Textes«, in: *Marburger Jahrbuch für Kunstwissenschaft* (1997), S. 25–39.

36 Knobloch, Clemens, »Zu Status und Geschichte des Textbegriffs. Eine Skizze«, in: *LiLi. Zeitschrift für Literaturwissenschaft und Linguistik* 20 (1990), S. 66–87.

Quelle, Zeugnis, Urkunde, Diskurs usf. an. Woher das Text-Wort jedoch seine so breit vertretende Kraft und Aura hat, wird nicht reflektiert. Dem Druck zur unscharfen Benutzung steht die Unkenntnis über die geschichtliche Reichweite der jeweils benutzten Sinnvariante gegenüber. Wer darauf angesprochen wird, das habe ich mehrfach erlebt, immunisiert sich mit dem Argument, der »Text« sei nur eine Bezeichnung, fungiere nicht als Begriff. Was für die Historie insgesamt, gilt auch für die Mittelalterforschung. Bezeichnend ist, dass in so ausschlaggebenden Nachschlagewerken wie dem »Lexikon des Mittelalters« oder dem »Dictionnaire de Spiritualité« das Stichwort Text/*textus* fehlt. Natürlich gibt es die große Fraktion derer, die sich auf die bewährten Prinzipien der juristischen, romanistischen und germanistischen Textphilologie berufen. Zu ihr gehören besonders diejenigen, welche die Sorge um den rechten Text mit dem Ziel der kritischen Edition umtreibt.[37] Dieser philologischen Tradition in der Mittelalterforschung fehlt es aber bislang am Interesse an einer Historisierung, die vor allem vom lateinischen *textus* auszugehen hätte. Maximilian Scherner spricht von einer riesigen Forschungslücke, zu der auch das gesamte Mittelalter gehöre.[38] Ich meine, er hat rundum Recht. Denn auch, wenn theoriebewusste Mediävistinnen und Mediävisten Bücher mit Titeln wie »Listening for the Text«, so Brian Stock, oder »The Past as Text«, so Gabrielle Spiegel, schreiben, gerieren sie sich ausschließlich text-systematisch, nicht text-historisch.[39] Worin gründet wiederum dies? Die Frage drängt sich auf: Hat der *textus* bzw. »Text« denn überhaupt keine nennenswerte Geschichte im Mittelalter? Maximilian Scherner und Clemens Knobloch, schaut man näher hin, sind skeptisch. Knobloch, der radikalere der beiden, fasst seine Prämisse in schwerwiegende Sätze: »Das Stichwort ›Text‹ taugt nicht als Faktor oder Indikator geschichtlicher Vorgänge. Es läßt sich nicht begriffsgeschichtlich adeln, seine Wortbedeutungen zeigen wenig Neigung zu dramatischen Veränderungen«[40] – ein entmutigender Satz. Bei Maximilian Scherner sieht die Lage etwas anders aus, weil er seine begriffsgeschichtliche Untersuchung nicht am Text-Wort, sondern an einem sprachtheoretisch begründeten Text-Begriff ausrichtet, den er, auf eine Kurzformel gebracht, als »transphrastische Größe« zwischen Satz und Diskurs versteht. Daraus folgt, dass er nach entsprechenden Sinn-

---

37 Fuhrmann, Horst, »Die Sorge um den rechten Text«, in: *Deutsches Archiv für die Erforschung des Mittelalters* 25 (1969), S. 1–16.
38 Scherner, »›Text‹. Untersuchungen zur Begriffsgeschichte«, S. 105.
39 Stock, Brian *Listening for the Text. On the Uses of the Past*; Spiegel, Gabrielle M., *The Past as Text. The Theory and Practice of Medieval Historiography*, Baltimore/London 1997.
40 Knobloch, »Zu Status und Geschichte des Textbegriffs«, S. 67.

entwicklungen in den »Grundwerken der Sprachreflexion einer Epoche« sucht, nicht nach mit dem Text- bzw. *textus*-Wort selbst verbundenen Sinnsituationen oder -trends. Aber selbst bei dieser linguistischen Suche geht das Mittelalter nahezu leer aus. Das sprachanalytisch Entscheidende und textbegriffsgeschichtlich Relevante ist in der Spätantike geschehen. Im Mittelalter werden diese Leistungen (Scherner nennt sie die rhetorische und die grammatische Tradition) nur fortgeschrieben. Und was die bisherigen Befunde zum Sinnfeld des *textus*-Wortes selber im Mittelalter betrifft, so erreichen diese nicht genügend sprachanalytisches Niveau, um sie als *termini technici* qualifizieren und somit als begriffsgeschichtlich relevant ansehen zu können, sondern sie verbleiben im Bereich normalsprachlicher Beschreibung von hermeneutischen und liturgischen Situationen und Aufgaben. Scherners Ergebnisse scheinen zu bestätigen, dass der mittelalterliche Beitrag zur Text-Geschichte eher vernachlässigenswert ist. In Knoblochs Worten: »Bis zum Aufkommen von Theorien über Text bzw. Textualität – (und das heißt: nicht vor dem 18. Jahrhundert, Anm. d. Verf.) – dient das Wort fast ausschließlich relativ stabilen Bezeichnungszwecken«, die begriffsgeschichtlich nicht nobilitierbar sind.[41] Aber ist diese begriffsgeschichtliche Armut mit Mangel an Geschichte überhaupt gleichzusetzen?

Text und *linguistic turn* in der Mittelalterforschung

Folgen wir Knobloch noch ein wenig, denn er bietet wichtige Informationen über das Wechselverhältnis zwischen dem *linguistic turn* und der Geschichte des Textes. Seiner Skepsis gegenüber dem Mittelalter entsprechend ist Knobloch konsequent, wenn er eine ereignisreiche Text-Geschichte erst mit dem Beginn der Moderne, mit dem Siegeszug der Philologien seit dem 18. und im 19. Jahrhundert beginnen lässt. Sie waren es, die erfolgreich nach dem echten literarischen Werk des individuellen Autors suchten und dabei den unverwechselbaren Sinn und stabil intendierten schriftlichen Wortlaut fanden, um den sie den Textbegriff konstruierten. Anschließend folgen die Verschiebungen, Ausweitungen und Überlagerungen dieses philologischen Textbegriffs der Literaturwissenschaft zu dem sprachlichen der Linguistik und dem kommunikativen der Semiotik. Damit ist die Sinnausweitung vorbereitet für den letzten Schritt, der Vorstellung der sozialen Welt selbst als Text: Text als Bezeichnung für alle auslegungsbedürftigen sozialen Zeichengebilde, Kon-

---

41 Ebd.

text als alles Umweltliche der Gebilde. Hinter dieser Entwicklung stehen langfristige Vorgänge in der Moderne, die mit Saussures Bestimmung der Sprache als arbiträrem Zeichengefüge begannen, zur Autonomisierung des Textsinnes als Zeichenwelt führten, zur ontologischen Priorität der Sprache vor der materiellen Wirklichkeit radikalisiert wurden und schließlich in die fünf so provokanten Maximen des Dekonstruktivismus mündeten, die da lauten:

1. Es gibt nichts außerhalb des Textes.
2. Alle Fakten sind Fiktionen und *vice versa*.
3. Der Autor ist tot, mit ihm verstarb die nach Intentionen fahndende Hermeneutik.
4. Der Text ist unendlich, uneinheitlich, besteht in Interpretationen von Interpretationen. Er ist dementsprechend nicht verstehbar, sondern nur entschlüsselbar (decodierbar), dekonstruierbar.
5. Gesellschaften sind Bedeutungsgewebe, Kulturen selbst sind Texte, mindestens als solche zu »lesen«.

Vor solcher Radikalität hatten die Historiker bislang einige Berührungsangst und konnten wenig mit ihr anfangen. Das haben Ernst Hanisch, Peter Schöttler und Ute Daniel in ihren Auseinandersetzungen mit der amerikanischen Variante des Dekonstruktivismus, dem *liguistic turn* – angemahnt.[42] Die Zurückhaltung ist insofern erstaunlich, als den Historikern der Weg zur vergangenen Wirklichkeit ja materiell grundsätzlich versperrt ist. Allein mittels fragmentarischer, besonders schriftlicher Überreste sind ja Sondierungen über eine Vergangenheit möglich, deren Ergebnisse wiederum nur im Gebilde der mehr oder weniger guten Erzählung bzw. Darstellung, also in fiktiver Ordnung der sprachlich gefassten, mithin literarischen Fakten vermittelt werden können. Innerhalb der Mittelalterforschung hat sich – sehe ich richtig – bislang allein die Amerikanerin Gabrielle M. Spiegel, eine Spezialistin der hochmittelalterlichen Geschichtsschreibung, dem *linguistic turn* explizit und detailliert gestellt. Ihre Auseinandersetzungen münden in ein Programm,

---

42 Hanisch, Ernst, »Die linguistische Wende: Geschichtswissenschaft und Literatur«, in: Hardtwig, Werner/Wehler, Hans-Ulrich (Hg.), *Kulturgeschichte heute*, Geschichte und Gesellschaft Sonderheft16, Göttingen 1996, S. 212–230; Schöttler, Peter, »Wer hat Angst vor dem ›linguistic turn‹«, in: *Geschichte und Gesellschaft* 23 (1997), S. 134–151; Daniel, Ute, »Clio unter Kulturschock. Zu den aktuellen Debatten der Geschichtswissenschaft«, in: *Geschichte in Wissenschaft und Unterricht* 48 (1997), S. 195–218, S. 259–278.

das hier in der Form eines Pulks von Zitaten für sich selbst sprechen soll.[43] Spiegels Credo lautet: Texte sind »materielle Verkörperungen situativen Sprachgebrauchs«, sie sind »einst gelebte Ereignisse von spezifisch lokalem Ursprung«. Dies erlaubt, sie mit dem sozialgeschichtlichen Instrumentarium zu bearbeiten, sie in einen lokalen oder regionalen gesellschaftlichen Kontext menschlicher Beziehungen, Kommunikationssysteme oder Machtverhältnisse zu stellen, die ihre spezifischen semantischen Eigenheiten erklären können. Weiter schreibt Spiegel: »Die Geschichte verhält sich zum Text wie eine ›abwesende Ursache‹, wie ein ›latentes Unbewußtes‹, welches aus den Kräften und Texten besteht, gegen die sich der Text in Auseinandersetzung konstruiert. Dabei nimmt er aber nicht nur einen einzigen Sinn an, sondern viele Schichten umstrittener, widersprüchlicher und unausgesprochener Bedeutungen, die das Werk mit der Wirklichkeit verknüpfen.« Programmatisch heißt dies dann:

»Eine Literaturgeschichte, die die soziale Logik der Texte in den Vordergrund ihres Interesses stellt, nimmt wichtige Elemente heutigen Geschichtsdenkens und der heutigen Literaturtheorie in sich auf, modifiziert sie jedoch. Sie steht den neuesten sozialgeschichtlichen Strömungen insofern nahe, als sie sich auf lokale und regionale Strukturen konzentriert statt auf eine Betrachtung der Gesellschaft als Ganzem. Sie bewahrt das für die neuere Kulturgeschichte prägende Bewußtsein vom Text, der dem sozialen Leben entstammt und es zugleich konstituiert, im Versuch, ihm Bedeutung zu verleihen. Mit der Dekonstruktion teilt sie die Vorstellung, daß Texte oft raffinierte ideologische Mystifikationen darstellen, denen man mit Mißtrauen begegnen muß, die sich jedoch in letzter Konsequenz durch die Fragmentierung ihres Sinns selbst entlarven. Was diese Aufgabenstellung aber vom Poststrukturalismus und der neueren Kulturgeschichte trennt, ist die Weigerung, Text und Kontext, Sprache und Wirklichkeit in ein und derselben phänomenologischen Kategorie zusammenfallen zu lassen. Natürlich erkennt sie dabei an, daß ›Realität‹, ›Kontext‹, ›soziale Strukturen‹ und Ähnliches den Historikern von heute nur über die textgebundene Überlieferung, die durch die Interpretation erst konstituiert wird, zugänglich sind. Unser Erkenntnisziel ›Geschichte‹ ist daher zwangsläufig immer abwesend und nur über die Vermittlung durch den Text zugänglich.«[44]

Gabrielle Spiegels ambitionierter Versuch, grundlegende Programmpunkte des Poststrukturalismus bzw. Dekonstruktivismus aufzunehmen, sich zugleich aber nicht von der Historiker-Frage nach dem Kontext bzw. den Spu-

---

43 Spiegel, Gabrielle M., »Geschichte, Historizität und die soziale Logik von mittelalterlichen Texten«, in: Conrad, C./Kessel, Martina, (Hg.), *Geschichte schreiben in der Postmoderne. Beiträge zur aktuellen Situation*, Stuttgart 1994, S. 161–201; die engl. Originalfassung in: Spiegel, *The Past as Text*, S. 3–28, S. 213–220.
44 Ebd. S. 193f.

ren von Wirklichkeit in den überlieferten Texten abbringen zu lassen, sollte in der Mittelalterforschung mehr Beachtung finden. Trotzdem ist Kritik angebracht. Das Auffälligste an Spiegels Programm ist die Passepartoutrolle des Wortes »Text«.[45] Meines Erachtens geht es um zweierlei: Zum einen ist zu fragen, ob es nötig ist, den poststrukturalistischen Textbegriff über die durch konkrete Überlieferung garantierten Ausdrücke, Gattungen und Formen von Schrift-, Bild- und Sinngut zu stülpen. Hindert er nicht eher daran, der jeweiligen Besonderheit einer Gattung – sei es ein Bericht, eine Urkunde, eine Liste, eine Spruchsammlung, ein Versepos, einen Flügelaltar – ihren Namen zu bewahren? Das schließt natürlich nicht aus, in solchen Zeugnissen Bedeutungsschichten und Wirklichkeitssegmente »codiert« zu sehen, die kaum greifbar und darstellbar sind mittels eines Verstehenskonzepts, das um die intentionale Autor-Werk-Einheit zentriert. Wäre es nicht besser, den Weg zum Doppelcharakter von schriftlichen Zeugnissen, die »dem Leben entstammen und es zugleich konstituieren« dadurch zu verkürzen, dass der verallgemeinernde Umweg über den Text schlicht gestrichen wird? Den Beweis hierzu anzutreten, fehlt der Platz. Man müsste zeigen, dass in Spiegels Deutungsoperationen die zeitgenössischen Namen für die Aussagegebilde ohne Erkenntnisverluste an die Stellen gesetzt werden können, wo sie vom Text verdrängt wurden.

Zum anderen stellt sich meines Erachtens die Aufgabe, das, was im Mittelalter jeweils mit *textus* gemeint ist, am Platz seines Gebrauchs zu untersuchen, und zwar ganz im Sinne von Spiegels Programm. Sicher geht eine solche Aufgabe nicht darin auf, die von Maximilian Scherner beklagte begriffs-geschichtliche Lücke zu schließen, die zudem noch sprachanalytisch verengt ist. Mit dem Folgenden möchte ich theoretisch flacher, aber sachlich offener ansetzen. Ich lehne mich dabei an Programmpunkte einer historischen Semantik an, die Rolf Reichardt in einer kritischen Bilanz über die Leistungen der deutschen Begriffsgeschichte, der anglo-amerikanischen *conceptual history* und der französischen Diskursanalyse vorgeschlagen hat.[46] Von seinen neun Empfehlungen sind hier besonders drei von Interesse: erstens nicht vom »Begriff«, sondern vom »Schlagwort« als dem Gegenstand der semantischen Untersuchung zu sprechen, zweitens auf den Sprachhandlungswillen des jeweiligen »Sprechers« sowie auf die Eigenheiten der Schrift-

---

45 Ich gehe hier nicht der Frage nach, welcher begrifflichen »Text«-Tradition Spiegel folgt.
46 Reichhardt, Rolf, »Historische Semantik zwischen lexicométrie und New Cultural History. Einführende Bemerkungen zur Standortbestimmung«, in: ders. (Hg.), *Aufklärung und Historische Semantik: interdisziplinäre Beiträge zur westeuropäischen Kulturgeschichte*, Zeitschrift für Historische Forschung, Beiheft 21, Berlin 1998, S. 7–29, hier S. 23–29.

gutgattung zu achten und schließlich verschiedene Diskursräume zu unterscheiden.

Drei *textus*-Situationen

Ich möchte im Folgenden in aller Kürze von drei Sprachgebrauchssituationen handeln, die meines Erachtens als nicht unerhebliche Ereignisse in der langfristigen Formation und Kumulation des Textes zum typisch europäischen Prinzip lautschriftgeleiteter Vergegenständlichung und lateinschriftgestalteter Gegenständlichkeit gelten können.[47]

Zuvor aber noch einige einleitende Bemerkungen zur antiken *textus*-Geschichte – im Wesentlichen referiert nach John Scheids und Jesper Svenbros wichtiger Studie[48]: Weder Cicero, der als erster die ungemein vielfältige griechische Gewebemetaphorik über eine Reihe von Präfixen zum Verb *texere* auf das lateinische schriftstellerische Können übertrug, noch Plinius, der die Überkreuzung der Papyrusmarkstreifen mit dem Gewebtem verglich, noch Quintilian, der erstmalig die Sinnfügung einer guten Rede vor Gericht als *textus* bezeichnete – keiner von ihnen hat das geschichtlich Bedeutsame und Prägnante seines Tuns geahnt, und keiner seiner Zeitgenossen ist davon »enthusiasmiert« worden oder hat sich mit derlei kritisch auseinandergesetzt.[49] Der *textus* ist damit aber peu à peu als Gewebe-Metapher im literarischen und theologischen, nicht aber im juristischen Vokabular der Gebildeten, besonders der Christen etabliert worden. Die entscheidenden Elaborierungsleistungen aber sind der Patristik zuzuschreiben. Vorangegangen sein dürfte hier Tertullian, der mit den heiligen christlichen Schriften als vielfachen Sinn bergenden *textus* (der Ausdruck fehlt ja in der *Vetus Latina* und in der *Vulgata*) umzugehen begann Besonders bei Ambrosius, Hieronymus und Augustinus ist es die nun zum Kanon formierte, ins Lateinische gebrachte Heilige Schrift (*Sacra Pagina*), die als vielfachen Offenbarungssinn bergender *textus*-Gegenstand imaginiert und ausgelegt, aber auch als sakrales Ding, als *codex*,

---

[47] Man könnte auch schlichter vom *textus* im Sinne einer Koppelung von Schriftstück und Schriftsinn sprechen.

[48] Scheid, John/Svenbro, Jesper, Le métier de Zeus, S. 139–162: La naissance d'un idéogramme. La métaphore du *textus* en pays latin.

[49] Die vier Übertragungen bedeuten Anreicherungen von schriftkulturellen Männerdomänen durch feminine Tätigkeits- und Bedeutungsbilder. Wie viel Textilität in die Textualität gelangte, wäre eine besonders delikate Aufgabe geschlechtergeschichtlicher Dekonstruktion. Svenbro und Scheid leisten dazu einen wichtigen ersten Beitrag.

hantiert und verehrt wird. Hier möchte ich mit den drei Fällen anschließen. Alle handeln von Schriften bzw. Schriftstücken als *textus*-Tatorten im Sinne Gabrielle Spiegels. Es soll um Cassiodors *Institutiones* (551–562), den *Legiloquus Liber* von Ansegis von Fontenelles (827) und die Abschrift des Prümer Urbars von Cesarius von Mylendonk (1222) gehen.

Cassiodors Institutiones

Cassiodor, zwischen Boethius und Isidor der große, hochliterate Vermittler antiken Wissens mit den christlichen Glaubenslehren im langen 6. Jahrhundert, hat in den Jahren zwischen 551 und 562 für die Mönche des von ihm (auf seinem eigenen Grundbesitz) eingerichteten Klosters Vivarium eine Anleitung zum Studium der heiligen Schriften erstellt, die *Institutiones divinarum et humanarum lectionum* (bzw. *saecularium litterarum*).[50] Davon überzeugt, dass in den biblischen Schriften das säkulare Wissen seiner Zeit enthalten und zugleich vom christlichen Heilswissen abhängig sei, hat er mit den *Institutiones* eine zweiteilige »wissenschaftliche Hausordnung«[51] erstellt, eine Art Referenz-Schrift zu all dem, was damals an lateinischen Autoren und Werken in der Klosterbibliothek vorhanden war. Das erste Buch, im groben gegliedert wie der Aufbau der beiden Bibeltestamente, handelt von all den Hilfsmitteln zum soliden Studium der biblischen Bücher (Einführungen, Kommentare, Charakterisierungen der christlichen Autoren), vermittelt seinen Mitbrüdern aber auch Kriterien für das richtige Lesen und korrekte Abschreiben. Und diejenigen, deren Stärke das weisheitssuchende Lesen und Schreiben nicht ist, verweist er über das theologisch Nötigste hinaus schließlich auf traditionelle Werke über Garten- und Ackerbau. Im zweiten Buch folgt dann die geraffte Darstellung der *artes liberales* nach den für sie verbindlichen Autoren (wie Donat, Martinanus Capella, Boethius u. a.). Welche Rolle spielt nun der *textus* in dem Werk? Wenn ich nichts übersehen habe, dann fällt das Wort *textus* insgesamt zehnmal.[52] Das auffälligste

---

50 Mynors, R.A.B. (Hg.), *Cassiodori Senatoris Institutiones*, Oxford 1937.
51 So die prägnante Formulierung von Brunhölzl, Franz, *Geschichte der lateinischen Literatur des Mittelalters*, Bd. 1, München 1975, S. 36–40, hier S. 37.
52 Leider leistet die ansonsten penible semantische Studie von Francis Joseph Witty, *Writing and the Book in Cassiodorus*, Phil. Diss. Washington 1976 für das *textus*-Sinnfeld nicht das zu Erwartende (S. 58ff.; *textus* im Sinne von Inhalt im ganzen Werk Cassiodors); dagegen findet man alles Nötige zu den Sinnfeldern Writing Materials and Instruments, Composition and Transcription, Interior/Exterior Form of the Book.

an der Verteilung dieses Wortgebrauchs ist, dass das zweite Buch, das ja von den weltlichen Schriften handelt, so gut wie *textus*-leer ist. Cassiodor kommt bei der Charakterisierung des Schriftguts der einzelnen *artes liberales* das *textus*-Wort schlicht nicht in den Sinn. Nur in seiner Vorrede spricht er vom *textus* des ganzen Buches über die sieben Arten des weltlichen Wissens, die es nunmehr zu durcheilen, das heißt darzustellen gelte. Dieser Sinn von *textus* als Wortlaut des zweiten Buchs der *Institutiones* ist eine Ausnahme. Die verbleibenden neun Belegstellen ergeben folgendes Sinnfeld:[53] 1. *Textus* meint nichts anderes als die Teile der Heiligen Schrift (*textus genesis* u. a.), 2. Der *textus* hat Eigenschaften. Er ist vollständig, zusammenhängend, variiert entsprechend vieler Übersetzungen, besitzt aber größte Klarheit. 3. Der *textus* erklärt sich selbst. Er spricht zum Leser, legt dar, erleuchtet und überzeugt ihn, er preist, klagt an, verdammt, erhöht, drückt nieder, tröstet ihn, prägt sich ihm ein, führt auf den richtigen Weg. 4. Der *textus* wurde von den Vätern (Hieronymus, Augustinus) ausgelegt. 5. Der *textus* ist als Schriftstück (*volumen, codex, liber*) zur Hand. 6. Er ist mit schönen Buchstaben geschrieben und durch verschiedene Zeichen und Absätze so geordnet, das der Sinn dem Lesenden aufgeht. Dieses Kurzportrait weist *textus* als Stellvertreterwort für die *scripturae divinae* als den lateinisch gefassten Bestand göttlicher Offenbarungen aus, der selber aktiv und umfassend auf den Leser zu wirken vermag. Aber er ist auch ein latenter und verschlossener Sinnschatz bzw. -code, den zu heben und zu entschlüsseln sich vor Cassiodor bereits viele bemüht haben und um dessen willen er selbst seine *Institutiones* für den konkreten Kreis seiner Mitbrüder verfasst hat. Zugleich bezeichnet das Wort die äußere und innere Form dieses Schatzes als Bestand sorgfältig erstellter Bücher, die sich im Kloster befinden. *Textus* spielt die Rolle eines gelegentlichen Synonyms für nahezu alle anderen »Buch«-Bezeichnungen (*codex, liber, volumen*), die im Übrigen in den *Institutiones* viel häufiger benutzt sind. Aber neben diesem doch streng beschränkten Sinnfeld des *textus* als biblischem Wortlaut und Schriftsinn sowie als verfügbarem Schriftstück tut sich die Möglichkeit eines erweiterten *textus*-Gebrauchs auf. Cassiodor nennt, wie oben angedeutet, einmal den Wortlaut seines eigenen Buches *textus*. Zusammenfassend sollte man festhalten: Seine *Institutiones*, ganz im Fahrwasser der Patristik verortet, stellen für die kommenden Zeiten des *textus*-Gebrauchs eine wichtige Startposition deshalb dar, weil dieser wenig originelle *textus*-

---

53 Auf Einzelnachweise verzichte ich hier aus Platzgründen.

Gebrauch in das Vokabular der Lernenden eingelassen war – Bibelstudium als »Textlektüre« (*lectio textus*). Doch was Cassiodor für seine Mitbrüder intendierte, blieb ohne breitere Wirkung. Das zeigt die späte und sehr lückenhafte Manuskriptüberlieferung des ersten Buches der *Institutiones*. Späterer *textus*-Gebrauch im »biblischen« Sinn setzte immer wieder neu ein und orientierte sich an anderen Vorläufern als Cassiodor. Das ist hier nicht mehr darzustellen.

Der Legiloquus Liber von Ansegis

Als Bischof Ansegis von Fontenelles am 28. Januar 827 seine Sammlung der für ihn damals erreichbaren Kapitularien Karls des Großen, Ludwigs des Frommen und Lothars I. abschloss, war, so meint die jüngste Forschung mit guten Gründen, ein Durchbruch gelungen.[54] Ihre Benutzung bei Hofe schon zwei Jahre später bezeugt dies genauso wie ihre schnelle Verbreitung. Mehr als 100 Handschriften dürfte es nicht viel später von ihr gegeben haben, sie war also bald in jeder besseren Bücherstube oder Kanzlei des Frankenreichs vorhanden. Ansegis gilt als bedeutender Kopf im weiteren Umkreis beider Herrscher, war als ihr Bote viel unterwegs, stand mehreren Abteien vor, korrespondierte mit den Großen seiner Zeit (Einhard). Ansegis handelte, das steht heute fest, nicht in kaiserlichem Auftrag, wohl aber aus Liebe zum Herrscherhaus. Er wollte die Herrscherbeschlüsse dokumentieren, ja konservieren, nicht aber, wie man immer wieder gemeint hat, ein Verwaltungs-Vademecum für den Hof und die Großen im Reich erstellen. Dies ist durchaus vereinbar damit, dass er, wie er in seinem luziden Vorwort schreibt, seiner Kompilation besonderen Nutzen *(utilitas)* für den *honor ecclesiae* genauso zuspricht wie für den *status regni*.

Er sagt auch selbst, wie er die Sammlung erstellte: aus verstreuten Pergamentrollen, in deren Wortlaut er nicht eingriff, sondern deren Abschnitte er gemäß dreier nach Bedeutung gestufter Kriterien kompilierte: der Distinktion kirchlich – weltlich (*ordo ecclesiasticus – mundana lex*), der Regierungszeit

---

[54] Alles zum Fall ist zu finden in: Schmitz, Gerhard, *Die Kapitulariensammlung des Ansegis*, Monumenta Germaniae Historia. Capitularia Regum Francorum. Nova Series, Bd. 1, Hannover 1996; zum breit erforschten Umkreis der karolingischen Schriftkultur hier nur vier neue Werke: McKitterick, Rosamund, *The Carolingians and the Written Word*, Cambridge 1989; McKitterick, Rosamund (Hg.), *The uses of literacy in early medieval Europe*, Cambridge 1990; McKitterick, Rosamund (Hg.), *Carolingian Culture: emulation and innovation*, Cambridge 1994; Schiefer, Rudolf (Hg.), *Schriftkultur und Reichsverwaltung unter den Karolingern*, Opladen 1996.

der Herrscher und der Jahresfolge. So entstand sein Rechtssprechungsbuch *(Legiloquus Liber*; das Adjektiv ist sonst nicht bezeugt), eingeleitet mit einer in zwei Distichen gefassten Bitte um Gebete für das Herrscherhaus und der erwähnten Vorrede. Es folgen die vier Bücher. Jedem ist wiederum eine Einleitung mit den wichtigsten Verweisen und eine durchnummerierte Liste von standardisiert formulierten Kapiteltiteln *(capitula)* vorangestellt. Ich komme zum Punkt: Nach jeder solchen *capitulatio*, also viermal, hat Ansegis den gleichen Satz als Rubrik eingesetzt: *incipiunt capitula suprascripta et eorum textus*. Im zeitgenössischen Codex 141a der Hamburger Staats- und Universitätsbibliothek aus Corvey ist dieser Satz in rotgeschriebenen Großbuchstaben zu sehen. Mit ihm hat Ansegis aus in dispersen *membranulae* überkommenen, gruppierten Kapitularien, deren Schriftgestalt und sachliche Ordnung sich noch weitgehend der Versammlung verdankten, auf der sie beschlossen und – wie immer – notiert wurden, weit über 400 analog ordinierte *textus* gemacht. Ich kenne keine bedeutendere formale Ordnungsleistung aus dieser Zeit – auch mit solcher schnellen und breiten Wirkung. Wie konnte derlei zustande kommen? In welcher Tradition gründet es? Der nahe liegende Gedanke: Auf Ordnungskonventionen im kodifizierten Rechtsschriftgut zurückzugreifen, führt, soweit ich weiß, bislang nicht weiter. Das sollte nicht verwundern, wenn man bedenkt, dass die Protagonisten der spätantiken Kodifikationswelle das *textus*-Wort kaum benutzten. Höchst überrascht war ich darüber, im ganzen *Codex Theodosianus* nur ein, im *Corpus Iuris Civilis* nur drei *textus*-Belege zu finden (*textus codicis; textus epistulae, textus edicti*), und zwar beiläufig, an Stellen mit wenig ordinativer Tragweite. Beide Kompilationen fallen damit als spätantike Traditionsstifter für wie immer vermittelte Applikationen des *textus*-Worts auf die schriftliche Ordnung von Beschlüssen von König und Kirche aus. Welche anderen schriftkulturellen Erfahrungen legten Ansegis den oben berichteten *textus*-Einsatz nahe? Es fehlt hier der Platz, im Detail auszubreiten, auf welche Gebrauchsweisen des *textus*-Worts Ansegis rekurrieren konnte. Aber ich will wenigstens andeuten, dass es seit dem 7. Jahrhundert hier und da in für die fränkische Herrschaft relevanten Bereichen administrativer Schriftlichkeit zum Gebrauch von *textus* kommt.[55] So zum Beispiel im Sinne von *tenor* bzw. *sensus* dessen, was in einer Urkunde, einem Brief, einem Kapitular, einem Testament zu lesen ist, oder im Verhältnis zu anderen Bestandteilen eines Schriftstücks (*titulus, praetitulatio*). Doch finden sich herifür nur wenige Belege. Deren Löwenanteil

---

55 Ich greife hier, ohne einzelne Nachweise, auf eigene Untersuchungen zurück, über die ich in Münster, Bremen und Philadelphia referiert habe.

gehört weiterhin ins theologische und liturgische Schriftgut (*textus* als *sacra pagina* bzw. *codex*). Keinerlei Gebrauch gemacht wird vom *textus* jedoch in Gattungen wie Viten, Mirakelsammlungen, Versen, Auflistungen jeder Art. Dies leitet über zur nächsten Geschichte.

Die kommentierte Abschrift des Prümer Urbars von Cesarius[56]

Sechs Jahre nach seinem Rücktritt vom Prümer Abbatiat, seiner Konversion und seinem Eintritt in den Zisterzienserkonvent von Heisterbach wurde Cesarius von Milendonk von Friedrich von der Leyen, dem amtierenden Prümer Abt, gebeten, ein 329 Jahre altes Buch abzuschreiben, das die Rechte und Einkünfte des Klosters enthielt; ein Urbar aus dem Jahre 893. Eine solche Aufgabe lag im Trend der Zeit, Cesarius galt als in der Güterverwaltung erfahren und war ein ausgebildeter Schreiber. Was er dann jedoch erstellte, war weit mehr als eine sorgfältige Kopie: Eröffnet wird das neue Buch mit drei farbigen Miniaturen, mittels derer Cesarius die Prümer Abtei, das Buch und sich selbst in den Rahmen dynastischer Legitimität und Memoria (das Kloster war von den Karolingern gegründet, gefördert und als Grablege genutzt worden) sowie unter die Gebote gerechter Herrschaft und monastischen Gehorsam stellt. Es folgt ein Widmungsschreiben, ein numeriertes Inhaltsverzeichnis der anschließend abgeschriebenen 118 Kapitel des alten Buches. Den Schluss bilden eine Liste von derzeitigen Prümer Lehnsträgern und ein kurzes angehängtes Nachwort.[57] In dem Widmungsschreiben rechtfertigt er sich wie folgt:

»Ich zeige Euch, verehrter Vater Abt an, dass ich das alte Buch (*vetus liber*), das die Rechte und Einkünfte Eures Klosters enthält, nach bestem Wissen und Können, dabei keinen Schritt vom Pfad der Wahrheit abweichend, abgeschrieben habe. Jedoch habe ich die meinem mäßigen Ingenium ungewöhnlich erscheinenden Namen und Wörter, die ich darin fand, damit sie dem Gemeinverstand besser offen stünden, durch eine Art Glossierung (*quasi glosando*) in ein gebräuchlicheres Latein überführt, jedoch den sprachlich wundersamen und gewissermaßen unerhörten Stil, in dem alles abgefasst ist (*conscribere*), aus Ehrfurcht vor dem Alter (*ob reverentiam antiquitatis*) unverletzt belassen. Nur die Ortsnamen, die wegen des hohen Alters fast bar-

---

56 Diesem Abschnitt liegt folgende Studie zugrunde: Kuchenbuch, Ludolf, »Die Achtung vor dem alten Buch und die Furcht vor dem neuen. Cesarius von Milendonk erstellt 1222 eine Abschrift des Prümer Urbars von 893«, in: *Historische Anthropologie* 3 (1995), S. 175–202.
57 Letzte Edition: *Das Prümer Urbar*, ed. von Ingo Schwab, *Rheinische Urbare 5*, Publikationen der Gesellschaft für Rheinische Geschichtskunde 20, Düsseldorf 1983, S. 158–259; mit einem schwarz-weißen Faksimile als Beilage.

barisch erschienen, habe ich gegen Namen eingetauscht, die unsere Gegenwart (*modernitas*) vorgab.«[58]

Diesen Sätzen ist nur wenig hinzuzufügen. Cesarius erklärt hier seine Doppelrolle: Er fungiert dem alten Buch gegenüber, das ihm an anderer Stelle als Autorität (*auctoritas*) gilt und das er zusammengestellt (*compilatus*) nennt, als (Ab-)Schreiber und als Kommentator/Glossator. Zur Aufrechterhaltung der Differenz zwischen *antiquitas* und *modernitas* konnte sich einer graphischen Ordnung bedienen, die er einmal beiläufig selbst benennt: das paginale Zusammenspiel von *textus* und *glosa*. Wer den handlichen Codex von Cesarius durchblättert, dem fällt ein zweiteiliges »Layout« ins Auge. In die Mitte der Seite hat Cesarius den *textus*, seine Abschrift des alten Buchs, platziert und an den Rändern um ihn herum (auch zwischen einzelne seiner Zeilen) die in halber Größe geschriebenen Glossen. Diese graphische Fassung der Beziehung zwischen alt und neu bzw. zwischen Explanandum und Explanans war damals gang und gäbe bei den Mönchen, Scholaren und Notaren. Ein Zeitgenosse von Cesarius, Alexander Neqam, zählte das Wissen um diese *textus-glossa*-Form zum festen Bestand jedes guten Schreibers. Wie sie, mit Vorläufern in der Antike, aus einzelnen interlinearen Zufügungen und Glossen seit der karolingischen Schriftreform schrittweise zu dem graphischen System zusammenwuchs, dessen sich Cesarius und seine Zeitgenossen bedienten, kann hier nicht nachgezeichnet werden. Entscheidend war, wozu es diente, was es möglich machte. Es ging um die skriptural geteilte paginale Einheit von Bezugswortlaut und Kommentar. Ihre großen Anwendungsfelder waren die heiligen Schriften und das glossierte Schriftgut des weltlichen und kirchlichen Rechts, gipfelnd in den biblischen und juristischen Handschriften der *glossa ordinaria*. Dieses Schriftbild des geistlichen und weltlichen Normschrifttums nun, und das ist die erfinderische Tat, auf die ich hier aufmerksam machen möchte, überträgt Cesarius konsequent auf eine ganz andere Schriftgutgattung, ein grundherrliches Urbar, und auf ein anderes Praxisfeld, die Verwaltung der Güter und Einkünfte. Konsequent nicht nur im graphischen Sinne, sondern auch im inhaltlichen. Das erweist sich nicht nur an der Sorgfalt, mit der er das alte Buch als *textus* konserviert, sondern auch an der Art seiner Kommentare. Die insgesamt 215 Glossen umstellen nicht nur den alten Text, sondern sie erschließen ihn auch inhaltlich weit über das hinaus, was Cesarius in seinem Widmungsschreiben rechtfertigend andeutet: Notizen über verloren gegangene, durch Erblehen entfremdete Besitzungen, Hin-

---

[58] Ebd., S. 159.

weise auf Erkundungen über den aktuellen Zustand vor Ort, Tipps zur Durchsetzung bestehender Ansprüche gegen benachbarte Herrschaften, Anweisungen zur Zurechtrückung der Ansprüche an die eigenen Bauern, Hinweise auf schriftliche Dokumente im Kloster, eine Empfehlung schließlich, mit dem Buch selbst zu drohen. All das bildet einen den alten Text erschließenden vielgestaltigen Apparat, den man in die Nähe zu dem Verbund von Glossentypen rücken kann, mit denen die Theologen, Prediger und Juristen seiner Zeit ihre Texte erschlossen und benutzten. Cesarius schuf den ersten scholastischen Kommentar über grundherrliche Haushaltung.

Bleibt noch zu fragen, wie viel die mit der Güter- und Einkünfteverwaltung betrauten Prümer Brüder mit dem Doppel-Werk von Cesarius anfangen konnten. Sehr wenig, so scheint es. Der Codex selbst weist kaum Gebrauchsspuren auf, von parallel benutzten Exemplaren ist nichts bekannt. Zur Besserung von Besitz und Haushaltung Prüms ist es weder kurz- noch langfristig gekommen. *Textus* und *glossae* von 1222 blieben ohne die erhoffte Wirkung. Der Grund dürfte darin liegen, dass die Übersetzung frühscholastischen Schriftgebarens und Auslegungstechnik in das grundherrliche Handlungsfeld einem falschen Kalkül folgte. Mit dem Gespann von altem Text und neuem Kommentar war die Korrosion der jahrhundertealten Herrschaft über Land und Leute nicht aufzuhalten. Andere Formen des Schriftgebrauchs wie kontinuierliche Besitzkontrolle und Rechteanpassung, Weistum, Pachtvertrag, Einnahme- und Ausgabenrechnung sind es, zu denen die ländlichen Herrschaftsträger zunehmend griffen. Trotzdem: Cesarius' Applikation des Text-Kommentar-Schemas auf ein Schriftstück der Haushaltung (Ökonomie), so klar sie als funktionale Sackgasse erscheint, ist eines derjenigen Signale in der Verbreitungsgeschichte des *textus*, auf die man nicht verzichten sollte. Wann etwa erfolgte der nächste Versuch? Hatte er Folgen?

Was haben die drei Beispiele geboten? Jedes dokumentiert ein erstes Mal: der *textus* als *sacra pagina* in einer Studieranleitung, der *textus* als Baustein einer systematischen Sammlung von rechtlichen und administrativen Bestimmungen einer Reichsverwaltung, der *textus* als glossiertes grundherrliches Besitz- und Einkünfteregister. Jeder Fall hat eine andere intendierte soziale Reichweite: Bibelstudium im Kloster, ordnende Bewahrung von Reichsbeschlüssen, Modernisierung der Grundherrschaft. Keines hatte im Übrigen wirklich langfristige Wirkung. Alle aber bezeugen sie neuartige Anwendungen, stellen Bausteine eines Weges zum erweiterten Gebrauch von *textus* dar, und in zwei Fällen wird die Grenze des religiösen Praxisfelds überschritten; es geht um Texte zur Reichsverwaltung und Haushaltung. Zu Studium und Unterricht tritt Neuordnung Archivierung, Kontrolle. Die Elemente des *textus*-Sinnfeldes sind dabei durchaus die gleichen geblieben: *textus* als Buch (*codex/liber/volumen*), als verbindlicher Wortlaut (*tenor*), *textus* als zu entschlüsselnder Sinn (*sensus*). Zu diesem mehrteiligen Kern gehören umgebende und den Text erschließende Schriftelemente (wie *titulus, intitulatio, capitulatio, praefatio, glossa, registrum*)[59] – das Ensemble der schriftpraktischen Werkzeuge der lateinkundigen Literaten Europas.

Leider fehlt hier der Platz, weitere Situationen zum *textus*-Gebrauch nachzuzeichnen, die der bisherigen Skizze mehr Profil geben könnten. Allzu vieles fehlt noch: das Auseinandertreten von *textus* und notierter Melodie, das Miteinander von *textus* und Bild, die Kombination des *textus* mit weiteren säkularen Schriftgattungen (Text von Briefen, Versen, Epen, Predigten, Rechnungen, Rechten, Kommentaren, Traktaten usf.), die Ausweitung des Text-Gebrauchs auf nicht schriftliche Erscheinungen (einzelne Dinge, Natur, Welt), der Übertritt von *textus* in die neuen Schriftsprachen und sein Status als deutsches und englisches Fremdwort.

Ausblick

Abschließend bin ich eine kurze Abrundung schuldig. Sind mediävistische Quellen mittelalterliche Texte? Die Frage, das dürfte nun klar sein, ist in ihrer Allgemeinheit falsch gestellt. Das Nachdenken über die Kreuzbeziehungen oder Überlappungen im Sinn der vier hier traktierten fachlichen Schlüsselwörter, ist deren eigene Geschichte in Grundzügen bekannt, braucht den konkreten Einzelfall. Von ihm aus lässt sich dann weiterfragen. Etwa: Ist dieses oder jenes Schriftstück schon während des Mittelalters zur *fons* von Tradition und Wissen gemacht worden, oder machte erst die Historie es zur Quelle, oder gar erst die Mediävistik zu einem ihrer Texte? Wann wurde ein bestimmtes Dokument bzw. Monument zum Text, bislang aber kaum zur historischen Quelle? Warum ist diese oder jene traditionelle Quelle der Mittelalterhistorie erst durch die Mediävistik zum Text gemacht worden? War ein Mittelalterforscher des frühen 20. Jahrhunderts bereits ein Mediävist? Gibt es (noch) Mittelalterforscherinnen und -forscher, die keine Mediävisten

---

59 Unter den Terminus »Paratexte« vereinigte sie (und andere) für die Moderne: Genette, Gérard, *Paratexte. Das Buch vom Beiwerk des Buches*, Frankfurt a. M./New York 1989.

sind? Worin besteht die Berechtigung dazu, ein Schriftstück, ein schrifttragendes Zeugnis als Text zu bezeichnen, das weder in seiner Entstehungszeit noch während seiner Überlieferungs- und Wirkungsgeschichte zum *textus* wurde? Jeder Fall hat seine Antworten parat. Darum ging es mir.

Ich habe darauf aufmerksam gemacht, wie wichtig für ein reflektiertes fachliches Selbstverständnis die Historisierung der uns selbstverständlichen Schlüsselwörter ist. An dieser kontrollierten Verzeitlichung der eigenen Grundlagen wird viel zu wenig gearbeitet, obwohl alle Kennerinnen und Kenner wissen, dass die Legitimität ihrer Alltagspraxis – Stellen, Mittel, Echo beim Publikum – nicht nur an der programmatischen Schlagkraft dieser Selbstverständlichkeiten, sondern auch an deren historischer Legitimität und Tiefenschärfe hängt. Jemand, der sich als Mediävist versteht, baut eben auf arbeitsteilige und interdisziplinäre Nachbarschaft zu allen, mit dem Mittelalter befassten Kolleginnen und Kollegen gleich welchen Fachs. Jemand, der um die recht kurze Geschichte der materialen Zentralmetapher »Quelle« weiß, erliegt den Suggestionen, die ihr innewohnen, weniger leicht und weiß seine eigenen possessiven Attitüden zu kontrollieren, ebenso aber auch die der anderen zu kritisieren und mit den Überlieferern, denen er beim Deuten ihrer Zeugnisse begegnet, vorsichtig und angemessen umzugehen. Jemand, der die schwierige Geschichte eines so zentralen Epochenbegriffs wie des Mittelalters überblickt, ist offen für die Ambiguität und Widersprüchlichkeit der Diskussionen darüber und kann sie dauerhaft ertragen, ja sich daran beteiligen – und sich eventuell auch andere Epochenhüte denken. Wer berücksichtigt, wie lange es im Laufe der so unauffälligen Geschichte des okzidentalen alphabetischen Denkens und Gebarens gedauert hat, bis das Wort »Text« für jede Form verstehender Vergegenständlichung verwendbar wurde, wird auf geschichtliche Aufklärung dort pochen, wo es als substanzloses Plastikwort das aktuelle Denken über ferne Zeiten regiert, besonders aber das professionell historische. Worum es letztlich geht, ist eine disziplinierte Aufmerksamkeit und kritische Distanz all den Wörtern gegenüber, die Geschichte machen – auch die Geschichte der eigenen Disziplin.

So ende ich mit einem ganz konkreten Rat. Schlagen Sie, liebe Leserin, lieber Leser, in Seminaren und Diskussionen besonders über die Vormoderne, dort, wo das Wort »Text« wie ein alles bedeckendes oder schluckendes Passepartout sein Wesen treibt, schlichtweg vor, dass alle Beteiligten versuchen sollten, es durch genauere Wörter zu ersetzen. Erzwingen Sie – meinetwegen per Abstimmung – den befristeten Verzicht auf den Gebrauch des Wortes. Ich vermute, die Folge wäre zuerst ein etwas unwirsches bzw. peinliches Gestammel, das aber bald in ein höchst vergnügliches Um-Worte-Ringen umschlagen dürfte. Die Abarbeitung am Text- und auch Kontext-Klischee würde im Übrigen auch überraschend viel Aktualität des Mittelalters zutage fördern.

8. Zwischen Improvisation und Text
Schriftanthropologische Erwägungen eines Jazzamateurs und Mediävisten zur Musikhistorie

Es waren spekulative Diskussionen mit Musikwissenschaftlern über die Rolle der Notation für die Musik und ihre Historie, die mich zu den folgenden Erwägungen herausgefordert haben.[1] Als Außenseiter darf ich einen Spagat wagen, den gestandene Musikologinnen und Musikologen sich wohl kaum leisten dürften. Die Leser sollten die folgenden Zeilen deshalb als Einschmuggeln nur bedingt lizenzfähiger Materialien in das Fachterrain begreifen, ein Versuch aus musikanthropologischem Interesse.[2]

Ich bin ein seit den späten 1950er-Jahren als Jazzsaxophonist aktiv und, als Selbstlerner mit eher rudimentären Notenlese- und Notenschreibfähigkeiten, ganz erpicht auf das direkte Spielen in diversen Stilen. Ich bin aber zugleich ein Historiker der mittelalterlichen Sozial- und Wirtschaftswelt, der sich in den vergangenen zwei Jahrzehnten in die Formen- und Funktionsvielfalt der alteuropäischen Schriftkultur eingearbeitet und dabei festgestellt hat, ein wie marginales Dasein das von der Musikwissenschaft erarbeitete Wissen von der spekulativen *musica* sowie den kirchlichen, höfischen und städtischen Sang- und Klanggeschehnissen in meinem Fach heute noch immer fristet.

Bei meinen Interventionen in Musikologenkreisen ging es stets um einen durchaus schmerzhaften *Widerspruch*. Da war zum einen die unbestreitbare

---

1 Der vorliegende Essay geht auf einen freien Thesenvortrag auf dem Roundtable »Kontinuität und Wandel in der Musik des XIII. Internationalen Kongresses der Gesellschaft für Musikforschung« vom 16.-21. September 2004 in Jena zurück. Der Hauptverantwortliche für meinen Beitrag ist der Zürcher Musikologe Laurenz Lütteken. Ihm ist herzlich zu danken. Sehr viel Freude bereitet mir das Mittun von David Kuchenbuch beim zweiten und dritten Teil, insbesondere bei der Erstellung des *textus*-Schemas. Ich habe mich auf die allerwichtigsten Literaturnachweise beschränkt.

2 Zur Einführung (kulturübergreifend): Baumann, Max Peter, »Musik«, in: Wulf, Christoph (Hg.), *Vom Menschen. Handbuch Historische Anthropologie*, Weinheim/Basel 1997, S. 974–984.

Hegemonie auralisierender und oralisierender Spielpraktiken, die ich als Improvisator, vom Jazz ausgehend, in allen vergleichbaren kulturellen und historischen Situationen bestätigt wissen wollte – als ein Ideologe des Oralitätsprimats sozusagen. Dem stand die ebenso unbestreitbare Präzision der Re- und Präskriptionen gegenüber, ohne die situationsenthobenes, verlässliches und erfolgreiches Zusammenspiel kaum möglich schien. Immer ging es um die gewaltige Differenz zwischen schriftlich-visueller und mündlich-situativer Klangplanung und Klanggestaltung. Immer standen dabei die Noten im Kreuzverhör; immer ging es um die Abwägung zwischen ihrer Leistungskraft und ihrer Ausdrucksarmut. Und immer kamen historische Fragen nach der Genesis der spezifisch europäischen Musik im Wechselspiel mit der parallel entwickelten Notenschrift, deren globalem Erfolg und schließlich auch Krise in der Spätmoderne auf. Und stets war ich nicht davon abzubringen, dass die Notenschrift mindestens genauso hinderlich wie förderlich und, selbst bei vollem semiotischem Raffinement, nur bedingt repräsentativ für das Klanggeschehen sei bzw. sein könne. Im Folgenden möchte ich drei Darlegungsteile vorstellen, deren innerer Zusammenhang alles andere als gewiss ist. Angestrebt habe ich dabei Beiträge über die Wechselbeziehungen und Widersprüche zwischen Oralität bzw. Auralität und Literalität bzw. Visualität in der »Musik«. Zum einen in der Jazzspielpraxis der 1960er- und 1970er-Jahre, zum anderen im großen europäischen Musikentwicklungsweg, zum dritten im Wissens- und Schriftgefüge des Hochmittelalters. Ob eine solche Bandbreite noch aussageträchtige Folgerungen für unser Thema zulässt, soll am Ende bedacht werden. Im ersten Schritt werde ich über die Eigenart von unscheinbaren *Schriftstücken* handeln, die weltbekannten Individuen der Jazzkunst ebenso wie Amateuren wie mir im Souterrain des Genres ausreichen, um mit ihrer Hilfe öffentlich zugängliche, in Leib und Seele dringende und ästhetisch autonome *Musik* zu machen. Ziel ist dabei natürlich die systematische Relativierung der Notenschrift für die Produktion und Reproduktion der Klangereignisse. Ein Versuch also, den schriftlichen Anteil am Ereignis der Musik herunterzuspielen. Diese Präsentation eines unscheinbaren, bislang weitgehend übersehenen Materialbereichs der Zeitgeschichte soll dann mit einem gewagten Versuch konfrontiert werden, die *musica* im Gefüge der hochmittelalterlichen Schriftkultur ganzheitlich zu verorten. Im groben Schema einer idealen Seite eines scholastischen Kodex und seines skripturalen Umfeldes werde ich die Plätze, welche die *musica* und der *cantus* einnehmen, zu bestimmen versuchen. Beide historischen Situationen möchte ich aber durch eine noch riskantere Zwischenoperation auf die gehörige Distanz zueinander bringen.

Mnemo- und -szenopraktische Zettelwirtschaft: Aufführung ohne Werk im Jazzclub[3]

Betrachten Sie die Dokumente 1 und 2 (Abbildung 13). Sie stammen aus meinem Privatarchiv, waren in einer Serie von Spielereignissen im Winter 1959/60 in Gebrauch, an die ich mich nur noch pauschal erinnern kann. Um Form und Funktion dieser Stücke beschreiben und bestimmen zu können, sind dieselben heuristischen Fragen angemessen, die auch für eine römische Senatoren-Inschrift, eine Papsturkunde oder ein Schönberg-Autograph gelten: Worauf und wie ist das Festgehaltene graphisch geordnet? Welches Zeichenrepertoire wird verwendet und wozu? Wer hat das Stück erstellt bzw. verändert? Wer hat es wie benutzt? Und schließlich: Welche Aufgabe hatte es?[4]

Lassen Sie mich im Folgenden pedantisch sein. Ohne präzise Oberflächendeskription stochert man zu schnell im Nebel. Beide Stücke sind handschriftlich erstellt. Das Original, das mir vorliegt, zeigt, dass sie mit Kugelschreiber schwarz geschrieben sind, dazu kommen rote Unterstreichungen. In horizontalen Schriftlinien, von links nach rechts, wurde geschrieben und ist zu lesen. Die Schriftgröße entspricht normaler Handschrift, war also in handlicher Sichtweite zu gebrauchen. Es handelt sich hier um Ausschnitte aus verschiedenen Blättern mit DIN-A5-Format, liniert, die in ein Ringbuch

---

3 Ich halte mich im Folgenden eng an eine frühere Studie: Kuchenbuch, Ludolf, »Notizen zur ›Notation‹ im Amateurjazz der sechziger und siebziger Jahre«, in: Jost, Ekkehard (Hg.), *Darmstädter Jazzforum 89*, Hofheim 1990, S. 161–189; den weiteren Umkreis der Jazzforschung umreißt Jost, Ekkehard »Über einige Probleme jazzmusikalischer Analyse«, in: *Jazzforschung 31* (1999), S. 11–18; die meines Erachtens beste systematische (und auch historische) Einführung zur Improvisations-Praxis gibt Bailey, Derek, *Improvisation. Kunst ohne Werk*, Hofheim 1987.

4 Ausdifferenzierter für auch musikschriftliche Zwecke: *Zeichenformen*: Bild, graphische bzw. phonische Symbole; *schriftsprachliche Elemente*: Wörter, Sätze, Abkürzungen; *Zeichenfunktionen*: Tempo, Metrum, Dauer, Rhythmus; *Tonhöhe*: Linien, Stufen; *Akzidenzien*: Register, Klangfarbe, Tonintensität, Artikulation; Tonart; Instrumentierung, Arrangement/Komposition; *Hersteller*: Schreiber, Autor, Bearbeiter; *Benutzung durch Instrumentalisten, Sänger, Dirigenten*: Selbstlesen, Mitlesen, Lesenhören, Erinnern (auswendig Abrufen).

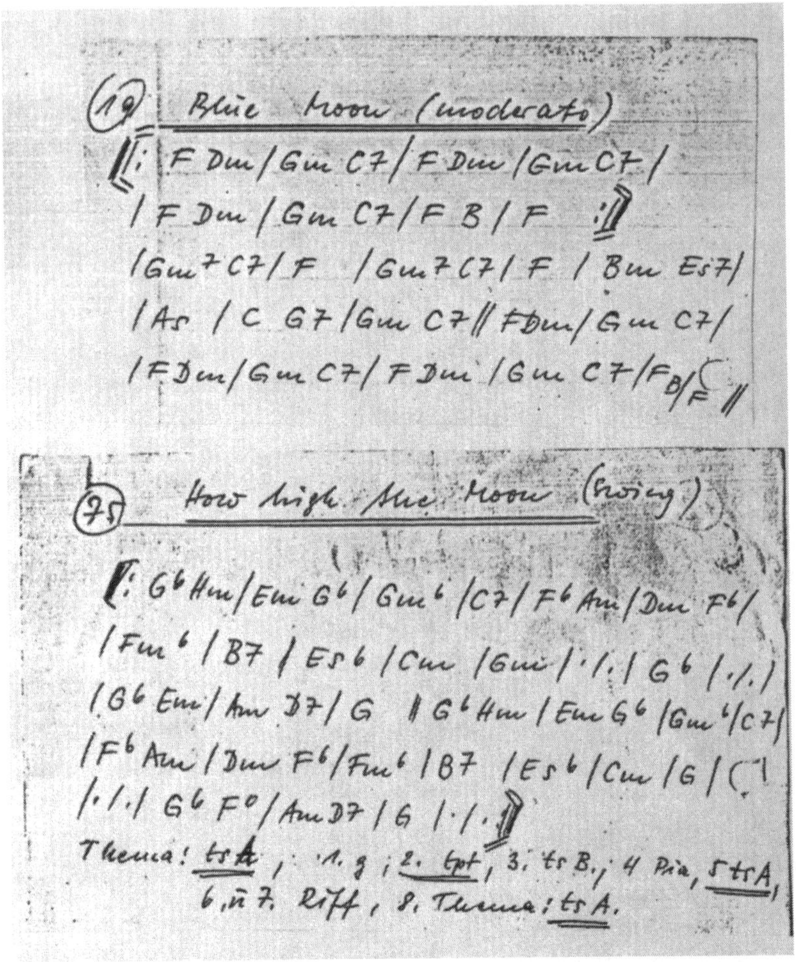

Abb. 13: Harmonie-Symbole der Songs Blue moon *und* How high the moon. *Archiv L. Kuchenbuch.*

gehören. Nun zum Zeichenrepertoire: Man kann unschwer abgrenzende Striche und Klammern erkennen (Taktstriche, Wiederholungszeichen, Einklammerung), welche die Zeilenorganisation bestimmen (Taktschema). Eine feste Zahl von Takten pro Zeile ist angestrebt, aber nicht durchgehalten. Die Takteinheiten sind mit phonischen Symbolen in Majuskeln ausgefüllt, dazu kommen die Modussymbolisierung in Minuskel (m) sowie Zahlen, einerseits an die Tonsymbole angelehnt (C7), anderseits der ganzen graphischen Einheit links oben vorangestellt und umkreist (19; 75). Die erste Zeile (Überschrift) besteht aus 5 Wörtern derselben Sprache (englisch). Beide Zeilen zerfallen in zwei verschiedene Aussageeinheiten.

Wie ist dieses Zeichenarsenal zu deuten? Im Kern läuft der Gesamtsinn auf Folgendes hinaus: Beide Aufzeichnungen bestehen aus einer durch Taktstriche gegliederten Folge von Grundtonsymbolen (mit ganzem oder halbem Taktwert), die als terzgeschichtete Dreiklänge zu verstehen sind. Manche von ihnen sind durch eine Zahl ergänzt, die auf ein zusätzliches Intervall mit funktionsharmonischer Aufgabe hinweist, etwa als Vorbereitung einer nächstverwandten Tonart durch die Septime. Den phonischen Akkordsymbolen sieht man an, dass über sie gesprochen wurde – und zwar in deutscher Sprache (H/B und Es/As), obwohl es Usus in Jazzkreisen ist, derlei im Amerikanischen mit den geläufigen Akzidenzzeichen zu schreiben und auszusprechen (B/Bb=Bflat und Eb/Ab). Fach-*ortho*graphische Schreibweise war hier jedoch nicht wichtig – man schrieb, wie man sprach. Die – inkonsequent geschriebenen – Wiederholungszeichen deuten eine Gesamtform der Akkordfolge an, die zu den Lied-Schemata AABA bzw. AA passt.[5] (Im zweiten Stück ist versehentlich ein überzähliger Takt (17: G) notiert.)

Jeder Eingeweihte entschlüsselt ohne Umstände beide Aufzeichnungen als Harmonie- bzw. Akkordfolgen, über die improvisiert wurde (bzw. werden soll). Wer mit Jazznotationen nicht vertraut ist, wird spontan an Tabulaturen des Barock oder der Volksmusik denken. Abgesehen von den Tempobezeichnungen fehlt jeder Hinweis auf die melodische Überlagerung und rhythmische Grundierung der einzelnen Harmonien. Die jeweils erste, doppelt unterstrichene Zeile gibt den entscheidenden Hinweis auf die Melodie, den *Song*, der das Ganze erst zum unverwechselbaren Stück macht. Allein der (meist englische) Titel reicht aus, sie zu erinnern, sie stimmlich oder mit dem entsprechenden Instrument präsent zu haben und exakt, das heißt für die Mitspieler und das Publikum erkennbar, zu intonieren. Die den Titeln vorangestellten (und wohl später umkreisten) Zahlen sind als Ordnungsziffern entweder im Programm-Repertoire oder im Repertoirebuch zu verstehen (Stücke Nr. 19, 75). Beide Dokumente sind in handschriftlicher Sorgfalt erstellt und auch für Dritte gut lesbar. Der Schreiber hat nicht signiert, ihm kam es nicht auf den schriftlichen Nachweis seiner Leistung an. Dass die Melodien beider Stücke nicht von ihm stammen, war allen Beteiligten klar.

---

5 A und B stehen hier für die meist 4- bis 12-taktigen Melodieeinheiten, die man innerhalb der Liedanalyse als Stollen und Abgesang bzw. Strophe plus Refrain oder Ähnliches kennt.

Auch wenn sie einen bekannten Autor hatten und die Spieler dies wussten, galten sie als ein Gemeingut, dessen man sich bedienen konnte.

Um diese Stücke spielpraktisch zu situieren, muss ich nun meine Erinnerung aufrufen. Beide Aufzeichnungen erstellte ein Gitarrist zur Orientierung für mich, als ich als Saxophonist zu der schon bestehenden Band stieß und das Repertoire der Gruppe kennenlernen sollte. Damit bin ich bei der Frage der Benutzung angekommen. Vieles ist schon zur Sprache gekommen. Die Grundvoraussetzung zum Verständnis des Aufgezeichneten war die Kenntnis des *Songs*, der nur benannten, aber eben nicht aufgezeichneten Leitmelodie. Alles andere war zu besprechen bzw. wortlos, über Gesten und Blicke vermittelt, zu (er)spielen: die Länge des Stückes (Strophen- bzw. Choruszahl), die Beteiligungsweise der anderen Instrumente bzw. Mitspieler (im vorliegenden Falle Klavier, Gitarre, Bass und Schlagzeug). Jeder, der die aufgezeichnete Harmonienfolge entziffern konnte, das »Eigene« der Melodie, des Themas sozusagen, kannte und über Ausdruckssicherheit im Stil (hier: *Swing*) verfügte, konnte kompetent mitspielen. Beide Stücke boten also lediglich minimale Anhaltspunkte für eine ungemein ungenaue, aber für jede Routine, jedes Niveau, jedes Misslingen oder jeden Erfolg offene Spielsituation.

Im zweiten Stück stößt man auf Indizien zunehmender Ausarbeitung. Schon in der Harmonieaufzeichnung gibt es Neuigkeiten: Verminderte und Sextakkorde sind dabei. Die letzten beiden Zeilen handeln von einem geplanten Arrangement. Die (wieder teilweise unorthodox abgekürzten) Melodie-Instrumente sollen sich Thema und Improvisation teilen, die begleitenden Instrumente bleiben dabei unerwähnt. Zu der Beteiligungsfolge kommt noch eine verabredete, auswendig verfügbare Phrase (*Riff*), die mit minimalen Veränderungen durch die ganze Harmoniensequenz des Chorus wiederholt wird, um dem Spielvorgang mehr *Drive* zu geben.

Ich breche die Beschreibung ab, resümiere und versuche eine Gesamtcharakterisierung: Beide Dokumente repräsentieren den Grundtyp der mnemopraktischen Ausstattung für die Heerscharen von Jazzmusikerinnen und -musiker, die während eines ganzen Jahrhunderts rasanter Transformationen vom Ragtime zum Hardbop, Cool usf. ihr Repertoire zu Unterhaltung, Tanz, Vergnügen und ästhetischer Anstrengung vortrugen und über die den *Songs* unterliegenden Quintenzirkel-*Changes* improvisierten. Erst durch die breite, von Jazzpädagogik und Komponistenschutz bestimmte Transkribierungsoffensive und die Vermarktung gedruckter Jazzkompositionen und Repertoirebücher seit den 1970er-Jahren, die das noten-»verleugnende«, von

Schallplatten abhörende Amateurspiel in den Schatten stellten, ging die Ära dieses Jazzschriftguts zu Ende. Dabei war es eine sehr funktionstüchtige Gattung. Um ein durchaus uferloses *Song*-Repertoire zu begrenzen, zu überschauen und zu bewältigen, braucht der Benutzer, will er sich nicht komplett auf sein Gedächtnis und das seiner Kombattanten verlassen, lediglich dreierlei schriftliche Hinweise: den in Repertoirelisten erfassten *Song*titel (mit der Angabe der konventionellen Tonart), der die Melodie in Erinnerung bringt, dazu die unterliegenden, besonders für die Improvisationen entscheidenden *Changes* sowie Hinweise zur Beteiligungsart beim genauer geordneten Spielen des Stücks (*Arrangement*). Zwingend notwendig waren aber selbst diese Partialverschriftungen nicht. Je stabiler und dichter die Spielpraxis, je eingeweihter die Beteiligten, desto weniger Gedächtnisstützung war nötig. Für den langfristigen Zweck breiter Repertoiresicherheit boten solche, von Bier oder Zigarettenasche besudelten und abgegriffenen Kleinarchive der Jazzmusiker, aus denen beide betrachteten Dokumente stammen, grundlegende Spielsicherheit. Immer handschriftlich originell, aber wenig originär, zeugen diese krakeligen Undergroundtresore von einer variationsoffenen und ausdrucksflexiblen Spielszenerie. Ob sie von ihren Schreibern ohne Achtung für Notationsnormen hingehauen oder liebevoll in eigensprachlicher Zurichtung angelegt waren, sie wurden von ihren Besitzern gehütet wie Augäpfel, von den Spielern kreativ benutzt, das heißt je nach Lage ergänzt, durchgestrichen, korrigiert, umgeordnet, neu geschrieben. Dies nicht ohne Grund, denn sie bildeten das ihrem erinnerbaren Wissen und ihrer Spielweise adäquate, nämlich sinn- und form*mobile* Schriftgedächtnis. Ein minimal standardisiertes, *aktionsschriftliches* Nadelöhr[6] für Programmbeweglichkeit, Spielfreude und damit auch Aufführungserfolg.

Lassen Sie mich zur Ergänzung, deshalb auch gerafft, noch vier weitere Dokumente aus meinem »Archiv« beibringen (Abbildung 14). Sie gehören in einen sehr anderen Stil- und Spielzusammenhang. Die ersten drei stammen aus einem DIN-A4-Notenheft und dienten einem Trio zur Orientierung, bestehend aus Alt-, Tenor- bzw. Sopransaxophon und Cello, das sich in den späten 1970er-Jahren an der Peripherie der Berliner Freejazz-Szene bewegte. Jedes Notat hat seine Eigenheiten. Das erste knüpft dem (ironischen) Titel nach an das Repertoire einer Jazzrockband an, aus deren Auflösung das Trio

---

[6] So die prägnante Charakterisierung von Carl Dahlhaus, »Notenschrift heute (1965)«, in: ders., *Gesammelte Schriften*, Bd. 8: 20. Jahrhundert, Laaber 2005, S. 375–402; sowie ders., »Musik als Text (1979)«, in: ders., *Gesammelte Schriften*, Bd. 1: Allgemeine Theorie der Musik 1, Laaber 2000, S. 388–404.

Abb. 14: Rudimentärnotationen von drei Stücken. Archiv L. Kuchenbuch.

hervorging: »Mein Saxophon (ist so verstimmt)«. Aufgezeichnet ist nur das Thema in Form einer phonisch bezeichneten Tonfolge mit nur grob im Liniensystem verorteter Aufwärts- bzw. Abwärtsrichtung, die an fünf Stellen zum Zweiklang gespreizt ist. Das beharrlich notierte »H« weist wiederum auf die redende Schreibweise hin. Die Trennung der Tonsymbolgruppen entspricht keinem Takt, die Striche markieren vielmehr Pausen zwischen den insgesamt 12 Kurzphrasen, aus denen das ganze Thema besteht. Ihm unterlag, das kann ich als Mitspieler aus der Erinnerung ergänzen, eine zweistimmige Endlosschleife (D/A) des Cellos in schlicht phrasiertem 7/8-Takt, die im letzten Achtel jedes zweiten Takts um einen halben Ton auf Eb/Bb gerückt wurde. Das Thema intonierten beide Saxophone über Blickkontakt ohne Taktbezug unisono, mit jeweils gedehntem letztem Ton jeder Phrase. So einfach, und deshalb nicht aufzeichnungsnötig die unterliegende Endlosschleife war, so abstrakt, also schwerer erinnerbar war jedoch das Thema und wurde – für einen Benutzer, der die Aufzeichnung mit phonischen Symbolen schneller verstand als die mit Liniennoten – in dieser Form als Merkhilfe festgehalten. Diese ganz individuell zugeschnittene Schreibweise wird noch durch Zusatzzeichen (Akzente, Striche, Ligaturen), mit eigener, nur dem »Einzigbenutzer« verständlichen Sinngebung unterstrichen. Auch das zweite, einzeilige und mit dem Titel »Tiergarten« überschriebene Notat trägt alle Merkmale einer Merkhilfe für nur einen Benutzer, der allein sie hinreichend verstehen konnte. Also: Notiert ist ein äußerstes Minimum als Erinnerungsanker für einen insgesamt festen Spielablauf. Es besteht aus einer ungegliederten Folge von 12 phonischen, untereinander gesetzten Symbolpaaren. Mit der oberen Reihe ist eine Sequenz von rein terzgestaffelten Dur und Moll-Akkorden kodiert, die als sechs Paare schneller triolischer Kaskaden vom Sopransaxophon intoniert werden und ihre Kohärenz durch kleinschrittige Verschiebungen im gleich bleibenden Oktavfeld erhalten. Die untere Reihe fixiert den Part des Cellos (*vc*), eine konturlose Folge von F und Fis, die von Akkordpaar zu Akkordpaar anschwellend und dann ausdünnend »durchgeschrubbt« wird. Über diese polyphon dichten, vom Atemstrom des Saxophons regierten sechs Bögen spielt das im Notat überhaupt nicht erscheinende dritte Instrument, ein Altsaxophon, auswendig eine nur in Eckwerten feste, dem Akkordwechsel korrespondierende Melodie. Eine stets mitgespielte, gleich bleibende Ein- und Ausleitung hatten alle im Kopf; auch sie fehlt deshalb.

Im dritten Notat ist deutlich mehr von der Substanz des Stücks enthalten. Die Stellung im Repertoire des Trios (*X*) und der Titel (»link opportunity«) sind gegeben. Der Schreiber hat ein Thema, von allen drei beteiligten Instrumenten (*as, ts, vc*) unisono zu intonieren, etwas steif, aber mit dem Willen zur Genauigkeit, notenschriftlich liniengetreu ausgeführt. Drei der Melodieabschnitte sind an ihrem Ende mehrstimmig aufgefächert. Auffällig die häufigen Taktwechsel, die bei der Ausführung keinen simplen 4/4-taktigen *Swing* gestatten. Sperrig ist auch die Taktzahl des Ganzen (20 bzw. 22) für Jazzmusiker, die an 8- bzw. 12-taktige Improvisationseinheiten gewöhnt sind. Der *Line* fehlen taktangepasste Akkordergänzungen, also die *Changes*. Wie wurde dann aber improvisiert? Eine kurze Spielanweisung nach der Notation – *Impro(visation) über…* – verweist auf eine aufsteigende siebentonige Skala (mit einem instabilen Intervall). Der Spielvorschlag läuft also nicht auf eine in *Changes* bestehende Chorusform hinaus, sondern alle drei Spieler sollen sich an eine weder rhythmisch noch tonal ganz festgelegte Skala halten, an einen Materialraum für das freie Agieren. Ich erinnere mich, dass dieser Spielvorschlag des Schreibers nicht umgesetzt wurde, sondern man zu einer Vortragsform fand, die mit einer spontanen, um das tonale Zentrum C kreisenden Kollektivimprovisation begann, einen ganz den momentanen Eingebungen überlassenen zweiten Abschnitt aufwies, der dann schließlich in den motivischen Umgang mit dem thematischen Material überging und erst am Ende in die notentreue Intonation des schriftlich vorliegenden Themas mündete. Das Stück wurde also zum Thema hin gespielt.[7]

Das letzte Dokument besteht aus zwei DIN-A4-Seiten, nur die erste ist hier – nicht ganz vollständig – wiedergegeben (Abbildung 15). Es enthält eine nahezu rein sprachlich gefasste Spielanleitung. Das Bündel der Zeichen ist beachtlich: Im Vordergrund die anweisende Schriftsprache (ohne Rücksicht auf Orthographie) in Kurzsätzen bzw. Informationssplittern voller Abkürzungen, dazu Linien, Unterstreichungen, Einklammerungen, Umkreisungen, Pfeile, eingestreute Noten, Figuren (Handzeichen, Kreisbewegung). Das Ganze ist als ein in Zeilen lesbarer und in durchnummerierte Abschnitte gegliederter Regie-Zettel organisiert. Er präsentiert ein in zwei Akte zu je sieben Szenen gegliedertes Werk, dem ein anderes Schriftstück zugrunde liegt, das gedruckte Notenblatt der Komposition »Glühwürmchen« von Paul Lincke; daher die gleich lautende Überschrift. Vorausgesetzt ist, dass jeder Mitwirkende dieses Notat dieses Blattes während des Spielgeschehens lesen und intonieren kann. Die Sprache des Zettels besteht in – heute nur noch zum Teil verständlichen – Anweisungen zu Tonhöhe, Register, Klangfarbe, Intensität, Artikulation, Instrumentierung. Aus Letzterer ist die Mitwirkung von mindestens drei Saxophonen, zwei Posaunen ersichtlich, dazu Schlagzeug. Alles Aufgezeichnete dient der Durchführung im Wechselspiel von Thema, Arrangement, Solo- und Kollektivimprovisationen. Die vielen Unterstreichungen und Einkreisungen geben dem Stück einen betont gestischen Charakter.

Der (mit öffentlichen Mitteln finanzierte) Auftrag: Es sollte ein um das Paul-Lincke-Lied herum organisiertes orchestrales Happening stattfinden. Der Schreiber war der Leiter, ein schwedischer Schlagzeuger. Jedem Mitspieler übergab er eine Kopie seines Originals; im Blick auf diese Blätter wurde der von ihm geplante Ablauf besprochen, teilweise auch modifiziert. Wie viele Hände an dem überlieferten Zustand beteiligt sind, ist nicht mehr zu klären. Das vorliegende Dokument ist eine der Kopien, die bei mir als Mitspieler verblieb. Die beiden Seiten sind – zusammen mit den Glühwürm-

---

7 Realisierungen unter Verwendung der beiden letzteren Notate sind auf einer 1978 aufgenommenen LP zu hören: OHPSST. Henrichs, Kuchenbuch, Rilling. FMP, SAJ-22.

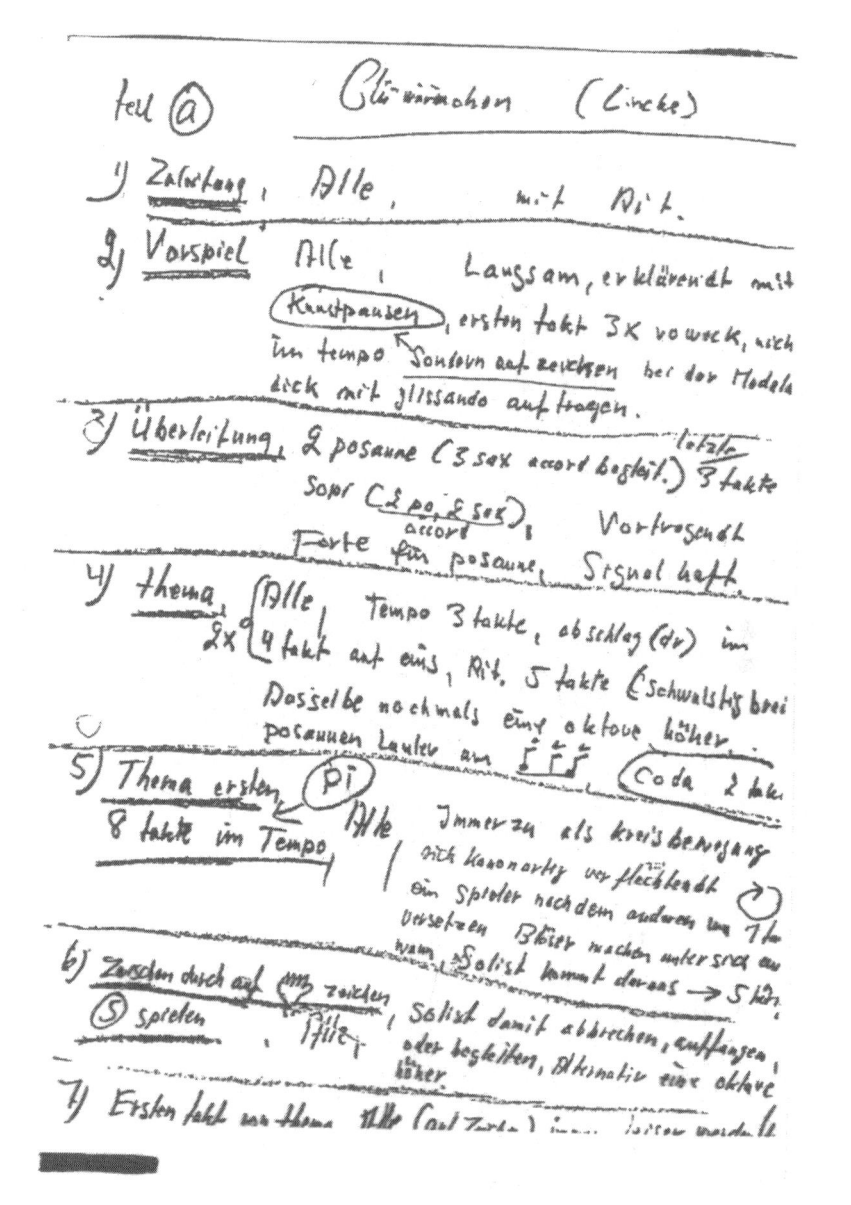

Abb. 15: Zettel eines Regie-Notats (Ausschnitt) für ein Jazzhappening. Archiv L. Kuchenbuch.

chen-Noten – der papierene Rest eines fast einstündigen Freejazz-Spektakels, das im Rahmen eines Kurfürstendammfestes im Sommer 1979 in Westberlin unter freiem Himmel stattfand. Nach der Veranstaltung ging die zu diesem Anlass zusammengestellte Gruppe auseinander.

Die Betrachtung nur weniger solcher Dokumente reicht im Prinzip aus, um einige Grundzüge dieser Zettelwirtschaft bloß zu legen.[8] Die Amplitude der Aufgaben ist überraschend groß. Zwischen der Merkhilfe für nur wenige Details in nur einem Stück auf einem losen Blatt bis zum wohlgeordneten handschriftlichen Findbuch bzw. Archiv großer Bestände von *Song*-Melodien mit ihrer Akkordunterlegung, vom Fragment eines Stückentwurfs auf einem x-beliebigen Zettel bis zur mehrseitigen Thema-Partitur für eine große Band mit mehreren Blasinstrumenten, von der jahrelang benutzten, aber laufend ergänzten und aktualisierten Repertoire-Liste bis zur schriftlichen Anweisung zur Mitwirkung am weitgehend spontanen Happening reicht die Skala. Bei der großen Mehrheit der Stücke fällt auf, wie wenig vom musikalischen Wissen und von der Aufführungsplanung in standardisierte Notation gefasst, also situationsenthoben lesbar gewesen ist. Bei der Wahl der graphischen Mittel gilt die Faustregel: Verwendet wird, was für den Benutzer am besten verständlich ist; im einen Fall die Noten, im anderen die Buchstaben, im dritten selbst erfundene (oder anderen Zwecken entfremdete) Zeichen, im vierten Figuren, im fünften eine Kombination von allem. Aber selbst dann, wenn Melodien notenschriftlich korrekt ausgeführt sind, bedarf es zu ihrer adäquaten Intonation der gruppeninternen Verständigung und Ergänzung. Denn auch diesen Notationen fehlt die schrift- und zeichenzentrierte Sinn- und Formautonomie. Ähnliches gilt für Aufzeichnungen von Akkordstrukturen und Rhythmen, über die Stimmen- und Rollenverteilung sowie über den Spielverlauf. Auch sie repräsentieren nur Ausschnitte des zu erinnernden bzw. geplanten Klanggeschehens, sind also nicht mehr, aber auch nicht weniger als *partielle Objektivationen*. Deshalb müssen sie für jede Spielaufgabe in gemeinschaftlicher Abrede situiert, in das intendierte Ganze eingebettet werden. Das hat auch zur Folge, dass im Zuge wechselnder oder geänderter Spielanforderungen in die Notate selbst beständig eingegriffen werden kann und auch wird: durch Bearbeitung, Korrektur, Streichung, Ergänzung, Abschrift usf. So können sie nur unter Bedingungen der Varianz, der Modifikation, der Flexibilität überleben. Sie haben kein ästhetisches Profil, keine Festigkeit, keine kulturell kontrollierte Textur. Ihnen fehlen die

---

8 Ich beziehe im Folgenden weitere Schriftzeugnisse ein, die mir aus meiner Spielpraxis geläufig sind.

Dignität des Originals und der Sinn des autorisierten (*ganzen*) *Werks*. Ihre Benutzer scheren sich wenig darum, wer ihr Schreiber, ihr Autor bzw. Komponist ist oder wann sie entstanden. Der Inhalt dieser Zettel, Blätter, Hefte, Mappen ist (noch) im Vorfeld musikalischen Privateigentums verortet. Was da aufgezeichnet vorliegt, dient dem gemeinschaftlichen offenen Gebrauch, wird dem Gesamtzweck untergeordnet: der kreativen, weit über die Zettelgehalte hinausgehenden Aufführung durch die improvisierenden Akteure, die eigentlichen »Moment«-Autoren.

Musikgeschichtlicher Übergang – die Abblendung des Späteren: eine Art Krebsgang zurück in das Mittelalter

Es ist allgemeiner, wenig reflektierter Usus in der Historie, sich die fremdartigen Zeugnisse der Vergangenheit – mittels der nötigsten quellenkritischen Operationen (Datum, Verortung, Autor, Echtheit, Anlass usf.) – durch einen direkten Lese-»Sprung« an sie heran und in sie hinein anzueignen. Die stehende Rede von *meinen Quellen* gibt dieser aneignenden Intimität bekannten Ausdruck. Mir ist, nach langen Umwegen, solche Direktheit im Umgang mit Dokumenten keine Selbstverständlichkeit mehr. Eine Schenkungsurkunde, ein Statutenbuch, ein Hohlpfennig oder ein neumiertes Missale aus dem 12. Jahrhundert wäre mir auch nach ausführlicher kritischer Erschließung alles andere als verständlich und eigen. Ich halte die Vergegenwärtigung und Besinnung darüber nötig, welche irreversiblen *bruta facta* zwischen der Entstehungszeit und allen folgenden Gebrauchszeiten dieses Schriftwerks und mir liegen, die mich an seinem genuinen Verständnis hindern könnten. Im Falle des Missales, bei dem ich jetzt bleibe, geht es um mein modernes Verständnis von Glaubenswissen, Kultus und Musik. Auf keine geringere Frage als die, ob es dabei überhaupt um *Musik* als uns geläufiges Klanggeschehen geht, könnte sich diese Vergewisserung zuspitzen. Natürlich ist es unmöglich und auch unnötig, jeweils alles potentiell Hinderliche beiseitezuräumen; aber der Grundbestand des Differenten sollte aufgerufen und wachgehalten sein. Genauso wichtig ist aber dabei, *wie* man die Determinanten seiner eigenen zeitgenössischen Auffassung wahrnimmt und ordnet: systematisch oder wiederum historisch. Im letzteren Falle besteht die Aufgabe darin, danach zu fragen, *welche* Geschichte sich zwischen der eigenen Gegenwart und dem historischen Gegenstand aufgehäuft hat;

sie gilt es kontrolliert zu »entfernen«. Also: Welche Ereignisse, Prozesse, Wandlungen zwischen dem 12. und dem 21. Jahrhundert sind beiseitezuschieben, Schicht um Schicht abzutragen, um den Blick frei zu machen auf das Missale? Bei dieser geistigen Arbeit des Vergessenmachens des Späteren wird in der Regel die Richtung des Zeitpfeils vom Früheren zum Späteren reproduziert, also der chronologische Weg gewählt. Lassen Sie mich hier einmal das Gegenteil versuchen, also den *Zeitpfeil umdrehen* und danach fragen, was auf einem Weg *in die Vergangenheit zurück* schrittweise (von der Gegenwart) verschwindet bzw. (in der Vergangenheit) auftaucht. Bevor ich mich mit dieser gegenläufigen Methode an die Musikhistorie wage, gebe ich ein hoffentlich illustratives Beispiel aus einem ganz anderen Bereich: Ich meine den *Abfall*, die »Materie am falschen Ort«.[9] Heute ist dieses Phänomen allerorten – als Produktions- oder Konsummüll und Abwasser, als chemische Substanz in allen Körpern und Stoffen (bis zum Smog) und als radioaktive Strahlung. Es wäre aber ein geschichtsmethodischer Kardinalfehler, diesem allförmigen, ubiquitären und ja auch relativ ewigen Abfall eine mehr als zirka 50-jährige Vergangenheit zuzuerkennen. Gerade seine so kurze Existenz erleichtert es, sein Verschwinden in der Vergangenheit zu beobachten. Es sind die Konversationslexika mit ihren regelmäßig erneuerten Auflagen, die dies ohne großen Aufwand gestatten. Wenn man das Stichwort »Abfall« (und seine Verweisstichwörter) von Auflage zu Auflage zurückverfolgt, konstatiert man einen schrittweisen Schwund des umfassenden Abfallbegriffs der Gegenwart und zugleich eine eigenartige Transformation. Der heute regierende zeitlich, räumlich und sachlich entgrenzte Allgemeinbegriff vom Abfall, an dem der ganze exponentiell wachsende Sektor der Recyclingindustrie hängt, löst sich bereits mit den 1970er-Jahren auf – ich erinnere an die Atommülldebatte, die Smogerfahrung und die Abfallbeseitigungsgesetze – und beginnt sich zu reduzieren. Während der Jahrzehnte bis zur Nachkriegszeit verschwindet zuerst die Strahlung aus dem Sinnfeld, dann die autoinduzierte Luftverschmutzung und allmählich der Kunststoff- und Verpackungsmüll. Während des Nationalsozialismus schwindet der ländliche Abfall (nun Mist und Dung) aus dem verbliebenen Sinnkompositum; es bleiben die Abfälle von Stadt und Industrie. Um die Wende vom 20. zum 19. Jahrhundert schrumpft der städtische Verbrauchsabfall, verlieren also die Aschemülltonnen der Mietskasernen im Verein mit der Schwemmkanalisation

---

9 Kuchenbuch, Ludolf, »Abfall. Eine stichwortgeschichtliche Erkundung«, in: Calließ, Jörg/ Rüsen, Jörn/Striegnitz Meinfried (Hg.), *Mensch und Umwelt in der Geschichte*, Pfaffenweiler 1989, S. 257–276.

und dem Schornsteinruß ihre Anteile am Abfall-Sinnbezirk. Der Abfall hat sich längst zum Plural gewandelt (Stichwort *Abfälle*). Andere Wörter wie Staub, Kehricht, Dreck, Müll, Kot, Mist, Kadaver, Schutt usf. treten an ihre Stelle bzw. machen sich gewissermaßen selbständig und fallen nun in distinkten Orten wie Aborten, Fabriken, Werkstätten, Baustellen, Flüssen sowie auf Straßen und Plätzen an. Neben dieser Verengung und Partikularisierung kommt es dann zu einer überraschenden Verschiebung des Sinnfelds. Ein neuer Singular, der Abfall von Staat und Kirche, von Thron und Altar wird zum Sinnzentrum während der Jahrzehnte der deutschen Reichs-, Nations- und Staatsbildung und der Trennung von Kirche und Staat. Im frühen 19. Jahrhundert schwinden die letzten Reste der industriellen und konsumtiven Abfälle aus dem enzyklopädischen Blick und werden zur Werkstatt-*Krätze*, zum *Kleinen* beim Metzger, zum *Kehricht* in der Stube. Der Abfall von Gott gewinnt gegenüber dem vom Staate an Gewicht. Und es taucht ein neuer Abfall-Sinn auf, der Niveaubrüche meint, nicht nur den Abfall des fließenden Wassers, sondern auch den Abfall der Töne. Im Rücklauf der Zeit, das sollte dieser äußerst geraffte Überblick zeigen, verschwindet nicht nur der moderne Abfall, sondern es formiert sich ein völlig anderes vormodernes Sinnkompositum. Die vielförmigen Reste, ihre Kontur, ihr Sinn und Gebrauch in der alteuropäischen Vormoderne müssen hier nicht mehr weiter interessieren.

Lässt sich, so frage ich, Ähnliches nicht auch mit der *Musik* machen? Liegt eine begriffs- bzw. stichwortgeschichtliche Rückschreibung im Bereich des Möglichen? Ich gehe – nach fachlichen Erkundigungen – vorläufig davon aus, dass es eine *Beseitigungsgeschichte* von Musikvorstellungen, die der Methode des *krebsartigen Seitwärts- und Rückwärtsgangs* folgt, noch nicht gibt. So wage ich hier also eine Premiere, ein der Abfallgeschichte in etwa analoges vergessensmethodisches Exerzitium. Das Ziel dabei im Auge, der *musica* vor zirka 800 Jahren, von Verwandlungs- und Nachgeschichten bis hin zu unseren Gegenwartserfahrungen entlastet, begegnen zu können, krabble ich in Krebsmanier durch die europäischen Zeiten zurück, rücke in die Geschichte vor, rufe dabei das Vergessensnötige auf und stelle es beiseite. Da hierzu noch jeder Bedeutungsmaßstab für die Auswahl der Phänomene fehlt, kann ich nur eine extrem selektive Reihung wagen – jede(r) kann im fachlichen Geiste ergänzen, was fehlt. Meine Reihung verengt sich allerdings zunehmend zur Schriftperspektive hin – so gebietet es die schriftanthropologische Absicht.[10]

Ich beginne mit eher soziotechnischen Bestimmungen zum 21. und 20. Jahrhundert. Seit der Jahrtausendwende werden erstmals die techn(olog)ischen und kommunikativen Konsequenzen aus der umfassenden digitalen Produzierbarkeit, Reproduzierbarkeit und Konvertierbarkeit alles als Musik Hörbarem gezogen – zeitflüssig und ortsfrei, und in radikaler Körpernähe des Einzelmenschen. Darunter fallen alle audioapparativen und audiooperativen Konfigurationen und Determinanten der Musikproduktion, -distribution und -konsumtion – vom Klang generierenden Laptop bis zum iPod, von der WLAN-Übertragung über den Ohrmuschelknopf bis zur Produktion von Beethovensymphonien in Sekundenschnipseln der Einzelinstrumente und -töne oder der Verstärkerarchitektur einer Rockarena. Im späteren 20. Jahrhundert verschwinden die heute bestimmenden mobilen, audiovisuellen Minikombinate schnell und machen langlebigeren und stationären Musikgeräten und Tonträgern Platz. Deren Lebensdauer reicht zurück bis in die Nachkriegszeit, die erste große Phase der elektrischen Ausstattung der Musikproduktion und -rezeption. Ihnen liegt die funktionsengere Analogtechnik zugrunde, deren Soundqualität noch Spuren ihrer Produktionsart konserviert: (Langspiel-)Platten und ihre Abspielgeräte, Tonbänder, Kassettenrecorder, Transistorradio, elektrisch generierende oder verstärkte Musikinstrumente und Übertragungssysteme. Da sie in der Mehrheit Stromnetzanschluss verlangen und nicht mehr körpersymbiotisch mitbewegt werden können, erfordern sie ein apparatezentrisches Hörverhalten an relativ festen Plätzen, in distinkten Foren (Musik-Anlagen). Ihnen entspricht auch ein generationsspezifisches und gruppenorientiertes Hörverhalten mit verschiede-

---

10 Gute Orientierung bei dieser Umstülpung der Musikentwicklung der Vormoderne, Moderne und Gegenwart boten mir – neben einschlägigen Artikeln der 2. Auflage der *Musik in Geschichte und Gegenwart* (MGG): Wiora, Walter, *Die vier Weltalter der Musik*, Stuttgart 1961, Teil III/IV; Scholtz, G., »Musik«, in: *Historisches Wörterbuch der Philosophie*, Bd. 6, Darmstadt 1984, S. 242–257; Rieger, Matthias, »Music«, in: Mitcham, Carl (Hg.), *Encyclopedia of Science, Technology and Ethics*, Bd. 3, 2005, S. 1254–1258; ders., *Helmholtz Musicus. Die Objektivierung der Musik im 19. Jahrhundert durch Helmholtz' Lehre von den Tonempfindungen*, Darmstadt 2006; Bockelmann, Eske, *Im Takt des Geldes. Zur Genese modernen Denkens*, Springe 2004; Braun, Christoph, »Vom Clavicord zur Clavinova. Kulturanthropologische Anmerkungen zu Max Webers Musik-Studie«, in: *Historische Anthropologie* 3 (1995), S. 242–266; Karkoschka, Erhard, *Das Schriftbild der Neuen Musik. Bestandsaufnahme neuer Notationssymbole. Anleitung zu deren Deutung, Realisation und Kritik*, Celle 1966; Lachenmann, Helmut, »Klangtypen der Neuen Musik«, in: ders., *Musik als existentielle Erfahrung. Schriften 1966–1995*, Wiesbaden 1996, S. 1–20.

nen Zeitbudgets, ebenso mechanische Herstellungsformen der Klangrepräsentation (Hand- und Maschinenschrift, Druck und andere Kopiertechniken der Noten). Mit diesen Gerätegenerationen verlangsamen sich Tempo und Technik der Musikkultur. Sie werden im Laufe des früheren 20. Jahrhunderts abgelöst von Produktions- und Reproduktionsapparaten wie dem Rundfunkempfänger und dem (Trichter-)Grammophon, durch die das weitgehend säkularisierte Musikhören erstmalig zum klassenübergreifenden Massenphänomen geworden war und in der Doppelform des Empfangs von Sendungen und dem Abspielen von Konserven mit Musik aller Gattungen und Niveaus in die Haushalte einwanderte. Parallel bilden sich die akustischen Produktions- und Konservierungstechniken von elektrischen zu mechanischen um, gehen zwölf- bzw. atonale Kompositionsprinzipen und Schreibweisen in der Funktionsharmonik, Alterierung bzw. Skalentechnik sowie ihrem Notationsstil auf, die Vielzahl der Notierungsstile schrumpft zur formal und ästhetisch umfassend autonomisierten Partitur – analog zum modernen Roman oder Bild. Für das 19. Jahrhundert sind akustische Grundlegungen kennzeichnend wie die Fixierung des Kammertons auf die normative A-Frequenz von 440 Herz pro Sekunde, die Physikalisierung des gespielten bzw. gesungenen Tons zum als Schwingung messbaren Klang (Akustik) und die Physiologisierung des Ohrs. Kulturell ausschlaggebend ist die vom Bürgertum und seinen Kompositions- und Interpretationskünstlern getragene Herrschaft der hoch elaborierten, alle National- und Kulturmythen bedienenden Gattungen (und ihrer Repertoires) in Konzerthalle und Oper – sowie die der Klaviermusik im Haus. Es ist eine Epoche der unbeschränkten Geltung des Dur-Moll-Systems und seiner Notationsraffinessen. Alle Möglichkeiten der Ausdrucksdynamisierung im instrumentalen Verbund werden kompositorisch und performativ genutzt. Die *Fin de siècle*-Attitüden der Auskostung des Düsteren, Gebrochenen mittels willkürlicher Modulationen, dissonanter Akkorde, Chromatik usf. verkümmern im früheren 19. Jahrhundert; es dominiert dann die melodische und polyphone Form- und Affektschönheit in der musikalischen Ästhetik, Kompositionsweise und Spielpraxis – Spiegel des Entwurfsoptimismus der bürgerlichen Aufbruchsmentalität.

Im 18. Jahrhundert verlassen wichtige Voraussetzungen und Instrumente der bürgerlichen Musikmoderne definitiv die Bühne: die vollständige Partitur, die Stimmgabel, das Metronom, das Klavier, ebenso die gleichschwebende Temperierung, die enharmonische Verwechslung, die empirische Beschreibung der Töne und Klänge. Höfische und kirchliche Residenzen (und Mäzene) sowie die pfarrkirchlich-konfessionelle Frömmigkeit regieren nun ein kleinorchestriertes Musizieren und (von der Orgel bestimmtes) Singen, dessen gattungsreiche Planung und Durchführung durch einen ausgereiften, aber stets improvisatorisch bzw. variativ komplettierbaren Notationshabitus, durch ein fest gefügtes Instrumentenensemble und durch drucktechnisch verbreitete Melodiebestände gewährleistet werden und dessen Affektationen und Bedeutungsräume in die konfessionalisierten und herrschaftlichen Weltbilder eingebettet sind.

Vom 17. zum 16. Jahrhundert schwindet die Akzentrhythmik mit ihrem 2- bzw. 3-gliedrigen Takt aus der Musik und Verskunst. Verschriftungsstrategisch verschiebt sich das Hauptgewicht von den Soll-Notationen zu den Protokoll-Notationen. In der Notation beginnen die graphische Komplexität, die Klarheit und Normierung zu verschwimmen bzw. zu schwinden (Taktstrich, Tempoabstufung, Agogik, Partitur, verbale Erläuterungen zu den Affekten, Instrumentierung); hingegen kommt die Ligatur auf. Das Notationsbild repräsentiert deutlich weniger an gespeicherter oder geplanter Klangrealität, tendiert zur Reduktion auf den Tonsatz und braucht, um verständlich zu sein, mehr Spielerfahrung und Repertoirewissen, verweist auf ausgeprägte, mündlich vermittelte Kennerschaft. Die Musikforen driften auseinander, werden partikularer, der Fächer der Gattungen beginnt sich zusammenzuschieben. Der autonome Künstler-Komponist beginnt im neuen Funktionsverbund von Tonsetzerei, Kapellmeisterschaft und Musikantentum zu verblassen. Im Gefüge der theoretisch-ethisch und praktisch ausgerichteten Musikauffassungen gewinnt der kosmologische Sinn der Musik (*musica mundana* bzw. *humana*) an Terrain und Gewicht. Zwar führen Schriftsprache und Klangnotation ein konzeptionell und graphisch vielfach getrenntes Dasein, in der *musica verbalis* jedoch werden die zu singenden Worte als präzis verorteter *Text* unter oder neben den Noten der *Melodey* (*cantus*, Lied) gesetzt. Der Notendruck und das konfessionelle Gesangbuch ermöglichen die gezielte Verbreitung von profanem und geistlichem Melodien- und Versgut.

Nun zur letzten Etappe des Weges zurück in das hohe Mittelalter.[11] In schriftkultureller Fortschrittsperspektive gilt sie für mich, obgleich die Masse

---

11 Walter, Michael, *Grundlagen der Musik im Mittelalter. Schrift – Zeit – Raum*, Stuttgart 1994; Haas, Max, *Musikalisches Denken im Mittelalter. Eine Einführung*, Bern u. a. 2005; Lütteken, Laurenz, »Musik in den Artes Liberales; Praxis der Musik – Musikalische Lebenswelten«, in: Melville, Gert/Staub, Martial (Hg.), *Enzyklopädie des Mittelalters*, Bd. II, Darmstadt 2008, S. 107–124; Lütteken, Laurenz, »Mensuralnotation«, in: *MGG*², 7 (1997), S. 323–339; Traub, Andreas, »Modalnotation«, in: *MGG*, Bd. 7, ²1997, 317–323;

des Gesungenen und instrumental Vorgetragenen keinen schriftlichen Niederschlag kennt (höfische und stadtbürgerliche Sängerdichter, Vaganten usf.) und die Mehrheit des notenschriftlich Überlieferten aus liturgisch verorteten, das heißt vom geistlichen Wort und Buchstaben dominierten einstimmigen Gesängen (*musica ecclesiastica, musica plana*) besteht, als Epochengespann von Mensural- und Modalnotation (Ende 16. Jahrhundert bis zweite Hälfte 13. Jahrhundert). Die Überlieferungstechnik ist nun eine rein handschriftliche; entsprechend begrenzter sind die Aufzeichnungsfelder (im Gegensatz zur Schrift), entsprechend enger sind die sozialen Verbreitungskreise und entsprechend ungewisser ist das Ausmaß und der Anteil von nicht aufgezeichneten Variationen und Improvisationen. Buchstaben- und Notenschreiberhände ergänzen sich bei der Impagination und Kodifikation der vielfältig ausdifferenzierten *Cantus* (bis hin zur Motette). Im eher intellektuell spezialisierten Feld des *Musica*-Diskurses und der notierten Mehrstimmigkeit denkt und schreibt man ausgehend vom temporal und spatial distinkten Einzelton- und -zeichen. Im von den Kirchentonarten bestimmten Bau der Melodien, die auch die Pausen einbeziehen, regiert die linienfixierte *Nota* als ein mehrförmiges Kernzeichen, bei dem die Höhe mit der relationalen Dauer kombiniert ist (diverse *Modi* von *Longae* und *Breves,* im 14. Jahrhundert subdividiert, die Vorgänger der modernen Halbton- bis Sechzehnteltonwerte usf.). Dies auch in prinzipieller Getrenntheit von den sinntragenden *Litterae,* also nicht nur mit fixer, sondern auch variabler bzw. wechselnder sprachlicher Unterlegung oder sogar als pure Klangoperation. Trotzdem verbleibt die große Mehrheit der Notationen im dienenden Verbund mit den Wörtern und Silben (und auch noch außerhalb des Liniensystems). Obwohl dieser graphischen Artikulation des Gesangs die systematische Taktierung fehlt, ist ein doppelt mensurierter, auf graphischer »Kreuzigung« beruhender Denk- und Aufzeichnungsstil des *Cantus* gegeben.[12] Er erfüllt damit grundlegende Kriterien einer werk-zentrierten *Musica*-Terminologie. Auch namhafte Autoren, nicht nur anonyme Schreiber gehören zu dieser Notationskultur. Dieses Konzept wirkt (rivalisierend) neben der aus der Antike und der Patristik übernommenen, im *Artes*-System verorteten dreiförmigen *Musica*-Vorstellung (*musica mundana, humana, instrumentalis*) mit ihren mathe-

---

Huglo, Michel, *Les livres de chant liturgique,* Turnhout 1988; zum zeitgenössischen Vokabular: Eggebrecht, Hans Heinrich/Riethmüller Heinrich (Hg.), *Handwörterbuch der musikalischen Terminologie,* Stuttgart 1971ff.

12 Lug, Hans Robert, »Nichtschriftliche Musik«, in: Assmann, Aleida und Jan/Hardmeier , Christof (Hg.), *Schrift und Gedächtnis. Beiträge zur Archäologie der literarischen Kommunikation,* München 1983, S. 245–263.

matisch-numerischen, grammatisch-rhetorischen und kosmologischen-theologischen Implikationen. Im zentralen Mittelalter angekommen, kann ich mich nun meinem dritten Problem zuwenden.

Cantus und *Musica* zwischen *Textus* und *Usus*

Im obigen Krebsgang fehlt – weitgehend – eine wichtige Komponente: Es wurde zu wenig über Kontinuität und Wandel der Beziehungen zwischen Musik und *Sprache* gehandelt.[13] Insbesondere ist unklar geblieben, seit wann die Charakterisierung bzw. Bezeichnung der Musik sowie die ihrer Schrift-, Seiten- und Buchgestalt als *Text* aus dem Bewusstsein der Zeitgenossen verschwindet. Da heute nicht nur unter Musikphilologen, sondern in der Musikologie überhaupt – neben den gesungenen Worten – ein Notenwerk sowie auch ein musikalisches Klanggeschehen ganz selbstverständlich als *Text* gelten (können), war auch nach der Lebensdauer und den ersten Momenten der Übertragung der schriftkulturellen Leitmetapher *Text* auf Phänomene des Musikalischen bzw. Klanglichen zu suchen. Es fand sich aber so gut wie nichts. Der Musikologie, so scheint es, fehlt das Bewusstsein von der Historizität der Musik *als* Text. So repräsentative Zugangsinstrumente des Fachs wie die neue das *Neue Handbuch der Musikwissenschaft* (MGG) oder das *Handwörterbuch der musikalischen Terminologie* kommen ohne ein *Text*-Stichwort aus. Einzelne Stimmen beweisen aber, wie lohnend und auch dringlich eine systematische und historische Besinnung ist.[14]

Dies stellen auch erste disziplinübergreifende historische Forschungen zum Sinnfeld und Gebrauch des Wortes *Textus* unter Beweis.[15] Was sich hier abzeichnet, ist eine leise und träge Geschichte, deren Tatorte und Denkfelder

---

13 Walter, Michael, »Musik und Sprache: Voraussetzungen ihrer Dichotomisierung«, in: ders. (Hg.), *Text und Musik. Neue Perspektiven der Theorie*, München 1992, S. 9–31.

14 Carl Dahlhaus hat hierüber in seinem Aufsatz »Notenschrift heute« eine Hypothese aufgestellt, auf die abschließend kurz zurückzukommen ist; Feder, Georg, *Musikphilologie. Eine Einführung in die musikalische Textkritik, Hermeneutik und Editionstechnik*, Darmstadt 1987 repräsentiert meines Erachtens den Konsensus.

15 Knobloch, Clemens, »Zu Status und Geschichte des Textbegriffs. Eine Skizze«, in: *LiLi. Zeitschrift für Literaturwissenschaft und Linguistik* 20 (1990), S. 66–87; Scherner, Maximilian, »Text«, in: *Historisches Wörterbuch der Philosophie*, Bd. 10, Darmstadt 1998, S. 1038–1044; Kuchenbuch, Ludolf, »Ecriture et oralité. Quelques compléments et approfondissements«, in: Schmitt, Jean-Claude/Oexle, Otto Gerhard (Hg.), *Les tendances actuelles de l'histoire du Moyen Age en France et en Allemagne*, Paris 2002, S. 143–165; ders./Kleine, Uta

im Einzelnen noch wenig bekannt sind. Sie führt über vier große Transformationen in die (oft verwirrende) moderne Vielfalt philologischer, linguistischer, semiotischer und digitalkommunikativer Textvorstellungen und -konzepte. Am Anfang steht die Übertragung der griechischen Gewebemetaphorik auf das literarische Geschäft im Lateinischen. Cicero, Plinius, Quintilian gehören zu den ersten Denkern des Redens, Diktierens und Schreibens als *Weben* sowie ihrer Resultate als materiales und substantielles *Gewebe*. Zu ihr tritt ab dem 3. Jahrhundert die bevorzugte Zuschreibung der *Textus*-Qualität auf *ein* Schriftwerk, die zum Kanon geschlossene, ins Lateinische übersetzte und in den Pergamentkodex gefasste Bibel (*divina scriptura/sacra pagina*) durch ihre ersten einflussreichen Ausleger (Tertullian, Hieronymus, Augustinus usf.). Im reichen Bezeichnungsfeld der sakralen Qualitäten des großen jüdisch-christlichen Offenbarungs-*Codes* und der katholischen Kirche gewinnt eine solche textuale Sinnvorstellung jedoch keinen Vorrang. Buchstabe, Wort, Wortlaut, Tenor, Botschaft der Hl. Schrift können, müssen aber nicht als *Textus* gelten oder mit ihm verbunden werden. Von der klassisch römischen Attitüde des Sinnwebens und der spätantiken Konzentration des *Textus*-Bildes auf die *Vulgata* als Schriftsinn und Schriftstück kommen dann im früheren Mittelalter Applikationen auf andere Schriftgattungen in Gang, die seit dem 12./13. Jahrhundert zur Struktur des scholastischen Gespanns von *Text und Glosse* gerinnen. Diese weit tragende Formalisierungsleistung ergänzen die gelehrten Humanisten mit ihrer Suche nach dem Originalwortlaut der antiken Autoren (*textus originalis*), wodurch sich die Vorstellung einer Symbiose von Autorschaft, Werk und Text entschiedener ausprägt und verbreitet. Alle angesprochenen vier Wandlungen bleiben der folgenden Textgeschichte bis in die Moderne erhalten, bestehen als Sinnbezirke nebeneinander bzw. übereinander fort. Die weitere Geschichte ist hier nicht mehr von Belang.

Kehren wir zum Endpunkt unseres Krebsgangs zurück, der ja von der Frage nach der Eigenart der zeitgenössischen *Musica*- und *Cantus*-Welt ausging. Ich würde riskante, ja unsinnige Worte verlieren, wenn ich diese Frage disziplinintern anginge, derlei ist das Geschäft der musikologischen Mediävistik. Vielmehr wage ich eine externe Zuordnung. Was die *Musica* bzw. der *Cantus* im 12./13. Jahrhundert bedeuteten, und ob man von ihnen wissenschaftlich als Texten sprechen kann oder nicht, verwandele ich in die Frage,

---

(Hg.), »*Textus« im Mittelalter. Komponenten und Situationen des Wortgebrauchs im schriftsemantischen Feld*, Göttingen 2006.

wo sie im Funktionsgefüge der scholastischen Schriftkultur verortet sein könnten.

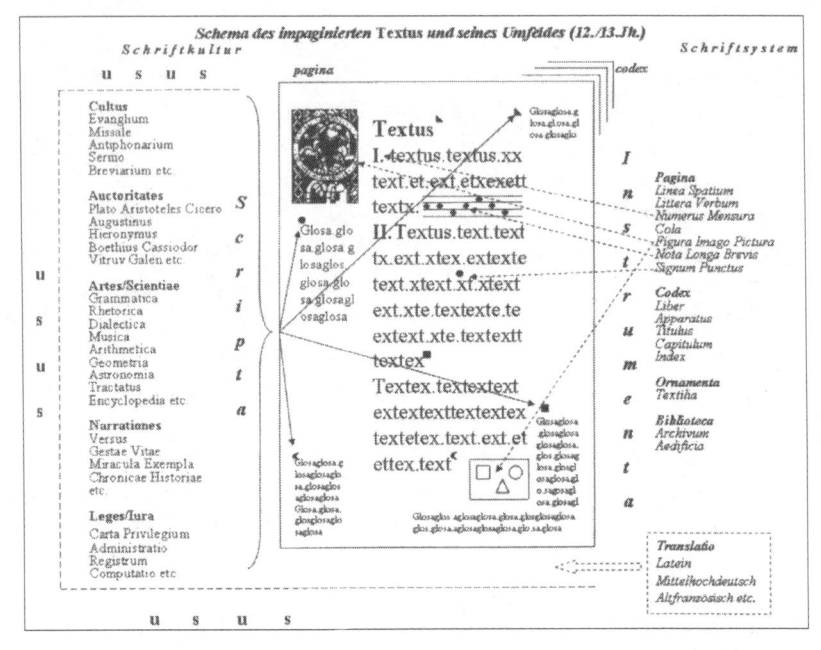

```
                Schema des impaginierten Textus und seines Umfeldes (12./13. Jh.)
        Schriftkultur                pagina                              codex        Schriftsystem
        u    s    u    s

        Cultus
        Evanghum
        Missale                                    Textus
        Antiphonarium                              I. textus.textus.xx              Pagina
        Sermo                                      text.et.ext.etxexett             Linea Spatium
        Breviarium etc.                                                             Littera Verbum
        Auctoritates          S                    textx                            Numerus Mensura
        Plato Aristoteles Cicero                                                    Cola
        Augustinus                    Glosa glo    II. Textus.text.text             Figura Imago Pictura
        Hieronymus            c       sa glosa g                                    Nota Longa Brevis
        Boethius Cassiodor            lo saglos    tx.ext.xtex.extexte              Signum Punctus
   u    Vitruv Galen etc   r          glosa glo    text.xtext.xf.xtext
        Artes/Scientiae               sa glosagl                                    Codex
   s    Grammatica           i        osaglosa     ext.xte.textexte.te              Liber
        Rhetorica                                                                   Apparatus
        Dialectica                                 extext.xte.textextt              Titulus
   u    Musica               p                                                      Capitulum
        Arithmetica                                textex                           Index
        Geometria            t
        Astronomia                                 Textex.textextext                Ornamenta
        Tractatus                                                                   Textiha
   s    Encyclopedia etc     a                     extextexttextextex
        Narrationes                                textetex.text.ext.et             Biblioteca
        Versus                                                                      Archivum
        Gestae Vitae                               ettex.text                       Aedificia
        Miracula Exempla
        Chronicae Historiae
        etc
        Leges/Iura                                                                  Translatio
        Carta Privilegium                                                           Latein
        Administratio                                                               Mittelhochdeutsch
        Registrum                                                                   Altfranzösisch etc.
        Computatio etc

                u    s    u    s
```

Abb. 16: Schema des impaginierten Textus und seines Umfeldes. Entwurf: L. Kuchenbuch.

Um dies so knapp und so grundsätzlich wie möglich tun zu können, habe ich ein Strukturbild erstellt, das im Folgenden beschrieben und kommentiert wird (Abbildung 16). Mein *Schema des impaginierten Textus und seines Umfeldes* lebt von einer Aufteilung in ein fixiertes Zentrum, eine zwischenräumliche Umgebung und eine offene Peripherie. In der Mitte die *Modell*-Seite eines scholastischen Buchs (*Pagina* und *Codex*), links neben ihr das vielgliedrige Umfeld der Schriften (*Scripta*) und um beides herum die mündlich gelebten Gewohnheiten (*Usus*). Im Schema sind zwei Voraussetzungen umgesetzt: zum einen die Unterscheidung Jan Assmanns zwischen der Schrift*kultur* (linker Bereich des Schemas) und dem Schrift*system* (rechter Bereich), zum anderen der Gedanke Ivan Illichs, dass das scholastische Seitenbild, zum visuellen Inbegriff des schriftbezogenen Denkens und Handelns geworden, jeden Inhalt in sich aufnehmen und jeden Platz in jedem Buch einnehmen könne.¹⁶ Zunächst zum Schrift*system*: Meine Behauptung ist hier, dass jede konkrete Pergamentseite, die in einer jeweils eigenen Anordnung und Verteilung desselben Zeichenrepertoires auf ihrer Gesamtfläche besteht, zugleich die im Modell verdichtete semiotische Struktur repräsentiert. Und sie wird über die einzelne Seite hinaus im Kodex und in anderen schrift- und bildtragenden Objekten reproduziert und potenziert, vom Zettel und Kerbholz bis hin zur Bibliothek und zum bemalten und beschriebenen Grabstein, Teppich, Reliquienschrein oder Kirchenraum. Dieses Zeichensystem – im schriftsystemischen Block am rechten Rand unter dem Titel »Instrumenta« in seinen Elementen grob aufgelistet –, hat einen langen Formierungsprozess hinter sich. Es hat in den Jahrhunderte währenden Ab- und Neuschreibevorgängen schrittweise zu immer mehr skripturaler Klarheit und Genauigkeit gefunden. Man denke nur an die karolingische Buchstabenreform, die Ausbildung der Wortabstände sowie der Interpunktion. Darüber hinaus ist der karge Buchstabenbestand des Lateinischen vielseitig ergänzt und modellierbar gemacht worden (Akzente, Paragraphen, Ziffern, farbliche Hervorhebungen, Figurierung usf.). Dem Lesenden bietet sich nun ein Schriftbild, das ihm den Sinn der Schrift nicht nur primär sehenden Auges (anstelle des Ohres beim früheren hörenden Lesen), sondern auch schneller erschließt. Lesegeschichtlich repräsentieren das neue Zeichenensemble sowie seine paginale und kodikale Umsetzung den Typ des scholastischen, studierenden Lesens.¹⁷

Eine weitere Eigenart dieser *Impagination* ist ihre Aufteilung in den in größeren Lettern geschriebenen zentralen Schriftblock und die ihn umgebenden, kleiner geschriebenen Schriftblöcke sowie die Verbindung beider durch identische Verweiszeichen (*Signa*; im Schema sind vier solche Zeichenpaare eingesetzt) – die Kombination also von *Textus* und *Glosae*. Beide bilden eine Rangordnung, verhalten sich zueinander wie der »ewige«, wort-

---

16 Assmann, Jan, *Das kulturelle Gedächtnis. Schrift, Erinnerung und politische Identität in frühen Hochkulturen*, München 1992; Illich, Ivan, *Im Weinberg des Textes. Als das Schriftbild der Moderne entstand. Ein Kommentar zu Hugos »Didascalicon«*, Frankfurt a. M. 1991.
17 Raible, Wolfgang, *Zur Entwicklung von Alphabetschrift-Systemen. Is fecit, cui prodest, Sitzungsberichte der Heidelberger Akademie der Wissenschaften*, Phil.-Hist. Klasse, Jg. 1991, Bericht 1, Heidelberg 1991; ders., *Die Semiotik der Textgestalt. Erscheinungsformen und Folgen eines kulturellen Evolutionsprozesses, Abhandlungen der Heidelberger Akademie der Wissenschaften*, Phil.-Hist. Klasse, Abhandlungen 1, Heidelberg 1991; Parkes, Malcolm B., *Pause and Effect. An Introduction to the History of Punctuation in the West*, Aldershot 1992; Saenger, Paul, *Space between Words. The Origins of Silent Reading*, Stanford 2000.

lautstabile Kanon zu seinen wechselnden Kommentaren, wie die vielsinnige Schriftautorität zur Vielgestalt ihrer Auslegungen (*sensus*), wie das alte, gültige Basiswissen zu seinen jüngeren Supplementen und Aktualisierungen. Damit bin ich vom Schriftsystem zur Schrift*kultur* übergegangen. Auch wenn die Hl. Schrift mit ihrem (seit Jahrhunderten allmählich gewachsenen) Glossenapparat das Vorbild für die scholastische Impagination und Kodifikation abgegeben hat (und noch lange, bis in die Neuzeit abgibt) – im 12. und 13. Jahrhundert werden zunehmend andere, nicht sakrale Wissensbestände – die kirchlichen und römischen Rechte, die Traktate antiker Autoren, die monastischen Regeln usf. – in dieser Doppelform verschriftet, die selber wiederum in viele Varianten aufgefächert wird. Das Text-Glosse-Format eignet sich für die verschiedensten Abstufungen und Relationen von Wissensbeständen gleicher oder diverser Herkunft. Es erlaubt, bestimmte Werke bzw. Schriften zu Texten zu machen, Glossenapparate zu kompilieren, neue Rangstufungen des Wissens- und Erklärenswerten zu schaffen. Ich gehe so weit zu behaupten, dass es zum Schauplatz, zur Operationsfläche der Wissensrelationen wird.

Von hier aus kann ich nun die Analogie wagen, die in das Feld der supplementären *Scripta* zwischen dem *Textus* und den *Usus* führt. Sie sind im Schema unter fünf Obertiteln (*Cultus, Auctoritates, Artes/Scientiae, Narrationes, Leges/Iura*) geordnet bzw. untergliedert und ergänzen den *Textus* gewissermaßen doppelt: in kurzen Ausschnitten als *Glosae* auf derselben Seite um ihn herum und als eigenständiges *Scriptum* bzw. Buch in seinem Umfeld.

Um zur Frage nach den Verortungen der *Musica* und des *Cantus* vorzustoßen, bedarf es nun noch einer kurzen Gesamtcharakteristik dieser *Scripta* in ihrem Verhältnis zum Kanon bzw. *Textus*. Ich erhebe dabei jedoch keinen Anspruch auf Stringenz. Die *Scripta* sind weniger wortlautstabil und weniger aufwendig ordiniert als der *Textus*. Sie sind von *Textus*-Stellen (Zitaten, *Dicta, Loci*) durchflochten. Sie stehen in magnetischer Beziehung zu ihm, aber auch im distanzierenden Kontrast. Sie aktualisieren, vermitteln, erläutern den *Textus* als *Auctoritas*: egal, ob es um Namen, Wörter, Begriffe oder Absätze, Titel, Autoren, Herkunft, Alter, Geltung, wörtlichen oder übertragenen Sinn usf. geht. Sie übernehmen seine skripturalen und ordinativen *Instrumenta*, kombinieren sie anders und gewinnen dabei an Verbindlichkeit, Klarheit und Zugänglichkeit. Sie wechseln untereinander und im Verhältnis zum *Textus* die Ränge. Sie entwickeln sich selber weiter, bilden neue Gattungen aus. All dies geschieht also unter Bedingungen zweier, sich widersprechender und zugleich schriftgenerierender Sogwirkungen. Je massiver in schriftfernen alltäglichen Handlungsfeldern verwurzelt, je weiter vom stabilen *Textus*-Feld bzw. *Textus*-Status entfernt, desto unvollständiger, unabgeschlossener sind sie, anfälliger für Ergänzungen, Modifikationen in Form und Gehalt, weniger standardisiert gestaltet, stärker angepasst an mündliche Kommunikationsformen, an Verständlichkeit für breitere, kaum latein- und schriftkundige soziale Kreise. Im Sog hin zum *Textus* (Textogenese) hingegen gewinnen sie durch Reskription und Redaktion an innerer und äußerer Ordnung, Würde, Wert und Ansehnlichkeit. Sie werden überarbeitet, von ihren situativen Inhalten und Stilelementen gereinigt und zeitloser gemacht, aufwendiger geschrieben, durchgliedert und bebildert, insgesamt in ihrem kulturellen bzw. kultischen Status erhöht – bis sie selbst *Textus* sind, im Wortlaut unantastbar, autorisiertes *Opus*, umgeben von Glossen, die ihre Sinnverhältnisse aufklären, hantiert von hochliteraten Mitgliedern bzw. Dienern der herrschenden Kreise. Wollte man der Produktion und Reproduktion der *Scripta* im weiten Feld zwischen diesen beiden Polen des *Textus* und den *Usus* einen generellen Stempel aufdrücken, dann könnte man in Modifikation Jan Assmanns von einer *Textus*-geleiteten *Hypolepse*[18] sprechen, einem äußerst beweglichen Rivalitätsgefüge von Schriften, die *einander* nicht nur dynamisch widerstreiten, sondern beständig von den Realitätserfahrungen und -herausforderungen der *Usus* und den Status- und Kanonitätsanforderungen des *Textus* stimuliert werden.

Wo nun sind *Musica* und *Cantus* in diesem Kombinat von Schriftsystem und Schriftkultur zu finden? Sehe ich recht, dann schrift*kulturell* in den Bereichen von *Cultus, Artes* und *Versus*, schrift*systemisch* bei den in den *Textus* inserierten *Notae* und von Fall zu Fall in den *Glosae*. Da man von Notaten allein für Klanginstrumente in dieser Zeit (noch) nichts weiß, repräsentieren Neumen bzw. auf Linien verortete *Notae* ausschließlich ein- bzw. mehrstimmige *Cantus* (Solo und im Chor), die in ihrer großen Mehrheit in unlösbarer Verbindung mit festen Wortlauten stehen; Lockerungen ergeben sich durch Melismen, verseigene Besonderheiten, Anfänge, Abschlüsse usf. Das Zeichensystem ist, verglichen mit den frühen Neumierungen, standardisierter, einfacher, klarer – durchaus analog zum Schriftbild. Blickt man auf die den Notaten jeweils hauteng benachbarte Schreibweise, dann wird die Anpassung an deren zeilen- bzw. linienorientierte Buchstaben-, Ziffern-, Wort-

---

18 Die Hypolepse, die dissonante Vielstimmigkeit und Beweglichkeit des kulturstiftenden und -modellierenden Schriftenbestandes *ohne* rechts- bzw. kultkanonische Fundationstexte, hat Jan Assmann im »Kulturellen Gedächtnis« als Besonderheit der griechischen Schriftkultur und ihrer Kraft für langfristige Ideenevolutionen (bis hin zur europäischen Moderne) bestimmt.

und Zeichenfolge (einschließlich der Spatien, Ligaturen, Illuminationen) unübersehbar. Das notative Zeichenrepertoire ist enger Nachbar, wenn nicht verwandtes Mitglied des Zeichen- und Figurenverbunds der Buchstabenschrift (geworden). Welche Verbindlichkeit die Notate für den tatsächlichen Gesang haben, ist nicht generell zu beantworten. Aber als Regel dürfte Folgendes gelten: Je näher ein *Scriptum* dem festen, kultisch oder hierarchisch kanonischen Wortlaut (*Textus*) steht, desto verbindlicher sind Ton(-art), Tonfolge, Intonation und Aufführungsform. Hier dürften die Psalmen-, Mess- und Standardgebetstexte den Ton angeben, also das, was zum liturgischen Schriftgut gehört. Wo und wie verlaufsfester Gesang in kunstvolle (eventuell auch mehrstimmige) Variation bzw. usuelle Improvisation in die so schwer fassbare *Musica practica* übergeht, kann ich mangels Kompetenz nicht in eine Regel fügen. Die Diskussionen der Musikologen über Melismen und ähnliche kunstvolle »Freiheiten« bilden hier ein für mich schwer überblickbares Forschungsfeld.

Etwas anders die Jahrhunderte lang im monastischen *Artes*-Verbund angesiedelten *Musica*-Traktate: Sie gewinnen zunehmende Gattungsautonomie im klerikalen *scientia*-System und geraten in den *Textus*-Sog nach Maßgabe dessen, wie wichtig ihre antike bzw. theologische Autorität oder ihre durch *Usus*-Reflexion hergestellte Anschlussfähigkeit für eine glossierende Aufklärung bzw. Ergänzung des *Textus* ist. Die textogenen Wege, die hier beschritten werden – die ordnende Abschrift eines Werkes, die Kompilation mehrerer, der Kommentar, in dem die *Auctoritates* als dezentralisierter Zitatenschatz präsent sind – dürften sich kaum von denen anderer *Scripta* dieser Zeit unterscheiden. Ob, und wenn, wann einzelne *Musica*-Schriften oder -Kodizes selber glossierten *Textus*-Status erklimmen, bildet dann allerdings die Königsfrage. Sicher bemisst sich die Antwort darauf auch daran, welche Auskünfte das betreffende Raisonnement über die *Musica* als eigenständiges Phänomen in der Abarbeitung an den Wirkungen der Rede und den Elementen der Sprache gibt, wie man es als Klanggeschehen in Raum und Zeit (und auch auf der *Pagina*) verortet weiß und welche Affekte aus seiner Komposition resultieren. Je reicher das Räsonnement in dieser Hinsicht ist, und je deutlicher auch Notate solche Qualitäten offenbaren, desto geneigter sind Musikologen wie Carl Dahlhaus, Michael Walter, Max Haas und Laurenz Lütteken, vom Musik*text* bzw. vom Noten*text* zu sprechen.

Meine Aufgabe, immanent zeitgenössisch zu antworten, habe ich damit aber nun längst überschritten. Kehre ich zu ihr zurück, dann muss ich sagen: Was für den wissenschaftlichen Blick auf das Notenwerk eines Musikstücks wesentliche Bedingungen eines *Textes* erfüllt, muss historisch-semantisch noch längst nicht auf dasselbe hinauslaufen. Weil, so schließe ich hier ab, bislang nicht empirisch erwiesen ist, dass die Zeitgenossen über die *Musica* und den *Cantus* – notiert oder nicht – unter dem Wort, in dem Bild oder dem Begriff bzw. in der Strukturvorstellung des *Textus* dachten, redeten und schrieben, mag ich mich dem obigen Konsensus der Kollegen bislang nicht anschließen und warte auf sowohl lexikal *wörtliche* als auch diskursiv *semantische* Beweise. Solange hier Schweigen herrscht, passen meines Erachtens sowohl der hochmittelalterliche *Cantus* als Klanggeschehen und Notat als auch die *Musica* als *Ars* und ihre schriftliche Form weder in das zeitgenössische Ordnungsbild des *Textus*, noch in den modernen Begriffs-Plural des *Textes*. Zur weiteren Warnung sollte man außerdem noch anfügen: Auch die Silben, Worte und Sätze unter den Noten, ohne die sie nicht artikuliert erklingen konnten, galten den hochmittelalterlichen Zeitgenossen nicht als *Textus*. Der *Text* der *Melodey* ist erst seit dem 15. Jahrhundert belegt.

Abschluss

Abschließend sind meine Erwägungen auf einen gemeinsamen Ertrag zu bringen. Aber wie? Vielgestaltige und situationsgerechte Zettelwirtschaft beim Jazzen, ein diverse Leitfakten zur Seite schaffender Krebsgang von heute zurück in das 12. und 13. Jahrhundert, eine spekulative Verortung der *Musica* und des *Cantus* im Schriftsystem und der Schriftkultur dort selbst, das scheint kaum zusammenzugehen. Es sei denn, man sieht alle drei Kapitel unter textgeschichtlich kritischem Vorzeichen. Immerhin habe ich mich jeweils um schriftkulturelle Zurechtrückungen bemüht. Es ging erstens um die Aufwertung unscheinbarer Schriftstücke für die Analyse des Verhältnisses zwischen Gedächtniswissen und Erinnerungstechnik auf der einen, der reproduktiven Aufführung und der spontanen Improvisation auf der anderen Seite. Diese Zettel, schlichte Wegweiser in den eigenen Wissensspeicher und Blickrezepte für das momentane Ausdrucksvermögen, per se für Texte im emphatischen Sinne zu halten, wäre gewiss verfehlt. Dass sie durch eine musikologische Analyse zu solchen (gemacht) werden, sollte diskutierbar sein. Textualisierung durch wissenschaftliche Aneignung sozusagen. Zweitens: Im Wege des schrittweisen Abschieds von der wohl originellsten Kulturtechnik, die im langen europäischen Mittelalter (500–1700) erfunden und elaboriert worden ist – also der ausgefeilten Notenschrift der mehrstimmigen harmonischen Musik –, sollte der musikologische Kopf von der teleologischen Perspektive auf ihre Genese entlastet werden. Drittens wurde versucht, der hochmittelalterlichen *Musica* und *Cantus* ihren spezifischen Platz sowohl im damaligen Schriftsystem als auch in der Schriftkultur zuzuweisen. Hier ging die Hypothese dahin, für beide Phänomene ein generelles *Cave textum* zu etablieren und alle klangbezüglichen Dokumente in die hypoleptische Dynamik der *Textus*-ergänzenden *Scripta* einzureihen.

Welche weiterführenden Fragen lassen sich daraus ableiten? Wer sich aus dem Dunstkreis der »Plastikwörter«[19] *Text* und *Kontext* heraushalten will, braucht nicht nur systematische, sondern auch historische Orientierung. Dies gilt auch für die Musikologie – nicht nur bezogen auf das heutige breite Feld philologischer, linguistischer, semiotischer und anderer Textkonzepte, sondern auch im Sinne eines verschlungenen Weges semantischer Kontinuitäten und Wandlungen im langen europäischen Mittelalter. Richtet man sich darauf ein, dann stellen sich viele Fragen wie von selbst. Mein Fragenbündel bezieht sich auf die oben benutzte Unterscheidung zwischen Schriftsystem und Schriftkultur:

1. Schriftsystemisch – besser vielleicht: semiotisch – wäre nachzufragen, ob der Typengegensatz von *Aktionsschrift* und *Klang-* bzw. *Bedeutungsschrift*, für den Carl Dahlhaus plädierte, für eine musikologische Analytik, die das Zusammenwirken der zeichenhaften Operatoren *jedes* klangbezogenen Schriftstücks der Musikgeschichte ernst nimmt, wirklich ausreicht. Ich will mich hier nicht zu schnellen Lösungen versteigen, meine aber, dass es gerade um die nähere schriftlogische und semiotische Bestimmung der Aufzeichnungsfelder *zwischen* den Dahlhausschen Polen geht. Das breite Spektrum der jazzpragmatischen Zetteleien, auf das ich hingewiesen habe, sollte dazu ermutigen, auch die aussagekargen, semiotisch schlichten und wenig standardisierten Zeugnisse der Musiküberlieferung für die Analyse nicht nur ihrer semiotisch-skripturalen Oberfläche (das Zeichenrepertoire und die Ergänzungssprache betreffend), sondern auch ihrer Bedeutungsräume zu nutzen, auf die sie bezogen sind; dies wiederum auch in semio*genetischer* Perspektive. Bei meinem Stochern in notationsgeschichtlichen Werken hat mir dort der parallelisierende Blick auf die großen Klärungs- und Ergänzungsprozesse der mittellateinischen Schriftpraxis gefehlt: die Zunahme und Systematisierung

---

[19] Pörksen, Uwe, *Plastikwörter. Die Sprache einer internationalen Diktatur*, 5. Aufl. Stuttgart 1995.

all der *Operatoren* (ausgehend von der Feingliederung der leeren Fläche, den Grundformen von Punkt, Strich, Ziffer, geometrischer bzw. organischer Figur, ergänzt durch Größenvariation, Farben usf.), welche die Buchstabenreihe zur Wortsequenz, diese zum syntaktisch verstehbaren Satz, dann zum Sinnabschnitt, schließlich zur mehrstufig gegliederten Seite machen. Später auch das Zeichenensemble (Plus-, Minus-, Gleichheits-, Divisionszeichen, Klammer, Bruchstrich, Wurzel usf.), mit dessen Hilfe das schriftliche Denken und Rechnen mit den arabischen Ziffern zu einem numerischen Ausdruckssystem elaboriert wird, das dann am Ende der Sprache genauso wenig bedarf wie die Noten, wenn sie zur Partitur systematisiert sind. Gleiches gilt auch für die lang gestreckten Prozesse der graphischen und malerischen Bildausstattung des Geschriebenen und der Bildverselbständigung. Der Wortabstand, die Null, der leere Rahmen, das Kreuztabellenformular sind analoge Phänomene in verschiedenen schrift- bzw. zeichenkulturellen Feldern. Für eine so ausgerichtete Musikologie wäre das Pausenzeichen das Leit-*Signum*.

2. Der schriftkulturelle Fragenkomplex richtet sich auf Vorgänge der Textgenese. Die Stellung der Musiktraktate und Gesangsnotate im Umfeld des scholastischen Text-Glossen-Modells hat gezeigt, wie weit entfernt beide Gattungen im Hochmittelalter vom damaligen Textstatus waren. Es wäre meines Erachtens ein sehr lohnendes Unterfangen, im musikgeschichtlichen Schriftgut den textogenen Vorgängen der Reskription, Kompilation, Kommentierung bis hin zum autonomen Werk namhafter und normgebender Komponisten und Musikphilosophen durch das lange Mittelalter und in die Moderne hinein nachzugehen. Es wären dann Fragen zu beantworten nach der Trennung von Melodie bzw. Ton und Wort, mit der Folge, dass es dann den Text der Melodien bzw. den zu den Noten gibt, eine Verbindung, die natürlich höchst variabel ist. Ebenso stellten sich Fragen nach der Übertragung der literarischen (oder auch textilen) Textmetapher auf ein- bzw. mehrstimmige Melodien bzw. Gesänge und ihre Notate, auf die Partitur, auf das Notationssystem als solches, auf bestimmte, auch rein instrumentale Musikgattungen, auf die Komposition, auf die Struktur des Klanggeschehens, auf die interpretative Aktivität der Aufführung. Eine solche Suche nach der Aufkunft und der Bedeutung des Textes der Noten, des Notentextes, dem Klang, dem Musiktext und der Aufführungsweise könnte man vielleicht textgenetische Musiksemantik nennen.

Opus

9. Vom Brauch-Werk zum Tauschwert Überlegungen zur Arbeit im vorindustriellen Europa*

Mit diesem Essay fassen wir auf knappem Raum Überlegungen zusammen, die aus einem größeren Lehrprojekt erwachsen sind.[1] Die dadurch gebotene Zuspitzung der Ergebnisse und die Straffung der Gedankenführung haben wir gerne wahrgenommen. Dagegen hat uns die Unmöglichkeit, die historische Überlieferung als solche in den Text einfließen zu lassen, arges Kopfzerbrechen bereitet – denn dadurch bleibt die Explikation unserer These, dass es »die« Arbeit im vorindustriellen Europa nicht gegeben hat und dass ein angemessenes historisches Verständnis der damals üblichen Formen des unterhaltsstiftenden Handelns nur erreichbar ist, wenn man sich radikaler als bisher auf die Überlieferung selbst einlässt, sozusagen auf halbem Wege stecken. Daran war und ist aber nichts zu ändern.

Gefahren

Wer die Eigenarten der Arbeit im vorindustriellen Europa verstehen will, setzt sich einer Reihe von Gefahren aus, die ein angemessenes Verständnis des Gegenstandes behindern. Aus sachlichen und methodischen, aber auch aus politischen Gründen gibt es keine Möglichkeit, diesen Gefahren zu entgehen. Man kann allenfalls versuchen, die daraus erwachsenden Fehler möglichst klein zu halten. Der erste Schritt in dieser Richtung besteht darin, sich diese Gefahren klar vor Augen zu halten. Der Einfachheit halber haben wir

---

* Dieser Text wurde zusammen mit Thomas Sokoll verfasst. Erschienen in König, Helmut/Greiff, Bodo von/Schauer, Helmut (Hg.), *Sozialphilosophie der industriellen Arbeit*, Opladen 1990, S. 26–50 (Leviathan Sonderheft 11). Ich danke Thomas Sokoll für sein Einverständnis mit diesem Abdruck.

1 Eriksson, Ylva/Kuchenbuch, Ludolf/Sokoll, Thomas/Teubner-Schoebel, Sabine/Vanja, Christina/Wiesehöfer, Josef, *Arbeit im vorindustriellen Europa*, 6 Bde, Hagen 1989/90 (Studienbrief).

sie mit Etiketten versehen. Sie sind nicht polemisch, sondern analytisch gemeint und bezeichnen strukturelle Risiken, nicht solche, die mit bestimmten Lehrmeinungen oder Schulen identifiziert wären.

Modernismus

Dies ist die größte und häufigste Gefahr. Sie besteht darin, den uns heute geläufigen Begriff der Arbeit auf frühere Epochen zu übertragen, denen dieser Begriff fremd war. »Arbeit« schlechthin, als Kollektivsingular für alle Formen der Erwerbstätigkeit zum Zwecke der Sicherung des Lebensunterhalts, ist eine moderne Kategorie, die im Grunde erst auf den industriellen Kapitalismus anwendbar ist. Marx war einer der ersten, der dies klar gesehen hat.[2] Insofern ist es eigentlich ein unzulässiges Unterfangen, sich mit der »Arbeit im vorindustriellen Europa« befassen zu wollen. Denn strenggenommen gibt es einen solchen Gegenstand überhaupt nicht. Dasselbe gilt für alle anderen Begriffe im modernen Wortfeld der »Arbeit«, also zunächst für die unzähligen Komposita wie »Arbeitsprozess«, »Arbeitsplatzsituation«, »Arbeitsbedingungen«, sodann für die angrenzenden Begriffe wie »Produktion« (und alle Komposita), »Wert« oder »Wertschöpfung«, endlich für die nachgeordneten, vornehmlich mit den »Arbeitsprodukten« eng verknüpften Begriffe wie »Distribution« und »Konsumtion«.

Auch diese Begriffe sind ökonomisch neutralisiert. Deshalb impliziert ihre Übertragung auf vorindustrielle Verhältnisse unweigerlich die Unterstellung einer Objekt-Identität, die nicht gegeben ist. Solange die Erde als fruchtbarer Schoß empfunden wird, kann sie kein Arbeitsgegenstand sein. Solange Werkzeuge heilig sind, stellen sie keine Produktionsmittel dar. Ein anderes Beispiel: Wo soll man den Arbeitsplatz eines hörigen Bauern im Mittelalter verorten? Neben Haus und Hof wären auch Feld und Flur zu berücksichtigen, ganz zu schweigen von Wald und Weiher, Weg und Steg, Marktstand und Gemeindehaus.

Auch hier gilt also: Arbeit als Summe aller menschlichen Tätigkeiten im Bereich der Produktion gibt es erst seit rund 200 Jahren, im Dienstleistungssektor seit zirka 100 Jahren. Sie kann daher strenggenommen kein Gegenstand der historischen Analyse vorindustrieller Gesellschaften sein.

---

2 Marx, Karl, *Grundrisse der Kritik der politischen Ökonomie*, Moskau 1939/4, Nachdruck Ost-Berlin 1974, S. 24–25.

Populismus

Doch was heißt hier strenggenommen? Konsequent zu Ende geführt, liefe die strenge Kritik an der Übertragung des modernen Arbeitsbegriffs auf frühere Gesellschaften auf begriffsgeschichtliche Augenwischerei hinaus. Denn wer wollte ernsthaft bestreiten, dass auch in der griechischen und römischen Antike, im europäischen Mittelalter und in der Frühen Neuzeit die Menschen arbeiten mussten, um ihren Lebensunterhalt zu sichern? Genauer gesagt, dass sich in den vorindustriellen Hochkulturen die breite Masse der Bevölkerung unter erbärmlichen Bedingungen abrackerte, um nicht nur ihre eigene, kärgliche Subsistenz zu sichern, sondern überdies einer kleinen privilegierten Oberschicht ein müßiges Leben voller Verschwendung und Großzügigkeit zu ermöglichen.[3]

Aber dieser Einwand greift zu kurz. Das Los der Unterdrückten, die Mühsal der Massen, lässt sich, so behaupten wir, gerade dann am allerwenigsten verstehen, wenn es unter ökonomisch neutralisierte Kategorien wie Arbeit oder Produktion subsumiert wird. Dass die einfachen Leute früherer Epochen ihr tägliches Brot im Schweiße des Angesichts zu essen hatten, ist eine Tautologie, die auch rückblickend noch bedrücken mag – aber als solche bildet sie keinen Gegenstand der vergleichenden historischen Analyse. Aus diesem Grunde ist es unzureichend, die Geschichte der Arbeit einfach als Geschichte der Leiden, Kämpfe und Errungenschaften der ausgebeuteten Massen an die Stelle der herkömmlichen Geschichte der großen Männer und ihrer Heldentaten zu setzen. Nicht, dass wir über die politische und wissenschaftsethische Stoßrichtung solcher Versuche richten wollen – im Gegenteil. Wir teilen sie und halten es für eine der vornehmsten Pflichten des Historikers, die namenlosen Vielen, deren saurer Schweiß ebenso wie die Kunstfertigkeit ihrer Hände die Grundlage des Reichtums meist Anderer gebildet haben, dem Vergessen zu entreißen und sie in das Rampenlicht des

---

3 In welchem Maße dies auch für die Vorgeschichte der Arbeit im vorindustriellen Europa gilt, also für die Gesellschaften vor der durch Staat, Klassenspaltung und Schriftgebrauch bezeichneten Schranke zur Hochkultur, können wir als Historiker nicht sagen, da es darüber keine Überlieferung gibt. Aus anthropologischer Sicht deutet immerhin einiges darauf hin, dass in sogenannten primitiven Gesellschaften, die sich technologisch auf einem weitaus niedrigeren Niveau als Hochkulturen bewegen, die Subsistenz trotzdem weit weniger Arbeit erfordert. Vgl. dazu Lee,Richard B., »What Hunters Do for a Living, or, How to Make Out on Scarce«, in: ders./DeVore, Ylve (Hg.), *Man the Hunter*, Chicago 1968, S. 30–48. Anknüpfend an solche Befunde hat Sahlins die These von der »original affluent society« vorgetragen; vgl. Sahlins, Marshall, »The Original Affluent Society«, in: ders., *Stone Age Economics*, New York 1972, S. 1–39.

historischen Bewusstseins zu stellen. Doch Mitleid ist kein Werkzeug der historischen Erkenntnis, und wohlgemeinte stellvertretende Bußgänge der nachgeborenen Historiker führen leicht in den Irrgarten des moralischen Modernismus. Dort gilt nur das als Arbeit, was mit Werktätigkeit und Wertschöpfung zu tun hat. Was aber, wenn ein mittelalterlicher Mönch liturgischen Gesang, Bibellektüre und Gebet als schwere Bürde und anstrengende Arbeit erlebt und begreift, oder wenn ein reformatorischer Prediger die Geburtswehen der Frau als »arbeit« und »mühesam werk« fasst.[4]

Ideologismus

Natürlich kann man den mittelalterlichen Mönch auch ganz einfach beim Wort nehmen. Dadurch entgeht man der Gefahr des Modernismus auf weitaus radikalere Weise als durch populistische Empathie, durch die man ihn allenfalls politisch unterlaufen kann. Die Gefahr, dass durch solcherart Philologie die arbeitenden Massen wieder aus dem Blickfeld geraten könnten, ist relativ gering. Denn die mittelalterlichen Mönche haben sich schließlich nicht nur über ihre eigene Mühsal bei Gesang, Lektüre und Gebet ausgelassen, sondern ebensogut über die Pflichten ihrer Laienbrüder, die den Schweinestall auszumisten oder das Korn zu dreschen hatten, sowie über die Frondienste und Abgaben ihrer Bauern.

Das Problem liegt woanders. Nicht nur, dass die Zeugnisse zur Geschichte der Arbeit in der Regel nicht von den arbeitenden Massen selbst stammen. Sie sagen auch fast nie etwas aus über die Praxis der Arbeit selbst. Die Überlieferung beschränkt sich weitestgehend auf soziale Deutungsschemata, die nicht mit der sozialen Wirklichkeit verwechselt werden dürfen. Deshalb ist die Geschichte der Arbeit über weite Strecken nur als Geschichte der Einstellung der Oberschicht zur Arbeit rekonstruierbar, nicht aber als Geschichte der tatsächlichen Arbeitsbedingungen und -vollzüge. Das heißt nicht, dass eine solche Wissens- bzw. Ideengeschichte der Arbeit wertlos wäre. Aber man muss sich immer ihrer ideologischen Grenzen bewusst bleiben.

---

4 Menius, Justus, *Oeconomia Christiana,* Wittenberg 1529. Bis auf den heutigen Tag heißen die Geburtswehen im Englischen *labour.*

Teleogismus

Eine weitere Gefahr besteht darin, den geschichtlichen Wandel stromlinienförmig auf die Gegenwart auszurichten. Ob die Geschichte der Arbeit dabei als Fortschritt oder als Verfall gedeutet wird, ist unerheblich – zumal der orthodoxe Marxismus die zusätzliche Option anbietet, durch die Ausrichtung des historischen Prozesses auf den Umschlagspunkt der »nackten« Lohnarbeit (als der freiesten Form der Knechtschaft) beide Motive miteinander zu verknüpfen. Doch abgesehen von dieser besonderen, dialektischen Spielart des Teleologismus überwiegen natürlich die naiv fortschrittlichen Entwürfe. Dies gilt vor allem für die Technik-, Rechts- und Ideengeschichte der Arbeit. Letztere zum Beispiel wird meist als langfristige Umschichtung der gesellschaftlichen Wertmaßstäbe dargestellt: Von der Ächtung der Handarbeit in der Antike geht es über die positive Neubestimmung im frühen Christentum und dessen Radikalisierung im Protestantismus zur vollen Anerkennung im Kanon der bürgerlichen Tugenden, mit anschließender Universalisierung von unten durch die Arbeiterbewegung. Geschichte der Arbeit hieße somit: von der Ächtung der Arbeit zur Würde der Arbeit. Ähnliches gilt für die Technik- und für die Rechtsgeschichte. Dort führt der Fortschritt von der Hacke zum Motorpflug, hier von der Sklavenausbeutung zum Lohnvertrag und zum Recht auf Arbeit.

Institutionalismus

Wenn die tatsächlichen Arbeitsbedingungen früherer Epochen aus dem Schriftgut auch kaum zu rekonstruieren sind, so ist uns die Vielfalt der institutionellen Formen der Arbeit doch einigermaßen gut bekannt. Wir können den Sklaven vom freien Tagelöhner unterscheiden, den hörigen Bauern vom zünftigen Handwerker. Doch auch hier ist Vorsicht geboten. Denn die juristische Ausgestaltung der Arbeitsverfassung sagt wiederum wenig über den Alltag der Arbeitenden selbst. Die rechtlichen Rahmenbedingungen schweigen darüber, was innerhalb dieses Rahmens passierte. Ein Sklave mochte bei einem angesehenen Athener Bürger als hochgebildeter Hauslehrer beschäftigt sein – oder in den Silberminen von Laureion in Fesseln unter Lebensgefahr bis zur völligen Erschöpfung angetrieben werden. Juristisch gesehen waren beide nur »sprechende« oder »beseelte Werkzeuge«.[5]

---

5 Aristoteles, Pol. 1254 a 34; EN 1161 b 4.

Hier liegt auch der beschränkte Erkenntniswert aller Versuche, die Geschichte der Arbeit im Anschluss an Marx als »Formwechsel« der Knechtschaft darzustellen. Denn im Grunde genommen sind die vermeintlich epochenspezifischen Formen der Ausbeutung (Sklaverei, Hörigkeit/Leibeigenschaft, freie Lohnarbeit) juristische Konstruktionen, die über die praktischen Arbeitsverhältnisse und deren Verteilung wenig offenbaren. Vor allem aber sind sie beileibe nicht so epochenspezifisch, wie dies gemeinhin unterstellt wird. So war etwa in der griechischen wie in der römischen Antike die freie Arbeit (der kleinen Bauern, Handwerker und einfachen Tagelöhner) auf das Ganze gesehen weiter verbreitet als die Sklavenarbeit. Statt die verschiedenen Formen der Arbeit als zeitliche Stufenfolge anzusetzen, sollte man sie daher eher als breites Spektrum auffassen, dessen einzelne Bereiche in den verschiedenen Epochen unterschiedlich deutlich hervorgetreten sind.

Auch damit soll wiederum nicht gesagt sein, dass wir die institutionalistische Perspektive für überflüssig halten – im Gegenteil. Gerade aus dieser Richtung sind wesentliche Anregungen für eine historische Typologie der Arbeitsverfassungen gekommen. Von zentraler Bedeutung für das Verständnis der Arbeit im vorindustriellen Europa sind zudem die aus derselben Perspektive erwachsenen Ansätze einer vergleichenden Morphologie der Wirtschaftsverfassungen, die auf die Frage der institutionellen Einbettung der Arbeit in größere gesellschaftliche Zusammenhänge führen.[6] Aber über die tägliche Arbeit als solche besagt dies nicht viel.

Brechen wir unsere Warnungen hier ab. Wir haben bewusst vereinfacht und negativ zugespitzt, um die Probleme deutlicher herauszustellen. Unser Eindruck ist, dass man den geschilderten Gefahren vor allem dann auf den Leim geht, wenn man den historischen Zeugnissen und ihrer Überlieferung nicht die gebührende Aufmerksamkeit schenkt. Wo immer der Sinn des historischen Materials quer zum modernen Verständnis steht, kann es nicht darum gehen, ihn zurechtzurücken und dem heutigen Bewusstsein einzupassen, wie dies in Überblicksdarstellungen häufig geschieht, aber auch in den meisten philologischen Untersuchungen, ganz zu schweigen von den herkömmlichen Übersetzungen älterer Zeugnisse (sowohl aus anderen Sprachen als auch aus den älteren Sprachschichten des Deutschen). Demgegenüber behaupten wir, dass ein angemessenes Verständnis der Arbeit im vorindustriellen Europa und jeder weitere Erkenntnisfortschritt auf diesem Gebiet von

---

6 Polanyi, Karl, *The Great Transformation*, Frankfurt a. M. 1978, Kap. 4–6; ders., *Ökonomie und Gesellschaft*, Frankfurt a. M. 1979, Kap. 6–8.

der Bereitschaft abhängt, sich voll und ganz auf die Fremdheit und Sprödigkeit der historischen Überlieferung einzulassen. Von diesem Punkt nehmen unsere weiteren Überlegungen ihren Ausgang.

Überlieferungsfragen

Beginnen wir mit einigen Bestimmungen, die für alle Epochen der Arbeit im vorindustriellen Europa nahezu gleichermaßen charakteristisch sind.

1. Sieht man einmal von den archäologischen Faustpfändern ab, welche die Signatur unterhaltsstiftenden Alltagshandelns tragen, dann stammt das Überlieferte durchweg von anderen als denen, die arbeiteten. Die Veranlasser, Autoren, Verfasser, Schreiber und Leser der Schriftstücke, auf denen unsere Kenntnisse fußen, waren in der Regel höheren oder anderen Standes und bezogen ihren Unterhalt aus den Werken agrikoler und artisanaler Diener und Dienerinnen.

2. Im Schriftgut, das uns heute als Quelle zur Geschichte der Arbeit dienen muss, wird diese nicht als herstellendes Handeln beschrieben, stehen die Arbeitenden nicht mit ihrem Tun im Mittelpunkt. Vielmehr geht es – meist rechtlich gefasst – entweder um die Voraussetzungen, um die Verfügungsbedingungen über Grund und Boden, Haus und Hof, Werkzeug und Vorrat, Vieh und Leute. Oder die Resultate der Arbeit, also das Einkommen in Form von Beute, Tribut, Steuer, Rente, Profit, Lohn, Gabe usf. stehen in Rede und sind dementsprechend aufgezeichnet. Was zwischen diesen beiden Polen tätig geschieht, wird nicht systematisch beschrieben, nicht zielgerecht wahrgenommen, sondern nur mittelbar, zum Beispiel exemplarisch, im einzelnen Konfliktfall, im Rahmen regulativer Pflichtübung berührt. Wenn das unterhaltsstiftende Tun explizit zur Sprache kommt, dann unter geschlechts-, alters-, vor allem aber standes- bzw. klassenspezifischen Wertungsaspekten. Nicht die sachliche Handlung, sondern deren soziale Angemessenheit ist das Thema.

3. Die auf Unterhaltshandeln hin deutbaren Schriften, Schriftstücke und Realien stehen in heute wenig bekannten, ja befremdlichen Wissens- und Sinnzusammenhängen. Weder der tönerne Spinnwirtel im Alemannengrab

noch der pflügende Mann als Miniatur im Psalmenkommentar, weder die Votivgabe in Gestalt eines Besens am Wallfahrtsort noch die Markbeschreibung in einer klösterlichen Urkunde, weder die gelehrte Auslegung der Genesis noch die stadtbürgerliche Lohnordnung können ohne genaues Nachfragen über die Gebrauchsumstände, Rechtsverhältnisse, Gebilde-, Bild-, Denk- und Glaubenstraditionen einen angemessenen Platz in der Geschichte der Arbeit finden.

4. Charakteristisch ist weiterhin, dass die Sprachen der Überlieferung – griechisch bzw. klassisches, mittelalterliches, humanistisches Latein, dazu die germanischen, romanischen, slawischen Mundarten, die allmählich in nationale Schriftsprachen münden – Verstehensprobleme eigener Art aufwerfen. Die Sinnbezirke wichtiger Wörter sind vielfach begrifflich nicht präzisiert, decken sich nicht in den verschiedenen Sprachen. Man denke nur an die Schwierigkeiten, die griechische Trias von *ponos, ergon* und *techne* ins Lateinische (*labor, opus* und *ars*) oder gar ins Deutsche (Mühsal, Werk und Kunst) fortzuschreiben. Dazu kommen die unterschiedlichen Gebrauchsziele der Schriften. Es ist eben oft genug fraglich, ob man die Wortwelt eines heiligen Textes mit der einer Rechtsordnung, eines Gedichts oder eines Einkünfteregisters in Einklang bringen kann.

5. Zuguterletzt ist das meiste dieses Schrift- und Sachguts nur fragmentarisch überliefert, und zwar im doppelten Sinne. Zum einen fehlen häufig Stücke der Teile selbst – dies gilt besonders für Inschriften und Abschriften. Zum anderen fehlen Schriften, auf die sich das Überlieferte bezieht, an das es intentional oder formell anschließt: die *auctoritas* etwa, mit der man rechtet, oder die Rechnungen vor oder nach dem überkommenen Jahrgang.

Doch ist es mit diesen überlieferungsgeschichtlichen Allgemeinplätzen nicht getan. Epochenspezifisches kommt hinzu. Darauf kommen wir in den folgenden einzelnen Stationen jeweils kurz zurück.

Stationen

In unserer überlieferungsorientierten Skizze der Geschichte der Arbeit im alteuropäischen Rahmen berücksichtigen wir die Antike nur als Auftakt. Schwerpunkte der Darstellung sind das Mittelalter und die Frühe Neuzeit.

Auf die Kenntnisse zur Geschichte der Arbeit in vorschriftlichen Zeiten einzugehen kam für uns deshalb nicht infrage, weil die grundlegende Frage nach den Zusammenhängen von Werkzeugtyp, Handlungsform und Denkweise pauschal kaum befriedigend beantwortbar ist.[7] Die Relikte (Gerät, Zeug, Gebilde, Bild usf.) spiegeln zwar sehr präzise die ihnen zugrundeliegenden Herstellungsarten und weisen in Umrissen auf ihre Nutzungsweise hin – welcher Sinn aber diesen Handlungen gegeben wurde, bleibt weitgehend unbekannt. Wir ziehen dieses Unbekannte in das Wort »Brauch-Werk«. Damit wollen wir einen Kontrastausdruck zum Tauschwertcharakter der modernen Lohnarbeit etablieren, keine begriffliche Um-Fassung all dessen, was Arbeit im vorschriftlichen und vorindustriellen Europa qualifiziert haben könnte.[8]

Griechische und römische Antike

In der griechischen Antike sind mit der Lautschrift und dem Münzgeld Techniken präziser Sinn- und Wertobjektivierung entstanden, welche die nachfolgenden Kulturen im mediterranen und später europäischen Raum nachhaltig prägten. Im wörtlich und syntaktisch genauen und vielgestaltigen Schriftgut der Griechen werden viele für das unterhaltsstiftende Tun wesentliche Erscheinungsformen greifbar. Wir können sie hier nur in gedrängter Kürze aufführen.[9]

Der vom Fruchtwechsel geprägte Ackerbau stand meist in betrieblicher Verbindung zur Nutztierhaltung. Vieles zeugt von einem Selbstbild des subsistenzorientierten Bauern (*georgos*), der seine Mühe (*ponos*) und sein Werk (*ergon*) an die Gunst und Macht der Götter band und den beides zum Krieger und Bürger machte. Die Handlungsethik des Betriebes (*oikos*) war ausgelegt auf Verteilungsgerechtigkeit, Geschlechtsbezogenheit, Sklaven- bzw. Gesindenutzung und die Hegemonie des Mannes, der im Gemeinwesen (*polis*) Bestätigung und Rang suchte. Die Betriebe verband Gabentausch und marktvermittelter Warenverkehr. Die Aufgabenteilung zwischen den auf Autarkie bedachten Aristokraten und den handwerkenden Politen bzw. Metoi-

---

[7] Wichtig hierzu: Leroi-Gourhan, André, *Hand und Wort. Die Evolution von Technik, Sprache und Kunst*, Frankfurt a. M. 1980.
[8] Preuß, H. D. u. a., »Arbeit«, in: Krause, G./Müller G. (Hg.), *Theologische Realenzyklopädie*, Bd. 3., Berlin 1978, S. 613–657.
[9] Austin, Michel/Vidal-Naquet, Pierre, *Gesellschaft und Wirtschaft im alten Griechenland*. München 1984.

ken gab unablässig Anlass zu sozialen Konflikten. Im Schatten aller sozialen Gebilde standen die Sklaven. Unübersehbar waren die Wirkungen des Münzgeldes auf die Dinge (Differenzierung von Gebrauchsnutzen und Tauschwert/Warenpreis), auf die Einzelmenschen (Sklavenpreis, Dienstvergütung/Lohn, Handelsgewinn) und auf das Gemeinwesen im Inneren (Steuern) und nach Außen (Tribut). Überdeutlich überliefert sind die aristokratischen Sichtweisen auf standeseigene Würde und Ehre, mit der jedes handanlegende Sich-Abmühen zum äußerlichen Unterhaltszweck wenig vereinbar, vielmehr niederen Ständen zugewiesen und gering geachtet war. Schließlich erreichte Aristoteles mit seiner Analyse der Beziehungen zwischen der Hausverwaltungskunst (*oikonomia*) und der Kunst des Gelderwerbs (*chrematistiké*) ein kognitives Niveau und eine ethische Dringlichkeit, an denen alles folgende ökonomische Denken bis zum Aufstieg der politischen Ökonomie orientiert blieb: die Unterscheidung von Gebrauchs- und Tauschwert des Besitzes und die Warnung vor der Verkehrung des Geldes vom Mittel der Versorgung zum Zweck der Bereicherung. Dass die Arbeit per se nicht zum Thema ökonomischen Denkens wurde, braucht nicht zu verwundern: Sie war in der Regel kaum trennbarer Teil im umfassenden Auskommen. Nur ihre Resultate kamen als Tauschgut oder abgeschöpfter Surplus ökonomisch zutage. Wo aber Handarbeit zum Unterhaltszweck der Tätigen selbst vergütet wurde (Lohn), blieb sie im Bann von Dienst und Miete. Als schierem Tauschwert gleichendes abstraktes Vermögen war sie weder wirksam noch begreifbar.

In der römischen Antike kam es zu vielerlei Verhärtungen innerhalb der Gravitationsfelder des Unterhaltshandelns.[10] Der rigidere Patriarchalismus im Haus (*domus, pater familias, patria potestas*) und in der *res publica* engten etwa den Handlungsraum der Frauen ein. Das Los der Sklaven (*servi*) wurde rechtlich scharf umrissen. Die Freien wurden auf lange Sicht dauerhaft benachteiligt. Sie wurden Teil der metropolitanen Massen der *plebs urbana* und gingen in hart besteuerten Handwerker-Innungen in den Städten sowie auf dem Land im schollengebundenen und abgabepflichtigen Kolonat auf. Auch in den Proportionen zwischen Beherrschten und Herrschenden kam es zu Zuspitzungen: brutaler Sklavenverbrauch im Bergbau etwa auf der einen Seite, auf der anderen Seite unermesslicher Reichtum, der die normale innerstädtische Aufgabenteilung in den Metropolen, besonders in Rom, auf den luxuriösen Verausgabungsstil der Senatoren und Neureichen hin in das nahezu Absonderliche steigerte. Nicht zu vergessen das breitgefächerte Feld

---

10 Autorengruppe der Martin-Luther-Universität Halle-Wittenberg, *Die Arbeitswelt der Antike*, Wien/Köln/Graz 1984.

der Tätigkeiten für die Heere – ganze Provinzen waren darauf eingestellt. Trotz traditioneller Berufung auf das Leitbild bäuerlicher Genügsamkeit (Cato) regierte die römischen Eliten in der Einkommenspraxis das große Geld. Dieser Ausrichtung entsprechend wurde Verteilungsgerechtigkeit eher mittelbar wirksam, besonders im Zuge ranggemäßen Verausgabens und publiker Versorgung der *plebs*. Die Abhängigkeit vom täglichen Kleingeld auf den Märkten, in den Werkstätten oder im Lohndienst wurde von oben in das niedere Abseits und in Unreinheit und Schmutz gezogen (Cicero). Der Nutzen der Arbeit (*opus/labor*) galt als selbstverständlich (Vergil), dass andere sie zu tun hatten, auch. Unfreiheit wurde ständig beendet (Freilassung) und geschaffen (Versklavung), war aber kaum der moralischen Rede wert.

Ohne das »Gold der Heiden«, das heißt die Nachwirkung antiker Schriften, ist die Geschichte der Arbeit im vorindustriellen Europa undenkbar. Nachwirkung heißt hier: die Tradition und schubweise Rezeption lateinischen und griechischen Gedankenguts. Neben der Wirkung des Sachwissens (zum Beispiel griechische Ökonomik und Philosophie, lateinische Agrarschriftsteller, römisches Rechtsschrifttum) hatte die Orientierung an antiken Literalitätsprofilen unübersehbare Konsequenzen für die Überlieferungskultur der literaten Stände Alteuropas. Diese Ausgangslage war vereinbar zu halten mit allem sukzessiven Schriftgut christlicher Herkunft: mit dem der Offenbarungen Gottes, der Propheten Israels, des Sohnes Gottes sowie seiner Jünger in der Bibel, mit deren Kanonisierung zum Bestand und ihrer Übertragung aus dem Hebräischen und Griechischen ins Lateinische (*Vulgata*, Ende 4. Jahrhundert), endlich mit den Auslegungen der Kirchenväter (Patristik) und mit dem frühkirchlichen und asketischen Normschrifttum (Konzilien, Mönchsregeln).

Die Einstellung zur Arbeit veränderte sich mit dem Aufkommen des Glaubens an Christus, dessen asketischer Lebenswandel und auf den Einzelnen bezogene Heilsbotschaft gerade die gesellschaftlich Benachteiligten ansprach. Mit seiner breiteren sozialen Anerkennung, seiner politischen Indienstnahme und institutionellen Verfestigung zur katholischen Kirche für möglichst alle wurden die heiligen Schriften des Christentums mehr und mehr zum normativen Bezugspunkt geistiger Auseinandersetzung.

Früheres Mittelalter

Im früheren Mittelalter kam es zur Schrumpfung der Schriftkultur auf eine Sprache, einen Stand und wenige Lebensbereiche und -ziele[11]: Lateinkundige Mönche vor allem hantierten mit dem Überlieferten und ergänzten es füreinander, für die Kirche und die herrschenden Laien – all das geschah auf Inseln im Meer mundartlicher und illiterater Lebensgewohnheiten. Für die Wissensgeschichte der Arbeit bedeutete dies vor allem, dass jede Orientierungssuche eine einheitssprachliche Grundlage hatte, das Latein der *Vetus Latina* bzw. *Vulgata*, und dass jedes Offenbarungswort, das Eingang in den Kanon der Bibel gefunden hatte, gleich gültig und auslegbar war. Im Alten Testament galt die Schöpfung insgesamt als Werk Gottes (*opus Dei*), die Schöpfung des Menschen als deren Vollendung. Der Sündenfall jedoch band den Unterhalt der aus dem Paradies Vertriebenen an Schmerzen (Eva) und Schweiß (Adam) (Gen. 3, 16ff.). Daher waren *labor* und *opus* grundsätzlich in den Rahmen von Schuld und Sühne gestellt. Das Neue Testament bot mit seiner Fülle von Anspielungen an den Verdienstcharakter der Handarbeit, ebenso aber an deren asketische Verachtung angesichts des nahenden Reiches Gottes recht konträre Orientierungsmöglichkeiten.[12] Mit der Abschwächung der Endzeithoffnungen und der wachsenden Bedeutung des Alltags christlicher Lebensführung bildete sich jedoch sowohl in der patristischen Exegese als auch im frühmonastischen Normschrifttum immer klarer die Vorstellung heraus, dass gerade die Verbindung von Askese und Handarbeit die vorbildliche Form eines Lebens in der Nachfolge Christi sei. Damit war der Tradition der antiken Achtlosigkeit und Verachtung aller unfreien Handarbeit ein entscheidender Riegel vorgeschoben. Mit dem Aufstieg der Mönche zum vorbildlichen und literaten Stand gerieten die antiken *loci classici* zu *opus*, *labor* und *ars* (Cicero, Vergil) in den Sog einer das mühselige Unterhaltshandeln prinzipiell aufwertenden Denkweise. Besonders in den Mönchsregeln – knapp 30 davon sind vom 5. bis zum Ende des 7. Jahrhunderts überkommen – hat die Anerkennung der körperlichen Arbeit in der Mönchsgemeinschaft zum Zweck des eigenen Unterhalts und des Almosengebens als Gott wohlgefälliges Werk expliziten und wirkungsreichen Ausdruck gefunden. Hierfür schuf Augustinus mit seiner Gelegenheitsschrift »De opere mo-

---

11 Le Goff, in: Preuß, H. D. u. a., »Arbeit«; Hamesse, Jacqueline/Muraille, Samaran (Hg.), *Le travail au moyen âge. Une approche interdisciplinaire*, Louvain-la-Neuve 1990; Gurjewitsch, Aaron J., *Das Weltbild des mittelalterlichen Menschen*,3. Aufl., München 1986.
12 Bienert, Walther, *Die Arbeit nach der Lehre der Bibel*, 2. Aufl., Stuttgart 1956.

nachorum« (zirka 400) wichtige Voraussetzungen. Mit dem Aufstieg der Regel Benedikts von Nursia (zirka 540) zur *una consuetudo monastica* im frühen 9. Jahrhundert hat sich der schriftführende Stand im früheren Mittelalter auf das Gebot zur Handarbeit (*labor manuum*) als gutem Werk neben Gebet und Lesung gegen den Müßiggang (*otiositas*) explizit festgelegt (Kapitel 48 der *Regula Benedicti*).[13]

Diese generelle Verpflichtung gestattete jedoch funktionale und standesspezifische Unterscheidungen von größter Tragweite. Einerseits ließ sich innerhalb der Klostergemeinschaft das umfassende Sach- und Sinnfeld der Arbeit in unterschiedliche Wirkfelder bzw. Aufgabenbereiche aufgliedern: in anstrengende *labores* in Garten und Feld, in sachkundige *artes* in Werkstatt und Schreibstube, in die Vielzahl der sakralen *opera* und in leitende *officia*. All das fand Anerkennung im Rahmen des monastischen Gotteswerks (*opus Dei*). Andererseits rückten auch die Mühen derjenigen ins Licht der Anerkennung, die außerhalb der Klöster für Mönche und Nonnen dienten: die grundherrliche *familia*.

Fügen wir an dieser Stelle ein, was die Wirtschafts- und Gesellschaftsentwicklung seit den dunklen Jahrhunderten bis zum frühen 12. Jahrhundert charakterisiert:

- die ungleichmäßige, im 11. Jahrhundert aber rasant voranschreitende Rodung und Siedlung im Innern der Siedlungskammern (Landesausbau) und in fremd- bzw. unbesiedelten Räumen (Kolonisation),
- die technische Verbesserung und Ergänzung des agrikolen und artisanalen Gerätebestandes sowie dessen Verbreitung (Wendepflug, Pferdekummet, Dreschflegel, Wassermühle u. a. m.),
- die Verdichtung des lokalen Zusammenwirkens (Verdorfung, Gemeindebildung, Parochialisierung),
- die Steigerung der Ernteerträge (von zirka dem Zweieinhalbfachen zum über Vierfachen der Saatgutmenge beim Brotgetreide),
- die Abschichtung gewerblicher Subsistenzzweige von den Herren-Domänen und den Vollbauern (Mühle, Schmiede, Schänke oder Hirtenbetrieb),
- die Zunahme des Münzgebrauchs (Silberpfennige) und der lokalen Marktorte und -zeiten,

---

13 Ovitt, George Jr., »Manual Labor and Early Medieval Monasticism«, in: *Viator* 17 (1986), S. 1–18.

– die Verselbständigung und Verdichtung des Güteraustauschs zum Nah- und Fernhandel sowie der Übergang vom Wanderhandel zur ansässigen Kaufmannschaft,
– die allmähliche, regional ungleiche Wandlung der antiken und gentilen Unfreiheiten (Sklaverei, Kolonat) zu feudalen Abhängigkeiten (grund- und leibherrliche Dörfler, Ministeriale, schwurgeeinte Bürger).

All diese langfristigen Vorgänge hat die Mediävistik – in immer dichter werdender Kooperation mit Archäologie, Kunstgeschichte, Sprachwissenschaft und Numismatik – mit riesigem Aufwand und methodischer Raffinesse aus ungemein verstreuten Überlieferungspartikeln erschlossen: Ortsnamen und Ersterwähnungen von Mühlen etc. aus Urkunden, Geräteteile aus Gräbern, Flurformen aus fossilen Äckern, Rechtsverhältnisse aus Hofrechten usf. Den Zeitgenossen, die derlei absichtlich oder unabsichtlich hinterließen, galten sie nicht als Faustpfänder dieser Wandlungen. Selbst den Dokumenten, die in sich aussagekräftig für den Entwicklungstand der Arbeit sind, fehlt solches »Bewusstsein«, da im Mittelalter jeder Änderungsakt die Form des Rückgriffs auf das Bewährte annahm. Der Grundsatz, dass nur das Alte gut sei, macht es der Forschung zusätzlich schwer, das eben nur implizit Neue in der Überlieferung auszumachen.

Im 8. und 9. Jahrhundert mehren sich jedoch die Zeichen für eine deutliche Wahrnehmung von *opus* und *labor* als agrikolem und servilem Handeln. In der einzigartigen Landgüterordnung Karls des Großen (*capitulare de villis*, zirka 792–800) wird das Spektrum des Unterhaltshandelns im lokalen Rahmen der Domäne als eine Rangstufung von Diensten (*servitia*) der geburtsständisch geschiedenen Untertanenschaft (*familia*) sichtbar: unten die agrikolen *labores* der Fronpflichtigen (mit oder ohne Angehörige, Haus und Hof, Ackerland und Weiderecht), darüber dann die *opera* als Aufgaben jedweder Weiterverarbeitung, es folgen die gewerblichen *officia* (als bereits mit Wissen verbundenes Werken aufgefasst), und an der Spitze die *ministeriales* mit verschiedensten Leitungs- oder Sonderaufgaben. Von besonderem Interesse ist, dass die Resultate all dieser Dienste als (*con*)*laboratus* bezeichnet werden. Der Weg vom mühevollen agrikolen Dienst (*labor*) führt über die *opera* und *officia* zum »Erarbeiteten«. Hierdurch kommt der Landbau als Grundlage von Alltag und Herrschaft im früheren Mittelalter zur »Sprache«, schreibt sich als allgemeine Signatur der Epoche in die Überlieferung ein.

Wenig später erscheint die agrikole Arbeit erstmalig in Vers und Bild. In der ersten Hälfte des 9. Jahrhunderts kommen »Monatsgedichte« und »Monatsbilder« auf – jeder kennt sie in der Form der spätmittelalterlichen Stundenbücher –, in denen der handlich-instrumentelle Charakter der agrikolen Tätigkeiten, geordnet nach für jeden Monat typischen Verrichtungen, lesbar und sichtbar wird. In diesen Versen und Illuminationen erscheint eine auf den agrikolen Jahreslauf bezogene Zeitordnung, in der nicht nur jede Arbeit ihre Zeit hat, sondern auch das ihr eigene Gerät in der Hand des Arbeitenden braucht.[14] Doch nicht nur die agrikole Zeit und das agrikole Gerät, sondern auch die Geschlechtsbindung des ländlichen Tuns wird in dieser Zeit explizit. Einerseits wird in Geboten zur Sonntagsruhe – auch sie ziehen sich durch das ganze Mittelalter –, andererseits in Frondienstordnungen in stereotypierender Form auf die umfassende Geschiedenheit der Geschlechter beim Unterhaltshandeln (für sich oder für die Herrschaft) Bezug genommen. Eine soziale Doppelwelt tut sich auf, in der den Männern vor allem die eröffnenden Handlungen (das Roden und Pflügen, das Jagen und Zähmen), den Frauen die abschließenden Handlungen zu Nutzung und Verbrauch (das Spinnen, Weben und Nähen, das Waschen und Kochen) zugeschrieben sind. Die Konfiguration, in der diese ambigue, von Autorität und Reziprozität durchflochtene Doppelheit jeweils konkrete Gestalt annimmt, ist das konjugale Paar (mit nur wenigen Dazugehörigen). Das Milieu, in dem es wirtschaftet, wird von Gehöft und Weiler gebildet. Kein Milieu gleicht – trotz der Typisierung von »außen« und von »oben« – dem anderen. Alles Werken ist gezeichnet von Besonderheiten des Orts, der Region, der Standesverhältnisse, der herrschaftlichen Anforderungen.[15]

Vom 9. zum 11. Jahrhundert wandeln sich die sozialen Beziehungen erheblich. Während alte, das heißt antike und gentile Prinzipien der gewaltsam oder juristisch gestifteten Abhängigkeiten an Kraft verlieren, gewinnen funktionale Kriterien an Bedeutung. So wie in den Soziallagen der Herrschenden die kriegerischen oder die geistlichen Aufgaben profilierend im Prozess der Standesbildung wirken, wachsen die Dienenden aus Rechtsgruppen verschiedenster Art immer mehr zum funktionalen Gesamtstatus der »Bauern« (*rustici, agricultores, laboratores*) zusammen. Diese – auf alten Vorstellungen fußende – Formierung der »Christenheit« zu einer trifunktionalen Einheit der Betenden (*oratores*), Kämpfenden (*bellatores*) und Arbeitenden (*laboratores*) rückt erstmalig die Leistung der Vielen ins soziale Licht. In

---

14 Epperlein, Siegfried, »Bäuerliche Arbeitsdarstellungen auf mittelalterlichen Bildzeugnissen. Zur geschichtlichen Motivation von Miniaturen und Graphiken vom 9. bis 15. Jahrhundert«, in: *Jahrbuch für Wirtschaftsgeschichte*, (1976), Band I, S. 181–208.
15 Kuchenbuch, Ludolf, »Trennung und Verbindung im bäuerlichen Werken des 9. Jahrhunderts. Eine Auseinandersetzung mit Ivan Illichs ›Genus‹-Konzept«, in: Affeldt, Werner/ Kuhn, Annette (Hg.), *Frauen in der Geschichte,*, Düsseldorf 1984, S. 227–242.

Bericht und Gedicht (hier besonders Adalbero von Laon, um 1025) wird immer häufiger seit dem 10. Jahrhundert auf dieses »Deutungsschema der sozialen Wirklichkeit«[16] Bezug genommen, ohne dass – neben der Herausstellung der »Nährfunktion« für alle – das miserable Los der *laboratores* beschönigt würde. Mit dem Gebot zur Gegenseitigkeit (beten, kämpfen, arbeiten füreinander) sind erstmalig die agrikole »Gesamt«-Arbeit, die »Bauern« als Stand und der Bauer als Sozialtyp anerkannt. Dies findet dann auch im rechtlichen Schutz der Bauernarbeit seinen Niederschlag (Gottesfrieden).

Sicher wirkt in der Ständetheorie auch viel Standesideologie derjenigen, die sie propagierten. Wichtiger aber ist, dass in der Zusammenfassung der Arbeitenden zu einem Stand zugleich ein Keim der Auflösung steckte. Die funktionale Abgrenzung gegen die herrschenden Stände schematisierte die dienenden auf eine Geschlossenheit hin, die der sich gleichzeitig anbahnenden Teilung der Arbeitenden in diejenigen in der Stadt und diejenigen auf dem Land nicht gerecht werden konnte. Je deutlicher sich die Städte nicht nur wirtschaftlich, sondern auch politisch (und das heißt im Mittelalter auch: rechtlich) von ihrer Umgebung absetzten, und je mehr sie sich im Innern als um ihren »Markt« gesammelte Koalition von Hand-Werk, Handel und Dienstleistung profilierten, desto mehr drängte diese Differenzierung der Arbeitenden zur sozialtheorethischen Reflexion. Anknüpfungspunkt hierfür war die alte Lehre von den *artes mechanicae*.[17] Es war Hugo von St. Viktor (ein Kloster vor den Toren von Paris), der kurz vor 1125 in seinem *Didascalicon*, einer Lehrschrift über richtiges Lesen und Wissen, diese Tradition dazu benutzte, alle unterhaltsstiftenden *opera humana* theoretisch unter die sieben *scientiae mechanicae* zu fassen. Das *lanificium* als Inbegriff der Anverwandlung organischer *materia* an den ungeschützten Leib, die *armatura*, die dem Menschen Waffen, Werkzeug und Behausung schafft, und die *navigatio*, durch die Güter beschafft werden (sei es durch Transport, sei es durch Handel), dienen dem Menschen äußerlich. Die Erzeugung pflanzlicher Nahrungsmittel (*agricultura*), die Beschaffung tierischer Nahrungsmittel (*venatio* – Jagd) sowie deren Zubereitung, die »Veranlassungen« und »Einwirkungen« zur Beförderung und zur Wiederherstellung des leiblichen Wohlbefindens (*medicina*) sowie endlich die guten Wirkungen von (Schau-)Spiel,

---

16 Oexle, Otto Gerhard, »Deutungsschemata der sozialen Wirklichkeit im frühen und hohen Mittelalter. Ein Beitrag zur Geschichte des Wissens«, in: Graus, František (Hg.), *Mentalitäten im Mittelalter. Methodische und inhaltliche Probleme*, Sigmaringen 1987, S. 65-117.

17 Sternagel, Peter, *Die artes mechanicae im Mittelalter. Begriffs- und Bedeutungsgeschichte bis zum Ende des 13. Jahrhunderts*, Münchner Historische Studien, Abteilung mittelalterliche Geschichte, Kallmünz 1966.

Tanz und Musik auf das Gemüt (*theatrica*) unterstützen die innere *infirmitas* des Menschen. In dieser Lehre liegt erstmalig eine umfassende Systematik der unterhaltsstiftenden Handlungen vor, und zwar ohne ständisch-soziale Rangordnung und Bewertung seiner Bereiche. Zugleich aber ist diese Lehre in einen Zusammenhang gestellt, nach dem des Menschen Ziel gerade nicht sein Lebensunterhalt ist, sondern seine Tugend und seine Gottesliebe. Genau dieses höchste Ziel macht es möglich, die *opera humana* am Schöpfer selbst zu orientieren. Wie Hugo Gott als *naturae genitor et artifex* gilt, so kann der Mensch als die Natur nicht schaffender, sondern lediglich nachahmender *artifex* aufgefasst werden, der mit Hilfe seiner *ratio* die Dinge, seine eigenen Handlungen und sein Verhalten zu *Mitteln* seines Unterhalts macht. Dass in der Wissenskunde der *opera humana* von allem abgesehen werden konnte, was auf Modus und Moral des Vollzugs und der Verteilung abstellte – Geschlecht, Haus, Herrschaft, Geld, Markt, Preis –, gründet in ihrem theoretischen Status: das hier Fehlende gehörte traditionsgemäß (aristotelisch) in den Bereich der praktischen Philosophie, besonders in die *oeconomia*.

Zusammengefasst: In der Reihenfolge der von uns gewählten Zeugnisse kommen Entwicklungen zum Ausdruck, die auf die Ausprägung des Bewusstseins und Wissens von der agrikolen Arbeit hinauslaufen – und zwar in folgenden Schüben: Am Anfang (Mönchsregeln) steht die Anerkennung und Anforderung des *labor manuum* für einen, und zwar den moralisch führenden Stand. Es folgt im 8./9. Jahrhundert die Ausarbeitung der agrikolen *labores* bzw. *opera* im Rahmen der Dienste aller Abhängigen sowie des *conlaboratus* als ihr allgemeines Resultat. Nahezu gleichzeitig werden die naturale Zeitordnung des agrikolen Tuns und sein handhaft-instrumenteller Zuschnitt explizit, ebenso seine Genus-Einbindungen, seine Verortung im Paar und im Kleinbetrieb der Hufe. Im 11. Jahrhundert schließlich werden die *laboratores* zum anerkannten »dritten Stand«. Im 12. Jahrhundert weitet sich dieses Bewusstsein aus zur Begründung der menschlichen Subsistenz durch das *opus artificis*. Nacheinander kommen also der Dienstcharakter der agrikolen Arbeit, deren Ergebnis, Zeitordnung, Instrument, Sozialbezug, Betriebsform und Standesqualität in den Blick und zur Sprache, bis schließlich subsistente Werk-Tätigkeit schlechthin denkbar wird. Bei alledem bleibt aber der grundsätzliche Gedanke ihrer dreifachen Verankerung im Dienst für Gott, die Herrschaft und die Subsistenz gültig, und ebenso fehlt die Artikulation des Prinzips, die *labores* oder *opera* könnten oder müssten käuflich sein.

Späteres Mittelalter

Mittlerweile hat sich in der wirtschafts- und sozialgeschichtlichen Forschung die Meinung durchgesetzt, dass die Entwicklungen vom 13. bis zum 18. Jahrhundert eine gemeinsame Grundlage haben. Dies gilt auch für die Geschichte der Arbeit und ihre Überlieferung. Seit dem 12. Jahrhundert kommt es zu ungemein wichtigen Veränderungen in der Überlieferung. Neben den Schriftbezug des religiösen, rechtlichen und politischen Handelns tritt immer deutlicher der des Wirtschaftens und des Verwaltens, neben die lateinische Sprache treten die lateinisch geschriebenen regionalen bzw. nationalen Mundarten, neben die Mönche die Kleriker und Laien als Träger vielfältigerer Schriftlichkeit. Zu diesen Differenzierungen kommen rasante Ausweitungen. Der Schriftbezug des Wirtschaftens schlägt vom Punktuellen in das Kontinuierliche um. Mit Hilfe von zeitlich dicht und durchgehend geführten Rechnungen, Steuerregistern und Preisnotierungen wird gerechnet, kalkuliert, gerechtfertigt. Damit ist es der Forschung möglich, die Wirtschaft erstmals als ein anonymes Gefüge und einen raumzeitlich bestimmenden Vorgang nachzuzeichnen, auch wenn dabei nur diejenigen Faktoren berücksichtigt werden können, die von Rentenzahlung, Geldwert und Markttausch bestimmt waren, während weiterhin alles marktlose Subsistenzhandeln weitgehend im Dunkel der Schriftlosigkeit verbleibt.

Nun zur Sache: Das wichtigste Merkmal ist die innergesellschaftliche Teilung der Arbeit in die Agrikultur und das Handwerk. Vom 12. bis zum 14. Jahrhundert wird das feudale Europa mit Städten übersät, ein Netz von städtischen Zentralorten legt sich über das Land. Dies bedeutet, dass zunehmend Anteile des Unterhaltsdaseins von den Austauschbedingungen zwischen Land und Stadt sowie innerhalb der Städte bestimmt werden. Die Trennung zwischen Land und Stadt ist durch das im Vergleich zum früheren Mittelalter höhere Ertragsniveau des Landbaus möglich. Ländliche Überschüsse gelangen zum Verbrauch oder zu fortgesetzter Fertigung in die Stadt, gewerbliche Güter zum Gebrauch oder Verbrauch auf das Land. Die Dörfler, im Prinzip weiter Selbstversorger, verkaufen nur einen Teil ihrer Überschüsse. Sie versilbern soviel, wie sie zur Zahlung ihrer Geldzinse an die Herrschaften (Adel, Kirche, Territorialfürst), ihrer Schulden oder aber für Güter brauchen, die sie selber nicht herstellen oder im Dorf beschaffen können. Dazu kommen die Waren, welche die Herren in der Stadt anbieten. Diese Waren stammen entweder aus den Naturalabgaben ihrer Bauern oder sind entstanden auf den herrschaftlichen Eigenwirtschaften mit Hilfe von Fron- oder Lohndienst. Das Motiv der Herren: Um an standesgemäße Güter, wie etwa Brokatwams, Harnisch, Pfeffer oder Weihrauch, zu kommen, sind sie auf handwerkliche Spezialisierung genauso angewiesen wie auf kaufmännische Kenntnisse von fernen Bezugsquellen. Ferner sind die Gewerbe auf kontinuierliche Lieferung von Rohmaterialien besonders aus dem Bergbau, der spezialisierten Viehzucht und der Waldwirtschaft angewiesen.

Von diesen Bezugsquellen hat die Stadt im Prinzip zu leben. Um sie zu sichern, schließen die Bürger sich zum korporierten Kaufmonopol zusammen: Die Marktplätze, Kaufhäuser und Kontore sind umschlossen von der Stadt und ihren Mauern, nur durch das Nadelöhr der Tore erreichbar. Den vereinzelten, geld- oder güterhungrigen Verkäufern werden durch stadteigene Gewichte, Maße, Münzen und Marktzeiten die Kauf- und Verkaufsbedingungen diktiert.

Innerhalb der Städte etabliert sich schnell ein gewerbliches Grundmuster: neben den Viktualien (Bäcker, Brauer, Fleischer, Höker von Fisch, Gemüse, Obst Kleinvieh) die Textilien (vor allem Flachs- und Wollgespinste), dazu Gerät und Behausung (Steine und Erde, Holz-, Horn- und Ledergewerbe), Werkzeug- und Waffen (verschiedene Metallgewerbe vor allem), endlich Dienstleister aller Art (vom Bader bis zum Boten). Nur wenig ist darüber in der frühen Überlieferung zu greifen, weil diese vor allem auf die rechtliche Abgrenzung der Stadt von den adligen bzw. kirchlichen Herrschaftsträgern und auf die allgemeinen Rechte und Pflichten des Stadtbürgers abgestellt war. An der einmaligen Sammlung von 99 Gewerberechten der Stadt Paris, die der langjährige königliche Stadtpräfekt Etienne Boileau 1268 hinterließ, sind typische Gegebenheiten der handarbeitenden Leute ablesbar.[18] Über die Arbeit als täglichen Vorgang wird kaum gehandelt, ausführlich dagegen, nehmen wir hier die Bäcker als Beispiel, über die Beschaffungsbedingungen des Korns oder Mehls, über die Größe oder das Gewicht des Brotes, über die Orte und Zeiten des Verkaufs, über die Brotpreise und die Gewerbesteuern. Wenig erfährt man über das Arbeitsgerät, die Betriebsstruktur, die Stellung der an der Arbeit Beteiligten oder über deren Unterhalt (Lohn, Kost und Logis). Der Sinn der Bestimmungen besteht überdeutlich darin, die Konkurrenz der Betriebe untereinander gegenüber dem begrenzten Kundenkreis zu regulieren, das Gewerbe im Wirtschafts- und Ranggefüge der Stadt und des Umlandes sowie im Auf und Ab der guten und schlechten Jahre zu sichern. Dafür bürgt die Rechtsform der Korporation (Zunft).

---

18 Geremek, Bronislaw, *Le salariat dans l'artisanat parisien aux XIIIe-XVe siècles. Etude sur le marché de la main-d'oeuvre au moyen âge*, Industrie et Artisanat, Nr. V, Paris 1962.

Andererseits reagieren einmal bestehende Zünfte auf gewerbliche Innovationen mit Argwohn. So können sich neue Gewerbe häufig nur als neue Zünfte ihren Platz sichern: Neben der Zunft der Goldschmiede sind 1268 in Paris bereits die der Blattgoldschläger oder die der Golddrahtzieher entstanden. Allein vier Korporationen von Paternostermachern (geteilt nach Materialien wie Horn, Korallen, Amber) finden sich, ein gutes Beispiel für die Wucherung der Gewerbe in den Großstädten des Mittelalters – um 1300 hatte Paris zirka 50.000 Einwohner. Die Teilung der Handwerke zeigt aber nicht nur die oben genannten Auffächerungen. Genauso wichtig sind Querteilungen dort, wo das Material viele Stationen zu durchlaufen hat, ehe die Schlussgestalt erreicht ist. In Paris gut erkennbar an den vom Import und Export abhängigen Seidengewerben: drei Spinner-, zwei Weberzünfte (jeweils in Weber und Weberinnen aufgeteilt), danach erst die Färber und die Schneider. Solche Handwerke, durch die Material (oder eine Kombination von Materialien), seine Form verwandelnd, hindurchgeht, sind von früh an in Gefahr, durch die Kaufleute verlegt zu werden. Nicht zuletzt zeigen die Spezialisierungen mancher Korporationen an, welch hohes, ja zugespitztes Niveau an Kunstfertigkeit im Handwerk des späteren Mittelalters erreicht wird – Dome, Altarbilder, Rathäuser und -stuben, Rüstungen und Kostüme zeugen noch heute davon.

Vieles an Arbeit, das in solchen Werken steckt, wurde in Lohnform vergütet – besonders im Bereich des Bauwesens. Überall kamen im Laufe des späteren Mittelalters Lohnabhängige auf, versuchten sich zu korporieren, revoltierten gegen mitleidlose Auspressung und schäbigen Unterhalt.[19] Auch in den Dörfern vertiefte und verbreitete sich der Graben zwischen absatzorientierten Großbauern und lohngängigen Häuslern.[20] Doch geriet der Lohn als Wertausdruck abhängiger Arbeit und Basis des Unterhalts kaum in den Blickpunkt makroökonomischen Kalküls oder ins sozialethische Kreuzfeuer. Dazu waren seine sachlichen Formen zu unübersichtlich (Pfennig, Kost, Kleidung, Unterkunft, Pflichtgeschenke), seine Rechtsformen zu undeutlich (schwierige Abgrenzung von Dienst und Fron), seine Rhythmen zu ungleich (Tage-, Wochen- oder Jahreslohn bzw. Zeit- oder Stücklohn) sowie seine wirtschaftliche Reichweite zu gering. Ganz anders dagegen der Preis, der münz-

---

19 Schulz, Knut, *Handwerksgesellen und Lohnarbeiter. Untersuchungen zur oberrheinischen und oberdeutschen Stadtgeschichte des 14. bis 17. Jahrhunderts*, Sigmaringen 1985.

20 Hon-Firnberg, Hertha, *Lohnarbeiter und freie Lohnarbeit im Mittelalter und zu Beginn der Neuzeit. Ein Beitrag zur Geschichte der agrarischen Lohnarbeit in Deutschland*, Veröffentlichungen des Seminars für Wirtschafts- und Kulturgeschichte an der Universität Wien, Baden/Wien/Leipzig/Brünn 1935.

geldliche Wertausdruck käuflicher Dinge. Nahezu jeden ergriff der Zwang, Hergestelltes oder Beschafftes weg- oder einzutauschen – und dabei zu täuschen oder getäuscht zu werden, ob auf der jährlichen Kirmes, dem täglichen Viktualienmarkt, in Kontor und Speicher, Laden oder Schänke. In allen Ständen, die zunehmend als »Berufe« (*officia,* Ämter) aufgefasst wurden, wirkte sich die neue Macht des Geldes aus. Neben der Ungerechtigkeit der Herrschaft und den von Gott geschickten Strafen (Missernte, Unwetter, Krankheiten, besonders die Pestzüge seit 1348) beschäftigte die Theologen, die Juristen, die Stadträte und auch die Fürsten die Ungerechtigkeit im Austausch. Ein Moralist wie der Bettelmönch Berthold von Regensburg (um 1292) predigte – mit auffälligem Echo – die tugendhafte »Liebe zur Sache« in einer Zeit, als der sündhafte »Hang zum Geld« grassierte.[21] Die Lehre von den *humana opera* in Gestalt der sieben mechanischen Künsten, die Hugo von St. Viktor im frühen 12. Jahrhundert noch gelassen von den Wirkungen der praktischen *oeconomia* freihalten konnte, wurden bei Berthold zum Korpus der *hanntwerche,* deren Agenten tagtäglich Gefahr liefen, *guot dinc boese* zu machen. Der Franziskanerprediger steht damit für eine moralische Ökonomie, in der sich alles Herstellen, Verteilen und Austauschen dem sinnvollen und wertgerechten Brauchen zu unterstellen hatte. Ziel dieser Ethik waren deshalb die Herstellungsliebe und der gerechte Preis. Die Kritik konzentrierte sich auf gewinnsüchtige Täuschung, besonders in Form der Selbstvermehrung des Geldes (Zins und Wucher).[22] Nicht die Arbeit, sondern ihr dingliches Resultat, das käufliche, in ein monetäres Gegenquantum wandelbare Stück beherrschte das ökonomische Handeln, Denken und Rechten im späteren Mittelalter. Aber dort und dann, wenn entweder die patrizische Gewinnsucht oder der adlige Appropriationsdruck zu groß wurden, gerieten die Bedrückten in Aufruhr und beriefen sich – schließlich, wie im englischen Bauernaufstand von 1381 oder im deutschen Bauernkrieg von 1525, ihres göttlichen Rechts gewiss – darauf, dass sich trotz aller Ansprüche der Kauf-, Kirchen- und Burgherren ihre *arbait* auch *lonen* müsse. Dieser *lon* ist aber nicht als »Preis der Ware Arbeitskraft« zu verstehen. In ihm klingt nicht nur

---

21 Röcke, Werner (Hg.), *Berthold von Regensburg. Vier Predigten,* Stuttgart 1983; Stahleder, Helmuth, *Arbeit in der mittelalterlichen Gesellschaft,* Miscellanea Bavarica Monacensia 42, München 1972.
22 Little, Lester K., *Religious Poverty and the Profit Economy in Medieval Europe,* Ithaca/New York 1983.

die Belohnung durch Gott für rechtschaffene Mühe an, sondern auch der Anspruch auf gerechte Teilung eines selbständig erarbeiteten Ertrags.[23]

Frühe Neuzeit

Die Frühe Neuzeit ist die erste Epoche mit einer »modernen« Überlieferung zur Arbeit. Da ist zunächst die große Bandbreite der Quellengattungen, der eine verbreiterte soziale Fächerung der Überlieferer entspricht. Nun gibt es zahllose Gesetze und Verordnungen, die sich direkt auf die Arbeit beziehen: umfangreiche Akten zur Handels-, Steuer- und Gewerbepolitik des frühneuzeitlichen Territorialstaates, private Arbeits- und Dienstverträge, Ordnungen für Arbeits- und Zuchthäuser, Manufakturbetriebe und die ersten »Fabriken«, das Geschäftsschriftgut privater Unternehmungen und natürlich die literarische Überlieferung – all das gegenüber früheren Epochen beträchtlich erweitert und deutlich differenziert. Nicht nur in religiösen Schriften und philosophischen Abhandlungen ist nun in systematischer Weise von der Arbeit als einer allen Menschen zukommenden Aufgabe die Rede (Menius, Luther, Calvin, Locke), sondern es entsteht erstmals ein umfängliches Schrifttum, das sich nicht mehr aus standesethischen Erwägungen, sondern unter ökonomischen Gesichtspunkten mit Fragen der Beschäftigung und der Arbeit befasst (politische Arithmetik, kameralistische und merkantilistische Literatur). Auch das äußere Erscheinungsbild der Überlieferung verändert sich. Ein großer Teil der intentionalen Zeugnisse liegt nun im Druck vor. Ergänzend zum gedruckten Wort tritt die Arbeit außerdem auch in das gedruckte Bild. Bereits bei Agricola (1557) sind die charakteristischen Werkzeuge und Handgriffe der wichtigsten Arbeiten im Bereich des Bergbaus und Hüttenwesens im Holzschnitt festgehalten und im begleitenden Text genau beschrieben. Zweihundert Jahre später, in den Bildbänden zur großen *Encyclopédie* von Diderot und D'Alembert (1751–1780), liegt derlei dann für alle Gewerbe vor, und das mit einem Präzisionsstandard, der mit den großen Konversationslexika des 19. Jahrhunderts durchaus konkurrieren kann. Vor allem aber erweitert sich neben der intentionalen Überlieferung zur Arbeit die begleitende Verschriftung zunächst der Arbeitsprodukte, dann aber auch

---

[23] Hauser, R./Hügli, A./Seigfried A./Ballestrem, K. G. »Lohn, Verdienst«, in: Ritter, Joachim/Gründer, Karlfried (Hg.), *Historisches Wörterbuch der Philosophie*, Bd. 5, Darmstadt 1980, Sp. 503–521.

der Arbeit selbst, im Rahmen des werktäglichen individuellen ökonomischen Handelns. Neben das landesfürstliche Lohnedikt tritt das stillschweigende Aufzeichnen von Löhnen als Bestandteil der Buchführung. Der letztgenannte Punkt ist aus unserer Sicht der entscheidende. Wir behaupten, dass mit der Verschriftung der ökonomischen Routine ein neues Kapitel in der Geschichte der Arbeit beginnt. Dadurch aber gerät die traditionelle Epochenteilung aus den Fugen, denn die kontinuierliche Verschriftung marktbezogener Entscheidungen und Vorgänge setzt bereits im späteren Mittelalter ein. So stammen die ältesten erhaltenen Handelsbücher von Kaufleuten aus dem 13. Jahrhundert. Die doppelte Buchführung datiert ebenso wie die ersten Wechselbriefe aus dem 14. Jahrhundert. Auch die ältesten erhaltenen Firmenarchive sind aus dieser Zeit auf uns gekommen. Kontinuierliche Aufzeichnungen der Lohnsätze für Bauarbeiter im südlichen England gibt es seit dem späten 13. Jahrhundert, Aufzeichnungen der dortigen Weizenpreise seit dem frühen 13. Jahrhundert (Anstaltsrechnungen). Bereits im Iglauer Bergrecht (1300) ist die Arbeitszeit genau geregelt. Von der Überlieferung her gesehen beginnt also das »moderne« Zeitalter der Arbeit im vorindustriellen Europa im 13./14. Jahrhundert, und nicht erst im 15./16. Jahrhundert. Wie aber sieht nun im Vergleich dazu die realgeschichtliche Entwicklung aus? Listen wir die wesentlichen Strukturmerkmale der Wirtschaft im frühneuzeitlichen Europa kurz auf:[24]

- *Handelskapital und modernes Weltsystem*: Im Fernhandel kommt es zur Kapitalakkumulation großen Stils. Die wesentlichen ökonomischen Wachstumsimpulse der Epoche – allerdings auch die großen Krisen des 17. Jahrhunderts – gehen auf das Konto des Handelskapitals, dessen Expansion durch den Territorialstaat kräftig gestützt wird.[25]
- *Neue Organisationsformen im gewerblichen Sektor*: Mit dem Eindringen des Handelskapitals in das verarbeitende Gewerbe entstehen neue Formen der Arbeitsorganisation. In den Bereichen der Textilherstellung und Metallverarbeitung wird das Verlagssystem zur dominanten Betriebsform, indem es die Arbeitskraftreserven des platten Landes zur Erzeu-

---

24 De Vries, Jan, *The Economy of Europe in an Age of Crisis 1600–1750*, Cambridge 1976.
25 Auf die mit dieser Entwicklung einhergehende Herausbildung einer internationalen Arbeitsteilung können wir hier nicht eingehen, da es in den durch die Arbeiten von Andre Gunter Frank, Samir Amin, Immanuel Wallerstein und Eric R. Wolf angeregten Diskussionen in erster Linie um die Rolle des Welthandels geht, also um Fragen der Abschöpfung und des ungleichen Austauschs, und weniger um die Arbeitsbedingungen in den Peripherien.

gung billiger Waren für den fernen Massenkonsum mobilisiert. Dadurch verliert das städtische Zunftgewerbe an Bedeutung. Durch die heimindustrielle Fertigung bleibt zwar der handwerkliche Charakter der Arbeit im Verlag erhalten – doch dadurch, dass Rohstoffbeschaffung und Warenabsatz in der Hand des Unternehmers liegen, werden die eigentlichen Produzenten im eigentlichen Sinne zu Lohnarbeitern. Im Bereich der Erzeugung von Gütern des gehobenen Konsums entsteht mit der Manufaktur der arbeitsorganisatorische Vorläufer der Fabrik. Hier erfolgt bereits die gesamte Fertigung vom Rohstoff oder Halbfabrikat bis zum spezialisierten Stück unter einem Dach, auf der Grundlage weitestgehender Zerlegung des Arbeitsprozesses in einzelne Handgriffe. Am weitesten entwickelt sich die Ausgestaltung moderner Arbeitsbeziehungen im Montanbereich, insbesondere im Bergbau. Dort führt der große Bedarf an fixem Kapital bereits sehr früh zur Herausbildung kapitalistischer Finanzierungs- und Unternehmensformen (»Gewerkschaft« als Frühform der Aktiengesellschaft). Zugleich ist der frühneuzeitliche Bergmann, obwohl er sich als Mitglied eines privilegierten Standes begreift, gewissermaßen der Prototyp des modernen Industriearbeiters: Er ist jung, kräftig und mobil, seine Arbeitsverhältnisse sind im Hinblick auf Arbeitszeit und Arbeitslohn, Sicherheit am Arbeitsplatz, Krankheit und Unfall, Invalidität und Altersversorgung vertraglich genau geregelt.

– *Regionale Differenzierung der Landwirtschaft*: Auch im landwirtschaftlichen Bereich steht die (regionale) Spezialisierung (Getreide-, Obst-, Gemüseanbau, Viehzucht, Weidewirtschaft) im Zeichen zunehmender Kommerzialisierung und Kapitalisierung.

Am deutlichsten zeigt sich dieser Prozess in England, wo sich bereits im 16. Jahrhundert die »moderne« Form der agrarischen Klassenstruktur herauszubilden beginnt: das funktionale Dreiecksverhältnis zwischen einer kleinen Schicht adliger Großgrundbesitzer, einer Mittelschicht von landwirtschaftlichen Pächtern und einem Heer besitzloser Landarbeiter (*labourers*). Zur selben Zeit vollzieht sich im östlichen Mittel- und Osteuropa die »Refeudalisierung« der ländlichen Klassenstruktur im System der Gutsherrschaft. Auf der Basis verschärfter Dienstverpflichtungen und einer verschlechterten personenrechtlichen Situation der abhängigen Bauern bildet sich die Gutsherrschaft heraus. Im Unterschied zum Streubesitz der mittelalterlichen Grundherrschaft und dem relativ geringen Gewicht der herrschaftlichen Eigenwirtschaft beruht dieses System auf großen, in sich geschlossenen Besitzkomplexen, auf denen nicht mehr für den Eigenbedarf angebaut, sondern in Form des Frondienstes für den Getreideexport im gesamteuropäischen Rahmen produziert wird. Zwischen diesen beiden Extremen liegen die »bäuerlichen« Produktionsformen des mitteleuropäischen Raums, deren Vielfalt aus einem breiten Spektrum von Besitz- und Abhängigkeitsverhältnissen (freier Grundbesitz, Erbleihe, Erbpacht, Teilpacht, Zeitpacht) bei gleichzeitig starker Streuung der Betriebsgrößen erwächst.

Im Rahmen unseres Gesamtthemas ergeben sich daraus zwei spezifische »Errungenschaften«. Neu ist zum einen, dass im frühneuzeitlichen Europa eine im Vergleich zu früheren Epochen breitere Vielfalt der Arbeitsformen erkennbar wird. Neben die Bäcker, Schreiner und Wollweber im Zunftgewerbe der mittelalterlichen Stadt treten protoindustrielle Flachsspinner, Baumwollweber und Nagelmacher auf dem platten Land und Lohnarbeiter in hoch spezialisierten Manufakturbetrieben. Aus hörigen Bauern werden freie Pächter mit spezialisierten Hofbetrieben oder verarmte Landarbeiter, marktorientierte Bauern mit erblichem Landbesitz unterschiedlicher Größenklassen, kleinbäuerliche Teilpächter oder Leibeigene neben den großen Gutshöfen. Neu ist zum anderen, dass es uns die Überlieferung zum ersten Mal ermöglicht, jede dieser Arbeitsformen (wir haben nur wenige Beispiele genannt) sowohl in ihren spezifischen Einzelheiten nach Gewerbe, Ort und Zeitpunkt als auch im gesamteuropäischen Verbund nach Stellung im Wirtschaftsgefüge, Austauschrelation und Konjunkturlage genau zu beschreiben. Natürlich können wir dies hier nicht im Einzelnen weiterverfolgen. Versuchen wir stattdessen, die entscheidenden Entwicklungsschübe abstrakt zu umreißen.

1. Mit der Herausbildung eines (handels-)kapitalistischen »Weltsystems« im Zuge der kolonialen Expansion Alteuropas gerieten immer größere Bereiche nicht nur der gewerblichen, sondern auch der landwirtschaftlichen Arbeit in den Sog weiträumiger Austauschbeziehungen. Der zunehmenden Marktverflechtung der verschiedenen Wirtschaftsbereiche entspricht die sukzessive Ausrichtung aller Arbeitsformen auf den geldvermittelten Austausch der Produkte.

2. Die Dynamik des Marktes schlägt auf die Organisation der Arbeit selbst durch. Für immer breitere Bevölkerungsschichten wird die »nackte« Lohnarbeit zur wichtigsten Form der Subsistenzsicherung. Gegen Ende des 18. Jahr-

hunderts ist sie in den ökonomisch fortgeschrittensten Regionen Europas zur normalen Beschäftigungsform geworden.

3. Lohnarbeit bedeutet Verarmung. Ob die Proletarisierung als solche, das heißt die Scheidung des »Produzenten« von den eigenen »Produktionsmitteln« und/oder der Verlust des Anspruchs auf herrschaftliche Fürsorge, mit Verarmung einherging, hängt von den jeweiligen Umständen ab – der verschuldete Teilpächter konnte es weitaus schlechter haben als der freie Landarbeiter mit protoindustriellem Nebenerwerb. Auf lange Sicht wichtiger als die Expropriation zuvor selbständiger Kleinbauern und Handwerker war wohl die demographische Expansion der unterständischen, also bereits expropriierten Schichten. Denn dadurch kam es einerseits zu einem relativen Überangebot freier Arbeitskräfte, andererseits führte das Bevölkerungswachstum bei nachhinkendem Anstieg des Produktionsvolumens zu steigenden Preisen. Beide Faktoren zusammen bewirkten den in der neueren Forschung bereits sprichwörtlich gewordenen »Reallohnfall der Frühen Neuzeit«, der in den Pauperismus des frühen 19. Jahrhunderts mündete.[26] Vor diesem Hintergrund wird verständlich, warum auch die zeitgenössische Diskussion der Arbeit sich in dieser Epoche in erster Linie um die Armut dreht.[27] Natürlich gibt es auch die darüberliegende positive Deutungsschicht der Arbeit als »bürgerlicher« Tugend, die durch die protestantische Radikalisierung des biblischen Erbes noch verstärkt wird.[28] Doch der eigentliche ideologische Kristallisationspunkt des frühneuzeitlichen Arbeitsverständnisses ist negativ bestimmt: Unterdrückung der Armut durch Disziplinierung zur bzw. der Lohnarbeit.

Damit kehrt sich das traditionelle Verhältnis von Armut und Arbeit um. Galt es in der Antike und im Mittelalter als selbstverständlich, dass diejenigen, die sich um die »Notdurft des Lebens« (Aristoteles) sorgen mussten und infolgedessen auch politisch machtlos waren (bezeichnenderweise bildet im Mittelalter *potens* und nicht *dives* den Gegenbegriff zu *pauper*), »arm« waren, so heißt es nun, dass niemand arm zu sein brauche, der arbeiten könne. Hinzu kommt, dass in der christlichen Tradition von den frühen Mönchsregeln bis zu den Bettelorden das Ideal der freiwilligen Armut in der Nachfolge

---

26 Abel, Wilhelm, *Massenarmut und Hungerkrisen im vorindustriellen Deutschland*, Göttingen 1974; ders., *Agrarkrisen und Agrarkonjunktur. Eine Geschichte der Land- und Ernährungswirtschaft Mitteleuropas seit dem hohen Mittelalter*. 3. Aufl., Hamburg/Berlin 1978.
27 Lis, Catharina/Soly, Hugo, *Poverty and Capitalism in Pre-Industrial Europe*, Brighton 1982.
28 Münch, Paul (Hg.), *Ordnung, Fleiß und Sparsamkeit. Texte und Dokumente zur Entstehung der »bürgerlichen Tugenden«*, München 1984.

Christi propagiert wurde. Es bedeutet einen radikalen Bruch mit der gesamten vorgängigen Tradition, wenn nunmehr Armut als Nicht-Arbeit definiert und in diesem Sinne als selbstverschuldetes Laster gedeutet wird.[29] Den markantesten Ausdruck findet dieses veränderte Arbeitsverständnis in den verschiedenen Ansätzen zur Neuordnung des Armenwesens seit dem 16. Jahrhundert. Dazu gehören die Kommunalisierung, die Bürokratisierung und die Rationalisierung der städtischen Armenpflege auf der Grundlage einer strikten Unterscheidung der »würdigen« (da »arbeitsunfähigen«) von den »arbeitsfähigen« (und somit unterstützungsunwürdigen) Armen, die ständige Flut von städtischen, landesfürstlichen und nationalstaatlichen Bettelverboten (etwa in Deutschland in den Reichspolizeiordnungen von 1530, 1548 und 1570) oder die Einrichtung von Zucht- und Arbeitshäusern zur Disziplinierung der »arbeitsunwilligen« unter den »arbeitsfähigen« Armen. Doch auch hier ist, was die zeitliche Fixierung angeht, Vorsicht geboten. Denn obgleich die innerweltliche Heiligung der unablässigen Arbeit als Pflicht eines jeden Christenmenschen und die Diffamierung und Bestrafung des Müßiggangs erst durch die doppelte Anbindung an protestantische Lehre und absolutistische Politik ihren besonderen epochenspezifischen Akzent gewinnt, liegt auch auf diesem Feld der entscheidende Durchbruch im Spätmittelalter.[30] So findet sich bereits im »Statute of Labourers« König Edwards III. von England aus dem Jahre 1349 (23 Edw. III, c.7) die Bestimmung einer allgemeinen Arbeitspflicht für jeden Erwachsenen, der bei Körperkräften ist (*quilibet homo & femina potens in corpore*), und das Verbot der Unterstützung von Bettlern, die sich weigern zu arbeiten (*laborare renuunt*). Alle, die arbeiten können, heißt es dort ausdrücklich, seien auf diese Weise dazu zu zwingen, für ihren Lebensunterhalt zu arbeiten (*ut si compellantur per vite necessaria laborare*).

Ähnliches gilt für die positive Bewertung der Arbeit. Die neuere Forschung hat die traditionelle Auffassung, die Reformation sei die entscheidende Weichenstellung zur Entstehung eines »modernen« Arbeitsethos gewesen, korrigiert. In der Überlieferung lässt sich nämlich bereits seit dem 14. Jahrhundert eine Verschiebung des semantischen Feldes der Arbeit auf den Bedeutungs-

---

29 Sachße, Christoph/Tennstedt, Florian, *Geschichte der Armenfürsorge in Deutschland. Vom Spätmittelalter bis zum Ersten Weltkrieg*, Stuttgart 1980; Oexle, Otto Gerhard, »Armut, Armutsbegriff und Armenfürsorge im Mittelalter«, in: dies. (Hg.), *Soziale Sicherheit und soziale Disziplinierung. Beiträge zu einer historischen Theorie der Sozialpolitik*, Frankfurt a. M. 1986, S. 73–100.
30 Ebd., S. 85–91.

schwerpunkt der »Erwerbstätigkeit« durch körperliche Arbeit gleich welcher Art ausmachen, während die älteren Konnotationen von Schmerz, Pein, Elend und Mühsal an Gewicht verlieren. Die Sinnverschiebung im Arbeitsbegriff ist nicht als plötzlicher Bruch, sondern als langwieriger Prozess zu verstehen, der zudem lange vor der Herausbildung der protestantischen Arbeitsethik einsetzt.[31] Vor dem Hintergrund der ökonomischen Entwicklung des 12. und 13. Jahrhunderts kann die »ökonomische« Aufwertung des Arbeitsbegriffs nicht verwundern. Hier schreibt die Sprache nur fort, was in Landesausbau und agrarischer Ertragssteigerung, Aufschwung der Städte, Ausdehnung und Differenzierung des gewerblichen Sektors sowie Aufschwung des Fernhandels an realgeschichtlicher Dynamik der Arbeit für jedermann ersichtlich ist. Komplizierter ist der Zusammenhang zwischen der beginnenden »Sozialdisziplinierung« der Arbeit und der spätmittelalterlichen Krise. Denn die Auswirkungen des durch Hungersnöte und Pest verursachten Bevölkerungsrückgangs, der im gesamteuropäischen Durchschnitt auf mindestens ein Drittel des Ausgangsniveaus zu veranschlagen ist, waren durchaus zwiespältig. Einerseits trieb der Mangel an Arbeitskräften die Löhne, vor allem in den Städten, in die Höhe – Abel spricht für die Zeit des ausgehenden 14. und des 15. Jahrhunderts treffend vom »goldenen Zeitalter« des Lohnarbeiters. Andererseits versuchten die herrschenden Schichten (vor allem der ökonomisch arg geschwächte Adel) gerade dieser Entwicklung durch drastische Ansätze zur Disziplinierung der Arbeit beizukommen – etwa durch Festsetzung von Höchstlohnsätzen, Einschränkung der Mobilität der Lohnarbeiter, Verordnung der Arbeitspflicht um jeden Preis und Verbot des Bettelns. Die Kette solcher (allzulang als spezifisch frühneuzeitlich missverstandener) Maßnahmen beginnt im 14. Jahrhundert, auch wenn diese erst unter den veränderten Bedingungen des 16. und 18. Jahrhunderts (ökonomische und demographische Expansion) größere Wirkungen erzielen konnten. Freilich blieb die Wirklichkeit der Lohnarbeit auch dann hinter den politischen Entwürfen zur Sozialdisziplinierung zurück.

Erst vor dem Hintergrund dieser handfesten Auseinandersetzungen um die Pflicht und den Zwang zur Arbeit – und hierher gehört auch die Frage nach der Genesis der Zeitökonomie[32] – lässt sich jene Entwicklung verste-

---

31 Anderson, Robert R./Goebel, Ulrich/Reichmann, Oskar, »Frühneuhochdeutsch arbeit und einige zugehörige Wortbildungen«, in: Ebenbauer A. (Hg.), *Philologische Untersuchungen: gewidmet E. Stutz zum 65. Geburtstag*, Wien 1984, S. 1–29.

32 Stamm, Volker, *Ursprünge der Wirtschaftsgesellschaft. Geld, Arbeit und Zeit als Mittel von Herrschaft*, Frankfurt a. M. 1982, Kap. 5; Thompson, Edward P., »Time, Work-Discipline and Industrial Capitalism«, in: *Past and Present* 38, 1967, S. 56–97 (gekürzte dt. Fassung:

hen, die in wissensgeschichtlicher Perspektive als die eigentliche epochale Errungenschaft der Frühen Neuzeit gilt: der Durchbruch zum modernen Verständnis der Arbeit als der zentralen Kategorie ökonomischer Vergesellschaftung. Die wesentlichen Etappen dieses Weges sind einschlägig bekannt. Zählen wir sie kurz auf: Bändigung der Natur durch menschliche Werke (Bacon), Arbeit als Macht (Hobbes) und »Vater des Reichtums« (Petty), bürgerliches Eigentumsrecht qua Wertschöpfung durch Arbeit (Locke), anthropologische Begründung allseitiger Arbeitsteilung im Verweis auf die doppelte ökonomische Disposition des Menschen – individuelles Arbeitstalent und allgemeiner Hang zum Tausch (Smith). Diese Herausbildung des ökonomisch neutralisierten Arbeitsbegriffs lässt sich auch – gewissermaßen umgekehrt – als Geschichte von Abstraktionsschüben beschreiben, die zugleich als Emanzipation deutbar sind. Arbeit wird nicht nur zunehmend als sachfrei begriffen, das heißt vom konkreten Tun gelöst und zur wertschaffenden Tätigkeit als solcher verallgemeinert. Sie wird ebenso fortschreitend als standesfrei anerkannt, gereinigt vom Makel sozialer Inferiorität, aufgewertet zum Beruf, in dem Leistung Erfolg garantiert. Sie wird immer expliziter als gottfrei gedacht, losgelöst von nachweltlicher Erlösung oder Verdammnis, entlassen aus innerweltlicher Heiligung. Endlich wird die Arbeit zunehmend von Geboten der Ethik befreit, an Besitz- und Erwerbsegoismus gebunden, dies in der Erwartung, dass nun der Markt das Gemeinwohl garantiere.

Unsere Raffung der frühneuzeitlichen Wissensgeschichte der Arbeit war ein methodisches Eigentor. Durch ihre Darstellung als geradlinigen, eindeutigen und sozusagen zwangsläufigen Erkenntnisfortschritt zum modernen ökonomischen Arbeitsbegriff sind wir genau den Gefahren erlegen, vor denen wir im ersten Teil unseres Essays so vehement gewarnt haben.

Wir wollen daher zum Schluss nochmals betonen: Gegenüber solcherart kurzschlüssiger Vereinnahmung der Geschichte gilt es, an die begrifflichen Verwerfungen zu erinnern, die beim genauen Blick auf die Überlieferung selbst zutage treten. Nehmen wir ein einfaches Beispiel: John Locke, der zu Recht als derjenige Denker gilt, der als erster das individuelle Recht auf schrankenlose Appropriation und auf Kapitalakkumulation im großen Stil auf der Basis einer einfachen Arbeitswertlehre formulierte (1690). Selbst dieser in den ökonomischen Fragen seiner Zeit außerordentlich beschlagene Autor, der über ansehnlichen Aktienbesitz verfügte und dem Handelsaus-

---

»Zeit, Arbeitsdisziplin und Industriekapitalismus«, in: ders., *Plebeische Kultur und moralische Ökonomie*. Frankfurt a. M./Berlin/Wien 1980, S. 35–66 und S. 319–331).

schuss seiner Majestät (*Board of Trade*) angehörte, windet sich: Der größte Teil des berühmten 5. Kapitels seines *Second Treatise of Government* dreht sich um die Frage nach den naturrechtlichen Beschränkungen des individuellen Aneignungsrechts und zeigt deutlich die ethischen Skrupel, denen Locke sich ausgesetzt sieht. Vor allem aber ist bemerkenswert, dass auch die Idee der Wertschöpfung durch Arbeit, das heißt das eigentlich neuartige »ökonomische« Motiv seines Diskurses, noch fest in der ethischen Tradition des Christentums verankert ist. Wenn der Mensch das Wasser im Krug durch seiner Hände Arbeit aus dem Schoße der Natur genommen und dadurch in sein Eigentum verwandelt hat (Kapitel 5, Paragraph 29), so geht für Locke diese Rechnung nur deshalb auf, weil er sich die Natur als großes Reservoir der individuellen Wertschöpfung nicht anders denn als Geschenk Gottes an alle Menschenkinder vorstellen kann.

Eine zukünftige Geschichte der Arbeit wird nicht umhin können, Locke und allen anderen Zeugen dieses Gegengeschenk zu machen: Alles das, was die »Entwicklungslogik« zur modernen Arbeit stört, methodisch zu sichern, sachlich ernst zu nehmen und als unverzichtbaren Wissensbestand anzuerkennen.[33]

---

[33] Mit Belegen und Literaturnachweisen haben wir uns im Essay aufs Äußerste beschränkt und nur auf besonders einschlägige Studien zu einzelnen Punkten oder Abschnitten verwiesen. Im Übrigen beurteilen wir die allgemeinen Darstellungen zur Geschichte der Arbeit skeptisch.

10. *Opus feminile*
Das Geschlechterverhältnis im Spiegel von Frauenarbeiten im früheren Mittelalter*

Die folgenden Seiten haben Entwurfscharakter. Es geht weniger um viele Quellenfunde als um einige Überlieferungsbefunde. Zum Anteil von Frauen am Unterhaltshandeln im früheren Mittelalter gibt es zwar immer noch viel zu wenige Detailstudien,[1] doch kann man auf durchaus Bewährtes zurückgreifen,[2] sich auf programmatisch gemeintes Neues berufen,[3] und auch zwei

---

* Erschienen in: Goetz, Hans-Werner (Hg.), *Weibliche Lebensgestaltung im frühen Mittelalter*, Köln/Weimar/Wien, S. 139–175.

1 Vgl. die verdienstvolle, nahezu erschöpfende Bibliographie von Affeldt, Werner/Nolte, Cordula/Reiter, Sabine/Vorwerk, Ursula (Hg.), *Frauen im Frühmittelalter. Eine ausgewählte, kommentierte Bibliographie*, Frankfurt a. M./Bern/New York/Paris 1990, S. 216ff.

2 Eine die Schriftquellen in aller Breite berücksichtigende, noch heute erfrischend umsichtig wirkende Studie ist: Barchewitz, Jutta, *Von der Wirtschaftstätigkeit der Frau in der vorgeschichtlichen Zeit bis zur Entfaltung der Stadtwirtschaft*, Breslau 1937 (Nachdruck Aalen 1982).

3 Illich, Ivan, *Genus. Zu einer historischen Kritik der Gleichheit*, Reinbek 1983; in Fortführung von Illichs Konzept: Kuchenbuch, Ludolf, »Trennung und Verbindung im bäuerlichen Werken des 9. Jahrhunderts. Eine Auseinandersetzung mit Ivan Illichs ›Genus‹-Konzept«, in: Affeldt, Werner/Kuhn, Annette (Hg.), *Frauen in der Geschichte,*, Düsseldorf 1984, S. 227–242; eine bedachtsam eingeleitete Sammlung in das Deutsche übersetzter Quellenauszüge: Ketsch, Peter, *Frauen im Mittelalter*, Bd. 1: Frauenarbeit im Mittelalter, Düsseldorf 1983, S. 79–110; vom Thema der Kinderaufzucht her entwickelt: Arnold, Klaus,»Mentalität und Erziehung – Geschlechtsspezifische Arbeitsteilung und Geschlechtersphären als Gegenstand der Sozialisation im Mittelalter«, in: Graus, František (Hg.), *Mentalitäten im Mittelalter. Methodische und inhaltliche Probleme*, Sigmaringen 1987, S. 257–288; noch immer anregend aus sozialökonomischer Perspektive: Middleton, Christopher,»The Sexual Division of Labour in Feudal England«, in: *New Left Review* 113/4 (1979), S. 147–168; aus historisch-anthropologischer Sicht: Martin, Jochen/Zoeppfel, Renate (Hg.), *Aufgaben, Rollen und Räume von Frau und Mann*, München 1989; ethnographisch vergleichend (Mittel- und Nordeuropa): *Ethnologia Scandinavica* (1975), S. 5–72; schließlich will ich nicht verschweigen, dass mich ethnographische Fallstudien beeinflusst haben: Fél, Edit/Hofer Tamás, *Bäuerliche Denkweise in Wirtschaft und Haushalt. Eine ethnographische Untersuchung über das ungarische Dorf Átány*, Göttingen 1972; Bourdieu, Pierre, *Entwurf einer Theorie der Praxis auf der Grundlage der kabylischen Gesellschaft*, Frankfurt 1976.

Synthesen ist jüngst erschienen.[4] Das hier gewählte Verfahren, die verschiedenen Quellenarten zunächst nacheinander zu behandeln, ist vielleicht nicht selbstverständlich, doch notwendig, weil einerseits auf den Grundsatz nicht verzichtet werden konnte, dass die Überlieferungs*gattungen eigene* Aussagehorizonte haben, die man nicht überspringen kann, und andererseits das Thema selbst, die »Frauen-Arbeiten«, noch nicht ausreichend konstituiert ist.[5] Es geht also nicht um eine systematische Zusammenstellung all dessen, was – von einem bestimmten Konzept der »Frauenarbeit« ausgehend – die Überlieferung zu bieten hat. Der Gang der Darlegung ist vielmehr der, dass von einer Gattung zur nächsten vorangeschritten wird und sich dabei das thematische Sachfeld verschiebt und erweitert. Mit der Folge von Abschnitten zu Kapitularien, grundherrlichen Verzeichnissen, Urkunden, Wunderberichten und Synodalgerichtsfragen ergeben sich also jeweils andere Aspekte des Themas. Erst im Resümee kann dann der methodische und sachliche Ertrag gebündelt werden.

Im Pflichtenkatalog der Hufen, also der Bauernhöfe, über die das Kloster Lorsch dank königlicher Schenkung gegen Mitte des 9. Jahrhunderts detaillierte Aufzeichnungen hatte, taucht recht regelmäßig ein Pfennigzins »anstelle des Frauen-Werkes« (*pro opere feminili* bzw. *pro opere feminarum*) auf. Er schwankt in der Höhe zwischen 12 und 20 Silberpfennigen. Liest man in späteren Hufenlisten des Klosters nach, dann entpuppt sich dieser Zins als Gegenwert (*precium*) eines Woll- oder Leinentuchs (*sarcilis, camisilis*), dessen Abmessungen – etwa 9 Ellen lang und 5 Ellen breit – wiederum in älteren Hufenlisten (um 800) angegeben sind. Anderen urbarialen Listen des Klosters aus dem frühen Mittelalter lässt sich weiter entnehmen, dass diese Tücher entweder aus dem eigenen Bestand an Lein oder Wolle oder dem des Klosters zu erstellen waren (*de proprio sive de dominico lino/lana*), dass diese

---

[4] Herlihy, David, *Opera muliebra. Women and Work in Medieval Europe*, Philadelphia 1990, S. 25–48, 75ff.; Goetz, Hans-Werner, *Frauen im frühen Mittelalter*, Weimar/Köln/Wien 1995, S. 245–281. Beide Darstellungen begnügen sich mit der thematischen Konzentration »sprechender« Belege aus verschiedenen Gattungen, ein Verfahren, das hier ja bewusst vermieden wird.

[5] Gut abzulesen ist dieser Missstand an den neuesten Artikeln und Tagungsbänden zur Geschichte der Arbeit im Mittelalter: Le Goff, Jacques, »Arbeit« (Mittelalter), in: *Theologische Realenzyklopädie* Bd. 3, Berlin 1978, S. 626–635; Hertz, Anselm u. a., »Arbeit«, in: *Lexikon des Mittelalters*, Bd. 1, München/Zürich 1980, Sp. 869–883; Bentzien, Ulrich, *Bauernarbeit im Feudalismus. Landwirtschaftliche Arbeitsgeräte und -verfahren in Deutschland von der Mitte des ersten Jahrtausends u. Z. bis um 1800,* Berlin 1960, S. 21–56; Hamesse, Jacqueline/Muraille, Samaran (Hg.), *Le travail au moyen âge Une approche interdisciplinaire*, Louvain-la-Neuve 1990.

Pflichten sowohl für Hufnerinnen als auch für *feminae* ohne normalen Betrieb und unabhängig von ihrem freien oder unfreien Rechtstand bzw. ihrer Zugehörigkeit zu einer bestimmten Herrschaft (*ancilla, ingenua/fiscalina*) galten. Erwähnenswert ist auch, dass neben diesem Herstellungsdienst immer wieder die Abgabe von Flachsbündeln (mit einem bestimmten Gewicht, meist einem »Pfund«) begegnet.[6] Was von den Mönchen der Abtei Lorsch unter dem Gesichtspunkt der von Hufnerinnen zu leistenden textilbezogenen Abgaben oder Dienste in das *opus feminile* gefasst wurde, findet sich in fast allen Überlieferungsarten des früheren Mittelalters, ob in Stammesrecht oder Königs- oder Bischofskapitular, in Geschichts- oder Wundererzählung, in Schenkungsurkunde oder Einkunftsregister, in Gedicht oder kirchlichem Kanon. Man kann sich kaum des Eindrucks erwehren, dass das *opus textile* als der frauentypische Beitrag zum Unterhalt stiftenden Handeln in diesem Zeitraum galt.

Demgegenüber sind Belege selten (bzw. noch wenig bekannt), in denen männer-spezifisches Unterhaltshandeln begrifflich gebündelt ist. Eine bekannte Episode aus dem Leben Geralds von Aurillac (um 855–909), erzählt von Odo von Cluny in den dreißiger Jahren des 10. Jahrhunderts, wirft bezeichnendes Licht auf diesen Sachverhalt. Gerald begegnet unterwegs einer Bauersfrau (*mulier rusticana*), die einen Pflug führt. Auf seine Frage, warum sie sich dieses »Männerwerk« (*opus virile*) anmaße, erklärt sie, ihr Mann sei schwach, die Saatzeit verstreiche, sie sei allein, verfüge über niemandes Hilfe. Gerald, so Odos Erzählung, ist erschüttert und schafft dadurch Abhilfe, dass er der Frau so viele Münzen geben lässt, wie ein Ackersmann (*agricola*) Tage braucht, diese Arbeit zu schaffen. So wird die arme Frau vom *opus virile* befreit, und Gerald hat sich erbarmt, einem widernatürlichen, Gott erschreckenden Zustand ein Ende zu machen.[7] Die Fassung der Ackerbestellung als

---

6 *Codex Lauresbamensis*, ed. von Karl Glöckner, Bd. 3, Darmstadt 1936 (Nachdruck 1963) (= CL); *opus feminile*: Nr. 3673 (Nauheim, Bauschheim); Nr. 3674 (Mörstadt); *precium*: Nr. 3678; Abmessung der Woll- bzw. Leintücher: Nr. 3654; *de propria sive de dominico lino/lana*: Nr. 3663, Nr. 3678, Nr. 3680; Standesunterschiede: Nr. 3671; Flachsbündel: Nr. 3678. Zur Überlieferungskritik und Datierung dieser Register (sogenanntes Lorscher Reichsurbar, Hufenlisten): Hägermann, Dieter, »Quellenkritische Bemerkungen zu den karolingerzeitlichen Urbaren und Güterverzeichnissen«, in: Rösener, Werner (Hg.), *Strukturen der Grundherrschaft im frühen Mittelalter*, Göttingen 1989, S. 47–73, hier: S. 58ff., sowie Staab, Franz, »Aspekte der Grundherrschaftsentwicklung von Lorsch vornehmlich aufgrund der Urbare des Codex Lauresbamensis«, in: Rösener, Werner (Hg.), *Strukturen der Grundherrschaft im frühen Mittelalter*, Göttingen 1989, S. 285–334.

7 Odo von Cluny, *Vita s. Geraldi comitis Auriliacensis 21*, MIGNE PL 133, Paris 1881, Sp. 655f.: *Dum per aggerem publicum aliquando graderetur, in agello viae contiguo quaedam*

opus virile verdankt sich einer Grenzüberschreitung. Eine Frau hinter dem Pflug ist für Gerald und Odo eine *calamitas*, ein Unglück und ein Schaden für die Genus-Ordnung des ländlichen Milieus. Die Bestellung der Äcker ist so selbstverständliche Männersache, dass sie erst in dem Moment zur Sprache kommt, wenn Umstände auftreten, die das andere Geschlecht in den ihm fremden Tätigkeitsbereich zwingen. Die von Odo erzählte Episode zeigt eine notgeborene Verletzung der Männerdomäne. Erst diese Verletzung gibt Anlass zu sagen, was den Überlieferern als selbstverständlich gilt: Die Feldbestellung ist *opus virile*.[8] Wie so vieles andere im Mittelalter stehen *opus feminile* und *opus virile* in antiken Traditionen. Das soll hier lediglich daran gezeigt werden, wie die beiden subsistenziellen Geschlechterwerke ins Bild kommen.

Die ikonischen Wurzeln dessen, was uns als spätmittelalterliches Bildgut mit dem Thema »Als Adam grub und Eva spann« geläufig ist,[9] gehen bis in

---

rusticana mulier aratrum ducebat. Quam requirit cur opus virile mulier agere praesumpsisset. Respondit virum suum diutius jam languere, tempus sationis praeterire, se solam esse, nulluque qui sibi subveniat habere. Cum quidem ille calamitatem ejus miseratus, tantos ei nummos dari jubet, quanti dies sationis superesse videbantur, quatenus per singulos dies agricolam sibi conduceret, et ipsa dehinc a virili opere cessaret. Omne fucatem, ut ait Ambrosius, refugit natura, et auctor ejus Deus quod eontra illam est abhorret. Haec ergo res per se quidem exigua est, sed affectus recti hominis naturae legibus conveniens eam grandescere facit. Zur Bedeutung und geistesgeschichtlichen Tragweite der Vita: Lotter, Friedrich, »Das Idealbild adliger Laienfrömmigkeit in den Anfängen Clunys: Odos Vita des Grafen Gerald von Aurillac«, in: Lourdaux, Willem/Verhelst, Daniel (Hg.), *Benedictine Culture 750–1050*, Leuven 1983, S. 76ff.; zur sozial- und wirtschaftsgeschichtlichen Einordnung: Poly, Jean-Pierre, »Régime domanial et rapports de production ›féodalistes‹ dans le midi de la France (VIIIe-Xe siècles)«, in: *Structures féodales et féodalisme dans l'Occident méditerranéen (Xe-XIIIe siècles). Bilan et perspectives de recherches,* Paris 1980, S. 58–84, hier S. 66f., S. 69.

8 Es bedürfte einer genaueren Untersuchung der Situationen, in denen das *opus virile* auftaucht, um herauszufinden, worin die Schieflage der Thematisierung von männer- und fraueneigenen Handlungsweisen besteht. Die Sprecher bzw. Schreiber sind ja in der Regel Männer, besser: Mönche oder anderweitige Geistliche. Zusammenfassende Bemerkungen, von denen aus man in dieser Frage weitermachen könnte, bei: Affeldt, Werner, »Einführung«, in: ders. (Hg.), *Frauen in Spätantike und Frühmittelalter. Lebensbedingungen – Lebensnormen – Lebensformen,* Sigmaringen 1990, S. 17ff. Treffend der Satz: »Das Feld der Normgebung ist in der Hauptsache von Männern besetzt […]«; Vgl. auch Jaritz, Gerhard, *Zwischen Augenblick und Ewigkeit. Einführung in die Alltagsgeschichte des Mittelalters,* Wien/Köln 1989, S. 136–145.

9 Siehe die Abbildungen bei Ketsch, Peter, *Frauen im Mittelalter,* Bd. 1: Frauenarbeit im Mittelalter, Düsseldorf 1983, S. 84; Epperlein, Siegfried, *Der Bauer im Bild des Mittelalters,* Leipzig 1975, S. 142.

Abb. 17: . *Adam und Eva: Illuminationen zu Genesis 1-3, Bibel aus der Schule von Tours (834/841). Bibel von Moutier-Grandval, Brit. Museum Add. ms 10546, fol. 5v.*

altchristliche Zeit zurück.[10] Die Bildwerke knüpfen an die Folgen von Sündenfall und Vertreibung aus dem Paradies an (Genesis 3, 16–23). Dort werden Eva die Mühsal und die Schmerzen des Gebärens, Adam die schweißtreibende Bodenerschließung zum Unterhalt auferlegt.[11] Diese Lastenteilung

---

10 Aurenhammer, Hans, »Adam und Eva bei der Arbeit«, in: ders., *Lexikon der christlichen Ikonographie*, Bd. 1, Wien 1959–68, S. 49f.

11 *Biblia Sacra iuxta vulgata versionem*, Bd. 1, Stuttgart 1969, S. 7f.: Gen. 3,16 zu Eva: *in dolore paries filios* […] ; Gen. 3,17 zu Adam: *maledicta terra in opere tuo, in laboribus comedes eam cunctis diebus vitae tuae*; Gen. 3,23: *emisit eum* (Adam) *Dominus Deus de paradiso voluptatis, ut operaretur terram de qua sumptus est.* Ein weiterer Ausgangspunkt wurde die im

hat früh Bildgestalt gewonnen, am eindrucksvollsten in den Illuminationen der großen Bibeln aus Tours (erste Hälfte des 9. Jahrhunderts), die von der Erschaffung der ersten Menschen bis zu ihrem Dasein in der Welt nach der Vertreibung erzählen. Nach der Vertreibung sieht man Eva, unter einer Girlande sitzend, Kain auf dem Schoß und ihm die Brust gebend, und Adam, mit der Hacke in den Händen sich über die Erde beugend (Abbildung 17).[12] Während der die Scholle hackende Adam in allen Motivpaaren konstant bleibt, variiert das Eva-Motiv seit frühchristlicher Zeit: Sie nährt nicht nur ihren Erstgeborenen, sie sitzt trauernd neben Adam oder sie hat Spinnrocken oder Spindel in Händen.[13] Erst im späteren Mittelalter wachsen die Motive der nährenden und spinnenden Eva zu einer Figuration neben dem ackernden Adam zusammen. Mit dem genus-geprägten Ikon des »ersten arbeitenden Menschenpaares« ist den Schrift- und Bildkundigen im früheren Mittelalter ein Motiv gegeben, dessen spirituelle Mannigfaltigkeit, symbolische Kraft und imaginativer Nutzen kaum überschätzbar sein dürften.[14]

Daneben bot die Heilige Schrift auch Gelegenheit, dem *opus textile* allein Bildgestalt zu geben. Im Utrechter Psalter (um 830), in dem biblische Verse

---

4. Jahrhundert entstandene *Vita Adae et Evae*, 1878 München, neu herausgegeben von Wilhelm Meyer, dort S. 228: *Et tulit Adam Evam et puerum et duxit eos ad orientem. et misit dominus deus per Michael angelum semina diversa et dedit Adae et ostendit ei laborare et colere terram, ut habeant fructum, unde viverent ipsi et omnes generationes eorum.*

12 Kessler, Herbert L., *The Illustrated Bibles from Tours*, Princeton, N. J. 1941, S. 21f.

13 Aurenhammer, »Adam und Eva bei der Arbeit«, S. 50; im Wesentlichen fußend auf Reygers, Leonie, »Adam und Eva«, in: *Reallexikon zur deutschen Kunstgeschichte* Bd. 1, 1937, Sp. 140f.; dort auch der wichtige Hinweis, dass bereits in einer Handschrift des 9. Jahrhunderts von Homilien Gregors von Nazianz (zweite Hälfte des 4. Jahrhunderts) ein Engel Adam und Eva »die Arbeitswerkzeuge bringt« (ebd.).

14 Ob auch der (vor oder nach der Geburt Jesu) spinnenden Maria als Bildmotiv Bedeutung im Rahmen des frühmittelalterlichen *opus feminile* zukommt, kann ich nicht entscheiden. Gesichert ist in der theologischen und ikonographischen Forschung der frühe und andauernde Einfluss apokrypher Schriften, besonders des Protoevangeliums des Jakobus (2. Jahrhundert), in denen Maria als Tempeljungfrau am neuen Tempelvorhang, Wolle spinnend, mitwirkt; vgl. Söll, Georg, »Mariologie«, in: Schmaus, Michael (Hg.), *Handbuch der Dogmengeschichte*, Bd. 3, Freiburg/Sasef/Wien 1978, S. 24–30. Anhaltspunkte bieten auch Erzählungen über die Heilige Familie; vgl. Schmidt, Heinrich u. Margarethe, *Die Vergessene Bildersprache christlicher Kunst. Ein Führer zum Verständnis der Tier-, Engel- und Mariensymbolik*, München 1982, S. 195–256, besonders S. 206ff. Das Bildgut beginnt sich, sehe ich recht, aber erst seit dem 12. Jahrhundert zu häufen. Das zeigt Wyss, Robert L., »Die Handarbeiten der Maria. Eine ikonographische Studie unter Berücksichtigung der textilen Techniken«, in: Stettler, Michael/Lemberg, Mechthild (Hg.), *Artes minores. Dank an Werner Abegg*, Bern 1973, S. 113–188.

mit Bildstationen illuminiert sind, wird ein Passus im Danklied König Hiskias, der vom reißenden Lebensfaden handelt (Jesaja 38, 12),[15] in ein Ensemble spinnender und webender Frauen gefasst.[16] Einen anderen wichtigen Anknüpfungspunkt bot das große Kompendium antiken Wissens, die 20 »etymologischen Bücher« Isidors von Sevilla (etwa 570–636). Was der gelehrte Bischof zum *gynaeceum* schrieb – »Das griechische Wort *gynaeceum* wird der Ort genannt, wo sich die Frauen zum Textilwerken zusammenfinden« –,[17] fand wortgleichen Eingang in die Schrift *De rerum naturis* von Hrabanus Maurus (780–856).[18] In einer illuminierten Abschrift dieses Werkes, die um 1023 in Montecassino entstand, wohl aber auch in ihrem Bildgut auf ein karolingerzeitliches Exemplar aus Fulda zurückgeht,[19] wird das *gynaeceum* als Spinn- und Webwerk zweier Frauengestalten ins Bild gesetzt.[20]

Schließlich sollte nicht vergessen werden, dass es insbesondere die im 9. Jahrhundert aufkommenden Monatsbilder sind, denen nicht nur die ikonographische, sondern auch die technikgeschichtliche Forschung maßgebliche Kenntnisse über die monatlichen Verrichtungen im Landbau und die dabei benutzten Geräte verdankt. Auch sie sind Illuminationen von Schriftstellen, auch sie führen antike Tradition fort. Sie gehören in der Mehrzahl zu Versen, die den Jahresablauf in die einzelnen Monate erläuternde Worte fassen: »Der Juni reißt mit dem krummen Pflug die Erde auf, wenn der Stier seine gol-

---

15 *Biblia Sacra iuxta vulgata versionem*, Stuttgart 1969, Bd. 2, S. 1135: *praeeisa est velut a texente vita mea*.
16 Wald, Ernest Theodore de, *The Illustrations of the Utrecht Psalter*, Princeton 1932, Plate CXXXII, Kommentar S. 66; zur technikgeschichtlichen Einordnung dieses Ensembles: Dufrenne, Susy, *Les Illustrations du Psautier d'Utrecht. Sources et Apport Carolingien*, Paris 1974, S. 87f.; Abb. Planche 20,5 (Ausschnitt); die Verfasserin vermutet starke römische Motivbindung.
17 *Isidor von Sevilla Etymologiae sive Origines* 15,6, ed. von Wallace Martin Lindsay, Oxford 1911; (*De operariis*): *Gynaeeeum Graeee dictum eo quod conventus feminarum ad opus lanificii exercendum conveniat*; zum *lanificium* selbst sowie den verschiedensten *vestimenta*: ebd. 19,2ff.; zum klassischen *lanificium* als Frauenwerk vgl. den Überblicksartikel von Jean Maurin, »Labor matronalis: aspects du travail feminin a Rome«, in: Levy, Edmond (Hg.), *La femme dans les sociétés antiques*, Strassburg 1983, S. 139–155, hier: S. 146f.
18 MIGNE PL 111, Paris 1852, Sp. 405.
19 Hierzu Gandolfo, Francesco, »Convenzione e realismo nella iconografia medievale dei lavoro«, in: *Lavorare nel medio evo. Rappresentazioni ed ezempi dall'Italia dei secc. X-XVI*, Convegni del centro di studi di Perugia 21, Todi 1983, S. 373–403, zum Codex: ebd. S. 386; Kotjke, Raimund, »Hrabanus Maurus«, in: *Lexikon des Mittelalters*, Bd. 5, München 1990, Sp. 146, spricht sich dagegen aus.
20 Gandolfo, »Convenzione e realismo nella iconografia medievale dei lavoro«, S. 400.

Abb. 18: Die Verrichtungen der Monate: Illumination eines Monatsgedichts aus einer astronomisch-komputistischen Sammelhandschrift (Salzburg, um 818). Bayerische Staatsbibliothek München, CLM 210, fol. 91v.

denen Hörner am Himmel bewegt«.[21] Jeder Monat (Abb. 18) ist als Mann dargestellt – die lateinischen Monate sind nun einmal Maskulina. Frauenarbeiten werden in diese Gattung erst einwandern, wenn sich die Personifikationen der 12 Monate zum szenisch ausgestalteten Kalendarium wandeln.[22] Ob Spinnrocken, Spindel, Schere und »Gewichtswebstand«[23] oder Hakenpflug, Hacke, Sense, Sichel, Spieß und Messer: Was an Gerät in Frauen- oder Männerhand in das frühmittelalterliche Bild kommt, hat seinen Ursprung in Schrift-Stellen verschiedenster Herkunft und Art, ohne deren Kenntnis jede ernsthafte Deutung in die Irre führen muss. Das gilt auch für ihr Verhältnis zum *opus feminile* und *virile*. Nun aber zu den Schriftdokumenten.

Kapitularien

Beginnen wir mit dem Schriftgut, das sich hoher politischer und kirchlicher Autoritäten verdankt und zugleich meist breite Geltung beansprucht.[24] Im

---

21 MGH Poet. Lat. 2, S. 644: *Iunius incurvo proscindit vomere terram, Aurea eum eaelo cornua Taurus agil.* Zum Verhältnis Text-Bild in diesem Monatsgedicht zuletzt: Achilles, Walter, »Der Monatsbilderzyklus zweier Salzburger Handschriften des frühen 9. Jahrhundert in agrarhistorischer Sicht«, in: Kaufhold, Karl Heinrich/Riemann, Friedrich (Hg.), *Theorie und Empirie in Wirtschaftspolitik und Wirtschaftsgeschichte*, Göttingen 1984, S. 85–107; allgemeiner: Epperlein, Siegfried, »Bäuerliche Arbeitsdarstellungen auf mittelalterlichen Bildzeugnissen. Zur geschichtlichen Motivation von Miniaturen und Graphiken vom 9. bis 15. Jahrhundert«, in: *Jahrbuch für Wirtschaftsgeschichte*, Band I, 1976, S. 181–208.

22 Vgl. den jüngsten Überblick von Mane, Perrine, »Iconographie et travail paysan«, in: Hamesse, Jacqueline, Muraille, Samaran (Hg.), *Le travail au moyen âge*, S. 251–262.

23 Es empfiehlt sich, die Webgeräte des früheren Mittelalters nicht als »Webstühle« zu bezeichnen. Man sollte hier besser vom »Gewichtswebstand« sprechen; vgl. dazu Bohnsack, Almut, *Spinnen und Weben. Entwicklung von Technik und Arbeit im Textilgewerbe*, Reinbek 1985, S. 40ff., besonders S. 42. Auf Fragen der Gerätekunde, Herstellungstechniken von Fäden oder Geweben gehe ich hier nicht ein. Über Bohnsack hinaus ist dazu besonders hilfreich: La Baume, Wolfgang, *Die Entwicklung des Textilhandwerks in Alteuropa*, Bonn 1955.

24 Gerade von denjenigen Forschern, die sich auf die Überlieferung der Beschlüsse von Kirchen- oder Reichsversammlungen bzw. von einzelnen Bischöfen oder Herrschern konzentrieren, werden neuerdings die gängigen rechts- bzw. verfassungsgeschichtlichen Aufgliederungen der Dekrete und Kapitularien zunehmend mit Argwohn betrachtet. Es gibt in fränkischer Zeit eben keine grundsätzlichen Trennwände zwischen weltlicher und kirchlicher Herrschaftskompetenz, keine klare Distinktion zwischen Gesetz und Vorschrift, Herrschaft und Verwaltung. Insofern ist es gerechtfertigt, auch frühe Konzilsbeschlüsse unter das Passepartout »Kapitularien« zu fassen. Zur Problematik: Mordek, Hubert,

Grunde sind es nur zwei Bereiche, die kirchliche und weltliche Würden- und Herrschaftsträger vom 6. bis 11. Jahrhundert zum Blick auf ländliche *opera*, und damit auch auf das *opus feminile*,[25] veranlassen: die Gestaltung der Sonn- und Feiertage und die Landgüterverwaltung.

Es braucht hier nicht nachgezeichnet zu werden, wie von kirchlicher und königlicher Seite auf Konzilien, Synoden oder Reichsversammlungen das Gebot zur Sonntagsruhe für alle Christen im fränkischen Reich zum Zweck des Kirchenbesuchs angesprochen, ausgestaltet, wiederholt und schließlich in das kanonische Recht übernommen worden ist. Die Etappen sind: regionalkirchliche Anstöße im 6. Jahrhundert, laikale Übernahme im 7. Jahrhundert, königliche Entfaltung im 8. Jahrhundert, reichskirchliche Ausbreitung und Tradition im 9. Jahrhundert, synodalrechtliche Fortschreibung im 10. Jahrhundert und schließlich frühkanonistische Inkorporation im 11. Jahrhundert.[26]

Was auf dem Konzil von Orleans von 538 mit dem Verbot des *opus rurale* am Sonntag erstmals aufgefächert wurde: Pflügen, Pflegen und Schneiden der Reben, Gras mähen, Getreide schneiden und dreschen, Roden, Zäunen,[27] das ließ Karl der Große 789 in der programmatischen *Admonitio*

»Karolingische Kapitularien«, in: ders. (Hg.), *Überlieferung und Geltung normativer Texte des frühen und hohen Mittelalters*, Sigmaringen 1986, S. 25–50; Clercq, Charles de, *La législation religieuse franque. Etude sur les actes de conciles et les capitulaires, les statuts diocesains et les règles monastiques*, 2 Bde., 1936/1958; Pontal, Odette, *Les Statuts Synodaux*, Turnhout 1975; Hartmann, Wilfried, *Zu einigen Problemen der karolingischen Konzilsgeschichte*, Annuarium historiae conciliorum 9, 1977, S. 6–28; Brommer, Peter, »*Capitula episcoporum*«. *Die bischöflichen Kapitularien des 9. und 10. Jahrhunderts*, Turnhout 1985.

25 Im *Capitulare de monasterio s. crucis Pictavensi* (Poitiers) von 822–824 ist – ohne nähere Spezifizierung – vom *opus femineum* als *temporale servitium* die Rede (MGH Capit. 1, Nr. 149, c. 4, S. 302).

26 Am ausführlichsten immer noch (besonders für die Frühzeit): Thomas, Wilhelm, *Der Sonntag im frühen Mittelalter. Mit Berücksichtigung der Entstehungsgeschichte des christlichen Dekalogs dargestellt*, Göttingen 1929; am übersichtlichsten: Imbert, Jean, »Le repos dominical dans la législation franque«, in: Lousse, Emil (Hg.), *Album J. Balon*, Namur 1968, S. 29–45; zuletzt Philippart, Guy, »Temps sacré, temps chômés. Jours chômés en Occident de Caton l'Ancien à Louis le Pieux«, in: Hamesse/Muraille (Hg.), *Le travail au moyen âge*, S. 23–34; zur Inkorporation in das kanonische Recht: Fransen, Gerard, »La nation d'oeuvre servile dans le droit canonique«, in: ebd., S. 177–184.

27 Conc. Aurelianense, c. 31: *de opere tamen rurali, id est arata vel vinea vel sectione, messiane, excussione, exarto vel saepe, censuimus abstinendum* (Corpus Christianorum, Series Latina, Bd. 148A: Concilia Galliae a. 511–695, ed. von Charles De Clercq, Tournhout 1958, S. 125).

generalis,²⁸ nun aber als *opus servile*, noch weiter entfalten. Hier findet sich der »Moment«, in dem die *opera* der Frauen zum Vorschein kamen:

»Alle betreffend. Wir haben entsprechend dem, was Gott der Herr (in der Hl. Schrift)²⁹ als rechtens erkannt hat, festgestellt, dass die ›unfreien/knechtischen Werke‹ (*opera servilia*) nicht am Tag des Herrn ausgeführt werden sollen, wie dies mein Vater in den Beschlüssen seiner Kirchenversammlungen bestimmt hat,³⁰ dass nämlich die Männer nichts ›Ländliches‹ (*ruralis*) tun sollen und weder den Weinberg bestellen noch in den Feldern pflügen oder ernten oder Gras mähen oder Zäune aufstellen oder in den Wäldern roden oder Bäume schlagen oder in Steinbrüchen sich mühen sollen. (Weiter sollen sie) keine Häuser errichten, nicht im Garten arbeiten, zum Gerichthalten zusammenkommen, zu Markte oder zum Jagen gehen. Am Tag des Herrn erlaubt sind nur drei Arten von Fuhrwerk: das für den Heereszug, die Herbeischaffung von Lebensmitteln oder, wenn es dringend nötig ist, die Überführung eines Leichnams zum Grab. Ebenso sollen die Frauen Webwerke (*opera textilia*) am Tag des Herrn unterlassen, keine Stoffe schneiden, zusammennähen oder besticken; keine Wolle zupfen (spinnen). Sie sollen keinen Flachs schlagen oder außer Haus (*in publico*) Wäsche waschen, keine Schafe scheren.

(Dies alles), damit der Würde und Ruhe am Tag des Herrn in jeder Weise genüge geschieht. Vielmehr sollen sie von allen Seiten zur Feier der heiligen Messe zusammenkommen und Gott um all dessen preisen, was er uns an diesem Tag zu schenken geruhte.«³¹

---

28 Fleckenstein, Josef, »Admonitio generalis«, in: *Lexikon des Mittelalters*, Bd. 1, München/Zürich 1980, Sp. 156.
29 2. Buch Mose 20,8–10. Es lohnt, sich den *Vulgata*-Wortlaut zu vergegenwärtigen: *memento ut diem sabbati sanctifices. sex diebus operaberis et facies omnia opera tua. septimum autem die sabbati Domini Dei tui non facies omne opus tu et filius tuus et filia tua et servus tuus et ancilla tua iumentum tuum et advena que est intra portas tuas* (Biblia Sacra, Bd. 1, S. 104).
30 Hinweis auf c. 14 des Konzils von Ver (755), in dem c. 31 des Konzils von Orleans zitiert wird (MGH Capit 1, Nr. 14, S. 36).
31 MGH Capit. 1, Nr. 22, c. 81, S. 61: *Omnibus. Statuimus quoque secundum quod et in lege Dominus praecipit, ut opera servlia diebus dominicis non agantur, sicut et bonae memoriae genitor meus in suis synodalibus edictis mandavit, id est quod nec viri ruralia opera exerceant nec in vinea colenda nec in campis arando, metendo vel foenum secando vel sepem ponendo nec in silvis stirpare vel arbores caedere vel in petris laborare nec domos construere nec in orto laborare; nec ad placita conveniant nec venationes exerceant. et tria carraria opera licet fieri in die dominico, id est ostilia carra vel victualia vel si forte necesse erit corpus cuiuslibet ducere ad sepulcrum. Item feminae opera textilia non faciant nec capulent vestitos nec consuent vel acupictile faciant; nec lanam carpere nec linum battere nec in publico vestimenta lavare nec berbices tundere habeant licitum, ut omnimodis honor et requies diei dominicae servetur. Sed ad missarum solempnia ad aeclesiam undique conveniant et laudent Deum in omnibus bonis quae nobis in illa die fecit.*

Der Ausgangspunkt der Aufgabenbeschreibung ist die Absicht zu bestimmen, was alle (getauften) Leute am Kirchgang hindern könnte.[32] Gerade dazu scheint die Scheidung der *opera servilia* in die der Männer und die der Frauen am besten geeignet. Eine enge Absicht führt also zu einer Allgemeinaussage. Natürlich ist diese nicht umfassend; mit ihr wird nicht lückenlos beschrieben, sondern absichtsvoll zugespitzt. Man darf diese Trennung der Geschlechterwerke also nicht als eine erschöpfende Ordnung der geschlechtsspezifischen »Arbeitsteilung« verstehen. Was hier alles fehlt: Düngen, Eggen, Säen, Dreschen, Mahlen allein im Getreidebau, die gesamte Vorratshaltung, die tägliche Sorge ums Vieh, die Instandhaltung in Hof und Behausungen, die Zubereitung von Speise und Trank, die Pflege der ganz Alten und ganz Jungen. Umgekehrt werden Tätigkeiten erwähnt, denen – nach moderner Auffassung – kaum der Charakter von »Arbeit« zukommt, insbesondere das Gerichthalten und der Begräbniszug. Bedenkenswert ist auch, wie aufgezählt wird. Die Reihung der Frauen-Werke wie Weben, Nähen, Spinnen, (Flachs-) Aufbereiten, Waschen und Scheren folgt nicht den Herstellungsschritten, und ob eine gleichmäßige Stufung gemeint ist, sei es die der Bedeutung, des zeitlichen Aufwandes oder der Häufigkeit der Tätigkeiten, steht dahin.[33] Allein der erste Platz des Webakts ist plausibel, denn mit ihm finden die ihm vorausgehenden Werke ihr Ziel, ohne ihn sind die restlichen nicht denkbar; er bildet die Mitte der genannten Werke. Trotz dieser verschiedenen Vorbehalte kann man die Aufzählung auf mehrere Dimensionen der Geschlechtertrennung hin interpretieren. Mann und Frau nutzen recht verschiedene Geräte: Der Mann führt schneidende Werkzeuge und Wagen, geht mit dem Arbeitsvieh um, die Frau hantiert Webrahmen, Spindel, Schere, Waschtrog usf. Auch das, worauf sie einwirken, ist unterschieden: Der Mann trennt vom Boden, richtet ihn zu; die Frau trennt vom Tier, flicht Haar und Faser in leibgerechte Gewebe. Die distinkten Handlungen finden auch an verschiedenen Orten statt: Stall und Scheune, Garten und Feld, Wald und Wildnis, Weg und Steg, Markt, Gericht und Heeresetappe sind Orte des

---

32 Ich habe das in meinem oben zitierten Aufsatz von 1986 untersucht und streife dort Ausgeführtes hier nur kurz.

33 In seiner Kapitulariensammlung hat Radulf von Tours (853/866) versucht, in die Aufzählung von 789 mehr Ordnung zu bringen, indem er das Waschen zur Behandlung der *vestimenta* stellte. Außerdem tilgte er die drei Ausnahmefuhren, fügte aber hinzu, das Holzschlagen sei zum Kochen und Heizen am Sonntag erlaubt (MGH Capit. episc. 1, ed. von Peter Brommer, Hannover 1984, S. 253). Hier sieht man, dass derlei Wortlaute nicht unantastbar waren und verbessert und neuen Situationen angepasst wurden: Flexibilität der Stereotypisierung würde man das heute nennen.

Männerhandelns, die Frauen werken unter dem Dach, an Bach und Brunnen. Nur spekulieren ließe sich über die geschlechtseigenen Zeitbezüge der Werke und die Verständigungsarten der Männer und Frauen unter ihresgleichen. Über einen spezifischen Ort des *opus textile* wird auch im Zusammenhang mit dem Arbeitsverbot, diesmal nicht am Sonntag, sondern während der Osterwoche, gehandelt: das *gynaeceum*.[34] Die letzte Gruppe von Beschlüssen der Reformsynode von Meaux/Paris (845/846) setzt mit einem österlichen Arbeitsverbot ein. Es besteht im Zentrum aus einer Reihung bei Strafe der Exkommunikation untersagter *opera*, beginnend mit dem Land-Werk, dem Schmieden, dem Zimmern, dann folgt das *opus gynaeceum*, es schließen sich Maurerei, Malerei, Jagd, Marktgang, Handel, Gericht und Eidleistung an.[35] Hier ist das Gebäude, in dem »hörige Frauen und Mädchen in der Nähe von Fronhöfen Spinn- und Webarbeiten für ihren Herrn verrichteten«,[36] eingekeilt in die weiter aufgefächerten Terrains der Männerwerke.

Gerade über diese Einrichtung, der man verstreut in allen hier berücksichtigten Zeugnisgattungen – dazu noch den Volksrechten – begegnet, ist in den Kapitularien am ausführlichsten die Rede, dies freilich in spezifischem Sinne. Drei Abschnitte im berühmten *Capitulare de villis* (792/93–800) handeln vom *genitium*.[37] Zum einen wird pauschal bestimmt, dass das, womit

---

34 Die zeitlich am breitesten gestreute Belegreihe ist immer noch zu finden bei Du Cange, *Glossarium mediae et infimae latinitatis*, Bd. 4–5, S. 144ff.; die umfassendste Darstellung bei Barchewitz, Jutta, *Von der Wirtschaftstätigkeit der Frau in der vorgeschichtlichen Zeit bis zur Entfaltung der Stadtwirtschaft*, Breslau 1937 (Nachdruck Aalen 1982), S. 42–61; Ergänzungen (auch archäologische) bringt Franz Irsigler, »Divites und pauperes in der Vita Meinwerci. Untersuchungen zur wirtschaftlichen und sozialen Differenzierung der Bevölkerung Westfalens im Hochmittelalter«, in: *Vierteljahrsschrift für Sozial- und Wirtschaftsgeschichte* 57 (1970), S. 482–488; aus sozial-semantischer Sicht zuletzt: Schmidt-Wiegand, Ruth, »Der Lebenskreis der Frau im Spiegel der volkssprachigen Bezeichnungen der Leges barbarorum«, in: Affeldt, Werner, (Hg.), *Frauen in Spätantike und Frühmittelalter. Lebensbedingungen – Lebensnormen – Lebensformen*, Sigmaringen 1990, S. 195–209, hier S. 200f.
35 MGH Conc. 3, ed. von Wilfried Hartmann, Hannover 1984, Nr. 11, c. 80, S. 126: *Dies quoque acto sacrosancte paschalis festivitatis omnibus christianis feriatos esse decernimus ab omni opere rurali, fabrili, carpentario, gynaeceo, caementario, pictorio, venatorio, forensi, mercatorio, audientiali ac sacramentis exigendis, quatenus eisdem diebus tanto licentius, quanto liberius, omnibus christianis sanctae resurrectionis laudibus et sacrosanctae praedicationi iugiter insistere liceat. Quodsi quis temerare praesumpserit, excommunicetur.*
36 Rösener, Werner, »Gynäceum«, in: *Lexikon des Mittelalters*, Bd. 4, München 1989, Sp. 1811.
37 *Capitulare de villis*, Cod. Guelf. 254 Helmst. der Herzog August-Bibliothek Wolfenbüttel, ed. von Carlrichard Brühl (Dokumente zur deutschen Geschichte in Faksimiles, Reihe I., Bd. 1) Stuttgart 1971, c. 31. S. 58: c. 43. S. 59f.; c. 49. S. 60: die jüngste, von Kapitel zu

sie auszustatten sind, von den königlichen Domänen- bzw. Villikationsverwaltern *(villici)* rechtzeitig zu beschaffen und über den Ertrag Rechenschaft abzulegen ist (c. 31). Diese Bestimmung wird zu Teilen später konkretisiert: »Unseren Frauenarbeitshäusern soll man, wie *verordnet,* zu rechter Zeit Material *(opera)* liefern, also Flachs, Wolle, Waid, Scharlach, Krapp, Wollkämme, Kardendisteln, Seife, Fett, Gefäße und die übrigen kleinen Dinge, die dort benötigt werden« (c. 43).[38] Es geht hier um bestimmte *materiae* und *utensilia:* die Fasern und Haargespinste, die Mittel und das Zeug zum Färben, Glätten, Reinigen, Geschmeidigmachen.[39] Weder von der Spindel noch vom Webrahmen ist die Rede. In dem Kapitel wird über die laufende Zufuhr gehandelt, über das also bestimmt, was verwandelt und beim Erstellen verbraucht wird, nicht über das beständige Werkzeug. Wenig später (c. 49) geht es um den *ordo* der *genitia,* ihren baulichen Zustand, ihre Abgeschiedenheit (Zaun, Tür), damit die Frauen gut untergebracht sind und die *opera* ungestört vorankommen.[40] Was dort entsteht, wird nicht gesagt. Im Abschnitt 19 des Aachener Kapitulars Karls des Großen, erlassen zwischen 801–813, das ebenfalls vom *bonus vilicus* handelt, ist dies deutlicher ausgesprochen: »Die Frauen, die uns zu Diensten sind, sollen von uns Wolle und Flachs bekommen und daraus Woll- und Leintücher weben.«[41] Dafür hat der Verwalter zu sorgen; das einzuschärfen, ist der Zweck der Verordnung.

In den Kapitularien, so lässt sich zusammenfassen, werden von engen Fragen aus die Geschlechterwerke geschieden. Dabei gilt: Je genauer man wird, desto mehr kommen die *opera feminilia* zu Wort, doch bleiben die

---

Kapitel fortschreitende Auslegung, die hier auch verglichen wurde, ist Barbara Fois Ennas, *Il »Capitulare de villis«,* Mailand 1981, S. 118f., S. 142ff., S. 159.

38 *Ad genitia n(ost)ra, sic(ut) institutum est), opera ad te(m)pus id est linu(m), lanam, vvaisdo, vermiculo, vvarentia, pectinos laninas, cardones, sapone(m), unctum, vascula (ve)l reliqua minutia, quae ibidem necessaria sunt.* Die Übersetzung stammt von Günther Franz, *Quellen zur Geschichte des deutschen Bauernstandes im Mittelalter,* Darmstadt 1967, S. 51.

39 Modernerweise heißen diese Dinge ja Roh- und Werk-»Stoffe«. Die Frühgeschichte des Wortes »Stoff« ist ausweislich einschlägiger etymologischer Wörterbücher unklar. Übersehen wurde wohl bislang eine erhellende Passage aus dem Hofrecht von Münchweier (um 1100) (Abdruck und Übersetzung bei Franz, *Quellen,* Nr. 64, c. 18, S. 164f.); *Uxor eiusdem* (Vollhufner) *debet intrare caenobium et accipere a praeposito monasterii lanam sive linum, paratum ad colum* (Spinnrocken), *et unum panem* [...] *et eminam vini, id est ›stoff‹; et inde parabit telam sive pannum* [...] Der *stoff* umfasst hier dem Ähnliches, was in c. 43 des Capit. de villis aufgeführt ist.

40 *Ut genitia n(ost)ra bene sint ordinata, id (est) de casis, pislis, teguriis, id (est) screonis et sepes bonas in circuitū habeant et portas firmas, qualit(er) opera nostra bene p(er)agere valeant.*

41 Capit. 1, Nr. 77, c. 19, S. 172: (...) *Et ut feminae nostrae, quae ad opus nostrum sunt servientes, habeant ex partibus nostris lanam et linum, et faciant sarciles et camisiles.*

Bestimmungen im Rahmen oder Umkreis des *opus textile;* die Männerwerke sind und bleiben ausführlicher (natürlich nicht vollständig) beschrieben und führen in Bereiche außerhalb des direkten Unterhaltshandelns. Alle *opera* gelten als Dienst *(servitium).*

Grundherrliche Verzeichnisse

Bis heute gibt es weder eine auf Vollständigkeit bedachte noch die Einzelformen befriedigend ordnende Quellenkritik der grundherrlichen Verzeichnisse aus dem früheren Mittelalter (6. bis 11. Jahrhundert).[42] Die Gründe dafür sind vielfältig und können hier nicht erläutert werden. Um an die Fragen zum *opus feminile* heranzukommen, bedarf es jedoch einiger systematischer Bemerkungen. Im Gegensatz zu den Kapitularien sind die Angaben in den grundherrlichen Verzeichnissen ortsgebunden gestaltet. Was an Gütern und Leuten sowie den Rechten an ihnen beschrieben ist, bezieht sich auf namhaft gemachte Orte (meist als *villa N.* bezeichnet): »In Wetteldorf sind« usf. Weiter wird selbst in den knappsten Verzeichnissen der örtliche Besitz sachlich und numerisch geordnet: »1 Herrenhof, 10 Freienhufen, 1 Mühle« usf. Ob nun das *opus feminile* überhaupt erwähnt wird und dann an welcher Stelle und wie ausführlich, hängt von der weiteren Differenzierung der *descriptio* ab. Die Kategorien, mit denen Frauenwerke implizit oder explizit in die Beschreibung eingehen, sind die ständische Zuordnung von Gütern, Leuten und Leistungen, die ausführliche Aufzählung der jährlichen Leistungen und Pflichten und die namentliche Auflistung der Abhängigen *(familia).* In jedem grundherrlichen Verzeichnis ist dies anders durchgeführt, keines gleicht dem andern, obgleich sich viele ähnlen. Diese Ausgangslage verbietet uns, alles in den Güter- und Einkunftsverzeichnissen (Polyptychen, Urbare, Zinsregister usf.) Auffindbare zum System »der« Frauenarbeit zusammenzufü-

---

42 Noch immer grundlegend: Lesne, Emile, *Histoire de la propriété ecclésiastique en France,* Bd. 3, L'inventaire de la propriété, Lille 1936, S. 1–30; den weiteren Gang der Forschung dokumentieren: Metz, Wolfgang, »Zur Geschichte und Kritik der frühmittelalterlichen Güterverzeichnisse Deutschlands«, *Archiv für Diplomatik* 4 (1958), S. 183; Fossier, Robert, *Polyptyques et Censiers,* Typologie des Sources du Moyen Age Occidental 28, Turnhout 1978; Morimoto, Yoshiki, »Etat et perspectives des recherches sur les polyptyques carolingiens«, in: *Annales de l'Est* 50 (1988), S. 99–149; Hägermann, »Quellenkritische Bemerkungen«.

gen.⁴³ Vielmehr soll an einigen Beispielen gezeigt werden, wie viel im konkreten Fall vom *opus feminile* zur Sprache kommt und welche Aussagekonstellationen eine Annäherung an das Kaum- oder Nicht-Beschriebene erlauben.

Beginnen wir mit einem vielzitierten Zeugnis, dem Inventar des Klosters Staffelsee (Oberbayern), das wohl gegen 810 entstanden ist.⁴⁴ Die *descriptio* besteht aus drei Teilen. Zuerst wird das Inventar der Michaelskirche aufgenommen, dann folgt der Herrenhof (mit Gebäuden, Ländereien, Vorräten, Vieh bestand, Gerätschaft, Frauenarbeitshaus, Mühle), abschließend die zu ihm gehörigen freien und unfreien Hufen *(mansi ingenuiles/serviles)*, insgesamt 42, mit ihren Abgaben und Diensten. Eine recht ausführliche Aufnahme also, allerdings fehlen die Personennamen – das Inventar ist ein anonymer Text. Dreifach wird in ihm auf das *opus feminile* Bezug genommen: Es gibt dort ein *genitium*, »in dem 24 Frauen sind und in dem wir 5 Wolltücher mit 4 Fußlappen und 5 Leintüchern aufgefunden haben«, unter den jährlichen Abgaben der Freienhufe sind »ein abgewogenes Bündel Lein für die Werkstube« sowie »ein Sester Leinsamen«. Am Ende des Pflichtenkatalogs der unfreien Hufe steht die Bemerkung: »Seine (des Hufeninhabers) Frau aber macht ein Leintuch und ein Wolltuch, sie stellt Malz her und backt Brot.«⁴⁵ Inventare von *genitia* sind in den grundherrlichen Inventaren äußerst selten.⁴⁶ Die erste der drei Auskünfte ist also ungewöhnlich in ihrer

---

43 So Barchewitz, Jutta, *Von der Wirtschaftstätigkeit der Frau in der vorgeschichtlichen Zeit bis zur Entfaltung der Stadtwirtschaft*, Breslau 1937 (Nachdruck Aalen 1982), S. 24ff. Diese Darstellung behält deshalb ihren hohen Wert, weil sie geradezu die Voraussetzung für den Weg bildet, der hier eingeschlagen wird.

44 Bester Druck: *Capitulare de villis* (wie Anm. 432), S. 49–51; besser erreichbar: MGH Capit. 1, Nr. 128, c. 2–8/9, S. 250–252: jüngste Analyse: Elmshäuser, Konrad, »Untersuchungen zum Staffelseer Urbar«, in: Rösener, Werner (Hg.), *Strukturen der Grundherrschaft im frühen Mittelalter*, Veröffentlichungen des Max-Planck-Instituts für Geschichte 92, Göttingen 1989, S. 335–369.

45 C. 7: *Est ibi genitium, in quo sunt feminae XXIV; in qua repperimus sarciles V, cum asciolis IV, et camisiles V; c. 8: de lino ad pisam seigam I, (...) de semente lini sextarium I. (...) Uxor vero illius facit camisilem I et sarcilem I, conficit bracem et coquit panem.*

46 Das gründet darin, dass ausführliche Inventare der Herrenhöfe (das heißt ihrer einzelnen Gebäude) nicht im Zentrum des Interesses standen. Es ging vor allem um die Ländereien und insbesondere um solche in der unmittelbaren Nutzung der *familia*, also um die Hufen und deren jährliche Pflichten und Erträge. Ob am beschriebenen Ort ein *genitium* bestand, ist dann erschließbar, wenn textile Abgaben oder Dienste so beschrieben sind, dass man deren Vollzug im Rahmen der Hufen-Arbeit ausschließen kann. Dies ist noch zu wenig getan worden. Mit Bemerkungen, wie man sie im karolingischen Güterverzeichnis der Abtei Fulda (kurz vor 830 entstanden) findet, könnte man beginnen: *Mulieres.XV. que singulis annis .XV. mappas mensalia et manutergia operantur, que genez dicuntur; una femina*

Art, immerhin gibt sie einen Eindruck von der Größe des *genitium*. Die beiden anderen dagegen sind typisch für viele andere Register. Schauen wir hier deshalb noch etwas genauer hin. Die Abgaben und Dienste sind hier auf die Hufe radiziert. Die Freienhufe zinst Getreide, Ferkel, Leintuch, Hühner, Eier, Leinsamen, Linsen, sie werkt 5 Wochen im Jahr, bestellt 3 Morgen, schneidet auf der Herrenwiese 1 Fuder Heu und bringt es ein, leistet Botendienst. Ähnlich, aber auch anders, die unfreie Hufe: Sie zinst Ferkel, Hühner, Eier, und sie füttert 4 Ferkel der Herrschaft durch den Winter, bestellt einen halben Acker, werkt drei Tage pro Woche, leistet Botendienst, stellt jährlich ein Packpferd – dann folgt in der Aufzählung das *opus textile* »seiner Frau« sowie deren Brau- und Backdienste. Mehrere Schlüsse sind nun möglich. Im auf die Hufe radizierten Pflichtenkatalog ist jede einzelne Leistung im Prinzip verdinglicht, sie hängt am »Betrieb«. Insofern ist meist kaum ersichtlich, welchem Geschlecht sie zukommt. Darum ging es der registrierenden Instanz in der Regel eben nicht, es kam primär auf die Dauerhaftigkeit des jährlichen Ertrags an, weniger auf seine wechselnden »Lieferanten«. Doch wird diese Tendenz zur Verdinglichung der Lasten immer wieder gebrochen, wenn rechtsständisch begründete Distinktionen bedacht sein wollen. Für die Schriftkundigen, die in Staffelsee inventarisierten, war es wichtig, den Unterschied im *opus textile* zwischen den beiden Hufen festzuhalten; die Frauen auf den freien Hufen zinsen Lein und Leinsamen, die auf den unfreien Hufen Woll- und Leintücher – eventuell hatten sie sie im *genitium* zu weben, neben den dortigen hofhörigen *feminae*.

Das *opus textile* teilt sich, so kann man verallgemeinern, im früheren Mittelalter, von Ort zu Ort variierend, in das unfreie Web-Werk und den freien Woll- oder Leinbündelzins. Das sind freilich Extreme.[47] Die Tendenz geht

---

cum puellis debet operari opus lineum fuldensi monasterio (*Traditiones et Antiquitates Fuldenses*, hg. von Friedrich Johann Dronke, Fulda 1844, c. 44, 18, 50: S. 126, S. 127f.). Zu diesem Register jüngst Weidinger, Ulrich, »Untersuchungen zur Grundherrschaft des Klosters Fulda in der Karolingerzeit«, in: Rösener, Werner (Hg.), *Strukturen der Grundherrschaft im frühen Mittelalter*, Veröffentlichungen des Max-Planck-Instituts für Geschichte 92, Göttingen 1989, S. 247–265.

47 Der Gegensatz ist besonders scharf ausgebildet in c. 6 des karolingerzeitlichen Urbars des Klosters Weißenburg (Elsass) von vor 818/819. Dort stehen sich in Pfortz 33 Hufen, mit Unfreien *(servi)* besetzt, und 38 Hufen, mit Freien *(liberi homines)* besetzt, gegenüber. Im Pflichtenkatalog der Freien werden deren *femine* explizit vom *servitium* ausgenommen, während die *femine* der *servi* ein *camisilis* (10 Ellen lang, 4 Ellen breit) jährlich herzustellen haben: Dette, Christoph (Hg.), *Liber Possessionum Wizenburgensis*, Quellen und Abhandlungen zur mittelrheinischen Kirchengeschichte 59, Mainz 1987, S. 106. Festschreibungen der Leinabgabe an freie, Stoffherstellung an unfreie Hufen findet man etwa im Polyp-

hin zur Ausgleichung, zur ständischen Nivellierung. Das bedeutet meist die Verlagerung des Webwerks in die Hufenbetriebe, daneben aber auch die Umwandlung der Tuchabgaben in Geldzinse. Den eingangs zitierten Belegen aus der Grundherrschaft Lorsch könnte man leicht weitere aus vielen Grundherrschaften zur Seite stellen.[48] Wenn die Zuordnung des *opus textile* zur Hufnerin erfolgt, dann entsteht eine Situation, die man vielleicht mit dem Lüften eines Vorhangs vergleichen kann: Zum Textilwerk gehören dann wie von selbst weitere Werkgänge wie das Sammeln von Scharlachwürmern, das Waschen der Schafe, das Raufen, Brechen, Wässern, Dörren, Säubern und Hecheln des Flachses, nach dem Spinnen und Weben dann das Nähen, Ausbessern und Waschen der *vestimenta*. Auch die Resultate des *opus textile* nehmen vielfache Zinsgestalt an: Neben den *camisiles* und *sarciles* werden in den Registern Wörter für die Tuche benutzt, die *von* der Forschung bisweilen kaum zu deuten sind.[49] Für hufenlose Frauen kann das *opus textile* namenge-

---

tychum der Abtei St. Peter in Lobbes (868/869*): Le polyptyque et les listes de biens de l'abbaye Saint-Pierre de Lobbes (IXe-XIe siècles)*, ed. von Jean-Pierre Devroey, Commission Royale d'Histoire, Brüssel 1986, besonders S. 14f.; nahezu ebenso im Teilurbar des großen spätkarolingischen Registers aus Prüm (von 893), das die Dotation des Filialklosters St. Goar darstellte: *Das Prümer Urbar*, ed. von Ingo Schwab, Rheinische Urbare 5, Publikationen der Gesellschaft für Rheinische Geschichtskunde 20, Düsseldorf 1983, c. 103–111, S. 245–248.

48 Im Register von St. Bertin (844–859) unterscheidet sich die *opus textile-Abgabe* zwischen freien und unfreien Hufnerinnen nur noch quantitativ: *Le polyptyque de l'abbaye de Saint Bertin*, ed. von Francois-Louis Ganshof u. a., Mémoires de L'Institut National de France, Académie des Inscriptions et Belles-Lettres 45, Paris 1975, S. 75ff. Im Urbar des Klosters Kitzingen/Franken (11. Jahrhundert) ist das *opus feminarum* weitgehend zum Pfennigzins (11–16 Denare) konvertiert: Erich Frhr. von Guttenberg, »Fränkische Urbare«, in: *Zeitschrift für Bayerische Landesgeschichte* 7 (1934), S. 167–208, hier: S. 184–187. Die Geschichte der ständischen Nivellierung des *opus textile* und seiner Wandlung in Geldrente ist gleichwohl noch zu schreiben.

49 Nur im oben erwähnten Register von St. Bertin belegt ist das Wort *ladmon;* das keltische Wort *drap(pus)* kommt im großen Polyptychum von Saint-Germain-des-Prés vor: *Polyptyque de l'Abbaye de Saint-Germain-des-Prés rédigé au temps de l'abbé Irminon*, ed. von Auguste Longnon, Bd. 2, Paris 1885, XI, 13, S. 161; zu den *mappae* s. o.; in den Registern von St. Emmeram/Regensburg und Corvey – beide 11. Jahrhundert – ist durchgehend vom *pannum* die Rede: Kaminsky, Hans Heinrich, *Studien zur Reichsabtei Corvey in der Salierzeit*, Köln/Graz 1972, S. 193–222; Dollinger, Philippe, *Der Bayerische Bauernstand vom 9. bis zum 13. Jahrhundert*, München 1982, S. 455–463. Wenn diese Tücher gemessen werden, dann in Ellen. Meist ergeben sich erstaunlich große Tücher von 3–4 Ellen Breite und 10 Ellen Länge (so im Weißenburger Register).

bend werden. So werden sie etwa in den Registern der Abteien St. Peter in Lobbes und Saint-Amand-les-Eaux *camsiliariae* genannt.[50]. Aber nicht nur das. Immer wieder wird – wie mit den Back- und Braudiensten der Servilhufnerinnen von Staffelsee – ersichtlich, dass den *uxores* manches Weitere für die Herrschaft obliegt, nicht nur das *opus textile*. Greifen wir, um dies zu belegen, einige Kapitel aus dem Prümer Urbar heraus. Aus der Beschreibung des Besitzes in Weinsheim (c. 32) geht hervor, dass die Hufnerinnen zu wachen haben – wahrscheinlich am Herrenhof; aus der Domäne in Remich (c. 33) –, dass sie ein Beet im Herrengarten bestellen. Bei den Hufnerinnen in Mötsch (c. 23) kommt alles Genannte zusammen: breit gefächertes *opus textile*, Gartenarbeit, Wach-, Back- und Braudienst, eventuell auch Eicheln und Beeren sammeln, ja Wein und Salz verkaufen. Ähnlich ist es in Iversheim (c. 55).[51] Hat man erst einmal die Vielheit der Dienste im Auge, die als fraueneigene in Frage kommen, dann teilt sich, was als verdinglichter Pflichtenkanon der Hufe aufgeführt ist, oft deutlich auf. Aber mit der impliziten Trennung der Tätigkeiten und ihrer Variationen von Domäne zu Domäne ist es nicht getan.

Im ausführlich gestalteten Kapitel über die Güter im Weindorf Mehring an der Mosel werden der namentlich genannte Mann und seine namenlose *uxor* sogar getrennt »veranlagt« (c. 24).[52] Dabei wird deutlich, dass die Hufnerin über die bisher genannten Dienste hinaus einen hohen Weinzins entrichtet – sie hat also zweifellos die Regie über eine Weinbergparzelle, von deren jährlichem Ertrag ein Anteil, wahrscheinlich ein Drittel, an die Prümer Mönche geht. Dies kann doch wohl nur bedeuten, dass die Parzelle auch

---

50 *Le polyptyque et les listes de biens de l'abbaye Saint-Pierre de Lobbes (IXe-XIe siècles)*, ed. von Jean-Pierre Devroey, Commission Royale d'Histoire, Brüssel 1986 S. 15; das Registerfragment von Saint Amand, entstanden zwischen 821 und 871, wurde 1990 kritisch ediert: *Das Polyptychon und die Notitia de Areis von St. Maur des Fossés: Analyse und Edition* , ed. von Dieter Hägermann/Andreas Hedwig, Beihefte der Francia 23, Sigmaringen 1990, S. 103–105, S. 104: *Sunt ibi* (d. h. in Tournai) *camsiliariae. VI., quae redimunt camsiles denariis. VIII. Serviunt in aestate* […] (Text bricht ab). Dieter Hägermann, deutet diese Passage in seinen Aufatz »Grundherrschaft und städtischer Besitz in urbarialen Quellen des 9. Jahrhunderts (Saint-Maur-des-Fossés, Saint-Remi de Reims und Saint-Amand-les-Eaux)«, in: Dierkens, Alain/Duvosquel Jean-Marie (Hg.), *Villes et campagnes au moyen âge*, Lüttich 1991, S. 355–365, in dem Sinne, dass es sich hier um »hochspezialisierte« Tuchwirkerinnen handelt, dem frühstädtischen freien Gewerbe zugehörig, ein wichtiger Hinweis darauf, wie man sich die Transformation des ländlichen *opus textile* in das gewerbliche Dauerhandeln vorzustellen hat.
51 *Prümer Urbar*, S. 192f., S. 193f., S. 179ff., S. 218f.
52 Ebd. S. 181–187. Zur Interpretation: Kuchenbuch, »Trennung und Verbindung im bäuerlichen Werken des 9. Jahrhunderts«, S. 235ff.

von ihr bestellt wird – vor allem mit der Hacke. Am Pflichtenkatalog ihres Mannes Eurich – verschiedenste Holzzinse (Tonne, Fackeln, Lohbündel, Schindeln), Hühner, Eier, Weinzins, Fuhrdienst (mit Karre und Boot), Arbeiten mit Pflug und Karre auf den Feldern und im Weinberg, Erntedienste – ist ablesbar, dass auch er am Weinbau teilhat, aber ausschließlich ihm der Umgang mit Pflug, Karre und Zugvieh obliegt. Der Abschnitt endet mit der Bestimmung, Mann und Frau *(et vir et uxor)* hätten bei der Heu-, Getreide- und Weinernte für die Herrschaft zu fronen. Dieser Passus zeigt, dass beide Geschlechter sich die Aufgaben im Großen teilen, zu besonderen Terminen aber eng zusammenwirken.[53] Was hier auf Geheiß der Herrschaft geschieht, dürfte ansonsten, also dann, wenn für sich *(ad suum)* gearbeitet wird, die Regel gewesen sein. Die komplementäre Fügung der Geschlechterwerke ist aber im Spiegel der grundherrlichen Forderungen nur selten – wie eben hier – greifbar. Im Rentensoll wurde das Geschlechtstypische eher isoliert gehalten und nicht im Ergänzungsraum des Hufenbetriebs verortet. Man muss derlei jedoch für das tägliche Fortkommen auf der Hufe voraussetzen. Mann und Frau tun jeweils das ihre, um zusammen mit dem Ganzen auszukommen. Dass diese Komplementarität nicht in »Gleichheit« aufgeht, bezeugt die Beschreibung von Mehring damit, dass Männer und Frauen beim Fronen gestuft beköstigt werden.[54]

Aus der distingierenden Beschreibungshaltung in den Verzeichnissen erfahren wir immer dann mehr, wenn die Abhängigen selber namentlich aufgeführt werden. In der *descriptio* der Domäne von Sault-Saint-Remi (Ardennen), enthalten im Polyptychum von Saint-Remi in Reims und entstanden kurz vor 848, kommt es mehrfach dazu, dass nicht nur die Abgaben und Dienste zwischen Mann und Frau geteilt sind, sondern auch die Inhaberschaft: »Der Unfreie Dodo hat eine unfreie Hufe inne; er pflügt, zinst [...]; die Unfreie Petronilla hat die Hälfte dieser Hufe inne; sie zinst [...]«.[55] Wenn

---

53 So auch belegt in der Frondienstordnung der Villikation Friemersheim (bei Duisburg) der Abtei Werden (Ende 9. Jahrhundert): *Die Urbare der Abtei Werden a. d. Ruhr*, ed. von Rudolf Kötzsche, Rheinische Urbare 2, Bonn 1906, S. 17f.; pauschale Formeln finden sich in vielen grundherrlichen Verzeichnissen. Vgl. dazu Kuchenbuch, Ludolf, »Bäuerliche Gesellschaft und Klosterherrschaft im 9. Jahrhundert. Studien zur familia der Abtei Prüm«, in: *Vierteljahrschrift für Sozial- und Wirtschaftsgeschichte*, Beiheft 66, Wiesbaden 1978, S. 129f.

54 *Prümer Urbar*, S. 186.

55 Devroey, Jean-Pierre, *Le polyptyque et les listes de cens de l'abbaye de Saint Remi de Reims (IXe-XIe siècles)*, Edition critique, Travaux de l'Académie Nationale de Reims 163, Reims 1984, S. 50: *Dodo servus tenet mansum servilem I; arat similiter (ut mansi ingenuiles); donat pullos V, ova XXV, faculas V; ligni carrum I; et in banno carrum dimidium pro pasta; ad*

nicht alles täuscht, dann handelt es sich hier um ein gemeinsam haushaltendes Paar, beide sind aber explizite Inhaber der Hufe und separat »veranlagt«. Dada pflügt Anteile des Herrenlandes, front in der Scheune, malzt Getreide (was sonst meist Frauen tun) und steht für jeden gebotenen Dienst zur Verfügung; weiter zinst er Schindeln, Fackeln, Feuerholz – dies als Entgelt für die Weidenutzung – sowie Hühner und Eier. Petronilla zinst Pfennige, Scharlach, Hühner, Masthühner und Eier. Nur ein geringfügiger Ablösungszins für eine Fronfahrt gilt für beide gemeinsam. Diese Beschreibung ist für eine Handvoll weiterer Hufen verbindlich, soweit ihre Inhaberinnen unfrei sind. Am Ende dieses Abschnitts wird eine *ancilla* Dodelberga aufgeführt, die – offensichtlich alleinstehend – über eine Hofstelle und dazu einen Morgen Ackerland verfügt und dem gleichen Zinssoll unterliegt wie Petronilla.[56]

In der gleichen Domäne sind weitere Frauen Mitinhaberinnen oder alleinige Inhaberinnen von ganzen Hufen – doch hat es den Anschein, als seien sie alleinstehend, egal ob Kinder bei ihnen sind oder nicht. Das könnte zu der Annahme verleiten, es handele sich hier um verwitwete Frauen. Man sollte sich aber vor dieser engen Auslegung der Frauen-Inhaberschaft von Hufen hüten. Immerhin ist auffällig, wie wenige dieser Frauen, die man in jedem Register findet, das Rentensoll und Hufe an namentlich Genannte bindet, als Witwe *(vidua)* bezeichnet werden.[57] Kam es denen, welche die Verzeichnisse erstellten, darauf gar nicht an, oder war die alleinstehende Frau (mit Kindern) nicht als das fassbar, was heutzutage als »Witwenstand« gilt? Wie nah die Frau *(uxor)* dem Mann *(vir/maritus)* steht, mit dem zusammen sie auf der Hufe ihr Leben fristet, kommt schon im Gebrauch des Verbs *tenere* (innehaben/halten) in der Beschreibung der Domäne in Sault-Saint-

---

scuriam operiendam, de stramine dominico colligit et cooperit portionem suam; scindulas LX; facit brazium et omne seruitium sibi iniunctum. Petronilla ancilla tenet medietatem de eodem manso; donat denarios VIII, de vermiculo uncias II, pullos VIII, pastas II, ova L; donat simul pro bove aquensi denarium I.

56 Ebd., S. 51.
57 Mitinhaberinnen von Hufen bzw. zinspflichtige Frauen sind vereinzelt zu finden im *Prümer Urbar,* c. 45, S. 206, c. 31, S. 198; im ältesten *Werdener Urbar* (zirka 890) S. 24, S. 28, S. 31 (dort je eine *vidua),* S. 32, S. 36, S. 39, S. 44, S. 45, S. 63, S. 65, S. 69, S. 78, S. 80, S. 86f.; in der *Corveyer Heberolle* (11. Jahrhundert) S. 199, S. 201ff, S. 208ff; im *Churrätischen Urbar* (Anfang 10. Jahrhundert); dazu: Hägermann, »Quellenkritische Bemerkungen«, S. 51f.; im *Bündner Urkundenbuch,* Bd. 1, hg. von Elisabeth Meyer-Marthaler und Franz Perret, Chur 1955, S. 375–396, hier S. 392; in der *Notitia de Areis* (869), c. 7f., S. 99, c. 27, S. 101; im Polyptychum von Saint-Bertin, S. 78, S. 84, S. 85. Die Polyptychen von Saint-Germain-des-Prés und Saint-Remi lasse ich hier weg. Sie erforderten eine eigene Untersuchung.

Remi zutage: Einmal hat allein der Mann die Hufe inne, ein anderes Mal sind es Mann und Frau.[58] Noch allgemeiner wird diese Tendenz in den Beschreibungen der Domänen von Ville-en-Selve und Chezy aus dem Reimser Verzeichnis ausgedrückt. Nachdem die Hufen mit ihren namentlich genannten Inhabern sowie ihrem Rentensoll aufgelistet sind, folgt eine Zusammenstellung von namentlich genannten Frauen samt ihrer namenlosen Kinder unter der zusammenfassenden Überschrift: (Dies sind die) »Frauen, die zusammen mit den oben genannten Männern Hufen innehaben«.[59] Eine gemeinsame Inhaberschaft, im Sinne der Verantwortung für die herrschaftlichen Forderungen zumindest, wird hier also explizit ausgedrückt – und zwar zu Lebzeiten der Männer. Kein Wunder, dass im Falle ausführlicherer Verschriftung Frauen in vielen Verantwortungsbereichen schnell an die Stelle von Männern treten konnten, sicher besonders dann, wenn sie im Stande *cum infantibus* waren, das heißt unmündige bzw. ledige Kinder bei sich hatten. Ob die Frau nun ohne Mann (in unserem, sicher nicht angemessenen Verständnis) ledig oder verwitwet war oder als *uxor* den *maritus* neben sich hatte – für die Herrschaft war es wichtig, das, was an ihrem Stand und ihrem Wirken haftete, genauso als Anspruch zu sichern wie sie als Stellvertreterin für das Ganze der grundherrlichen Ansprüche an der Hufe verzeichnet zu wissen.

Dementsprechend sind in vielen Registern immer wieder namenlose, aber auch namentlich genannte Frauen erfasst, die, nur mit einer Kate ausgestattet, selbständig (meist Denare) zinsen und dienen. Gleiches gilt auch für Frauen, die ohne erkennbare Habe veranlagt sind. Und natürlich sind auch Frauen gemeint, wenn Bestimmungen über interständisches Konnubium oder die Besteuerung des Erbgangs in die Verzeichnisse eingegangen sind.[60] Kein Wunder schließlich, dass nicht nur die Dienst-, Zins- und Inha-

---

58 Polyptychum von Saint-Remi, S. 49: *Hardricus ingenuus, uxor eius Bertedrudis ingenua, tenent mansum.I.; (solvunt) similiter;* […] *Goderherus ingenuus, uxor eius Gislindis ingenua; tenet mansum dimidium et facit medietatem similiter.*

59 Ebd. S. 10–16. Meine Ausführungen zu diesem Punkt sind mehr als grob. Wie methodisch zu verfahren ist, hat Britta Lützow, »Studien zum Reimser Polyptychum Sancti Remigii«, in: *Francia* 7 (1980), S. 19–99, hier S. 92ff., am Fall der *descriptio* von Courtisols (Polyptychum von Saint-Remi, S. 16–29) gezeigt. Ihre umfassende Untersuchung »Familie und familia im Rahmen kirchlicher potestas«, in der sie die *Descriptio Maneipiorum* aus Marseille und die *descriptio* der *familiae Sanctae Mariae* aus Farfa mit den beiden westfränkischen Polyptychen (Reims, Saint Germain) vergleicht, steht noch aus.

60 Ich belege dies nur exemplarisch am *Prümer Urbar*, c. 24, S. 187: *femine de ipsius villa, que a nobis non habent, ibi residentes in propriolo suo, solvunt de vino modios.V., et si propriolo non habent, nichil solvunt;* c. 45, S. 207: *Abse femine ex nostra familia, sive infra potestate*

berschaftsverhältnisse, sondern auch das Namensgut in den grundherrlichen Verzeichnissen den hohen Beteiligungsgrad der Frauen in Domäne und Hufe spiegeln. Der Usus, elterliche Namensteile an die Kinder weiterzugeben, macht dies deutlich. Auch am »Familienbewusstsein« also – so drückt Hans-Werner Goetz sich aus – wirken die *feminae* und *uxores* gestaltend mit.[61]

Resümieren wir nur kurz. Auch die grundherrlichen Verzeichnisse enthalten das *opus textile*. Sie liefern zudem wichtige Ergänzungen des textilen Tätigkeitsfeldes, teilweise in ständischen, teilweise in naturräumlichen Unterschieden gründend. Sie führen jedoch auch erheblich darüber hinaus und in ganz andere Tätigkeitsbereiche: Das *opus feminile* ist eben oft weiter gesteckt als das *opus textile*. Und es ist dehnbar, wahrscheinlich dehnbarer als das *opus virile*.[62] Welches Verhältnis zwischen den »Kernbereichen« der Geschlechterwerke besteht, welche Handlungsbereiche beidseitig zugänglich bzw. besetzbar sind, kann wohl kaum generell beantwortet werden. Dem ist auch die Sichtweise in den Registern im Wege, derzufolge, wenn sie schon nicht auf den verdinglichten Bestand abstellt, die Trennung der Geschlechterwerke gegenüber ihrer Komplementarität favorisiert wird. Was auf der Hufe geschieht, bleibt weitestgehend *verborgen*. Immerhin aber zeigen die Inhaberschaftsverhältnisse, wie nah die Frau hinter dem Mann, wie sichtbar sie neben ihm steht, was sie hat, was sie zinsen muss – und kann. Ein eigenständiger und hoher Anteil am Pflichtenkreis für die Herrschaft ist evident; ob er auf die internen Verhältnisse übertragbar ist, bleibt zu fragen.

---

nostra sint sive extranea, solvit unaquaque linum fusa .XXX.; c. 33, S. 194: *Ad missam sancti Remigii debet denarios .V. propterea, quia femine fiscaline servos acceperunt et idcirco istos denarios solvunt;* c. 55, S. 219: *Si quis obierit, optimum, quod habuerit, seniori datur, reliqua vero cum licentia senioris et magistri disponit in suos.* Aus den beiden zuletzt belegten Zinsformen werden später der Heirats- und Todesfall.

61 Kuchenbuch, *Bäuerliche Gesellschaft*, S. 81ff.; Goetz, Hans-Werner, »Zur Namengebung bäuerlicher Schichten im Frühmittelalter. Untersuchungen und Berechnungen anhand des Polyptychons von Saint-Germain-des-Prés«, in: *Francia* 15 (1987), S. 852–877.

62 Shahar, Shulamith, *Die Frau im Mittelalter*, München 1981, S. 207, hat, gestützt auf spätmittelalterliche Zeugnisse, die Existenz einer beidseitig klaren Arbeitsteilung auf dem Land mit dem Argument in Zweifel gezogen, den Frauen seien (bis auf die Schäferei) alle Aufgaben zugemutet und aufgeladen worden; nur für die Männer habe es die deutliche Ausgrenzung bestimmter Tätigkeitsbereiche gegeben. Dieser wichtige Gedanke konnte hier nicht verfolgt werden, weil die Details der grundherrlichen Register nicht mit den Verhältnissen bei den Bauern selbst gleichgesetzt werden dürfen.

Urkunden

In Urkundenform überlieferte Übertragungen von Gütern gleichen grundherrlichen Verzeichnissen darin, dass die Objekte der Schenkung, der Leihe, des Tauschs oder Kaufs[63] als örtlich gebundene beschrieben werden. Da mit der Urkunde der Akt der Übertragung schriftlich bezeugt wird, sind sie in der Regel präziser datiert und mit Bekundungen ausgestattet, die für die Rechtmäßigkeit der Tradition bürgen; einer erschöpfenden Beschreibung der Objekte dagegen bedarf es nicht. Wer Urkundenbestände frühmittelalterlicher Klöster und verwandter geistlicher Einrichtungen daraufhin sichtet,[64] was diese zum Unterhaltshandeln beibringen könnten, stellt schnell fest, dass es im Wesentlichen nur um Indirektes gehen kann. Nicht Handlungen werden geschildert, sondern dingliche Ausstattungen, soziale Gruppierungen – also Voraussetzungen und Umstände der Arbeit. Beschrieben wird derlei in den Pertinenzformeln und -sätzen innerhalb der dispositiven Urkundenabschnitte. Diese Aufführungen der hauptsächlichen Objekte und ihres »Zubehörs« wurden in der Urkundenlehre bislang recht stiefmüt-

---

63 Andere Urkundenarten – Besitzbestätigungen, Konzessionen von Gericht/Immunität, Zoll usf. – sind hier beiseitegelassen, Freilassungen in den Schutz von geistlichen Einrichtungen aber berücksichtigt

64 Gesichtet (zum Teil nur stichprobenartig) wurden folgende Urkundenbücher: *Traditiones Wizenburgenses. Die Urkunden des Klosters Weissenburg 661–864*, ed. von Anton Doll, Arbeiten der Hessischen Historischen Kommission Darmstadt, Darmstadt 1979 (= TW); *Urkundenbuch zur Geschichte der jetzt die Preussischen Regierungsbezirke Coblenz und Trier bildenden mittelrheinischen Territorien*, ed. von Heinrich Beyer, Bd. 1, Koblenz 1860 (= MUB*)*; *Cartulaire de l'Abbaye de Gorze*, ed. von Armand d'Herbomez, Mettensia 2, Paris 1898 (= CAG); *Urkundenbuch für die Geschichte des Niederrheins in 4 Bänden*, ed. von Theodor Josef Lacomblet, Düsseldorf 1840, Nachdruck Aalen 1966, (= LAG); *Diplomata Belgica ante Annum Millesimum Centesimum Scripta*, ed. von Maurits Gysseling und Anton Carl Frederik Koch, Bouwstoffen en Studien voor de Geschiedenis en de Lexicografie van het Nederlands 1, Brüssel 1950 (= DB); *Urkundenbuch der Reichsabtei Hersfeld*, ed. Hans Weirich, Veröff. der Historischen Kommission für Hessen u. Waldeck 19,1, Bd. 1, Marburg 1936 (= HUB); *Urkundenbuch des Klosters Fulda*, ed. von Edmund E. Stengel, Veröff. der Historischen Kommission für Hessen u. Waldeck 10,1, Bd. 1. Marburg 1958 (= FUB); Camillus Wampach, *Geschichte der Grundherrschaft Echternach im Frühmittelalter*, Bd. 1,2: Quellenband, Luxemburg 1930 (= EUB); *Codex Laureshamensis* (= CL); *Die Traditionen des Hochstifts Freising (744–1283)*, ed. von Theodor Bitterauf, Quellen u. Erörterungen zur bayerischen und deutschen Geschichte, N.F. 4/5, München 1905–1909, Nachdruck Aalen 1967 (= THF).

terlich behandelt.⁶⁵ Alles kommt darauf an, wie ausführlich jedes einzelne Stück, sei es nach einem Urkundenformular oder frei, gestaltet ist. Wieder gilt der banale Grundsatz: Je genauer die Beschreibung, desto größer die Chance, dass etwas zu den *opera* der Frauen zum Vorschein kommt. Urkunden, in denen die als Zubehör mit übereigneten Unfreien *(mancipia utriusque sexus XII* o. ä.) zahlenmäßig erfasst sind, helfen nicht weiter. Fragen nach den Bedingungen und Bereichen der Geschlechterwerke ergeben erst Sinn, wenn zusätzliche Angaben in zwei Richtungen gemacht sind: wenn die Namensnennung der Übereigneten und/oder ihre Zuordnung zu verschiedenen Typen des Besitzes erfolgt. Nur sehr selten ist eine Urkunde so genau gefasst, dass sie auch die Zuordnung von Frauen zu einem *genitium* in einer *curtis* enthält.⁶⁶ Wesentlich öfter begegnet die Gruppierung der namenlosen *mancipia* (oder *servi* usf.) zum Salhof bzw. zum Hufenbesitz.⁶⁷ Wichtiger aber sind für uns die Namensinventare, die Aufzählungen von *mancipia denominata*. Selbst, wenn diese keine zusätzlichen Bestimmungen enthalten, ergibt sich eine dichte Namensverfilzung. Diese signalisiert, was in vielen Einzelfällen die Beobachtung aus den grundherrlichen Registern bestätigt: Auch die Frauen haben an der Praxis der Namenstradition maßgeblichen Anteil.⁶⁸ Aber nicht allein das Namensgut, auch die Art der Gruppierung der Namen kann aufschlussreich sein, insbesondere dann, wenn zusätzlich zu den Namen selbst Wörter treten, die engere Beziehungen der Genannten zueinander ausdrücken. Im Vordergrund steht dabei eine Figuration, die heutzutage »Kernfamilie« genannt wird: der Mann, die Frau und die Kinder. Greifen wir mehr oder weniger beliebig eine Weissenburger Urkunde heraus, eine Unfreien-Schenkung aus dem Jahr 737. Gruppiert werden dort 29 namentlich Genannte: »Chroacario mit seiner Frau Gaila und mit ihren Kindern«.⁶⁹ Die Reihe beginnt mit einem Männernamen; es fol-

---

65 Die ergiebigste Abhandlung hierüber: Lohrmann, Dietrich, »Formen der Enumeratio bonorum in Bischofs-, Papst- und Herrscherurkunden (9.-12. Jahrhundert)«, in: *Archiv für Diplomatik* 26 (1980), S. 281–311.
66 THF 1045 (von 908): *curtam unam* [...] *cum omnibus ad illam pertinentibus* [...] , *atque de genetio ancillas XII.*
67 Zum Beispiel EUB 17 (von 710), 20 (von 712), 31 (von 721/722) u. ö.; THF 46 (von 772).
68 Pauschal: TW 2 (von 742), 193 (von 764): genauer: TW 108 (von 766), 79 (von 768/771–792), 93 (von 777), 96 (von 779).
69 TW 241: *Charilaigo eum uxore suae Amalgardus, una cum infantis eorum, Chroacario cum uxore suae Gailane et cum infantis eorum, Chroadmundo una eum infantis suis, Leupgysu cum uxore suae Faginhildis et cum infantis eorum, Ualtgysu cum infantis suis, Uualgeru cum uxore sua Uettani et cum infantis eorum, Analgunde cum infanti suo, Theutmundo cum uxore sua Leutplinde et cum infantis suo, Chrorioho cum uxore sua Uinididane cum infantis*

gen eine namentlich genannte *uxor*, dann die namenlosen und ungezählten Kinder. In der Urkunde sind 18 Männer und Frauen in diese Sequenz gebracht, 6 Frauen mit ihren Kindern haben keinen Mann vor, 2 Männer mit ihren Kindern keine Frau nach sich, und 3 Männer sind ohne Frau und Kind erfasst. Dieses Schema ist in den verschiedensten Variationen im frühmittelalterlichen Urkundenbestand zu finden.[70] Es drückt zum einen eine klare Bezeichnungsrichtung aus: Sie geht vom Mann zur Frau und dann zu den Kindern. Der Mann ist so selbstverständlicher Ausgangspunkt, dass er nicht als solcher, also als »Mann« *(vir, maritus, uxoratus, coniux)* bezeichnet wird, sondern nur namentlich (oder als *servus* – also ständisch qualifiziert) erscheint, die folgende, nicht immer namentlich genannte Frau jedoch fast immer als »Frau« *(uxor, coniux)* des Vorangehenden. Wie im Falle der Inhaberschaftsverhältnisse in den grundherrlichen Verzeichnissen sollte auch hier Vorsicht geboten sein, diese Aufzählungsweise als Inventarisierung von Ehepaaren samt ihren Kindern im Sinne heutiger Kern- oder Kleinfamilien zu identifizieren. Das Risiko wäre groß, nicht nur Partnerschaftsnormen und Gleichheitspostulaten aufzusitzen, sondern auch zu unterschätzen, was diese Reihenfolge für das Verhältnis zwischen den namentlich genannten *uxores* oder den nur namentlich genannten Frauen zu »ihren« Kindern *(infantes, parvuli, filii, filiae, familia, proles, procreatio, progenies)* bedeutet. Meines Wissens folgen die Kinder nie direkt auf den Mann, wenn eine *uxor* vorhanden ist. Zwischen den Kindern – bis zu welchem Alter, ist solange ungewiss, wie die Bezeichnungen für die Nachkommenschaft in Urkunden nicht rechtsgeschichtlich präzisiert sind – und dem Mann rangiert unverrückbar die Frau. Hält man hinzu, wie häufig Mütter mit Kindern ohne Männer registriert sind,[71] dann darf geschlossen werden, dass sich in der ausführliche-

---

eorum, Gaila cum infanti suo, Leutriho cum uxore sue Amaldrude et infantis eorum. Uuolfgero cum uxore sue Amalsuinde et cum infantis eorum. Christiano cum uxore sue Baldhilde et cum infantis eorum, Ercansuinde cum infantis suis, Alihila cum infanti suo, Amalgiso, Eburoho, Chrosculfus, Tettane cum infantis suis, Alpinde una cum infantis suis sex […]. Die entstellenden Kasusverhältnisse hat Herausgeber Anton Doll im Einzelnen aufgeklärt.

70 Eine Auswahl: CAG 87 u. 89 (von 910); THF 86 (von 777); MUB 52 (von 820), 59 (von 831), 119 (von 881); FUB 172 (von 786); HUB 35 (von 835/63); CL 615 (von 792). Wichtig für künftige Forschung wird sein, wie die Registrierungen im Detail (Konjunktionen, Präpositionen, Possessivpronomia usf.) gestaltet sind.

71 Sicher geht dies zu guten Teilen auf Verwitwung zurück, ebenso können aber auch weniger verbindliche und dauerhafte Geschlechtsgenossenschaften sowie die Trennung aus eigenem Entschluss oder auf herrschaftliche Veranlassung hin der Grund für den Status der Frauen mit Kindern, aber ohne Männer sein. Mir ist so gut wie kein Manzipieninventar begegnet, in dem die Frauen mit Kindern gegenüber den Männern mit Kindern nicht in

ren Verzeichnisweise der Urkunden eine engere Bindung der *infantes* an die Frau als an den Mann manifestiert. Dieser Schluss mag inhaltlich banal sein, methodisch – und darauf kommt es in der Historie als Wissenschaft an – ist er bedeutsam, denn damit wäre ein bislang noch kaum beachtetes Belegkorpus für dasjenige Frauen-Werk in Händen, mit dem Eva in der Heiligen Schrift und im Bildsymbol der Schriftkundigen des Mittelalters nach der Vertreibung beauftragt wurde: dem Gebären und Nähren der Nachkommen, der Sorge um die »Erben«. Dieser so mühselige und gefährdende Bereich des Unterhaltshandelns wird natürlich auch in normativen Quellen berührt. Zu denken ist an die Bedeutung der Gebärfähigkeit für die Taxierung von Frauenbußen in den Volksrechten.[72] Und auch die grundherrlichen Register, soweit sie Hörigeninventare enthalten, haben hierzu noch Unschätzbares zu bieten.[73] Allen Überlieferungsgattungen aber mangelt es an einer terminologischen Fassung dieses Bereichs. Weder als *labor matris*, noch als *opus uxoris* oder gar als *ars mulieris* ist er zu greifen. Eine genauere Befassung mit dieser Lücke steht noch aus.[74]

Doch sind damit die Möglichkeiten noch nicht erschöpft, den *opera* in den Urkunden nachzuspüren. Weitere ergeben sich dann, wenn die Inventarisierung nicht nur der oben diskutierten Anordnung folgt, sondern die Gruppen auch in das Verhältnis zur Fahrhabe und zum ländlichen Betrieb gesetzt sind. Immer wieder finden sich Auflistungen von unfreien Männern und Frauen (samt den Kindern) mit ihrem Besitz. Sie lassen außer Zweifel,

---

der Überzahl gewesen wären. Etwa: MUB 41 (von 804), 120 (von 886); CL 324 (von 778), 746 (von 807); TW 71 (von 774); LAC 84 (von 907).

72 Vgl. hierzu den Beitrag von Gabriele von Olberg, »Aspekte der rechtlich-sozialen Stellung der Frauen in den frühmittelalterlichen Leges«, in: Affeldt, Werner, (Hg.), *Frauen in Spätantike und Frühmittelalter. Lebensbedingungen – Lebensnormen – Lebensformen*, Sigmaringen 1990, S. 221–235; dort (S. 211–220) auch der nützliche Überblick von Raymund Kottje, *Eherechtliche Bestimmungen der germanischen Volksrechte (5.-8. Jahrhundert).*

73 Ich verweise hier auf die oben angekündigte Arbeit von Britta Lützow.

74 Eine Vermutung, die mich leiten würde, sei hier nicht vorenthalten: Da die Nachkommen der grundherrlich Eingebundenen im früheren Mittelalter in der Regel weder als Beute bzw. als Ware beschafft und verbraucht bzw. verhandelt wurden, noch als frei verfügbares Sachgut galten, sondern ihren Eltern oder den lokalen Stellvertretern der Herrschaft überlassen blieben, richtete sich die Erfassung und Beschreibung sowohl im Falle des Besitzwechsels (Urkunde) als auch im Falle der ertragsorientierten Bestandsaufnahme (grundherrliches Verzeichnis) nicht auf die Frauen in ihrer Eigenschaft als gebärfähige und die Nachkommen nährende und pflegende Instanz. Weder die fruchtbare Frau noch die Mutter und die Kinder galten als entscheidende Appropriationsobjekte. Es ging eben vorrangig um die agrarischen Geschlechter-Werke in Verbindung mit dem Boden und dem Gehöft als betrieblichem Gefüge, kaum um das demo-»praktische« Gebaren der Abhängigen.

dass auch die namentlich genannten oder anonymen *uxores* Anteil daran haben. Ein Beispiel aus dem Urkundenbestand des Hochstifts Freising: »der Hörige namens Ratan mit seiner Frau namens Deotling mit zwei Kindern (bzw. Söhnen) und mit allem, was sie dort besitzen [...]«.[75] Die Wörter zur Bezeichnung dieser Habe sind vielfältig. Es geht um das Vieh *(pecus)* und um Verallgemeinerungen von dort aus *(peculium, peculiare)*, um das Gerät *(utensilia)*, um Land *(terra, mansus, hoba/Hufe)*, um den Ertrag *(supellex)*, also das Erarbeitete *(con-laboratus)* – endlich um Aspekte der Verfügung darüber *(facultas*/Erbe und *possessio*/Besitz).[76] Bisweilen kommt es in Urkunden auch zur Auflistung einzelner Abgaben und Dienste – hier den Urbaren gleichend –, die in das *opus feminile* im oben erörterten Sinne münden.[77]

Am klarsten aber wird der Zusammenhang von Abgabenpflicht, Besitz und Arbeit von Frauen in Freilassungs- bzw. Autotraditionsurkunden. Zunächst zu Letzteren: In den Traditionsnotizen der Sankt-Peter-Abtei in Gent ist der Eintrag zu lesen:

»Zu Zeiten König Ludwigs (877–879) hat eine gewisse Frau namens Regneuuig, frei geboren wie sie war, beschlossen, sich zur Tributpflichtigen zu machen, um hier (bei Sankt Peter) Schutz zu genießen; dafür soll sie zwei Pfennige zum Festtag der heiligen Amalberga, das heißt am 25. November, zahlen; wenn sie sich zur Ehe verbindet, als Bedemunt sechs Pfennige, und nach ihrem Hinscheiden aus dieser Welt von ihrem Besitz zwölf Pfennige.«[78]

Der jährliche Anerkennungszins, der Heirats- und der Todfall, zu zahlen vom *conlaboratus,* sie zeigen überdeutlich die Selbständigkeit der Schutzbefohlenen. Gleiches geschieht auch bei Freilassungen von unfreien Mägden in

---

75 THF 25 (von 765/770): *hominem nomine Ratan cum uxore sua nomine Deotlind cum duobus filiis cum omni quae possident in ipso loco.*

76 Eine kleine Auswahl: *possidere:* THF 25 (von 765/770); *peculiare:* CL 552 (von 767), 743 (von 779/784), 192 (von 793), 724 (von 807), EUB 8 (von 704), TW 54 (von 774); *supellex:* CL 211 (von 799); *laboratus:* HUB 26 (von 815), 35 (von 835/863), CL 172 (von 791); *utensilia:* THF 18 (von 762/764) u.ö.; *facultas:* THF 29 (von 769), LAC 73 (von 882).

77 Leinbündelabgabe: MUB 120 (von 886); getrennte Kopfzinse von *famulus* und *uxor:* LAC 88 (von 927): Drei-Tage-Dienst/Woche: CL 868 (von 775).

78 DB S. 137; der ganze Abschnitt VIII (132), S. 136ff., handelt von Männern und Frauen in vergleichbarer Stellung; MUB 151 (von 905), 186 (von 949/970); HUB 53 (von 936/959): *et post mortem nostram caput optimum de viro ac de muliere vestimentum optimum iure altaris concederetur.* Hier wird, am Fall der Erbsteuer, explizit zwischen männereigenem Best-Haupt und fraueneigenem Best-Kleid unterschieden. Vgl. hierzu die Artikel »Besthaupt« und »Gewandfall« im Lexikon des Mittelalters, Bd. 1, München 1980, Sp. 20711.; Bd. 4, 1989, Sp. 14191.

den Kirchenschutz – dem umgekehrten Fall. Wieder ein Beispiel: Am 29. Januar 788 lassen Willihari und Withari ihre Unfreie Adalsuind in den Schutz der Abtei Weissenburg frei. Sie hat den jährlichen Rekognitionszins zu zahlen und »schuldet niemandem irgendeinen Dienst, sondern möge besitzen, was sie erarbeitet hat oder (zukünftig) erarbeiten kann«.[79]

Die Einlassung mit den Erfassungsformen von Abhängigen und ihrer Habe in Schenkungs- und Freilassungsurkunden hat für die Suche nach den Geschlechterwerken spezifische und wichtige, wenn auch meist indirekte Resultate erbracht: Bestätigt hat sich die Beteiligung an der Namenstradierung, Ergänzungen zur Zins- und Dienstpflichtigkeit kamen zutage, die gemeinsame Verfügung über die Habe, aber auch der geschlechtseigene Besitz (Erbsteuer) wurden deutlich, und in Momenten, wo die Inventarisierung namentlich und familial erfolgte, zeichnete sich eine engere Bindung der Kinder an die Frau als an den Mann ab. Damit hat sich das Feld des Frauen-Werks um einen Bereich erweitert, dem viel größere Beachtung durch die Forschung gebührt – gerade auch deshalb, weil er nicht im Blickpunkt der Verschriftung gestanden hat.

Wunderberichte

Aus dem früheren Mittelalter ist eine große Zahl von Erzählungen über Wunder *(miracula)* überliefert, die sich bei der Überführung der Gebeine von Heiligen (Translation) an den für sie bestimmten Bewahrort im Altar einer Kirche oder kurz danach ereigneten.[80] Diese »Zeichen und Wunder« *(signa et prodigia)* galten als Beweis für die machtvolle Stellung des oder der Heiligen im Jenseits und ihren Einfluss auf die Lebensumstände am Ort ihres Kults. Die literarische Form der Wunderepisoden variiert von der kurzen Notiz bis zur Sequenz mehrerer ausführlicher Geschichten. Entscheidend für uns ist, dass sie nicht vom vorbildlichen Lebenswandel der Entrückten erzählen (Legende), was vielfach zu strenger, auf das typisch »Heilige« abzie-

---

79 TW 126; weitere Freilassungen in die Schutzgehörigkeit zum Vergleich: TW 68 (von 797), 166 (von 837); LAC 73 (von 882), 84 (von 907); CAG 105 (von 949); MUB 83 (von 853).
80 Zur Quellenkritik grundlegend: Heinzelmann, Martin, *Translationsberichte und andere Quellen des Reliquienkultes*, Typologie des Sources du Moyen Age Occidental 33, Tournhout 1979, S. 63ff. (zu den Wundern selbst); nützlich noch immer: Assion, Peter, »Die mittelalterliche Mirakel-Literatur als Forschungsgegenstand«, in: *Archiv für Kulturgeschichte* 50 (1968), S. 172–180.

lender Stilisierung führt, sondern von Leid und Heilung des gewöhnlichen Einzelnen. Auf ihre Wallfahrt oder Prozession zu den Reliquien, ihre Gebete, Opfer und Dienste hin werden die Blinden, Lahmen, Stummen, Siechen oder Besessenen gesund. Die quellenkritische Forschung spricht diesen Berichten, da sie auf Aktualität, Orts- und Personenbindung abstellen, Gegenwartsbezug und Wirklichkeitsnähe zu.[81] Beschränken wir an dieser Stelle den Blick auf vier Ensembles von *miracula* aus dem 9. Jahrhundert: knapp 30 Berichte aus der *cella* Münstereifel (Hl. Chrysanthus und Daria), einem Filialkloster der Abtei Prüm, aus den Jahren um und nach 844; 30 Episoden aus Fulda anlässlich der Translationen der Reliquien verschiedener Heiliger, entstanden vor der Jahrhundertmitte; 15 Berichte aus Herford (Hl. Pusinna) von kurz nach 860; schließlich die zum großen Teil sehr ausführlichen Schilderungen von 51 *miracula* in Monheim (Hl. Walpurgis), zwischen 894 und 899 verlasst vom Priester Wolfhard.[82]

Bei der Durchsicht dieses kleinen Bestandes fällt am meisten die direkte Präsenz der Frauen auf. In den knapp 120 Mirakelberichten, die von Einzelnen handeln, sind es knapp 70 Frauen (bzw. Mädchen) gegenüber 50 Männern (bzw. Knaben), von deren Heilung oder Bestrafung erzählt wird. Es ist bezweifelbar, daraus zu schließen, Frauen seien gefährdeter gewesen oder hätten die Heiligen mehr in Anspruch genommen als Männer. Unbezweifelbar aber ist, dass die Frauen den gleichen Zugang zu den lokalen Heiligen hatten: direkte Anrufung, Gebet, langes Verharren am Heilsort, Darbringung von Gaben – all das war ihnen genauso gestattet wie den Männern.

Was sie gaben, ist durchaus typisch: Brot und Bier, Kerzen oder Wachs, Wolle und Schafe, Leinen, Tücher und Seile.[83] Derlei verweist auf längst

---

[81] Heinzelmann, *Translationsberichte*, S. 65.
[82] Floss, Heinrich Joseph, »Romreise des Abtes Markward von Prüm und Übertragung der hl. Chrysanthus und Daria nach Münstereifel im Jahre 844«, in: *Annalen des Historischen Vereins für den Niederrhein* 20 (1969), S. 96–217, die *miracula*: S. 170–184; *Rudolf von Fulda, Miracula Sanctorum in Fuldenses ecclesias translatorum*, ed. von Georg Waitz, MGH SS 15, 1, Hannover 1887, S. 328–341; Honselmann, Klemens, »Berichte des 9. Jahrhunderts über Wunder am Grabe der Hl. Pusinna in Herford«, in: *Dona Westfalica. Festschrift Georg Schreiber*, Schriften der Historischen Kommission Westfalens 4, Münster 1962, S. 128–130 (Text), S. 130–136ff. (Erläuterungen); Bauch, Andreas, *Ein Mirakelbuch aus der Karolingerzeit. Die Monheimer Walpurgis-Wunder des Priesters Wolfhard*, Eichstätter Studien, N. F. 12, Regensburg 1979; die Edition (m. Übers.): S. 142–339.
[83] Zum Beispiel Bier/Brot: Floss, »Romreise des Abtes Markward«, S. 175; Honselmann, »Berichte«, Nr. 11, S. 129; Bauch, *Ein Mirakelbuch aus der Karolingerzeit*, S. 263; Kerzen plus *textilia:* ebd. S. 210; Schaf: Honselmann, »Berichte«, Nr. 13, S. 129: Kopftuch: Bauch, Andreas, *Ein Mirakelbuch aus der Karolingerzeit*, S. 180ff.; Seil: Floss, »Romreise«, S. 180.

bekannte Bereiche des *opus feminile*. Aber auch das *opus textile* im engeren Sinne wird mehrfach deutlich als der alltägliche Ort, an dem das Unglück geschieht oder die Strafe erfolgt. Einer Magd entzieht sich das Wollknäuel, das sie verspinnen will, weil es von einem gestohlenen Schaf stammt, einer anderen verkrümmen sich beim Weben plötzlich die Finger, einer dritten bleibt einmal das Wollknäuel an der Hand haften, ein zweites Mal wird ihr der Arm beim Nähen steif, weil sie das Arbeitsruhegebot am Festtag der Hl. Walburga missachtet.[84] Hier schließt sich der Kreis zum Sonntagsarbeitsverbot in den Kapitularien. Auffällig ist weiter daran, dass es besonders um die Finger, Hände und Arme der Frauen geht, deren Krümmung und Erstarrung am weiteren Werken hindert.[85]

Zum Pilgergang, zur Beschwörung und Anheimstellung im Gebet sowie zur Gabe am Kultort veranlasst aber auch ein anderer Leidensbereich, der an unsere Mutmaßungen über den *labor matris* in den Urkunden anschließt. Es ist die Furcht vor dem Schmerz und vor den Gefahren des Gebärens.[86] Vielleicht können die Mirakelberichte helfen, die große Lücke über den Bereich des Unterhaltshandelns zu schließen, für den die Schriftkundigen keinen Begriff hatten und den wir Mutterschaft nennen.

Nicht zuletzt: Der Hinweis darf nicht fehlen, dass in den Wundererzählungen, die auch die emotionalen Umstände von Leid und Läuterung, Schmerz und Heilung berücksichtigen, die verschiedenen Verhaltensstile und -gebote von Männern und Frauen aufblitzen. In den Monheimer Mirakeln werden mindestens zwei fraueneigene Äußerungsweisen deutlich: das

---

84 *Rudolf von Fulda, Miracula*, S. 334; S. 338; Bauch, *Ein Mirakelbuch aus der Karolingerzeit*, S. 176ff., dazu ebd. S. 274 (Gewebereinigung als *opus muliebris*). Weitere Fundstellen, die jedoch besser im Zusammenhang mit dem betreffenden Mirakelkorpus gedeutet werden sollten: MGH SS 15, c. 32, S. 270; c. 4, S. 290; c. 12, S. 296; c. 8, S. 400; c. 9, S. 582.

85 Zu den Belegen noch: *Rudolf von Fulda, Miracula*, S. 336; Honselmann, »Berichte«, Nr. 6, S. 128. Viele Lahmheiten sind leider nicht genau genug ausgedrückt, um auf das Hand-Werken der Frauen bezogen werden zu können. Da es aber meist um Erstarrungen, nicht um Verwundungen geht, wäre im Gegenpol der »Beweglichkeit« oder »Geschicklichkeit« von Finger, Hand und Arm der Bezugspunkt für diese Erstarrungsleiden zu suchen: Sie sind spezifisches Geschick oder treffende Strafe. Diese Vermutung berührt zugleich die Frage, *wem* die Wundergeschichte *was* zu sagen hat. Dies aber ist unklar (Heinzelmann, *Translationsberichte und andere Quellen des Reliquienkultes*, S. 124f.).

86 Hierzu Bauch, Andreas, *Ein Mirakelbuch aus der Karolingerzeit*, S. 214, besonders aber S. 260. Vom Blutfluss geheilt wird eine *femina* von der Hl. Pusinna: Honselmann, »Berichte«, Nr. 12, S. 129.

»Altweibergeschwätz« *(anilia verba)* und die Totenklage.[87] All das ist nur als Strauß erster Hinweise zu verstehen. Auch die Mirakel-Episoden entpuppen sich als ein spezifischer Aussageraum zu den Geschlechterwerken im früheren Mittelalter: hohe und direkte Repräsentanz der Frauen, deutliche geschlechtseigene Dingbindungen im Opferwesen und beim *opus textile*, Indizien für feminile Leidens- und Strafarten, Ängste und Ausdrucksweisen.

Sendfragen

Wir schließen unsere Umschau mit wenigen Hinweisen auf ein Zeugnis, das in manchem zurückführt zu den zuvor behandelten Überlieferungsarten, dennoch aber unübersehbare Eigentümlichkeiten aufweist. Zu Beginn des 10. Jahrhunderts hat der vielseitige und gelehrte Regino von Prüm im Auftrag Erzbischof Ratbads von Trier ein zwei Bücher umfassendes Sendhandbuch verfasst. Darin ordnete er die maßgeblichen Kirchenrechtsquellen seiner Zeit zwei von ihm selbständig verfassten Fragenkatalogen zu – einen an den Ortspriester, den anderen an die Gemeinde gerichtet. Diese Fragenkataloge stellen so etwas wie die Summe der damals vom Klerus für möglich erachteten und für die kirchliche Strafpraxis bedeutsamen Delikte dar.[88] Der Forschung gelten diese *libri duo* als Markstein der kirchlichen Rechtsgeschichte, deren Einfluss auf die Ausformung des hochmittelalterlichen Kirchenrechts feststeht.[89] Zugleich aber wird betont, dass Regino sein Hand-

---

[87] Bauch, *Ein Mirakelbuch aus der Karolingerzeit*, S. 232: Wolfhard verwahrt sich gegen Berichtsfälschung *(crimen falsiloqui)* und vergleicht derlei mit den *anilia verba;* zur Sitte der Frauenklage: ebd. S. 214f., S. 153f.

[88] *Regino von Prüm, Libri duo de synodalibus causis et disciplinis ecclesiasticis*, ed. von F. G. A. Wasserschleben, Leipzig 1840, Nachdruck Graz 1964, S. 20–26, S. 208–216; die quellenkritische Forschung fasst Schmitz, Gerhard, »Ansegis und Regino. Die Rezeption der Kapitularien in den Libri duo de synodalibus causis«, in: *Zeitschrift für Rechtsgeschichte*, Kanonist. Abt. 105, 1988, S. 95ff., zusammen und führt den Nachweis, dass Regino, der hinsichtlich der von ihm angeführten Kapitularien und verwandten Texte aus einer einzigen großen Sammelhandschrift schöpfte, als ebenso selbständiger wie zuverlässiger Kompilator zu gelten hat. Eine ausführliche Auslegung des ersten Fragenkatalogs liegt vor mit der Arbeit von Hellinger, Walter, »Die Pfarrvisitation nach Regino von Prüm. Der Rechtsgehalt des I. Buches seiner ›Libri duo de synodalibus causis et disciplinis ecclesiasticis‹«, , *Zeitschrift für Rechtsgeschichte,* Kanonist. Abt. 48, 1962, S. 1–116; 1963, S. 76–137.

[89] Coulet, Noel, *Les Visites Pastorales,* Typologie des Sources du Moyen Age Occidental 23, Turnhout 1977, S. 11f.; ausführlich Fournier, Paul, »Etudes critiques sur le Décret de

buch »aus der Praxis für die Praxis« schuf, das heißt nicht nur auf die allgemeine Kirchendisziplin abstellte, sondern vielerlei berücksichtigte, das auf eine regionale Ausrichtung – Bräuche in der Trierer Erzdiözese etwa – schließen lässt.[90]

Beide Sendfragenkataloge, es sind zusammen 185 Fragen, enthalten manches, das für die Geschlechterbeziehungen bis hin zu den *opera* aufschlussreich ist. Abgesehen von den Fragen nach männer- oder frauentypischen Vergehen, die den Beischlaf betreffen, und nach Gemeinsamkeiten und Unterschieden zu töten,[91] sind es besonders die Zaubereien der Männer und Frauen, die nachgefragt werden. Zwei dieser Fragen seien zitiert. Nachgeforscht soll werden, »ob irgendein Schweine- oder Rinderhirt oder Jäger bzw. vergleichbare andere Leute teuflische Sprüche über Brot und Kräuter sagen, ebenso über gewisse ruchlose Umgebinde (Amulette); ob er derlei in einem Baum versteckt oder auf Wegekreuzungen legt, damit seine eigenen Viehherden vor Krankheit und Schaden bewahrt werden, die des anderen aber verderben«.[92] Weiterhin ist zu untersuchen, »ob es irgendeine Frau gibt, die behauptet, sie könne mittels irgendwelcher Zaubereien und Gesänge die Sinne der Männer verwandeln, das heißt Haß in Liebe und Liebe in Haß verkehren, oder die Habe der Männer beschädigen oder ihnen entfremden«.[93]

Burchard de Worms«, in: *Nouvelle revue historique de droit français et étranger* 34 (1910), S. 100ff., S. 214ff.

90 Kyll, Nikolaus, »Zeugniswert des Visitationshandbuchs des Regino von Prüm für die Trierer Volkskunde um 900«, in: *Kurtrierisches Jahrbuch* 11 (1971), S. 5–23.

91 Beischlaf: Libri duo 1,61, S. 24; S. 16–18, S. 28, S. 30, S. 32, S. 21f.; zur Genesis der Sexualmoral vgl. Flandrin, Jean-Louis, *Un temps pour embrasser. Aux origines de la morale sexuelle occidentale (VIe-XIe siècle)*, Paris 1983; Tötung: Libri duo 2,4–10, S. 209.

92 Libri duo 2,44, S. 212: *Perscrutandum, si aliquis subulcus vel bubulcus* sive *venator vel ceteri huiusmodi diabolica carmina dicat super panem aut herbas, et super quaedam nefaria ligamenta, et haec in arbore abscondat, aut in bivio aut in trivio proiiciat, ut sua animalia liberet* a *peste et clade, et alterius perdat* [...].

93 Ebd. 2,45: *Perquirendum, si aliqua femina sit, quae per quaedam maleficia et incantationes mentes hominum se immutare posse dicat, id est, ut de odio in amorem, aut de amore in odium convertat, aut bona hominum aut damnet aut subripiat* (es folgt die Frage nach dem Dämonenritt); zur Zauberei (oft unter dem Terminus »Magie« geführt) ist die Literatur kaum noch übersehbar; zu Reginos Handbuch ist weiterhin sehr nützlich Flade, Gottfried, »Germanisches Heidentum und christliches Erziehungsbemühen in karolingischer Zeit nach Regino von Prüm«, in: *Theologische Studien und Kritiken* 106, N. F. 1, 1934/35, S. 213–240; wichtig für die Filiation Reginos mit der Folgezeit Hain, Mathilde, »Burchard von Worms (+ 1025) und der Volksglaube seiner Zeit«, in: *Hessische Blätter für Volkskunde* 47 (1956), S. 39–50; aus frauengeschichtlicher Sicht jetzt: Blöcker, Monica, »Frauenzauber – Zauberfrauen«, in: *Zeitschrift für Schweizerische Kirchengeschichte* 76 (1982), S. 1–39, sowie Dienst, Heide, »Zur Rolle von Frauen in magischen Vorstellungen und Praktiken – nach ausge-

Auch danach wird gefragt, ob der Priester es Frauen gestattet, an den Altar zu treten und den eucharistischen Kelch zu berühren, und ob Frauen bei der Messfeier das Opfer (Brot und Wein) geben, wozu an sich *viri et feminae* angehalten sind.[94] Handelt es sich bei all dem wieder – wie so oft – um Voraussetzungen, Begleiterscheinungen oder Resultate der Geschlechterwerke, so führen zwei Sendfragen direkt in das *opus textile* hinein. Zum einen wird angefragt, »ob irgendjemand damit einverstanden ist, in seinem Hause mit seinen unfreien Mägden oder den Frauen der Arbeitshäuser die Ehe zu brechen«, zum anderen wird verboten, dass »Frauen bei ihren Wollarbeiten oder zu Beginn des Schiffchenwerfens irgend etwas sagen oder beachten, was nicht im Namen Gottes geschieht«.[95] Zweifach wird hier der Kreis geschlossen: zum Gebot in den Kapitularien,[96] die Frauen in den *genitia* nicht zu belästigen, sowie zu fraueneigenen Redeweisen, wie sie, auf andere Situationen bezogen, in den Mirakelepisoden anzutreffen waren – hier gottferne Begleitumstände, dort Gefährdungen durch die Begehrlichkeiten der Männer. Welche Sichtweisen auf die Frauen und ihr *opus textile* hier manifest werden, ist nicht allein vom Blickpunkt klerikaler Misogynie her zu entziffern, sondern es kommt darauf an, die Frauen- und Männertaten dort zu verorten, wo sie nicht nur anstößig, sondern auch verbindlich sind.

---

wählten mittelalterlichen Quellen«, in: Affeldt (Hg.), *Frauen in Spätantike und Mittelalter*, S. 173–194.

[94] Libri duo 1,44, S. 23; zum schwierigen Thema der Unreinheit der Frau vgl. den jüngsten Versuch von Demyttenaere, Albert, »The cleric, women and the stain. Some beliefs and ritual practices concerning women in the early Middle Ages«, in: Affeldt (Hg.), *Frauen in Spätantike und Mittelalter*, S. 141–165; zur Oblation, die Frauen für ihre Männer darbieten: Libri duo 2,89, S. 216.

[95] Libri duo 2,37, S. 211: *Si aliquis in sua domo consentit cum propriis ancillis vel geniciariis suis adulteria perpetrari?* 2,53, S. 213: *Quaerendum etiam, si mulieres in lanificiis suis vel in ordiendis telis aliquid dicant aut observent, nisi [...] omnia in nomine Domini.*

[96] In den Fragen 1,71, S. 24, und 2,57, S. 214, wird nach der Einhaltung der Sonntagsarbeitsruhe und dem Kirchenbesuch gefragt. Regino untermauert diese Fragen mit einem Zitat des Sonntagsarbeitsverbots in der Fassung der Admonitio generalis von 789 (MGH Capit. 1, Nr. 22, c. 81, S. 61).

Bilanz

Versuchen wir zum Abschluss eine grobe Bündelung des Ertrags.

1. Für die Überlieferungsgattungen, die wir vorstellten, ist ein jeweils eigener Aussage-Raum typisch, demzufolge recht verschiedene Gesichtspunkte des *opus feminile* zutagetreten: Wo die »Arbeiten« ins Bild kommen, liegt eine explizite Traditionsbindung vor. Vor allem der Wortlaut der Heiligen Schrift und des antiken Wissens stiftet die frühen Bildwerke zu den *opera* von Frau und Mann. Die zeitliche und örtliche Kontrolle der *opera* durch Kirche und Königtum bringt in den Kapitularien eine gezielte Teilung der Geschlechterwerke und Rahmenbestimmungen über das *opus textile* im *genitium* zum Vorschein. Der Bestand von grundherrlichen Registern erlaubt es, den Umriss des *opus textile* zu füllen, sein Umfeld, seine Variationen und seine Dehnbarkeit zu fassen; zugleich führen die Inhaberschaftsverhältnisse, je ausführlicher sie beschrieben sind, desto klarere Anteile der Frauen an der Handhabung der Hufe vor Augen, dies freilich im Spiegel von Abgabe und Dienst. Mit dem Blick in eine Auswahl von Schenkungs- und Freilassungsurkunden gelang der Nachweis, dass die Frauen auch an der Verfügung über die liegende und fahrende Habe insgesamt und speziell beteiligt sind, und es ergab sich die These einer engeren Bindung der Kinder an die Frau als an den Mann. Mittels einer schmalen Auswahl von Wunderberichten wurde gezeigt, dass im Handlungsraum des Heilungsbegehrens die Männer nicht, wie sonst, vor den Frauen stehen und dass diese ihre eigenen Sachen anheimstellen, ihre spezifischen Leiden aufzeigen, ihre distinkten Ausdrucksweisen einsetzen. Die Sendfragenkataloge Reginos konnten manchen Kreis zu den anderen Gattungen schließen, führten darüber hinaus aber in geschlechtseigene Felder für den Klerus anstößigen Gebarens: Unzucht, Unreinheit, Zauberei und Zauberspruch.

2. In der Mehrzahl der hier herangezogenen Zeugnisarten ist das *opus feminile* als *opus textile* präsent. Diese Fassung des hörigen Frauen-Werks in das Web-Werk hat im Blick auf das virile Werken keine klare Entsprechung. Warum? Dazu folgende Hypothese: Die Distinktion der Geschlechterwerke wird nicht vergleichend vorgenommen, sondern sukzessiv und stufend. Da dem Mann der Vorrang gegeben wird, ist er der Ausgangspunkt der Unterscheidung. Der Frau und ihrem Tun kommt damit die Deutlichkeit, ja Enge des Unterschiedenen zu. Was jedoch in der Bildgestalt des ersten arbeitenden

Menschenpaars, im Sonntagsarbeitsverbot oder im Heilungsbegehren vor den Reliquien als Nebeneinander der Geschlechterwerke zum Ausdruck kommt, hat sein *tertium comparationis* in der erlösungsbedürftigen Einzelseele.

3. Sucht man das *opus feminile* in orts-, zeit- und namensbezogenen Zusammenhängen auf, dann findet man die Sichtweise nachordnender Distinktion deutlich bestätigt, wenn die Beschreibung pauschal bleibt. Je ausführlicher und genauer sie jedoch wird, desto klarer ergibt sich die Vielfalt, Variationsbreite und Dehnbarkeit der Frauenwerke weit über das *opus textile* hinaus – unbeschadet des Eindrucks zweier »harter« Kernbereiche geschlechtsspezifischen Werkens. Dem entsprechen ein hoher Beteiligungsgrad der Frauen an der Verantwortung für die eigene und die gemeinsame dingliche Habe und die Pflichten der Herrschaft gegenüber, die sich in den Inhaberschaftsverhältnissen spiegeln.

4. Gerade das Prinzip der Rangsukzession bei der Inventarisierung erlaubt es, die enge Bindung der Kinder an die Frau zu beobachten und damit einen fraueneigenen Bereich des Unterhaltshandelns zu belegen, der sonst kaum greifbar ist, weil weder die *opera* der Mutterschaft noch die Kinder selbst als zentrale Rechtsgüter oder Appropriationstitel gelten. Um so wichtiger sind deshalb die Ergänzungen aus den Rechtsquellen und den Wunderberichten.

5. Die große Lücke, die geblieben ist, betrifft die Stellung des *opus feminile* im Kleinbetrieb von Hufe, Hof und Haus sowie innerhalb der Siedlung. Dort hat die Distinktion ja einen anderen Sinn als bei den Abgaben und Diensten für die Herrschaft: Das getrennte Werken der Geschlechter – das *opus ad suum*, wie es bisweilen lapidar genannt wird – war nur sehr sporadisch ahnbar dort, wo beim Fronen Mann und Frau zusammenwirken. Ob derlei aber als »Spiegelbild« der Genusordnung auf der Hufe gelten kann?

Weitere Fragen ließen sich anschließen. Wichtig scheint mir die nach der räumlichen Verbreitung sowohl des Woll- als auch des Leinwerks zu sein, ebenso die nach dem Anteil der Frauenwerke an der Ausgleichung der ständischen Unterschiede, nicht zuletzt die nach dem Verhältnis fraueneigener *opera* zu außerbetrieblichen Einrichtungen wie den Mühlen, den Back- und Brauhäusern, die während des früheren Mittelalters beträchtlich zunehmen. Antworten darauf wären geeignet, den Wandlungen mehr Kontur zu geben, die für das Zeitalter des ländlichen *opus feminile vor* dem Spinnrad und dem Webstuhl, sowie seiner Verschattung durch die städtischen Gewerbe kennzeichnend sind.

11. »Arbeit« und »Gesellschaft« vom späten 10. zum frühen 12. Jahrhundert Bemerkungen anhand vorwiegend urbarialer Überlieferung nördlich der Alpen*

Vorbemerkungen

Im Jahre 1222 beendete der ehemalige Abt des Klosters Prüm, Caesarius (von Mylendonck), seine kommentierte Abschrift des Güter- und Einkünfteverzeichnisses der Abtei von 893 mit den bemerkenswerten Sätzen:

»Man beachte, dass 329 Jahre vergangen sind, seit das alte Buch geschrieben bzw. zusammengestellt wurde bis zu der Zeit, da ich es neu (ab)geschrieben habe [...] Und innerhalb dieser so langen Zeit wurden viele Wälder gerodet, viele Höfe (bzw. Dörfer) gebaut, viele Zehnte vermehrt, viele Weingärten gepflanzt, unzählige Ländereien kultiviert.«[1]

Der zweite Satz könnte in so gut wie jeder modernen Wirtschaftsgeschichte stehen.[2] In ihm ist Wesentliches des hochmittelalterlichen Landesausbaus benannt: Rodung, Verdorfung, Ausbau des Pfarrsytems, Ausbreitung der Mühlen und des Weinbaus. Den vielen Glossen und Kommentaren, mit denen Caesarius den alten Text umgeben hat, ist weiter zu entnehmen, dass zur Grundherrschaft Prüm um das Jahr 1222 Besitz in 60 neuen Orten gehört, dass die karolingischen Klosterorte nun ummauerte *oppida* sind, dass es

---

* Deutsche Fassung des Aufsatzes »»Lavoro‹ e ›società‹ dal tardo X secolo al primo XII. Note basate prevalentemente sulla tradizione urbariale a nord delle Alpi«, in: Violante, Cinzio/ Fried, Johannes (Hg.), *Il secolo XI: una svolta*, Annali dell'Istituto storico italo-germanico, Quaderno 35, Bologna 1992, S. 205–235.

1 *Notandum est, quod CCCXXIX anni sunt elapsi ex eo tempore, quo vetus liber fuit scriptus sive compilatus ad tempus illud, quo istum de novo rescripsimus.* [...] *Et in tempore tam diuturno constat multas silvas esse extirpatas, villas edificatas, decimas auctas, multa molendina sunt in prefato tempore edificata ac multe vinee plantate, terre infinite culte;* zitiert aus: *Das Prümer Urbar,* ed. von Ingo Schwab, Rheinische Urbare 5, Publikationen der Gesellschaft für Rheinische Geschichtskunde 20, Düsseldorf 1983, S. 259.

2 Zum Beispiel steht er bei Abel, Wilhelm, *Geschichte der deutschen Landwirtschaft vom frühen Mittelalter bis zum 19. Jahrhundert,* Deutsche Agrargeschichte, Bd. 2, 3. Aufl. Stuttgart 1978, S. 70.

das dörfliche Gericht gibt, dem der *burmester* oder Vogt vorsitzt, dass mittlerweile aber der Löwenanteil der Güter an den Adel und viele Ministerialen verlehnt – und damit der Abtei faktisch verloren ist. Nicht zuletzt ist zu sagen, dass ein großer Teil der dem Kloster verbliebenen Güter in »Villikationen«, das heißt betriebsgrundherrschaftlich organisiert ist. Viele Herren-Ländereien werden also mit Hilfe bäuerlicher Frondienste genutzt – dies noch zu Beginn des 13. Jahrhunderts, einer Zeit, von der die Forschung annimmt, dass die Domanialverfassung kaum noch Geltung hat.[3]

Hätte Caesarius herauszufinden versucht, welche Rolle das 11. Jahrhundert bei all den Wandlungen spielte, die er benennt – ihm wäre es wahrscheinlich ähnlich ergangen wie der Forschung bis heute.[4] Nur eine Handvoll Urkunden zeugt nämlich noch davon, dass die Abtei durch das 11. Jahrhundert gekommen ist. Ob diese Zeitspanne eine »Wende« bedeutete in der Geschichte der Abtei, ihres Besitzes, ihrer Rechte und ihrer Bauern, steht bislang dahin.[5]

Was ich in einschlägigen deutschen Handbüchern zur wirtschaftlichen Entwicklung auf dem Land im deutschen Reich nördlich der Alpen gelesen habe, lässt sich grob so charakterisieren: Das 11. Jahrhundert hat kein gesichertes Eigenprofil, keine »Selbständigkeit« als Säkulum. Man schlägt es ent-

---

[3] Hierzu Hägermann, Dieter, »Eine Grundherrschaft des 13. Jahrhunderts im Spiegel des Frühmittelalters. Caesarius von Prüm und seine kommentierte Abschrift des Urbars von 893«, in: *Rheinische Vierteljahresblätter* 45 (1981), S. 1–34; zur Arbeitsweise von Caesarius: Morimoto, Yoshiki, »Le commentaire de Cesaire (1222) sur le polyptyque de Prüm (893). Donnés pour le IXe ou le XIIe siede?«, in: *Revue belge de philologie et d'histoire* LXVIII (1990), S. 261–290.

[4] Der Übergang vom späten 9. zum frühen 13. Jahrhundert ist bislang nicht monographisch dargestellt. Man muss sich mit dem begnügen, was bei Karl Lamprecht, *Deutsches Wirtschaftsleben im Mittelalter. Untersuchungen über die Entwicklung der materiellen Kultur des platten Landes auf Grund zunächst des Mosellandes*, Bd. 1, 1885/56, Nachdruck Aalen 1960 verstreut zu lesen steht. Ergänzungen bei Wohltmann, Heinrich, »Die Entstehung und Entwicklung der Landeshoheit des Abtes von Prüm«, in: *Westdeutsche Zeitschrift* 28 (1909), S. 369–464.

[5] Keine 20 Urkunden sind vom 10. bis zum frühen 12. Jahrhundert überkommen, nur fünf davon datieren in das 11. Jahrhundert; versammelt im *Urkundenbuch zur Geschichte der mittelrheinischen Territorien*, Bd. 1, bearbeitet von Heinrich Beyer, Koblenz 1860, Nachdruck Aalen 1974 (= MrhUB). Sie bezeugen Besitz- und Zehntbestätigungen, Land-Tausch bzw. -Schenkungen (in Verbindung mit Vitalleihe) und Ergebung in die Wachszinsigkeit. Erst gegen Ende des 11. Jahrhunderts dürften die Spannungen um Kompetenzen über die Befugnisse und Erträge der Vogtei erheblich zugenommen haben. Sie führten 1103 seitens der Abtei zu einem Diplomentwurf (DD H. IV 476) für Heinrich IV., der vielfach Gegenstand der älteren Verfassungsgeschichtsforschung war. Siehe besonders: Mayer, Theodor, *Fürsten und Staat*, Weimar 1950, S. 170–175.

weder dem sogenannten »Aufbruch« oder »Aufschwung« des hohen Mittelalters zu, oder man bindet es an die »archaischen« Jahrhunderte davor.[6] Es fungiert als angebundenes Jahrhundert, vergleichbar der Mitte eines Ianuskopfes, dessen Gesichter sowohl in die Vergangenheit als auch in die Zukunft gerichtet sind. Liegen der Gliederung verfassungs-, kirchen- oder reichsgeschichtliche Kriterien zugrunde, dann wird das 11. Jahrhundert heutzutage nahezu beliebig aufgeteilt – mit entsprechenden Folgen für die Aspekte wirtschaftlicher und sozialer Dauer oder Wandlung.[7] Das mag als Begründung dafür genügen, dass das 11. Säkulum nach Christi Geburt im Titel gemieden wurde.

Auch die thematisch leitenden Termini dieses Beitrags müssen vorweg kurz erläutert werden. »Arbeit« und »Gesellschaft« sind Stich- und Schlüsselworte unserer Zeit, die sich – unendlich oft geschehen – aus vielerlei Blickwinkeln aufwandsreich zu Begriffen erheben lassen. Sie dienen der Forschung als Hilfsmittel bei der Suche nach dem Sinn der Überlieferung. Ich möchte hier auf eine methodische Anbindung dieser Art[8] verzichten und mich möglichst eng an Zeitgenössisches halten. Dies auch durchaus mit dem Nebenziel, zur semantischen Forschung über die Sinnfelder der zeitgenössischen Termini für »Arbeit« und »Gesellschaft« sowie über die Wortfelder ihrer Sinnbereiche beizutragen.[9] Für den Sinnbereich des auf Nahrung, Kleidung

---

6 Exemplarisch für die Anbindung an das 12. Jahrhundert: Ennen, Edith/Janssen, Walther, *Deutsche Agrargeschichte. Vom Neolithikum bis zur Schwelle des Industriezeitalters*, Wiesbaden 1979, S. 145ff.; für die Anbindung an das 10. Jahrhundert: Pitz, Ernst, *Wirtschafts- und Sozialgeschichte Deutschlands im Mittelalter*, Wiesbaden 1979, S. 51ff.

7 Anstelle eines Wustes von Meinungen verweise ich hier auf die bedachten und weiterführenden Ausführungen von Johannes Fried, »Deutsche Geschichte im früheren und hohen Mittelalter. Bemerkungen zu einigen neuen Gesamtdarstellungen«, in: *Historische Zeitschrift* 245 (1987), S. 625–659, zum »Aufbruch«: S. 644ff.

8 Vgl. den Beitrag »Vom Brauch-Werk zum Tauschwert«

9 Für den Terminus »Arbeit« bietet vielerlei Ansatzpunkte: Hamesse, Jacqueline/Muraille, Samaran (Hg.), *Le travail au moyen âge. Une approche interdisciplinaire*. Louvain-la-Neuve 1990; besonders Interesse für den hier verfolgten Zweck verdienen die darin enthaltenen Beiträge von Jacques Le Goff, »Le travail dans les systèmes de valeur de l'Occident médiéval«, S. 7–21, sowie »Discours de clôture«, S. 413–424 und Otto Gerhard Oexle, »Le travail au XIe siècle: réalités et mentalités«, S. 49–60. Der Terminus »Gesellschaft« hat bislang weniger auf das Mittelalter bezügliche Historisierungsarbeit provoziert, obwohl er in den großen Darstellungen als Selbstverständlichkeit der sozialen Ordnung gilt und auch den Debatten über die Deutungsschemata der »sozialen« Wirklichkeit (Stände-Lehren) als letzter begrifflicher Bezugspunkt unterliegt. Kurze begriffsgeschichtliche Hinweise, die sich jedoch vorwiegend auf die Aristoteles-Rezeption im frühen Christentum und im hohen bzw. späten Mittelalter beziehen, bei Riedel, Manfred, »Gesellschaft, bürgerliche«, sowie »Gesellschaft, Gemeinschaft«, in: *Geschichtliche Grundbegriffe*, Bd. 2, Stuttgart 1975,

und Behausung bezogenen Unterhaltshandelns, um den allein es hier gehen soll, sind zeitgenössische Anleihen ohne großen Aufwand zur Hand, da die neuere sozialgeschichtliche Forschung dem Verständnis von den »dienenden Ständen« vom 10. zum 12. Jahrhundert viel Aufmerksamkeit geschenkt hat.[10] Drei Resultate hebe ich hier hervor:

1. Den Versuchen zur Einfügung der *rustici* in ein geschlossenes Standesgefüge hat der Begriff der »Gesellschaft« gefehlt. Die Termini, die auf ein »Ordnungsgesamt«[11] abzielen, sind: *domus Dei, ecclesia, res publica, genus humanum, cuncti, populus* – nicht: *societas*. Besonders mit der Einfügung des *rusticus* in das funktionale Deutungsschema der tripartiten Ordnung finden die Bauern erstmalig explizite Anerkennung im Rahmen eines sozialen Ganzen. Zugleich aber offenbaren die Formulierungen über den »arbeitenden« Stand seine Nähe zur Unfreiheit, seinen ruralen und agrikolen Charakter und seine Aufgabe, den anderen Ständen leiblichen Unterhalt zu stiften. Um das Wortfeld für dieses Unterhaltshandeln abzustecken, hier nur drei Belege. Schon Rather von Verona erklärt etwa um 950 den *bonus Christianus* zum *laborator*, der von den Resultaten seiner Mühen Gott, der Kirche und den

---

S. 724ff. u. S. 805ff.; Ansatzpunkte zur Sinnentwicklung vor (und neben) diesem direkten ideengeschichtlichen Königsweg bietet Pierre Michaud-Quantin, *Universitas. Expressions du mouvement communautaire dans le moyen âge latin*, L'église et l'état au moyen âge, Bd. XIII, Paris 1970, S. 64ff., wo der laterale Paktcharakter von *societas* aus römisch-rechtlicher Tradition hervorgehoben wird. Dies verträgt sich gut mit etymologischen Erwägungen über »Gesellschaft«, etwa bei Kaupp, P., »Gesellschaft«, in: Ritter, Joachim (Hg.), *Historisches Wörterbuch der Philosophie*, Bd. 3, Darmstadt 1974, Sp. 460. Eine klare mediävistische Orientierung, in welche die grundlegende Lateralität und Formenvielfalt der Vergesellschaftung im Mittelalter eingebracht ist, bei Oexle, Otto Gerhard, »Gesellschaft, V. Mittelalter«, in: *Theologische Realenzyklopädie*, Bd. 12, 1984, S. 773–780.

10 Leitend sind hier die verschiedenen Studien von Otto Gerhard Oexle, zuletzt (mit allen Verweisungen auf die weitere Forschung): »Deutungsschemata der sozialen Wirklichkeit im frühen und hohen Mittelalter. Ein Beitrag zur Geschichte des Wissens«, in: Graus, František (Hg.), *Mentalitäten im Mittelalter. Methodische und inhaltliche Probleme*, Sigmaringen 1987, S. 65–117, besonders S. 89ff.; ders., »Die funktionale Dreiteilung als Deutungsschema der sozialen Wirklichkeit in der ständischen Gesellschaft des Mittelalters«, in: Schulze, Winfried (Hg.), *Ständische Gesellschaft und soziale Mobilität*, München 1988, S. 19–51; hervorzuheben ist ergänzend die Studie von Struve, Tilman, »Pedes rei publice. Die dienenden Stände im Verständnis des Mittelalters«, in: *Historische Zeitschrift* 236 (1983), S. 1–48.

11 Mit diesem unverbrauchten Ausdruck operiert Johannes Fried in seinem Aufsatz »Der karolingische Herrschaftsverband im 9. Jahrhundert zwischen ›Kirche‹ und ›Königshaus‹«, in: *Historische Zeitschrift* 235 (1982), S. 1–43.

Armen abzugeben habe.[12] Ein halbes Jahrhundert später fasst Abbo von Fleury diese Einheit von Mühe und Gabe wie folgt in den agrikolen Rahmen: *agricolae quidem insudant agriculturae et diversis artibus in opere rustico, unde sustentatur totius Ecclesiae multitudo.* Noch prägnanter Aelfric etwa gleichzeitig: *Ordo laboratorum adquirit nobis victum.*[13]

2. Viele andere Äußerungen bestätigen, dass das Unterhaltshandeln mit Wörtern bedacht wird, die dessen Mühseligkeit (*labor*), Werkcharakter (*opus*) und Wissensart (*ars*) bezeichnen. Der sachliche Bezug dieser Trias wird mit den Wörtern *rus* und *agricultura* ausgedrückt, ihr rechtlich-sozialer mit *servitium*.

3. Es bleibt noch, Terminologisches zur sozialen Gruppierung anzudeuten. Die Zeugnisse, anhand derer oben der Sinnbereich der Arbeit umrissen wurde, sprechen von *ordines*, *gradus* usf., wenn überhaupt zur vergleichenden Gruppierung hin abstrahiert wird. Darüber hinaus wird aber die spezifische Stellung der arbeitenden Stände so gefasst, dass ihre Basisstellung und ihre Inferiorität deutlich werden. Dafür ist das Bild der *pedes* (*rei publicae*) typisch. In dem Überlieferungsbereich, mit dem ich mich im Folgenden befassen möchte, ist die Sichtweise vom Herrn auf die ihm *Dienenden* ausschlaggebend. Fußend auf Traditionen, die auf die griechische *oikonomia*, die lateinische *patria-potestas*-Lehre und patristische Auslegungen des Hauses (*domus*) zurückgehen, hat sich seit der Karolingerzeit zunehmend – das Wort *familia* zur Bezeichnung von sozialen Verbänden verbreitet, die unter einem Herrn stehen, gleich welche Stellung dieser im übergeordneten Ganzen hat.[14] Diesem Wort war wohl auch deshalb solcher Erfolg beschieden, weil es zu jeder Art Abgrenzung und Zuordnung taugte, ohne jemals die Hauptgesichtspunkte der Zuordnung zu verlieren: den Herrenbezug der Gruppe

---

12 *Ratherii Veronensis Praeloquiorum Libri VI*, hg. von L. D. Reid, in: *Corpus Christianorum, Continuatio Mediaeualis XLVI A*, Turnhout 1984, S. 5 (I. 2.). Hierzu: Adam, August, *Arbeit und Besitz nach Ratherius von Verona*, Freiburger Historische Studien, H. 31, Freiburg 1927, S. 69ff.; De Leo, Pietro , »L'esegesi medievale dell'immagine biblica del lavoro: Gen. III, 17–19; Lc. X, 7; 2 Thess. IU, 10«, in: *Lavorare nel medio evo. Rappresentazioni ed ezempi dall'Italia dei secc. X-XVI*, Convegni dei Centro di Studi sulla spiritualita Medievale, Perugia, XXI, Todi 1983, S. 219–255, besonders S. 228ff.

13 Zit. nach Struve, »Pedes rei publice«, S. 12f.

14 Kuchenbuch,Ludolf , »Die Klosterherrschaft im Frühmittelalter. Eine Zwischenbilanz«, in: Prinz, Friedrich (Hg.), *Herrschaft und Kirche. Beiträge zur Entstehungs- und Wirkungsweise episkopaler und monastischer Organisationsformen*, Monographien zur Geschichte des Mittelalters, Bd. 33, Stuttgart 1988, S. 330ff.

und die paternale Aura; egal, ob die *familia* des Königs, der Abts, des *miles* oder gar *rusticus* in Rede stand. Auch die Nähe zu den Sozialmetaphern von »Haus« und »Hof« mag dazu beigetragen haben.[15] Damit genug der terminologischen Präliminarien.

Eine kurze Charakterisierung der ausgewählten Zeugnisse soll folgen. Ich habe 15 ausführliche, das heißt eine Vielzahl von Orten berücksichtigende Besitz- und Einkünfteregister[16] aus 12 verschiedenen Grundherrschaften durchgesehen: aus Weißenburg (9. bis 13. Jahrhundert), Maursmünster (10./11. Jahrhundert), Mettlach (Mitte 10. Jahrhundert bis 1100), Remiremont (zirka 950), Kitzingen (nach 1000), St. Emmeram (1031), Karden (1100), Lorsch (Brumath) (1083–1102), Corvey (11. Jahrhundert), Michelsberg (erste Hälfte des 12. Jahrhundert), Chamousey (1109–1128), Marchiennes (1116–1121).[17] Dazu kommen vier *descriptiones* der *iura* einzelner Domänen

---

15 Fichtenau, Heinrich, *Lebensordnungen des 10. Jahrhunderts*, Monographien zur Geschichte des Mittelalters, Bd. 30, 1, Stuttgart 1984, S. 113ff.; Oexle, Otto Gerhard, »Haus und Ökonomie im früheren Mittelalter«, in: Gerd Althoff u.a (Hg.), *Person und Gemeinschaft im Mittelalter*. Sigmaringen 1988, S. 101–120.

16 Zur Quellenkunde: Fossier, Robert, *Polyptyques et Censiers*, Typologie des Sources du Moyen Age Occidental 28, Turnhout 1978, S. 33ff. Vieles ist dort nur angetippt, deshalb lohnt es sich immer noch, auf Charles-Edmond Perrin, *Recherches sur la Seigneurie Rurale en Lorraine d'après les plus Anciens Censiers (IXe-XIIe siècles)*, Publications de la Faculté des Lettres de l'Université de Strasbourg, Fasz. 71, Paris 1935, S. 589–690, zurückzugreifen. Ansonsten ist – soweit vorhanden – die Quellenkritik zu den einzelnen Registern zu konsultieren.

17 *Weißenburg*: Dette, Christoph (Hg.), *Liber Possessionum Wizenburgensis*, Quellen u. Abhandlungen z. mittelrheinischen Kirchengeschichte, Bd. 59, Mainz 1987, S. 93–160; vgl. dazu Gockel, Michael, »Kritische Bemerkungen zu einer Neuausgabe des Liber possessionum Wizenburgensis«, in: *Hessisches Jahrbuch für Landesgeschichte* 19 (1989), S. 353- 380; *Maursmünster*: Perrin, Charles-Edmond Perrin, *Essai sur la fortune immobilière de l'abbaye alsacienne de Marmoutier aux Xe et XIe siècles*, Collection d'études sur l'histoire du droit et des institutions de l'Alsace X, Strassburg 1935, Appendices, S. 130ff; zu beiden Grundherrschaften auch: Dubled Henri, »Administration et exploitation des terres de la seigneurie rurale en Alsace aux XIe et XIIe siècles«, in: *Vierteljahrschrift für Sozial- und Wirtschaftsgeschichte* 47 (1960), S. 433–474; *Mettlach*: Müller, Hartmut, »Die Mettlacher Güterrolle«, in: *Zeitschrift für die Geschichte der Saargegend* 15 (1965), S. 110–140; dazu Raach, Theo, *Kloster Mettlach/Saar und sein Grundbesitz. Untersuchungen zur Frühgeschichte und zur Grundherrschaft der ehemaligen Benediktinerabtei im Mittelalter*, Quellen u. Abhandlungen zur mittelrheinischen Kirchengeschichte, Bd. 19, Mainz 1974; *Remiremont*: Perrin, *Recherches sur la Seigneurie Rurale en Lorraine*, S. 693–703 (Edition), S. 141–169 (Textkritik); *Kitzingen*: Guttenberg, Erich Frhr. von, »Fränkische Urbare«, in: *Zeitschrift für Bayerische Landesgeschichte* 7 (1934), S. 167–208, hier: S. 173–187 (Kommentar mit Edition); *St. Emmeram*: Dollinger, Philippe, *Der Bayerische Bauernstand vom 9. bis zum 13. Jahrhundert*,

oder Dörfer aus jeweils einer Herrschaft; diese werden nach Charles-Edmond Perrin als »charte-censier« bezeichnet, weil sie meist in Urkundenform überliefert sind[18]: Morville/Lothringen (967), Kühr bei Sankt Goar (1047), Wasserbillig an der mittleren Mosel (kurz vor 1050), Xanrey/Lothringen (1096–1103).[19] In einigen dieser Stücke klingt an, was parallel zu ihnen im 11. Jahrhundert explizite Form annimmt, das Hofrecht.[20] Berücksichtigt sind hier die Hofrechte von Worms (1024/1025), Limburg (1035) und Münchweier (1095) sowie die *Constitutio rusticorum* aus dem Güterbeschrieb des Aargauischen Klosters Muri (zirka 1160).[21] Beiläufig herangezogen habe ich die

München 1982, S. 455–463 (Edition), Deutung S. 93ff. u. passim; dazu Rädlinger-Prömper, Christine, *Sankt Emmeram in Regensburg. Struktur- und Funktionswandel eines bayerischen Klosters im früheren Mittelalter*, Thurn und Taxis-Studien, Bd. 16, Kallmünz 1987, S. 33f., S. 241ff.; *Karden*: MrhUB, Nr. 400, S. 455–457; dazu: Pauly, Ferdinand, *Das Stift St. Kastor in Karden an der Mosel*, Germania Sacra, NF 19, Das Erzbistum Trier, 3, Berlin/New York 1986, S. 59, S. 233ff.; *Brumath*/Lorsch: *Codex Laureshamensis*, hg. von Karl Glöckner, Bd. 3, Darmstadt 1936, Nr. 3682, S. 180; *Corvey*: Kaminsky, Hans Heinrich, *Studien zur Reichsabtei Corvey in der Salierzeit*, Veröffentlichungen der Historischen Kommission Westfalens X, Köln/Graz 1972, S. 193–222 (Edition), zur Sache: S. 146ff.; dazu: Rösener, Werner, »Zur Struktur und Entwicklung der Grundherrschaft in Sachsen in karolingischer und ottonischer Zeit«, in: Verhulst, Adriaan (Hg.), *Le grand domaine aux époques mérovingienne et carolingienne*, Gent 1985, S. 173–207, hier: S. 196–203; *Michelsberg*: Erich Frhr. von Guttenberg (s. o. zu Kitzingen), S. 187–201 (Kommentar mit Edition); *Chamousey*: Perrin, *Recherches sur la Seigneurie Rurale en Lorraine*, S. 711–716 (Edition), 374ff. (Textkritik.); *Marchiennes*: Delmaire, Bernard, *L'Histoire-Polyptyque de l'Abbaye de Marchiennes* (1116/1121), *Etude Critique et Edition*, Centre Belge d'Histoire Rurale, Publication 84, Louvain-la-Neuve 1985.

18 Perrin, *Recherches sur la Seigneurie Rurale en Lorraine*, S. 591.
19 *Morville*: *Quellen zur Geschichte des deutschen Bauernstandes im Mittelalter*, gesammelt und hg. von Günther Franz, Ausgewählte Quellen zur deutschen Geschichte des Mittelalters, Freiherr vom Stein-Gedächtnisausgabe, Bd. XXXI, Darmstadt 1967, Nr. 46, S. 118ff.; dazu: Perrin, *Recherches sur la Seigneurie Rurale en Lorraine*, S. 225–239; *Kühr*: MrhUB, Nr. 326, S. 38f.; *Wasserbillig*: MrhUB, Nr. 332, S. 385f.; dazu: Ennen, Edith, »Die Grundherrschaft St. Maximin und die Bauern zu Wasserbillig«, in: Beumann, Helmut (Hg.), *Historische Forschungen für Walter Schlesinger*, Köln/Wien 1974, S. 162–170; *Xanrey*: Perrin, *Recherches sur la Seigneurie Rurale en Lorraine*, S. 707f. (Edition), S. 365–373 (Kritik).
20 Hierzu der jüngste Überblick von Rösner, Werner, »Frühe Hofrechte und Weistümer im Hochmittelalter«, in: Autorenkollektiv, *Probleme der Agrargeschichte des Feudalismus und des Kapitalismus* 23, Rostock 1990, S. 12–29.
21 *Worms*: *Quellen zur deutschen Verfassungs-, Wirtschafts- und Sozialgeschichte bis 1250*, ausgewählt u. übersetzt von Lorenz Weinrich, Ausgewählte Quellen, Bd. XXXII, Darmstadt 1977, Nr. 23, S. 88–104; *Limburg*: ebd. Nr. 25, S. 106–108; *Münchweier*: Bloch, Hermann/Wittich, Werner, »Die Jura curiae in Munchwilare«, in: *Zeitschrift für die Geschichte des Oberrheins*, NF XV (1900), S. 391–431 (Textedition: S. 422–425); zu diesen Hofrechten Rösener, *Frühe Hofrechte,*, S. 15f., S. 19; *Muri*: Kiem, P. Martin, *Das Kloster Muri*

Güterbestätigung für St. Marien/Trier (1030).[22] Ansonsten blieben Urkundenbestände unberücksichtigt.[23] Diese Auswahl aus 21 Grundherrschaften geistlicher Provenienz ist gewiss nicht rundum stringent, bildet kein methodisch dichtes Korpus. Doch immerhin sind die Zeugnisse über Flandern, Nieder- und Oberlothringen, das mittlere Rheinland, Westsachsen, die Pfalz, das Elsass, Franken, Oberschwaben und Bayern verteilt.[24] Sie datieren vom beginnenden 10. bis in die Mitte des 12. Jahrhunderts. Zieht man die Register ab, die nicht präzise datierbar sind, dann ergeben sich Verdichtungen der Dokumentation in den Jahren zwischen 1024 und 1035, um die Jahrhundertmitte und zwischen 1088 und 1128. Eine große Lücke klafft in der zweiten Hälfte des 11. Jahrhunderts.

Auch meine Nutzung der Zeugnisse ist methodisch anfechtbar. Ich habe mich dafür entschieden, für ein allgemein gestelltes Thema partikular entstandene Schriftstücke heranzuziehen und deren Details in das Licht des Themas zu rücken. Damit nimmt die Einzelheit den Status des »Zeichens« für Allgemeineres an. Dieses Herausheben gibt den ansonsten sehr konkreten Quellenausschnitten etwas Unwirkliches. Aber darum soll es hier auch gehen: die Zusammenführung von derlei zu »Signalen« der Zeitläufte ist die Absicht. Immer noch leuchtet mir für solches Vorgehen das von Marc Bloch benutzte Etikett der *tonalité* ein.[25]

Zu diesem Ziel ist nun dreifach beizutragen. Zuerst befrage ich das Quellenkorpus auf die »Arbeit« als konkrete Handlung. Dann gehe ich ausführlicher auf Indizien bzw. Zeichen ein, die sich auf die Bedingungen und Resultate der Arbeit beziehen. Schließlich sollen die Beobachtungen geschürzt

---

im Kanton Aargau, Quellen zur Schweizer Geschichte, 3, III, Basel 1883, S. 60–64; dazu zuletzt: Dubler, Anne-Marie Dubler/Siegrist, Jean Jacques, *Wohlen. Geschichte von Recht, Wirtschaft und Bevölkerung einer frühindustrialisierten Gemeinde im Aargau*, Aargau 1975, S. 76f.

22 MrhUB, Nr. 302, S. 353ff.

23 Diese Entscheidung hat eine sachliche Tragweite, auf die ich erst durch die Diskussion in Trento aufmerksam wurde. Gerade die Urkunden sind es ja, die »Bewegung« ausdrücken; Register und Rechte schreiben fest. So mag es sein, dass meine Quellenauswahl eher repäsentativ für Aspekte der Dauer und Bewahrung ist.

24 Große Lücken habe ich gelassen, indem die lothringischen Register (St. Vanne/Verdun, St. Dié) und rechtsrheinische Urbare aus Freckenhorst, Lorsch, Fulda, Mainz unberücksichtigt blieben.

25 Boch, Marc, *La société féodale*, Paris 1968, S. 15, S. 97; Schmitt, Jean-Claude, »Facons de sentir et de penser. Un tableau de la civilisation ou une histoire-problème?«, in: Atsma, Hartmut/Burguière, André (Hg.), *Marc Bloch aujourd'hui. Histoire comparée & Sciences sociales*, Paris 1990, S. 407–417, hat diesen Ausdruck in seiner schönen Untersuchung leider nicht aufgegriffen; es wäre einen Versuch wert.

und an Ideen und wissensgeschichtliche Ausgangsfragen zurückgebunden werden.[26]

Zum Wortfeld von »Arbeit«

Was sagen die Besitz- und Einkunftsregister, die Hofrechte über das tagtägliche Werken, den Einsatz von Werkzeug, Gerät und Leibeskräften, Erfahrung in Haus und Hof, Flur und Wald? Zunächst ist ein Unterschied wichtig: Die subsistentiellen Tätigkeiten der Hufner bleiben in den Registern unerwähnt, *labor* bzw. *opus ad suum* oder *ad proprium* sind nicht im Visier der *descriptio*. Das ist verständlich. Es geht ja in diesen Dokumenten primär um die *possessiones*, die *redditus* und *iura* der Herrschaft, kaum der Untergebenen. Nur in einigen Passagen über Frondienste wird tätiges Arbeiten gefasst – meist als ganz konkrete Aufgabe: der *mansuarius* bzw. seine Frau sollen pflügen, düngen, einsäen, zäunen, mit Sichel oder Sense schneiden, keltern, dreschen, transportieren, wachen, backen, brauen, füttern, spinnen oder weben, transportieren, reparieren, verkaufen usf. Daneben trifft man bisweilen auf formelhafte Wendungen wie *serviunt, arant, operantur*, hinter denen sich spezifische Dienstformen verbergen. Dies ist der Fall in der Grundherrschaft des Klosters Kitzingen: der 3-Tage-Frondienst pro Woche, der Pflugdienst auf dem Herrenland und der jährlich sechsmal fällige Wochendienst sind so verbal verschlüsselt. Hinter dem *opus uxoris* verbirgt sich im Register von Sankt Emmeram die Erstellung eines genau (nach Ellen) bemessenen Leinen- oder Wolltuchs. Wenn in der Mettlacher Rolle *pro opere* ein Geldzins zu entrichten ist, bleibt der konkrete Handlungsbezug verborgen. Oft haben die Mönche sich bei der *descriptio* nicht die Mühe gemacht, zu spezifizieren, sondern es wird nur zwischen den *servitores* als Hufnern mit Fronpflicht, den Herrenlandknechten (*servi salici*) und den Zinsleuten (*censuales*) unterschieden (St. Emmeram). Oder man drückt sich verdinglicht aus, fasst die Hufen selbst als *mansi servitales* (Karden). Das Geben und Machen (*solvere et facere*) durchzieht als bestimmende Dyade die formelhaften Aufzeichnungen. Beides gilt als Soll (*debet*) und wird seiner Form nach bisweilen zu *census* und *servitium* abstrahiert – nie zu *labor*. Müh-

---

26 Ich hoffe auf Verständnis, wenn im Folgenden nicht jede Beobachtung detailliert in den einzelnen Registern und Rechten nachgewiesen wird.

sal und Last auszudrücken, bestand kein Anlass.[27] Wenn ich genau genug gelesen habe, dann wird nur einmal auf *labor* verwiesen, und zwar in einem recht anderen, aber bezeichnenden Zusammenhang. In Kapitel 2 des Wormser Hofrechts wird – unter anderem – geklärt, wie man Leuten begegnen soll, die wegen Verarmung oder Verwaisung Haus und Hufe verlassen haben, später aber zurückkehren und Anspruch auf das Erbe erheben. Die Art und Weise, wie sie sich »draußen« über die Jahre durchbrachten, wird als »eigene Arbeit« bezeichnet: *extra patriam ivi et ibi usque modo me meo labore conduxi*.[28] Hier findet eine selten anzutreffende Konzentration im Ausdruck statt, es geht um den mühseligen Unterhalt als Lebensabschnitt. Für solche Deklamationen bzw. wertenden Zuspitzungen ist in den Urbaren kein Platz. Ebenso fehlt jeder Hinweis auf die spezifische *ars* beim Dienen. *Opus* dagegen ist nominal und verbal in viele Formeln gefasst: das Werk(en) gilt als zu erfüllender zielgerichter Dienst. Mehr ist den hier gewählten Zeugnissen nicht zu entnehmen. Ein mageres Ergebnis. Nur ein eher versprengtes Zeugnis zur subsistentiellen eigenen Mühsal – gerade außerhalb des rechtlich verhandelten Lebenszusammenhangs (*familia*). Dazu Stufungen des Dienstes vom *servitium* als solchem bis hinab zu den agrikolen Einzel-*opera*. Ein Trend zu Sinn-Verschiebungen in diesem Wortfeld ist nicht erkennbar. Als Signale der Zeit zur Entwicklung der Arbeits-Semantik geben diese Details nichts her. Um mehr zu finden, sind Umwege nötig.

Indizien des Wandels der Arbeitsbedingungen und -ergebnisse

Diese Umwege sind möglich, wenn man ernst nimmt, wovon die Register und Rechte absichtlich und detailliert handeln. Und das sind eben nicht die Tätigkeiten selbst, sondern deren Bedingungen und Resultate: Sachen als Besitz oder Ertrag bzw. als Anspruch, über sie zu verfügen. Die Umwege bestehen also darin herauszuheben, was in den Zeugnissen im Blick auf Sachen und Rechte gleichbleibt, was sich ändert und was hinzukommt.

---

27 Merkwürdigerweise fehlt in den hier benutzten Registern auch der »technische« Sinn von *labor* als Feldarbeit, der in Registern und Kapitularien seit dem späten 8. und im 9. Jahrhundert nachweisbar ist.

28 *Quellen zur deutschen Verfassungs-, Wirtschafts- und Sozialgeschichte bis 1250*, hg. von Lorenz Weinrich, S. 92.

Ich werde dies in folgenden Schritten tun: Zunächst zeige ich auf, was Aufzeichnungen aussagen, die aus der gleichen Grundherrschaft bzw. den gleichen Besitzungen, aber zu verschiedenen Zeitpunkten stammen. Dann werfe ich einen bilanzierenden Blick auf die hier berücksichtigten Zeugnisse im Vergleich zu denen des späten 8. bis frühen 10. Jahrhunderts, die ich einigermaßen zu kennen meine. Schließlich betrachte ich den Quellenbestand überblicksartig im Licht späterer Zustände, das heißt solchen des 12. Jahrhunderts.

Vergleich

Meine erste Frage lautet also: Was erbringt der Vergleich von Registern verschiedener Zeitstellung aus der gleichen Herrschaft? Zur Verfügung stehen Register der Abteien Weißenburg, Maursmünster, Mettlach, Corvey und Werden. Aus den urbarialen Teilen des *Liber possessionum* der Abtei Weißenburg habe ich die Beschreibungen über zwei Domänen (*villae*) ausgesucht. Über die Klostergüter in Bruchsal (bei Karlsruhe) gibt es drei Beschreibungen: die erste von zirka 850, die zweite vom beginnenden 10. Jahrhundert, die dritte aus den Jahren vor 1024.[29] Der Vergleich ergibt Folgendes: Das um 850 detailliert beschriebene Soll der Abgaben bleibt sich bis in das 11. Jahrhundert gleich, nur eine Pech-Abgabe ist um 900 dazugekommen. Über die Dienste lässt sich nichts sagen, da sie nur in der Aufstellung von 850 enthalten sind. Wichtig scheint mir, dass um 900 eine *basilica cum decima* geführt wird. Weiter ist um 900 vermerkt, dass 16 der 30 *mansi* der Domäne *absi*, also ohne Ertrag oder ohne Bebauer sind; zu Beginn des 11. Jahrhunderts hingegen sind alle 30 *mansi* erneut besetzt (*vestiti*).

Über die Klostergüter in Heßheim (bei Frankenthal/Rheinpfalz) gibt es fünf Aufzeichnungen: zwei vom Anfang des 10. Jahrhunderts, die dritte datiert auf etwa 1030, die vierte auf zirka 1100, die letzte auf zirka 1280[30] – ein prächtiger Überlieferungsfall. Der Vergleich ergibt folgenden Wandel: Schon zu Beginn des 10. Jahrhunderts muss die kleine bipartite Domäne mit nur 3 Hufen, die zur 3-Tagefron pro Woche verpflichtet waren, aufgelöst und auf Zinspflicht umgestellt worden sein. Seitdem werden 4 Hufen mit Teilbau-

---

29 Dette, *Liber Possessionum Wizenburgensis*, Kap. 20, S. 112, Kap. 73, S. 122, Kap. 289, S. 147.
30 Ebd., Kap. 105, S. 125, Kap. 33, S. 115, Kap. 295, S. 148, Kap. 299/300, S. 149, Kap. 106–109, S. 125f.

zins (*ad terciam partem*) und 5 Hufen zu Geldzins plus *tria servitia tantum* konstant geführt. Um 1030 wird der Text wiederholt, gegen 1100 anders redigiert, und zwar unter Weglassung der *servitia*. Gegen 1280 ist die Beschreibung zu einem auf Inhabernamen angelegten Geld- und Getreidezinsverzeichnis gewandelt, das von einer Aufteilung der Zinspflichtigkeit unter wesentlich mehr Pflichtige als Hufen zeugt. Die gut zweieinhalb Jahrhunderte auf den Weißenburger Gütern in Heßheim zeugen also von zwei tiefgreifenden Veränderungen: Im frühen 10. Jahrhundert wird das Salland zu Teilpacht vergeben, und – daraus logisch folgend – es werden die zugeordneten Hufen auf Zins und Restfron umgestellt. Vom 12. zum 13. Jahrhundert erfolgen die Aufteilung der vorherigen pauschalen Hufenzinspflicht sowie die Wandlung der Teilpacht zum fixierten Getreidezins.

Aus der urbarialen Überlieferung von Maursmünster, westlich vom Straßburg gelegen, kann man drei Register, das eine von zirka 900, das andere von zirka 1000, das dritte vom Ende des 11. Jahrhunderts vergleichen. Für die von mir ausgewählten klosternahen Güter in Kleingoeft, Duntzenheim, Marlenheim und Schweinheim ergibt sich der Eindruck von nur wenig Modifikation während beider Jahrhunderte.[31] Die Kombination von Geld- und Sachabgaben bleibt im Wesentlichen erhalten. Auch das *servitium* bleibt bestehen. Man kann sogar der Auffassung sein – so auch Charles-Edmond Perrin[32] –, dass im Wechsel der Formulierungen Verschärfungen der Dienstpflichten zu erkennen sind. Um 900 heißt es: *pro petitione arant et metunt*, um 1000: *servitium* (*debent*) – *quidquid imperatur illis* (*mansis*), um 1100: *serviunt singulis epdomadis tribus diebus*. Die Entwicklung in diesen Domänen geht also offensichtlich von okkasionellen Bittfron-Tagen zur Halbierung der »Arbeitszeit« für sich und das Kloster.

Die verschiedenen Teile der Mettlacher Rolle erlauben den Vergleich von Zuständen um zirka 950 bzw. 995 und 1050/1100. Die Gegenüberstellung der Beschreibungen von Damvillers (bei Verdun) und Rhoden (Saarlouis) erbringt aber nur wenig.[33] Die Auflistung der Pflichten nach den Zinsterminen im Jahresablauf wird ein Jahrhundert später aufgegeben zugunsten pauschaler Geldzinse, in die einige der alten Sachabgaben eingegangen sein dürften. Ob auch die Dienste abgelöst oder nur nicht verzeichnet wurden, bleibt unklar. Eine vergleichende Umrechnung der Denar-Summen ergibt

---

31 Perrin, *Recherches sur la Seigneurie Rurale en Lorraine*, S. 161f., S. 154ff., S. 162.
32 Ebd., S. 101ff.
33 Müller, »Die Mettlacher Güterrolle«, S. 119 (U6), S. 123 (UI2), S. 125 (U17), S. 126f. (U21).

einen leichten Abfall vom 10. zum 11. Jahrhundert. Dass Dienste schon um 950 ablösbar waren, bezeugt allerdings ein Passus für die Hufen (*obe*) in Rhoden: *pro opere sol(idos) II* heißt es dort. Zum Vergleich der Corveyer Register, der Heberolle (bald nach 1000) und des Registrum des Abtes Erkenbert (1107–1128), hat Hans Heinrich Kaminsky ausreichend vorgearbeitet.[34] Sein Eindruck ist, dass sich im Laufe des 11. Jahrhunderts in den Villikationen der Abtei, die sich weit über Sachsen (von der Ems zur Aller, zur Leine, der mittleren Weser bis in das nordhessische Bergland) erstrecken, dreierlei abzeichnet: die Verleihung bzw. Verlehnung von Domanialland, die Stärkung der Stellung der *villici* und das Vordringen des Geldes im Abgabenwesen, zum Teil als Wertmesser (besonders für das Vieh), zum Teil als Münzzins (für Fische, Leinwand, Erntetage). Im Großen und Ganzen wird aber das Abgaben- und Dienstsystem kaum verändert.

Aus den Urbaren des Klosters Werden (Urbar A: 890, Urbar B: um 1000, Urbar C: um 1050, Urbar E: um 1150) ermittelte Hans-Werner Goetz aufschlussreiche Entwicklungstrends für dessen Besitzungen im Ruhrgebiet.[35] Sieht man einmal von Besitzfluktuationen ab, dann kommt der Umwandlung der Naturalabgaben und auch mancher Dienste in Geldzinse hohe Bedeutung zu. Unübersehbar ist auch die Fixierung der Lasten der Fronhöfe – im 9. Jahrhundert eine undenkbare Sache – und eine Verschiebung im Verhältnis der Hufen zu den Fronhofsabgaben: Erstere sinken bis in das 12. Jahrhundert, letztere steigen.

Was haben die Einblicke in die urbariale Überlieferung einzelner Grundherrschaften bzw. ausgewählter Besitzungen vom 10. zum 12. Jahrhundert erbracht? Am auffälligsten ist die Zunahme der Geldzinse. Doch muss man mit ungleichmäßigen Entwicklungen von Domäne zu Domäne rechnen. Dazu kommt die Umgestaltung der Fronhöfe. Zwei Wege sind erkennbar. Entweder sie werden zu festem Zins veranlagt oder das Salland wird zu Teilen oder *en bloc* verliehen (verpachtet), wobei die korrespondierenden Frondienste der assoziierten Hufen entfallen oder in Zins umgewandelt werden. Beide Vorgänge erweitern den Handlungsspielraum der *maiores* bzw. *villici*. Demgegenüber ist aber auch die Fortschreibung der bestehenden domanialen Verfassung offensichtlich – bis hin zur Verschärfung der Frondienste.

---

34 Kaminsky, *Studien zur Reichsabtei Corvey in der Salierzeit*, S. 146ff.

35 Goetz, Hans-Werner, »Die Grundherrschaft des Klosters Werden und die Siedlungsstrukturen im Ruhrgebiet im frühen und hohen Mittelalter«, in: Seibt, Ferdinand u. a. (Hg.), *Vergessene Zeiten. Mittelalter im Ruhrgebiet*, Katalog zur Ausstellung im Ruhrlandmuseum Essen, Bd. 2, Essen 1990, S. 80–88.

Endlich ist bemerkenswert, wie lange sich einmal geschaffene Verhältnisse halten. Erst im 12. bzw. 13. Jahrhundert sind erneute Umordnungen erkennbar.

Rückblick in das 8. und 9. Jahrhundert

Was ergibt der Blick von den Zeugnissen des 10. bis 12. Jahrhunderts aus zurück in die Karolingerzeit?[36] Mein Grundeindruck ist, dass es kaum ein technisches Detail, kaum einen wirtschaftlichen Vorgang, kaum ein soziales Phänomen gibt, das nicht schon aus dem 8., besonders aber aus dem 9. Jahrhundert bekannt wäre. Schon im frühen 9. Jahrhundert beginnen sich die Geldzinse auszubreiten, nicht nur die Wertschätzung von Sachabgaben in Silberpfennige (*denarii*) oder Rechenschillinge (*solidi*) kommt auf und nimmt zu, sondern ebenso die alternativen und die definitiven Geldzinse – und zwar im gleichen Bereich wie dann im späten 10. bis frühen 12. Jahrhundert: bei den Vieh-, Textil-, Holz- und Weidezinsen. Zudem begegnen, besonders auf Gütern, die weit entfernt vom Zentrum der Grundherrschaft oder einer Domäne bzw. einer Zinserhebungsstelle liegen, pauschale Geldzinse pro Hufe. Auch die Kopfzinse von landlosen Leuten in Denarform sind bereits im 9. Jahrhundert verbreitet. Ebenso hat die Schmälerung des Sallandes durch Aufteilung an Hufner, besonders derjenigen Teile am Ackerland, die mit eigenem Vieh und Gerät zu bestellen waren, im 9. Jahrhundert begonnen. Ein entscheidendes Ergebnis aus der neueren Forschung zur Betriebsgrundherrschaft kommt hinzu: Eine so weitreichende Geltung, wie bisher angenommen, ist ihr für das frühere Mittelalter nicht zuzuerkennen. Sie war beschränkt auf bestimmte Regionen, wurde von Kirche und Königtum gefördert – daneben aber blieben ganz andere, entweder auf Hofsklaverei fuß-

---

36 Ich nenne zur Orientierung hier nur: Verhulst, Adriaan (Hg.), *Le grand domaine aux époques mérovingienne et carolingienne*, Gent 1985; Rösener, Werner (Hg.), *Strukturen der Grundherrschaft im frühen Mittelalter*, Veröffentlichungen des Max-Planck-Instituts für Geschichte 92, Göttingen 1989, S. 47–73; Kuchenbuch, Ludolf, »Bäuerliche Gesellschaft und Klosterherrschaft im 9. Jahrhundert. Studien zur familia der Abtei Prüm«, in: *Vierteljahrschrift für Sozial- und Wirtschaftsgeschichte*, Beiheft 66, Wiesbaden 1978; Morimoto, Yoshiki, »Etat et perspectives des recherches sur les polyptyques carolingiens«, in: *Annales de l'Est* 50 (1988), S. 99–149; *La Croissance Agricole du Haut Moyen Age. Chronologie, modalités, géographie*, Flaran 10 (1990) (hier besonders die Beiträge von Pierre Toubert, Adriaan Verhulst und Dietrich Lohrmann).

ende Gutsbetriebe oder Zins- und Tributverhältnisse bestehen, oder wurden geschaffen. Wo man also Zinshufen trifft, ist nicht notwendig auf aufgelöste ehemalige Betriebsgrundherrschaft (das heißt hier in Abgabe gewandelte Frondienste) zu schließen.

Alle wichtigen Geräte des Landbaus sind bekannt: nicht nur der Haken- und der Wendepflug (mit Sech), die Sense und die Sichel. Besonders die Wassermühle – dies wurde von Dietrich Lohrmann in Detailstudien akribisch herausgearbeitet – hat eine lange und erfolgreiche Ausbreitung und Wirkung hinter sich, bevor sie im 11. Jahrhundert für die Gewerbe »entdeckt« wird.[37] Auch Wehre, Backöfen, Brauhäuser sind – nicht nur aus dem St. Galler Klosterplan und den Statuten Adalhards von Corbie – bekannt, sondern aus einer Vielzahl von Domänen. Ebenso gibt es frühe Belege für die Getreiderotation mit Brache (also die für die Dreifelderwirtschaft typische Fruchtfolge) und für die Verzelgung der Flur (also ihre streifige Aufteilung unter die *con-sortes*). Zahllose Belege der *silva communis* am Ort zeugen von genossenschaftlicher Waldnutzung. Aber nicht nur aus diesen Indizien wird die kommunale Tinktur des Alltags klar. Auch Frondienstbestimmungen wie der Reihendienst (Wachen, Backen, Brauen usf.) oder die gemeinsame Schadenshaftung lassen sich als genossenschaftliche Handlungsweisen, wenn auch eingefügt in den Rahmen der Domäne, auffassen. So liegt der Gedanke recht nahe, dem ländlichen Gildewesen, so kümmerlich und schief es überliefert ist, auch bereits zur Karolingerzeit hohen Rang zuzuerkennen.[38]

Vom Aufkommen des *familia*-Begriffs war bereits die Rede. Jedoch auch innerhalb dieser Sozialverbände geht es im 8. und 9. Jahrhundert nicht allein darum, ob man *ingenuus*, *colonus*, *litus*, *cartularius* oder *servus* ist. Neben solchen geburts- und rechtsständischen Kriterien sind es besondere Aufgaben, welche die »Familiaren« qualifizieren. Man muss nicht allein das *Capitulare de villis* nennen, um derlei in Erinnerung zu bringen. Die Register sprechen immer wieder von domanialen *ministri* wie den *maiores*, *decani*, *forestarii*, *molinarii*, *presbiteri*, von denen so mancher seine Hufe zur Leihe hat (*in beneficio tenet*). Weiter trifft man auf Spezialisierungen im Montan-

---

37 Lohrmann, Dietrich, »L'histoire du moulin à eau, avant et après Marc Bloch«, in: Atsma/Burgière (Hg.), *Marc Bloch aujourd'hui*; Pitz, Ernst, *Wirtschafts- und Sozialgeschichte Deutschlands im Mittelalter*, Wiesbaden 1979, S. 60f.

38 Hierfür plädiert Oexle, Otto Gerhard, »Gilden als soziale Gruppen in der Karolingerzeit«, in: Jankuhn, Herbert u. a. (Hg.), *Das Handwerk in vor- und frühgeschichtlicher Zeit*, Abhandlungen der Akademie der Wissenschaften in Göttingen, Phil.-Hist. Klasse, 3. Folge, Nr. 122), Teil 1, Göttingen 1981, S. 284–354, besonders S. 329–333.

bereich: Hier ist einerseits an die Salzsolebetriebe, dann aber auch an Eisen- und Töpferzinse zu denken.

Auch der *mansus* ist nicht so »stabil«, wie ihn die Herrschaft gern hätte. Überall gibt es geteilte, meist halbe, bisweilen aber auch geviertelte Hufen. Das kann viele Gründe haben: Erbteilung, getrennte, auf mehrere Herdstellen (*foci*) verteilte Bewirtschaftung, Verkauf – auch das ist belegt. Natürlich entstehen kleinere Besitzeinheiten, die dann zu Hufen sich auswachsen oder zusammengelegt werden, ebenso durch Rodung. Es gibt Rodungsurkunden aus der Karolingerzeit, die nach traditioneller Lehre besser in das 12. Jahrhundert gehörten. Rodung und Wüstung liegen oft dicht beieinander – das gilt auch für die Karolingerzeit – die *mansi absi* findet man in so gut wie jeder Grundherrschaft.

All das ist nicht angeführt, um Veränderungen und Wandel zu leugnen, wie es die Tendenz der Kritik von Alfons Dopsch an den Lehren von Karl von Inama-Sternegg und Karl Lamprecht war. Ich will nur betonen, wie früh die Entwicklungssignale einsetzten, wie ungleichmäßig, regional unterschiedlich, wie langsam oft der Wandel stattfand und wie eng verbunden das agrarische Leben im 10. und 11. besonders mit dem des 9. Jahrhunderts ist. Fragt man sich abschließend, ob es denn überhaupt etwas gibt, was dem 11. Jahrhundert im Vergleich zur Karolingerzeit »fehlt«, was verschwunden, mindestens aber im Verschwinden begriffen ist, dann scheint nur eines unabweisbar: die alten Geburts- und Statusunterschiede machen sich immer weniger bemerkbar. Das ist an Erscheinungen ablesbar wie dem Verschwinden der ständischen Qualifizierung der Hufen: die *mansi serviles/servitoria* trifft man weniger an. Doch wenn dieses Statusattribut weiter fortlebt, dann zeigt der Pflichtenkatalog, dass der alte Graben zwischen den *ingenui* und *servi* überbrückt oder gar eingeebnet ist.[39] Als positiver Effekt dieser sozialen Nivellierung gilt, dass nun ein Stand im Entstehen war, derjenige der *rustici*,

---

39 Aber auch hier gilt es, vorsichtig zu sein. Im Güter- und Einkünfteverzeichnis der Abtei Fulda (von zirka 1015–1025) (Edition: *Traditiones et Antiquitates Fuldenses*, hg. von Ernst Friedrich Johannes Dronke, Fulda 1844, Nachdruck Osnabrück 1966, Nr. 43, S. 115–125; datiert von Werner-Hasselbach, Traut, *Die älteren Güterverzeichnisse der Reichabtei Fulda*, Marburger Studien zur älteren deutschen Geschichte, II, 7, Marburg 1942, S. 9–26, S. 108) sind gentile und ständische Distinktionen (*saxones, sclaui; liberi/coloni, lidi*) deutlicher bestimmt für die Abgaben als im karolingischen Register der Abtei (*Traditiones et Antiquitates*, Nr. 44, S. 125–129; dazu: Weidinger, Ulrich, »Untersuchungen zur Grundherrschaft des Klosters Fulda in der Karolongerzeit«, in: Rösener (Hg.), *Strukturen*, S. 246–265).

agricolae, »Bauern« – und damit *eine* Herren-Arbeit, das *opus servile* als *opus rurale*.

Blick auf das 12. Jahrhundert

Was nun ist im Blick auf das 12. Jahrhundert an den Verhältnissen im 11. Jahrhundert bedeutsam? Meine Antwort möchte ich zuerst mit einer kurzen Charakterisierung der *constitutio rusticorum* des Klosters Muri (Aargau) von zirka 1160, dem jüngsten der ausgewählten Zeugnisse, vorbereiten.[40] In der Sache macht diese Ordnung einen ausgesprochen konservativen Eindruck, weil sie von einer nahezu klassischen Ausformung der Betriebsgrundherrschaft handelt. Das ist insbesondere an dem erkennbar, wozu die Hufner verpflichtet sind: neben den traditionellen Realabgaben (Getreide, Tuch, Geflügel, Schwein) vielerlei Frondienste, denen der Drei-Tage-Dienst pro Woche zugrundeliegt. Was also hat sich geändert? Vom Blickpunkt der frühmittelalterlichen Register her fällt besonders die Ausdrucksweise auf. Sie zielt mehr auf die konkrete Wirtschaftsführung ab, ist in vielem sehr viel genauer und zugleich grundsätzlicher. Zunächst: die *constitutio* ist als alleinige (*una est*), für jeden Familiaren gültige gefasst (*ubicumque manent*). Jeder, das ist nicht der Freie oder Unfreie, sondern der Hufner (*huobarius*) und derjenige, der nur eine Schuppose (*scoposa*), eine Kate, hat – beide gelten als Landleute (*rustici*), der eine Kätner, ohne Ackerland, der andere Vollbauer. Was solch ein Bauer braucht, ist nun mit neuartiger Ausführlichkeit dargelegt: der Pflug mit geschmiedeter Schar und Messer (*aratrum cum feramentis*), die Karre mit vier Ochsen (*plaustrum cum quatuor bubus*), die trächtige Sau (*scrofa pregnans*) – es geht weiter mit dem Geflügel, mit Geräten wie der Sichel, dem Beil, der Hacke *et omnia ferramenta necessaria*, dann das gesamte Saatgut (*semen omnium generum*), von vier Getreidesorten über Lein, Rüben zu Erbsen und Bohnen; schließlich das Haus (und das Holz dazu). Genauigkeiten neuer Art findet man auch bei der Auflistung der Abgaben und Dienste: Maß, Gewicht und Münze werden auf den wirtschaftlichen Zentralort der Region, auf die Stadt Zürich hin orientiert. Aber es wird nicht nur »umgerechnet«, es werden auch die Fronzeiten präzisiert, Vergütungen werden bestimmt, es wird klargestellt, wie Hufner und Meier zusammenarbeiten, es

---

40 Kiem, *Das Kloster Muri im Kanton Aargau*, S. 60ff. Zur Charakterisierung des anonymen Verfassers der *Acta* Dubler/Siegrist, *Geschichte von Recht, Wirtschaft und Bevölkerung einer frühindustrialisierten Gemeinde im Aargau*.

werden Entfernungen für den Transportdienst bestimmt usw. Dem Hufner wird eingeräumt, dass er für Pflichtversäumnisse, zeigt er sie rechtzeitig an, Gnade erwirken kann. Nähere Erläuterungen gibt es auch zur Kompetenzstaffelung der Vergabe von Land, Zinsgut und anderem. Das Ortsgericht hat ein Bannwart, wahrscheinlich der *villicus*, inne.

Ich fahre fort mit einigen Bemerkungen zum *poleticum* der Abtei Marchiennes (Ostflandern) von zirka 1116/1121.[41] Das Stück, ihm ist noch eine Art Frühgeschichte der Abtei vorangestellt, eröffnet eine recht andere Welt in gleich ungewöhnlicher Sprache. Die Besitzungen werden sehr detailliert beschrieben, ob Sumpf, Forst oder Weidegrund. Die Eignung und Erlaubnis zur Rodung wird angesprochen, ein Loblied auf die *terra fertilis* an einem Ort gesungen, Bodenschätze werden erwähnt (etwa tonige Erde zur Töpferei). Aber nicht nur der *utilitas* der natürlichen Umwelt gegenüber gilt die genaue Beschreibung, auch Besitz und Pflichtenkatalog der *agricolae* werden sorgfältig aufgeführt. Nur wenig sei herausgehoben – Pfennigzinse *pro placito* und *de falce et furca*, Fuhr- und Bittdienste (*angarias et precarias*), die Weidenutzung *sine pretio*, der Teilbau, das Recht, gegen Zins natürlich, *domus* und *terra* zu vererben oder zu verkaufen. Die Hebungseinheit ist nicht mehr der ganze *mansus*, sondern das *coltilium* – diese Kleinstellen (von *curtilis*) erinnern an die Zustände in Heßheim am Ende des 13. Jahrhunderts. Immer wieder kommt in dem Text der unablässige Streit mit den Vögten hoch. Köhler, Schindler und Böttcher (*cinerarii, tiliarii, duplarii*) werden zu den *genera opificum* zusammengefasst.

Obwohl im Hofrecht von Muri und im *poleticum* von Marchiennes sehr verschiedene Verhältnisse zu Wort kommen, eint sie doch vieles. Ich möchte im Folgenden – in aller Kürze – versuchen, aus den von mir eingesehenen Quellen dasjenige systematisch zusammenzutragen, das zu Muri und Marchiennes gewissermaßen passt: »Signale« der Veränderung vom späten 10. zum frühen 12. Jahrhundert.

Nur wenig habe ich über den Witterungsablauf finden können. Seit der Mitte des 11. Jahrhunderts kommen Bemerkungen auf, welche die jährliche Witterung und den von ihr abhängigen Jahresertrag im Weinbau für die Zinshöhe einkalkulieren: Es geht um die *fertilitas* oder die *sterilitas* der Jahre (St. Marien, 1030; Kühr, 1047; Wasserbillig, 1050).

Weiter zu dem, was Johannes von Worcester in seiner Erzählung über den Traum König Heinrichs I., in dem ihn die drei Stände bedrängen, die

---

41 Delmaire, *L'Histoire-Polyptyque de l'Abbaye de Marchiennes*, S. 79–95.

instrumenta rusticana genannt hat (zirka 1130).[42] Hierzu gibt es schon einiges mehr – doch noch viel zu wenig. Seit dem späten 10. Jahrhundert werden Pflüge bzw. die verschiedenen schneidenden Pflugteile (Schar, Sech) genannt. Nur drei Hinweise, *cum falce et furca* zur Ernte zu kommen, konnte ich finden. Neu sind die *ferramenta* (*equorum*) in zwei Urbaren (Kitzingen 11. Jahrhundert, St. Emmeram, 1031): Das Hufeisen hat seinen Einzug gehalten. Neuigkeiten auch zu den Wassermühlen: Nicht nur, dass es mehr werden, ihre Lage wird genauer beschrieben, und – sehr wichtig – man erwähnt, wie viele *rotae* sie jeweils aufweisen (St. Emmeram, 1031).[43]

Etwas, das in den Registern des 8. und 9. Jahrhunderts nahezu fehlt, taucht nun ab und zu auf: die *domus*, das Haus, und zwar nicht primär als bauliches Konstrukt, sondern als bewohnter Platz und Rentenindex.[44] Dies steht in Zusammenhang mit Anzeichen dafür, dass aus dem *mansus* als Einheit von Haus und Hof, Acker und Nutzungsrecht peu à peu der *mansus* als Ackermaß hervorgeht. Hof und Land driften also als Rentenindizes auseinander. Zugleich sind auch die kleineren Land- bzw. Hofeinheiten als Abgabenbasis auf dem Vormarsch: das *quartarium* (Chamousey, 1109/1128), der *sessus* (Xanrey, 1096/1103), die *curia* (Brumath, 1088/1102), die *hovestat* (Karden, 1100), die *mansionilia* und *curtilia* (Wasserbillig, 1050), und anderes mehr. Natürlich bleibt die *hoba* (bzw. der *mansus*) die entscheidende Institution der Agrarverfassung im Reich während des 11. Jahrhunderts, doch die Signale für die Vervielfältigung der Immobilientypen, an denen die Herrschaft Zins- und Dienstansprüche knüpfen kann, sind unübersehbar und verdichten sich zum 12. Jahrhundert hin.

Auch in der Verfügungsweise über Hab und Gut zeichnet sich Neues und Genaueres ab. Besonders die Hofrechte enthalten Bestimmungen über Kauf und Erbe, Schenkung und Erbteilung – Verhältnisse, auf die man im früheren Mittelalter meist nur schließen kann. Die Mitglieder der *familia* sind in der Regel Inhaber einer *hereditas* und haben die Gewohnheit, bei Heirat und Tod damit nach bestimmten Regeln umzugehen, worauf die Herrschaft zunehmend ihren Blick wirft. Mit diesen Gewohnheiten in engstem Zusam-

---

42 *The Chronicle of John of Worcester 1118–1140*, hg. von J. R. H. Weaver, Oxford 1908, S. 32 (in der Illumination der Handschrift zu diesem Traum haben die *rustici* Spaten, Forke und Sense in der Hand). Zum Traum jetzt: Carozzi, Claude, »Die drei Stände gegen den König: Mythos, Traum, Bild«, in: Paravicini Bagliani, A./Stabile, G. (Hg.), *Träume im Mittelalter. Ikonologische Studien*, Stuttgart/Zürich 1989, S. 159ff.

43 Zum Dreschflegel, zum Webrahmen, zur Anspannung (von Ochse bzw. Pferd) und zur Karre (Achsen, Drehbarkeit, Deichsel) konnte ich nichts finden.

44 Im *Hofrecht von Münchweier*, c. 21, S. 425, wird die *domus* mit *husrochi* glossiert.

menhang steht die Ehe. Das eheliche Güterrecht der Familiaren und die Zugehörigkeit der Kinder (und ihres Erbteils) bei Eheschließungen zwischen Mann und Frau aus verschiedenen Herrschaften wird festgehalten (besonders Worms, 1024/1025, Limburg, 1035).[45] Das alles besonders deshalb, weil man die Beteiligung am Besitz der Landleute im Erb- und Leihefall sichern will: Heiratszins und *mortuarium* (Besthaupt, Bestkleid und Handwechselgebühr) sind Indizien für eine zeitlich andere Art, an das Vermögen der *familia* heranzukommen, als die traditionellen jährlichen Hufenzinse und -dienste.

Dies gilt auch für andere Einrichtungen, derer immer öfter in den Quellen gedacht wird: Mühle und Kelter, Brauhaus und Taverne, Furt und Anlegestelle am Fluss, Marktplatz (*mercatus/forum*), Zoll, Kaufbude, Münze. In welchem Ausmaß die eigenen Leute gezwungen sind, diese Einrichtungen entgeltlich zu benutzen, kann ich hier nicht erörtern, weil die Zeugnisse noch zu spärlich über diese Formen des gewerblichen *bannus* berichten.[46]

Wesentlich mehr aber steht in ihnen über den Zehnt (*decima*) bzw. die Verzehntung (*decimatio*). Eine Erscheinung, die man in den frühmittelalterlichen Urbaren mit der Lupe suchen muss, wird seit dem 10. Jahrhundert zum Gemeinplatz. Dass die geistlichen Grundherrschaften am Zehnt so maßgeblich beteiligt sind, hat sehr verschiedene Gründe, die der neueren Forschung immer besser bekannt geworden sind.[47] Dennoch gestatte ich mir die Frage: Ist die Vermehrung dieser Belege in den Registern lediglich die Folge besserer Deskription und neuerlicher Durchsetzung der Zehnterhebung (einschließlich des »Neubruchzehnten«) oder zeigen sich hier auch zunehmende Verteilungskonflikte?

Seit dem späten 10. Jahrhundert beginnen Details über die grundherrliche Gerichtsbarkeit in das Schriftgut einzuwandern: Die Leerstelle, die in den pauschalisierenden Immunitätsprivilegien der Karolingerzeit gelassen ist, füllt sich. Dies geschah aber anfänglich weniger von innen. Es sind sozu-

---

45 Dazu allgemein Keller, Hagen, *Zwischen regionaler Begrenzung und universalem Horizont. Deutschland im Imperium der Salier und Staufer 1024 bis 1250*, Propyläen Geschichte Deutschlands, 2. Bd., Berlin 1986, S 266f.; Fossier, Robert, *Enfance de l'Europe. Xe-XIIe Siècles. Aspects économiques et sociaux, 2/Structures et problèmes*, Paris 1982, S. 919ff.

46 Vgl. die Zusammenstellungen (für Deutschland) bei Pitz, *Wirtschafts- und Sozialgeschichte Deutschlands im Mittelalter*, S. 58ff.

47 Constable, Giles, *Monastic Tithes from their Origins to the Twelfth Century*, Cambridge 1964; Pöschl, Arnold, »Der Neubruchzehnt«, in: *Archiv für katholisches Kirchenrecht* 98 (1918), S. 3–51, S. 171–214, S. 333–380, S. 497–548; Feine, Hans Erich, *Kirchliche Rechtsgeschichte. Die katholische Kirche*, Köln/Wien 1972, S. 194ff. (mit Literatur); Fossier, *Enfance de l'Europe*, S. 162ff, S. 351ff.

sagen die »Neuzugänge«, die *mundiliones/censuales*, deren Zugehörigkeit zum Rechtsverband der *familia* verbindliche Regelungen über die Termine und Kosten der *placita* nötig machen. Dazu kommt dann die große Offensive von außen, von den Kirchenvögten (*advocati*), welche die Entgeltlichkeit ihrer Friedensstiftung um jeden Preis auszubauen trachten. Dazu kommt aber auch der Wille bestimmter Gruppen innerhalb der *familia* nach rechtlicher Profilierung, ja Privilegierung: gemeint sind die Dienstmannen (*ministeriales*).[48] Die Signale, die dazu im Quellenkorpus zu finden sind, machen noch einen recht okkasionellen Eindruck – das mag durchaus an der Gattung (und der Auswahl) liegen. Man geht aber sozusagen bei Gelegenheit »aufs Ganze«, will Regelungen für hier und auf Dauer. Doch habe ich nicht den Eindruck, als seien die durch »gehobene« *servitia* Qualifizierten in Dorf und Domäne bereits zu einer ernsthaften Herausforderung für die Herrschaft geworden.[49] Genauso gewichtig scheint mir, dass die *genera opificum* noch nicht zu solcher Spezifik gefunden haben, dass aus ihren besonderen *servitia* bereits selbstbewusste ländliche »Gewerbe« geworden wären.

Wichtiger scheint etwas anderes zu sein. Ich meine die deutliche Verfestigung lateraler Beziehungen innerhalb des Herrschaftsverbandes in Domäne und Dorf. Besonders in den *Charte-censiers*, aber auch in den Hofrechten und den Registern aus der Wende zum 12. Jahrhundert ist zu erkennen, dass die lokalen *homines* gemeinsam handeln. Darin kommt zum Ausdruck, dass man gleiche Ziele hat, Gleiches gewohnt ist, sich zu Gleichem berechtigt fühlt – sei es nun als *con-servus* (Limburg, 1035) oder als *con-civis* (Worms, 1024/1025). Man denkt und handelt *communiter*. Der allgemeinste Ausdruck für diesen Status ist der *socius*, und die Gesamtheit der *socii* ist – so steht es im Wormser Hofrecht (e. 13) – die *societas*. Hier entsteht also »Gesellschaft«, indem innerhalb des Hörigenverbandes die lateralen Verbindlichkeiten zunehmen und zugleich die Abgrenzung nach außen prägnanter wird.[50]

---

48 Hierzu Zotz, Thomas, »Die Formierung der Ministerialität«, in: Weinfurter, Stefan u.a (Hg.), *Die Salier und das Reich*, Bd. 3: Gesellschaftlicher und ideengeschichtlicher Wandel im Reich der Salier, Sigmaringen 1991, S. 3–50.

49 Exemplarisch: Linck, Eberhard, *Sozialer Wandel in klösterlichen Grundherrschaften des 11. bis 13. Jahrhunderts. Studien zu den familiae von Gembloux, Stablo-Malmédy und St. Trond*, Veröffentlichungen des Max-Planck-Instituts für Geschichte, 57, Göttingen 1979, besonders S. 252ff.

50 Rösener, Werner, »Bauern in der Salierzeit«, S. 51–73, hat das Dilemma, wie schwer der Übergang von der grundherrlichen Hofgenossenschaft (*familia*) zur Dorfgemeinde in den Quellen der Salierzeit zu fassen ist, umsichtig zusammengefasst (S. 71, dort auch weitere Literatur).

Hypothesen zur Einordnung

Um zu den Ausgangsfragen zurückzufinden, empfiehlt sich eine Schürzung des Ertrags. Dreierlei lässt sich wohl herausstellen.

1. In der Ausdrucksweise besonders der späteren Zeugnisse (frühes 12. Jahrhundert) fällt eine neuartige Genauigkeit auf. Sie bezieht sich auf die Unwägbarkeiten des Witterungsablaufs, die Umstände beim Fronen, die Ausstattung mit agrikolem Gerät, die – räumlich relative – Geltung von Münze, Maß und Gewicht. Das *opus rusticum* wird sozusagen von den dinglichen Umständen her präzisiert. Dazu waren mehr soziale Aufmerksamkeit und Ausdrucksfähigkeit nötig.

2. Die Entwicklung von »Arbeit« und »Gesellschaft« vom späten 10. bis zum frühen 12. Jahrhundert dürfte in engerem Verhältnis zur Karolingerzeit stehen, als üblicherweise herausgestellt wird. Im Bereich der dinglichen Ausstattung des ländlichen Lebens geht es – im 11. Jahrhundert – eher um Fortschreibungen und Komplettierungen. Auch der grundherrschaftliche Rahmen ändert sich für die Familiaren nur langsam und ungleichmäßig – kaum wahrnehmbar für diejenigen, die in ihm dienten oder über ihn verfügten. Sicher gewannen viele Betriebe dadurch mehr Selbständigkeit, dass ihre *servitia* schrumpften, für die Herrschaft oft auch unbrauchbar (*inutilis*) wurden, wenn sie begannen, das Salland zu verpachten. Diese »gewonnene« Zeit konnte auf der Hufe genutzt werden. Der unübersehbare Trend zum Geldzins zeigt in zwei Richtungen: noch weniger Bindung der täglichen Mühsal an die herrschaftlichen Dispositionen, dafür aber Anknüpfung an die Bedingungen des Tauschgeschehens und an den Gebrauch des Münzgeldes. Welche Vorteile oder Nachteile das hatte, ist kaum empirisch untersucht. In der Regel wird der fixierte Geldzins als Vorteilslage der Zinser im Blick auf die Wertverschlechterung der Münzen gedeutet.[51] Dass die alten geburtsrechtlichen Gräben verlandeten, brachte die Leute am Ort einander näher, ebenso die Getreiderotation, der Verzelgung der Flur, die Organisation bestimmter Fronen, die Nutzung von Wald und Weide, von Mühle, Back- und Brauhaus, Trinkstube und Pfarrkirche. Parallel aber zu den Anbahnungen lokaler und innerherrschaftlicher Genossenschaftlichkeit meldeten sich Initiativen verschiedener Herren-Instanzen zu Wort.

---

51 Zum Hintergrund: Spufford, Peter, *Money and its Use in Medieval Europe*, Cambridge 1988, S. 74–105.

3. Die Anzeichen nämlich dafür, wie Ehe und Erbe, Kult und Gericht, Nahrungsbereitung und Ausschank als Einnahmequellen an Bedeutung gewinnen, weckt in mir die Vermutung, dass das alte System der Abschöpfung, das am Stand, am Landbesitz und seinem Jahresertrag festgemacht war, aus der Sicht der um die Bauern und Dörfler rivalisierenden Herren der Ergänzung bedurfte. Lassen sie mich diesen Gedanken noch weiter zuspitzen. Geht es mit dem Zehnt nicht um das Entgelt für Heilsvermittlung? Mit den Vogteiabgaben nicht um das Entgelt für Friedensstiftung? Mit den Heirats-, Erb- und Behandigungszinsen nicht um die Besteuerung der Lebensspanne und ihres Gewinns? Und bei den wichtigsten Einrichtungen zur Weiterverarbeitung von Korn und Trauben nicht um die Besteuerung der wichtigsten Viktualien? Welche Vorteile die Familiaren von diesen Einrichtungen hatten, wird sicher oft zu wenig dargelegt – noch weniger aber wird betont, dass diese neuen Formen der Abschöpfung sich vom Boden und vom Jahresablauf abgelöst haben. Der Erhebungsrhythmus ist genauso ein anderer wie der Erhebungsgrund. Diese neuen Formen scheinen mir teils ökonomischer, teils sozialer zu sein als die Abschöpfungsweisen der traditionellen »Grund«-Herrschaft.

Wie lässt sich dieses Resümee mit dem eingangs Bemerkten verbinden? Da sich unser Quellenkorpus auf Räume bezieht, die der Herkunftsregionen der Drei-Stände-Lehren höchstens benachbart sind, sollte der Hinweis von Otto Gerhard Oexle Gewicht haben, dass dieses eingangs bemühte Deutungsschema nicht vor dem 12. Jahrhundert im Reich Fuß fasste. Auch die Details, die Oexle für die beginnende Selbstartikulation der *laboratores* im 11. Jahrhundert beibringt, stammen aus dem Westen.[52] Da hier nicht pauschal mit dem Entwicklungsmodell einer »Verspätung« des Ostens gegenüber dem Westen und Süden operiert werden sollte,[53] war nach geistesgeschichtlichen Eckwerten eigener Art zu suchen. Ich meine sie in dem *Unibos*-Gedicht (spätes 10./beginnendes 11. Jahrhundert) sowie in dem Traktat *De diversis artibus* des Theophilus Presbyter (1100/1025) gefunden zu haben.

Der namenlose, wohl niederlothringische Verseschmied des *Unibos*[54] spricht wie selbstverständlich vom *rusticus* und all dem, was seine Daseins-

---

52 Oexle, *Le travail*, S. 55, S. 59.
53 Fried, »Deutsche Geschichte im früheren und hohen Mittelalter«, S. 655ff.
54 Langosch, Karl/Ruodlieb, Waltharius, *Märchenepen. Lateinische Epik des Mittelalters mit deutschen Versen*, 3. Aufl Darmstadt 1967, S. 251–305 (Text m. Übers.), S. 379–381 (Kritik); kurze Erläuterungen bei Borst, Arno, *Lebensformen im Mittelalter*, Frankfurt/Berlin 1973, S. 97–101.

form ausmacht: *labor* als *agricultura*, mit Ochse und Pflug, mit Ehefrau und Gesinde, unter der Kontrolle von Maier, Pfarrer und Vogt, in Streit und Frieden mit seinen Nachbarn im Dorf, auf dem Markt (nicht in der Stadt) um Ware und Geld feilschend. Hier wird der Rahmen dessen gesetzt, was die grundherrlichen Register nur im wie zufällig aufscheinenden Detail bieten. Das Motiv, das die Verserzählung vorantreibt, ist das »gefundene«, nicht das »gekaufte« Geld. Alles jedoch, was in dieser Märe drastisch erzählt wird, verbleibt im Ruralen. Der reichgewordene Arme streitet mit den Dörflern um Stellung und Ansehen, er zieht nicht in die Stadt, nicht zu Hofe. Diese umfassende *ruralitas* scheint mir der passende Grundakkord zu all dem zu sein, was als einzelne Klangfarbe zur *tonalité* des langen, eng den voraufgehenden Saecula verbundenen 11. Jahrhunderts beiträgt. Ob es nun die genauere Wahrnehmung der bäuerlichen Sachen ist oder die Ergänzung der traditionellen Abschöpfung, ob die allmähliche Freisetzung des alltäglichen Tuns und seine festere Einbindung in das lokale Geschehen oder die Verknüpfung mit dem Markt und das Auftauchen neuer Herren (Vögte/Ritter/Meier/Ministerialen) – diese Verdeutlichung entwickelter »Ländlichkeit« scheint mir die Hauptsache des Jahrhunderts zu sein. Aber in dem Maße, wie sie explizite Anerkennung findet, entsteht der Übergang zu den Neuheiten des 12. Jahrhunderts. Dies lässt sich belegen damit, wie die *ruralitas* in die Landfrieden im Reichsgebiet eingeht. Thomas Struve hat darauf hingewiesen, dass in den Gottesfrieden von Mainz (1085) zunächst das *opus rusticum* aufgenommen wird, im Elsässer Frieden werden dann die Erträge von Ackerbau und Viehzucht geschützt (1094), und erst im Alemannischen Frieden (1104) wird der *agricola* selbst zum Schutzobjekt.[55]

Ist es dann verwunderlich, wenn im 11. Jahrhundert die gewerblichen *artes* und der *artifex* selbst (noch) keine Ausdrücklichkeit gewinnen? Die Forschung begnügt sich angesichts dieses Schweigens mit der sicher richtigen Annahme, die Gewerbe steckten gewissermaßen – noch – in der »Hülle« der *laboratores*. Gut passt als Endpunkt zu diesem Bild vom 11. Jahrhundert, wenn es der in dessen letzten Jahrzehnten in Stablo und Köln aufgewachsene und ausgebildete Mönch Theophilus ist, der kurz nach der Jahrhundertwende die erste, höchst erstaunliche Anleitung zur autonomen Fertigung aller Dinge zusammenstellt, die eine Kirche braucht[56] – all dies wieder ohne Re-

---

55 Struve, »Pedes rei publice«, S. 48 Anm. 145.
56 Dodwell, C. R, *Theophilus, The Various Arts. Translated from the Latin with Introduction and Notes*, London 1961; ausführlich zuletzt: Freise, Eckhard, »Roger von Helmarshausen in seiner monastischen Umwelt«, in: *Frühmittelalterliche Studien* 15 (1981), S. 179–286.

kurs auf die »Stadt«, wohl aber wissend um die neuen Gedanken über die mechanischen Künste (*artes mechanicae*), welche die *agricultura* mitten in die *opera humana* einreihen (neben *lanificium, armatura, navigatio, venatio, medicina* und *theatrica*). Ob Theophilus alias Roger von Helmarshausen die Zeichen der Zeit, die aus Paris von Hugo von St. Viktor kamen[57], »richtig« verstand?

Nicht nur von einer Antwort auf diese Frage hängt es ab, wie die neuerliche Suche nach Charakteristika der Eigenständigkeit der Verhältnisse und des Wandels im frühdeutschen Reich und seinen Regionen vorangehen wird.[58] Abgrenzungen gegen Italien sind da genauso nötig wie eine positive interne Charakterisierung, die hier versucht wurde. Dem entsprechend, was ich bis heute weiß, scheint mir nördlich der Alpen das 11. Jahrhundert eine lange, weit in das 10. Jahrhundert zurückreichende Zeit zu sein, die auf leisen Sohlen daherkommt, den seit karolingischer Zeit erfolgten ersten Verdeutlichungsschüben der *agri-cultura*, des *rusticus* und der *rusticitas* die materielle, institutionelle und mentale Abrundung bringt, während es unter der Decke dieser umfassenden und ausgeprägten Ländlichkeit zunehmend gärt. Zerrissen wird diese Decke jedoch erst im 12. Jahrhundert.

---

57 Zur Geschichte der *artes mechanicae* samt Einordnung der Leistung Hugos: Sternagel, Peter, *Die artes mechanicae im Mittelalter. Begriffs- und Bedeutungsgeschichte bis zum Ende des 13. Jahrhunderts,* Münchener Historische Studien, Abteilung mittelalterliche Geschichte, Bd. 2, Kallmünz 1966, besonders S. 67–77; Krafft, F.,. »Artes mechanicae« in: *Lexikon des Mittelalters,* Bd. 1, München 1980, Sp. 1063ff.

58 Fried, »Deutsche Geschichte im früheren und hohen Mittelalter«.

12. Die dreidimensionale Werk-Sprache des Theophilus presbyter »Arbeits«-semantische Untersuchungen am Traktat *De diversis artibus**

> Methoden gilt es zu finden. Es bedarf deren andere für andere Aufgaben, und oft zur Lösung e i n e r Aufgabe einer Kombination derselben.
>
> Johann Gustav Droysen

Einleitung

Es hat die Mediävistik erhebliches Kopfzerbrechen gekostet, einleuchtend zu begründen, warum und wie verschieden ein und dieselbe Person, ein Theophilus presbyter (wie er sich selber am Anfang seines Traktates *De diversis artibus* nennt), sich im Latein des früheren 12. Jahrhunderts ausgedrückt hat. Zwei Beispiele:[1]

XXVI. De fabricando minore calice
Cumque coeperis percutere, quaere meditullium in eo, et fac centrum cum circino, et circa eum facies caudam quadram, in qua pedem configere debes.
Cum vero sic attenuatum fuerit, ut manu plicari possit, fac interius circulos cum circino a centro usque in medium, et exterius a medio usque ad oram, et cum rotundo malleo percute interius secundum circulos, ut inde profunditatem capiat, et exterius cum mediocri super rotundam incudem secundum circulos usque ad oram, ut inde strictius fiat; et

---

* Neuerliche Ausarbeitung eines ungedruckten Vortrages, gehalten auf der Tagung »Arbeit in der Wahrnehmung des Mittelalters« (Rauischholzhausen, November 2002) . Publikation der Tagungsakten: Verena Postel (Hg.), Arbeit im Mittelalter. Vorstellungen und Wirklichkeiten, Berlin 2006. Ich danke K. Schulz, W. Schich und B. Lundt für konkrete Hilfen, den Diskutanten im Seniorenkreis Berliner Mediävisten und im Kolloquium des Kollegen Michael Borgolte in der Humboldt Universität Berlin sowie der Arbeitsgruppe Saint André-le-désert (A. Guerreau, D. Méhu, J. Morsel und J. Demade).

1 Der lateinische Wortlaut nach Dodwell, C. R, *Theophilus, The Various Arts. Translated from the Latin with Introduction and Notes*, London 1961, , S. 62f. und S. 76f. Die Übertragung nach Brepohl, Erhard, *Theophilus Presbyter und das mittelalterliche Kunsthandwerk*, Gesamtausgabe der Schrift *De diversis artibus* in 2 Bänden, Bd. 2: Goldschmiedekunst, Köln/Weimar/Wien 1999, S. 16, S. 25 und S. 67, S. 69; vergleichend eingesehen wurde auch Ilg, Albert (Hg.), *Theophilus Presbyter, Schedula diversarum artium*, Bd. 1: Revidierter Text, Übersetzung und Appendix, Osnabrück 1970, S. 149–151, S. 181. Die Abweichungen sind Vorschläge meinerseits.

hoc tamdiu fac, donec ei formam et amplitudinem secundum argenti quantitatem acquiras.
Quo facto rade interius et exterius aeque cum lima et circa oram, donec aequale per omnia fiat.
Deinde residuam medietatem argenti, sicut supra, diuide in duo, et ab una parte aufer pondus sex nummorum et adde alteri, in qua pedem facies, quod postea inde limando auferes et suae parti reddes. Sicque funde et percute pedem sicut uas, usque dum attenuetur, excepto quod caudam non facies in eo. Quo attenuato, profunditatem dabis ei cum malleo rotundo interius et exterius, incipiesque nodum formare cum mediocri malleo super rotundam incudem, et inde super longam ex utraque parte, donec collum tam gracile facias sicut volueris. Hoc diligenter procurans, ne plus in uno loco percutias quam in altero, ne forte nodus se in aliquam partem inclinet, sed in medio stet ex omni parte aeque spissus et aeque latus.
Deinde pone eum super carbones, et imple cera, et cum refrigerata fuerit, tene ipsum pedem in sinistra manu, et in dextera ferrum unum ductile ac tenue; et fac puerum sedere iuxta te, qui percutiat cum paruulo malleo super ferrum in quocumque loco illud posueris, et inde designabis anulum, qui inter nodum et pedem in circuitu debet esse.

»XXVI. Vom »Fabrizieren« des kleineren Kelches.
Bevor du zu schmieden anfängst, suche auf ihr (der Silberplatine) die Mitte und markiere den Mittelpunkt mit dem Zirkel, und um diesen wirst du (später) den viereckigen Stutzen machen, an dem du den Fuß befestigen wirst.
Wenn das Silber aber so dünn geschmiedet worden ist, dass man es mit der Hand biegen kann, mache auf der Innenseite Kreise mit einem Zirkel vom Mittelpunkt bis zur Hälfte (des Scheibenradius) bis zum Rand. Und schlage auf der Innenseite mit dem Kugelhammer an den Kreisen entlang, damit es (das Werkstück) dadurch aufgetieft wird, und außen mit dem flachgewölbten Hammer über einen gerundeten Amboss an den Kreisen entlang bis zum Rand, damit es dadurch enger wird. Und dies tue so lange, bis du ihm die der Menge des Silbers entsprechende Form und Weite gegeben hast.
Ist das geschehen, schabe innen und glätte mit der Feile die Außenseite und den Rand ringsum, bis sie (die Schale) überall ganz glatt ist.
Dann teile die restliche Hälfte des Silbers wie oben in zwei Teile, und von dem einen Teil entnimm eine Menge von 6 Münzen Gewicht und füge sie dem anderen Teil zu, aus dem du den Fuß machst, die du später durch Feilen abnimmst und ihrem Teil wieder zurückgibst.
Dann gieße und schmiede (die Platte für) den Fuß, ebenso wie die Schale, bis es (das Silberblech) dünn ist, mit dem Unterschied, dass du daran keinen Befestigungsstutzen machst.
Nach dem Ausschmieden gib ihm die Tiefe mit dem gerundeten Hammer auf Innen- und Außenseite.
Dann beginne den Knoten (Verbindungsteil zwischen Schale und Fuß) mit dem flachgewölbten Hammer über den gerundeten Amboss herauszutreiben und hierauf

über dem auf beiden Enden langen Hornamboss, bis du den Hals so schlank gemacht hast wie du willst. Dabei sorge gewissenhaft dafür, dass du nicht eine Stelle mehr treibst als die andere, damit sich der Knoten nicht nach einer Seite neige, sondern in der Mitte steht, überall gleich dick und von gleichem Durchmesser. Dann lege ihn (den Fuß) auf die Kohlen und fülle ihn mit Wachs. Wenn es erstarrt ist, halte besagten Fuß in der linken Hand und in der rechten ein dünnes Ziseliereisen und lass den Jungen nahe bei dir sitzen und mit einem kleinen Hammer auf dieses schlagen, wo du es auch ansetzt, und so markiere nun den Ring, der zwischen Knoten und Fuß ringsherum laufen soll.«

Quapropter, fili dilectissime, non cuncteris, sed plena fide crede spiritum Dei cor tuum implesse, cum eius ornasti domum tanto decore tantaque operum varietate. Et ne forte diffidas, pandam euidenti ratione, quicquid discere, intelligere uel excogitare possis artium, septiformis spiritus gratiam tibi ministrare.
Per spiritum sapientiae cognoscis a Deo cuncta creata procedere, et sine ipso nihil esse. Per spiritum intellectus cepisti capacitatem ingenii, quo ordine, qua varietate, qua mensura valeas insistere diverso operi tuo. Per spiritum consilii talentum a Deo tibi concessum non abscondis, sed cum humilitate palam operando et docendo cognoscere cupientibus fideliter ostendis. Per spiritum fortitudinis omnem segnitiei torporem excutis, et quicquid non lento conamine incipis, plenis viribus ad effectum perducis. Per spiritum scientiae tibi concessum ex abundanti corde dominaris ingenio, et quo perfecte abundas plenae mentis audacia uteris in publico. Per spiritum pietatis quid, cui, quando, quantum, vel qualiter operis, et ne subrepat auaritiae seu cupiditatis vitium, mercedis pretium pia consideratione moderaris. Per spritum timoris Domini te nihil ex te posse consideras, nihil inconcessum a Deo te habere seu uelle cogitas, sed credendo, confitendo et gratias agendo, quicquid nosti uel es aut esse potes, divinae misericordiae reputas.

»Deshalb, geliebter Sohn, sollst du nicht zaudern, sondern voller Vertrauen glauben, dass Gottes Geist dein Herz erfüllt hat, wenn du sein Haus mit solchem Schmuck, mit solcher Mannigfaltigkeit der Werke geziert hast. Und damit du nicht vielleicht doch zweifelst, werde ich dir auf einleuchtende Weise eröffnen, dass dir, was immer an Künsten du zu lernen, einzusehen und auszudenken vermagst, die Gnade des siebengestaltigen Geistes (dabei) dient.
Durch den Geist der Weisheit erkennst du, dass alles Geschaffene von Gott ausgeht und ohne ihn nichts ist. Durch den Geist des Verstandes hast du die Fähigkeit erlangt herauszufinden, nach welcher Ordnung, in welcher Mannigfaltigkeit, welchem Maß du deinem Werk nachgehen sollst. Durch den Geist der Ratsamkeit versteckst du das dir von Gott geliehene Pfund nicht, sondern zeigst es, in Bescheidenheit und offen werkend und lehrend, denen, die lernen wollen. Durch den Geist der Stärke treibst du alle Trägheit, allen Stumpfsinn aus, und was immer du mit ungeduldiger Anstrengung begonnen hast, das vollendest du kraftvoll. Durch den dir konzedierten Geist des Wissens wirst du aus reichem Herzen über deine Begabung und Fertigkeiten herrschen, und wovon du überströmst, das gebrauche kühnen vollen Sinnes in

aller Öffentlichkeit. Durch den Geist der Frömmigkeit wirst du die Art, den Zweck, die Zeit, das Maß und die Art deines Werkes mäßigen und, damit dich nicht das Laster des Geizes oder Habgier beschleiche, – in frommer Erwägung – auch die Höhe des Lohns. Durch den Geist der Gottesfurcht bedenkst du, dass du nichts aus dir selbst vermagst, denkst, dass du nichts hast oder willst, was dir nicht von Gott eingeräumt ist, sondern erkennst der göttlichen Barmherzigkeit glaubend, bekennend und dankbar zu, was du erlernt hast, bist oder sein kannst.«

Die lange nur vermutete, heute durch zusätzliche Indizien besser gestützte Hypothese über die Identität des Pseudonyms *Theophilus presbyter*, den Verfasser von *De diversis artibus*, mit Roger von Helmarshausen, dem Verfertiger mindestens des Paderborner Tragaltars, des Modoald-Vortrage-Kreuzes und eines Einbanddeckels eines Helmarshausener Evangeliars, ist Eckhard Freise zu verdanken. Er konnte 1981 mittels gleichnamiger Einträge in Gebetsverbrüderungslisten west- und ostfälischer sowie rheinischer Klöster solide Indizien für die Affinität der *Rogerus*-Einträge zur *Theophilus qui et Rugerus*-Bemerkung in einer der beiden entstehungsnächsten Handschriften aus der ersten Hälfte des 12. Jahrhunderts (in Wien) zusammentragen.[2] Diese neue Situation hat die Integration der philologischen, der kunst- und gewerbe-, der technik- und ideengeschichtlichen Pfade, in denen sich die Forschung über beide Gestalten lange bewegte, deutlich befördert. Freilich sollte man deshalb nicht übergehen, was dem auch vorweg Vorschub geleistet hat: die kunsthandwerkliche Erschließung von *De diversis artibus* durch Wilhelm Theobald (1933), die solide kritische Edition durch Charles Reginald Dodwell samt ihrer umfassenden historischen Einordnung (1961), die Verortung Theophilus im heftigen Richtungsstreit zwischen Cluniazensern und Zisterziensern durch Lynn White Jr. (1964) sowie der Nachweis der Vertrautheit seines theologischen Denkens mit Rupert von Deutz durch John van Engen (1980).[3] All diese Bemühungen kreisten um eine genauere Situierung des undatierbaren Werkes in das erste Drittel des 12. Jahrhunderts (1110 bis 1111)

---

2 Freise, Eckhard, »Roger von Helmarshausen in seiner monastischen Umwelt«, in: *Frühmittelalterliche Studien* 15 (1981), S. 180–293; ders., »Zur Person des Theophilus und seiner monastischen Umwelt«, in: Legner, Anton (Hg.), *Ornamenta Ecclesiae. Kunst und Künstler der Romanik*, Bd. 1, Köln 1985 S. 357–362; die Problematik diskutierte ausführlich und mit gebührender Vorsicht Dodwell, Charles Reginald, *Theophilus*, S. XXXIII-XLIV; Brepohl, Erhard, *Theophilus Presbyter und das mittelalterliche Kunsthandwerk*, Gesamtausgabe der Schrift *De diversis artibus* in 2 Bänden, Bd. 1, Köln/Weimar/Wien 1999, S. 28–31 schließt sich Letzterem an.

3 Theobald, Wilhelm, *Technik des Kunsthandwerks im 12. Jahrhundert. Des Theophilus Presbiter Diversarum artium schedula*, Düsseldorf 1984, White, Lynn, »Theophilus Redivivus«, in: ders., *Medieval Religion and Technology*, Berkeley 1978, S. 224–233; Van Engen, John,

– mit Erfolg. Auf solchen Grundlagen hat sich die Wissensvermittlung über die zwei Namensträger bzw. Gestalten und ihre Hinterlassenschaft heute in den Lexika wie in der neueren Technik- und Kunstgeschichte (zum Beispiel Lynn White, Karl-Heinz Ludwig, Uta Lindgren) etabliert. Und sie bestimmt auch das Fragen und Forschen; zu denken ist an die einschlägigen Arbeiten im Rahmen der großen Kölner Ausstellung über die *Ornamenta Ecclesiae* (1985), an George Ovitts Einordnung von Theophilus in die langfristige »Säkularisierung« der Arbeit (1987), an Christel Meiers Studien zur Mentalitätsgeschichte der Intellektuellen im 12. Jahrhundert (1994, 1996), sowie an Bruno Reudenbachs neue Argumente zum Ordnungs- und Legitimationsniveau in *De diversis artibus* (1995, 2003),[4] nicht zuletzt jedoch an Erhard Brepohls anerkennenswerte Bemühungen, nicht nur eine neue Übertragung ins Deutsche auf der Basis von Dodwells Edition zu bieten, sondern auch Theophilus' umfassende handwerkliche Verlässlichkeit zu erweisen (1999). Knapp zusammengefasst: Die Forschungslage ist wirklich gut.

Was aber fehlt? Sicher wird der Doppel-Gestalt in jüngsten Überblicksdarstellungen noch immer nicht angemessen Rechnung getragen, sei es aus der Perspektive der allgemeinen Arbeitsgeschichte etwa bei Robert Fossier (2000), sei es aus der Perspektive der langfristigen Ideenentwicklung von Arbeit, Theologie und Technologie bei Birgit van den Hoven (1996) und Verena Postel (2009) oder schließlich der des zeitgenössischen Wortschatzes und Ausdrucksstils zur »Arbeit« bei Jacqueline Hamesse (1990).[5] Gerade hier

---

»Theophilus Presbyter and Rupert of Deutz: The Manual Arts and Benedicitine Theology in the Early Twelfth Century«, in: *Viator* 11 (1980), S. 147–163.

4 Legner, Anton (Hg.), *Ornamenta Ecclesiae. Kunst und Künstler der Romanik*, Bd. 1 Katalog zur Ausstellung des Schnütgen-Museums in der Josef-Haubrich-Kunsthalle, Bd. 1, Köln 1985; Ovitt, George, *The Restoration of Perfection. Labor and Technology in Medieval Culture*, New Brunswick/London 1986; Meier, Christel, »*Pascua, rura, duces* – Verschriftungsmodi der Artes mechanicae in Lehrdichtung und Fachprosa der römischen Kaiserzeit«, in: *Frühmittelalterliche Studien* 28 (1994), S. 1–50; dies., »*Labor improbus* oder *opus nobile*? Zur Neubewertung der Arbeit in philosophisch-theologischen Texten des 12. Jahrhunderts«, in: *Frühmittelalterliche Studien* 30 (1996), S. 315–342; Reudenbach, Bruno, »Ornatus materialis domus Dei«. Die theologische Legitimation handwerklicher Künste bei Theophilus«, in: Beck, Herbert/Hengevoss-Dürkop, Kerstin (Hg.), *Studien zur Geschichte der europäischen Skulptur im 12./13. Jahrhundert*, Frankfurt a. M. 1995, S. 1–16; ders., »Praxisorientierung und Theologie. Die Neubewertung der Werkkünste in *De diversis artibus* des Theophilus Presbyter«, in: Baumgärtner, Ingrid (Hg.), *Helmarshausen. Buchkultur und Goldschmiedekunst im Hochmittelalter*, Kassel 2003, S. 199–218.

5 Fossier, Robert, *Le Travail au Moyen Age*, Paris 2000; Van den Hoven, Birgit, *Work in ancient and medieval thought. Ancient philosophers, medieval monks and theologians and their concept of work, occupations and technology*, Amsterdam 1996; Postel, Verena, *Arbeit und*

gilt es im Folgenden anzuknüpfen. Es soll um die »Arbeits«-Sprache von Theophilus gehen, um seinen Sprachgebrauch; also um sein Vokabular, um seine Wortwahl, um seine Ausdrucksentscheidungen und um die in und hinter Allem wirkenden Vorstellungen vom herstellenden Tun im früheren, so bewegungsreichen 12. Jahrhundert. Solches Fragen nach Elementen bzw. Komponenten, Feldern und Ebenen von sprachlichen Bedeutungen wird zunehmend als »Semantik« verstanden – ein Fachterminus besonders der Linguistik. Die Semantik ist in den letzten Jahrzehnten zu einer ausgefeilten Subdisziplin geworden, vor allem durch die Ausweitung der traditionellen Forschung über Einzelwörter zur Satz- und Textsemantik.[6] Diese steht heute unter dem wachsenden Druck der exponentiell zunehmenden Digitalisierung aller möglichen Textarten und -bestände und muss den Vorgängen, die alle herkömmlichen Maßstäbe sprengen, sachlich und methodisch Herr werden. Hierfür steht das neue Gebiet der Korpuslinguistik.[7] Da diese jedoch so gut wie ausschließlich mit Gegenwartsphänomenen und den ihnen entsprechenden Korpora befasst ist, kaum mit historischen,[8] ist sie für die semantische Erforschung von Sprachdokumenten zurückliegender Zeiten wie dem Mittelalter noch wenig geeignet. Die Barrieren hierfür sind hoch, vor allem deshalb, weil alte Dokumente wichtige Kriterien des modernen Textes nicht erfüllen. Sie müssen zum Beispiel weder in Graphie, noch in Wortlaut und Syntax stabil überliefert sein und sind oft weder vollständig erhalten, noch sicher individuell autorisiert. Hemmend kann weiter wirken, dass ein Werk zu geringen Umfanges ist, um als Korpus für linguistische Analysen eines Sprachbestandes repräsentativ zu sein, man aber über keine inhaltskonforme Parallelüberlieferung verfügt, die der Extension und dem positiven wie negativen Vergleich dienen könnten. Auch ist die Dokumentensprache – etwa das enorm expandierende Schriftlatein des 12. Jahrhunderts – lexikogra-

---

Willensfreiheit im Mittelalter, Stuttgart 2009; Hamesse, Jacqueline, »Le travail chez les auteurs philosophiques du 12e et 13e siècle. Approche lexicographique«, in: dies./Muraille-Samaran, Colette (Hg.), *Le travail au moyen âge. Une approche interdisciplinaire*, Louvain-la-Neuve 1990, S. 115–127.

6 Eine argumentative Einführung mit vielen disziplingeschichtlichen Klärungen und Anknüpfungsmöglichkeiten bietet Busse, Dietrich, *Semantik*, Paderborn 2009.

7 Aktuelle Übersicht nicht nur über die methodischen, sondern auch die kommunikativen Zugänge (Internetadressen von digitalisierten Texten und Textbeständen): Lemnitzer, Lothar/Zinsmeister, Heike, *Korpuslinguistik. Eine Einführung*, 2. Aufl. Tübingen 2010.

8 Fritz, Gerd, *Historische Semantik*, Stuttgart/Weimar 1998 präsentiert und gewichtet die Faktoren und Zusammenhänge langfristiger Sinnverschiebungen und bietet eine nach Wortarten gegliederte Auswahl von kurzen Wort(feld)geschichten, führt aber nicht in den Umgang mit konkreten Zeugnissen ein.

phisch vielfach nicht ausreichend verfügbar. Weiter sind, obwohl seit einigen Jahren das Volumen elektronisch gespeicherter und textanalytisch zugänglicher Einzeldokumente bzw. Sammlungen des mittelalterlichen Schriftguts exponentiell zunimmt, immer noch weite Bereiche desselben über die elektronische Bereitstellung zur Lektüre hinaus nicht digitalisiert. Und schließlich besteht wenig Erfahrung und Sicherheit in der Formalisierung geeigneter Texte und ihrer anschließenden Nutzung mittels statistischer Verfahren.

All dies gilt auch für Theophilus' *De diversis artibus*. So kann die linguistische Semantik für ein Vorhaben keine methodische Anleitung, kein adaptierbares Prozedere abgeben, sondern nur selektive und offene Denkanstöße bieten. Eine semantische Untersuchung der »Arbeits«-Sprache von Theophilus speist sich aber auch aus anderer Richtung, nämlich Vorbehalten gegenüber der philologischen Lexikographie und der hermeneutischen Begriffsforschung. Mehrfach ist erfolgreich versucht worden, sich im Wege einer Sprach*gebrauchs*analyse den gängigen Verdichtungen und Heraushebungen von Intentionen beziehungsweise Gemeintem aus gegebenen Texten zu entziehen – dies in Distanz zu lexikalisch bestimmten Übertragungswegen. Weder die Auswahl aus den Sinn-Agglomeraten der verfügbaren (mittel-)lateinischen Lexika, die ja texte-übergreifend konstruiert sind, noch die belesene Verknüpfung von thematisch treffenden Begriffs-Belegen und Kronzitaten aus dem Text und seinen kontextuellen thematischen Nachbarn sollen also im Folgenden im Vordergrund stehen. Was aber soll gelten? Hier wird die Beschränkung und Konzentration auf das Einzel-Dokument gewählt. Der philologisch verlässliche Wortlaut des Zeugnisses – in der Edition von Dodwell – wird im Folgenden zugrunde gelegt, jedoch anders benutzt als in der lektüregeleiteten, Belegstellen konzentrierenden Interpretation im Fahrwasser eines aktuellen Interesses. Die Sinnsuche gilt vielmehr dem Wortlaut als einer artikulierten schriftlichen Gesamtheit, an und von der gewissermaßen *alles zählt*, mindestens aber zählen könnte, und deshalb auch zu zählen sein *könnte*. Nicht nur jedes Wort, jede Wortverbindung (Syntagma), jede Wortwahl an *ihrer* Stelle, sondern auch in seiner quantitativen Bedeutung für das sprachliche Ganze. Vorrangig aus dem sprachlichem Bestand von *De diversis artibus*, das ist die Aufgabe, soll zum einen das Vokabular von Theophilus zum erstellenden Tun (Arbeit) aufbereitet werden, zum anderen dessen syntaktisch und kotextuell gefasster Sinnraum und dessen Bedeutungsordnung (am Gebrauchsort – Textstelle – und im Gebrauchsganzen – Textkorpus).

Ich werde mich anfänglich bei der Textuntersuchung auf das dritte Buch beschränken und dabei ausgehen von einem begrenzten Sprachtatort – dem eingangs zitierten Beginn des Kapitels 26 im dritten Buch. Er dient gewissermaßen als exemplarische Kerneinheit des Bestands. Was so erarbeitet ist, soll dann mit dem nominalen und verbalen Vokabular bzw. dem lexischen Bestand des dritten (und zweiten) Buchs als Ganzheit verglichen werden. Dazu kommt die Klärung der wenigen Gebrauchsstellen der bedeutungs-schwersten Wörter aus dem dritten Buch. Nur so ist ihre breitere Geltung in der Sprache des Traktats insgesamt zu erweisen oder abzuweisen, und nur so lässt sich der gewonnene »Sinnbezirk« (Jost Trier) komplettieren und ordnen. Im nächsten Schritt wird geprüft, was die Kapitelüberschriften aller drei Bücher zum Thema hergeben. Dann wird zur Gedankenfügung der drei Prologe und ihrem »arbeits«-semantischen Sinn gewechselt; den Ausgangspunkt wird hier der einleitend vorausgeschickte Ausschnitt aus dem Prolog zum dritten Buch bilden. Eine erneute Blickwendung wird den Spuren gelten, die auf die Artikulation des Wissens und Redens verweisen, die dem Geschriebenen vorausliegen bzw. es umgeben. Abschließend muss es darum gehen, welchen allgemeineren Belang die erzielten Ergebnisse insgesamt im arbeitsgeschichtlichen Zusammenhang haben könnten. Eine vereinfachende Schematisierung des semantischen Gefüges der Untersuchungsergebnisse ist dem Ganzen als Anhang beigefügt.

Zuvor jedoch noch das Nötigste zu Autor und Werk. Über die Lebenszeit von Theophilus (Roger) gibt es keine Gewissheit. Sie fällt wohl in die Jahre von zirka 1070 bis nach 1125. Ähnlich fraglich ist sein Lebensweg. Vermutlich im lothringischen Kloster Stablo erzogen und ausgebildet zum Goldschmied und Werkmeister der ornamentalen Künste (*artes*) für die Kirche, verbringt er seine ersten Erfolgsjahre in St. Pantaleon in Köln, wechselt dann kurz nach der Jahrhundertwende in die nordhessische Abtei Helmarshausen, wohl angezogen (oder angeworben) vom dortigen Aufbruchklima. Auch dafür, wo und wann genau er *De diversis artibus* niederschrieb (bzw. diktierte), gibt es keine Sicherheit. Er selber sagt nichts darüber. Aber sein Gebrauch des Wortes »Zettel« (*schedula*) für die Niederschrift der verschiedenen *artes* in der Vorrede zum ersten Buch und – wie schon eingangs im zweiten Auszug ersichtlich – der unübersehbare stilistische Unterschied zwischen Prolog und Buch legen die Vermutung nahe, dass Theophilus seine handwerklichen Darlegungen aus diversen Merkzetteln, Vorentwürfen über einzelne Werktätigkeiten bzw. Aufgaben, komponiert hat – damit könnte er schon in Köln begonnen und später dann die wohlüberlegten Vorreden hinzugefügt haben. So gesehen sind diese Vorreden also eigentlich Nachworte, die dann wohl doch in die Helmarshausener Jahre datieren (1122/1123?). Sicher ist nur, für wen er schrieb: für jedweden lernwilligen Nachahmer in seinem monastischen Umkreis,[9] der sein freizügig ausgebreitetes Wissen eifrig zu adaptieren bereit ist (*studium*). Das erklärt er in den Vorreden emphatisch und hofft zugleich, so den Bedürfnissen Vieler dienen und für deren Vorankommen sorgen zu können.

Warum ist für die heutige Technik-, Handwerks- und Kunstforschung *De diversis artibus* der wichtigste Traktat über die Techniken im *artes*-Handwerk bis weit in das späte Mittelalter hinein? Es gilt nach wie vor als ein Paukenschlag wie aus dem Nichts. Noch dazu ein erfolgreicher: Schon die Zeitgenossen des Meisters erstellten Abschriften. Die ältesten Überlieferungen dürften einerseits auf eine gemeinsame erste Kopie, andererseits auf die Urschrift von Theophilus selbst zurückgehen. Aber auch ihre Nachfahren schätzten seine Auskünfte und Belehrungen sehr. Die vielen späteren Kopien, Auszüge und Bezugnahmen auf ihn erweisen bis in die Zeit der Renaissance diesen Wissens-Nutzen. Theophilus war klar, worüber er schrieb und was er dabei an artisanalen Kenntnissen preisgab. Nicht zuletzt hat er dafür eine Sprache gefunden, die verständlich war und blieb. Lange hat die historische Forschung seiner Darstellungsweise bzw. seiner Sprache vor allem Rezeptcharakter zugeschrieben und sein Werk als ein Bündel diverser handwerklicher Verfahren – darunter auch manchen technikgeschichtlich bedeutsamen Erstbeleg – verstanden, auch wenn stets klar war, dass es ihm als Benediktinermönch primär um *die* drei Dingfelder des Gotteslobs in der Kirche als Gebäude und liturgischer Raum ging: um die Herstellung, die Mischung und den Gebrauch von Farben (Buch I, in 38 Kapiteln), um die Herstellung und Verwendung von Glas, besonders von Glasfenstern (Buch II, in 31 Kapiteln) sowie um das Schmieden und Gießen diverser, vor allem silberner, goldener und bronzener liturgischer Geräte vom Kelch bis zur Glocke samt ihrem figürlichen, floralen und geometrischen Schmuck (Buch III, in 96 Kapiteln).

Was besonders der Technikgeschichte als ein handbuchartiges Sammelwerk von einmalig breiter artisanaler Fachkundigkeit und erstaunlichem Vermittlungsgeschick erschien, ist neuerdings, befördert durch die genauere ideengeschichtliche Verortung der Prologe zu den drei Büchern in den vergangenen Jahrzehnten, einleuchtend umgedeutet worden. Bruno Reudenbach hat die drei »Rezeptbücher« in ihrem Verhältnis zueinander auf den aufwandsreichen Gottespreis in der Form des Kirchen-*ornatus* als typisch

---

9 In den Prologen fallen die »Adressen« *filius* bzw. *frater carissimus/dilectissimus/dulcissimus* sowie *vir bonus*.

benediktinischen Gesamtzweck festlegen können, explizit ausgeführt in den Prologen – worauf noch zurückzukommen sein wird. Der Dreischritt Farbe – Glas – Metall sei, so Reudenbach, als wenn auch schwacher »Reflex eines Systematisierungsansatzes greifbar, der die Stoffgliederung enzyklopädischer Kosmographie durchgehend prägt, nämlich ein Fortschreiten vom Himmel zur Erde, vom Oben zum Unten, vom Schöpfer zu den Geschöpfen, vom Unkörperlichen zum Körperlichen«.[10] Wichtiger für unser Vorhaben aber ist Reudenbachs Beobachtung, das auch *innerhalb* der drei Bücher das Ordnungsprinzip des Gotteslobs walte, und zwar dergestalt, dass Theophilus seine Belehrungen der Herstellungslogik der liturgischen *Gegenstände* unterwerfe, dass er die Sequenz der beschriebenen Handlungen »in erster Linie nicht von den Eigenheiten der Technik, sondern von dem jeweiligen zur Demonstration ausgesuchten Werkstück [...] bestimmt« sei.[11]

Dies gilt auch für die Beschreibung der Herstellung des »kleineren Kelchs« (Buch III, Kap. 26), deren Anfang zu Beginn zitiert wurde. Der »Arbeits«-Sprache dieses Abschnitts möchte ich mich nun zuwenden.

Calicem facere – einen Kelch machen (Drittes Buch, Kapitel 26)

Satzform und Sätzeverknüpfung

Der einleitend zitierte Beginn des 26. Kapitels des dritten Buches ist typisch für den Stil aller drei Bücher. Er besteht zum Löwenanteil in Aufforderungs- bzw. Anweisungssätzen an ein *Du*-Subjekt.[12] Wiederholen wir zur Erinnerung den Anfang: *Cumque coeperis percutere, quaere meditullium in eo, et fac centrum cum circino, et circa eum facies caudam quadram.* Solche meist kurzen Sätze stehen für sich, bestimmt vom auf das Objekt zielenden Verb. Dazu kommen diverse Sinnerweiterungen über Adverbien (*diu, donec* usf.) und Präpositional-verbindungen (*cum-, a – usque, super, secundum, circa* usf.) in wechselnder Ausführlichkeit. Die Verben und Objekte sind regelmäßig durch

---

10 Reudenbach, »Ornatus«, S. 5; ders., »Praxisorientierung«.
11 Ebd., S. 3; so auch schon Dodwell, *Theophilus*, S. IX.
12 Abwechselnd mit der *du*-Form spricht Theophilus auch in der distanzierten *es*- bzw. *man*-Form. Dadurch verschiebt sich die Ausdruckshaltung hin zum Objektiven, zum Gebräuchlichen des Wissens (*usus*).

verschiedene Attribute qualifiziert. Ab und an sind diesen »Tat«-Sätzen auch explikative Nebensätze (eingeleitet mit *ut/cum/ne* und anderem) beziehungsweise deren Abbreviationen (*his peractis, quo facto*) vorangestellt oder angefügt. Sie könnte man auch »Resultat«-Sätze nennen. Bar aller dieser Erweiterungen jedoch ließe sich die elementare Tatsatzstruktur »formalisieren« zu der Kurzformel: *fac rem cum rebus.* Für sich stehend ergibt jeder dieser Sätze kaum Sinn. Erst die Verbindung mit den vorausgehenden und folgenden Sätzen stiftet seine Bedeutung. Erst dann ist er als ein Schritt auf einem (nicht immer geraden) Weg zu einem Ziel zu verstehen. So entsteht der Grundeindruck einer paratakischen Reihung von schlichten Tatsätzen. Doch es bleibt nicht bei dieser Linearität. Immer wieder sind die Sätze durch Zeit- und Modaladverbien gruppiert bzw. voneinander abgesetzt – etwa durch Partikel wie *deinde, nunc, iterum, postea, sicque* oder Ähnliches.[13] So setzt Theophilus eine profilierte Zeitordnung, eine mittels Schachtelungen ergänzte Folge der verbalisierten Handlungen zusammen und erreicht damit die gewünschte sachliche Angemessenheit. Liest man in allen drei Büchern, dann merkt man schnell, dass diese Struktur nicht nur für den hier untersuchten Abschnitt, sondern im Großen und Ganzen für den Text[14] aller drei Bücher gilt. Was lässt sich aus diesen Beobachtungen zur Satzform und Satzfolge »arbeits«-semantisch folgern? Natürlich ist die zentrale Rolle der Verben unübersehbar – Theophilus zielt druckvoll auf das konkrete *Tun* ab. Doch auf welche Aktionen genau und in welcher Ordnung? Mit welchem Begriff werden die Aktionen bezeichnet? »Arbeiten«? »Herstellen«? »Machen«? »Tun«?

---

13 Der modernen Interpunktion, die alle Editionen bieten, ist nicht zu trauen. Man kann in diesem Zusammenhang ohne Not auf sie verzichten, ohne zugleich in die Handschriften zurückkehren zu müssen.

14 »Text« soll hier der der heutigen historischen Betrachtung dienende Wortlaut von *De diversis artibus* heißen. Theophilus, der sicher den Doppelsinn des lateinischen *textus* seiner Zeit kannte – den liturgischen Kodex des Evangeliars und die Struktur (*forma*) von kanonisierten Schriftsprachgebilden, deren verborgener Sinn mittels *glosae,* die ihn auf der Seite umgaben (*apparatus*), erörtert wurde –, benutzt dieses Wort meines Erachtens nicht. Dem entspricht, dass in allen Handschriften des 12. Jahrhunderts von *De diversis artibus* dieser Status und diese Seitenorganisation fehlt. Zur Historizität des Textes und zum mittelalterlichen Stellenwert des *textus* vgl. Kuchenbuch, Ludolf/Kleine, Uta, »*Textus* im Mittelalter – Erträge, Nachträge, Hypothesen«, in: dies. (Hg.), »Textus« im Mittelalter. Komponenten und Situationen des Wortgebrauchs im schriftsemantischen Feld, Göttingen 2006.

Das Dinge-Feld

Um den Verbbestand und -gebrauch, also den Aktionsanteil am Ausdrucksgeschehen, besser verstehen zu können, ist ein kleiner Umweg nötig. Das heißt, es muss ein weiteres Element des Wort-Gesamts des Kapitels einbezogen werden.[15] Ich meine den *nominalen* Bestand, das Wortfeld für die Dinge (*res*), um die es beim Tun geht. Diese involvierten *res* sollen vorweg untersucht werden. Die Verläufe und Verknüpfungen der einzelnen Tätigkeiten beim Kelch-Schmieden weisen den Weg, dem zu folgen ist. Durchgehend traktiert wird ein Silberblock bzw. ein Silberblech: Theophilus spricht darüber als *argentum*. Ihm soll die richtige *forma* und *amplitudo* gegeben werden. Ein Allgemeinwort für diese Ausgangs-*res*, *materia* etwa, fehlt. Welche *res* kommen zum Einsatz?

– Hantiert wird sukzessive mit (*cum*) dem Zirkel, mit drei verschiedenen Hämmern, mit Münzen (als abwiegenden Gewichtseinheiten), mit zwei Ambossen, mit diversen Feilen, Zieh-, Glätt-, Punzeisen, mit Sticheln, Töpfchen, Tüchern, Schleifstein, Holzbrettchen, Wachs.[16]
– Verbraucht werden dabei Kohlen (in einem Schmelzofen bzw. für einen Wärmherd) und Kreide.
– Nötig ist auch – zweimal – ein Gehilfe (*puer*) für das Aushämmern von Markierungen auf Geheiß des Du-Subjekts.
– Gefertigt werden aus dem Silber nacheinander die Schale (*vas*), der Fuß (*pes*), der Knoten (*nodus*) zwischen Schale und Fuß, der Ring (*anulus*) zwischen Schale und Knoten, das Scheibchen (*spissa*) für die Verkeilung von Schale, Ring und Knoten, die Deckscheibe (*rotula/patena*) sowie ein Steckstutzen (*cauda quadra*) zwischen Schale, Ring und Knoten. Alle sieben sind Teil (*pars*) eines entstehenden Ganzen: des Kelches (*calix*).

Dieses Ensemble von Substantiven mag hier umständlich inventarisiert sein – doch schließlich sollte dem Gang der Handlung gefolgt werden, nicht einer text-externen Systematik. Dennoch könnte man fragen: Wäre es nicht sinnvoller, vom *Rohstoff* und den *Werkzeugen* bzw. *Werkmitteln* (den Elementen Feuer, Wasser usf.), oder vom *Arbeitsgegenstand* bzw. *-material*, von den *Arbeitsmitteln* und vom *Arbeitsresultat* zu sprechen bzw. sich insgesamt im

---

15 *In toto*, im Sinne einer peniblen Erfassung und Auszählung der Positionen und Frequenzen *aller* benutzten Wörter des »Textes« – es sind gut 560 Wörter, zirka ein Hundertstel des dritten Buches – ist dies hier nicht geboten.
16 Zur Ergänzung: Es fehlt ein Nomen dafür, womit das Silber geteilt und geschnitten wird.

Wortfeld der *Produktion* zu bewegen? Nein, denn eine solche begriffliche Modernisierung war gerade zu vermeiden, um die textimmanente Wortwahl und Denkweise nicht beiseitezuschieben, sie nicht anzutasten, sich nicht von ihr zu lösen, sondern sie überhaupt erst einmal zu ermitteln. Auffällig ist angesichts dieses Ensembles, dass übergeordnete Gruppierungswörter, »Kategorien« für das Ganze oder bestimmte Teile fehlen. Kannte Theophilus also keine Allgemein-Begriffe? War es generell so, dass Theophilus über Kategorien hierfür nicht verfügte? Oder hatte er an dieser Stelle nur keinen Grund, diese zu benutzen, obwohl sie zu seinem Wortschatz gehörten? Diese Frage lässt sich hier nicht beantworten; sie ist aber im Auge zu behalten.

Das Verben-Feld

Nach diesem Abstecher nun zurück zur Frage: Wie sieht das Vokabular der *Tätigkeiten* aus? Von den insgesamt knapp 80 Verb-Einsätzen des Kapitels gehören 65 zum »Mache«-Typ, um den allein es hier gehen kann. Um sie zu erfassen, folgen wir auch hier der Handlungskette. Es ergibt sich die folgende Reihe von konkreten Aktionsverben – man könnte sie auch *proprietäre* Verben nennen, denn sie repräsentieren ein unverwechselbares Tun durch eine Art Eigen-Namen[17]: *schmieden, hämmern (schlagen), schaben, glätten, zerschneiden (zerteilen), abwiegen, gießen, schlagen, füllen, schlagen, feilen, polieren/reiben, spalten, stülpen, einfüllen, feilen, gießen, schlagen, einritzen/gravieren, polieren.* Unter diesen Aktionsverben hat das Schmieden im Text Vorrang (7 Erwähnungen) vor dem Gießen/Füllen und dem Schaben, Feilen und Polieren. Diese Häufigkeitsstufung bildet das Handlungsfeld angemessen ab. Ging es doch auch vor allem um das Schmieden (eines Kelches). Viele dieser Verben stehen im Übrigen in phraseologisch fester Verbindung mit ihren Nomina (etwa »Blech aushämmern« bzw. »mit Fett schmieren«), kommen also dem nah, was man »Formel« nennt. Aufschlussreicher ist die Benutzung und Bedeutung von *facere*. Mit einem guten Dutzend Erwähnungen (in den Formen *fac, facies, quo facto*) steht es deutlich vor den proprietären Verben. Aber in welchem Sinne? Die Kotexte der Gebrauchsstellen

---

17 Ich folge hier dem im üblichen damaligen Divisionsdenken. In diesem Rahmen bildet das *proprium* die letzte, unteilbare Instanz nach *genus* und *species*. Vgl. hierzu Fried, Johannes, »Vom Nutzen der Dialektik und Rhetorik für das Leben. Eine Einführung«, in: ders. (Hg.), *Dialektik und Rhetorik im früheren und hohen Mittelalter. Rezeption, Überlieferung und gesellschaftliche Wirkung antiker Gelehrsamkeit vornehmlich im 9. und 12. Jahrhundert*, München 1997, S. XII-XIX.

zeigen zweierlei: *Facere* dient sechsmal als Bezeichnung für Tätigkeiten, für die Theophilus über kein proprietäres Verb zu verfügen scheint. *Facere* dient hier als zu verschiedenen Tätigkeiten passender Ersatz, sozusagen als Passepartout.[18] Ebenso oft fasst *facere* mehrere Handlungen zu einer zusammen. Auf diesen Verbgebrauch trifft man besonders bei den sekundären Teilen des Kelches, wie den Fuß, den Hals, den Ring, deren Formung auf die Formung der Schale folgt. Theophilus schürzt hier, pauschalisiert, zieht mehrere Handlungen zum »Machen« zusammen. Im Rückbezug – *quo facto* – kommt dieser Gebrauchssinn generell zum Vorschein. *Facere* überbietet also die proprietären Aktionsverben zweifach: Einerseits ergänzt es ihr Spektrum und andererseits subsumiert es sie (sich) verallgemeinernd. Wenn *facere* also eine höhere Bedeutungsebene repräsentiert, herrscht es dann auch gewissermaßen über den Schwarm der proprietären Tatverben? Und entspricht die höhere Frequenz, die häufigere Benutzung, diesem höherem Sinnrang? Weitergehend gefragt: Begnügt sich dieser Text mit der Sinn-Vorherrschaft eines Allgemein-*Verbs*?

Nominal-Abstraktionen?

So einfach ist es nun doch nicht, denn es sind noch nicht alle ausschlaggebenden Komponenten des lexikalischen Bestandes von Kapitel 26 auf dem Tisch. Vier weitere Nomina sind noch zu untersuchen: *manus, effectus, opus* und *modus*. Jedes ergänzt den bisher ermittelten Ausdrucksraum erheblich, thematisiert den Gesamtsinn des 26. Kapitels jeweils anders und verwebt ihn mit anderen Passagen und Kapiteln.

Zweimal benutzt ist *manus*. Das scheint banal, ist doch alles geschilderte Handeln ein handgebundenes bzw. handvermitteltes. Doch sagen die beiden Stellen in zweifacher Hinsicht mehr. Im ersten Fall geht es darum, dass das Silberblech so dünn zu hämmern ist, bis es mit der Hand gebogen werden kann (*ut manu plicari possit*). Die Hand kommt, obwohl praktisch ohne Unterlass in allen Tateinheiten wirksam, an die sprachliche Oberfläche erst dann, wenn (noch) kein Werkzeug nötig ist oder nicht (mehr) weiterhilft – also beim initiativen »bloßen« Handanlegen oder dann, wenn dasjenige Werkzeug fehlt, das den Feinsinn der Hand überbietet. Im zweiten Gebrauchsmoment geht es um den Grenzfall, dass die beiden Meister-Hände

---

18 Im hier untersuchten Kapitel: anstelle von *markieren, ritzen, Kreise schlagen mit dem Zirkel*; dem *puer* etwas *befehlen*; den Kelchknoten mit Wachs *füllen*.

zur Bewältigung der Aufgabe nicht ausreichen. Es bedarf notwendig des Hammerschlags durch einen Gehilfen.[19] Im Falle von *manus* begegnet man dem semantischen Grundproblem des Selbstverständlichen (und deshalb vermutlich umso Wichtigeren), über das man kein Wort zu verlieren braucht, – und der Durchbrechung dieses beredten Schweigens anlässlich eines Ausnahmefalls. Die Hände sind, weil stets tätig, in den Hantierungsverben implizit omnipräsent – warum dann über sie reden, außer in besonderen Momenten? Dies ist meines Erachtens eine wichtige sprachliche und speziell semantische Tatsache zum Problemfeld der sogenannten Hand-Arbeit(en) und ihrer Geschichte im Wirkverbund mit den »Werkzeugen«.[20]

Nur jeweils einmal werden *effectus* und *opus* benutzt, und zwar in einem bedeutsamen Zusammenhang. Der letzte Teilsatz des 26. Kapitels – es geht vorher um das Schmieden und die Gravieren des Figurenschmucks der Patene, des Tellers für die Hostie –, besteht in einer Verweisbemerkung: »[...] poliere (die Patene), damit die Wirkung dem Kelch entspricht« (*poliens ad effectum sicut calicem*). Wir sind hier in der Herzkammer aller Christus-Bezüge. Beide liturgischen Geräte zusammen, Kelch und Patene, machen ja die Zeremonie der Eucharistie möglich. Mit einem Rückbezug, der erst die übergeordnete Bezeichnung *effectus* »produziert«, knüpft Theophilus an eine Bemerkung an, mit der er seine Beschreibung des Machens des ganzen Kelches (bis auf die Verkeilung der Teile) abschließt – an die Politur.

Und genau an dieser Stelle fällt – einmalig im Kelch-Kapitel – das Wort *opus*: »Mit diesem (stumpfen, geglätteten Eisen) poliere die Schale innen und außen, desgleichen Knoten, Fuß und Ring und reibe dann (alles) mit einem Lappen und feingeschabter Kreide solange nach, bis das Werk insgesamt glänzend gemacht ist (*donec omnino lucidum fiat opus*)«. Es ist der Glanz-Effekt, der die Herstellungsketten von Kelch und Patene im Ziel eint. Und bei diesem einenden Bezeichnen wird dann auch sprachlich evident, was beide Resultate sind: *opus* – Werk dürfte hier die angemessene Übertragung ins Deutsche sein, Werk als geschaffenes Resultat, nicht als Tun, als Tatverlauf beziehungsweise Vorgang. Nur einmal im Kapitel wird also das,

---

19 Vgl. den letzten Absatz des ersten Zitats.
20 Hier sei, weit über die hier behandelten Bezüge hinaus, auf die grundlegende Abhandlung von Popitz, Heinrich, »Technisches Handeln mit der Hand. Zur Anthropologie der Werkzeugtechnik«, in: ders. (Hg.), *Epochen der Technikgeschichte*, Berlin 1989, S. 40–73 zur anthropologischen Bedeutung der Hände aufmerksam gemacht.

was konkret, sukzessive und in seinen Teilen (entstehen soll bzw.) entstanden ist, unter ein umfassendes Nomen subsumiert.[21]

Neben der Abstraktion zum »Was« (*opus*) kommt es auch einmal zur Abstraktion des »Wie« des Tuns, wieder herbeigeführt durch den Vergleich. Zur Vorbereitung der Zusammensetzung der Kelchteile heißt es: »Mache in der Mitte des Knotens ein viereckiges Loch entsprechend der Größe des Stutzens an der Schale und stecke in den Knoten ein dickes, rundes Silberscheibchen (*rotundam*), das auf gleiche Weise durchbrochen ist (*eodem modo perforatam*)«. Egal, ob man diesen Passus vom Tun (durchbrechen) oder von der Form her (viereckig) versteht: Hier wird vergleichend abstrahiert. Beides gilt als *modus,* als *Art* bzw. *Weise* einer Handlung. Mit dem *modus*-Wort ist fallenthoben artikuliert, *wie* herstellend gehandelt wird, *wie* gemacht werden kann. Dies geschieht allerdings nur in einem Fall. Der Kotext des Kapitels reicht nicht aus um zu prüfen, ob Theophilus alles Vollzugs-Gleiche und deshalb Wiederholbare allgemeinbegrifflich fassen konnte bzw. wollte, anders gesagt: inwieweit er alle *facta,* durch *modi* entstanden, verstand und bezeichnen konnte. Dazu gleich mehr.

Zwischenergebnis

Die immanente lexikalische und semantische Untersuchung des 26. Kapitels als Text-Ensemble hat meines Erachtens. Folgendes erbracht:

1. Im Formalismus der Normalsätze kommt eine fast litaneiartige Dominanz der schrittweisen »faktuellen« Manipulation un- oder vorgeformter Sachen mit wechselnden Hand-Hilfen auf ein klares Ziel, ein Resultat (*opus*) hin – die richtige Gestalt – zum Tragen, um den Effekt des (schönen) Leuchtens zu erreichen. In dieser durch *proprietäre Verben* profilierten Redeweise fehlen übergeordnete Termini zur kategorialen und operativen Zerlegung und Systematisierung der Vorgänge – also das, was man heutzutage unter Begriffen wie Material/Rohstoff, Kraftstoff/Energie, Zusatzstoffe, Gerätschaft und anderem versteht.

2. Alles ist von Theophilus auf die richtige Reihenfolge und die richtige Ausführung hin formuliert. Nicht nur die Verbwahl, sondern auch die Fülle

---

21 Die nahe liegende Anschlussfrage – was vom Getanen Theophilus sprachlich als »Werk« gilt – muss hier zurückgestellt werden.

präziser, unersetzbar eigenartiger *Nomina* soll der praktischen Mimesis förderlich sein. Insofern handelt es sich um eine Rezeptsprache. Und auch diesen diversen Namen bzw. Bezeichnungen der Einzel-*Objekte* fehlt eine Gruppierung durch Gattungswörter. Hat also das Ausdrucks-Feld der Herstellungen keine begriffliche Mitte, keine Ränder, keine Ränge?[22] Bezieht es seine Ordnung nur aus dem effektiven Nacheinander der Handlungsabschnitte?

3. Ebenso fehlen im Kapitel-Text generalisierende übergeordnete Nomina zur Qualität der *Handlungen/Taten*. Zu denken wäre hier an den für sie konstitutiven Wissensraum (*scientia*), an die nötige Geschicklichkeit (*ars*) dabei, an ihren körperlichen Aufwand, ihre Mühseligkeit (*labor*). Wenn Theophilus integriert bzw. verallgemeinert, dann nur in *eine* Richtung: hin zum *opus* als gestaltetem Werk.

4. Der untersuchte Text scheint sprachlich dreifach dimensioniert zu sein: Das selbstverständlich Gewusste ist implizit da, *ungeschrieben* präsent, wie und in welchem Ausmaß, darauf wird im fünften Untersuchungsschritt zurückzukommen sein. Der *Schreib*aufwand, die instruierende Beschreibung,[23] gilt den konkreten, eigentümlich-unverwechselbaren, klar benennbaren Einzelschritten. Erkennbar sind nur wenige begriffliche Steigerungen bei der Artikulation des ganz Besonderen oder des übergeordneten Allgemeinen. Drei Wesenszüge dieser Sprache zeichnen sich ab:

- ein latenter, hintergründiger, nicht schriftlich aktivierter Sprachschatz und Wissensbestand,
- das lexikalisch enorm reiche, syntaktisch aber eher arme Schriftlatein des handgreiflichen, anschaulichen Aktionsterrains,
- wenige, aber charakteristische Momente übergeordneter und verweisender Benutzung von Abstraktionen und Gattungswörtern.

Als Zwischenergebnis der bisherigen streng intratextuellen Untersuchung lässt sich festhalten: Die Hypothese hat Einiges für sich, dass sich Theophilus im untersuchten Textabschnitt einer syntaktisch standardisierten bzw. formalisierten *opus*-Diktion bzw. *Werk*-Sprache bedient. Wie lässt sich von hier

---

22 Ich beziehe mich hier ganz grob darauf, wie Tier, Jost, *Aufsätze und Vorträge zur Wortfeldtheorie*, Paris 1973, S. 40–66 das Verhältnis von Wortfeldern zu Sinnbezirken versteht.

23 Da Theophilus sich des *dicere* als leitendem Aufzeichnungsverb bedient, muss man das Diktat als Aufzeichnungsweise unterstellen; darauf ist im 5. Abschnitt zurückzukommen.

aus noch tiefer in die »Arbeits«-Semantik des Textes eindringen? Durch sachliche Erweiterungen und methodische Verschiebungen im Sinne der Droysenschen Devise.

Varietas operum – Wort- und Sinnfeld der Werke-Vielfalt (Drittes Buch)

Im Folgenden wird die Untersuchung auf den kompletten Text des dritten Buchs mit seinen 96 Kapiteln ausgeweitet, zugleich jedoch anders vorgegangen. Eine wort-numerisch strenge Aufbereitung des sprachlichen Bestandes ist hier nicht zwingend nötig, da sich weniger aufwendige Ermittlungswege anbieten, die entscheidend weiterhelfen.

Lexikographie

Es geht zunächst um die Vervollständigung des bislang ermittelten werkbezogenen Wortschatzes von Theophilus. Hierzu kann man sich – trotz seines textphilologisch veralteten Zustands – dem »Fachwörterbuch« anvertrauen, das Wilhelm Theobald bereits 1933 für das zweite und dritte Buch erstellt hat.[24]

Verben

Auf den riesigen Bestand der Aktions*verben* ist nur ganz kurz hinzuweisen. Hier wiederholt sich im ganzen Buch nahezu potenziert das, was über das Kapitel 26 gesagt werden konnte. Theophilus benutzt mehrere Hunderte von Aktionsverben. Um dies zu veranschaulichen, soll nur der Hinweis genügen, dass Theobald in den Büchern zwei und drei allein 21 mit *circum* sowie 31 mit *com/con* gebildete Aktionsverben hat finden können. Also ein ins Riesige erweiterter Gesamtbestand. Eine neues Strukturelement sehe ich

---

[24] Theobald, Wilhelm, *Technik des Kunsthandwerks im 12. Jahrhundert. Des Theophilus Presbiter Diversarum artium schedula*, Düsseldorf 1984, S. 514–528, allerdings ohne Stellennachweise und Gebrauchsfrequenzen. Erfasst ist zusätzlich zum Schmieden, Gießen und Bearbeiten der diversen Metalle (Buch III) das die Glasbläserei und das Glasfenstermachen betreffende Vokabular des zweiten Buches.

jedoch in Aktionsverben, die in keiner phraseologisch festen Verbindung mit unverwechselbaren Geräten und Einzelbewegungen stehen. Sie dienen vielmehr dazu, mehrere, vom Einzel-Werkzeug gelöste Aktionen übergreifend zu bezeichnen: *ponere, jungere, ligare, miscere, convertere, configere, conficere* und schließlich, am generellsten, *formare*. Man hat hier Verben beisammen, die im Abstraktionsgrad zwar *über* den proprietären Aktionsverben stehen, die Allgemeinheit des *facere* aber nicht erreichen – man könnte sie modal gruppierende Verben nennen. Diese *zweite* Dimension bzw. Ebene stellt doch eine wichtige Ergänzung zur verbalen Funktionsordnung dar, die das Bedeutungsfeld maßgeblich mitstrukturiert.

Nomina

Über *was* alles der Mönch beim Werken verfügt (bzw. verfügen können sollte), ist gleich beeindruckend.[25] Eine Auszählung der substantiven Bezeichnungen für *hantierte* Dinge ergibt ein Gesamt von zirka 160 Wörtern – etwa eine Verzehnfachung im Vergleich zu Kapitel 26. Allein die Hauptmenge der Hantierungs-Hilfen – gut 60 – reicht vom Gänseflügel und Schachtelhalm über diverse Gefäße, Messer, Pinsel, Bohrer, Sägen, Waagen bis zu Öfen, Blasebälgen, Tischen. Auch am anderen Pol des Bestandes, das heißt den zirka 45 Dingen, die *Gegenstand* des Werkens sind, die also »Form« gewinnen sollen, ergibt sich, legt man moderne Ordnungsgewohnheiten zugrunde, eine ähnlich klare Reihe von den Erden (mehrere Sorten Ton, Sand), den Metallen (vom Eisen bis zum Gold) und Mineralien (Salz, Galmei) bis zu den Edelsteinen (vom Onyx bis zur Perle). Eine solche vierteilige Gliederung nimmt Theophilus natürlich nicht vor. Dies schließt jedoch nicht aus, dass er über Gattungswissen und dessen Ordnungen verfügte.[26] Die bereits gestellte Frage erhebt sich auch hier: Brauchte er dieses Wissen einfach nur gerade nicht?

Schwerer fällt es, den genauso umfänglichen Bestand der in das Werk(en) eingehenden oder zwischen Hantierungshilfe und Gegenstand eingesetzten

---

25 Theophilus handelt nicht von der Beschaffung all dieser Sachen. Sie sollen *da* sein, wenn man sie braucht. Einmal spricht er davon, den für den Bau des Gebläseofens nötigen Lehm selbst zu graben (III, 3).

26 Wenn es in Kapitel 90 einleitend zum Eisen heißt: *Ferrum nascitur in terra in modum lapidem*, dann ist hier an die gängige Vier-Elemente-Lehre zu denken. Aber erst die im Folgenden angedeuteten Aufbereitungen des Eisens (graben, zerkleinern, schmelzen, ausschmieden) – an anderer Stelle heißt das *preparare* (III, 91) – führen dazu, *ut aptum fiat unicuique operi*.

Werk-*Mittel* zu ordnen. Theophilus spricht über sie konsequent situationsgebunden, sinniert nicht über ihren Nutzen als solchen, definiert ihre allgemeine *qualitas* nicht. Das gilt für sehr verschiedene *res* wie Heu, Farnkraut, Knoblauch, Strohalm, Eberzahn, Ochsenhorn, Pferdemist, Knochen, Seife, Käseleim, Kleie, Fett/Schmer/Schmalz, Haut/Leder, Wachs und manches andere. Stets macht der Kotext klar, wozu sie jeweils dienen. Theophilus ist ein Meister darin, im gegebenen Benutzungsmoment das Richtige zu sagen. Dasselbe gilt auch für den Brauchnutzen der Flüssigkeiten (Wasser, Öl, Gummi, Bier, Wein, Lauge, Brühe, Urin, Blut, Galle, Speichel) sowie der verschiedenen Feuer(ungen) – verbrennen, glühen, schmelzen, wärmen. Er dachte, so muss man insgesamt schließen, nicht daran, all diese *res* systematisch zu ordnen und nach Art und Bedeutung zu kategorisieren. Vielmehr bedient er sich ihrer dann, wenn ihr *usus* dazu veranlasst – ohne Kommentar.

Dennoch – auf der Suche nach der Eigenart der monastischen »Arbeits«-Sprache im 12. Jahrhundert – lohnt es sich, spekulativ weiterzufragen. Wie hätte Theophilus sich ausdrücken *können* im Falle, dass eine Kategorisierung notwendig erschienen wäre? Am Konglomerat der Holz-*Nutzungen*[27] etwa kommen mögliche Hemmnisse bzw. Grenzen der Kategorisierbarkeit und Systematisierung im Handlungsraum des Werkens zum Vorschein. Im Holz-Eintrag des Theobaldschen Lexikons sind 22 Holz-Wörter erfasst – allein neun Baumarten, vier Geräte-Griffe (Spindel, Kurbel, Schwengel), fünf zweckgeformte Hölzer (Bretter aller Größen, Latten/Stangen/Stöcke). Man hat darüber hinaus aber ebenso an die Rinde, die Kohle, die Asche, das Harz, das Pech, das Laub, den Zunder zu denken. Die Funktionspalette der Hölzer und Holzderivate reicht vom Feuerungsstoff über verwandelnde Wirkmittel, über Dichtung und Klebung bis zu diversen mechanischen Werkhilfen beim Hantieren (Halten, Tragen, Bohren, Drehen usf.). Von welchem Prinzip aus, in welche Richtung hätte Theophilus diese Vielzahl geordnet und abstrahiert? Auch eine *materia*-orientierte *Mittel*-Terminologie ist nicht erkennbar – sie war sicher nicht intendiert. Dieser Bezeichnungsbereich bedurfte keiner eigenen begrifflichen Distinktion. Theophilus nutzt seinen auf die Dinge bezogenen Wortschatz, trotz seiner enormen Breite, ohne feste Bezeichnungen für ihre funktionale Gruppierung.

---

27 Über die *Herstellung* von hölzernen Gegenständen für die Kirche und den Gottesdienst handelt Theophilus prinzipiell nicht.

Terminologischer Suchgang

Aber es gibt durchaus Spuren einer zusammenfassenden Abstraktion. Theobalds Lexikon enthält – ähnlich dem Kapitel 26 – Wörter im Sprachschatz von Theophilus, die terminologischen Status haben könnten, was sich aber mangels Frequenz und Stellennachweis bei Theobald selbst nicht prüfen lässt. Welcher Sinn und welche Bedeutung könnte ihnen zukommen? Antworten vermag eine erneut geänderte Methode zu geben, und zwar die einer Durchmusterung des Gesamttextes des dritten Buches auf solche Termini hin. Gesucht wurden dementsprechend die bislang für abstraktions-relevant erachteten Nomina aus der Analyse von Kapitel 26, also vor allem *opus, modus, ars, scientia, labor*. In den Blick kommen sollten natürlich auch weitere, bislang nicht belegte werk-semantische Gewährswörter bzw. Ordnungstermini. Was war das Ergebnis?

Die res-Terminologie

Zunächst zur Frage der begrifflichen Fassung der so verschiedenen zuhandenen Einzel-Dinge. Am Ende des 4. Kapitels, in dem Theophilus über das Machen der Blasebälge schreibt – einleitend ging es um die Werkstätte, die Werksitze, die Gebläse-Öfen –, kündigt er folgendes an: *Utensiliorum autem et ferramentorum nomina in fabrili opere sunt haec*. Es folgt eine nahezu verblose Aufzählung[28] dieser Dinge in 17 Kapiteln – Ambosse, Hämmer, Zangen, Drahtziehblöcke sowie Eisen (*ferri*) zum Ritzen, Sticheln, Schaben, Punzen, Trennen, Zirkeln, Feilen samt ihrer Härtungsarten im Feuer und im Wasser. Am Ende dieser langen Liste, im Übergang zur Vorbereitung des eigentlichen Schmiedens und Schmelzens, fällt folgender Teilsatz: *Haec omnia prae manibus habens*. Die 17 Kapitel sind also durch übergeordnete Formulierungen »eingeklammert« – eine Abstraktion.

Die einleitende Klammer zur *res*-Inventur des Schmiede-Werks (*opus fabrile*) bedient sich zweier Verallgemeinerungen. Es soll um die namenhaften Bezeichnungen (*nomina*) alles dafür Zuhandenen gehen – aber nur desjenigen aus Eisen bzw. Stahl. Diese Vielheit wird in zwei Richtungen abstrahiert. Die *ferramenta* sind eine Sammelbezeichnung der härteren eisernen Hantierungshilfen (*ferri*) für das Werken des weicheren Silbers (und später Goldes, Kupfers). Die Bezeichnungsrichtung geht hier also vom Formenden auf das

---

28 Der Satzteil »es gibt« (*sunt*) ist meist der Kürze halber weggelassen. Ab und an spricht Theophilus davon, dass man sich »derlei machen solle« (*fiant*).

Formbare: Eisen formt Silber. Und die vorangestellten *utensilia*? Als Ableitungsnomen von *util utens/ utensilis* dürfte es hier um die Brauchbarkeit gehen, abgegrenzt von nicht Geeignetem wie Steinen, Bindemitteln usf. Dies lässt sich mit einer Bemerkung aus dem zweiten Buch über die Glasbläserei stützen (II, 3). An analoger Stelle, beim Übergang vom Machen der Öfen zur Vorbereitung des Glassandes heißt es dort: *Utensilia vero ad hoc opus necessaria sunt* – es folgen das Blasrohr, zwei eiserne Scheren und Schöpfkellen *atque alia lignea et ferrea quae volueris*. Kann man, da hier Eisernes und Geschmiedetes inbegriffen ist, schließen, dass die *utensilia* im Werkworte-Vokabular von Theophilus sozusagen »regierenden« Sinn haben?[29] Dies ist durchaus denkbar. Aber auch in jedem Fall?

Nicht von ungefähr fällt im Rahmen dieser Sektion auch das Wort *instrumentum* (III, 9). Die Rede ist dort von einem *instrumentum ferreum*, einem zweiteiligen eisernen Prägegesenk zur Herstellung von Perldraht (aus Gold bzw. Silber), auf das gehämmert wird – so Erhard Brepohls plausible Auffassung der Stelle (II, S. 47f.). Er übersetzt das Wort mit »Einrichtung«, nicht mit »Instrument«. Die Kotexte der wenigen weiteren *instrumenta*-Erwähnungen dürften ihm Recht geben, denn dort geht es nur um ergänzende, nicht direkt mit der Hand geführte Dinge beim Werken.[30] Um an Gewissheit zu gewinnen, sei hier einmal der Sinnhorizont des Lateins von Theophilus durch einen Abstecher in einschlägige Lexika verlassen. Ihnen zufolge ist das hochdeutsche Wort »Zeug« in seinem zeitgenössischen Sinne – mittelhochdeutsch: *geziug* – das angemessene Äquivalent zum *instrumentum*.[31]

Die Prüfung der Spuren hat also Ansätze zu begrifflichen Gruppierungen und Ebenen im Ding-Vokabular erwiesen: *Brauchbares, Eisernes* und *Zeug*. Diese sind aber nicht nur ausgesprochen selten, sondern auch viel begrenzter, als heutiges Werkzeug-Verständnis erwarten lässt. Der Einsatz eiserner bzw. hölzerner *utensilia* ist begrenzt auf die Brauchbarkeit für spezielle Werk-

---

29 Die eisernen *equestria utensilia*, auf die Theophilus in III, 91 anspielt, gehören in einen anderen Brauchbereich, auf den es hier nicht ankommt.

30 II, 81 (Drehbank), 83, 85 (Unterlage/Gerüst für den Blasebalg), 92 (Sattelteile); vgl. auch II, 17.

31 So Götz, Heinrich, *Lateinisch-althochdeutsch-neuhochdeutsches Wörterbuch*, Berlin 1999, S. 345, S. 691; Diefenbach, Lorenz, *Glossarium latino-germanicum mediae et infimae latinitatis*, Frankfurt 1857, S. 302 (auf der Grundlage mittelalterlicher Glossare/Lexika). Das breite Sinnfeld von mhd. *ziug/geziug* wird von Kernkomponenten wie *Gerät, Ausrüstung*, (hergerichteter) *Stoff* »eingekreist«; die Komponente »Werkzeug« liegt meines Erachtens am Feldrand. Vgl. Lexer, Matthias, *Mittelhochdeutsches Taschenwörterbuch*, 30. Aufl. Stuttgart 1961, S. 26.

gänge, der des *instrumentum* auf ergänzendes Zeug beim Gebrauch bestimmter Eisen (*ferri*). Insgesamt ergibt sich ding-semantisch zweierlei: Wieder auffällig ist die Leerstelle für das, was heute Arbeitsgegenstand, Roh-Stoff, Material, Energie/Brennstoff usf. heißt. Ein lexisches Manko für die *materia* also im ganzen Buch III. Die Objekte/Gegenstände des Werkens haben ihre Eigen-Namen. Silber, Gold usf., sind keiner Gattung und keiner Art (*genus/species*) unter- oder zugeordnet (*metallum* etwa). Vielleicht liegt dies daran, dass Theophilus sich kaum Gedanken darüber machte oder machen musste, wo diese herkommen. Wichtiges kann er sich ohnehin gewissermaßen »vor der Tür« beschaffen, wie Ton, Sand, Steine, Hölzer usf. Gold und Silber werden ihm sicher von der Klosterleitung oder dem Auftraggeber gestellt worden sein. Im Fall des direkt unzugänglichen Eisens jedoch ergibt sich sofort eine erweiterte Perspektive: Eisen – wohl Rasenerz – kommt aus der Erde (*terra*).[32] Ein Anklang an die damals grundlegende Vier-Elemente-Lehre. Aber gehört Eisen deshalb zur Gattung Erde?

Neben dem lexischen Manko gilt es zugleich ein semantisches *Veto* zu beachten. Gerade die Wörter, die in ihrer modernisierten Fremdwort-Form zentrale Sinnträger bzw. Allgemeinbegriffe für Arbeitsmittel bzw. Werkzeuge sind (*Instrumente* und *Utensilien*), verweisen im Latein von Theophilus eben *nicht* analog auf eine zusammenfassende Gattungs- oder Speziesebene, sondern verbleiben im Bezeichnungsfeld und dem Bedeutungsrang für die zuhandenen *Einzel*dinge. Die handlichen »Eisen«, die brauchbaren (Zusatz- »Instrumente« und das alles ergänzende »Zeug« bieten keine Ausgangspunkte für eine Bedeutungs-Extension bzw. Abstraktion. Diese Vorgänge, das zeigen alle begriffsgeschichtlichen Indizien, gehören in das 17. bis 19. Jahrhundert. Zusammengefasst: Beiden dingbezogenen Teilfeldern des Werk-Vokabulars von Theophilus, dem Material- und dem Werkzeugbereich im heutigen Sinne, fehlen Gattungs- bzw. Oberbegriffe (Hyperonyme).

Leitbegriffe?

Verständliche Gründe, warum dies so ist, bieten der Gebrauchssinn und die Gebrauchsweise der Stich-Nomina *labor, ars, modus* und *opus* im dritten Buch. Vorweg eine interessante Erweiterung zur Verb-Semantik. In Kapitel 26 fehlt, wie oben gezeigt, das Verb *fabricare*. Die Kotexte seiner vier Erwähnungen im dritten Buch (Kap. 24, Kap. 50, Kap. 75) besagen stets dasselbe.

---

[32] Vgl. Fußnote 26.

Fabricare bezeichnet das aushämmernde *Schmieden,* sei es eines Kelches oder einer Altartafel. Diesen festen Sinn stützt das bereits zitierte Kompositum *opus fabrile*. Dennoch scheint mir nicht ausgeschlossen, dass nicht allein das Hämmern gemeint ist, sondern auch eine übertragene Extension zum Sinn von »Herstellen« aus Metall überhaupt mitschwingt. Man erinnere sich an den aus Kapitel 26 hervorgehenden *opus*-Sinn als gestaltetem Werk. Der Gebrauch von *fabricare* hätte bei Theophilus dann die Tendenz zur Metapher, die das Schmieden zum Machen, Anfertigen, Werken hin erweitert bzw. verallgemeinert. Schmieden als Sinnbild des Herstellens überhaupt – *homo faber*? Gehen wir nun die Funde zu den bedeutungs-verdächtigen Substantiven durch.

Was bieten die *labor*-Erwähnungen? Es sind nur drei, und sie bezeugen einen überraschend engen Sinn. Alle drei Kotexte verweisen auf außergewöhnlichen Einsatz: auf die aufwendige (eventuell langwierig mühselige) Verzierung eines Rauchfasses (60), auf das anstrengende Erzgraben (62), auf das riskante Hinübertragen der schweren Bottiche voll glühender Bronze vom Schmelzofen zur Gussform der Glocke (85). Das ist alles. Mag die historische Arbeitsforschung immer wieder betont haben, wie bestimmend die Vorstellung von *labor* bzw. von mittelhochdeutsch *arebeit* für das Unterhaltshandeln im Mittelalter gewesen ist – im Falle von *De diversis artibus* gilt dies nicht. Großer zeitlicher Aufwand, schweißtreibende Mühsal und ermüdender Kraftverschleiß haben im dritten Buch – und auch im ersten und zweiten Buch, das kann ein ergänzender Suchgang leicht zeigen – keinen prominenten Platz im Handlungsspektrum und in der Sinnordnung des Textes. Zudem geht den *labor*-Stellen jede Extension, jede metaphorisierende Übertragung, jede Aufwertung zum Leitbegriff ab. Theophilus trägt nicht schwer an seinem Werken, büßt mit ihm nicht für Sündenlasten – das wäre die textimmanente Schlussfolgerung.

Und *ars*? Auch hierzu finden sich überraschend wenige Erwähnungen – es sind lediglich vier. Sie sind ähnlich aufschlussreich wie die Erwähnungen von *labor*. *Ars* wird von Theophilus stets im Singular und in nahezu stehender Verbindung mit Erfahrung (*peritus/peritia*) bzw. Wissen und Belehrtsein (*doctus*) benutzt, was (nur) für bestimmte Männer gilt. Um jeweils welche *ars* geht es? Um die Kenntnisse, die Leute bzw. Völker über bestimmte Arten der Goldgewinnung in fremden Ländern wie Evilat und Spanien (46, 48) besitzen, und um helfende Hände an riskanten Punkten des Schmiede- bzw. Gießwerks, das heißt beim figürlichen Ausziselieren von Altartafeln sowie beim eben erwähnten Glockenguss im Werkhaus. Der Werkmeister muss sich auf den mithämmernden *puer* (78) und die schleppenden *viri strenui* (85) verlassen können, die er natürlich im kontrollierenden Auge hat. Der phraseologisch fixierte und begrenzte Gebrauch von *ars* bringt ein Eingeweihtsein in bestimmte Vorgänge, präzises Mitwissen bzw. Kraftkönnen zum Ausdruck. Mir scheint evident, dass Theophilus *ars* – im dritten Buch – dann als Bezeichnung für eine vorhandene Erfahrung in bestimmten »Verfahren« dient, wenn er sie gewissermaßen pauschal von außen anspricht. *Ars* passt nicht in seine vollziehende, kleinschrittige und offengelegte Anleitungs- und Werksprache, in der er sich so souverän bewegt. Ein solcher Sinn der *ars*-Belege verweist darauf, dass der Singular *ars* sowohl zu Exklusives als auch zu Spezifisches meinte, um eine tragende Rolle im Ausdruckverhalten beim Belehren spielen zu können.[33] Äußerst wichtig scheint schließlich, dass Theophilus auch dann, wenn er zur Erstellung des figürlichen oder ornamentalen Oberflächenschmucks übergeht, keine Präferenz des *ars*-Gebrauchs erkennen lässt.[34] Alles in allem: *Ars* ist kein den Text der Bücher semantisch regierendes Nomen (auch dann nicht, wenn es um die abschließende »Verschönerung« geht). Theophilus verfügte jedoch über zwei Substantive, die dazu besser geeignet waren. Diese sind entsprechend ausgesprochen häufig benutzt: *modus* und *opus*.

Die über 70 Gebrauchsstellen von *modus* im dritten Buch lassen sich gut sortieren. Ab und an steht *modus* für eine *bestimmte* Art bzw. Gestalt (*forma*) des Werks – *in modum ollae, scuzi, crucis* und andere. Theophilus wählt *modus* hier vom Ergebnis, von der Besonderheit des Werkstücks, von seiner *forma* her – eng benachbart mit dem oben erläuterten *opus*-Sinn im 26. Kapitel. In weit überwiegender Häufigkeit geht es jedoch um die Vollzugsweise eines Werk*akts*: Entweder kündigt er sie an – *hoc modo, quo modo, tali modo, in hunc modum* –, oder er bringt sie verweisend in Erinnerung – *eodem modo, simili modo*.[35] Dieser prozessuale Sinn wird noch deutlicher durch den gele-

---

33 Dass sich hier eine Vorstellung vom modernen »technischen« Können und Wissen verbietet, sei nur am Rande vermerkt. Vgl. allgemein »Technik«, in: *Historisches Wörterbuch der Philosophie*, Bd. 10, Darmstadt 1998, Sp. 940–952.

34 Dass gerade hier, im Übergang zum Bildlich-Figürlichen, eine Gebrauchsverdichtung von *ars* fehlt, sollte davor warnen, in der Werk-Sprache von Theophilus Distinktionen und Rangierungen zwischen Fertigkeit und Kunst zu suchen. Dies wäre eine falsche Modernisierung. Ein gutes Beispiel findet man im 22. Kapitel des ersten Buchs (es geht um den Dekor von Sätteln und Sesseln): »Dann miss sie mit Zirkel und Lineal aus und entwirf deine Gestaltungen (*dispone opus tuum*), beispielsweise Figuren oder Tiere oder Vögel, Blätter oder was du sonst noch einzeichnen (*pertrahere*) willst.«

35 Dass diese Formeln Vorstufen zu Sinnverkürzungs- bzw. Verweisungspartikeln bilden wie *similiter, sicut superius, quo supra* usf., kann hier vernachlässigt werden.

gentlichen Gebrauch von *ordo* (sieben Belege) an analoger syntaktischer Stelle – *hoc ordine, parique ordine, ordine quo supra* und andere. Auf die enge Sinnnachbarschaft beider Begriffe verweisen die – wenigen – Momente, an denen sie gekoppelt auftreten; zum Beispiel *eodem ordine et modo ut superius*. Gemeint ist die richtige Reihenfolge, Anordnung, innere Verknüpfung des angesprochenen Werkakts. Mit *modus* ist mehr das *Wie* des Vorgehens, mit *ordo* seine Richtigkeit gemeint. Dieser Ausdruckszwilling kann – überrascht das? – auch in engster Nachbarschaft zu *opus* stehen. Es kommt dort zu sinnüberlappenden Verbindungen: *eodem opere et modo, secundum modum operis, hoc modo operabis* (III, 12, 55, II, 10). Man hat also ein *modus-ordo-opus*-Trio vor sich, das zentral ist für die Artikulation des prozessualen und valuierenden *Wie* des Machens. Ein Trio der *Modalität* des Werkens.[36]

Diese Beobachtung markiert bereits den Übergang zur Betrachtung der *opus*-Gebrauchsstellen. Man erinnere sich: Der erste Untersuchungsschritt des Textes von Kapitel 26 hatte bereits ergeben, dass *opus* zwar als nicht häufiges, aber eben sinnleitendes Zentralwort für das angestrebte bzw. fertige Schmiede-Werk fungiert – eine *finale* Sinnkomponente also. Eine *modale* kam im vorangegangenen Arbeitsschritt hinzu.

Wie steht es nun mit den weit über 100 Erwähnungen von *opus* selbst und seiner Derivate? Das Sinnfeld dieses Bestandes kann hier natürlich nicht bis in alle Aspekte der Einzelbelege ausgebreitet und geklärt werden. Vorrangiges Ziel ist es, durch einen lexisch beschränkten Suchgang über die Ergebnisse der vorangegangenen Arbeitsschritte hinauszukommen hin zu einem terminologischen Allgemeinbild.[37] Das ist im Wege einer groben Sichtung der Fundstellen möglich, ohne dass diese nun einzeln nachgewiesen werden. Die Sortierung hilft, das bisher gewonnene Bild zu verdeutlichen und seine Geltung auszuweiten. Folgendes scheint mir bemerkenswert:

1. Die Ausweitung des lexischen Feldes um das Ableitungsverb *operari* bietet Theophilus viele Möglichkeiten, seine Werk-Sprache zu prägen. Dafür sprechen diverse Wendungen (*ad deaurandum operari, operari fornacem, mallei* [...] *cum quibus operari debes* u. a.). Hinzu kommt der vereinzelte Gebrauch abgeleiteter *Substantive* (*operiositas* und *operarius*). Wesentlich wichtiger ist die große Anzahl von *opus*-Attributen (Adjektive, Genitive) – *opus gracile, opus nigelli* usf. Diese Erweiterungsform stellt zirka der Hälfte der Belege. So

---

36 Es fehlen im Übrigen Wörter wie *via* und *methodus* als Sinnäquivalente oder -varianten.
37 Dies hätte eine korpuslinguistisch exakte Aufbereitung nicht nur der *opus*-Lexik, sondern des gesamten »arbeits«-semantischen Vokabulars erfordert.

entsteht ein »uni«-lexisches Ausdrucksnetz, das die Werk-Sprache von Theophilus durchflicht sowie flexibel und anwendungsreich macht.[38]

2. Der so prominente *opus*-Beleg im Sinne des fertigen Werks in Kapitel 26 findet im gesamten dritten Buch ein häufiges Echo. *Opus* ist hier beständig als Vorstellung vom Beabsichtigten, vom Vergleichbaren sowie vom Gelungenen und Geleisteten präsent. Der Gebrauch bezieht sich stets auf Maß und Form (*mensura et forma*), wie dies einmal überraschend klar ausgesprochen wird, wenn es um die verallgemeinerte Anwendung eines *opus* auf andere *res* geht.[39] Zu solcher Finalität kommt erweiternd der Gedanke vom Nutzen (*utilis*) und der Ansehnlichkeit (*ad oculos*) und der Aufwendigkeit (*operiositas*) des geschaffenden Gebildes. Aber, und damit ist ein entscheidender Punkt berührt, hier gibt es keine Eindeutigkeit darüber, ob allein das Ergebnis, der finale Sinn, oder vielleicht doch auch der Vorgang, das Tun gemeint sein könnte.

3. Auf die flexible Verwendung von *operari* wurde gerade hingewiesen. Damit konkurriert neben *facere* und *fabricare* ein weiteres Verb um die Führungsrolle im Ausdrucksstil. Ist, das wäre eine Anschlussfrage, *operari* in der Weite seiner Dingbezüge und seiner Präsenz in verschiedenen Handlungen sowohl dem *facere* als auch dem *fabricare* übergeordnet bzw. semantisch »überlegen«? Das Gewicht dieses die proprietären Einzelhandlungen übergreifenden Werkens wird meines Erachtens besonders deutlich in einer ausgesprochen häufigen substantivischen Wendung (über ein Dutzend Stellen), die Theophilus zur Bezeichnung des richtigen Vollzugs der bevorstehenden Handlung wählt: *ad hoc opus aptus*. Sie führt in die Nähe der oben herausgestellten Sinnüberschneidung von *opus* und *modus*, sprechend gefasst in Wendungen wie *operari hoc modo* oder *secundum modum operis*.

4. Aber nicht nur verbale Wendungen und das pure Nomen bezeugen das semantische *opus*-Regiment. Die Form betreffende attributive Verbindungen wie *opus similis, modicum, gracile, spissus* (über zehn Belege) oder die Machart wie *opus ductile, fusile, tornatile, geminatum, in ferro* (zirka 20) zeigen, wie

---

38 Die gelegentlich benutzte Formel *opus est* (im Sinne von *necesse est*) kann hier vernachlässigt werden.

39 Buch III, 56: *Patenam quoque cum formaveris mensura et forma qua volueris, circa oram eius eodem opere et ordine limbum operaberis. Facies fistulam auream ordine et modo, quo superius, argenteam. Cruces quoque et plenaria et sanctorum pignorum scrinia simili opere cum lapidibus et margaritiis atque electis ornabis.*

konkret und differenziert Theophilus sich *opus*-sprachlich auf die Gestalt (*forma*) und die Art (*qualitas*) der Werkschritte und der Werkstücke einlässt. An einer Stelle generalisiert er diese Ausdrucksfülle sogar zur *varietas diversorum operum* (66).

5. Nur selten begegnet man Wort-Spuren des Gegenbildes zum erstellenden Werken, linguistisch gesagt den *Antonymen*. Gemeint ist dieser Bereich etwa dort, wo Theophilus davor warnt, dass das zu treibende Gold oder Silber *ex incuria, sive neglegentia vel ignorantia aut inscitia* nicht gleichmäßig genug gegossen wurde; gösse man hingegen *considerate et caute,* dann wäre solch ein *vitium* vermieden (74, 85, 87). Hier taucht die Gegenfolie zu all dem auf, was Theophilus in zahlreichen Varianten um das Wörter-Trio *opus-modus-ordo* beschwört.

6. Konsequent erscheint dann, dass Theophilus den Werkenden selber bisweilen denjenigen *operarius* nennt, der gerade als *faber* usf. handelt. Der Schmied geht sprachlich in den Werk-Tätigen auf.

Man kann nun so zusammenfassen: Die semantische Hegemonie von *opus – operari – operarius* im Text der Bücher dürfte erwiesen sein. Sie besteht im Zusammenspiel finaler, modaler (und ordinativer), formaler und qualitativer Sinnkomponenten. Die Erweiterung zum *operarius* als *Nomen agentis* kommt hinzu. Diese Komponenten werden von Fall zu Fall in den Ketten des jeweiligen Herstellungsaktes bis zur Fertigstellung aktiviert. Weiter sind sie meist nicht scharf voneinander abgegrenzt. Die *opus*-Sprache der drei Bücher ist also nicht als ein terminologisches System zu verstehen, das als ein solches »angewendet« wird. Eher könnte man von einer doppelt dimensionierten Sinn-Sphäre sprechen, einer verbalen, unter die alle Handlungen fallen (können), und einer nominalen, in der alle *res* (Werk-Stücke) verortet sind, welche die Herstellungsketten durchlaufen. Entscheidend für die Eigenart dieser Ausdrucksweise scheint mir zu sein, dass weder die Ausgangs-*materiae* noch die Hantierungshilfen, also weder das Silber, noch die Hämmer, Fette und Gluten in diesen Bezeichnungsraum hineingezogen sind. Theophilus erfasst in seiner Werk-Sprache die dinglichen Voraussetzungen des Tuns nicht. Er denkt weder das Werk-Zeug und die Werk-Mittel, noch den Werk-Stoff »begrifflich«. Er beschränkt *operari* und *opus* auf den handhaften *Umgang* mit den Objekten.[40]

---

[40] Binding, Günther, »Ein Beitrag zum Verständnis von *usus* und *ars* im 11./12. Jahrhundert«, in: Speer, Andreas (Hg.), *Scientia und ars im Hoch- und Spätmittelalter*, 2. Halbbd., Berlin/

Dieses Ergebnis ist in zwei entgegengesetzte Richtungen von Bedeutung. Zum einen erklärt es, warum, wie gezeigt wurde, weder *labor*, noch *ars* eine bestimmende semantische Rolle im Text der Bücher spielt. Eine *interne* Nicht-Eigenschaft des Textes wurde so herausgearbeitet: Das Werken steht im Licht, verschattet bzw. peripher sind die leibhafte Mühsal und die geistige Souveränität bzw. Wissens-Erfahrung. Genau deshalb sollte zum anderen jede pauschale Anverwandlung dieser Sprache an heutige Ausdrucksgewohnheiten gemieden werden. Es geht darum, den Gedanken zu stärken, dass Theophilus eben *nicht* in streng definierten Unterscheidungen denkt und formuliert, sondern dass seine *opus*-Sprache umfassend und integrativ angelegt ist: Wirkung und Werken, Absicht und Weg, Ziel und Nutzen, Form und Eigenschaft, Ganzes und Teil sind in *einem* beweglichen Vorstellungs- und Erfahrungsraum verortet. Es gilt eher eine aspektreiche *Kon*-Finition als die Definition. Eine passende Tituierung dafür findet Theophilus selbst mit der *operum varietas* (III, 66).[41]

Damit kann ich den Sinnraum des Textes der drei Bücher verlassen und mich auf die Suche nach weiteren Phänomenen bzw. Aspekten der Werk-Sprache von Theophilus begeben.

Die *tituli* der drei Bücher

Bereits einleitend wurde drauf hingewiesen, dass der Traktat von Theophilus über keinen durch ihn selbst verbürgten, sondern nur über einen durch die frühen Kopien bezeugten Gesamttitel verfügt. Auch den drei einzelnen Büchern fehlt ein Titel, der über ihre schlichte Nummerierung hinausgeht. Alle Handschriften aber überliefern Überschriften zu den insgesamt 165 Kapiteln (Buch I: 38 Kapitel; Buch II: 31 Kapitel; Buch III: 96 Kapitel). Auch wenn dies nicht durchgehend einheitlich geschieht, was in Überlieferungsfehlern

---

New York 1994, S. 976 weist darauf hin, wie systematisch Gerhoh von Reichersberg, praktisch zeitgleich mit Theophilus, sich in seinem *Opusculum de edificio Dei* auszudrücken wusste: *In omni aedificio perficiendo tria sunt necessaria: artifex, qui operetur; materia, de qua operetur; instrumenta vel adjumenta, quibus operetur.*

41 Am Treffendsten verbal ausgedrückt in Buch II, 31 (6, 7): *Eodem modo* (bzw.*ordine) operare quantum velis*, sowie *si studiosus fueris in hoc opere, poteris eo modo facere, sicut in [...]* (20). Der *opus*-Suchgang durch Buch II – Dutzende von Belegen in den nur 31 Kapiteln – erbringt analoge Ergebnisse und nur wenige sachliche Ergänzungen, die sich aus dem anderen Werkbereich der Glasherstellung herleiten.

gründet,⁴² scheint eine »arbeits«-semantische Durchleuchtung dieser Kapitelüberschriften lohnenswert.

Die Ausgangsbeobachtung ist dabei folgende: Vergleicht man den Inhalt der einzelnen Kapitel-Titel (*capitula* bzw. *tituli*) mit dem jeweiligen Kapitel-Text, stellt man immer wieder fest, wie inkongruent beide sind, vor allem aber, wie unvollständig die Titel den Textinhalt wiedergeben.

Drei Beispiele aus dem ersten Buch mögen hierzu genügen: Im Titel zum 1. Kapitel wird lediglich von der Kolorierung der nackten Körper insgesamt gesprochen, obwohl es speziell um die Kolorierung der Gesichter geht. Im Titel zum 19. Kapitel fehlt ein ganzer Handlungsschritt, nämlich die Schleifung des Lederüberzugs einer hölzernen Altartafel mit dem Schachtelhalm. Der Titel des 16. Kapitels benennt nur die Kolorierung des Regenbogens, der Text hingegen spricht in seinem zweiten Teil verallgemeinernd über die Kolorierung aller möglichen Gebäudeelemente und Gegenstände bis hin zu »Erde und Berge«, das heißt alles Nichtmenschlichen. Diese Eigenart, die durchgehend, allerdings in verschiedenem Ausmaß für alle drei Bücher gilt, dürfte in der damalig verbreiteten Gewohnheit gründen, den einleitenden Satz eines Textabschnitts (*initium*) durch wiederholende Herausstellung zum Titel zu machen (*Über*-Schrift), ohne sein sachliches Zutreffen auf den folgenden Textabschnitt insgesamt geprüft zu haben. In der Regel ist dann eben im Titel alles das nicht repräsentiert, was im Text erst an späterer Stelle steht. Liest man nun, gewissermaßen im Kontrast zu Inhalt und Folge der Titel, die Kapitel-Texte in ihrer Folge, dann kommt ein Aufbau, eine höhere Ebene der Darstellung zum Vorschein, welche die Kapitelgliederung weit übergreift. Bruno Reudenbach, das wurde einleitend angedeutet, hat diese implizite höhere Ordnung herausgestellt, um den inneren Bau des ganzen Traktats als einen bedachten dreistufigen Abstieg des Kirchenornats vom Geistigen zum Körperlichen zu charakterisieren.

---

42 Dazu im Einzelnen Dodwell, *Theophilus*, S. XVI, S. LX. Dort (und S. 4, S. 37, S. 64) auch der Hinweis, dass die ältesten Handschriften G, V und L den drei Büchern nach den Prologen separat vorangestellte *capitula*-Verzeichnisse haben, die allerdings nicht übertitelt sind. Der diversen Abweichungen wegen hat Dodwell keine kollationierten Verzeichnisse in seine Edition aufgenommen. Man kann sich, um einen Überblick zu gewinnen, aber an Brepohls Ausgabe halten (*Theophilus Presbyter*, Bd. 1, S. 7–11, Bd. 2, S. 7–10).

Überblick über die drei Bücher

Nur der Überblick über den Inhalt und Zusammenhang der Bücher insgesamt kann zeigen, dass Theophilus über solche Prozesse des Herstellens handelt. Von den Kapitel-*tituli* her erschließt sich diese Gliederung nicht, vielmehr wird sie sogar eher durch diese verdeckt. Sie wäre nur durch eine der Kapitelteilung übergeordnete Gliederungsebene etwa in *Teile* (zwischen Buch und Kapiteln) indizierbar gewesen.[43] Um jedoch verständlich zu machen, welche Werk-Sprache Theophilus in den *tituli* spricht, sollte man diese sachliche Ordnung vor Augen haben.

Das erste Buch handelt insgesamt von den Bemalungen (*colores*) steinerner und hölzerner Flächen mit Figuren und Schriften in den gebräuchlichen Farben und Schattierungen sowie in Gold und Silber. Zuerst geht es um das Mischen und Auftragen der Farben und ihrer Nuancen auf nicht bedeckte Leibesteile, insbesondere auf das Gesicht (Kap. 1–13), dann um die Bemalungsvarianten der *vestimenta* der Figuren (14f.). Diese Kenntnisse und Verfahren werden zunächst einmal prinzipiell vermittelt, um bei den folgenden Flächenarten vorausgesetzt zu werden. So entsteht eine Reihung von der Holzdecke zur Mauer (14f.), zur Altartafel (17ff.), bis hin zu Pferdesätteln und Sesseln (22). Ab Kapitel 23 handelt Theophilus dann von der Zubereitung und dem Auftragen von Gold (und Zinn), geht ab Kapitel 28 zur Buchmalerei in Gold und Silber, Zinnober und Grünspan über und endet mit der Bereitung von Schreibtinte (38). Man sieht, wie mehrere Dimensionen ineinander verschachtelt werden, indem jede Unterrichtung immer auf einer anderen aufbaut: Flächensorten, Farben und Färbung, Figuren und geometrische bzw. florale Dekors. Der Weg führt in seinen großen Schritten vom vielfarbigen Antlitz und Leib und seiner Bekleidung an Wand, Decke und Altar zur goldenen Schrift im Buch.

Das zweite Buch über das Glas-Werken – *vitrum* (*operari*) – beginnt mit der Vorbereitung der Herstellungsmittel (Ofen, *utensilia*) und des Sandes (1–5), führt dann weiter zum Blasen, Färben und Schmücken verschiedener Glassachen und glasierter Gegenstände in unterschiedlichen Qualitäten und Farben: Tafeln (6–9), Gefäße (10–11, 13–14, 16) und Mosaike (12, 15). Besonders ausführlich werden die Herstellungsschritte (*componere*) von Glasfens-

---

43 »Scholastisch« gestaffelte Ordinationen – in Buch, Teil, Kapitel, Abschnitt, Paragraph o. ä. – nahmen vom 11. bis 13. Jahrhundert erst allmählich systematisierte Gestalt an. Gleiches gilt auch für Inhaltsverzeichnisse und Register. Letztere fehlen in den früheren Handschriften von *De diversis artibus*.

tern dargestellt (17–29): Holzrahmung, Vorzeichnen der geplanten Bemalung, Ofenbau, Brennung, Vorbereitung und Guss der Bleifassungen sowie Verbleiung der Glasteile und Verbrämung mit Edelsteinen. Theophilus instruiert sehr bedacht auch in die Reparatur gebrochenen Glases (30) und fügt schließlich noch einen eigenständigen *modus* des Glasringemachens hinzu (31). In diesem Buch wird das Glas-*opus* in deutlichen Schritten aufgebaut vom schlichten Glasstück bis hin zum farbig leuchtenden Fenster-*ornatus*. Die nötigen Abstecher in ergänzende Teil-*opera* stören den Gang insgesamt wenig.

Das dritte Buch über das Schmieden, Gießen und Ausschmücken der preziösen liturgischen *ornamenta ecclesiae* hat einen sehr ähnlichen Aufbau wie das zweite, trotz seines gegenstandsbedingten dreifachen Umfangs. Theophilus beginnt hier aber noch grundsätzlicher, und zwar mit dem Bau einer geeigneten Werk-Stätte (*fabrica*) samt der entscheidenden immobilen Einrichtung – Werk-Sitz (*sedes operantium*), Gebläseofen, Blasebälge, Ambosse (1–5). Dann folgt die lange Reihe von kurzen Charakterisierungen der nötigen Hand-Eisen (*ferri*), von den Hämmern bis zu den Feilen (6–21). Mit den Kapiteln 22 bis 25 über das Ausschmelzen von Silber steigt Theophilus in das vorbereitende Werken ein; die Ausgangs-*res*, die *argentum*-Platte, wird so geschaffen. Dann setzen die Instruktionen über das Schmieden (26 und 27) und die Verzierung (*ornatus*) der Silber-Kelche durch Gravur oder mit Niello ein (28–32). Anschließend geht Theophilus über die Vergoldung der Becherhenkel zur umfassenden Goldbehandlung und -verwendung am Kelch (Schale, Patene, Saugröhrchen) über – Vorbereitung und Schmelzung, weitere Verfeinerungen (verschiedener Art), Auftrag (Verquicken), Polierung, Färbung, Verzierung (33–45). Eine Beschreibung der Gold-*genera* (46–49) leitet die eigentliche Goldkelch-Schmiedung ein (50). Ihr folgen dann enorm kleinschrittige Instruktionen über Verlötung, Edelsteinbesatz und Emaillierung (51–55). Dann geht es um die sachlichen Ergänzungen des Kelchs, um Guss, Schmiedung und Verzierung von Patene, Sieb, Ampulle sowie Rauchfass, dessen Formung wiederum Anlass für die Erläuterung von Trieb und Guss gibt (56–61). Die Aufhängeketten des Rauchfasses, die auch aus Messing gemacht werden können, lösen nun die *opera*-Sequenz über die Aufbereitung von Kupfer und die Herstellung von Messing, beider Verwendung und Verschönerung aus bis hin zur Vergoldung und Brunierung (62–71). Hier schließen konsequentermaßen die *opera/modi* alternativer Verfahren der Oberflächengestaltung an: Durchbrechung, Ringpunzung, Drückung (Profilierung), Gesenk (Formstanzung), Schlagpunzung, Plattierung, Ziselierung (72–78). Analog zum zweiten Buch folgt die Reinigung von Gold und Silber (79–80). Damit kann Theophilus das *opus*-Feld von Gold und Silber endgültig verlassen. Es fehlen nun noch die *ornamenta* aus Kupfer, Bronze, Zinn, Eisen, Bein und Edelstein: die kupfernen Orgelpfeifen mit ihrer Lade (81–84), die Vorbereitung und der Guss einer bronzenen Glocke (85: das längste Kapitel im Traktat), die Mensur, der Guss und die Feinstimmung von bronzenen Ton-Zimbeln (86–87), Ampullen, Gussröhrchen aus Zinn sowie dessen Verlötung (88–90), die Tauschierung von Eisengeschirr (*ferri*) und die Verlötung von Eisenteilen (91–92). Er schließt mit dem Skulptieren und Schmücken von Elfenbein, Walrosszahn und Hirschgeweih am Beispiel von Reliefplatten, Messergriffen und Bischof- bzw. Abt-Stäben (93–94) sowie mit dem Bohren, dem Zerschneiden, dem Schliff, der Politur und der Gravur von Bergkristall und anderen edlen Steinen sowie von Perlen (94–95).

Man sieht unschwer, wie gewissenhaft und detailliert Theophilus alle Bedingungen für das metallbezogene Werken in einem Einleitungsteil präsentiert (1–23) und wie er dann, ausgehend vom liturgischen Basisgerät, dem Kelch, in alle nötigen Verrichtungen, Formungen und Ausschmückungen der weiteren liturgischen *ornamenta* dergestalt einführt, dass sich die einzelnen Verfahren bzw. Handlungsarten von Werkstück zu Werkstück (*opus* zu *opus*) zu einem Wissensbestand addieren und integrieren, auf den später, wenn erforderlich, verwiesen werden kann. Die Gesamtordnung dieses zweiten Teils des dritten Buches erscheint wie eine mehrfache Staffelung. Die Instruktionen beginnen am Zentralort, dem Altar, und enden außerhalb des Kirchenraums im peripheren Feld der weltlichen Güter. Im Dingbezug entsteht ein Bogen: Die Werk-Stück-Bedeutung steigert sich vom kleinen silbernen zum goldenen, weit aufwendiger verzierten Kelch sowie allen seinen heiligen Beiwerken und fällt dann zu den sekundären *opera* aus Kupfer, Bronze, Zinn, Eisen und Bein ab. Es ist ein dreifach liturgisch bestimmter Weg: räumlich vom heiligen Innen in das profane Außen, materiell vom Silber über Gold zum Eisen, funktional von der Eucharistie zur Ernährung.

Der Gesamttext der drei Bücher ergibt, so überblickt, doch einen klaren Vorgang. Jedes Buch hat seinen Gegenstand. Der Instruktion über den *decor picturarum* (I, 30) im ersten folgt die über den *ornatus vitreus* (II, 21) im zweiten, und die *opera fabricandi* (III, 26/50) füllen den dritten aus. Jedes Buch hat seine interne Großgliederung, die dem erstellenden Werken der entscheidenden Objekte folgt, das heißt die Verfahren werden an »konkreten Gegenständen« erläutert, wie Brepohl treffend bemerkt (II, 270).

Die sprachliche Form der *tituli*

Dies war vorauszuschicken, um nun genauer zu untersuchen, was die Titel, die, wie gezeigt, die Komposition nicht »abbilden«, als Bestand zu unserem Thema beitragen können. Welche sprachliche Struktur hat man vor sich? Worin gleichen sich die 165 Titel, und wie und warum unterscheiden sie sich in Form und Inhalt voneinander? Zur Veranschaulichung seien hier die kürzesten und längsten Titel aus dem ersten (38 und 30) und dritten Buch (8 und 36) zitiert:

Kapitel 38: Von der Tinte (*De incausto*)
Kapitel 30: Auf welche Weise Buchmalereien mit Zinn und Safran dekoriert werden (*Quomodo decoretur pictura librorum stagno et croco*)
Kapitel 8: Von den Eisen, durch die Drähte gezogen werden (*De ferris, per quae fila trahuntur*)
Kapitel 36: Dasselbe auf eine andere Weise (*Item alio modo*)

Zur ersten Frage: Klar ist, dass im *titulus* die Adresse gewechselt ist. Anstelle des expliziten *Du* im Text regiert hier durchgehend ein *Man*-Subjekt bzw. ein Objekt. Der (Ein-)Weisungscharakter der Sprache ist durch ein Hin-Weisen auf etwas ersetzt. Betrachtet man die Titel syntaktisch, dann hat man den Grundeindruck von Rest-Sätzen. Das ergibt sich zwanglos aus einer standardisierten Satzergänzung wie: *Dieses Kapitel handelt* von (dieser Sache), oder: *davon, wie* (etwas gemacht wird). Die Titel sind, so gelesen, um Subjekt und Prädikat gekürzte Sätze. Für das Überschreiben der Texte sind in den meisten Fällen ein Präpositionalobjekt übrig geblieben, in 12 Fällen ein Relativsatz.

Wozu diese umständliche syntaktische Identifikation? Auf der Suche danach, wie ein Werk-Tätiger wie Theophilus (oder sein Kopist) sich lateinisch über sein Tun ausdrückt und warum so und nicht anders, spielen viele unterschiedliche Indizien eine Rolle: Wie fasst er einen Text überschreibend zusammen? Was hebt er hervor? Was lässt er weg und wie eng bleibt er am Inhalt? Meine Sichtung und Ordnung der sprachlichen Bestandteile und Verbindungen in den 165 *tituli* hat 8 Formen zutage gefördert: In acht Titeln wird lediglich (auf ein Kapitel oder ein Verfahren) verwiesen (*item de eodem modo*). 22 der Titel benennen alleinstehende Objekte, von denen im Text gehandelt wird (*De anulis*). In 34 Fällen sind die Objekte durch ein Adjektiv (*de ligneo infusorio*), in 39 Fällen durch einen Genitiv (*de vasis operis*), an zehn Stellen durch präpositionale Ergänzungen (*de ampullis cum longo collo*) erweitert. In neun Titeln wird das Objekt durch einen Relativsatz ergänzt (*de colore, cum quo vitrum pingitur*). In 35 Titeln wird ein Tun als Gerundiv (*De rubricandis ostiis* oder *de componendis fenestris*) bzw. als Gerundium (*de modo ponendi*) artikuliert. Und in 12 Fällen schließlich hat der Titel Satzform (*Quomodo coquatur vitrum* oder *Qualiter separetur aurum a cupro*).

Semantische Sichtung

Worin nun liegen Sinn und Bedeutung dieser Formen und ihrer Verteilung?[44] Ich meine, Form und Verteilung stützen die aus der Kapitel-Untersuchung und dem Buch-Suchgang heraus entwickelte These einer dezidierten *opus*-Sprache bei Theophilus – dies jedoch in einer deutlich anderen Weise. Hält man sich an die zwei bestimmenden Wortarten für unser Thema, dann fällt sofort ins Auge, welches Übergewicht der Gebrauch des Substantivs gegenüber dem des Verbs hat (107:46). Zudem ist das Gerundium als Substantivierung des Verbs zu verstehen, das Gerundiv als attributive Verstärkung des finalen Sinns des betreffenden Substantivs. Beide Formen verschieben damit das Verhältnis noch weiter zugunsten des Substantivs (149:12). Es wäre aber ein Trugschluss, verstünde man dieses Übergewicht der Substantiv-Titel als eine Tendenz zur begrifflichen Abstraktion der Textinhalte durch die Titel. Genau das Gegenteil ist der Fall. Denn zum einen stehen den 92 durch Adjektive, Genitive, Präpositionalergänzungen und Relativsätze erweiterten Substantiven lediglich 22 Belege purer Substantive gegenüber. Zum zweiten ergibt die Durchmusterung der attributiv angereicherten Titel-Substantive, dass diese fast durchgehend den oben bereits angesprochenen finalen *opus*-Charakter aufweisen. Die Tituliierung zielt also primär darauf ab, (herzustellende) Resultate zu exponieren. Der *opus*-Name (plus seine näher charakterisierende Beschreibung) bestimmt die Mehrheit der Titulierungen. Nicht die modale, sondern die zweckhafte Komponente des *opus*-Sinnfeldes, nicht das *Wie* des Werkens sondern das *Was* der Werke regiert die Titulierung. Das wäre wohl der wichtigste Punkt.

Doch wird solches *Was* eben nicht systematisch eingeordnet in den oben skizzierten Aufbau der Bücher, sondern verbleibt eng dem Instruktionstext über den gerade relevanten *modus* verhaftet, gibt ihm – gewissermaßen ab-

---

[44] Dass die Gesamtzahl der Titel hier höher ausfällt als die Zahl der 165 Kapitel, erklärt sich durch Kombinationen mehrerer Typen im selben Titel.

standslos – nur seinen *Namen*, verweist nicht auf seine Bedeutung, nicht auf seine Position im Ganzen.

Korrespondierend zu dieser Nähe der Titel zum jeweiligen Text, enthalten sie außerdem nur wenige übergreifende Termini. Sachliche Leitwörter der ersten beiden Bücher wie *color, pictura* (I) oder *vitrum* (II), wenn überhaupt benutzt, verbleiben dort, wo sie gebraucht sind, im partikularen Zusammenhang, oft in Genitivstellung. Die Namen der liturgischen Geräte (*res*), besonders der *calix*, auch die *organa*, sind in den Titeln des dritten Buches nur dann zu finden, wenn konkret mit deren jeweiliger Herstellung begonnen wird (26, 50, 81). Ihre Fertigstellung dagegen ist überhaupt nicht titelrelevant. Schließlich tauchen *res* ab und an als spezifizierende Genitive zu den handlungsbestimmenden Ordnungswörtern auf, wie etwa in *de constructione fabricae* bzw. *furni, de componendis fenestris, de mixtura vestimentorum*. Gleiches begegnete uns schon in der Analyse des Textes von Kapitel 26.[45]

Generalisierende »Arbeits«-Termini sind nur sehr spärlich benutzt. *Labor* fehlt ganz. *Ars* ist auf zwei Verweistitel (auf das Schreiben mit Gold) begrenzt (I, 29f.). Dies unterstützt die oben gemachten Beobachtungen zum *ars*-Gebrauch. Auch *modus* dient, über *quomodo* hinaus, nur gelegentlich zur Bezeichnung bestimmter Werk-Schritte (*de modo ponendi*) oder als Verweis (*item alio modo*).

Demgegenüber ist aber das Wortpaar *opus-operari*, allerdings nur im zweiten und dritten Buch, deutlich öfter und aspektreicher vertreten: *opus* zur Bezeichnung von besonderen Verfahren, für die Theophilus kein proprietäres Nomen kennt (*de opere ductili, musivum opus*), *opus* im Sinne eines umfangreicheren bzw. mehrschrittig zu erstellenden Werkes (*utensilia operis, fornax operis*). *Operari* bezeichnet ein Werken, das mehrere Tätigkeiten umfasst (*ad operandum vitrum, de dividendo argento ad opus*), *operator* die Werkenden selbst (*de sede operantium*). Auch dieser Befund stützt die These, dass Theophilus' Werk-Denken auch sein Titulieren bestimmt, allerdings stärker im *finalen* Sinne als im modalen, und mit erdrückendem Übergewicht der *textnahen Benennung* über zusammenfassende Abstraktionen. Es ist klar, dass dieser Generalduktus der Titulierung dem kleinschrittigen *ordo narrationis* bzw. *textus* folgt und nicht den kapitelübergreifenden Sequenzen der *ornamenta*-Erstellungen.

Dies legt die Vermutung nahe, dass die Titulierung dazu dienen sollte, dem suchenden Blick des Lesers bzw. Schülers erste Orientierung über die

---

45 Auf Nachweise ähnlich spärlichen Gebrauchs von Wörtern wie *instrumenta, utensilia* und *genus* sei hier verzichtet.

spezifischen *opus*-Schritte bzw. *modi* zu bieten. Die Titel in der Auflistung vor den Büchern und über jedem Kapitel fungierten also als *nominaler Blickfang* für einen Benutzer, dem, da ein Register fehlte, dadurch das Suchen und Nachschlagen zu einem besonderen *opus-modus* erleichtert werden sollte. Dazu passt schließlich, dass der Titel, zusätzlich zu Nummer und Initiale, durch Rubrizierung und Ausgliederung aus der Zeile optisch hervorgehoben ist (zum Beispiel in der Wolfenbütteler Gudianus-Handschrift).[46]

Die Prologe[47]

Viel ist über die rund 40 hochartifiziellen und sinnschweren Satzperioden (in gut 1.500 Wörtern) geschrieben worden, die Theophilus wohl Jahre später seinen Instruktionstexten vorangestellt hat. Bislang fehlt jedoch zu diesen Prologen eine arbeits-*semantische* Untersuchung im strengen Sinne; dem soll hier abgeholfen werden.

Man erinnere sich des einleitend zitierten Auszuges aus dem dritten Prolog. Theophilus spricht dort von der Gnade der Hilfe durch die sieben Geistesgaben beim Erlernen, Verstehen und Durchdenken der *artes*: *quicquid discere, intelligere uel excogitare possis artium, septiformis spiritus gratiam tibi ministrare*. Es liegt durchaus nahe, von dieser so eindrucksvollen Ermutigung aus nicht nur den Titel des Traktats, sondern auch seine »arbeits«-semantische Zentralbotschaft insgesamt zu verstehen. Theophilus zieht hier den bekannten Isaias-Satz (11,2–3) zu den siebenförmigen *spiritus Domini* über die Hilfen für die *magistri* König Davids bei der Ausschmückung des Hauses Gottes heran, um sie zu solchen *virtutes* umzudeuten, die dem lernwilligen *filius* helfen werden. Kommt dieser Passage eine Schlüsselstellung für den Gesamtsinn der Prologe zu?

Wie im Falle der *tituli* ist es auch für den folgenden Untersuchungsschritt wichtig, den Gedankengang vor Augen zu haben, mit dem Theophilus seine Instruktionen rahmt, rechtfertigt und für deren Studium wirbt. Er wird daher im Folgenden als Zusammenhang referiert.[48]

---

46 Ich will hier nicht der Frage nachgehen, ob Theophilus selbst getitelt hat, oder ob die ersten Kopisten ihm diese Arbeit – in ihrem Interesse natürlich – abnahmen.

47 Dodwell, *Theophilus*, S. 1–4 (I), S. 36–37 (II), S. 61–64 (III).

48 Ein Zeichen für ihren Zusammenhang ist, dass sie bereits in einer frühen Abschrift als Block den Büchern vorangestellt wurden.

Der Gedankengang

Prolog I: Nachdem sich Theophilus als demütiger Priester und Diener unter den Dienern Gottes (*servus servorum Dei*) vorgestellt und all seinen Gleichgesinnten die Erteilung himmlischen Lohns (*retributio coelestis praemii*) gewünscht hat, erinnert er daran, sich auf die Schöpfungsgeschichte berufend (Genesis 1,16–2,7), dass die Aufgabe des gottesebenbildlich geschaffenen und mit Vernunft (*ratio*) und freiem Willen (*libertas arbitrii*) ausgestatteten Menschen darin bestehe, erfüllt von Furcht und Gehorsam, des Rates und der Weisheit Gottes teilhaftig zu werden. An dieser Aufgabe habe auch der diabolische Ungehorsam der Ursünde nicht rütteln können. Vielmehr seien die Menschen in Entwicklung ihrer Wissens- und Verstandesgaben in einem Maß vorangekommen, das jedem Willigen als essentielles Erbe dienlich sein könne, bis hin zu der Zeit, als die Menschen mit ihrer Hinwendung zur *religio Christiana* auch zur Gottergebenheit zurückgefunden hätten.

Von hier aus bestimmt Theophilus den aktuellen Auftrag der Gläubigen, sowohl das gottgegebene Wissen als auch die von den Vorfahren erworbenen und dann vererbten Fähigkeiten eifrig zu hüten und stets neu zu erwerben. Wichtig ist ihm dabei der Gedanke, dass diese Aneignung und Weitergabe vollständig, ohne Geiz, Missgunst und Prahlerei zu geschehen habe. Hier bedient er sich des neutestamentlichen Gleichnisses vom untreuen, seinen Gewinn verbergenden Kaufmann, der sich so als Gottes böswilliger Knecht (*servus*) erweist. In diesen Auftrag und diese Gebote bezieht sich Theophilus selbst, aber auch seine Leser bzw. Schüler dann wortreich ein: Alles sei frei, umsonst und ehrlich weiterzugeben im dankbaren Bewusstsein der Freigiebigkeit und Erberlaubnis Gottes.

Diesem Gedanken verleiht er zusätzlichen Druck, indem er sich im Folgenden direkt an einen möglichen Schüler (*karissimus filius*) wendet, der bereit ist, das weite Feld der verschiedenen Wissensarten (*campus latissimus diversarum artium*) zu erkunden, ohne mühselig in der Fremde nach ihnen suchen zu müssen. Sie sind ihm direkt zugänglich – wie ein Schatz am Wege oder die Gaben eines Gartens oder Brunnens.

Damit kann Theophilus zum direkten Auftrag übergehen: Wer diese glückliche Lage verstanden habe, der solle nun nach diesen Aufzeichnungen diverser Kunstfertigkeiten (*diversarum artium schedulam*) begierig greifen, sie sich lesend einprägen und liebevoll in sich hüten. Dann werde er sehen, was an Wissen und Fertigkeiten aus aller Herren Länder zusammengetragen ist – zum Beispiel aus Griechenland zu den Farbmischungen, aus Russland zu

Email- und Nielloschmuck, aus Frankreich die Vielfalt der Glasfenster, aus *Germania* alles zu den subtilen Gold-, Silber-, Kupfergeräten.

Abschließend erbittet sich Theophilus den Gegendienst (*recompensatio*) des Lesers, das wiederholte Gebet, und zwar stets eingedenk seines Schreibmotivs – nicht Menschenlob, nicht weltliche Gier nach Lohn habe ihn getrieben, sondern die Rühmung und Ehrung Gottes und der Wunsch, die Bedürfnisse (*necessitates*) und die Fortschritte vieler Leute zu bedienen.

Prolog II: Seinen zweiten Prolog beginnt Theophilus mit einer direkten Anknüpfung an den ersten Prolog, den Text des ersten Buchs sozusagen überspringend. Wie er dort ganz allgemein mit dem Schöpfungsauftrag des Menschen zum Wissenserwerb einsetzt, so nun mit dem speziellen Auftrag der Mönche. Angesprochen werden also die Brüder (*fratres*). Natürlich geschieht dies in – wenn auch indirekter – Anknüpfung an Kapitel 48 der Benediktsregel gegen den Müßiggang, der Grundlage monastischer Handlungsethik. In drei Schritten, jeweils von einer bekannten Devise ausgehend, wird diese konkretisiert. Eines der *Disticha Catonis* (4, 29, 2) dient der Autorisierung des Wissenserwerbs als solchem, eine alttestamentliche Weisheit Kohelets (Koh 1,18) der Ermutigung, trotz aller Mühsal nicht nachzulassen. Die dritte Devise, ein Paulus-Wort im Epheserbrief (4,28) führt dann direkt an das stille und selbstvergessene Hand-Werks-Bemühen (*laborare operando manibus suis*) heran, dessen Vorteil (*profectus*) für Seele und Leib, dessen Wohlgefälligkeit vor den Augen Gottes und dessen Nutzen für die Bedürftigen radikal ausgespielt wird gegen alle Arten und Formen der Lasterhaftigkeit (*vitia*) – vom unnützen Geschwätz über die Essgier bis hin zu Gewalttaten, Unzucht und Gotteslästerung.

An diese Festlegung schließt Theophilus nun sein eigenes Handeln als *imitator* an. Sowohl zurück in das erste Buch als auch nach vorn in das zweite blickend, erzählt er anhand eines Besuches des Kirchenatriums der Hagia Sophia[49] von der Vielfalt der dortigen Farben und Farbgebungen, deren Macharten – Wandmalereien und Mosaiken – die er mit Hand und Auge erforscht habe. Danach berichtet er, zur folgenden Darstellung des Glas-Werkens überleitend, darüber, wie er sich mit Auge und Ohr bemüht habe, die ingeniöse Fertigkeit und Farbenfülle der lichtdurchlässigen Glasfenster zu begreifen und zu erlernen – ein *artificium*, an dessen umfassende Darstellung für den Leser er sich nun mache.

---

49 Ob Theophilus die Ausschmückung der damals größten Kirche der Christenheit aus eigener Anschauung kannte oder nur »im Bilde« dieses allbekannten Monuments spricht, ist in der Forschung umstritten.

Prolog III: Handelt Theophilus im ersten Prolog vom humanen *Man* und *Wir* und im zweiten vom monastischen *Wir* und *Ich*, so nun im dritten vom Auftrag an das *Ich* und *Du*, das Gottes-*Haus* (*domus Dei*) mit liturgischen Geräten auszustatten und auszuschmücken. Auch hier leitet ihn mehrfach die Autorität der Heiligen Schrift (Apostelgeschichte, 3 Psalmen, Exodus, Jesaias): Es sei der Gottesliebling und Prophet David gewesen, der, sich auf Gottes Auftrag an Mose zum Bau aller gottesdienstlichen Geräte berufend, die Zierde (*decor*) der Wohnstatt Gottes als zentrale Aufgabe erkannt habe. Aber um welche Wohnstatt gehe es? Neben der Wohnstatt Gottes im Himmel – umgeben von Engelschören – und der in jedermanns Herzen habe David den Kirchenbau als »materiellen« Ort des Gebetes (*materialis domus Dei, qua locus est orationis*) gemeint. Alles für seine Ausschmückung (*ornatus*) Nötige, seien es sämtliche Materialien, seien es der Geist der Weisheit und Einsicht, das Wissen und die Geschicklichkeit (*ars*) der Baumeister, habe er für seinen Sohn Salomo, den Erbauer (*auctor*), bedacht. Genau in dieser Lage befinde sich nun derjenige – und damit wendet sich Theophilus auffordernd seinem Schüler (*filius*) zu –, der gelernt hat, mit der Hilfe seiner Instruktionen ein Gotteshaus aufwendig zu schmücken. Zu dessen Ermutigung bietet Theophilus dem Schüler nun seine Auffassung von der gnädigen Hilfe der sieben Tugenden (*virtutes*) des heiligen Geistes an, die eingangs im Wortlaut zitiert wurde und die somit hier nicht mehr zusammengefasst werden muss.

Mit seinem so gestärkten *filius* kann Theophilus nun den Gang durch die ausgemalte Kirche antreten und in zwei Schüben aufzählen, was an vielfarbigen Bemalungen der Decken und Wände (Buch I) sowie der lichtvollen Fenster (Buch II) geleistet ist und welche Wirkung dies alles bei den Betrachtern hervorruft: Bewunderung vor dem Bild des Paradieses, erbauliche Anteilnahme vor den Leiden Christi und der Heiligen, beim Blick auf die Höllenfeuer die Ermutigung zu guten Taten und die Erschütterung über die eigenen Sünden.

Aber es fehlt noch Entscheidendes: Theophilus ermuntert abschließend seinen Nacheiferer zum Studium der Erstellung all der Geräte (*utensilia*) in der Kirche – Kelche, Leuchter, Reliquienbehälter, Kreuze, Bücher usf. –, ohne die der Sinn und die Gestalt des Gottesdienstes (*divinum misterium et ministeria officiorum*) undenkbar ist. Er schließt, zum Text des dritten Buches überleitend, mit dem Satz: »Wenn Du solche (Geräte) gestalten (*componere*) willst, dann beginne nach folgender Ordnung (*hoc incipias ordine*)«.

Fügen wir als Coda noch hinzu, dass es in den Prologen über das Referierte hinaus keine konkreten Verweise auf die drei Bücher gibt, weder auf deren große Abschnitte, noch auf einzelne Kapitel derselben, noch auf sachliche Besonderheiten. Derlei ist innerhalb der Bücher und Titel durchaus der Fall. Das heißt die Prologe sind gewissermaßen über die Instruktionen in den Büchern hinweggeschrieben, nicht mit ihnen verflochten. Und schließlich, fast verwunderlich: Es gibt keinen Epilog.

Das werk-sprachliche Sinnfeld

Schon das Eingangszitat und Referat der Gedankenfolge hat belegt, dass Theophilus in den Prologen nicht nur einen komplexen und kunstvollen Satzbau pflegt, sondern sich auch auf einem deutlich anspruchsvolleren gedanklichen und spirituellen Niveau bewegt als im eigentlichen Text. Die Forschung hat zudem diverse direkte Berufungen und implizite Anspielungen auf die Heilige Schrift, auf das benediktinische Normschrifttum und auf aktuelle Streitschriften über das rechte Mönchsein ausgemacht. Sie hat gezeigt, wie informiert und genau Theophilus sich der theologischen Gedanken Gleichgesinnter – wie Ruperts von Deutz, eventuell auch Hugos von Sankt Viktor – zu bedienen[50] oder sich von denen Andersdenkender – wie Bernhards von Clairvaux – abzusetzen wusste.[51] Er hat damit einen erstaunlich bedachten allgemeinen Rahmen für seine Instruktionen geschaffen: Hominologische[52] Grundlegung (I), monastische Ausprägung (II) und ekklesiologischer Auftrag (III) gehen schrittweise auseinander hervor.

Welchen Platz hat nun das Sinnfeld der Trias von *opus*, *ars* und *labor* sowie das seiner weiteren Nachbarn in diesem Denkgebäude? Es bietet sich der bewährte Erschließungsweg an – Bestand und Verteilung der Leitwörter, deren semantischen Eigenprofile sowie deren Beziehungen untereinander.

---

50 Über Dodwell hinaus: Van Engen, John, »Theophilus Presbyter and Rupert of Deutz: The Manual Arts and Benedicitine Theology in the Early Twelfth Century«, in: *Viator* 11 (1980), S. 147–163; Whitney, Elspeth, *Paradise Restored. The Mechanical Arts from Antiquity through the Thirteenth Century*, Philadelphia 1990, S. 12, S. 17.

51 White, Lynn, »Theophilus Redivivus«, in: ders., Medieval Religion and Technology, Berkeley 1978, S. 224–233; gute Zusammenfassung der Debatte bei Schulz, Knut, *Handwerk, Zünfte und Gewerbe. Mittelalter und Renaissance*, Damstadt 2010, S. 110–114.

52 Hominologie wird hier als für das Mittelalter besser geeigneter Ergänzungs-Terminus zur Anthropologie benutzt. Vgl. hierzu den Beitrag »Zwischen Lupe und Fernblick«.

Dazu gehört schließlich, in Erweiterung der Methode, die Verortung des werk-semantischen Feldes im *gesamttextuellen* Sinngefüge.

Lexik

Im Verhältnis zu den Buchtexten und Titeln sind in den Prologen alle bereits bekannten Kernwörter (»Begriffe«) deutlich häufiger belegt. Das gründet gewiss im höheren Allgemeinheitsgrad der Darlegung. Auf den ersten Blick scheint die Verteilung – *ars* und *labor* mit je sieben (dazu *manus* mit drei) sowie *opus* mit 19 Gebrauchsstellen – gegenüber der in den Buchtexten und Kapiteltiteln deutlich zuungunsten Letzterer verschoben. Muss dem aber die Sinnordnung entsprechen? Nur ein genauerer Prüfgang verspricht Klärung hierüber. Hinzu kommt, dass das Kernfeld in verschiedene Richtungen elementar *erweitert* ist: um die Belohnungen (*praemium/pretium*) des Handelns, um seinen konkreten und umfassenden Nutzen (*usus, utilitas, utensilia*), um die Befähigungen dazu (*capacitas, ratio, ingenium, studium, scientia*) und um die Freiheit, sich für sie zu entscheiden (*libertas arbitrii*), aber auch um seinen Dienstcharakter (*servus/servitus*), um seine Stützungen bzw. seine Gefährdungen (*virtutes/ vitia*), und schließlich um seinen Gesamt-Effekt (*ornatus, decor*). Damit tun sich neue Bereiche bzw. Dimensionen des Feldes auf.

Die Eigenprofile der Kernwörter

Zunächst soll es um die Eigenprofile der Kernwörter gehen.[53] Die Inventur der sieben Gebrauchsstellen von *labor/laborare* ergibt folgendes Profil: Die Stellen sind gleichmäßig über die drei Prologe verteilt. Substantiv (nur im Singular) und Verb (rückblickend und vorausschauend) drücken beide das Sich-Abmühen des Menschen aus – besonders das von Theophilus und seinen Lesern. Es geht um die Aneignung, das Begreifen von Wissen und Erfahrung, um den Weg dorthin. Deshalb stehen sie in enger Nachbarschaft zu *adipisci, intolerabilis, studium, scientia* – dies ohne pejorativen Beiklang. Zweimal ist *conamen* sinngleich benutzt. Es fehlt jede Anspielung auf schweißtreibende Kraftverausgabung sowie auf den fatalen Zwang zum materiellen Unterhalt als Strafe bzw. Buße infolge des Sündenfalls. Auch die

---

53 Auf den Nachweis der Position der einzelnen Gebrauchsstelle wird hier verzichtet. Sie wurde erschlossen mittels einer Durchzählung aller Sätze der drei Prologe und anschließender Herauslösung und Kolumnierung.

Berufung auf einen Passus aus dem Paulus-Brief an die Epheser[54] hat man, wie oben, nicht als schweißtreibende Verausgabung, sondern als unnachgiebige Haltung beim Hand-Werken zu verstehen. Man könnte meinen, dass Theophilus mit diesem Paulus-Wort der Undeutlichkeit zwischen *labor* und *opus* ausweicht, die ihm aus dem Kapitel 48 der Benediktregel über die »Handarbeiten« geläufig war.[55] Vom Menschen und Mönch als schuldigem *laborator* ist in den Prologen, wie auch in den Büchertexten, nicht die Rede. *Labor*, ohnehin wenig benutzt, zielt auf die spirituelle Mühsal.

Nur ergänzend schlagen die drei *manus*-Belege zu Buche. Am Anfang des ersten Prologs führt Theophilus mit der Formulierung, die nützliche Beschäftigung mit den Händen (*utilis manuum occupatio*) und die angenehme Betrachtung von Neuigkeiten (*delectabilis meditatio novitatum*) tauge besonders zur Meidung von Geistesträgheit und seelischer Unruhe, gewissermaßen Regel-bewusst in das Gesamtthema ein. Hier verknüpft er, ohne direktes Zitat, geschickt eines der Eingangswörter des Kapitels 48 der Benediktsregel mit dem dort wichtigen *opus manuum*. Die *manus*-Anspielung im oben bereits kommentierten Paulus-Zitat (zweiter Prolog) hat für die weitere Gedankenführung keine Bedeutung. Mit den Hinweisen, er habe *visu manibusque* die Farbmischung adaptiert, das Glas-*artificium* jedoch *visu et auditu* erfasst, verdeutlicht er, wie konkret er das Hantieren meint. Im Prologetext spielt Theophilus also wiederholt allgemein auf die Hände an, es geht ihm aber nicht um ihren genauen Platz im Sinngefüge.

Was zeigen die sieben *ars*-Belege? *Ars*, ob im Singular oder Plural benutzt, ist nie Satzsubjekt, stets Bestimmungswort, meist im Genitiv. Deshalb kann man seine engsten Nachbarn klar erkennen: die Fähigkeit bzw. das Vermögen (*capacitas*) und die Einbildungskraft (*ingenium*). Im *studium* – Lernen, Lesen, Begreifen, Durchdenken und Einprägen – wird *ars* angeeignet und ausgeübt. Dies korrespondiert mit dem dominanten Sinnelement der Erfahrenheit im Wissen (*peritia*) aus dem Text des dritten Buches. Insgesamt also: *ars* im Sinne von erworbener Wissensfähigkeit. Bestimmend ist weiter die *artes*-Vielfalt (*varietas, diversitas, ars universi generis, artificium vitri*). Theophilus spricht von einem sehr weiten Feld (*campus latissimus*). Diese Wissens- und Erfahrungsvielfalt lässt sich schriftlich (auf Zetteln – *schedula*) festhalten – wie er es getan hat. Dieser insgesamt klar umrissene Wortsinn

---

54 Eph. 4,28: *Magis autem laboret operando cum manibus (suis, quod) bonum (est), ut habeat unde tribuat necessitatem patienti*. (Der Mönch) aber soll sich bemühen, mit den Händen werkend das Gute zu schaffen, wovon er das Nötige dem (Not-)Leidenden abgeben kann.

55 Steidle, Basilius (Hg.), *Die Benediktsregel. Lateinisch-Deutsch*, Beuron 1963, S. 156–160.

erklärt, warum Theophilus keinen Versuch macht, die *artes liberales* und die *artes mechanicae* zur Bestimmung, Einordnung bzw. Abgrenzung seiner *artes* in Anspruch zu nehmen, obwohl, wovon er sicher wusste, die Diskussionen über Letztere sich gerade verdichteten.[56] Die *artes* des Traktats passen weder in den Kanon der Disziplinen zur geistigen Schulung noch in die neuerliche Systematik des Unterhaltshandelns aller Menschen. Und auch gegenüber dem Handwerker-Kapitel der Benediktsregel (57) übt Theophilus auffällige Zurückhaltung. Nie fällt bei ihm dort Belegtes wie *artifex* oder *artes facere* – wichtig ist ihm nur das Demutsgebot Benedikts und dessen Beharren darauf, dass der Verkaufswert klösterlicher Artefakte unter dem gängigen Marktpreis liegen solle, um jegliche Erwerbsgier einzudämmen. Was bedeutet dieses Ergebnis für den Titel des Ganzen? Darauf ist später noch zurückzukommen.

Modus und *ordo*, diese so wesentlichen *opus*-sprachlichen Fermente der Buchtexte, fehlen in den Prologen – außer in einem Fall, der bezeichnend genug ist. Der Übergangssatz vom dritten Prolog zum Text des dritten Buches lautet, wie bereits zitiert: *hoc incipias ordine*, und er verweist damit nahezu programmatisch auf die oben konstatierte Modalität von *opus* in den Instruktionen.

Nun zu den 19 *opus*-Belegen. Sie sind ungleichmäßig über die Prologe verteilt: drei Stellen im ersten Buch, sechs Stellen im zweiten, zehn im dritten. Was bedeutet diese deutliche Gebrauchssteigerung? Die drei *opus*-Belege im ersten Buch teilen sich auf in zwei Sinn-Elemente. Bereits bekannt aus dem dritten Buch ist der Aspekt der materiellen *varietas* der Werke, sei es Email oder Mosaik, im Prolog zweimal benutzt. Der dritte Beleg leitet gewissermaßen eine Ausdruckseigenheit im zweiten Prolog ein. Nicht das Werk (*opus*), sondern das *sich Widmen* in der stehenden Verbindung von *operam dare* (bzw. *addere*) ist mit vier Benutzungen numerisch bestimmend. Diese Phrase trifft gut, worum es im zweiten Prolog primär geht. Theophilus klärt dort die willentliche Ausrichtung des mönchischen Tuns gegen die diversen Laster, die dem Müßiggang entspringen können. Hierzu passen die mit der Phrase verbundenen Objekte *exercitium* und *otium*. Den recht Handelnden *operans* zu nennen, spitzt diesen Aspekt regelrecht zu. Das Substantiv *opus*, einmal im Sinne eines Werk-Stücks benutzt, das noch zu dekorieren ist, bil-

---

56 Allgemeiner Überblick bei Schulz, *Handwerk, Zünfte und Gewerbe*, S. 132–144; Interpretation der Konzeption der *scientiae mechanicae* von Hugo von Sankt Viktor: siehe den Beitrag »Zurück zu Kunst und Werk?«; zur antiken Tradition im Hochmittelalter Meier, Christel, »*Pascua, rura, duces* – Verschriftungsmodi der Artes mechanicae in Lehrdichtung und Fachprosa der römischen Kaiserzeit«, in: *Frühmittelalterliche Studien* 28 (1994), S. 1–50

det die Brücke hin zum dritten Prolog. Die zehn Belege bieten ein reiches und überraschendes Bild. Der Aspekt des künftigen Werks (*opus faciendum*) ist neu. Breit ausgefaltet mit fünf Belegen erscheint das bereits gut bekannte finale Werk-Element der Vielfalt und Wertfülle (*diversitas, varietas pretiossima*). Man sieht nun, welche Nähe hier zum analogen *ars*-Element besteht.

Grundsätzlich wird Theophilus – und hier kommen wir auf unsere Ausgangsfrage zurück – im Zuge seiner Erläuterungen der Geistestugenden. Die *intelligentia* befähigt dazu, das *opus* folgerichtig (*ordo*), in seiner besonderen Gestalt (*varietas*) und Zurichtung (*mensura*) zu konzipieren. Die *pietas* wacht über alle sozialen Bedingungen des *opus*, sein *Was*, *Wem*, *Wann*, *Wieviel* und sein *Wie* – alle Umstände also, die mitbestimmen, welcher Preis bzw. Lohn angemessen ist. Beide Bestimmungen zusammen ergeben meines Erachtens eine *Systematik* der Modalität und Finalität von *opus*, eine *divisio* bzw. *dialectica operis* im Sinne damaliger geistiger Methodik, in der die *artes liberales* wirken. Ergänzt wird diese Abstraktionsleistung noch durch die Projektion des Werkens auf seine öffentliche lehrhafte Vermittlung (*palam operando et docendo*) durch die Tugend des Ratens (*consilium*). Schließlich würde man ein weiteres komplexes Sinnelement verschenken, wenn man die *sozialen* Bezüge des *opus* übersähe. Nicht nur das *Du* des Lernenden, Theophilus als *peritus imitator*, die Mönche und die Menschen allgemein sind in das Werken involviert, vielmehr evozieren die fertigen Werke des Kirchenraums im Betrachter auch den Dank, Gott in seinen Werken zu loben (*Deus in operibus suis*). Ein erstaunlich weiter und geordneter Ertrag zur *opus*-Semantik im dritten Prolog also.

Doch damit nicht genug. Ein dem Zentralfeld naheliegendes Element ist die Rückwirkung des Werkens bzw. des Werks auf den *operarius* – der Lohn. An drei charakteristischen Stellen der Prologe denkt Theophilus darüber nach. Zu Beginn des Ganzen wünscht er seinen Gleichgesinnten pauschal den himmlischen Lohn (*coelestis praemium*). Aber er kennt natürlich auch den weltlichen Lohn (*praemium temporalis, pretium mercedis*), sei er nun valuierter Preis oder ideeller Ruhm, die großen Versuchungen, denen sich jeder Werkende ausgesetzt sieht und zu deren Bändigung Theophilus, wie erwähnt, die *pietas*-Tugend aufruft. Sich selber sieht er – vor den Augen Gottes – von dieser Gefahr frei und wünscht sich die Fürbitte seiner Leser. Von Geld, vom Verkauf oder einem Markt ist im ganzen Traktat nicht die Rede – zielt doch alles direkt, ohne Umweg über Austausch welcher Art auch immer, auf den Schmuck eines Gotteshauses ab.

Hier schließen sich nahtlos Theophilus' Ausdrucksentscheidungen im Sinnbereich des Gebrauchs und Nutzens an (sieben Belege für *usus/utilitas/ utensilia*). Sie zeigen deutlich, wann und wie er abstrahiert und subsumiert. Erstens spricht er vom Brauch-Nutzen (*usus*) des einzelnen konkreten Werks, dann aber auch von dem des aufgezeichneten *opus*-Wissens für den Leser. Zweitens stellt er, weiter abstrahierend, die Nützlichkeit (*utilitas*) des monastischen Werkens überhaupt dem Müßiggang gegenüber. Drittens nennt er einmal, an strategischer Stelle, die liturgischen Geräte zusammenfassend *utensilia*. So weit war er im Text des dritten Buches nicht gegangen; es blieb dort bei den *res* bzw. beim *opus* im finalen Sinne. Kommen wir nun zu einem letzten Punkt: Was hat es zu bedeuten, wenn Theophilus sich *servus (servorum Dei*) nennt, wenn er den Kaufmann, der Gott seinen Gewinn verheimlicht, als einen untreuen Diener (*nequam servus*) erachtet, wenn er einmal das mühsame Sammeln des Werk-Wissens in die Wortaura der Knechtschaft (*servitus*) zieht? Wenn in der Benediktsregel rechtes Mönchsein als *servitium Dei* gefasst ist, stellt dann das Werken für den *ornatus ecclesiae* nicht lediglich eine Steigerung dieses Dienstes dar? Ist erst hier der allgemeinste semantische Rahmen der Werksprache von Theophilus zu vermuten?

Die Relationen als »Feld«

Wie hängen die erarbeiteten Einzelprofile zusammen? Ähnlich wie in den drei Büchern findet man in den Prologen keine festen Abgrenzungen, keine klärenden Ausdrucksfiguren vom Typ des *id est* oder Ähnliches, keine terminologisch angelegte Lehre. Doch sind im Abgleich der Einzelprofile Differenzen und Affinitäten, Sinnschwerpunkte erkennbar, die ein eigenes Feld konturieren könnten. Bei dem folgenden Integrationsversuch ist es hilfreich, auch die Ergebnisse der vorigen Abschnitte über die Instruktionsbücher zu berücksichtigen.

Vorweg ist festzuhalten, dass die werksemantische Eigenart der *Kapiteltitel* – ihre semantische Proprietät in Engführung mit den Textinhalten – für die Prologe keine Anknüpfungspunkte bot. Dazu fehlte dort das Abstraktionsniveau. Kaum verwunderlich ist aber, dass Theophilus in den Prologen bewusster, deutlicher, begrifflich dichter und systematischer und vor allem genereller spricht als in den Büchern. Voraussetzung bleibt, dass er kein grundsätzlich anderes Vokabular wählt. *Opus, ars* und *labor*, ergänzend auch *manus*, sind im Vergleich zu den Büchern ähnlich viel (bzw. wenig) benutzt und behalten im Wesentlichen ihren Sinn und ihre Bedeutung auch im Gedankengebäude der Prologe. *Labor* und *laborare* stehen, trotz biblischer und monastischer Normbezüge, weiter im Schatten, sind, wenn benutzt, weit abgerückt vom Aspekt der schweißtreibenden Leibesanstrengung (gewissermaßen entkörpert), das heißt hineinverlegt in geduldige Anstrengung beim Wissenserwerb (*studium*), in das *Vor*feld des hantierenden Werkens, also eher getrennt vom eigentlichen *opus*-Bereich. Und ihnen fehlt weiterhin jede Konnotation von Sünde, Schuld und Buße.

Auch die *artes* sind in Profil und Frequenz überraschend wenig verändert. In den wenigen Belegen bleibt ihre Pluralität und Vielfalt konstitutiv; ergänzt ist ihre Bewahrbarkeit durch Aufzeichnung. Prägnanter wird der Kernsinn der erworbenen Wissenserfahrung artikuliert. Und genau hier trifft man auf eine bedeutende Erweiterung: die Verknüpfung mit der geistigen Eignung (*capacitas* auch *ingenium*). Damit driftet auch der *ars*-Sinn zur »Peripherie« der Voraussetzungen des *opus*-Kerns (als Vorstellung von ihm[57]), im Kontrast zu *labor* aber zu denen des Wissens und der Erfahrung.

Auch im *opus*-Bereich findet man einerseits alles bestätigt, was sich im Text der Bücher, besonders des dritten Buchs hat freilegen lassen: häufigere Benutzung in beweglicheren Wortformen und Satzstellungen, Vielfalt-Bezug (wodurch die Nähe zu einem der *ars*-Merkmale ausgedrückt ist), Modalität, Finalität. Es kommt weiter sehr Bemerkenswertes noch innerhalb der Wortgruppe hinzu. Zum einen das Sich-Widmen (*operam dare*) als verbaler Grundausdruck – eine Komplettierung zum *operari*. Zum anderen die Vorstellung vom intendierten, künftigen *opus* – die Komplettierung des Duos Werk-Stück/Werk-Resultat. Meines Erachtens am gewichtigsten sind die beiden Divisionen im Spektrum von zwei der sieben Geistes-Tugenden. Diese dialektische Ausfaltung der spirituellen *opus*-Bezüge ist ein eigener Gedanke, der ausdrücklich ganz um *opus* kreist, weder um *labor* noch um *ars*. Schließlich bietet Theophilus lexische Erweiterungen, welche die *opus*-Logik im finalen Wirkungsbereich betreffen (*effectus*). Exklusive Bezüge zum *opus* außerhalb der Wortgruppe sind einerseits mit dem Belohnungsproblem für den Werkenden (*praemium/pretium*) hergestellt, andererseits im *usus*-, *utensilia*- und *utilitas*-Gebrauch für das Werk im Ganzen zum Ausdruck gebracht. Die *opus*-Gruppe hat hier gewissermaßen anziehende Kraft.

Hält man das alles zusammen, dann kann man von einer Steigerung der semantischen *opus*-Präsenz und Dominanz sprechen sowie darin eine Bestätigung für die oben gezogene Zwischenbilanz einer Bedeutungs-Hegemonie

---

57 Hierzu allgemein Binding, Günther, *Der früh- und hochmittelalterliche Bauherr als sapiens architectus*, Darmstadt 1996, S. 345–367.

im dritten Buch sehen. In ihren Frequenzen, ihrem Merkmalsspektrum, ihrer textuellen Reichweite und Beweglichkeit, ihrer Offenheit und Ergänzbarkeit bzw. Anschlussfähigkeit übertrifft die Wortgruppe *opus/opera/operari* die anderen untersuchten Leitwörter bei Weitem. Deren Sinnhof ist enger, starrer und begrenzter, als man vermuten konnte. Versucht man nun, die Beziehungen der Leitwörter als Trio bedeutungsähnlicher *Handlungs*-Wörter zu fassen, dann ergibt sich meines Erachtens Folgendes:[58]

1. Die drei Wörter sind weder Antonyme im strengen Sinne, noch enthalten oder decken sie sich gegenseitig (Implikation). Vielmehr sind sie komplementär zueinander gedacht und benutzt, zugleich aber deutlich rangiert: *opus* nimmt die gestreckte *Mitte* der Handlungen (Hantieren, Werken) vom geplanten bis zum vollendeten Werk ein, *labor* ist als leibhaft-motivationale Voraussetzung dieser Strecke vorgelagert bzw. unterlagert, die *artes* überlagern sie dauerhaft als spirituell geleitete Wissenserfahrung. Ein »Netz« vermag ich in diesem unregelmäßigen und beweglichen *opus-ars-labor*-»Feld« nicht zu erkennen; der Sinnausschnitt dürfte zu klein dafür sein.

2. Ob die Zentralität und Reichweite von *opus* linguistisch dazu berechtigt, ihm eine semantische Hyperonymie zuzuerkennen, vermag ich nicht zu entscheiden – obwohl ich dazu neige.

3. Eine klare Binnen-Abgrenzung des Trios nach einzelnen Merkmalen ist vor allem deshalb wenig angebracht, weil Theophilus selber kaum *genus-species*-technisch verfährt – mit Ausnahme der Binnengliederung der *opus*-Bedingungen, und hier sehr bewusst. Wie weit er einen solchen Feinsinn treiben *kann*, wurde zum Beispiel daran deutlich, wie er die rigide benediktinische *labor manuum*-Norm sprachlich ausmanövriert – natürlich zugunsten von *opus* (*manuum*). An solchen Distinktionen lag ihm offensichtlich aber nicht generell. Ihm ging es primär um die Artikulation seines Tuns als Werken, seiner Taten als Werk. Warum? Dies führt zum letzten Punkt.

---

58 Die folgenden terminologischen Zuordnungen sind orientiert an Busse, *Semantik*, S. 102–110; dazu auch Fritz, Gerd, *Historische Semantik*, Stuttgart/Weimar 1998, S. 57–62.

Präsuppositionen – Ausweitungen des *opus*-Rahmens

Das Inhaltsreferat der Prologe sollte auch vor Augen führen, wie anspielungsreich es Theophilus gelingt, sein Tun und seine Lehre so allgemein wie möglich zu begründen. Diese Leistung, das wurde mehrfach angedeutet, ist in der neueren Forschung aspektreich untersucht und diskutiert worden.[59] Für unser Fragen ergeben sich daraus lebensweltliche Erweiterungspunkte, die in der linguistischen Semantik »Präsuppositionen« genannt werden. Der Historie ist besser geholfen, wenn sie von den Einflüssen des Welt- und Menschenbildes, des mentalen Hintergrunds und des sozialen Umfeldes auf das Vokabular, die Wortwahl und den Sprachfluss spricht.

Im ersten Prolog war mit der menscheneigenen *capacitas* zu Wissenserwerb und -tradition bereits eine solche Einflussgröße ins Spiel gekommen, waren die *capacitas* und das *ingenium* als Bedingung von *ars* gewissermaßen gesetzt. Ihnen wiederum vorgelagert im hominologischen Denken von Theophilus ist die Gottesebenbildlichkeit des Menschen und der aus ihr hervorgehende Auftrag zum Gebrauch seiner *ratio* – eine Art Ur-»Szene« des *homo operans* (dieses Wortgespann benutzt Theophilus allerdings nicht). Dazu sieht er keine Alternative – selbst der Sündenfall ist Mittel zur Fortentwicklung des Geistes (*mens, spiritus*) durch Denken und Wissen. Der Fortschritt des Menschengeschlechts besteht demgemäß in steten Konversionen der *ratio* in *opera* (und *artes*). Aus den geistigen Befähigungen gehen Erfahrungswissen und Werktätigkeit hervor. Man könnte diese semantische Beziehung als sinnerweiternde »Implikation« verstehen. Theophilus öffnet den Sinnhof des Werkens hin zur *ratio* als *conditio hominis*. Eine andere radikale Feldausweitung kann man in der Gegenüberstellung des richtigen und falschen Handelns greifen. Theophilus konzipiert das dreiteilige Bedeutungsfeld von *opus-ars-labor* regelrecht als Gegenbild zu den zahllosen Lastern (*vitia*), die im Müßiggang (*otium*), in der Untätigkeit des Geistes (*desidia mentis*) und der Unstetigkeit der Seele (*vagatio animae*) gründen. Er sieht in den diversen, von ihm fast genüsslich aufgezählten Lastern Beleidigungen Gottes, hingegen im demütigen, von den Geistestugenden geleiteten Wer-

---

[59] Siehe die Noten 60 und 61; sowie dazu Ovitt, George, *The Restoration of Perfection. Labor and Technology in Medieval Culture*, New Brunswick/London 1986., dort zu Theophilus S. 168–173; Meier, Christel, »*Pascua, rura, duces* – Verschriftungsmodi der Artes mechanicae in Lehrdichtung und Fachprosa der römischen Kaiserzeit«, in: Frühmittelalterliche Studien 28 (1994), S. 1–50, zu Theophilus S. 4–6; dies., »*Labor improbus* oder *opus nobile*? Zur Neubewertung der Arbeit in philosophisch-theologischen Texten des 12. Jahrhunderts«, in: *Frühmittelalterliche Studien* 30 (1996), S. 315–342.

ken Lobpreisungen Gottes. Tugenden und Laster stehen sich als kontradiktorische Antonyme gegenüber, bedingen einander.

Diskutieren wir in aller Kürze noch einige Beobachtungen, deren Stellung in diesem hominologisch erweiterten Sinnbezirk von *opus* weniger klar erscheint. Auffällig ist, dass Theophilus keinen Gebrauch vom paulinischen Dualismus von *spiritus* und *caro* macht[60] – trotz der zentralen Bedeutung von *spiritus* für Form und Ziel aller *opera*. Das versuchende und sündige Fleisch scheint im Bezeichnungs- und Bedeutungsgefüge zu fehlen. Gründet das in der so monastisch profilierten Denkweise von Theophilus? Immerhin hat er den *labor*-Sinn in seinem Handlungskonzept nicht nur in das Vorfeld verschoben, sondern zugleich auffällig sublimiert, sozusagen ent-körpert. Wird ihm die karnale Gefährdung allen humanen Tuns (und Lassens) eben *nicht* zum Argument für die Frage nach der Angemessenheit des monastischen Werkens, weil er sich in einem Bereich bewegt, der ihr gewissermaßen enthoben ist – dem *ornatus domus Dei*? Der Sinn, den Theophilus an einer Stelle dem anderen hominologischen Basisgespann von *corpus* und *anima*[61] gibt, lässt sich in diesen Zusammenhang nicht einpassen; er ist ganz auf den allgemeinen *profectus* des Wissens der Menschen zugeschnitten. Auch, dass Theophilus die Wirkungen der Höllenbilder an den Kirchenwänden auf das Sündenbewusstsein der Betrachter hervorkehrt, macht den *caro-spiritus*-Gegensatz noch nicht zum Argument in seiner Werk-Sprache. *Caro* und *peccatum* bilden keine Präsuppositionen für die Werk-Sprache der Prologe.

Schließlich ist die bereits gestellte Frage nach dem *Dienst*-Charakter der *opera-artes-labores* noch einmal aufzunehmen. Die Spuren, die Theophilus hinterlassen hat, sind, wie gezeigt, karg und undeutlich. Man erinnere sich aber daran, dass nicht immer die Häufigkeit eines Wortes seinen Rang ausmacht. Immerhin bezeichnet Theophilus sich im *ersten* Satz der Prologe als *servus – servus servorum Dei*. Durchsucht man, aufmerksam gemacht auf die mögliche Bedeutung dieser eröffnenden Selbsteinordnung, die Prologe, dann kommen durchaus Indizien zusammen, welche die Werk-Sprache von Theophilus mitbestimmend durchziehen. Zusammengefügt ergeben sie Folgendes: Es geht allein um *Gottes*-Dienerschaft, nicht um Dienst und Gehorsam für den Herrn seines Lebensorts, dem *dominus abbas*, wie es die Regel

---

60 Zum biblischen, patristischen und kirchenrechtlichen Hintergrund: Lutterbach, Hubertus, *Sexualität im Mittelalter. Eine Kulturstudie anhand von Bußbüchern des 6. bis 12. Jahrhunderts*, Köln/Weimar/Wien 1999, S. 64–70, S. 108.

61 Zur Grundlegung der *anima-corpus*-Zweiheit: Guerreau-Jalabert, Anita, »Spiritus et caritas. Le baptême dans la société médiévale«, in: Héritier, F./Copet-Rougier, E. (Hg.), *La parenté sprituelle*, Paris 1995, S. 293–321.

gebieten würde, oder etwa für den Stifter bzw. Auftraggeber.[62] Die exklusive Beziehung *Deus-servus* nimmt Theophilus auch direkt im Gleichnis über den falsch wirtschaftenden Kaufmann auf, das ihm für die Anmahnung des rechten Wegs des Menschen extrem wichtig ist. Auch in anderen Denkmomenten nimmt diese Beziehung weitreichende, wenn auch indirekte Kontur an. Theophilus spricht nicht nur vom Gott ergebenen Volk der Christen (*plebs Deo devota*), vom Befehl (*mandatum*) Gottes an Moses zum Tempelbau, sondern insbesondere von dem im Namen Gottes tätigen Mönchsbruder, der sowohl dem Paulinischen Gebot zum mühevollen Hand-Werken gehorcht als auch die Meisterschaft (*magister*) und Autorität (*auctoritas*) des Heiligen Geistes anerkennt – und Theophilus bezeichnet sich anschließend ausdrücklich als *imitator* dieses Werk-Gehorsams. Stiftet dies alles zusammen nicht die Qualität einer servitialen Gesamt-Aura? Oder ist sie, ohnehin selbstverständlich, nur ein blasser Schein, verglichen mit dem *opus*-Stolz, der alles so wortreich durchzieht?

Werk-Wissen und Sprache

Im letzten Untersuchungsschritt soll noch nach dem Verhältnis zwischen Werk-Wissen und Sprache in *De diversis artibus* insgesamt gefragt werden, wiederum mit einer anderen Methode. Anstelle der detaillierten Prüfung der Wort- und Sinnfelder ist nun ein Pulk von oft banal erscheinenden, auch unscharfen *Indizien* zu ordnen und genauer zu durchdenken, die zum Teil bereits begegneten.[63] Sie alle bezogen sich darauf, wie Theophilus mit seinen so reichen und detaillierten Kenntnissen im Laufe der Werk-Instruktionen, ihren Ordnungen (Kapiteltitel) und ihren Begründungen (Prologe) umgeht. Gerade weil er sich so souverän auszudrücken versteht, weil er über eine ganz ungewöhnliche praktische und theologische *schrift*-lateinische Kompetenz verfügt, besteht überhaupt die Möglichkeit, dieser Frage nachzugehen.

---

62 Zur Bedeutung der Stifter siehe Bergmann, Ulrike, »Prior Omnibus Autor – an höchster Stelle aber steht der Stifter«. in: Legner, Anton (Hg.), *Ornamenta Ecclesiae. Kunst und Künstler der Romanik,* Bd. 1, Köln 1985., S. 117–148.

63 Auf einzelne Nachweise wird im Folgenden verzichtet, um weder den Anschein von Vollständigkeit noch von Exemplarität zu erwecken. Alle Einzelindizien verdanken sich einer Aspekte sammelnden Gesamtlektüre von *De diversis artibus.*

Oralisierende Schriftsprache[64]

Am Auffälligsten ist, dass Theophilus sich durchgehend als *Sprechender* versteht. Ich habe bei ihm keinen Beleg dafür finden können, dass er seine *schedula* niederschrieb, dass er sie als *scriptum* versteht. Die Wortgruppe *scribere/scriptum/scriptura* fehlt.[65] Stets geht es um das Aufgezeichnete als *dictum*. Wo Theophilus auf bereits Ausgeführtes oder noch Kommendes verweist, und dies geschieht zunehmend häufiger, je mehr er sich Wiederholungen ersparen möchte, bedient er sich in wechselnden Wendungen des Verbs *dicere: de quo/qua supra dictum est, ut praediximus, de quo postea dicemus* usf. Er hat sein Wissen also – eine ziemlich normale Praxis seiner Zeit – in jemandes Feder diktiert, ob sich selbst oder einem Schreiber, sei dahingestellt. Die oralisierende Attitüde reicht aber weiter. Sie gilt auch für die Zitate in den Prologen. Sie sind sinnkonforme *dicta* aus seinem memorierten Wissensschatz, nicht wortlautgenau abgeschriebene Passagen aus den beiden Testamenten, von antiken Autoren, aus der Benediktsregel; da unterscheidet Theophilus sich nicht von seinen Zeitgenossen.

Dieses geschriebene »Reden« von Theophilus lässt sich nicht als verblasste Metapher im Rahmen einer Schriftförmigkeit abtun, die (längst) abgekoppelt ist vom Hören und Sprechen. Dafür spricht auch, dass die Theophilus-Forschung in den drei Büchern keine durch Titel oder Autor identifizierbaren Anleihen bei einschlägigen Schriften bzw. Autoren, also keine *auctoritates* gefunden hat.[66] Und selbst wo der Bezug auf notiertes Wissen unerlässlich war, im Falle der genauen Befolgung der Ton-Beziehungen (*mensurae*) beim Bau von Orgelpfeifen und Zimbeln, spricht Theophilus nicht von Autoren, Schriften, Schriftwerken oder Büchern, sondern vom (Ab- oder Ver-)Lesen von Vorschriften (*praeceptum lectionis*); man kann hier an Zettel mit tabellierten Zahlenrelationen denken. Hierhin gehört schließlich, wie er selbst über die Erwerbsweise des Wissens außerhalb seiner eigenen Werkerfahrung

---

64 Zum Folgenden verweise ich auf den *textus*-Teil in diesem Band sowie auf meinen Forschungsbericht: Kuchenbuch, Ludolf, »Ecriture er oralité. Quelques compléments et approfondissements«, in: Schmitt, Jean-Claude/Oexle, Otto Gerhard (Hg.), *Les tendances actuelles de l'histoire du moyen âge en France et en Allemagne*, Paris 2002, S. 155–161.
65 Dies gilt auch für seine Beschreibungen des Dekors der diversen *opera*. Wenn Theophilus davon handelt, wie man die Wände, Fenster, Geräte neben Figuren und Ornamenten durch – modern gesprochen – »Beschriftungen« ergänzen kann, spricht er von *litterae, notae, nomina, brevia*, nicht von *scripta*.
66 Hierzu Dodwell, *Theophilus*, S. XLIV-LI; Bänsch, Birgit, »Technische Literatur«, in: Legner, *Ornamenta Ecclesiae*, Bd. 1, S. 349.

spricht: *visu et auditu* bzw. *visu et manibus* – nicht *ex libris*. Theophilus geht also nahezu ausschließlich und autonom von *seinen* Kenntnissen aus. Er verhält sich nicht als belesener Vermittler, sondern als erfahrener und wissender Geber – und als ein autonomer Meister, der nur ergänzend auf helfende Hände und Kräfte angewiesen ist.

Von hier aus wird die spezifische Ausdruckshaltung von Theophilus verständlich. Sie zielt darauf ab, den Leser/Lerner direkt anzu*sprechen*. Ich erinnere an die vorwaltende Satzstruktur, an die *tolle*- bzw. *fac*-Sätze. Beständig »greift« Theophilus sprachlich nach seinem Schüler, redet auf ihn ein: *scis, accipe, compone, percute* – die Reihe dieser Imperative ist schier endlos. Auch sein direkt addressierendes, sein an-sprechendes Schreiben: *si vis, si volueris, quod in tuo arbitrio sit* usf., das heißt die lebendige und wendige Art, wie Theophilus immer wieder die Möglichkeiten nutzt, den Lern- und Gestaltungswillen seines Schülers zu stimulieren, belegt seinen Willen, im Wege der (Vor-)Schrift mit seinen Nachahmern zu »reden«. Das zeigt nicht nur seine Lehr-Rhetorik, sondern auch sein eigener Umgang mit der äußeren und inneren Ordnung der Bücher. Theophilus bezieht sich im Text nie auf bestimmte Kapitel – weder auf deren Titel, noch auf deren Nummer –, sondern stets auf zurückliegende oder kommende Handlungsschritte, bestimmte *opera* bzw. *modi*. Mehr als »früher« oder »oben« oder »an seinem Ort« wird nicht gesagt – es gibt keine formalisierten Ortsbestimmungen. Man muss daraus schließen, dass die mittlere Ordnungsebene der Kapitel ihm nicht wichtig war. Die Aufzeichnungen des praktischen Wissens und Könnens sind also nicht als vielfältiger und bezugsreicher »Stoff« verstanden, auf den der suchende Benutzer autonom, von seinem wechselnden Willen geleitet, zugreifen kann.[67] Es regiert vielmehr der gewundene, sich schrittweise voranbewegende *ordo operum* – analog zum *ordo narrationis* anderer Schriftgattungen. *De diversis artibus* ist, so gesehen, eher ein um Ansteckung bemühtes Lehr-»Drama« als ein systematisch ordiniertes Nachschlage-Werk, eher eine Schleuse als ein Becken.

Die Offenheit des Werk-Wissens

Gerade weil Theophilus so detailreich und handlungsdicht spricht, genau deshalb, weil er so viel zur konkreten Hantierung beibringt, erlaubt er Beob-

---

67 Das gilt unabhängig davon, ob man die überkommene formale Traktat-Struktur Theophilus selbst oder seinen ersten (Ab-)Schreibern zuerkennt.

achtungen nicht nur darüber, wie viel er handlungskonform mitteilt, sondern auch, was und wie er ergänzen muss. Betrachtet man sein Verfahren als bewusstes und zielgerechtes Voranschreiten von *opus* zu *opus*, dann bemerkt man, in welche Spannungen die Einzelunterweisungen zu denjenigen Kenntnissen und Verfahren geraten, die entweder randständig, aber nötig sind, oder die als werk-logische Zwischenschritte den *profectus operis* unterbrechen oder sich ihm anlagern. Sie alle verweisen auf eine situationsgerechte Offenheit des Werk-Wissens. Hauptsächlich geht es dabei um drei Situationen.

Erstens bietet Theophilus immer wieder materialkundliche Belehrungen, mit denen er Hantierungssequenzen einleitet oder unterbricht. Es geht zum Beispiel darum, von welchen Völkern bestimmte Goldarten kommen, oder wie Dinge hergestellt werden – etwa das Mosaik –, welche Eigenschaften bestimmte Metalle haben, wie nicht in die eigene Werktätigkeit einbeziehbare Ausgangsmaterialien – zum Beispiel Luppe oder Rohstahl – gemacht werden und zu beschaffen sind – Rotkupferblech etwa –, wozu bestimmte *utensilia* taugen, wie leicht Firnis und Schwefel brennen. Man könnte diese Interventionen als Beschreibungen von Voraussetzungs- bzw. Bedingungs-Wissen bezeichnen. Benennungen von Wörtern nichtlateinischer Herkunft kommen ab und an hinzu (*rosa, posc, huso, meizel, calibs* u. a.); ansonsten bleibt das lateinische Sprachfeld mit seiner erstaunlichen »Fach«-Lexik und »Mach«-Syntax geschlossen.[68]

Zweitens veranschaulicht Theophilus seine Belehrungen und Anleitungen häufig durch Vergleiche mit externen Parallelen oder Ähnlichkeiten: Gips wird wie Kalk gebrannt, der nötige Schachtelhalm wächst wie die Binse, der Talg ist zu kneten wie Wachs, ein Leim soll fest und dick sein wie Hefe, Firnis so hell wie Weihrauch, Ascheflagen formt man wie Brote. Mit diesen Appellen an diverses Alltagswissen außerhalb der eigentlichen Werkfelder erleichtert er dem Lernenden einzelne Operationen und tut sein Bestes, um jeden Fehlschritt, jede Nachlässigkeit (*negligentia*) zu vermeiden – ein Motiv, das immer wieder durchbricht.

Neben diese beiden von außen eingespeisten Wissensbestände und gezogenen Alltagsvergleiche gerät Theophilus im internen *ordo operum* ständig an Punkte, an denen mit der Hauptsache anzuhalten ist, damit eine neue Be-

---

[68] Hier lässt sich die Frage anschließen, welche Rolle eigentlich das vernakuläre Idiom – niederrheinisch oder sächsisch? – bei allem spielte. Theophilus schweigt hierzu, sein Latein scheint davon regelrecht abgeschottet. Die Forschung geht dementsprechend daran vorbei.

dingung für das Weitermachen erfüllt werden kann. Ob für einen neuen *opus*-Schritt ein Ofen gebaut, ein Holzstück zugerichtet, eine Eisenstange geschmiedet, eine andere Metallart präpariert, eine Wachsform modelliert, eine Unterlage oder Halterung gefertigt, ein Ferment abgewogen und gemischt, ein Leim gekocht, eine Kühlung abgewartet, eine Reinigung eingeschaltet werden muss – fast jedes Mal kommt anderes und neues Wissen zur Sprache, wird der Hantierungsradius erweitert. Diese Abstecher, Schleifen, Umwege gehören zur Struktur eines nach allen Seiten offenen Ziel-Werkens, das ganz in der Disposition und den Händen eines einzelnen *operarius* liegt, den seine immense Werk-Erfahrung (*peritia*) ermächtigt, von Fall zu Fall seine Wissensschleusen zu öffnen und seine Ausdruckskräfte zu mobilisieren. In diesen Momenten wird der Wirkungszusammenhang zwischen *memoria, ratio, consuetudo* bzw. *usus* sichtbar, von dem Theophilus ja besonders im zweiten und dritten Prolog handelt.[69] Oder anders gesagt, man beobachtet Theophilus dabei, wie er das gerade jetzt Notwendige mittels seiner enormen *ars*-Erfahrung und seinem Sprachschatz im Kopf durch das Nadelör des *dicere* ins Schriftlatein fädelt. Den Technikhistorikern, die ihm nachweisen, dass er sich ab und an doch »unverständlich« ausgedrückt bzw. für die Sache Wesentliches ausgelassen habe, hätte Theophilus – dieser »Was wäre gewesen wenn«-Anachronismus sei hier einmal gestattet – mühelos aufhelfen können. Jede Verschriftung musste radikal definieren bzw. abbreviieren, was alles beim praktischen Hantieren zu zeigen und zu bereden war. Theophilus wusste: Jede schriftliche Äußerung, jedes Schriftstück war Abbreviatur.

Die Resultate im arbeitsgeschichtlichen Zusammenhang

Im groben Kontrast zur modernen Grundbestimmtheit von (Lohn-)Arbeit, Produktion und Konsumtion durch die Marktdynamik und die Zirkulation der Güter als Tauschwerte artikuliert Theophilus in seiner Sprache ein *Brauch-Werken* eigener Art.[70]

---

69 Eine reiche Umschau zu diesen Beziehungen im 11. bis 13. Jahrhundert bietet Binding, Günther, »Ein Beitrag zum Verständnis von *usus* und *ars* im 11./12. Jahrhundert«, in: Speer, Andreas (Hg.), *Scientia und ars im Hoch- und Spätmittelalter*, 2. Halbbd., Berlin/New York 1994, S. 967–981.
70 Vgl. den Beitrag »Vom Brauch-Werk«.

1. Benennen wir nur kurz, was grundsätzlich fehlt. Am Auffälligsten ist, dass Theophilus keine distinkten Einheits- bzw. Allgemeinwörter für wesentliche Elemente der Herstellungsvorgänge benutzt, weder für die Ausgangsmaterialien (Roh- und Energiestoffe – *materia*), noch für die technischen Hilfsmittel (Werkzeuge, Geräte, Zusatzmaterialien – *instrumenta*), aber auch nicht für die Resultate (Produkte[71]), ihren Wert (Preis) und ihren Gegenwert (Lohn). Es fehlen auch jegliche Hinweise auf zeitkalkulatorische Argumente. Jeder Handlungsschritt hat »seine« Zeit; die Vorstellung von der Produktions-Strecke, von der notwendigen Dauer aller Handlungen bis zum Verbrauch ist nicht Gegenstand der Unterrichtung. Weiter fehlt, was jede wirtschaftliche Sicht – auch die in die Geschichte – stets unterstellt: Arbeits*teilung*, sei es innerbetriebliche, lokale oder gewerbliche. Es fehlt auch die Trennung geistiger (Kopf-)Arbeit und körperlicher (Hand-)Arbeit. Theophilus denkt und tut fast alles autonom, eigenhändig und vollständig, für ihn gilt nur die Werkstatt, und in ihr gilt die *Vereinigung* der Werke.[72] Derlei muss nicht sonderlich verwundern, wenn man bedenkt, wie begrenzt das Tätigkeitssegment ist, über dessen Vermittlung er handelt – den Kirchenschmuck –, und wie wenig ihn der Einsatz der erworbenen Kenntnisse im reellen Fall kümmert, also in dem Moment, wo der Gestaltungswille des Werkenden auf die örtlichen Umstände, die Materiallage, die Terminierung und die Vorstellungen und Aufwendungen des Auftraggebers stößt. Man könnte von einer sozial nahezu neutralisierten Konstellation sprechen. Darüber sollte man aber das Hauptergebnis nicht vergessen: Die historisch-linguistische Untersuchung hat zeigen können, wie wichtig und lohnend es ist, selbstverständliche Vorstellungen vom modernen Arbeitsvokabular und seinen systemischen Zusammenhängen *auszusetzen* und sich allein auf den überkommenen Sprachkörper zu beziehen. Nun die eigentlichen Befunde:

2. Was ich am Ende des ersten Untersuchungsschritts, bezogen auf Lexik und Syntax von Kapitel 26 des dritten Buches, unterstellt hatte, lässt sich nun bestätigen. Die »Arbeits«-Sprache von Theophilus ist eine dreidimensionale *opus*-Sprache. Moritz Wedell hat in einer brillanten Abhandlung über das Zählen als Kulturtechnik im Mittelalter einen Vorschlag zur begrifflichen Präzisierung der Handlungsdimensionen im *numerischen* Wissen ge-

---

71 Eine bedenkenswerte Ausnahme ist die Bezeichnung *artificium* für die Glasfenster am Ende des zweiten Prologs.

72 Es versteht sich gewissermaßen von selbst, dass Theophilus allein vom Männerwerk (*opus virile*) handelt – welches und wie viel *opus feminale*, von der sozialen Synthesis her gesehen, dazuzudenken ist, steht auf einem anderen Blatt.

macht, den ich hier für das *Werk*-Wissen und seine Artikulationsbereiche aufgreifen möchte. Er unterscheidet drei Abstraktions-Stufen: eine *operale*, eine *operative* und eine *operationale*.[73] Diese Dreiheit lässt sich meines Erachtens gut für eine terminologische Fassung der drei Dimensionen der *opus*-Sprache von Theophilus verwenden: Er bezieht sich erstens stets auf sein *operales Erfahrungswissen* (*usus* bzw. *consuetudo*), bietet zweitens in den Instruktionstexten der drei Bücher ein *operatives Schriftwissen* und überdenkt drittens in den Prologen die hominologischen Implikationen und mönchstheologischen Chancen dieser Praxisverschriftung im Wege *operationaler Reflexionen*.[74] Auf die einzelnen Untersuchungsschritte meiner Abhandlung bezogen heißt dies: Nur Indizien konnten im letzten Abschnitt zur Fülle und Beweglichkeit des *operalen* Werk-Wissens von Theophilus zusammengestellt werden, weil es sich, der Schriftform vorgelagert oder sie umgebend, nur in Rede und direkter Hantierung manifestiert. Mit welchem Reichtum proprietärer Ausdrucksmittel Theophilus seine *opus*-Sprache *operativ* in den drei Büchern entfaltet, erwiesen die lexischen und syntaktischen Aufschlüsselungen des dritten Buches und der Kapiteltitel. Wie er dann in den Prologen *nach*-gedacht hat über Gottes Beauftragung des Menschen zum progressiven Werken und Wissen, konnte in der *operationalen* Reflexionssprache der Prologe freigelegt werden.

3. Wie aber ist diese *opus*-Sprache genauer gebaut? Der *operale* Erfahrungs- und Handlungsraum entzog sich genauerer Bestimmung, da die Indizien über das der Verschriftung ja vorausliegende Weisen, Zeigen, Verweisen und Bereden beim unmittelbaren Werken zu blass bleiben mussten.[75] Für den

---

73 Wedell, Moritz, *Zählen. Semantische und praxeologische Studien zum numerischen Wissen im Mittelalter*, Göttingen 2011, S. 93–97.

74 Im medialen Bezug ließe sich von der *anwendenden Konkretion*, dem situativ-direkten Tun, sprechen; die Verschriftung leistet dann die *Realzeichen-Abstraktion*, und die Einfügung in den Schöpfungs- und Heilsrahmen schließlich die *symbolische Abstraktion* des *opus*-Wissens.

75 Ob herstellungstechnische Untersuchungen der wenigen Goldschmiedewerke, die Rogerus/Theophilus bzw. seiner Werkstatt im Kloster Helmarshausen im Zeitraum von 1107–1130 zugeschrieben werden – Tragaltäre, (Vortrage-)Kreuze, Buchdeckel, Leuchter u. a. – weiterhelfen könnten? Aus ihrer detaillierten ikonographischen und machartlichen Beschreibung und Einordnung dieses Bestandes schließt Ursula Mende auf einen »variationsbreiten Werkstattstil«, innerhalb dessen zwar »Handschriften«, aber keine definierbaren »Hände« erkennbar seien: Mende, Ursula, »Goldschmiedekunst in Helmarshausen«, in: Baumgärtner, Ingrid (Hg.), *Helmarshausen. Buchkultur und Goldschmiedekunst im Hochmittelalter*, Kassel 2003, S. 163–198. Trotzdem mutet der Verfasserin der Paderborner Tragaltar »wie eine Musterkarte« nach dem Werkstattbuch von Theophilus an (S. 172),

operativen Schrift-Raum in den drei Büchern ist die Koppelung von syntaktischer Schlichtheit und opulentem verbalem und nominalem Vokabular das wohl insgesamt entscheidende Grundmerkmal. Theophilus stellt hier durchgehend auf das Besondere, das Proprietäre ab, entfaltet die ganze Fülle der operativen Schritte im Zusammenspiel von nominalem Spezialvokabular und verbaler Akkuratesse. Es geht darum, wie ein spitzer (im Verhältnis zum platten) Hammer umformt, wie ein Kupferanteil im Gold farblich verbessert, wo Käseleim unlösbar klebt, was mit Schlemmkreide zu polieren ist, was mit einem öligen Tuch. Wenn er aber ab und an vergleichend, abkürzend, raffend verallgemeinert bzw. abstrahiert, dann tritt ein *opus*-Denken, ein *operari*-Handeln als offene und dynamische Mitte des herstellenden Hantierens hervor, das vom ersten aufbereitenden über viele Stufen (*modi/ordines*) bis zum abschließenden Schritt reicht (*opus finale*). Diesem zentralen Werkbezirk fehlt jedoch die feste interne Gliederung. Die festgestellten modalen bzw. ordinativen und finalen Sinnaspekte gehen an gegebener Stelle häufig im selben *opus*-Wort ineinander über oder verschieben sich von Werkschritt zu Werkschritt fast unmerklich. Der *operarius* beschränkt sich dabei ganz auf den handhaften werkzeuggeleiteten Umgang mit den selben, sukzessive Gestalt und Sinn annehmenden ekklesialen Objekten – bis hin zum buchstäblich letzten Schliff. Es ist die Politur, die nahezu überall die Kette des Werkens abschließt. Erst im Glanz ist der *ornatus* vollendet und kann seine Wirkung entfalten.[76]

Die semantische Hegemonie des Werk(en)s kommt weiter darin zum Ausdruck, dass sowohl *labor* als auch *ars* nur marginale Position und Bedeutung haben. Die leibhaftige Mühsal und die abstrakte Wissens-Erfahrung bleiben dem operativen Handlungs- bzw. Ausdrucksfeld der *varietas operum* weitgehend äußerlich, kommen nur in spezifischen Momenten zum Tragen – bei irregulärer Kraftanstrengung und ergänzenden Außen-Kenntnissen.

Auch in der *operationalen* Sprachstruktur der Prologe hat dasselbe Werk-Vokabular einen nahezu analogen Stellenwert. *Ars* als erworbene Wissensfä-

---

und sie identifiziert an den Objekten verschiedene Ziertechniken weitgehend »wie bei Theophilus beschrieben« (S. 190). Ich wäre vorsichtiger, denn Mendes typisch kunsthistorischen Beschreibungen sagen nichts über die Herstellungs*gänge* – also über das, was in den Texten der drei Bücher als operatives Zentrum (die *modalen* Werke) ermittelt werden konnte. Sie fokussieren notwendigerweise ganz auf die fertigen Werke (also den *finalen* Werk-Sinn).

76 Man könnte noch den Klang hinzufügen, bilden doch die Anleitungen zum Schmieden und Löten der Orgelpfeifen und Zimbeln sowie zum Glockenguss einen Höhepunkt im dritten Buch.

higkeit und *labor* als Anstrengung beim Wissenserwerb stehen am Rande eines nun deutlich systematisierten *opus*-Feldes, das bis zum Vergleich mit den Gottes-Werken ausgearbeitet ist. Hinzu kommen nun extrem wichtige Erweiterungen in zwei Richtungen. Einerseits geht es um neue Sinnfeld-Nachbarn wie den weltlichen und himmlischen Lohn, um die breite Palette des Nutzens und um die umfassende Aura des Dienstes.[77] Damit weicht Theophilus seinen operativen Neutralismus im Werkstatt-Rahmen auf, oder besser, erweitert, sozialisiert ihn, und zwar im Wesentlichen mit moraltheologischen Argumenten. Lohn, Nutzen und Dienst sind also nicht nur theologische, sondern gesellschaftliche Sinninstanzen, die das heilige Werken im Sozialsystem der benediktinischen Lebensform verorten. Das gelingt Theophilus insbesondere, indem er das *opus-Konzept*, denn von einem Konzept kann man nun definitiv sprechen, in den binären Rahmen der spirituellen Tugenden und otiosen (bzw. doch karnalen?) Laster einfügt. In dieser hominologischen Integration kann man den Höhepunkt seiner operationalen Leistung sehen.

4. Zum Zusammenhang der drei Dimensionen seiner *opus*-Sprache in seinem Traktat ist alles Einzelne bereits gesagt. Es bleibt als Schlussstein der – doch schlagende – Hinweis darauf, dass sowohl in den Büchern als auch in den Prologen das leitende *nomen agentis* eben der *operarius/operans* ist,[78] nicht der *homo laborans* bzw. *laborator*, nicht der *artifex*, und auch nicht, sicher mit besonderem Bedacht, der (*homo*) *faber*.

5. Genau diese praktische und geistige Entschiedenheit macht, das lässt sich den Ergebnissen der ideen-, der technik- und arbeitsgeschichtlichen Forschungen beifügen, Theophilus zu einem gewichtigen und originellen Zeugen. In der Mediävistik sollte er künftig unter denen, die zu seiner Zeit über die Widersprüche und Alternativen zwischen *labor improbus* und *opus nobile* nachsannen und miteinander rechteten – Rupert von Deutz, Hugo von Sankt Viktor, Bernhard von Clairvaux und viele andere –, seine drei *opus*-Stimmlagen haben. Drei harmonierende Stimmen deshalb, weil er wusste, was er konnte, wusste, was er zu zeigen hatte, und wusste, was er glaubte – und weil er das alles ins kompetente lateinische Wort zu fassen vermochte.

---

77 Theophilus denkt das finale *opus*, selbst wenn es in den umfassenden Bedeutungsraum des Dienstes gehört, nicht als Zins (*census*) an Gott bzw. den betreffenden Auftraggeber. Dies scheint wichtig, weil die domanialen (Fron-)Dienste immer wieder als *opera* (*servilia*) gelten. Vgl. dazu die voran stehenden Beiträge zum Opus-Thema.
78 Auffällig ist, dass bei Theophilus das seinen Zeitgenossen geläufige Nomen *opifex* fehlt.

Das war und blieb sehr bedeutsam für diejenigen, die Einzelnes von ihm lernen wollten (was die baldigen und späteren Abschriften ja zeigen), fand aber kein erkennbares Echo im Fortgang der Diskurse zu den *artes mechanicae* und zur *opus*-Theologie.[79] Dabei ist wohl keiner seiner Zeitgenossen so weit gegangen wie er, hat keiner zu einer so weit und so tief greifenden Werk-Sprache gefunden wie er – ein wahres Ereignis in der Sinn-Historie der »Arbeit« im Okzident, dem man – nicht zu vergessen – als gewichtige Steigerung Rogers *ornamenta* hinzufügen kann.

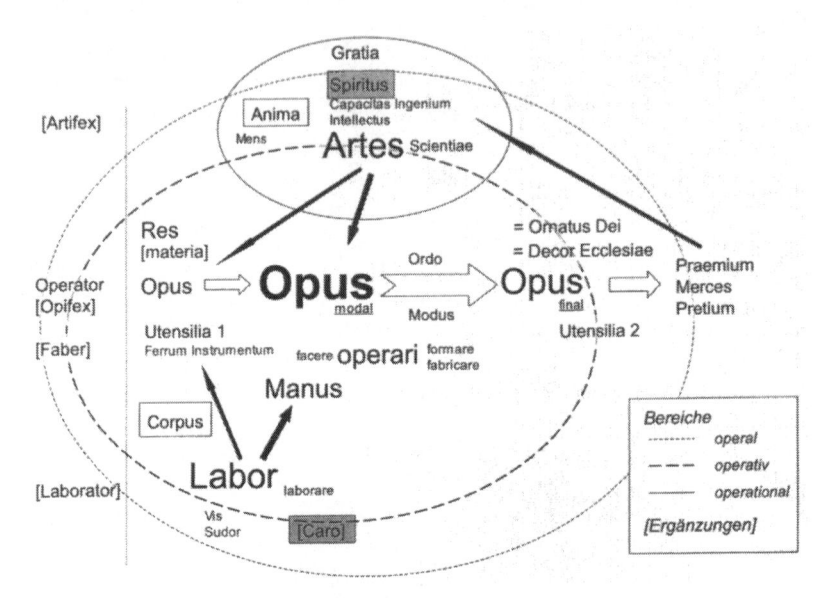

Abb. 19: Schematisierungsversuch des semantischen Feldes von Opus *in De diversis* Artibus *von Theophilus presbyter. Entwurf: L. Kuchenbuch.*

Anmerkung zum Schematisierungsversuch

Im Text wird bewusst nicht veranschaulichend auf das Schema verwiesen. Ebenso wenig sollte man im Schema selbst eine erschöpfende und korrekte »Abbildung« der Untersuchungsganges bzw. der Untersuchungsergebnisse

---

79 Gerade deshalb verbietet es sich, *De diversis artibus* zum Kronzeugen für eine kontinuierliche Progression im Strom prämoderner Modernisierung zu machen. Im Blick auf die langfristigen artisanalen Wandlungen (besonders die Entfaltung der Stadtgewerbe) bildet das Unikat der *schedula* eher eine monastische Sackgasse.

suchen. Es dient allein der *gleichzeitigen Vergegenwärtigung* der maßgeblichen wortförmigen Sinnelemente, die in der Abhandlung im methodisch begründeten (mehrfachen) Nacheinander auftauchen und dabei (schrittweise) Sinn und Bedeutung annehmen. Die Funktionsdevise lautet also: einen Über-*Blick* über die Wortsinn-Positionen im *Gesamtfeld* geben und deren *Beziehungen* andeuten.

Wie ist das Schema zu lesen? Welche Koordinaten bestimmen es?

1. Die Gesamtordnung, das Feld, bildet das Zentrum um den mehrgliedrigen Opus-Kern.
2. Der Gesamtprozess (Herstellung des Werks) ist horizontal und in Schriftrichtung dargestellt.
3. Die ideologische Bedeutungsordnung ist vertikal geschichtet und verzahnt.
4. Der Bedeutungsrang der Einzelwörter im Gesamttraktat ist durch Buchstabengröße und Schriftbreite angedeutet.
5. Einflussrichtungen sind mit unterschiedlichen Pfeilen dargestellt.
6. Die Begrenzungslinien der drei Sprachdimensionen sind reine Andeutungen ohne genauen Erstreckungsraum: *usus*-Rede-Peripherie, *opus*-verschrifteter Handlungs-Kern, *Deus-homo*-analogischer und ekklesiologischer Diskursrahmen.
7. Das Schema ist bewusst um Wörter (in eckigen Klammern) ergänzt, die im Gesamttext fehlen, aber hominologisch (und terminologisch) große Bedeutung haben.

13. Zurück zu Kunst und Werk? Ein mediävistischer Essay zur mittelalterlichen Vorgeschichte der modernen Arbeitsgesellschaft*

Verschwundene Arbeit

Was war einmal ein Eppler, was ein Augstein, ein Möllemann, ein Blüm, ein Duwe, was ein Kanter, ja ein Kohl? Alle diese Nachnamen erinnern natürlich an abgegangene Berufe in Stadt und Land. Solche Zeichen verschwundener Arbeit können denen, die an geschichtlicher Dimensionierung der heutigen Arbeitswelt interessiert sind und nicht nur von einem *Daxpoint*, einem Politikerstatement, einer Tariffrunde, einem Wahltag oder einem Kapitalumschlag zum nächsten denken, als diffuse Leitfossile dienen. Manches scheint uns noch bekannt: Bauer, Schuster, Schneider, Schmidt usf. In der jetzigen Regierung gibt es gleich zwei Fischer, einen Möller. Aber schon diese Berufe kennt man eher aus Grimms Märchen, dem Sonntagsbesuch im Freilichtmuseum, dem Actionfilm oder der Fernsehwerbung als aus lebendiger Anschauung. An der Spitze der Republik haben wir einen Schröder. Da dürfte bei den meisten schon jede Vorstellung aussetzen. Ob der Kanzler selber weiß, woher sein Nachname kommt? Kann er es überhaupt wissen? Gibt seine Familiengeschichte noch preis, ob der Name auf die Tuchschneiderei, den Münzbeschnitt, das Getreideschroten oder das Loshauen von Gestein zurückgeht? Auf jeden Fall: Der Löwenanteil dieses Namensbestandes geht auf das spätere Mittelalter, die Brutzeit der Nachnamen, zurück.

---

* Erschienen in: *Zeno. Zeitschrift für Literatur und Sophistik* 22 (2000), S. 4–17. Die damals aktuellen Bezüge wurden beibehalten.

Geschichtsarme Kontroversen

Bei den vielfältigen und kontroversen Versuchen, der Krise der Arbeitsgesellschaft auf die Spur zu kommen, spielen solche und andere Wissensbestände von heute verschwundener Arbeit keine Rolle. Die in das Mittelalter zurückreichende europäische Geschichte von Mühsal und Kunst, Werk und Lohn gehört selbst bei den Wenigen, die sich überhaupt auf mehr als kontemporäre Argumente berufen, nicht ins Arsenal. Arbeitsgeschichtsbewusste im »Wo-bleibt-die-Arbeit«-Getümmel springen in der Regel, besonders mit Hanna Arendts *Vita Activa*-Hilfe, in die Antike zurück oder klinken sich gleich bei nachmittelalterlichen Marksteinen wie der Lutherschen Bußlehre, der Lockeschen Eigentumskonstruktion, dem Smithschen Hang zum Tausch, dem Hegelschen System der Bedürfnisse, dem Marxschen Arbeitswert, der Weberschen Protestantismusthese oder den Pionieren des technischen Fortschritts ein und diskutieren schließlich über die Relevanz »noch« zeitgenössischer Stichworte wie den Taylorismus, den Keynesianismus, den tertiären Sektor, der Gutenberggalaxis, um dann aber doch schnell bei dem Set der umlaufenden Schlagwörter zur Reform zu landen. Das Mittelalter hat dabei kaum Gewicht; abgesehen von Benedikt von Nursias vermeintlicher Devise *Ora et labora* wird so gut wie nichts zum Argument, nicht einmal die Herkunft der Sonntagsruhe. Diese Abstinenz ist wirklich ungut. Gerade die dynamischen Wandlungen des Arbeitslebens im Laufe des Mittelalters sind es nämlich, zu denen eine Suche nach den tieferen Ursachen der heutigen Situation führen würde.

Machen wir die Probe aufs Exempel. Springen wir in das 12. Jahrhundert zurück, einer innovativen Wendezeit ersten Ranges, auch arbeitsgeschichtlich.

Das vormoderne Sinnfeld der Arbeit

Vorweg eine kurze semantische Groborientierung. »Kunst« und »Werk« – diese beiden Worte sind bewusst in den Obertitel gesetzt, um das Wort »Arbeit« zu vermeiden. Wer in begriffsgeschichtlichen Lexika nachschlägt, wird immer wieder darauf stoßen, dass sich mit zunehmender Entfernung von der Gegenwart das moderne Sinnfeld des Wortes »Arbeit« in Wortfelder anderer Sinnzentrierung verschiebt: Vor allem die moderne Lohn-Arbeit verschwindet sozusagen schrittweise aus der uns bekannten Vergangenheit – und andere Grundbestimmungen und Zusammenhänge tauchen auf. Wenn man die Wörter sammelt, die für das Unterhalt stiftende Tun in der Vormoderne stehen, dann schälen sich schnell die drei lateinischen Wörter *labor, ars* und *opus* heraus, denen die griechischen Wörter *ponos, techne* und *ergon* sowie die deutschen Wörter *Mühsal, Kunst* und *Werk* entsprechen. In jeder europäischen Sprache findet man Varianten dieser arbeitshistorischen »Dreifaltigkeit«. »Mühsal« meint Kraftverausgabung, Tätigkeit im Schweiße des Angesichts und mit Schmerzen – auch Geburtsschmerzen gehören dazu. »Kunst« benennt die kombinierte Anwendung von Kenntnissen, Können und Instrument, »Werk« dem Verlauf, das Ziel und Ergebnis der Verausgabungen von Wissen und Kraft. Wenn man nun konkrete historische Situationen aufsucht, dann findet man jeweils verschiedene Verbindungen und Vermischungen dieser drei Grundelemente vor. Untergeordnete Bedeutung haben dagegen die Wörter für alle Formen des Lohns (*merces, misthos* usf.). Ansonsten ist es äußerst hilfreich, die jeweilige »Arbeit« innerhalb folgender drei Gegensatzpaare verortet zu sehen, die sich nicht völlig mit der Triade der Grundelemente decken. Das erste Paar ist das der Werte: Freude und Lust, Lohn und Strafe, Segen und Fluch, Achtung und Ächtung, Lob und Tadel. Das zweite Paar ist das der Sachen und Relationen: Hand und Kopf, schwer und leicht, bäuerlich und handwerklich, ländlich und städtisch, unfrei und frei. Das dritte Paar vereint die Ziele: konkreter Nutzen und abstrakter Wert, Gegenwart und Vergangenheit bzw. Zukunft, Diesseits und Jenseits, für sich und für andere.

Hugos *Didascalicon*

Nun das Exempel: In den zwanziger Jahren des 12. Jahrhunderts verfasste der Augustinermönch Hugo aus dem Kloster St. Viktor ein Lehrbuch zum disziplinierten Lesen für junge Mönche, das für Generationen in Klöstern und Universitäten Vorbild werden sollte, das *Didascalicon*. In diesem Lehrbuch etablierte Hugo ein neues Bild von Platz und Geltung der *humana opera*. In der Stufenfolge der Lektüren, die zur Erkenntnis der in der Bibel geoffenbarten Weisheit Gottes führt, haben, dies gilt seit den spätantiken Patristen, die aus der Antike überkommenen weltlichen Wissensbereiche einen wichtigen propädeutischen Platz, vor allem die Wissenskunde von den sieben freien

Künsten – den drei redenden: Grammatik, Rhetorik, Dialektik, und den vier rechnenden: Arithmetik, Geometrie, Astronomie, Musik. Hugo fügte diesem Dogma vom weltlichen Wissen nun erstmals eine systematische Aufstellung der sieben mechanischen Künste bzw. Wissenskunden (*artes/scientiae mechanicae*) hinzu und markierte damit eine ungemein wichtige Denketappe in der Ideengeschichte der alteuropäischen Arbeit.

An den Schluss des *Didascalicons* fügte Hugo – wohl zu Resümierungszwecken – nachträglich ein Kapitel über die »Einteilung der Weisheitsliebe« an, wo er in aller gebotenen Kürze Auskunft über den Sinn und die Formen der »Wissenskunden« (*scientiae*) gibt. Aufgabe des Menschen ist es, drei Übel zu bekämpfen, denen er ausgeliefert ist: die Unwissenheit (*ignorantia*), das Laster (*vitium*) und die leibliche Hinfälligkeit (*infirmitas*). Die drei entsprechenden Heilmittel dagegen sind die Weisheit (*sapientia*), die Tugend (*virtus*) und der Lebensunterhalt (*necessitas*). Deren Wirkung erstreckt sich auf folgende Gebiete des Verstandes: die Wahrheit (*veritas*), die Sitten (*mores*) und die Werke (*opera/actiones*) der Menschen; dazu kommt ihre Fähigkeit zur Rede (*sermo/eloquentia*). Die Mechanik befördert das Wissen darüber, wie der Mensch durch seine Werke das Lebensnotwendige beschafft, um seiner leiblichen Hinfälligkeit zu wehren.

Die sieben Wissenskunden der Mechanik

Wie aber denkt sich Hugo die Mechanik gegliedert? »Die Mechanik handelt von den Werken der Menschen, sie umfasst sieben Wissensgebiete. Das erste ist die Weberei (*lanificium*), das zweite die Waffenschmiedekunst (*armatura*), das dritte die Schifffahrt (*navigatio*), das vierte der Ackerbau (*agricultura*), das fünfte die Jagd (*venatio*), das sechste die Heilkunst (*medicina*), das siebente die Schauspielkunst (*theatrica*).«[1] Eine auf den ersten Blick sicher verwundernde Ordnung. Aber schon die erste Erläuterung klärt manches: »Drei

---

1 Alle Zitate und Verweise sind zu finden in Hugo von Sankt Viktor, Didascalicon de studio legendi, übersetzt und eingeleitet von Thilo Offergeld, Freiburg 1997, bes. S. 192–206 (Fontes Christiani 27). Zur Vertiefung der schriftkulturellen Situation: Illich, Ivan, Im Weinberg des Textes. Als das Schriftbild der Moderne entstand. Ein Kommentar zu Hugos »Didascalicon«, Frankfurt a. M. 1991. Zu den *Artes mechanicae*: Hänseroth, Thomas, »Theorie – Artes mechanicae und scientia naturalis«, in: Melville, Gert/Staub, Martial (Hg.), Enzyklopädie des Mittelalters, Bd. 2, Darmstadt 2008, S. 179–187. Einbettung in die Sozialgeschichte: Schulz, Knut, *Handwerk, Zünfte und Gewerbe. Mittelalter und Renaissance*, Darmstadt 2010, S. 132–145.

davon gewähren Schutz vor den äußeren schädlichen Einwirkungen der Natur, die übrigen vier dienen zur Ernährung und Stärkung von innen heraus.« Das heißt etwas näher erläutert: Das *lanificium* als Inbegriff der Anverwandlung organischer *materia* an den ungeschützten Leib, die *armatura*, die dem Menschen Waffen, Werkzeug und Behausung schafft, und die *navigatio*, durch die Güter beschafft werden (sei es durch Transport, sei es durch Handel), dienen dem Menschen äußerlich. Die Erzeugung pflanzlicher Nahrungsmittel (*agricultura*), die Beschaffung tierischer und die Zubereitung beider (*venatio*), die »Veranlassungen« und »Einwirkungen« zur Beförderung oder Wiederherstellung des leiblichen Wohlbefindens (*medicina*) sowie endlich die guten Wirkungen von (Schau-)Spiel, Tanz und Musik auf das Gemüt (*theatrica*) helfen der inneren *infirmitas* ab. Hugo stellt des weiteren die *mechanicae* den sieben »freien« Künsten nahezu gleich, eine Ungeheuerlichkeit im Vergleich zu Cicero, Boethius oder Augustinus, die noch alle dem antiken Ideal aristokratischer Distinktion von allen niederen Tätigkeiten, besonders aber den immobilen und schmutzigen Handwerken, anhingen. Und Hugo definiert weiter: »Diese (Wissenskunden) werden mechanische genannt, weil sie vom Werk des Handwerkers (*de opere artificis*) handeln, welches seine Form der Natur entlehnt (*quod a natura formam mutuatur*). Die *mechanica* – sagt man – ist die Wissenskunde, die mit der Werkstatt aller Dinge zusammenfällt.« Dies sind Sätze enormer Tragweite. Alles unter sie fallende Handeln wird auf den Begriff des *opus artificis* gebracht, dessen Grundzug die Nachahmung der Natur bildet. Und die Summe aller dieser Handlungen und deren Wissenskunde selbst wird ins Bild der *fabrica* gefasst.

Form und Inhalt der Disziplinen

Gehen wir die einzelnen Disziplinen auf ihren Inhalt und ihre Beschreibungsweise durch.

Beginnen wir mit der Textilien-Herstellung (*prima lanificium*):

»Die Webekunst umfasst alle Arten (*genera*) des Webens, Nähens, Spinnens, die mit der Hand, der Nadel, der Spindel, der Ahle, dem Haspel, dem Kamm, der Spule, dem Brenneisen, der Rolle oder irgendwelchen anderen Werkzeugen (*instrumenta*), aus irgendeiner leinenen oder wollenen *materia*, aus jeglicher Art von glatten oder behaarten Häuten, oder aus Hanf oder Binsenbast, aus Haar- oder Wollfaser, Flocken oder irgendeiner anderen Sache (*res*) gemacht werden, die für die Herstellung von Kleidern, Decken, Leinwand, Mänteln, Netzen, Matratzen, Vorhängen, Matten, Filzen, Geweben, Fanggarnen, Seilen nötig sind (*in usum redigere*). Auch aus Strohhalmen pflegen die Menschen Hüte und Körbchen zu flechten. Alle diese Bemühungen (*studium*) gehören zur Webkunst.«

Mit diesen konzentrierten Sätzen wird insgesamt der Bereich der Textilien-Herstellung, das Nacheinander von der Faser über den Faden, das Gewebe/Geflecht zum fertigen Stück umrissen. Auffällig ist, mit welcher Genauigkeit bestimmt ist, woraus und womit die verschiedenen Tätigkeiten (*genera*) ausgeführt werden: die Vielzahl der *instrumenta* und *materiae/res*. Auch wird klar zum Ausdruck gebracht, wohin alles führt: zum Gebrauch bzw. Nutzen (*in usum*). Man könnte versucht sein, diese Darstellung nach Inhalt und Art für wesensverwandt mit dem klassischen ökonomischen Denken über die »Elemente des Produktionsprozesses« zu halten: Der Rohstoff (Arbeitsgegenstand) wird mithilfe des Werkzeugs (Arbeitsmittel) bearbeitet (Arbeitskraft), das Resultat ist ein Produkt. Dieser Eindruck täuscht jedoch in mehrfacher Hinsicht. Wir müssen die Beschreibung der anderen *mechanicae* durchgehen, um hinter die Täuschungen zu kommen.

Auch im Abschnitt über die *armatura* wird ausführlich von den *materiae* (Stein, Sand, Kalk, Gips, Ton, Holz, Metall, Knochen) den *instrumenta* (Hammer, Beil, Feile, Axt, Säge, Bohrer, Hobel, Kelle), den Tätigkeiten (glätten, behauen, meißeln, feilen, schnitzen, schmieden, gießen), und den sie ausübenden Handwerkern (*artifices* wie Steinhauer, Maurer, Schreiner, Zimmermann, Schmied) und einigen Resultaten (Schutz- und Angriffswaffen) gehandelt. Hugo gilt diese Disziplin als *quasi instrumentalis scientia*, also als eine Art »Werkzeugwissenskunde«, da man sich dabei nicht nur der *instrumenta* bedient, sondern auch solche schafft.

Die *navigatio*, die der *professio* des Kaufmanns (*mercator*) gilt, überrascht dadurch, dass sie als Mittel des Handels nicht (wie wir erwarten würden) das Geld, sondern die Beredsamkeit (*eloquentia*) angibt, dazu die Fähigkeit, in vielen Zungen (*linguae*) zu verkehren. Hugo denkt die Kaufleute als Agenten des Ausgleichs: Sie bringen einheimische Waren (*merces*) weg und holen im Austausch dafür fremde her. Nicht nur das ist wohltuend für alle (*communis usus omnium*), sondern auch, wie sie Verbindungen und Frieden mit den Fremden schaffen und die Kenntnisse von der Welt vermehren. Äußerst kurz ist die *agricultura* erläutert. Die vier Handlungen des Säens, Anpflanzens, Weidens und Erblühen(lassen)s werden auf ihre Dingbezüge hin aufgefächert: den Acker, die Bäume und Sträucher (Obst, Wein, Wald), die Wiese, Hügelweide und Heide, den Garten und Rosenhag. Die Aufzählung der *in-*

strumenta fehlt. Gerade sie bestimmen den ersten Teil der Erläuterungen zur *venatio*. Doch liegt die Aufzählung dessen, womit Wild, Vögel und Fische gefangen werden, im Gemenge mit den Jagdhandlungen: Im Einsatz von Gerät und abgerichtetem Tier kommt die Handlungsart (*modus*) zum Ausdruck. Im zweiten Teil über die Zubereitung (*apparatus*) von Speise, Leckerei und Trank stellt Hugo vorwiegend auf die Resultate ab: Es geht um Brotsorten, um aus Fleisch Gebratenes, Gesottenes, Geräuchertes, um die Geschmackseigenschaften der Leckereien (süß-bitter, warm-kalt), endlich darum, welcher Trank nur den Durst stillt und welcher auch nährt. Als hierzu stimmende Ämter (*officia*) nennt Hugo den Bäcker, Metzger, Koch und Wirt. Die *medicina* teilt Hugo in die Veranlassungen (*occasiones*) und die Einwirkungen (*operationes*). Sechs Veranlassungen (Luft, Bewegung und Ruhe, Ausscheidung und Ergänzung, Speise und Trank, Schlafen und Wachen, Affekte der Seele) halten, im richtigen Maße »angewandt«, die (Lebens-)Wärme (*calor*) im gesunden Gleichgewicht und erfrischen die (Lebens-)Kraft (*virtus naturalis*). Die Einwirkungen bestehen einerseits darin, Heilmittel durch die verschiedenen Leibesöffnungen einzunehmen (trinken, kauen, einspritzen, aufsaugen), andererseits in dem Eingriff des Chirurgen (am Fleisch oder an den Knochen) – sie stellen Gesundheit wieder her.

Zuletzt die *theatrica*, Hugo nennt sie auch »Spieleskunde« (*scientia ludorum*). An den verschiedensten Orten (Theater, Atrium, Rennbahn, Gymnasion, Circus, Tempel) und zu verschiedenen Gelegenheiten dienen Vorstellungen aller Art (Rezitation, Pantomime, Chorgesang, Tanz, Instrumentalmusik, Prozession, Schaukampf) dazu, Leib und Seele durch maßvolle Bewegung (*motus temperatus*) zu »nähren« und zu erfreuen.

Das innere Band zwischen den Disziplinen

Mit dieser Beschreibung sind wir aber längst nicht zum vollen Verständnis der *mechanicae* gelangt. Hugos Darstellungsweise wirkt unausgewogen. Einzelne Kapitel sind ausführlich, andere wieder knapp gehalten. Die Beschreibungsrichtung wechselt kontinuierlich: Einmal werden vor allem die *instrumenta* und die *materiae* ausführlich aufgezählt, ein anderes Mal die Tätigkeiten (*actio, operatio, modus, professio*), deren Träger (*mercator, pistor* usf.) oder ihr Nutzen (*usus*). Auch die begriffliche Schärfe, hier erkennbar, scheint dort zu fehlen. Hat Hugo nur oberflächlich skizziert? Auszuschließen ist das nicht, manche Forscher halten den Text für in Vielem rätselhaft. Versteht man jedoch Hugos Fügung der sieben Disziplinen zur Mechanik als ernste Absicht, dann ist zu fragen, wo der tiefere Zusammenhang in der Darstellung der Disziplinen liegt.

Ein Satz gegen Ende des *medicina*-Kapitels hilft bei dieser Frage weiter. Zur Rechtfertigung, dass er Speise und Trank sowohl unter der *venatio* als auch der *medicina* abgehandelt hat, erklärt Hugo: »Denn wie der Wein in der Traube zur Agrikultur gehört, so im Fass zum Keller- und Küchenmeister und auf der Zunge zum Arzt.« Dieses Vermögen des Weins, mehreren mechanischen Künsten anzugehören und damit in die Zuständigkeit der betreffenden Wissenskunden zu fallen, kann man verallgemeinern. Was zum Beispiel als Same in den Acker kam (*agricultura*), kann, aufgegangen, gewachsen, gereift und geerntet, zur Faser gebrochen, gehechelt und gekämmt, zum Faden versponnen und zum Tuch verwebt (*lanificium*), dem Händler zum Verkauf dienen (*navigatio*) und endlich am Leib der Tänzerin das Auge des Zuschauers erfreuen (*theatrica*). Dieser Wanderung durch die Künste entspricht eine Formverwandlung und eine Aufgabenverschiebung. Der Wein in der Traube ist als Saft Ergebnis der Pflanzung, *materia* bei Kelterung und Lagerung, sowie *instrumentum* am Gaumen und im Blut. Der Flachssame in der Erde ist *materia*, nach der Ernte Ergebnis, in der Hand der Leineweberin erneut *materia*, am Leib der Tänzerin jedoch *instrumentum*. Der Lehm, als Nährboden *instrumentum* für die Saat, ist in der Hand des Töpfers *materia*, nach dem Brand als Krug *in usum* in Küche, Keller oder Laden – oder *instrumentum* des Chirurgen, Schauspielers oder Trommlers. In gleich welcher Gestalt, mit gleich welcher Aufgabe – die genannten Dinge befinden sich für Hugo auf eigenen Wegen zum Menschen – an ihn heran und in ihn hinein. Jede Etappe markiert einen anderen Gebrauch, vermittelt einen anderen Sinn. Alle sind gleichermaßen sozusagen als Mittel unterwegs, der *infirmitas* des Menschen abzuhelfen.

Das alles gilt nun nicht nur für die Dinge, sondern auch für die *actiones* bzw. *operationes* des Menschen. Über die Vermittlungsvielfalt der Handlungen brauchen wir wenig Worte zu machen, alle Kapitel sind voll davon. Merkwürdig ist aber, wie konsequent Hugo auch die Handlungen des Menschen an sich selbst darin einbezieht. Das Kauen einer heilenden Wurzel, die den *calor* (Lebenswärme) wieder temperiert, versteht er genau so instrumental wie den Verband, den der Arzt anlegt. Für die Rede schließlich dürfte gelten: Sie ist *instrumentum* des Händlers, *materia* des Mimen und *ad usum* des Publikums. Trotz der unterschiedlichen Behandlung der einzelnen Disziplinen lässt sich also ein inneres Band zwischen ihnen erkennen. So wie die sieben Disziplinen einzeln, so regiert jede Erläuterung im Detail der Grundgedanke, dass alle *humana opera* (in gleich welcher Aufgabe, Situation oder Form) Mittel sind, den *necessitates* des Menschen zu entsprechen, ihn gegen seine leibseelischen Schwächen für die entscheidenden Ziele – Tugend und Weisheit – zu stärken. Um es zuzuspitzen: Hugo fasst die menschlichen Künste und Werke als eine allgemeine Ver-Mittelung der dinglichen Welt (*natura*) an den Menschen für ihn, um seines Unterhalts willen.

Homo artifex und *Amor Dei*

Immer wieder wurde angemerkt, welche Bedeutung dem Wort *artifex* in den ersten Büchern des *Didascalicons* zukommt. Nicht nur Gottvater wird als *naturae genitor et artifex* bezeichnet, auch der Mensch gilt Hugo als *artifex*, und die Welt als »Werkstatt der Dinge«. Hugo war Augenzeuge des rasanten, völlig neuartigen Aufstiegs der Städte im 12. Jahrhundert, besonders natürlich der Stadt Paris, vor deren Toren sich das Kloster St. Viktor befand. Leute vom Lande zog es in diesen Jahrzehnten in die französische Metropole, gelegen inmitten der fruchtbaren Ile de France, um als Handwerker ihr Auskommen zu finden. Der regionale Marktverkehr verdichtete sich genauso wie der Fernhandel. Die Stadt war eine permanente Baustelle, wimmelte von Fuhrleuten, Durchziehenden, Armen, auch Scholaren aus mancher Herren Länder. All das ließ Hugo nicht unbeeindruckt. Gegen die Wirrnis und Regellosigkeit des Verhaltens auf den Gassen arbeitete er für die Mönche eine kontrastive Benehmenskunde aus. Die Vielfalt der kursierenden Münzwährungen benutzte er für logische Vergleiche. Auch im *Didascalicon* schlägt der städtische Aufbruch durch. Deutlich klingt bisweilen die Bewunderung für die Leistungen der *artifices* an. Weiter gehört die Ausführlichkeit, mit der Hugo die stadttypischen Textil-, Metall- und Lebensmittelgewerbe beschreibt, hierher, ebenso die Reihenfolge, in der die *mechanicae* erscheinen – die *agricultura* nimmt, wortkarg abgehandelt, erst den vierten Platz ein.

Dennoch: Hugo lebte nicht in Paris, sondern vor dessen Toren und hinter Klostermauern. Er bleibt Lehrer seines Standes, aber ein zeit-, ja zukunftsbewusster. Es geht ihm nicht um die Handhabung, die Praxis der Künste, sondern darum, sie als Wissensbereich (*scientia*) zu durchdenken. *Ratiocinare* ist ein Modewort der Intellektuellen seiner Generation. Sicher hat das urbane Grundmuster gewerblicher Tätigkeiten, das sich zu seiner Zeit herauskristallisierte, Pate gestanden dafür, dass Hugo die Aufgabe des Menschen, für seinen Unterhalt zu sorgen, in den Begriff des *opus artificis* fasste. Auch dessen nähere Charakterisierung als »Verbindung von Getrenntem und Trennung von Verbundenem« – *disgregata coniungere vel coniuncta segregare* – mag dazu passen. Vielleicht stellt diese Formel sogar den Schlüssel für das dar, was oben »Vermittlung« genannt wurde.

Die Eigentümlichkeit von Hugos Auffassung der mechanischen Wissenskunden gewinnt dadurch noch an Profil, dass man auch festhält, was er nicht berücksichtigt: das Geld und den Markt. Ebenso fehlen alle Hinweise auf die Bewertung einzelner *mechanicae* im Verhältnis zu anderen. Daher ist nirgends im *mechanicae*-Text von der Mühsal der Werke die Rede. Auch die Einbindungen der Künste in die Geschlechter, in Haus und Betrieb, in Herrschaft und Knechtschaft fehlen. All das fiel – Hugo war hier Aristoteliker – in die zweite große Sektion der *philosophia*: die *practica*, zu der die Lehre von der gerechten Herrschaft und Verteilung im Haus gehörte, die *oeconomica*. Hugo sah die *mechanicae* also nicht im Zusammenhang mit Wert und Ware, Geld und Preis, Markt und Verteilung, obwohl er sicherlich davon wusste – vor den Toren von Paris. Was ihm aber hinter den Klostermauern wichtig war am *artifex*-Bild vom Menschen, führt wieder zurück zu der schon oben angeschnittenen Frage des Sinns und Werts der *mechanicae* selbst. Wenn Hugo vom Kunst-Werk (*opus artificis*) spricht, vergisst er selten hinzuzufügen, dass es *adulterinum* sei, unecht also, weil es nicht schöpferisches Werk Gottes, nicht hervorbringendes Werk der Natur sei, sondern in deren Nachahmung bestehe (*naturam imitare*). Im Rahmen dieser unechten Werk-Tätigkeit aber billigt Hugo dem Menschen als Könner (*artifex*) einen erfinderischen Einsatz dessen zu, was ihn wiederum vor der Natur auszeichnet, seine *ratio*: *Ingeniosa fames omnes excuderit artes* – »der erfinderische Hunger hat alle Künste aufgebracht«. Eingebunden in das Prinzip gezwungener Nachahmung bleibt dem Menschen also der – von Hugo bewunderte – Spielraum für die erfindungsreichen Künste. Dieser *homo artifex* Hugos und seiner Zeit ist jedoch nicht mit dem späteren *homo faber* zu verwechseln, durch dessen herstellendes Tun die Welt beherrschbar und verfügbar werden soll. Der *homo artifex* macht die Welt durch seine *opera* nur vermittelbar. Der »Nachschlüssel« (*clavis subintroducta*) der *ratio*, mit dem der Mensch die Natur aufschließt, erlaubt ihm lediglich die subsistentielle Mobilisierung der Natur, nicht ihre substantielle Modifikation.

In Hugos Mechanik-Lehre über die *humana opera*, so lässt sich resümieren, liegt erstmalig eine standes- und geschlechtsneutrale Systematik des Unterhalt stiftenden Tuns vor. Dabei ist der Gedanke der »Nutzung« der Natur zum Unterhaltszweck des Menschen als solcher grundlegend sowohl für die Gleichstellung der mechanischen Disziplinen wie für ihren Platz innerhalb der Philosophie. Hier kommt es zu einer zweiten Parallelisierung, der mit den *artes liberales*. Freilich einer nur scheinbaren, denn die Mechaniken bleiben ein quasi unechter Bereich der zur Weisheit führenden Wissenskunden. Sie alle aber beziehen ihre letzte Begründung daraus, dass des Menschen Ziel nicht sein Lebensunterhalt, sondern seine Tugend und seine Gottesliebe ist. Trotz dieser Demütigung und dieser Ausrichtung bleibt: Hugo denkt erstmalig die Werktätigkeit des Menschen.

Der historische Ort des Exempels

Ohne tiefgreifende Wandlungen in der Praxis der ländlichen Mühsal und ihrer christlichen Deutung wäre Hugos Entdeckung nicht möglich gewesen. Die Entwicklung begann im 6. Jahrhundert mit der Anerkennung des *labor manuum* für den damals aufsteigenden, bald auch vorbildlichen Stand, die Mönche. Nicht nur die Regel Benedikts von Nursia, auch die Lebensnormierungen anderer Gemeinschaftsasketen zeugt davon – eine Aufwertung, unter der und mit der sich eine hochdynamische Ruralisierung Europas ereignete. In den folgenden sechs Jahrhunderten verdeutlicht sich die Wahrnehmung, die Anerkennung und das Wissen vom umfassenden ländlichen Unterhaltshandeln als Mühsal, Kunst und Werk – dreifach als *servitium* verankert: als Dienst für Gott, für die Herrschaft und für die eigene Subsistenz. Das Verständnis der agrikolen Werke wird immer genauer. Nacheinander kommen ihr sozialer Zweck, ihr Resultat, ihre Zeitformen und Instrumente sowie ihre sozialen Bezüge in den Blick und zur Sprache. Im 11. Jahrhundert finden die unfreien *labores* dann ihren Platz in der in »Beter«, »Krieger« und »Bauern« gegliederten Christenheit. Von diesem Vergesellschaftungsschema aus entfaltet Hugo die subsistentiellen Werke angesichts der neuen sozialen Basisgliederung in Landwerke und Handwerke, Land und Stadt. Was Hugo zum System der gottgefälligen, umfassenden Mobilisierung der Dinge durch und für den Menschen entwickelt, verwandelt sich in den folgenden Jahrhunderten zur Gefährdung der Menschen durch den Verkehr eben dieser Dinge. Im späteren Mittelalter ist es der Preis (*pretium*), der marktgängige Geldwert der Güter, der handelnd und denkend bewältigt werden muss. Die Teilung der *cristenheit* in Bauern und Handwerker sowie der Einfluss, den die Kaufleute und Obrigkeiten auf die Preise nehmen, beginnt das Unterhaltshandeln eines jeden zu bestimmen und zu belasten. Der Zwang, Hergestelltes auszutauschen, kann in die »Chance« umschlagen, dabei zu täuschen. Zu der Täuschungschance kommt die der Werthäufung in Geld- und Güterform. Dies wirkt sich in allen Ständen aus. Arm oder reich zu werden, kann jedermanns Schicksal sein. Man könnte diesen neuen Sachverhalt als ersten Schritt zur Ökonomisierung der Unterhaltswirklichkeit bezeichnen. Betroffen sind aber noch nicht die mühseligen und kunstfertigen Verausgabungen, sondern deren Resultate, die Güter in der Form ihrer Geld-Äquivalente. Das unterhaltsethische Ziel dieser Zeit ist also der gerechte Preis.

Ging es, um diese arbeitsgeschichtliche Raffung an dieser Stelle brutal abzuschließen, im früheren Mittelalter um die dingliche Ausstattung der Subsistenz aller, so im späteren um das Gleichgewicht zwischen Austausch und Verteilung der hergestellten Dinge. Die Lohnform des Unterhaltshandelns war noch keine wichtige Frage der Zeit. Diese Geschichte gehört in das Nachmittelalter.

Vergleichende Ausblicke

Was lässt sich von so viel faktengeladenem Geschichtsgut in die aktuellen Diskussionen mitnehmen? Was leistet der Blick so weit zurück? Um mit dem Banalsten anzufangen: So gut wie alle Komponenten der modernen Lohnarbeitswirtschaft fehlten noch im 12. Jahrhundert. Es gab keine Bedürfnisse, sondern Notwendigkeiten, keine Knappheit, sondern Mangel und Nöte, keine Produktion, sondern Werke, keine Kreisläufe, sondern Herstellungswege und Tauschgelegenheiten. Die Bedingungen der Verausgabung blieben überhaupt in enger Verbindung mit ihren Vollzügen und Resultaten. Eine solche Einheit von Herstellen und Verbrauchen bedeutet kein besseres Leben – das sei hier klargestellt –, aber ein radikal anderes. Neben diesen Grundkontrast gehört die Tatsache, dass die Komponenten der modernen Lohnarbeitswirtschaft jeweils verschiedene Vorgeschichten haben, bevor sie sich im 19. Jahrhundert zum dominanten System der industriellen Lohnarbeit kristallisieren: die Grundlegung der Gesellschaft durch die Landarbeit vom 7. zum 10. Jahrhundert, die Gleichstellung aller Unterhaltswerke im 12. Jahrhundert, der Tauschwert der vermarktungsfähigen Güter im 13. bis 15. Jahrhundert. Im Vergleich mit Hugos *opera humana* treten manche der Verengungen klar hervor, die das Konzept der Lohnarbeitswirtschaft kennzeichnen.

Heutige Lohnarbeit ist kaum noch mühselig im leibhaften Sinne, dafür aber voller Stress im psychophysischen. Die schweißtreibende Verausgabung hat sich auf Tennisplätze, in Fitnessstudios, an die Heimtrainer verlagert. Das instrumentale Können und findige Wissen hat sich in Bedienungsroutinen von Apparaten, in mikro- und makrotechnische Konstruktionen, die Kommunikationsplanung und -manipulation, alle Sorten von Expertokratie sowie in das ästhetische Erfinden und Zurschaustellen verwandelt – ergänzt vom kompensatorisch-praktischen Geschick beim Heimwerken. Die Werke sind durchgehend monetisiert in den Lohn; kaum jemand kennt seine Leistungen, kann sie konkret beschreiben, zeigen, festhalten, sich in ihnen spiegeln. Lohn, Gehalt, Besoldung, Honorar, Gage, Verdienst, Vergütung, Einkommen drücken quantitativ aus, was das Ziel der Arbeit ist. Und von diesen Geldquanta aus werden die unstillbaren Bedürfnisse modelliert, bedient und angeheizt.

Was nun hat Hugos System insgesamt für jene von der eigenen Misere entfremdende Imaginationen zu bieten? Dreierlei, wenn ich nicht irre: Seine *opera* und *actiones* sind integrativ und umfassend, indem er das, was wir in Produktion, Austausch und Konsumtion aufteilen, als sustentatives Kontinuum begreift. Aber nicht nur das. Auch unsere trennscharfen operativen »Elemente« des Arbeitsprozesses: Arbeitskraft, Arbeitsmittel und Arbeitsgegenstand etwa, finden bei ihm polyvalente Gegenbilder – keine *res* oder *actio*, die nicht als *instrumentum* oder *ad usum* fungieren kann. Schließlich ist alles Werken bedingungslos geknüpft an übergeordnete Ziele – Tugend, Weisheit, Gotteserkenntnis. Man mag diese drei Differenzen als hochkulturelle Zuspitzungen eines typischen Intellektuellen der herrschenden Kreise seiner Zeit verstehen, die im Übrigen, oft mit rüden Appropriationsmethoden, von den Erträgen derjenigen lebten, über deren mühselige Kunst-Werke sie dachten und schrieben. Aber man täusche sich nicht darüber, dass auch Bauern und Bürger im 12. Jahrhundert sehr genau über ihre Erfahrung und Tageskraft, ihr Werkzeug und Zeug, ihre Stoffe Bescheid wussten und für wen und um welcher »immaterieller« Ziele willen sie sich abmühten. Die Differenzen der Klassenlagen waren in das Licht gleicher Zeiterfahrungen getaucht.

All das aber kann den Debatten, die um die Aufbrechung des volkswirtschaftlich verengten Lohnarbeitsbegriffs bzw. um die Pluralisierung der bezahlbaren Tätigkeiten, um die Flexibilisierung von Arbeitsformen und -zeiten, um die Anerkennung von Tarn- und Schattenarbeit, um die Förderung von Bürgerarbeit und Eigenarbeit kreisen und an das Arbeitsleben mehr

Sinn als den Geldlohn knüpfen wollen, sowohl kuriosen Imaginationsstoff bieten als auch die Meinung darüber festigen, dass die Tage der Lohnarbeitsökonomie gezählt sind. Eine Epoche unter anderen – nicht mehr und nicht weniger. Unseren politischen Möllemannen, Möllers, Fischers und ihresgleichen sei es geklagt, aber ebenso in das Stammbuch der palavernden Ökonomie- und Kulturexperten geschrieben – auch sie heißen Meier, Schulze und so fort.

Feudalismus

14. Feudalismus
Versuch über die Gebrauchsstrategien eines wissenspolitischen Reizworts*

Ernst Pitz in Dankbarkeit gewidmet.

I.

Das Wort »Feudalismus« gehört, wie alle Grundbegriffe der Moderne, zum kulturellen Orientierungsbestand der Gegenwart, ständig politisierbar, endlosen wissenschaftlichen Reformulierungen ausgesetzt. »The curse of Babel is on the word«, so ein Stoßseufzer von David Crouch[1] aus dem Jahr 1991. Ein hoffnungsloser Fall für die künftige Mediävistik? Der Moment ist überfällig, eine gründliche Verständigung über das zu versuchen, was alles die empirisch zuständige Wissenschaft mit dem Begriff »Feudalismus« verbindet, welchen Beitrag sie zur »Gegenwart des Feudalismus« leisten kann und auch soll. Dies ist nur in einer Verständigungsform sinnvoll, welche die verschiedenen

---

* Erschienen in: Fryde, Natalie/Monnet, Pierre/Oexle, Otto Gerhard (Hg.), *Die Gegenwart des Feudalismus*, Veröffentlichungen des Max-Planck-Instituts für Geschichte, 173, Göttingen 2002, S. 293-323. Zum besseren Verständnis der Bezugnahmen auf bestimmte Beiträge in diesem Band biete ich hier ihre Titel: Paul Hyams, Homage and Feudalism: a Judicious Separation; Magnus Ryan, Feudal Obligation and Rights of Resistance; Peter Coss, From Feudalism to Bastard Feudalism; Christopher W. Brooks, Contemporary Views of 'Feudal' Social and Political Relationships in Sixteenth and Early Seventeenth Century England; Michael H. Gelting, Féodalisation sans féodalité dans le Danemark médiéval: une question mal posée; Laurent Feller, Eléments de la problématique du fief en Italie; Martin Aurell, Appréhensions historiographiques de la féodalité anglo-normande et méditerranéenne (XIe-XIIe siècles); Alain Guerreau, À la recherche de la cohérence globale et de la logique dominante de l'Europe féodale; Otto Gerhard Oexle, Feudalismus, Verfassung und Politik im deutschen Kaiserreich, 1868-1920; Michael Borgolte, Otto Hintzes Lehre vom Feudalismus in kritischen Perspektiven des 20. Jahrhunderts; Bernhard Töpfer, Die Herausbildung und die Entwicklungsdynamik der Feudalgesellschaft im Meinungsstreit von Historikern der DDR.

1 Ich danke den Herausgebern für die Bereitschaft, mir alle Beiträge dieses Bandes zur Revision und Ergänzung meiner Argumente vorweg zur Verfügung zu stellen, sowie Alain Guerreau und Pierre Monnet für kritische Anmerkungen zu meinem Vortragsmanuskript. Das Zitat stammt von David Crouch, »Debate: Bastard Feudalism Revised«, in: *Past and Present* 131 (1991), S. 166.

Wissenschaftskulturen und Diskussionsstile übergreift, unter Inkaufnahme manchen Risikos, sich gründlich misszuverstehen.

Um solche Missverständnisse, was meine Person und meine Darlegungen betrifft, gering zu halten, gebe ich vorweg folgende Auskünfte. Mein Interesse am Feudalismus als Schlüsselbegriff einer kritischen Mittelalterwissenschaft reicht in das fortgeschrittene Geschichtsstudium Mitte der 1960er-Jahre in Westberlin zurück, wo in einem differenzierten Milieu linker intellektueller Proteste gegen alle politischen und kulturellen Verhärtungen und Verengungen die Forderung nach theoretischer Orientierung auch auf die Agenda der Fachhistorie gelangte. Die vielschichtige Problematik des Feudalismus erschien bestens geeignet, diesen Forderungen innerhalb des Fachs zu entsprechen: Wissenspolitik, methodische Kritik und sachliche Verallgemeinerung schossen hier zur theoretischen Aufgabe zusammen. Für diese Aufgabe habe ich mich zusammen mit ähnlich Gesinnten meiner Generation zuerst als Geschichtsstudent am Friedrich-Meinecke-Institut der Freien Universität, dann als Assistent der mittelalterlichen Geschichte an der Technischen Universität eingesetzt, und dabei ist es *mutatis mutandis* seit den 1980er-Jahren in der neuen Stellung als Fachhistoriker mit epochenübergreifender Lehraufgabe an der Fernuniversität in Hagen (und Lehrbeauftragter in Bochum) auch geblieben. Seit meiner linken, aber partei-freien Politisierung gegen Ende meines Studiums, parallel zur Hinwendung zumMittelalter als Schwerpunkt meiner wissenschaftlichen Arbeit, wurde ich also – maßgeblich um der Feudalismus-Problematik willen – zum Smith-, Hegel-, Marx-, Weber-, Hintze-, Elias-, ja Stalin-Leser. Diese Versuche, meine Kraft zur fachlichen Kritik zu schulen und meinen theoretischen Orientierungsdurst zu stillen[2],

---

1 Ich danke den Herausgebern für die Bereitschaft, mir alle Beiträge dieses Bandes zur Revision und Ergänzung meiner Argumente vorweg zur Verfügung zu stellen, sowie Alain Guerreau und Pierre Monnet für kritische Anmerkungen zu meinem Vortragsmanuskript. Das Zitat stammt von David Crouch, »Debate: Bastard Feudalism Revised«, in: *Past and Present* 131 (1991), S. 166

2 Ergebnisse dieser Orientierung sind: Kuchenbuch, Ludolf/in Zusammenarbeit mit Michael, Bernd (Hg.), *Feudalismus – Materialien zur Theorie und Geschichte*, Frankfurt a. M./Berlin/Wien 1978; dies., »Zur Periodisierung des europäischen Feudalismus. Überlegungen und Fragen«, in: *Gesellschaftsformationen in der Geschichte*, Das Argument Sonderband 32, Berlin 1978, S. 130–149; Kuchenbuch, Ludolf , »›Finden ist nicht verboten‹ – Probleme einer marxistischen Geschichtstheorie am Beispiel der ›vorkapitalistischen Produktionsweisen‹«, in: Rüsen, Jörn/Süssmuth, Hans (Hg.), *Theorien in der Geschichtswissenschaft*, Düsseldorf 1980, S. 95–117; ders., »Bäuerliche Ökonomie und feudale Produktionsweise. Ein Beitrag zur ›Welt-System‹-Debatte aus mediävistischer Sicht«, in: Berliner Institut für vergleichende Sozialforschung (Hg.), *Perspektiven des Weltsystems. Materialien zu E. Wallerstein ›Das moderne Weltsystem‹*, Frankfurt a. M. 1982, S. 112–141; ders., »Marxens Werk-

konnten meine akademischen Lehrer entweder – aus professionellen Gründen – oft nicht verstehen, oder – aus politischen Gründen – durchweg nicht billigen. Viele von ihnen handelten sich damals die brutale Diffamierung als Fachidioten ein. Mich träfe – noch heute – ein solcher Vorwurf ins Mark. Um diesem Vorwurf zu entgehen, habe ich ein Thema gewählt, das sicher reichlich hoch gegriffen ist. Aber ich meine, Forschungs- und Begegnungsstätten wie das Max-Planck-Institut für Geschichte bieten gute Gelegenheit, aus fachlicher Begrenzung und Routine nach Kräften auszubrechen. Die folgenden Überlegungen können, auch aus diesem Grunde, nur als Essay verstanden werden.

Ich halte das Wort »Feudalismus« für ein wissenspolitisches Reizwort. Warum der Terminus »Reizwort«? Warum das Prädikat »wissenspolitisch« und nicht »wissenschaftspolitisch«?

Spätestens seit der französischen Revolution – inzwischen weiß man schon recht viel über ähnliche (auch frühere) Diskurse in anderen Staaten Europas – hat so gut wie jeder erzogene Bürger, der – ziemlich egal in welcher europäischen Sprache – »Feudalität«, »Feudalprivilegien«, »Feudalismus«, »Feudalregime«, »Feudalsystem«, »Feudalgesellschaft« sagte oder schrieb, dies nicht ohne Anteilnahme, Zielvorstellung oder Hintergrundwissen getan. Der Pulk von Feudal-Syntagmen erhielt seine dominante Ausgangskonnotation eben am breitenwirksamsten im Prozess und Ergebnis der französischen Revolution: alles »Feudale« geriet im programmatischen Spiegel der neuen politischen Maximen zum dramatisierten Charakterzug eines ungerechten, menschenunwürdigen, fortschrittsfeindlichen und deshalb überholten Systems. *Féodalité* bzw. *féodalisme* wurden zu zentralen bürgerlichen Kampfbegriffen. Zugespitzt könnte man sagen: »Feudalismus« stieg schnell zu einem der erfolgreichsten Schlüsselwörtern der Moderne auf, genauer aber: zu einem negativen Schlüsselwort, mit dem Illegitimität und Antiquiertheit auf den Punkt gebracht werden konnten und man zugleich ein statisches politisch-soziales Ganzes meinte.[3]

Die rhetorischen Anknüpfungen an diese, von der Aufklärung initiierte pejorative Tradition und die sehr verschiedenen Indienstnahmen durch den

---

entwicklung und die Mittelalterforschung«, in: Lüdtke, Alf (Hg.), *Was bleibt von marxistischen Perspektiven in der Geschichtsforschung?*, Göttinger Gespräche zur Geschichtswissenschaft 3, Göttingen 1997, S. 35–66.

3 Konservative und romantische Apologien des Mittelalters sind nur selten mit dem Feudalismus-Wort verknüpft worden – so von Adam Müller. Hierzu Brunner, Otto, »Feudalismus«. Ein Beitrag zur Begriffsgeschichte (1958)«, in: ders., *Neue Wege der Verfassungs- und Sozialgeschichte*, Göttingen 1968, S. 128–159.

Liberalismus, den Sozialismus, den Marxismus und den Stalinismus banden alles Feudale immer wieder mehr oder weniger eng in den Zusammenhang zwischen Weltsicht, Parteilichkeit, Wissenschaft und Erziehung. Feudalismus wurde und blieb ein Werkzeug der Ideologisierung, ein »Fahnenwort«[4], mit dem man Diskursfreunden integrativ zuwinken, Gegner aber provozieren, irritieren, vielleicht sogar entmutigen konnte. Dem Feudalismus als zentralem Schlagwort der bürgerlichen »Zäsurideologie«[5] war seine peiorative Aura nicht zu nehmen. »Feudalismus« gehörte als Gegenbegriff zum Fortschritt unverrückbar in das Vokabular der Moderne. Verglichen mit dem Englischen oder den romanischen Sprachen hat sich diese Aura des Begriffes im Deutschen besonders klar fortschreiben können, weil er für die rechts-, verfassungs- und politikgeschichtlichen Bezeichnungsbedürfnisse die an das *lehen*, das mittelalterliche Parallel- bzw. Übersetzungswort von *feudum*, geknüpften Kombinationen dienen konnten (Lehnswesen, Lehnsherrschaft, Lehnsstaat, Lehnsrecht usf.). Wer sich im deutschen Sprachraum der Feudal-Terminologie bediente, wusste sich dementsprechend in der revolutionär-bürgerlichen Tradition, bekannte sich zu einer der oben genannten Ideenräume und Wertvorstellungen und unterstellte weitergehende, über Lehnrecht und Staatsgewalt hinausreichende soziale und wirtschaftliche Zusammenhänge. So blieb der Feudalismus im Deutschland des 19. und 20. Jahrhunderts ein Reizwort, das in der Sozial- und Geschichtsphilosophie, in den Sozialwissenschaften, besonders aber in der Historie zu dem permanenten Zwang führte, den jeweils gemeinten Inhalt zu definieren und sachlich sowie methodisch zu rechtfertigen. Das heißt entweder seine Anwendbarkeit auf universalgeschichtliche, vormoderne, europäische, mittelalterliche, neuzeitliche Verhältnisse auszuweisen, ihn in vielen Fällen auch sozial- und wirtschaftsgeschichtlich zu untermauern, oder eben seine Untauglichkeit für die betreffende Disziplin oder Sachproblematik zu erweisen. Zugleich blieb seine Verankerung in vorwiegend politischen Wissens- und Wertsystemen in einem Maße präsent, das seine Neutralisierung zu einem breit konventionalisierten Instrument der begriffsgeleiteten wissenschaftlichen Arbeit kaum zuließ. Die weitere Folge war, dass sich der »Feudalismus« auch nicht diszip-

---

4 Hermanns, Fritz, *Schlüssel-, Schlag- und Fahnenwörter. Zu Begrifflichkeit und Theorie der lexikalischen »politischen Semantik«*, Arbeiten aus dem Sonderforschungsbereich 245 – Sprache und Situation, 81, Mannheim 1994.

5 Van Heuvel, Gerd, »Féodalité, Féodal«, in: Reichardt, Rolf/Schmitt, Eberhard (Hg.), *Handbuch politisch-sozialer Grundbegriffe in Frankreich 1680–1820*, München 1988, S. 1–48.

linieren, das heißt in einer fest zuständigen Wissenschaft solide ausarbeiten und dort verankern ließ.[6]
Diese doppelt prekäre Situation nenne ich hier wissenspolitisch. Ich meine damit also zum einem einen schwer tilgbaren Überschuss an ideologischer Aura, an politischer Werthaltigkeit und Parteilichkeit[7], der in der Erinnerungspolitik jedes europäischen Landes seine spezifische Form hat, und zum anderen ein Defizit an fachdisziplinärer Verwurzelung. Der Feudalismus blieb ein ambulatorischer, supradisziplinärer Begriff mit der Tendenz, der Disziplin, der er gerade dienen sollte, nicht genügen zu können. Aus diesem traditionellen, aber bis heute fortbestehenden Ineinander von politischer Aura und überfachlicher Mobilität ergeben sich meines Erachtens wesentliche Folgen für die Gebrauchsstrategien des Wortes »Feudalismus« und seine Syntagmen.[8]

II.

Bevor ich den Versuch einer relativ abstrakten Ordnung wage, möchte ich doch einige Beispiele des konkreten Wortgebrauchs in der mediävistischen Fachliteratur präsentieren und kurz auf die internationale Forschungslage eingehen. Meine Belege sind Lesefrüchte der vergangenen Jahre, in die zwei überaus bedeutsame fachliche Vorgänge gehören: zum einen die exponentielle Auffächerung der mediävistischen Sachgebiete und Forschungsfelder im Westen, zum anderen der umfassende Zusammenbruch der Ostblock-, hier speziell der DDR-Mediävistik, gefolgt von der Ersetzung der dortigen akade-

---

6 Dies gilt deutlich weniger für die Soziologie, in der Feudalismus entweder als Herrschaftstyp oder als Gesellschaftsform soweit berücksichtigt wurde, als sie selbst historisch oder komparatistisch ausgerichtet war.
7 Man denke etwa an den seiner Herkunft nach nicht minder exponierten Begriff der »Grundherrschaft«, dessen politische Neutralisierung soweit zustande kam, dass die wissenschaftlichen Auseinandersetzungen um ihn mit deutlich weniger ideologischer Begleitmusik erfolgten und erfolgen. Hierzu Schreiner, Klaus, »›Grundherrschaft‹. Entstehung und Bedeutungswandel eines geschichtswissenschaftlichen Ordnungs- und Erklärungsbegriffs«, in: Patze, Hans (Hg.), *Die Grundherrschaft im späten Mittelalter*, Vorträge und Forschungen 27, Sigmaringen 1983, S. 11–74.
8 Das innerfachlich Prekäre, nicht recht Gelittene, Sogenannte des Wortes zeigt sich auch immer wieder daran, dass man es in einfache oder doppelte Anführungszeichen setzt, also graphisch aus dem konsensuellen Sprachfluss ausklammert. Aber es mangelt hier vielfach an Konsequenz.

mischen Strukturen durch westliche Ordnungen, Muster, Anspruchsniveaus, Leistungszwänge und Leistungsträger. Beide Vorgänge haben im Wesentlichen entgrenzend gewirkt. Zugleich aber auch nivellierend: Der hochkomplizierte ideologische Hintergrund der deutsch-deutschen Debatten (und Verdrängungen) über die Konzeptualisierbarkeit der europäischen Geschichte zwischen Antike und Moderne ist inzwischen weitgehend verblasst, sollte aber nicht vorschnell vergessen werden. Wie dieser Abbruch von der deutschen Mediävistik als nun gesamtdeutscher Disziplin wahrgenommen wurde, davon zeugt der große, von Michael Borgolte im Jahr 1993 an der Berliner Humboldt-Universität veranstaltete Kongress »Mittelalterforschung nach der Wende 1989« weder die westliche, noch die sozialistische »Feudalismus«-Diskussion hat man dort als Erbe gewürdigt und als Auftrag empfunden.[9] Umso wichtiger ist es, dass Bernhard Töpfer, ein produktiver Zeuge dieser Forschungen, über sie seine Bilanz gezogen hat.

Die deutschsprachigen Fachlexika bestätigen heute, dass der »Feudalismus« als geschichtlicher Grundbegriff gilt.[10] Dafür hat im Wesentlichen Otto Brunner mit seinen Arbeiten von 1958 und 1975 gesorgt.[11] Weitere etablierende Wirkungen wurden den beiden Orientierungsbüchern von Heide Wunder sowie von Bernd Michael und mir aus den 1970er- Jahren zugestanden. Hinzukommt natürlich auch der Bilanzband zur DDR-Diskussion von Eckhard Müller-Mertens.[12] Aber wurde der Feudalismus damit auch zu einem Grundbegriff der deutschen Mediävistik? Hier sind Zweifel anzumelden. In drei wichtigen Essays zur aktuellen Lage und zu künftigen Aussichten von Arnold Esch, Johannes Fried und Patrick J. Geary (1996) gehörte der

---

9 Borgolte, Michael (Hg.), *Mittelalterforschung nach der Wende* 1989, Historische Zeitschrift, Beiheft 20, München 1995; vgl. aber Borgolte, Michael, *Sozialgeschichte des Mittelalters. Eine Zwischenbilanz nach der deutschen Einheit*, Historische Zeitschrift Beiheft 22, München 1996, besonders S. 93–118; ders., »Feudalismus. Die marxistische Lehre vom Mittelalter und die westliche Geschichtswissenschaft«, in: *Zeitschrift für historische Forschung* 25 (1998), S. 245–260.

10 Wunder, Heide, »Feudalismus«, in: *Lexikon des Mittelalters* 4, München 1989, Sp. 411–415; Schuler, Peter-Johannes, »Feudalismus«, in: Dinzelbacher, Peter (Hg.), *Sachwörterbuch der Mediävistik*, Stuttgart 1992, S. 244–247.

11 Brunner, »Feudalismus«; ders., »Feudalismus/feudal«, in: *Geschichtliche Grundbegriffe* 2, Stuttgart 1975, S. 337–350.

12 Wunder, Heide (Hg.), *Feudalismus. Zehn Aufsätze*, München 1974; Kuchenbuch/Michael, *Feudalismus*; Müller-Mertens, Eckhard (Hg.), *Feudalismus. Entstehung und Wesen*, Ostberlin 1985. Wirkungsvoll war sicher auch der ost-west-vergleichende Artikel von Helmut Neubauer, »Feudalismus«, in: *Marxismus im Systemvergleich. Geschichte 2*, Freiburg 1974 S. 46–61.

Feudalismus weder in die Bilanz, noch steht er aktuell auf der Agenda.[13] Auch beim deutsch-französischen Austausch des mediävistischen Forschungsstandes in Sèvres und Göttingen (1997/1998) fehlte er. Und im neuen Überblickswerk über »Moderne Mediävistik« von Hans-Werner Goetz rangiert der Feudalismus-Begriff weder im Stand der Forschung noch für die Perspektiven an exponierter Stelle.[14] Aufschlussreich ist, wie Goetz auf Feudales eingeht: Er berichtet über den »sogenannten« Feudalismus-Streit in der DDR, über die überzogene These von Lynn White zur militärtechnischen Genesis der Feudalgesellschaft und über die DDR-Kontroverse um die Wirkung der Bauernaufstände auf die Entstehung der Feudalordnung. Daneben geht er auch auf die heftige Diskussion über die *mutation* bzw. *révolution féodale* ein, die sich im Anschluss an die Lokalstudie von Guy Bois über das burgundische Dorf Lournand um die Jahrtausendwende in den romanischen Ländern und in der Zeitschrift *Past & Present* entzündet hatte. Es geht also um zurückliegende oder aktuelle Diskussionen außerhalb der west- bzw. gesamtdeutschen Mediävistik. Michael Borgolte ist in seiner großen Bilanz der ost- und westdeutschen sozialgeschichtlichen Forschung deutlicher geworden: Als »Epochensigle« sei der Feudalismus »problematisch« geblieben, da er »auf der Verallgemeinerung bestimmter Aspekte der sozialen Welt« beruhe.[15] Hierauf ist zurückzukommen.

Obwohl also allgemein als Grundbegriff etabliert, wurde der Feudalismus in jüngster Zeit in Deutschland nur wenig als fortbestehende Forschungs- und Diskussionsaufgabe ernst genommen. Ist, nachdem die Dauerprovokationen der Ost-Historie und des Marxismus verstummt sind, dem Feudalismus also seine traditionelle Problem-Aura, sein Reizwert abhanden gekommen? Vergegenwärtigt man sich, wie Feudal-Syntagmen im neueren Fachschrifttum zum Mittelalter gebraucht werden, dann stellt sich der Eindruck einer Entschärftheit, eines nahezu gelassenen, ja auch nachlässigen Umgangs ein. Zur Anschauung seien nur wenige Belege – ohne Nachweis im Einzelnen – aneinandergereiht. Im Wirtschafts-Ploetz kann Franz Irsigler beiläufig von der »agrarisch-feudalen Welt« und von der »Krise des Feudalsystems« seit 1350 sprechen, Hagen Keller in seiner Habilitationsschrift vom

---

13 Oexle, Otto Gerhard (Hg.), *Stand und Perspektiven der Mittelalterforschung am Ende des 20. Jahrhunderts*, Göttinger Gespräche zur Geschichtswissenschaft 2, Göttingen 1996.

14 Goetz, Hans-Werner, *Moderne Mediävistik. Stand und Perspektiven der Mittelalterforschung*, Darmstadt 1999; eine informative und abwägende Haltung findet sich bei Heimann, Heinz-Dieter, *Einführung in die Geschichte des Mittelalters*, Stuttgart 1997, S. 89–95.

15 Borgolte, *Sozialgeschichte*, S. 176–185, S. 479.

»feudalen Charakter der städtischen Gesellschaft« im hochmittelalterlichen Oberitalien. Werner Rösener variiert in seinen agrargeschichtlichen Arbeiten zwischen Grund- und »Feudalrente«, Adel und »Feudalherren«. Rolf Sprandel muss in einem Kommentar zu einer Skizze David Herlihys zur demographischen Entwicklung dessen »effective feudal lordship« und »crisis of feudal rent« lediglich wörtlich ins Deutsche übersetzen. Für Hans K. Schulze gibt es im Kontrast zu Gilden und Zünften »feudale Gewalten«. Thomas Zotz kann von der »Feudalisierung der Kirche« im 11. Jahrhundert sprechen. Eike Gringmuth-Dallmer besteht auf der »feudalen Ostexpansion«. In Heinrich Fichtenaus großartigen »Lebensordnungen des 10. Jahrhunderts« stößt man – kommentarlos – auf die Fehde als »feudale Unsitte«, auf Blochs »zweites Feudalzeitalter«, auf Zweifel, ob man von einer »feudalen Gesellschaft« im 10. Jahrhundert sprechen könne, auf die »Feudalzeit« als Gegenwelt zur bürgerlichen Epoche. Man könnte Seiten mit derlei füllen, mühelos ein ganzes, typisch deutsches Feudal-Florilegium erstellen. Was zeigen diese Gebrauchsspuren? An den meisten der zitierten Syntagmen fällt erstens auf, dass sie weder rechtfertigend noch programmatisch auf übergeordnete Abstraktionsebenen verweisen, sozusagen keinen Theoriebezug bekunden. Trotzdem fallen sie, zweitens, inhaltlich nicht völlig auseinander: Die regierenden Nomina oder die ergänzenden Adjektive (agrarisch, Gesellschaft, System, Rente, Herrschaft, Gewalt, Fehde, Krise, Zeitalter), so diffus sie zusammen als Wortbestand erscheinen, ergeben durchaus ein auf Generalisierung ausgerichtetes, aber doch sehr vages Sinnfeld. Aus diesem wird, drittens, selektiv, variativ und dezentralisiert ausgewählt, es wird benutzt, aus ihm wird sozusagen indirekt zitiert – es wird jedoch nicht befragt (höchstens ironisiert), nicht entfaltet, nicht auf seine Struktur hin diskutiert. Ich wage mich, viertens, noch weiter vor und behaupte, dass deutsche Mediävisten ihre Texte bisweilen feudalrhetorisch anreichern oder aufladen, um etwas Urteilswürze, konsumtive Schärfe in ihren Stil zu bringen, und auch, fünftens, um doch – wenigstens indirekte – Hinweise auf ihre Anbindung an Kulturwerte zu geben, vorsichtige Andeutungen auf Zugehörigkeit zu bestimmten Gruppierungen im Meinungsspektrum, auf Parteilichkeit zu machen. Hier glimmt die alte bürgerliche Negativ-Aura noch nach. Feudales ist also, so moderat man in Form und Ton beim Gebrauch sein kann, doch prekär geblieben. Die Gebrauchsspuren verweisen nur so vorsichtig und indirekt auf Ganzheit oder Abstraktion, dass man ihnen problemgeschichtliche Dringlichkeit bzw. theoretische Systematik nicht zusprechen kann. Die deutsche Szene wirkt, diesen Spuren zufolge, latent diffus, indirekt, zwischen Verharmlosung und

Anspielung schwankend. Wäre damit alles zum Thema gesagt? Ich meine: nein. Näheres Hinsehen führt durchaus zu Arenen bzw. Positionen, die sich des Anspruchs des Feudalismusbegriffs auf sachliche und zeitliche Reichweite bewusst geblieben sind bzw. bleiben wollen.

Zunächst kann man auf noch unabgeschlossene Thematisierungen des Feudalismus-Problems verweisen. Über Unerledigtes aus den Forschungen und Diskussionen der DDR-Mediävistik hat Kollege Töpfer gehandelt. Zu erinnern ist weiter an den hochinteressanten Trierer Kongress »Zum Problem des Feudalismus in Europa« (1981), mit dem der Veranstalter Franz Irsigler, im Anschluss an die vergleichenden Forschungen der »Mediterranisten«, eine räumliche Erweiterung – einschließlich Mittel- und Osteuropas – anzuschieben versucht hat, dessen Akten aber leider nicht veröffentlicht sind.[16] In das Jahr 1991 datiert das klare Statement Heide Wunders und Carl-Hans Hauptmeyers für einen weiten Feudalismusbegriff als soziales Relationsgefüge gegen Peter Blickles Versuch, seinen »Kommunalismus« einem mittelalterlich-agrarischen Feudalismus (ohne Städte) und dem frühneuzeitlichen Absolutismus als Epochenbegriff von unten entgegenzustellen.[17] Schließlich hat Ernst Pitz 1988, an etwas versteckter Stelle, einen programmatischen Versuch über das »Wesen und Schwinden der Feudalgesellschaft« unternommen, in dem er in exemplarischer Klarheit den Zusammenhang von generationeller Kulturerfahrung und Wertbeziehung, philosophischer Kernproblematik der Geschichte, spezialisierter Forschung und der Rolle von Universalbegriffen in diesem Zusammenhang entfaltet.[18] Er schlägt vor, über Allgemeinbegriffe wie Mittelalter und Feudalgesellschaft »vernünftig und argumentierend zu reden« und bekennt, dass dies nur im Wege des »unabschließbaren, ständigen Hin- und Hergehens zwischen Wesensschau und empirischer Detailforschung« geschehen könne. Ich kann hier nicht die sieben »Merkmale« diskutieren, die nach Pitz die europäische Feudalgesell-

---

16 In den sieben Sektionen (mit über 40 Referaten) versuchte der Veranstalter alle wesentlichen Aspekte damaliger Feudalismusforschung zu berücksichtigen.

17 Wunder, Heide/Hauptmeyer, Carl-Hans, »Zum Feudalismusbegriff in der Kommunalismusdiskussion«, in: Blickle, Peter (Hg.), *Landgemeinde und Stadtgemeinde in Mitteleuropa. Ein struktureller Vergleich*, Historische Zeitschrift, Beiheft 13, München 1991, S. 93–98. Vgl. jetzt Blickle, Peter, *Kommunalismus. Skizzen einer gesellschaftlichen Organisationsform*, 2 Bde., München 2000.

18 Pitz, Ernst, »Auf der Suche nach dem Beginn der Neuzeit. Oder: Wesen und Schwinden der Feudalgesellschaft«, in: Cramer, Thomas (Hg.), *Wege in die Neuzeit*, München 1988, S. 9–26.

schaft des Mittelalters kennzeichnen.[19] Ebenso wenig seine Auffassung von den sachlichen und räumlichen Unterschieden, auf die man in den Feudalgesellschaften des mittelalterlichen Europas allenthalben stößt: Er denkt an Wege des Vergleichens der (sich wandelnden) Stellenwerte der Merkmale selbst sowie der sachlichen Phasenverschiebungen und der räumlichen Ungleichzeitigkeiten. Pitz hat mit seinem Essay zu einer Diskussion eingeladen. Obwohl nun einige Jahre her, ist sie, so meine ich, bis heute aktuell geblieben. Nicht minder aktuell ist die große, England und Frankreich vergleichende Studie von Heide Gerstenberger zur Entwicklung der Herrschaftspraxis vom Feudalismus über das *Ancien Régime* zur bürgerlichen Staatsgewalt. Ihre durch penible Verarbeitung der Fachliteratur gewonnenen Ergebnisse zum Strukturtypus der feudalen Herrschafts- und Sozialordnung – personale Herrschaft, fundierende Waffen- und sakrale Gewalt, reproduzierende Gerichts- und Aneignungsgewalt – repräsentieren eine neue Form historischer Soziologie, die sich nicht in Klassifikationen erschöpft, sondern nach »Übereinstimmungen grundlegender struktureller Bedingungen« für Epochen sucht, die eine jeweils »spezifische Entwicklungsdynamik« haben.[20] Weiter kann die deutsche Mediävistik auf Dauer all die bedeutsamen, in das Sinnfeld der verschiedenen Feudalismusbegriffe gehörenden bzw. gezogenen Leistungen und Diskussionen aus dem Ausland nicht außer Acht lassen. Ein breites, aber uneinheitliches Panorama tut sich hier auf. Nur wenige Hinweise sollen folgen, die mir im Blick auf den dritten Abschnitt geboten erscheinen.

Ein entscheidender Grund für viele Missverständnisse sind die unterschiedlichen nationalen Wissenschaftskulturen. So allgemein das für die Historie gilt, so speziell für das besonders sensible Feld der Feudalismusforschung. Chris Wickham hat in seinem Eröffnungsvortrag zur Feudalismus-Tagung in Spoleto 1999 eine erste Skizzierung der italienischen, deutschen, englischen, spanischen und französischen Eigenheiten versucht, zu deren

---

19 Es sind dies: die Ungleichheit, der Boden als Quelle des Reichtums, der Verfassungsdualismus, die Konkurrenz von Zentral- und Lokalgewalten, die Immunität und die private Gewalt, die Verbindung von Thron und Altar, die ethische Gleichsetzung von Reichtum, Adel und Frommheit.

20 Gerstenberger, Heide, *Die subjektlose Gewalt. Theorie der Entstehung bürgerlicher Staatsgewalt*, Münster 1990, S. 497f. Auf Implikationen, die sich aus Wolfgang Reinhards Geschichte der Staatsgewalt für die Feudalismus-Problematik ergeben, ist Michael Borgolte in seinem Beitrag eingegangen.

Vertiefung das dortige Kolloquium ja vielfältig beiträgt.[21] Nun zum sachlichen Panorama. Zu erinnern ist an erster Stelle an programmatische mentalitätsgeschichtliche Erweiterungen wie Georges Dubys *imaginaire du féodalisme* und an Jacques Le Goffs Anthropologie des Vassalitätsritus.[22] Über diese Anstöße hinaus konnten die beiden folgenden Generationen mit wichtigen eigenen Neuerungen aufwarten. Pierre Toubert, mit seiner an der Sabina entwickelten *encastellamento*-Hypothese, und Pierre Bonnassie, mit seiner Lehre einer dramatischen Feudalisierung in Katalonien – beide haben den Weg frei gemacht für eine breite regionale Forschung über die Zeit vom 10. zum 12. Jahrhundert vor allem im westmediterranen Raum, die immer wieder in die Kritik des frankozentrischen Feudalismuskonzepts mündete.[23] Daraus sind weitere vielfältige Anregungen hervorgegangen, die sich inzwischen einerseits zu einer *archéologie du féodalisme*[24] zu formieren beginnen, zum anderen zu dem großen Streit über den Charakter und die Reichweite einer feudalen *mutation* bzw. *révolution* um die Jahrtausendwende geführt haben.[25] Wirklich effektive Arbeit im Sinne Marc Blochs Forderung, die

---

21 Wickham, Chris, »Le forme del feudalesimo«, in: *Il feudalesimo nell'alto medioevo*, Settimane di studio del centro italiano di studi sull'alto medioevo 47, 2 Bde., Spoleto 2000, S. 17–27; zur Charakterisierung der deutsch-deutschen Eigenheiten siehe Borgolte, *Sozialgeschichte*. Einschlägig ist auch die erste Sektion der Trienter Tagung »Strutture e trasformazioni della signoria rurale in Italia e Germania durante il Medioevo (Secc. X-XIII)« aus dem Jahr 1994, deren Akten auch in deutscher Übersetzung erschienen sind: Dilcher, Gerhard/Violante, Cinzio (Hg.), *Strukturen und Wandlungen der ländlichen Herrschaftsformen vom 10. zum 13. Jahrhundert. Deutschland und Italien im Vergleich*, Berlin 2000, S. 11–108.

22 Duby, Georges, »La Féodalité? Une mentalité médiévale«, in: *Annales ESC*. 13 (1958), S. 765–771; später ausgearbeitet im Buch *Les trois ordres ou l'imaginaire du féodalisme*, Paris 1978 (dt. 1981); Le Goff, Jacques, »Le rituel symbolique de la vassalité«, in: ders., *Pour un autre Moyen Age. Temps, travail et culture en Occident*, Paris 1977, S. 349–420.

23 Im Gefolge ihrer großen Regionalstudien hat das Kolloquium in Rom (1978) die Weichen für einen nunmehr fest etablierten Mediterraneismus gestellt: *Structures féodales et féodalisme dans l'Occident méditerranéen (Xe-XIIIe siècles). Bilan et perspectives de recherches*, Collection de l'Ecole Française de Rome 44, Rom 1980. Vom aktuellen Stand der Dinge zeugen: Toubert, Pierre, *Dalla terra ai castelli. Paesaggio, agricoltura e poteri nell'Italia medievale*, Turin 1995; *Les sociétés méridionales à l'âge féodal, Espagne, Italie et sud de la France, Xe-XIIIe, Hommage à Pierre Bonnassie*, Toulouse 1999; Bonnassie, Pierre, *Les sociétés de l'an mil. Un monde entre deux âges*, Bibliothèque du Moyen Age 18, Brüssel 2001.

24 *Castrum 5. Archéologie des espaces agraires méditerranéens au moyen âge*, Collection de l'Ecole française de Rome 105, Madrid/Rom 1999; Guerreau, Alain, *L'avenir d'un passé incertain. Quelle histoire du Moyen Age au XXIe siècle?*, Paris 2001, S. 149ff.

25 Die französische Mehrheitsmeinung findet sich zusammengefasst in: Bournazel, Eric/Poly, Jean-Pierre, *Les féodalités, Histoire générale des systèmes politiques*, Paris 1998; dort auch eine hervorragende Übersicht über den Großraum zwischen den Alpen und Galizien von Josep

carte féodale Europas vergleichend zu ermitteln, leistete Robert Fossier mit seinem Konzept des gesamteuropäischen *encellulement* (11. bis 13. Jahrhundert) und seinen sieben »Gesichtern« der europäischen *féodalité*.[26] An diese Leistungen knüpfen all die Studien an, die um penible Regionalisierung und Rekombination der Elemente der politischen, ökonomischen und kulturellen Feudalisierung bemüht sind: die Akten der Feudalismus-Tagung in Spoleto 1999[27] genauso wie die Beiträge von Michael H. Gelting, Martin Aurell und Laurent Feller in diesem Band. Man könnte hier von einer vorwiegend romanischen Woge eines Interesses sprechen, das sich gewissermaßen dreifach auf Marc Bloch beruft – in elaborierender Absicht auf sein Konzept der *société féodale*, in kritischer auf seine beiden *âges féodaux* und in differenzierender auf die regionalen Eigenheiten. Von hier aus ist alle großräumig, regional und auch systematisch vergleichende Arbeit eines der Gebote der Stunde.[28]

Recht anders hat sich die anglo-amerikanische Feudalismusforschung entwickelt. Peter Coss und Martin Aurell haben hierzu berichtet.[29] Der traditionell empirizistische Argwohn gegen alle Varianten des Marxismus[30], man denke an die einflussreichen Arbeiten von Michael Postan und Rodney Hilton, und gegen jede an Modellen orientierte Forschung mündete 1994 in

---

Maria Salrach (S. 313–388). Die Kritik eines »Abtrünnigen« vom Konsens: Barthélémy, Dominique, *La mutation féodale de l'an mil a-t-elle eu lieu?*, Paris 1997.

26 Fossier, Robert, *Enfance de l'Europe. Aspects économiques et sociaux*, in: Nouvelle Clio 17, Paris 1982.

27 *Il feudalesimo nell'alto medioevo*, Settimane di studio del centro italiano di studi sull'alto medioevo 47, 2 Bde., Spoleto 2000.

28 Wickham, Chris, »The other transition: from the ancient world to feudalism«, in: *Past and Present* 113 (1984), S. 3–36 (aktualisierter Neudruck in: ders., *Land and Power. Studies in Italian and European Social History, 400–1200*, London 1994, S. 7–42). Wickham hat in großräumiger Perspektive mit seiner Studie zur langsamen Verschiebung von der antiken Steuer zur feudalen Rente im Westen einen bislang noch unterbewerteten Akzent für weitere Übergangsdebatten gesetzt. Wie fruchtbar Vergleiche auch nicht benachbarter Regionen sein können, beweist Bisson, Thomas N., »Lordship and tenurial dependence in Flanders, Provence, and Occitania (1050–1200)«, in: *Il feudalesimo nell'alto medioevo*, S. 389–439; gleiches gilt für Michael H. Geltings Studie (und weitere, die er in seinem Artikel nachweist).

29 Vgl. auch Bennett, Michael J., »The English Experience of Feudalism«, in: Leach, Edmund/Mukherjee, S. N./Ward, John (Hg.), *Feudalism: Comparative Studies*, Sydney Studies in Society and Culture 2, Sydney 1985, S. 124–135 mit breiter Berücksichtigung der am *mainstream marxism* orientierten Arbeiten.

30 Hierzu die vorzügliche Studie zu England von Jones, Gareth Stedman, »Anglo-Marxism, Neo-Marxism and the Discursive Approach to History«, in: Lüdtke, Alf (Hg.), *Perspektiven*, S. 149–209.

Susan Reynolds' Versuch, die herrschende Rechts- und Verfassungslehre vom feudo-vassallitischen System zu demontieren. Dieses System sei das Ordnungswerk von Rechtsgelehrten des 12. und 13. Jahrhunderts im administrativen Dienst erstarkender Zentralherrschaften und könne weder in frühere Zeiten noch in regionale Formen hineinprojiziert werden – so ihre Kritik.[31] Ihr Buch hat alle nationalen Szenen und disziplinären Lager aufgeschreckt. Seine destruktive Botschaft, mit der es übrigens räumlich gesehen gar nicht so weit her ist, passt allerdings überraschend gut zu Forschungsresultaten ganz verschiedener Herkunft, die einerseits, besonders für das frühere Mittelalter, den Einzelelementen (Handgang, Treueid, Kuss, Investition, Leihe/ Lehen/Prekarie, Rat und Hilfe, Hofdienst, Heeresfolge, Lehngeld usf.) Polysemie, Polyfunktionalität und flexible Kombinierbarkeit zuerkennen[32], andererseits hochmittelalterliche Formalisierungen der feudo-vasallitischen Beziehungen mit Stärkungseffekten für die Zentralherrschaften beobachten. Da neben diese im engeren Sinne feudo-vasallitischen aber auch andere soziale Beziehungsformen ans Licht geholt wurden – Verwandtschaft, Freundschaft, Bruderschaft, Patenschaft, Patronage, Klientel, Nachbarschaft, Pfarrei, Gilde usf. –, wird zukünftig viel davon abhängen, ob in dieser Vielfalt von Beziehungs-»Instrumenten« der Vergesellschaftung eine kohärente soziale Logik erkennbar ist.[33] Hier setzen insbesondere Alain Guerreau und Anita Guerreau-Jalabert an. Alain Guerreau sieht in der *dominium*-Beziehung das Basisregulativ, demgegenüber die anderen sozialen Beziehungsformen einschließlich des feudo-vasallitischen Nexus nachgeordnete, das heißt variative und differenzierende Funktionen haben.[34] Wichtige Argumente geliefert hat Anita Guerreau-Jalabert diesem Ansatz mit ihren Studien zur Semantik christlich-kirchlicher Grundbeziehungen (wie Taufe, erborene, erheiratete, gestiftet-»spirituelle« Verwandtschaft, *caritas*).[35] Damit genug der Hinweise auf die Forschung außerhalb Deutschlands.

---

31 Reynolds, Susan, *Fiefs and Vassals. The Medieval Evidence Reinterpreted*, Oxford 1994.
32 Beispielhaft sind Paul Hyams' Quellenstudie und Laurent Fellers regionaler Forschungsbericht.
33 Dies bezweifeln Lester K. Little und Barbara Rosenwein in: dies. (Hg.), *Debating the Middle Ages. Issues and Readings*, Malden/Oxford 1998, S. 107–113; sie sprechen von Alternativen zum Feudalismus.
34 Grundgelegt in: Guerreau, Alain, *Le féodalisme. Un horizon théorique*, Paris 1980, S. 173–210; ders., »Féodalité«, in: Le Goff, Jacques/Schmitt, Jean-Claude (Hg.), *Dictionnaire raisonné de l'Occident médiéval*, Paris 1999, S. 387–406.
35 Zusammenfassend: Guerreau-Jalabert, Anita, »Parenté«, in: Le Goff, Jacques/Schmitt, Jean-Claude (Hg.), *Dictionnaire*, S. 861–876.

III.

Will man all das ernst nehmen, dann muss es auch um mehr Klarheit über einige Stilformen und Verhaltensbedingungen der gemeinsamen Arbeit gehen. Ich nenne dies ganz vorläufig Gebrauchsstrategien. Klärung kann hier nicht Lösung meinen. Es geht um die kritische Sicht auf vermeidbare Haltungen und Gewohnheiten sowie um die Offenlegung von oft banalen Gegebenheiten, aber auch latenten Spannungen, offenen Widersprüchen, schmerzhaften Aporien und Paradoxien, mehr also um Problembewusstsein als um Problemlösungen. Eine solche Verbesserung der Kooperations- und Streitbedingungen soll zu mehr Gewinn in der Sache führen.[36] Die folgenden Gesichtspunkte bilden kein schlüssiges Ganzes. Was ich bislang an Konstellationen, Haltungen und Anforderungen unterscheiden konnte, steht in keiner systematisch ausgewiesenen Reihen- oder Rangfolge, obwohl ich intendiere, von einfacheren zu schwierigeren Fragen und Lagen fortzuschreiten. Meinen heuristischen Trick sehe ich lediglich darin, das mir erkennbare Gebrauchsfeld in Bereiche gegliedert, diese wiederum, soweit es ging, auf Polarität ausgerichtet zu haben. Auf jeden Fall möchte ich hier über die – durchaus nützlichen – pragmatischen Formeln hinauskommen, wie sie etwa Susan Reynolds mit ihrer Trias von *concepts, words and phenomena* oder ähnlich Edmund Leach (*slogans, models, facts*) bieten.[37] Im Folgenden sollen die oben bereits berührten nationalen Verhaltenseigenheiten und Arbeitsschwerpunkte deshalb im Hintergrund bleiben, weil ich auf Fragen abhebe, die alle Beteiligten gleichermaßen angehen.

Leugnung oder Anerkennung?

Es geht vorweg um die Alternative: *Leugnung* oder *Anerkennung* der *Gegenwart* des Feudalismus. Diejenigen, die die feudale Reizworttradition und die endlosen Debatten über den Feudalismus politisch oder methodisch aus ihrer Arbeit heraushalten wollen, ich nenne sie die Abschaffungsrhetoriker, haben ein ganzes Arsenal von Metaphern zur Verfügung, eine pejorative

---

36 Diese Absicht stellt die folgenden Bemerkungen in die Nachbarschaft eines Teils der zwölf Thesen, mit denen Alain Guerreau in seinem Band *L'avenir d'un passé incertain*, S. 293–310, seine kritische Bestandaufnahme der Mediävistik aus pointiert französischer Sicht beschließt.
37 Reynolds, *Fiefs*, S. 479ff.; Leach, Edmund, »Talking about ›feudalism‹«, in: ders./Mukherjee/Ward (Hg.), *Feudalism*, S. 6–24, hier S. 24.

Bildwelt eigener Art. Der Feudalismus ist der unpassende Hut, die zu enge oder zu weite Jacke oder Zwangsjacke, eine nutz- oder würdelose Krücke, ein zu starrer Rahmen, ein täuschendes Emblem, eine rosige oder verdunkelnde Brille, eine verfremdende Maske, eine abgegriffene Münze oder Ähnliches. In diesen Vorstellungen ist die überlieferte Vergangenheit ein Körper, der mit schlechtem Werkzeug ausgerüstet oder unangemessen bekleidet ist. Sie sind Zeichen eines Unbehagens, das gespeist wird von einem reduktiven Fachverständnis. Es definiert sich selbst als primär »quellenorientiert«, will oft, darüber noch hinausgehend, als »empirisch« und auf »Fakten«-Rekonstruktion zielend verstanden sein. Zu dieser Haltung hat Otto Gerhard Oexle unter dem französischen Begriffspaar der positivistischen *histoire récit* und der historistischen *histoire problème* kritisch Stellung genommen. Alain Guerreau ging noch weiter, indem er solche *logique du récit* nicht nur als bürgerliches Paradigma des 19. Jahrhunderts relativierte, sondern sie auch als eine Methode karikierte (»Schere und Kleister«), die authentische Dokumentenschnipsel durch intentionalistische Plausibilisierung mittels ahistorischer Allgemeinbegriffe zu Darstellungen kombiniert.[38] Egal, wie möglicherweise grundsätzlich verschieden beide Kritiken sind, sie haben miteinander gemein, dass ihnen das Postulat des direkten, von allen wissenschaftsgeschichtlichen, konzeptuellen oder wertbezüglichen »Störungen« freigehaltenen Umgangs mit der »authentischen« Überlieferung wissenschaftlich naiv und eskapistisch erscheint, ein Umgang also, der die »Abolitionisten« ungewollt genau solchen, zum Beispiel »feudalen« Störungen ausliefern könne. Peter Coss hat diese Zirkelstruktur so ausgedrückt: »Feudalism [...] has gone out of the window only to re-enter by the backdoor.«[39] Die *Gegenwart* des Feudalismus ist als politische, kulturelle, wissenschaftliche Tatsache eben nicht zu leugnen. Sie anzuerkennen heißt aber zu wissen, wie man mit ihr umgehen soll, wie sie zu bändigen ist und welchen Nutzen man von ihr haben kann.

Impliziter oder expliziter Begriffsgebrauch?

Mit einer oberflächlichen Gegenüberstellung will ich fortsetzen: beiläufige Benennung versus gezielter Einsatz. Diese Gegenüberstellung könnte für diejenigen, die an Feudalismusdiskussionen und an theoretischer Arbeit interessiert sind, eine Scheinalternative sein. Meine knappe Blütenlese zum

---

38 Guerreau, Alain, *L'avenir d'un passé incertain,* S. 298.
39 Fryde/Monnet/Oexle (Fn *), S. 90.

Wortgebrauch in der deutschen Mediävistik zeigt aber, wie verbreitet der beiläufige Gebrauch von Feudalsyntagmen ist. Zutage kommen vor allem Benennungen von Teilzusammenhängen, Variationen im Ausdruck sowie identifizierende und distanzierende Anspielungen. Auch wenn insgesamt eine Art konzeptueller »Folie« des Sinnfelds hinter diesen Formen erkennbar wurde, fehlt diese im Einzelfall. Nur der Eingeweihte kommt sozusagen »mit«. Der jeweilige Autor dagegen weist sich nicht analytisch aus, schwimmt mit im Fahrwasser bestimmter Ausdruckstraditionen, übernimmt keine begriffliche Verantwortung oder spielt mit der Distanz zu bestimmten Konzepten. Der umgekehrte Fall ist uns aus der Feudalsprachregelung der sozialistischen Staaten und ihren Historien geläufig – hier wurde der Feudalismus sozusagen programmatisch »breitgetreten«: Man könnte dies Benennungswillkür im Namen einer dogmatisierten Geschichtsideologie nennen. Wie sehr mancher sozialistische Mediävist unter den litaneiartigen und einhämmernden Ausdrucksgeboten dieser Wissenschaftssprache gelitten hat, ist mir nur anekdotisch bekannt; man spürt derlei aber auch hinter den Darlegungen von Bernhard Töpfer. Im Westen wurde, wenn ich mich richtig erinnere, diese Begriffssteuerung als besonders quälendes Indiz für das bewusste Herabdrücken des sprachlichen Niveaus und für die verordnete Parteilichkeit angesehen. So gut wie jeder leitende Terminus wurde mit dem Feudalattribut etikettiert, eine nomenklatorische Durchdringung der Darstellungssprache mit nivellierenden und ausleiernden Folgen.

Den Unklarheiten des beiläufigen Gebrauchs steht also die Abnutzung durch allzu plakativen und breiten Einsatz gegenüber. *Wie* man mit den Feudalwörtern umgeht, wann man sie einsetzt und wie viel dabei »klar« ist oder zu sein hat, scheint mir eine wichtige gebrauchsstrategische Frage zu sein. Ernst Pitz hält sich in seinem Essay mit dem Attribut »feudal« völlig zurück. Er reserviert »feudal« bewusst für seinen wichtigsten Allgemeinbegriff, die »Feudalgesellschaft«. Ähnlich konsequent ist Rodney Hilton. So feudal-karg er sich in seinen lokalen und regionalen Studien gegeben hat, so explizit und klar ging er mit den Wörtern *feudal* und *feudalism* als theoretischen Begriffen in Diskussionen um. So unpassend, vielleicht auch stilistisch schwierig es scheint, das feudale Wortfeld narrativ zu konventionalisieren, so wichtig ist es, den analytischen Stellenwert der Feudal-Begriffe zu pflegen und sie nicht am falschen Ort bzw. bei unwichtigen Gelegenheiten zu verbrauchen. Die Feudalsyntagmen scheinen sich besser für abstraktive bzw. subsumtive Titulierung als für detaillierte Durchflechtung zu eignen. Sie waren und bleiben prädestiniert für »begriffliches« Niveau.

Knappe oder elaborierte Begriffe?

Nun zu zwei Polen der Begriffsstruktur: die *knappe Definition* oder das *elaborierte begriffliche System*. Der normale Zugang zu Begriffen besteht im lexikalischen Angebot. Die Angebotsstruktur lexikalischen Wissens ist aber für unruhige, umstrittene, ständigen Reformulierungen ausgelieferte Diskursbegriffe wie den Feudalismus ungünstig. Auch wenn erster und schneller Zugang zum Stichwort über Kürze, ja Einfachheit eine legitime Aneignungsweise ist, sind Definitionen von Feudalismus im avancierten wissenschaftlichen Verkehr prekär. Kurze Vorweg-Definitionen werden aber häufig als pragmatisch sinnvoll angesehen. Definitionen, so meine Erfahrung, sind, wenn präzise formuliert, zwar scharfrandig nach außen, gleichzeitig aber tendenziell inhaltsarm nach innen. Ihnen fehlt sowohl Komplexität als auch Offenheit. Sie schließen zu kurz, oder anders gesagt, durch Kürze aus. Nicht viel anders ist es aber mit Begriffsentfaltungen, die sich schier endlos hinziehen. Ich denke hier etwa an Michel Clouscards »L'être et le code«, wo die »structure féodale« auf 180 Seiten als epistemologischer Kode entfaltet wird.[40] Dieses Traktat ist kaum noch handhabbar. Es schließt sozusagen durch Länge aus. Doch mit solcher schlichten Polarisierung zwischen nichtssagenden Definitionen und weitverzweigten Elaborationen, die beide ausschließende Wirkung auf die Diskursabsichten haben, ist es nicht getan. Denn zwischen diesen Polen tut sich das eigentlich produktive Feld der Konzepte und Teilkonzepte auf. Ich möchte hier zuerst an die Fruchtbarkeit von prägnanten Faustformeln bzw. Begriffsprägungen erinnern. Sie alle stiften sozusagen Unruhe, seit sie geprägt wurden. Hier nur einige Beispiele aus meinem Bestand solcher fast »klassischer« Formeln, die mir ohne Nachschlagen grob verfügbar sind: Adam Smiths »höchst kindische Eitelkeit« der großen Grundeigentümer, sich den Kaufleuten als Verbraucher von Luxusgütern auszuliefern, Karl Marx' Feudalismus als »geistiges Tierreich«, Max Webers »Lehens- und Pfründenfeudalismus«, Otto Hintzes Feudalismus als »Umweg« vom Stamm zum Staat, Heinrich Mitteis' »zentrifugale« und »zentripetale« Wirkungen der Lehnsverhältnisse auf die Staatsbildung, Norbert Elias' »Expansion« des Feudalismus nach innen, Marc Blochs »deux âges féodaux«, Rodney Hiltons »struggle for rent« als »prime mover« des sozialökonomischen Wandels, Wilhelm Ebels These der sich durch alle sozialen Etagen und Felder ziehenden Leihe-Verhältnisse, František Graus' »negative« Treue. Diese Auswahl folgt

---

40 Clouscard, Michel, *L'être et le code. Le procès de production d'un ensemble précapitaliste*, Paris 1972.

lediglich meiner spontanen Assoziation. Alle Beteiligten haben einen solchen Formel-Bestand bei sich, mit dem sie in das Denkgeschäft investieren oder kritisch intervenieren. Aber neben den heuristisch so fruchtbaren Faustformeln und Begriffsvorschlägen gibt es die Problemfälle, die »Schulden«, manches Unbegriffene, das man nicht recht loswerden oder auch nicht loslassen kann – und auch Neues, das noch nicht akzeptabel erscheint. Peter Coss hat beeindruckend dargelegt, welchen »Dauerbrenner« Kenneth Bruce McFarlane der englischen Forschung mit seinem prägnanten »Bastard Feudalism« gegeben hat. Für Anhänger sozialökonomischer Ansätze ist der berüchtigte »außerökonomische Zwang« aus Marxens Theorie der vorkapitalistischen Grundrente zu nennen, der wie ein Veto gegen alle Versuche gewirkt hat, die Abschöpfung aus der Produktion herzuleiten. Indem Michael Borgolte hat nachweisen können, dass Otto Hintze im Zuge seiner komparatistischen Umschau die nicht-fränkischen Fälle stark verzeichnete – vielleicht im Fahrwasser des Imperialismus seiner Zeit –, ist nun eine klassische These kritisiert. Otto Gerhard Oexle erwies Otto von Giercke als einen »großen Verlierer«, der im Feudalismus die »Verschränkung« des Gegensatzes von Herrschaft und Genossenschaft mit dem Gegensatz von Personalität und Dinglichkeit erkannte. Seit Jacques Le Goff den Vasallitätsritus »anthropologisiert« hat, lässt er sich nicht mehr in juristisch schlüssige Definitionen bannen; wie ausführlich und funktional ambivalent – und auch außerhalb der Vasallitätsbeziehungen selbst – nun zu argumentieren ist, hat Paul Hyams gezeigt. Pierre Touberts konzise *encastellamento*-These wird seit einigen Jahren, so hat Laurent Feller gezeigt, mit einer Fülle ganz neuen Detailwissens dekomponiert und rekombiniert. Wie lange wird die romanische, von George Duby und Pierre Bonnassie maßgeblich initiierte *révolution* bzw. *mutation féodale* noch als überregionale Erscheinung gelten können? Nach der Debatte in *Past and Present* fragt man sich, ob diese zwar die Wogen hat glätten können, im Wesentlichen aber eigentlich auflösende Resultate hatte[41]; die »Gegen«-Belege aus dem ostfränkisch-deutschen Reich haben dabei aber noch kaum eine Rolle gespielt. Neue Formeln wie die »künstliche«, besser die »spirituelle« Verwandtschaft, die dem feudo-vasallitischen Bindemittel scharfe Konkurrenz machen, haben schon so viel an Boden gewonnen, dass man sich fragen könnte, ob Blochs These von der die ganze Gesellschaft durchziehenden *tonalité* des feudo-vasallitischen Vertragsnexus noch haltbar ist. Als weitere Mitkonkurrentin wurde längst die feudale *sociabilité* in sozia-

---

[41] Vgl. die kurze Zusammenfassung eines kompetenten Initiators: Bonnassie, *Sociétés*, S. 9–12.

len Bereichen wie dem Dorf, der Pfarrei, der Stadt und all den geschworenen Gruppierungen ins Spiel gebracht. Alain Guerreaus *ecclesia*-Vorstellung als *institution dominante* des Feudalsystems dagegen wirkt weithin immer noch brüskierend. Was würde schließlich passieren, wenn jemand, scharfsinnig begründet, vom mittelalterlichen Christus-am-Kreuz als feudalem Leit-Inbild spräche? Dauerbrenner und Eintagsfliegen, Absteiger und Aufsteiger, Platzhalter und Illegitime bilden einen inhomogenen und instabilen Bestand des feudalrelevanten Hypothesenregisters, zur Hand für die Aufgabe, sich immer wieder neu über Ausrichtung und Niveau der Konzeptualisierung zu verständigen.

Zahllose Ordnungsversuche schließlich führten immer wieder zu ähnlichen Lösungen. Chris Wickham hat in seinem Grundlagen-Vortrag auf der Feudalismus-Tagung in Spoleto 1999 die aktuelle Lage wie folgt umrissen. Die heutige Forschung kann sich auf drei Feudalismus-Begriffe berufen: das marxistische *concetto* der feudalen Produktionsweise, die im Wesentlichen von Marc Bloch stammende *immagine* einer Feudalgesellschaft und die rechtliche *definizione*, basierend auf feudo-vasallitischen Rechtsformen bzw. Normen im Sinne von Heinrich Mitteis und François-Louis Ganshof.[42] Aber Wickham warnt: Man sollte die drei Begriffe weder aufeinander reduzieren, noch miteinander vermischen, weder für notwendig miteinander zusammenhängend halten, noch denken, einer hätte die Suprematie über die anderen. Das ist ein idealtypisch verstandenes Angebot, durch das nicht ausgeschlossen sein soll, sich auch anderes zu denken. Hinweisen lässt sich in diesem Sinne zum einen auf John O. Wards Vorschlag, von zehn *conceptions/varieties/foci* auszugehen, die untereinander verbunden sind.[43] Alain Guerreau schließlich lässt sich nicht davon abbringen, die *logique générale* des feudalen Europas in der Verbindung der *dominium*-Beziehung mit der *ecclesia*-Institution zu sehen, an deren Entfaltung er seit Jahren arbeitet.[44] Zwischen der Benennung in einem Syntagma oder der Definition durch einen Satz und dem buchlangen Traktat tut sich also ein gebrauchsstrategischer Fächer

---

42 Wickham, »Le forme«, S. 28–46.
43 Ward, John O., »Feudalism: Interpretative Category or Framework of Life in the Medieval West?«, in: Leach/Mukherjee/ders. (Hg.), *Feudalism*, S. 40–67. Ward nennt: *vassalage between man and man* (I), *system of fief-holding* (II), *union of benefice and vassalage* (III), *feudal militarism* (IV), *centrifugalism/baronialism* (Va), *centralism* (Vb), Verbindung von *vassalage, fief, rights of justice, military service* (VI), Verdoppelung des *feudalism* auf den Ebenen von *knight* und *count* (VII); *type of society, of civilization, of thinking, of behaviour* (VIII), *seigneurialism/manorialism* (IX) und *compromise with anarchy* (X).
44 Guerreau, Alain, *Le féodalisme*; ders., »Féodalité«.

mit vielen Motiven, Funktionen, Ansprüchen und Niveaus auf. Er sollte zweierlei leisten: Orientierung darüber bieten, womit man gerade umgeht, und die Beweglichkeit garantieren, die für die konzeptuelle Arbeit nötig ist.

Innen- oder Außenbezüge der theoretischen Arbeit?

Schwenken wir nun zur Rolle der mediävistischen und nachbarwissenschaftlichen Produktionen für die Feudalismusforschung. Sie ist, zugespitzt gesagt, in Überangebote beider Produktionsbereiche eingekeilt. Nach dem »Who is Who« der internationalen Mediävistik gibt es heute weltweit zirka 5.000 Mediävisten und Mediävistinnen, die jährlich insgesamt etwa 1.000 Monographien und 10.000 Aufsätze veröffentlichen. Vor zwanzig Jahren waren es noch 6.000 Aufsätze.[45] In dieser nicht mehr direkt erschließbaren Fülle steckt daneben eine zunehmende disziplinäre Breite, weil herkömmliche Nationaldisziplinen und Dimensionaldisziplinen (Rechtswissenschaft, Musikologie o. ä.) zusammenwachsen und neue Sachfelder (Klimatologie usf.) hinzukommen. In einer solchen gigantisch zellteiligen Wissenschaft kann das durchschnittliche Mitglied sich nur durch Spezialisierung behaupten. Alain Guerreau bezeichnete diesen Sachverhalt, geradezu verzweifelt, als »logique diabolique du morcellement«.[46] Diese *logique* trifft natürlich auch die Feudalismusforschung, weil sie auf ein effektives Wechselspiel zwischen empirischer Detailforschung und theoretischer Diskussion angewiesen ist. Wie aber sich in diesem enormen Feld von Repetition, Kumulation und Ausdifferenzierung adäquat auswählend verhalten? Wer das relevante Wissen finden und nutzen will, kann sich nicht allein auf Feudalsyntagmen als Referenzstichworte verlassen. So entstehen enorme Risiken, das Wichtige und Nötige überhaupt noch wahrnehmen und verarbeiten zu können. Wie denn soll man aufmerksam werden auf einschlägige Arbeiten aus der mediävistischen bzw. frühneuzeitlichen Bildwissenschaft, Theologie oder Philosophie, der Geographie, der Archäologie? Schon im engen Feld der ausdrücklichen Feudalismusforschung sind derart viele Themenbereiche beachtenswert, dass nur bei konstanter Aufmerksamkeit und mit direkter kollegialer Hilfe der Überblick und Anschluss erhalten bleibt. Die Trends zur detaillierteren Forschung etwa verteilen sich auf zwei verschiedene Felder. Zunächst zu den

---

45 Diese groben Annäherungszahlen nach dem *Répertoire International de Médiévistes*, 6. Aufl. Paris 1987 und der *International Medieval Bibliography*.
46 Guerreau, Alain, *L'avenir d'un passé incertain*, S. 275f.

produktiven Folgen der Demontage der »juristischen« Lehnsordnungen (Verfassungen). Sie hat den Weg für Untersuchungen über die viel vageren Verhältnisse im früheren Mittelalter freigemacht[47]; so ist Paul Hayms dem *homagium* als mehrsinnigem Ritual von Fehde und Friede in ausgewählten Quellen selbst nachgegangen. Laurent Feller zeigt anhand der neueren Forschung einen spezifischen Weg der »Formalisierung« auf: Er konnte anhand der neueren Forschung über Italien nachweisen, wie die traditionell autoritäre karolingische *militia*-Bindung der rententragenden *beneficia* im 10. und 11. Jahrhundert an Gegenseitigkeit gewinnt, sich also abschwächt, und parallel dazu die *beneficia* durch Aufteilung den *livelli*-Pachtformen angenähert und damit lokal bindbar gemacht werden – die Grundlage für die leihe-nahe Feudalisierung der *milites*. Zum anderen liegen Regionaluntersuchungen ganz verschiedenen räumlichen Maßstabs vor: Die Skala reicht vom lokalen Fall über die naturräumliche begrenzte Kleinregion, die Grafschaft, das Bistum bis hin zu Großräumen (Martin Aurell) und Königreichen (Michael H. Gelting). Und trotzdem kann Pierre Toubert noch am Ende einer umfassenden Feudalismus-Tagung wie der in Spoleto 1999 mit Recht bedauern, wie wenig die über 20 Referenten konkret vergleichend gearbeitet haben, wie wenig sie über die wirtschaftlichen Implikationen, besonders die Rolle des Geldes, über die Diffusion der vasallitischen Riten und Gesten in andere soziale Beziehungen, wie besonders die *seigneurie*, und schließlich über archäologische Fragen – Burgen, Siedlungen usf. – gesprochen haben. Chris Wickham gibt an gleicher Stelle zu, dass ihm der wohlbekannte Bereich der feudo-vasallitischen Verhältnisse wie die Spitze eines Eisberges vorkommt, von dem man nicht weiß, wie groß er eigentlich ist.[48] Auch die Debatte um die *feudal revolution* um die Jahrtausendwende hat – ich wiederhole es – schließlich eher zu genaueren Fragen als gültigen Antworten geführt. Denkt man dann noch an ganz andere Zeiträume wie das spätere Mittelalter im Sinne Le Goffs bis in das 18. Jahrhundert[49] sowie an kulturvergleichende

---

47 Zum Beispiel Kasten, Brigitte, »*Beneficium* zwischen Landleihe und Lehen – eine alte Frage, neu gestellt«, in: Bauer. Dieter R. u. a. (Hg.), *Mönchtum – Kirche – Herrschaft 750–1000*, Sigmaringen 1998, S. 243–260; Prinz, Friedrich, »Vasallität und Stiftsvasallität: Die Rolle der Kirche im karolingischen und Ottonischen Herrschaftssystem«, in: *Il feudalesimo nell'alto medioevo*, S. 851–871. Er spricht von »quasi vasallitischen Bindungen der Bischöfe und Äbte«, S. 854.
48 *Il feudalesimo nell'alto medioevo*, S. 1027–1036 (Toubert), S. 1037ff. (Wickham).
49 Erinnert sei, neben der oben erwähnten Kommunalismus-These Blickles, nur an die sogenannte Brenner-Debatte.

Feudalismusforschungen[50], dann schlägt die Fülle des historischen Forschungsfelds endgültig in ein »Überangebot« um.

Aber damit nicht genug. Hinzu kommen die Angebote der Nachbardisziplinen, vor allem von den Sozialwissenschaften, die auf breitere Theoriearbeit eingestellt sind. Jede Teilrezeption durch Historiker ist da riskant, weil die Forschungstraditionen der betreffenden Disziplinen mit ihren jeweils eigenen Nomenklaturen und Methoden nicht »fachlich« kritisch beurteilt werden können. Was hier gemeint ist, wird umgehend klar, wenn man den Spieß umdreht: Historiker beobachten die Benutzung »genuin« historischen Wissens durch die Sozialwissenschaften mit dem Argwohn der Eingeweihten, die eben wissen, wie hypothetisch, schwer einzuordnen, bedingt vergleichbar, kaum verallgemeinerbar dieses Wissen doch ist, und sie sehen die Unschärfen, Schiefen und Tilgungen in den Resultaten der Übertragung. Umgekehrt aber ist es genauso. Wie muten herrschaftstypologische, organisationssoziologische, sozialpsychologische, ökologische, politökonomische, betriebswirtschaftliche oder linguistische Anleihen seitens der Historiker den Kollegen aus den jeweiligen Herkunftsdisziplinen an? Wie amateurhaft geraten sie, in deren Augen? Heiligt da der theoretische Zweck jedes rezipierte Mittel? Um nur wenige Fälle anzuschneiden: Wie wenig oder wie viel eine vergleichende »politische Anthropologie« (samt Feudalismus) oder eine ethnologische Studie zur Entwicklung von Ehe und Familie in Europa der Feudalismusforschung heute bieten kann, hat Alain Guerreau aufgezeigt.[51] Wie weit könnte man von dem systemtheoretischen Versuch von Werner Loh profitieren, Feudalverhältnisse als ein »kombinatorisches Konzept der Eingangs- und Ausgangsregulationen zu Herrschaftsverhältnissen« (und zur Servilität) zu fassen – oder was vom historisch-politologischen »Gewalt«-Konzept Heide Gerstenbergers lernen?[52]

Man ist, unentrinnbar, beidseitig in quantitative bzw. qualitative Überangebote eingekeilt. Jeder Auswahlakt, jede Anleihe macht dies schmerzhaft klar. Die Unmenge des arbeitsteilig Dissoziierten integrativ auszuwerten ist

---

50 Hierzu Leach/Mukherjee/Ward (Hg.), *Feudalism*: Asienstudien; Bournazel/Poly, *Féodalités* : Europa, naher Orient, Ostasien. Hinweisen möchte ich hier auf den prägnanten und ergebnisreichen Aufsatz zu Afrika von Goody, Jack, »Economy and Feudalism in Africa«, in: The *Economic History Review* 2nd series 22 (1969), S. 393–405.

51 Balandier, Georges, *Politische Anthropologie*, München 1976 (frz. Original: 1967); Goody, Jack, *The development of family and marriage in Europe*, Cambridge 1983. Zu beiden Büchern Guerreau, Alain, *L'avenir d'un passé incertain*, S. 259–264.

52 Loh, Werner, *Kombinatorische Systemtheorie: Evolution, Geschichte und logisch-mathematischer Grundlagenstreit*, Frankfurt 1980, S. XXIII; Gerstenberger, *Gewalt*.

kaum möglich. Man muss das vorläufige, fluide Verhältnis zwischen immensem Fachwissen und theoretischer Kompetenz aushalten. Aber es gibt auch Möglichkeiten zu kurzen Wegen und Chancen für gegenseitige kollegiale Hilfe. Zudem propagieren Kollegen autonome Lösungen: Interdisziplinarität, Transdisziplinarität und thematische Integration im eigenen Kopf.[53]

Überlieferungs- oder Gegenwartssprache?

Deutsche Mediävisten hatten viel zu tun mit Otto Brunners Vorschlag und seinem Verfahren, die Quellenbegriffe gewissermaßen von den Missverständnissen und Projektionen zu »erlösen«, welche die modernen Leitbegriffe seiner Meinung nach notwendig mit sich brächten, so auch der »Feudalismus«. Die »Sozialgeschichte kann nicht ihre Begriffe fertig aus irgendeinem Stadium der Soziologie, auch nicht aus der gegenwärtigen beziehen, sondern muss ihre Begrifflichkeit am Urmaterial, an den Quellen selbst erarbeiten.«[54] Inzwischen hat sich aber herausgestellt, dass es keine Erlösungen auf diesem Wege gibt. Die jüngste Forschung zu Brunners These, Otto Gerhard Oexle und Alain Guerreau sind ja darauf eingegangen, hat zum einen erwiesen, dass es gar nicht die explizit leitenden Begriffe – etwa der Soziologie – sein müssen, welche die Projektion des modernen Leitbildes in die »Quellenwelt« bewerkstelligen. Darum aber, dass man seine Leitterminologie nicht loswird, soll es an dieser Stelle noch nicht gehen. »Am Urmaterial erarbeiten« – aber wie? Heute ist klar, dass die Sprache der Überlieferung keine direkte Alternative zur Gegenwartsterminologie bieten kann, weil auch sie weder direkt verständlich, noch unparteiisch, noch eindeutig ist. Schon die Frühgeschichte des Zentralwortfeldes (*feodum/fevum* usf.) beweist zur Genüge, mit wie viel Mehrsinnigkeit und Gebrauchswahl man zu rechnen hat.[55] Gleiches gilt auch für die Sinnstrukturen des ganzen feudo-vasallitischen Vokabulars und seiner Nachbarfelder sowohl in einzelnen Dokumenten sowie Überlieferungsbereichen oder -zeiten.[56] Damit sind alle systematisierenden »Wortan-

---

53 Arnold Esch und Johannes Fried, in: Oexle (Hg.), *Stand und Perspektiven*.
54 Brunner, *Neue Wege*, S. 102.
55 Tiefenbach, Heinrich, *Studien zu Wörtern volkssprachiger Herkunft in karolingischen Königsurkunden. Ein Beitrag zum Wortschatz der Diplome Lothars I. und Lothars II.*, München 1973, S. 100ff.; Tsrushima, Hirokazu, »*Feodum* in Kent c. 1066–1215«, in: *Journal of Medieval History* 21 (1995), S. 97–115.
56 Keller, Hagen, »Das *Edictum de beneficiis* Konrads II. und die Entwicklung des Lehnswesens in der ersten Hälfte des 11. Jahrhunderts«, in: *Il feudalesimo nell'alto medioevo*, S. 227–

knüpfungen«, alle Beschränkungen auf explizite Gebrauchsstellen im Interpretationsgeschäft methodisch prekär. Mit »Wort«- bzw. »Begriffs«-Semantik allein ist es nicht getan. Die Untersuchung muss in die »Gesamtsprache« der überlieferten Dokumente hineinführen. Diese Erweiterung zur Satz- bis hin zur Textsemantik gehört auch auf die Agenda der Feudalismusforschung. Dabei kommt es – neben der Polysemie der strategischen Wörter in den Dokumenten – auch darauf an, die Bezeichnungsvarianzen der gleichen Sachverhalte oder Beziehungsformen nicht zu unterschätzen. Hierbei ist ausschlaggebend, dass im allmählichen Übergang von der Spätantike in das Mittelalter vielfältige Sinnverschiebungen und Sinnentschärfungen das Latein in einen ganz anderen Ausdruckskörper verwandelt haben, dessen jeweiliger Sinn sich »klassisch« geschultem Übersetzen und Verstehen radikal verschließt.[57] Man könnte von einer Abriegelung vom antiken Latein sprechen. Gleiches gilt *mutatis mutandis* auch für die später aufkommenden regionalen Idiome bzw. Schriftsprachen. Sie repräsentieren wiederum eine Ausdruckswelt, die von der Moderne durch tiefgreifende Sinnumbrüche getrennt ist. So wäre es methodisch höchst naiv, die mittelniederdeutsche Lehnsterminologie des Sachsenspiegels semantisch neben ein »Wörterbuch des Lehnrechts« von 1803 zu stellen.[58] Es gibt, so gesehen, keinen direkten Sinn-Zugang zur Sprache der Überlieferung. Sie ist uns Heutigen gewissermaßen doppelt – am Anfang und am Ende – verriegelt: durch unsere Ausbildung im klassischen Latein und durch die semantischen Umbrüche in den Muttersprachen zwischen Mittelalter und Moderne.

Mit einem solchen Verständnis der linguistischen Prämissen der Interpretation von zeitgenössischen Dokumenten träfe man sich im Übrigen mit dem neuesten Stand der begriffsgeschichtlichen Forschung, die im kritischen Anschluss an die unverzichtbaren großen deutschen Leistungen der historischen Grundbegriffsforschung (»Geschichtliche Grundbegriffe«, »Historisches Wörterbuch der Philosophie«) auch die der französischen Lexikometrie

---

257; Poly, Jean-Pierre Poly, »Vocabulaire ›féodo-vassalique‹ et aires de culture durant le haut moyen âge«, in: *La lexicographie du latin médiéval et ses rapports avec les recherches actuelles sur la civilisation du moyen âge*, Paris 1981, S. 167–190; methodisch beispielhaft sind Bonnassie, Pierre, »Nouveautés linguistiques et mutations économico-sociales dans la Catalogne des IXe-XIe siècles«, in: ders., *Sociétés*, S. 389–410; sowie Guerreau-Jalabert, Anita, »Parole/Parabole. La parole dans les langues romanes: Analyse d'un champ lexical et sémantique«, in: Maria Dessì, Rosa/Lauwers, Michel (Hg.), *La parole du prédicateur, Ve-XVe siècle*, Nizza 1997, S. 311–339.

57 Alain Guerreau hat dies in seinem Beitrag am Beispiel Odd Langholms demonstriert.
58 Hellbach; Johann Christian, *Wörterbuch des Lehnrechts*, Leipzig 1803.

und die der angloamerikanischen *cultural history* einbezieht. Wichtige Programmpunkte hat jüngst Rolf Reichardt genannt.[59] Abschließend gesagt: Es sind große Hoffnungen in Sinnfelduntersuchungen feudaltypischer bzw. feudalstrategischer Schriften zu setzen, die eben nicht zentralperspektivisch auf die Feudalterminologie (*feudist language*) beschränkt bleiben, sondern auch die überlagernde bzw. unausgesprochene Aussagestruktur zu erfassen suchen.

Antiquarische Tradition oder theoretische Aktualität?

Auch in das Verhältnis der »Nachgeschichte« des Feudalismus zur theoretischen Arbeit wirkt der Reizcharakter des Feudalismusbegriffs hinein. Es geht um eine Spannung, die in den Diskussionen um »bereits« veraltete oder »immer noch« oder »wieder« aktuelle Positionen und Argumente zum Ausdruck kommt. Da wie einleitend festgehalten, der Feudalismus seit dem Beginn der Moderne bis heute ein provokantes Schlüsselwort geblieben ist, spiegelt sich in den Diskussionen um ihn der Diskurs der Moderne über ihre eigene Legitimität, ihren kulturellen Sinn. Mit jeder Diskursetappe ergibt sich dementsprechend eine neue Gegenwart des Feudalismus. In vielen Beiträgen geht es um solche Gegenwarten. Ob vom Erbe, von der Ideengeschichte, von Traditionslinien, von der (kritischen) Historiographie oder vom Forschungsstand gesprochen wird – es ist der gleiche Ausgangssachverhalt, wobei natürlich die politischen, nationalen und fachspezifischen Randbedingungen entsprechend modifizierend wirken. Zu welchen Ergebnissen aber führt der Bezug auf die Nachgeschichten?

Christopher Brooks zeigt zwei Grundfiguren auf: die Kritik des bisherigen Bildes von einer vergangenen Gegenwart – um 1600 – sowie die Affinität der heutigen zu jener. J. G. A. Pocock kritisierend, weist er nach, dass der Feudalismus-Diskurs keineswegs von einigen wenigen juristischen Denkern wie Thomas Craig und Henry Spelman von den romanischen Rechtsschulen nach England importiert wurde, sondern längst (zirka ab 1550) in breiten politischen Kreisen im Schwange war, und zwar im Sinne eines *intellectual rise* angesichts deutlicher Umbrüche im traditionellen Verhältnis sowohl der

---

59 Reichardt, Rolf, »Historische *Semantik* zwischen *Lexicométrie* und *New Cultural History.* Einführende Bemerkungen zur Standortbestimmung«, in: ders. (Hg.), *Aufklärung und Historische Semantik. Interdisziplinäre Beiträge zur westeuropäischen Kulturgeschichte,* Zeitschrift für Historische Forschung, Beiheft 21, Berlin 1998, S. 8–28.

landlords zu ihren *tenants* als auch des Königs zu seinen Untertanen. Diese Situation nun erscheint Brooks »surprisingly close to our own«. Muss man nur genauer hinschauen, um zu sehen, welche Ähnlichkeit und welche Kontinuität die Feudalismusdiskurse seit ihrem Aufkommen im späteren Mittelalter bis heute regieren? Alain Guerreau geht von einem radikal anderen Konzept aus: Er besteht auf der Hypothese, dass ein doppelter geistiger Bruch (*rupture*) im 18. Jahrhundert uns die Vormoderne radikal entfremdet habe, wir Heutigen deshalb im klaren Bewusstsein dieses Bruchs auf sie zurückblicken sollten. Ein solches Bewusstsein fehle unserer Wissenschaft aber weitgehend. Allein ein gewisses Maß an Selbstentfremdung von den dominanten kulturellen Werten der bürgerlichen Moderne ermögliche einen klareren Blick auf die Alterität der *cohérence globale* und der *logique dominante* des feudalen Europas. Sein Urteil über die Feudalismusdiskurse der Moderne fällt deshalb scharf kritisch aus.[60] Dies aber hindert ihn nicht, bestimmten Standpunkten und Leistungen traditionsbildenden Wert und innovatorisches Potential zuzuerkennen: Karl Marx, Numa-Denis Fustel de Coulanges, Karl Lamprecht, Marc Bloch etwa. Otto Gerhard Oexle teilt mit Guerreau den Gedanken des epistemisch-semantischen Bruchs zwischen Vormoderne und Moderne, besteht aber darauf, dass die Diskursgeschichte der Moderne selbst gebrochen sei, viele Fachkollegen sich dieses Bruchs aber nicht ausreichend bewusst seien. Er hat den Bruch als Gegensatz zweier Historie-Typen formuliert: Anstelle einer positivistischen *histoire récit*, die ihre Epoche im 19. Jahrhundert gehabt habe, gelte es endlich der *histoire problème* Raum und Geltung zu verschaffen, die bereits in den Krisenjahrzehnten um 1900 (1880–1925) als Wende zu einer integralen Kulturwissenschaft programmatische Gestalt angenommen habe (Nietzsche, Simmel, Weber, Durckheim).[61] Die Grunderfahrung, die diese Wende bestimmt hat, ist die Erschütterung der ökonomischen und politischen Fortschrittsgewissheiten im Bürgertum. Aus ihr hat sich ein neues epistemisches Apriori entwickelt: die unhintergehbare Gewissheit, dass jedes erkennende Interesse in aktuellen Kultur- und Wertbezügen gründet, jede wichtige Frage an die Vergangenheit sich der Gegenwartsdeutung verdankt und daraus ihre Legitimität bezieht, die gefundenen Antworten aber mit dem Wertewandel an Geltungskraft verlieren.

---

60 Guerreau, Alain, »Fief, féodalité, féodalisme. Enjeux sociaux et réflexion historienne«, in: *Annales ESC* 45 (1990) S. 137–166; ders., »Féodalité«, in: *Encyclopédie philosophique universelle, II: Les notions philosophiques. Dictionnaire*, Bd. 1, Paris 1989/1990, S. 977–980.

61 Oexle, Otto Gerhard, »Kultur, Kulturwissenschaft, Historische Kulturwissenschaft. Überlegungen zur kulturwissenschaftlichen Wende«, in: *Das Mittelalter* 5 (2000), S. 13–33.

Wie die Feudalismusdiskurse diesem Wertbeziehungs-Apriori unterliegen, davon zeugen die Beiträge dieses Bandes auf ganz verschiedenen Niveaus. Otto Gerhard Oexle selbst erläutert zwei Ausformungen der spezifisch deutschen »Problemlage«, der Frage nach der legitimen Staatsbildung von oben oder von unten. Ein jeweils anderer Feudalismusbegriff resultierte aus der progenossenschaftlichen Sicht Otto von Gierckes als der etatistischen Georg von Belows. Michael Borgolte datiert Otto Hintzes Imperialismus-These vor den Ersten Weltkrieg und platziert dessen originelles Konzept damit genauer im Zeitgeist. Otto Gerhard Oexle wiederum stellt die Sonderstellung von Max Webers Feudalismus als dezentralisierte Appropriation von Verwaltungsmitteln und als Typus ritterlicher Lebensführung heraus und erweist dieses Typengespann sowohl als Gegenpol zur Moderne als auch als Element der Modernisierung. Zu ähnlichen Ergebnissen führen die Konfrontationen der Ansätze Marc Blochs und Otto Brunners von Oexle; auch hier führte im Hintergrund eine jeweils völlig andere Sozialtheorie Regie. Bernhard Töpfer rekapitulierte einen nahezu 50-jährigen Vorgang der explizit verschriebenen Bindung der Feudalismus-Lehre und -forschung an das Geschichtsdogma des Marxismus-Leninismus und deren misslungene implizite Überwindung. Peter Coss hat seinen Bericht über die Debatten um die Leistungen der *formative scholars* Frank M. Stenton und K. B. McFarlane und ihrer Nachfolger ganz innerfachlich gehalten, wie auch Martin Aurell, Laurent Feller und Michael Gelting ihre Darlegungen. Aber das heißt natürlich nicht, dass die von ihnen analysierten Forschungsszenen weniger von politischen und kulturellen Großwetterlagen und Parteiungen bestimmt (gewesen) sind. Ich kann sie hier nicht nachtragen. Aber soviel lässt sich sagen. Die Richtkraft des Patrioten und Europäers Marc Bloch ist ungebrochen, wird in Vielem, besonders in der Komparatistik, sogar erst eingefordert. Ähnliches gilt für Max Weber und sollte auch für den von seinen Nachfolgern entbundenen Karl Marx gelten. Und dass auch »große Verlierer« wie Otto von Giercke der Feudalismustheorie von morgen Wichtiges zu sagen haben könnten, scheint klar. Umgekehrt gilt das Gebot der aufhebenden Kritik. Peter Coss hat nach seiner detaillierten Nachzeichnung der englischen Debatten den Auftrag mit bestechender Klarheit formuliert: der *bastard feudalism* gehört, selbst wenn McFarlane in »seine« Zeit gehört, zu uns.

Soweit zur Struktur der Traditionsbezüge. Daneben sollte man aber auch aktuellen Orientierungen Beachtung schenken, die sich aus ganz neuen Erfahrungen speisen. Michael Borgolte hat dies mit seinen Hinweisen auf den aktuellen Relevanzgewinn des Feudalismusproblems angesichts vieler Dezentralisierungsphänomene in den gegenwärtigen Staatsstrukturen wie eine Coda zu unserem Thema markiert. Weiter vermute ich, dass einige Trends der Feudalismusforschung – wie die situationsgerechte »Entrechtlichung«, die Ambiguisierung der Feudalisierungsinstrumente, die mikrohistorische Präzisierung, die Verschiebung von strukturellen zu relationalen sozialen Verbindlichkeiten und die enthierarchisierende Regionalisierung der Feudalismustypen (Abbau der frankozentrischen Lehre, Autonomisierung der Feudalräume) – beeinflusst, wenn nicht gar bestimmt sind von neuen Kulturideen und politischen Werten. Ich kann hier nur folgende nennen: die zeitliche Kürzung und sachliche Abschwächung der Nationalgeschichten (zu denen immer weniger »Mittelalter« und immer weniger »Europa« gehört), Hoffnungen auf ein multizentrisches Europa, die Auflösung der Weltanschauungspolitik in marktkonforme Verhandlungsprozesse, wirtschaftliche Deregulierungen des Sozialstaats, postmodernes Misstrauen gegen große Entwürfe und Modelle, Begnügung mit Optionen statt mit Entscheidungen angesichts der Komplexität und Unnachvollziehbarkeit der Wissensangebote, die selber nur auf errechneten Wahrscheinlichkeiten fußen.

Um zusammenzufassen: Wie weit auch immer der diskursgeschichtliche bzw. historiographische Rahmen gespannt ist, Feudalismusforschungen und -diskussionen sind geprägt von der Spannung zwischen der Aufarbeitung der »nachhistorischen« Feudalismusdiskurse und der Beurteilung ihrer Relevanz für die heutige Forschung. Begriffsgeschichtliche Relativierung und theoretische Relevanz greifen ineinander – aber für jeden Beteiligten durchaus anders. Ob solche Entscheidungen zur theoretischen Relevanz in Übereinstimmung mit den politischen und kulturellen Werten solcher Teiltraditionen geschehen oder in ideologiekritischer Absetzung von ihnen, muss für die weitere Arbeit an und mit dem adaptierten Begriff nicht entscheidend sein. Jede geschichtlich überlieferte Fassung eines Begriffs ist – partiell oder insgesamt – als Erbe aktualisierbar.

Diese Aktualisierbarkeit von Feudalismus-»Traditionen« für die theoretische Arbeit sollte aber nicht zirkulär verstanden werden – also im Sinne von »nichts Neuem unter der Sonne«. Es geht eben nur nicht ohne traditionsbegründete Parteilichkeit. Viele Debatten um die Legitimität begrifflicher Traditionsnutzung wurden und werden deshalb gewissermaßen »schief« geführt, weil die Beteiligten nicht akzeptieren, dass sie sich alle in der gleichen Situation befinden, jeder aber anders vorentschieden hat. Das heißt aber nicht, dass es deshalb keinen Fortschritt bei der theoretischen Arbeit gäbe.

Die Wirklichkeit der Feudalismus-Theorie

Mein letzter Punkt ist der vielleicht brisanteste. Welche erkenntnistheoretische Funktion hat der Gebrauch von Allgemeinbegriffen wie dem des Feudalismus? Vorweg dazu eine terminologische Beobachtung: Es geht um unsere Vorstellungen vom »Begrifflichen« der Theorie und unseren Umgang mit formalen Ordnungs- und Funktionstermini. Das Vokabular unserer theoretischen Artikulationen ist merkwürdig breit und unscharf. Meine Durchsicht unterschiedlicher feudaltheoretischer Arbeiten ergab einen – im Deutschen, Englischen und Französischen fast identischen – Bestand an analytisch-deskriptiven Nomina, der sich in vier Bereiche gliedern lässt. Zuerst sind da die Äquivalente für das begriffliche Ganze selbst. Der Feudalismus hat ein Wesen, ist ein Name, wird auf den Begriff (*notion*) gebracht, wird mit einem Terminus bezeichnet, stellt ein Modell dar, wird in ein Schema gefasst, bildet ein Konzept, ein System, eine Ordnung, stellt einen Rahmen (*framework*) bereit, wird als ein Typus aufgefasst. Dieses Ganze hat – zweitens – seine Teile: Charakterzüge, *traits*, Eigenschaften, Merkmale, *features*, Kennzeichen, Elemente, Dimensionen, Faktoren, Indikationen. Drittens bilden diese Teile eine Struktur, die Form des Begriffs sozusagen: Sie haben ihren Rang, Stellenwert, ihre Position, Rolle, Bedeutung, Wirkung. Der Zusammenhang selber hat – viertens – seine Qualitäten: Die Teile bilden einen kohärenten Zusammenhang, eine notwendige oder widersprüchliche Einheit oder lockere Verbindung, einen Wirkungszusammenhang, stehen in Wechselwirkung zueinander, gehorchen einer eigenen Funktionslogik. Ich bezweifle, dass irgendeiner von uns es vermag, sich zu den Einzelbegriffen dieses Vokabulars, zu bestimmten Gruppen aus demselben und ihren Beziehungen erkenntnistheoretisch streng zu verhalten. Man variiert vielfach: Modell meint ungefähr das gleiche wie Typus oder Schema, Element das gleiche wie Merkmal oder Dimension. Ebenso wenig werden disziplinäre Herkunft, Metaphorik und erkenntnistheoretischer Sinn dieses Bestandes im Einzelnen bekannt bzw. bewusst sein. Es herrschen eingeschliffene Gebrauchsgewohnheiten vor, selten verlangt man Rechenschaft voneinander. Auf dieser Ebene konventionalisierter Formalbegriffe gilt so etwas wie ein Burgfrieden. Wer erkenntnistheoretisch – logisch, metaphorologisch oder sozialtheoretisch – nachfragt, gilt als von außen kommender Theoretiker, der die eigentlichen Probleme nur bedingt kennt. Wo liegen die Gründe für diese Abwehr?

Jeder Historiker, jede Historikerin, der oder die nicht radikal narrativ und bewusst unbegrifflich verfahren will, pendelt – so behaupte ich – gewissermaßen ständig zwischen den Polen der induktiven Verallgemeinerung, Typisierung, das heißt Verbegrifflichung, und der deduktiven Begriffsanwendung und -prüfung. Aber: Die Suche nach dem den Dokumenten innewohnenden Sinn und die Überführung des Entnommenen in die Darstellungssprache – im einfachen Bild: die Übersetzung – ist das Hauptgeschäft. Die Entscheidung für die begriffliche Zu- oder Einordnung, ja Unterordnung des Übersetzten ist eine nachgeordnete Sorge. Beide Handlungen gehören zwar zu derselben geistigen Praxis, aus der niemand aussteigen kann. Aber sie bilden in ihrer Bedeutung gestufte, im Vorgang aufeinander folgende, und immer wieder auch gegenläufige Bewegungen. So ist es für alle Diskussionen wichtig, zwischen beiden Bewegungen streng zu unterscheiden. Für den Umgang mit einem prominenten Reizbegriff wie den Feudalismus gilt dies in zugespitztem Maße.[62]

Ein Standardargument in den Diskussionen über den Feudalismus lautet etwa: »Der Begriff ist zu allgemein bzw. zu einfach. Die Verhältnisse, die mir vertraut sind, lassen sich nicht unter den Begriff subsumieren. Er ist deshalb unrealistisch, also unbrauchbar«. Susan Reynolds Urteil ist da typisch: die Überlieferung keiner mittelalterlichen Epoche »fits the (feudal) model in all respects«[63]. Wie wird hier kritisch vorgegangen? Vom Modell wird verlangt, es solle der Vielfalt der Phänomene gerecht werden, diese sollten sowohl zu ihm als auch in es passen. Das Modell – legt der Bildgehalt des Begriffs da nicht fest? – ist ein festes Gehäuse – Umbau, Reparatur: Ist derlei noch lohnend? Nein. Max Weber hätte dem zugestimmt und widersprochen: Sein »Idealtyp« des vasallitischen Lehnsfeudalismus, gewonnen durch einseitige Steigerung bestimmter Züge der überlieferten Wirklichkeit, hat gerade dadurch seinen Erkenntnisdienst zu leisten, dass man durch (vergleichende) Konfrontation mit ihm der empirischen Vielfalt gewahr werden könne (soweit das überhaupt möglich sei). Im Übrigen wäre weiter am Begriff durch Inkorporation neuer bzw. anderer Elemente zu arbeiten.[64] Deutlich wird hier die instrumentale Funktion des Begriffs, der beständiger Revision ausge-

---

62 Ich habe oben auf Rodney Hilton und Ernst Pitz hingewiesen, die sich mit beeindruckender Strenge diszipliniert haben: hier die quellenbezogene Arbeit, dort die begriffsbezogene Diskussion.
63 Reynolds, *Fief*, S. 479. So will sie auf den Versuch verzichten, ein neues »passendes« Modell zu kreieren.
64 Weber, Max, »Die ›Objektivität‹ sozialwissenschaftlicher Erkenntnis (1904)«, in: ders., *Soziologie – Weltgeschichtliche Analysen – Politik*, Stuttgart 1964, S. 186–262.

setzt ist. Es besteht oft zu wenig Klarheit über die Funktion der Allgemeinbegriffe selbst. Man steht – und verbleibt – im Widerstreit zweier im Mittelalter selber aufgekommener Prinzipien des Verhältnisses zwischen Sprache und Wirklichkeit: dem Realismus bzw. dem Nominalismus der Begriffe. Im operativen Konzept der Historie spitzt sich diese Differenz zur folgenden Frage zu: Sind Begriffe, mit denen man arbeitet, Ausdruck wesentlicher und konkreter Wirklichkeitsindizien in der Überlieferung, oder sind sie lediglich Werkzeuge, die man zur Deutung der Überlieferung benutzt und nach getaner Arbeit – gewissermaßen abgenutzt – beiseite legt? Falsifikatorische Attitüden, so meine ich, sind wenig hilfreich. Die Arbeit am Begriff kann sich nicht an exkludierenden Kriterien wie »Regel und Ausnahme«, »wirklich oder unwirklich«, »passend oder unpassend« orientieren. Beim Streiten über die Brauchbarkeit oder Angemessenheit von differierenden Feudalismuskonzepten geht es um die offene Durchleuchtung aller vier Bereiche des Vokabulars, das oben ausgebreitet wurde – dies in der Absicht, wie Peter Coss schreibt, »to question, extend, modify, refine« – natürlich unter Einsatz aller empirischen Mittel, ohne die leidige Verwechslung der verlorenen Wirklichkeit mit ihren überlieferten Dokumenten und Monumenten. Genauso wichtig ist die Unterscheidung zwischen den Methoden der Verallgemeinerung und denen des Vergleichs sowie die zwischen den struktur-, beziehungs- und verlaufstypischen Gesichtspunkten der Konzeptualisierung des »damaligen« Feudalismus und schließlich die zwischen den alteritären, kontrastiven und genetischen Sinnstiftungsdiskursen »nach« dem Untergang des Feudalismus.

IV.

Nach dieser Aufreihung von Schwierigkeiten könnte man den Eindruck haben, ich hätte möglichst viele Gründe für eine Kapitulation vor der Aufgabe künftiger Feudalismusforschung beibringen wollen. Genau das Gegenteil ist der Fall. Mir ging es gerade darum, den Feudalismus-Begriff als mäeutisches Grundwerkzeug und die Feudalismusforschung als Grundlegungsaufgabe der Mediävistik zu rehabilitieren[65] – auf der Basis all der kritischen Offen-

---

65 Zur Frage der Ersatzbegriffe für den Feudalismus: christlicher Okzident, lateinischer Westen, Vormoderne, Alteuropa, traditionales Europa, Abendland u. a. wäre eine andere Diskussionsrunde zu eröffnen.

heit und rationalen Toleranz, zu der sich unsere Wissenschaft bekennt. Natürlich ging es dabei auch um die Bloßlegung der Risiken einer spezifischen Diskursstruktur, dies ganz im Sinne von Michel Foucaults Antrittsvorlesung am Collège de France.[66] Schwierigkeiten, Widersprüche, vielleicht auch Überforderungen muss man offenen Auges fixieren, aushalten und in grimmiger Fröhlichkeit, aber gemeinsam, zu meistern versuchen – oder die Sache wirklich lassen, also denen, die sich daran versuchen, dann auch nicht dreinreden und sie nicht ausgrenzen oder diffamieren. Das provoziert nur die Gegenattitüde, die seit Nietzsche zur Hand ist: antiquarische Historie. Das Geschäft der Feudalismusforschung ist nun einmal die kritische Historie. Das Bündel von Antworten, mit dem ich angesichts der sieben unterschiedenen Problemaspekte und -felder »durchzukommen« versuche, lautet:

1. Den Feudalismus aus der Fachwissenschaft heraushalten zu können, ist ein zirkelhafter Irrtum. Er ist dort unwiderruflich gegenwärtig.
2. Das geschichtliche Erbe des Feudalismus ist zu wertvoll und zu aspektreich, als dass man es durch beiläufigen Gebrauch vernebeln oder durch Überbeanspruchung ausleiern sollte.
3. Das Konstruieren von Feudalismus-Konzepten hilft mehr als bloßes Definieren; die Konstruktion muss aber klar, handhabbar, offen und beweglich bleiben.
4. Offene Diskussion, Interdisziplinarität auch im eigenen Kopf, Mut zur Lücke, lesezeitraffende Gespräche und Tippaustausch im Kreis der ernsthaft Interessierten können aus den Nöten der fachinternen und theorie- und methodenwissenschaftlichen Überangebote heraushelfen.
5. Nur eine historische Semantik, die trotz der sprachlichen Abgrenzung von der Antike und der Verriegelung der Vormoderne keine prinzipiellen Unterschiede zwischen den Sprachpraxen vergangener und gegenwärtiger Zeiten macht, kann die Gräben zuschütten, die von denen aufgegraben werden, welche die *ad fontes*-Maxime in der Verbindung mit ahistorischen Allgemeinbegriffen für den Königsweg halten. Kein Dokument übermittelt sich und seine Welt von sich aus in den Raum jeweiliger Gegenwart und Forschung. Keine sogenannte Quelle[67] sagt uns, was der Feudalismus war (oder nicht war). Das muss müssen wir selber zu sagen versuchen, als Hypothese, der Kritik preisgegeben.

---

[66] Foucault, Michel, *Die Ordnung des Diskurses*. Mit einem Essay von Rolf Konersmann, Frankfurt a. M. 1991.
[67] Siehe Beitrag »Sind mediävistische Quellen mittelalterliche Texte?«.

6. Ohne begriffsgeschichtlich fundierte Traditionsbildung keine theoretische Rezeption, die für Kritik offenbleibt. Jedem ernsthaft erörterten, das heißt methodisch ausgewiesenen Standpunkt gebührt Respekt.
7. Die unhintergehbare schriftliche, bildliche und dinghafte Überlieferung, so bruchstückhaft und traditionsüberlagert sie auch immer ist, zwingt dazu, sie als den kostbaren Zipfel, das heißt fragmentarischen und repräsentativen Garanten einer »ganzen« Wirklichkeit zu interpretieren, zu der allein die begriffliche Extrapolation und die ständige Konfrontation der Zeiten befähigt. Dabei müssen aber die induktive Verdichtung und Verallgemeinerung zum abstrakten Grundbegriff oder -merkmal und der vergleichende Blick »hinab« und »hinein« in die temporale bzw. regionale Differenzierung, Variation und Verschiebung als verschiedene Haltungen auseinandergehalten werden.

Zum Abschluss möchte ich andeuten, warum ich, zusätzlich zu dem Ausgeführten, keine Alternative zum Feudalismus sehe: Zeitgenossen des 6. oder 9. Jahrhunderts, des 12., 15. oder 17. Jahrhunderts – wären es Geistliche, Adelige, Bauern oder Bürger – denen ich vorschlüge, sie lebten im Mittelalter, würden mir wohl eher lachend oder auch verärgert antworten, dieses sogenannte »Mittelalter« sei nun wirklich mein Problem. Darüber aber, ob ihr Leben als Unfreier, als Nonne, als Ritter, als Handwerker von »feudalen« Bindungen, natürlich jeweils anders, bestimmt sei, würden sie wohl zu reden und zu rechten bereit sein, in dem Sinne, dass dies auch ihr Problem sein könnte. Das gesamte Projekt würde ich gerne die »Entbürgerlichung« bzw. die »Entmodernisierung« des Feudalismus nennen.

15. Mediävalismus und Okzidentalistik
Erinnerungskulturelle Funktionen des Mittelalters und das Epochenprofil des christlich-feudalen Okzidents*

Einstieg

»Die Barbaren, nachdem sie ihrer Seits ihre Macht bevestigten, führten einen gewissen verkehrten Geschmack ein, den man den Gothischen nennet, und der auf Fratzen hinauslief. Man sahe nicht allein Fratzen in der Baukunst, sondern auch in den Wissenschaften und den übrigen Gebräuchen. Das verunartete Gefühl, da es einmal durch falsche Kunst geführet ward, nahm eher eine jede andere unnatürliche Gestalt, als die alte Einfalt der Natur an, und war entweder beym Uebertriebenen, oder beim Läppischen. Der höchste Schwung, den das menschliche Genie nahm, um zu dem Erhabenen aufzusteigen, bestand in Abentheuern. Man sah geistliche und weltliche Abentheurer, und oftmals eine widrige und ungeheure Bastartart von beyden. Mönche, die mit dem Meßbuch in einer und der Kriegsfahne in der andern Hand, denen ganze Heere betrogener Schlachtopfer folgten, um in andere Himmelsgegenden und in einem heiligeren Boden ihre Gebeine verscharren zu lassen, eingeweyhte Krieger, durch feyerliche Gelübde zur Gewalthätigkeit und Missetaten geheiligt, in der Folge eine seltsame Art von heroischen Phantasten, welche sich Ritter nannten und Abentheuere aufsuchten, Turnire, Zweykämpfe und romanische Handlungen. Während dieser Zeit ward die Religion zusamt den Wissenschaften und Sitten durch elende Fratzen entstellet, und man bemerket, dass der Geschmack nicht leichtlich auf einer Seite ausartet, ohne auch in allem übrigen, was zum feineren Gefühl gehöret deutliche Zeichen seiner Verderbnis darzulegen. Die Klostergelübde machten aus einem großen Theil nutzbarer Menschen zahlreiche Gesellschaften emsiger Müßiggänger, deren grüblerische Lebensart sie geschickt machte, tausend Schulfratzen auszuhecken, welche von da in größere Welt ausgingen und ihre Art verbreiteten.«

Kein Geringerer als Immanuel Kant zog 1764 zu diesen Worten zusammen, was er an »dieser Zeit« zwischen den »alten Zeiten der Griechen und Römer« und »unseren Tagen« aufgeklärten Weltbürgertums für charakteristisch hielt.[1] Weder schön noch erhaben schien sie ihm, sondern barbarisch, verkehrt,

---
* Erschienen in: Jäger, Friedrich/Liebsch, Burkhard (Hg.), *Handbuch der Kulturwissenschaften. Bd. 1: Grundlagen und Schlüsselbegriffe*, Stuttgart/Weimar 2004, S. 490–505.

1 Kant, Immanuel, *Beobachtungen über das Gefühl des Schönen und Erhabenen (1764)*, Kant im Original, Bd. 5, Erlangen 1991, S. 108f.

verunartet, fratzenhaft, unnatürlich, übertrieben, läppisch, beherrscht von ritterlichen Abenteurern und mönchischen Müßiggängern. 35 Jahre später behauptete Novalis das glatte Gegenteil:

»Es waren schöne glänzende Zeiten, wo Europa ein christliches Land war, wo Eine Christenheit diesen menschlich gestalteten Weltteil bewohnte; Ein großes gemeinschaftliches Interesse verband die entlegensten Provinzen dieses weiten geistlichen Reichs. – Ohne große weltliche Besitztümer lenkte und vereinigte Ein Oberhaupt, die politischen Kräfte. – Eine zahlreiche Zunft zu der jedermann den Zutritt hatte, stand unmittelbar unter demselben und vollführte seine Winke und strebte mit Eifer seine wohltätige Macht zu befestigen. Jedes Glied dieser Gesellschaft wurde allenthalben geehrt, und wenn die gemeinen Leute Trost und Hülfe, Schutz und Rat bei ihm suchten, und gerne dafür seine mannigfaltigen Bedürfnisse reichlich versorgten, so fand es auch bei den Mächtigeren Schutz, Ansehen und Gehör, und alle pflegten diese auserwählten, mit wunderbaren Kräften ausgerüsteten Männer, wie Kinder des Himmels, deren Gegenwart und Zuneigung mannigfachen Segen verbreitete. Kindliches Zutrauen knüpfte die Menschen an ihre Verkündigungen. – Wie heiter konnte jedermann sein irdisches Tagewerk vollbringen, da ihm durch diese heiligen Menschen eine sichere Zukunft bereitet, und jeder Fehltritt durch sie vergeben, jede mißfarbige Stelle des Lebens durch sie ausgelöscht, und geklärt wurde.«[2]

Weder Kant noch Novalis nennen die Zeit, vor der sie hier sprechen, das »Mittelalter«. Wenn auch längst als Zeitaltername für das Jahrtausend zwischen 500 und 1500 etabliert, stand der Durchbruch dieses Wortes zum Schlüsselbegriff bürgerlicher Geschichtsgliederung in Öffentlichkeit und Wissenschaft noch bevor. Beide aber meinen eine Zeit, aus der ihre Gegenwart direkt hervorging. Im Gegensatz zum Altertum verkörpert das Mittelalter die Epoche, aus der die Moderne resultiert und von der sie sich zugleich abhebt. Die Mittelalter-Imaginationen von Kant und Novalis leben von dieser widersprüchlichen Nachbarschaft. Kant sucht durch polemische Herabwürdigung jener überwundenen Epoche »fast gänzlicher Zerstörung« allen Sinns für Schönheit und Erhabenheit seiner eigenen Zeit neuen Mut zu machen. Novalis' feierliche Überhöhung der katholischen Kirchenherrschaft vor der Reformation dient dazu, seine eigene, von Aufklärung und Eigennutz bestimmte Zeit für die Wiedergewinnung jenes damals bestimmenden »heiligen Sinns« zu begeistern.

---

2 Novalis (Friedrich von Hardenberg), *Fragmente und Studien. Die Christenheit oder Europa*, hg. von Paschek, Karl, Stuttgart 1984, S. 76; dazu Kasperowski, Ira, *Mittelalterrezeption im Werk des Novalis*, Tübingen 1994, S. 41–132.

Erinnerungskulturelle Funktionen des Mittelalters

An der Schwelle zur Moderne, das sollten diese beiden – beliebig vermehrbaren – Zitate belegen, gewinnt eine »Antinomie der Wertungen« des Mittelalters Profil, die bis heute die erinnerungskulturellen Orientierungen prägt.[3] Das Mittelalterbild der Moderne, so hat Otto Gerhard Oexle treffend festgestellt, ist »entzweit«.[4] Als Epochenimagination, mittels derer sich die Moderne ihrer Identität versichert, bleibt das Mittelalter bis heute janusköpfig präsent. Zwischen Ablehnung und Bewunderung, Abscheu und Sehnsucht schlägt des Bewertungspendel hin und her. Insofern fungiert das Mittelalter als eine ambigue Komplementärvorstellung zur Moderne, und insofern gibt es keine Moderne ohne »Mediävalismus«.[5] »Typisch« Mittelalterliches – im Übrigen auch typisch Feudales – dient beständig als positive bzw. negative Bezugsgröße bei der Selbstreflexion, der Selbstdeutung und der Selbstkritik der Moderne. Diese Bipolarität unterscheidet die Mittelalterbilder von den durchgehend positiv besetzten des Altertums bzw. der Antike. Alle wesentlichen Sinnelemente im Selbstverständnis der Moderne selbst – Fortschritt, Individualität, Freiheit usf. – können in diese widersprüchliche mediävalisierende Stereotypie geraten. Jede Etappe aber bietet andere Schwerpunkte und andere Mischungen solcher Vergegenwärtigungen. Hierzu nur wenige Andeutungen, die sich weitgehend auf den deutschen Weg beschränken.

---

3 Guter Überblick bei Graus, František, »Mittelalter«, in: *Marxismus im Systemvergleich, Geschichte 3*, Frankfurt a. M./New York 1974, Sp. 47–69.

4 Grundlegend: Oexle, Otto Gerhard, »Das entzweite Mittelalter«, in: Althoff, Gerd (Hg.), *Die Deutschen und ihr Mittelalter. Themen und Funktionen moderner Geschichtsbilder vom Mittelalter*, Darmstadt 1992, S. 7–28, S. 168–177; ders., »Die Moderne und ihr Mittelalter. Eine folgenreiche Problemgeschichte«, in: Segl, Peter (Hg.), *Mittelalter und Moderne. Entdeckung und Rekonstruktion der mittelalterlichen Welt*, Sigmaringen 1997, S. 307–364, dort auch die weiterführende Literatur. Ich halte mich im Folgenden weitgehend an Oexles Forschungen.

5 Der Terminus stammt aus dem Englischen (*medievalism*) und wird im Wesentlichen für ästhetische Bezüge (Literatur, bildende Kunst, Architektur) benutzt. Im Deutschen entspricht ihm eher die Mittelalter-»Rezeption«. Mir geht es aber hier um breitere erinnerungskulturelle Bezüge.

Tripartition und Bereichsbildung (14. bis 18. Jahrhundert)

Stimmt man dem zu, was Reinhart Koselleck über die Verzeitlichung des geschichtlichen Bewusstseins im Übergang zur Moderne erarbeitet hat[6] – Trennung von Gegenwart, Zukunft und Vergangenheit, Entfristung der Kalendarik (Erweiterung um die Naturgeschichte), Chronologisierbarkeit der Menschheitskulturen (zum Nacheinander, zur Gleich- oder Ungleichzeitigkeit), Universalisierung der Geschichten zur Menschheitsgeschichte, sachliche Charakterisierung größerer Zeiträume (Reformation, Feudalismus) und Erfahrung der Wirkung der Vergangenheit auf die Gegenwart und vice versa – dann stehen in den Jahrhunderten davor die wichtigsten Phänomene des Geschichtsdenkens im Zeichen des differenzierenden Abrückens von der Einheit der Zeiten im christlichen Heilsplan und der ihm inkorporierten Vier-Reiche-Lehre. Mit der literarischen Vergegenwärtigung der lateinischen Kultur (Cicero) seit dem 14. Jahrhundert, und verstärkt durch die Wiederentdeckung der antiken Ethnographie (Tacitus' *Germania*), kam es zu gelehrten Neuakzentuierungen des Verhältnisses zwischen *antiquitus* und *modernitas*, die eine *media aetas* als terminologische Überbrückung zwischen beiden nahe legten. Dass diese aus literarisch-republikanischem Interesse geborene Aufwertung der klassischen Antike auf die ergänzende Modellierung eines Mittelalters zwischen den beiden Zeiten, auf die es damals literarisch ankam (Antike und Humanismus/Renaissance), hinauslaufen würde, konnte damals niemand ahnen. Wichtiger waren andere Stränge der Vergegenwärtigung der Vergangenheit. Sie standen im engsten Zusammenhang mit der Konfessionalisierung der Christenheit und Kirche, der Verdichtung und Wandlung der politischen Macht zum frühmodernen Flächenstaat und der fürstenstaatlichen Förderung des »Wohlstands« bzw. der Kontrolle des Handels. Was von Macchiavelli bis zu Montesquieu an geschichtlich begründetem Wissen über die Vereinigung oder Teilung der Gewalten in allen bekannten Formen des Gemeinwesens zusammengetragen und diskutiert wurde, in welche Auseinandersetzungen Katholiken und Protestanten um das Verständnis der Heiligen Schrift und ihr geschichtliches Verhältnis zur Tradition, zur Kirche als Institution und zur Glaubenspraxis gerieten, und in welche Vergangenheitsbilder die Diskurse über das richtige Haushalten, die »Ökonomik«, und die Mehrung des Reichtums bzw. die Geld- oder Han-

---

6 Koselleck, Reinhart, *Zeitschichten. Studien zur Historik*, Frankfurt a. M. 2000, S. 287–297.

delspolitik (Merkantilismus) verwickelt waren, ist hier nicht auszubreiten.⁷ Feststeht aber, dass sich die Bindungen an die christliche Heilsgeschichte lockerten, politisches, religiöses und ökonomisches Denken zunehmend an Eigenständigkeit gewann, sich in getrennte Diskursbereiche auffächerte. Wie die Dreiteilung der europäischen Geschichte in Altertum, Mittelalter und Neuzeit in diesem Umfeld zunehmender Differenzierung zu Ehren kam (Cellarius, 1685), und wie dabei die »mittleren Zeiten« durch protestantische Universitätsgelehrte als profane Zeitaltermarke für die Jahrhunderte zwischen zirka 500 und 1500 etabliert wurden, ist gut erforscht.⁸ Doch was bedeutete dieser Aufstieg für die Erinnerungskultur der Aufklärung und des 19. Jahrhunderts?

Komponenten des Mediävalismus im langen 19. Jahrhundert

In der Aufklärung nimmt, wie das Zitat von Kant gezeigt hat, das Mittelalter (das regelmäßig mit dem *Ancien Régime* bzw. der Feudalität gleich- oder zusammengesetzt wird) ein polemisch abgewertetes inhaltliches Profil an, von dem sich die neue Zeit und der ihr innewohnende Fortschritt bestens abgrenzen ließ: ein Inbegriff der seelischen Knechtung durch die Kirche und der politisch-ökonomischen Unfreiheit durch die privilegierten Stände. Im Kampf des Bürgertums um Freiheit, Recht und Macht galt die Devise: Je republikanischer und demokratischer das politische, je liberaler das wirtschaftliche, je freier das religiöse und je profaner das kulturelle Programm, desto illegitimer, negativer die Imaginationen des *Ancien Régime* bzw. Mittelalters. Und für die Gegenseite: je konservativer, klerikaler, monarchischer das Credo, desto glaubwürdiger und werthaltiger wurde die zurückliegende

---

7 Zum theologischen Diskurs: Kittsteiner, Heinz D., *Die Entstehung des modernen Gewissens*, Frankfurt a. M./Leipzig 1991; zum politisch-konstitutionellen Pitz, Ernst, *Der Untergang des Mittelalters. Die Erfassung der geschichtlichen Grundlagen Europas in der politisch-historischen Literatur des 16. bis 18. Jahrhunderts*, Berlin 1987; zum ökonomischen: Burkhard, Johannes/Priddat, Birger P. (Hg.), *Klassiker der deutschen Ökonomie*, Frankfurt a. M. 2000.
8 Hierzu Neddermeyer, Uwe, *Das Mittelalter in der deutschen Historiographie vom 15. bis zum 18. Jahrhundert. Geschichtsgliederung und Epochenverständnis in der frühen Neuzeit*, Köln/Wien 1988; Moos, Peter von, »Gefahren des Mittelalterbegriffs. Diagnostische und präventive Aspekte«, in: Heinzle, Joachim (Hg.), *Modernes Mittelalter. Neue Bilder einer populären Epoche*, Frankfurt a. M./Leipzig, S. 33–63.

Epoche gehalten. Beide Seiten aber glichen sich darin, dass sie die Zeit, die man hinter sich gelassen hatte oder die mit ihren Resten in die neue Gegenwart hineinragte, durch die Brille der von einander getrennten Wirklichkeitsdimensionen der Religion, der Politik, der Ökonomie, der Gesellschaft und der Kultur sahen, sie also in Vorstellungsfeldern und Begriffen beschrieben und deuteten, die mit der Moderne selbst erst entstanden waren. An dieser distinktiven und polemischen »Verbürgerlichung« des Bildes von *Ancien Régime*, Feudalismus bzw. Mittelalter nach seiner »Existenz« und angesichts seiner »Abschaffung« trägt die Erinnerungskultur der Moderne bis heute.[9] Mitbestimmend für die unterschiedlichen nationalen Mittelalterbilder im Laufe des 19. und frühen 20. Jahrhunderts waren der Zeitpunkt und die Form des *nation building*, das heißt die Eigenart des Bildungsprozesses der jeweiligen Nation als Konglomerat von Staatsgewalt, Gebiet, Volk und Kultur. Gestreckter Wandel durch verschiedene Modernisierungsschübe (England) oder eine Revolution im bereits bestehenden Gemeinwesen, die das alte Regime abrupt durch das neue ersetzte (Frankreich), hatten andere Konsequenzen für die Vergegenwärtigung und Nachgeschichte des »Alten« als Staatsbildungsprozesse, denen ein sprachlich-kultureller Patriotismus voranging (Deutschland), oder solche, die sich dem Zerfall von Großreichen verdankten (Erben der habsburgischen Donaumonarchie) oder gar von außen gestiftet wurden. Viel hing auch davon ab, wann der jeweilige Übergang begann, wie weit er ging, welche internen oder externen Vorbilder wirkten und womit er verglichen werden konnte.

Der Fall des prominenten Emigranten Karl Marx bietet viel für derlei Fragen.[10] Dies gerade deshalb, weil Zeit seines Lebens für Marx das Mittelalter bzw. der (weitgehend synonyme) Feudalismus, auch wenn er sich mehrfach gezielt über neuere Forschungen informierte, nie im Zentrum seines wissenschaftlichen Interesses stand und er somit als Repräsentant »durchschnittlicher« Gegenwärtigkeit des Mittelalters im Zentrum des 19. Jahrhunderts gelten kann. Als junger Radikaldemokrat erlebte er, ganz im Fahrwasser des in den 1820er-Jahren entstandenen liberalen Mittelalterbildes denkend, das konservative Klima des Vormärz im Rheinland regelrecht als »hörig« machend, kritisierte Hegels »feudale« Maskierung des bürgerlichen

---

9 Guerreau, Alain, »Féodalité« in: Le Goff, Jacques/Schmitt, Jean-Claude (Hg.), *Dictionnaire raisonné de l'Occident médiéval*, Paris 1999, S. 387–406; Guerreau, Alain, *L'avenir d'un passé incertain. Quelle histoire du Moyen Age au XXIe siècle?* Paris 2001, S. 21–46.

10 Zum folgenden: Kuchenbuch, Ludolf, »Marxens Werkentwicklung und die Mittelalterforschung«, in: Lüdtke, Alf (Hg.), *Was bleibt von marxistischen Perspektiven in der Geschichtsforschung*, Göttingen 1997, S. 35–66.

Eigentums und Staats und geißelte in höchst origineller Diktion, aber ganz im zeitgenössischen Denkstil, den feudal-bürgerlichen Synkretismus in Tagespolitik und Wissenschaft. Im Pariser Exil (1845–1848), nun vom politisch bedrohlichen deutschen »Rest«-Mittelalter befreit, wurde er mit einer hitzigen Diskurs-Gegenwart der (politisch und rechtlich längst abgeschafften) *féodalité* konfrontiert, die es nun in eine materialistische Geschichtsphilosophie, die zuerst radikal vom Eigentum bestimmt war, einzubauen galt, dann aber zur Perspektive auf die Produktionsverhältnisse hinüber glitt. Im Londoner Exil traf er auf ein ganz anderes geschichtskulturelles Klima. Die Bürger der Metropole des kapitalistischen Weltmarkts erinnerten sich eher gelassen an die jahrhundertealte Überwindung des *feudalism* und liebten romantisch-mediävalisierende Attitüden in der Bild-, Bau- und Wortkunst. Für Marx, der sich für gut zwei Jahrzehnte auf die kritische Analyse der kapitalistischen Produktionsweise konzentrierte, wurden Feudalismus und Mittelalter abstrakte Begleitphänomene, die einerseits der Phalanx anderer vorkapitalistischer Produktionsformen zuzuordnen waren, die der Kapitalismus zu verändern bzw. aufzulösen begann (Weltmarkt, Kolonialismus), andererseits kontrastiven oder genetischen Erklärungswert für die kapitalistische Produktionsweise hatten. Von 1868 bis zu seinem Tode geriet Marx, weiter am »Kapital« arbeitend, zusehends in vergleichende Studien zur Geschichte des Grundeigentums, wobei das neue Fachschrifttum – das zeigen seine Exzerpte und Briefe – ihn von der Eigenartigkeit des okzidentalen Feudalismus überzeugte. Marx, so lassen sich diese Andeutungen zusammenfassen, bezeugt zwei gegenläufige Bewegungen. Einerseits verschwinden Mittelalter und Feudalismus als bedrohende politische Realitäten aus seinem Leben, andererseits steigen beide zu historischen Phänomenen auf, die von Land zu Land ein anderes erinnerungskulturelles Profil gewonnen hatten und sich so in seiner eigenen wissenschaftlichen Arbeit sachlich verschoben und ihre Bedeutung wechselten – vom kritikwürdigen Versatzstück bürgerlicher Staatstheorie zum Baustein einer Geschichtsphilosophie, von einer der Formen vorkapitalistischer Produktion zum Prüfstein vergleichender Herrschaftstypologie. So gesehen steht Marx in origineller Form für den ganz allgemeinen Prozess der realen Distanzierung der Moderne von ihrer nächsten Vergangenheit zum einen und deren erinnerungsformenden Bearbeitung und Verwissenschaftlichung zum anderen.

Geschichten dieser Art gäbe es genug, aber die Mediävalismus-Forschung steht erst an ihrem Beginn.[11] Blickt man auf die deutschen Vexierspiele über das entzweite Mittelalter, dann lassen sich Eigenheiten sowie Phasen der Zuspitzung und Verdichtung kaum übersehen: der emphatische Start in die Modernität vom patriotischen Nährboden aus, die positiv mediävalisierenden Vorstellungen vom germanischen Ursprung sowohl der bäuerlich-bürgerlichen Freiheit und Kommunalität als auch der »altdeutschen« Wesensart des »Volkes«, die Neigung zur sozialen Modernisierung mit ständischen Prinzipien, der politische Drang zu Monarchie, Kaisertum und Reich. All das ergab eine Mischung, die sich – im Gegensatz etwa zum französischen Weg – mehr auf die Verbindung mit dem »Alten« als auf den Bruch mit ihm berief. Das Gotische[12] wurde – ganz im Gegensatz zu Kants Herabwürdigung zur unzivilisierten Kulturfratze – ein hochrangiges, für die Neuerfindung des bürgerlichen Mittelalters zentrales Sinngut – man denke, in Deutschland, an den Kölner Dom, die Marienburg, die Goslarer Pfalz, den Bamberger Reiter. Neugotische Denkmäler ergänzten diesen originären Spitzenbestand. Kaum ein Rathaus, das nicht mediävalisierend eingekleidet wurde; manchem Hauptbahnhof erging es ähnlich, ebenso unzähligen Schulen, Fabriken und Fabrikherrenvillen. Die neuen Viertel der wachsenden Großstädte wurden mit neugotischen Kirchen gespickt. Die Geschichtsschreibung und der Geschichtsroman über das *teutsche* Mittelalter, besonders aber über die Staufer, und allen voran Friedrich Barbarossa, gaben diesen Attitüden hochtönende Nahrung. Demgegenüber hatten negativ mediävalisierende, auf den »Bruch« setzende Attitüden von Republikanern und Sozialisten wenig erinnerungskulturelles Gewicht – obwohl man den Erfolg des »Deutschen Bauernkrieges« von Friedrich Engels nicht unterschätzen sollte, aber ein Erfolg in anderen sozialen Kreisen.

»Neues Mittelalter« im kurzen 20. Jahrhundert

Was das lange 19. Jahrhundert den Deutschen als Mittelalter-Erbe mit auf den Weg gab, wurde in den Krisenzeiten um die Jahrhundertwende, nach dem Ersten Weltkrieg, um die Machtergreifung Hitlers herum und nach

---

11 Zum Feudalismus: Fryde, Natalie/Monnet, Pierre/Oexle, Otto Gerhard (Hg.), *Die Gegenwart des Feudalismus*, Göttingen 2002; zum deutschen Mediävalismus ein erstes Bündel wichtiger Aspekte in: Althoff, Gerd (Hg.), *Die Deutschen und ihr Mittelalter. Themen und Funktionen moderner Geschichtsbilder vom Mittelalter*, Darmstadt 1992.
12 Guerreau, *L'avenir d'un passé incertain*, S. 246–50.

dem Zweiten Weltkrieg immer wieder zu neuen Fassungen eines »Neuen Mittelalters« ausgearbeitet und hochstilisiert. Diejenigen Intellektuellen, welche die Moderne als Zeitalter des Verfalls deuteten, die an Sinn und Funktion von Liberalismus und Republikanismus zweifelten, die meinten, dem schrankenlosen Individualismus, der zersetzenden Gesellschaft, der Hydra der Technik, der Interessenschacherei des Parlamentarismus und den amoralischen Gesetzen des Marktes die Werte der (wertrationalen) Person, der (Volks-)Gemeinschaft und des (neothomistischen) Gradualismus entgegensetzen zu müssen, fassten ihre Gedanken immer wieder in das Bild eines »Neuen Mittelalters«, dessen Grundwerte auf Ordnung, Dienst, Treue, Ehre, u. a. m. hinausliefen. Otto Gerhard Oexle hat hier jüngst an Wichtiges erinnert.[13] An die Gotik-Debatte, die Wilhelm Worringer auslöste (1908/1911), an den George-Kreis, dessen Anhänger manifesten antirepublikanischen Polit-Mediävalismus propagierten, an einen mediävalisierenden Katholizismus wie den von Max Scheler, an Soziologen wie Othmar Spann, Hans Freyer und viele andere. Ein überraschend weit gestreuter Pulk von Denkern, Juristen, Schriftstellern, Architekten usf. wurde in den 1920er-Jahren getrieben von hilflos utopischen Hoffnungen auf ein »Neues Mittelalter«, das der gott-, geist- und herzlosen Moderne durch heroische Neo-Vergemeinschaftung (Volk und Führer) Herr werden sollte. Dies kulminierte in den Grußadressen zur Machtergreifung Adolf Hitlers. Martin Heideggers Beitrag – auch er passt in dieses mediävalisierende Feld – ist nur die Spitze eines Eisberges von Zustimmung und Kollaboration von Gesinnungskreisen, für die nationalsozialistische Mittel die sozialtherapeutischen Zwecke heiligen sollten.[14] Von welchen germanomanen und rassistischen Verengungen und Radikalisierungen diese Imaginationen in Dienst genommen, überholt und übersteigert wurden, zeigen die mediävalisierenden Bausteine in der SS-Ideologie. Unter Himmler wurde – man denke nur an den Heinrich-der-Vogler-Kult – ein »neogermanisches« Mittelalter nicht nur erhofft, sondern ausprobiert, wie es in der Sache absurder und in ihrer Handlungsorientierung brutaler und zerstörerischer kaum sein konnte.

---

13 Oexle, Otto Gerhard, »Die Moderne und ihr Mittelalter. Eine folgenreiche Problemgeschichte«, in: Segl, Peter (Hg.), *Mittelalter und Moderne. Entdeckung und Rekonstruktion der mittelalterlichen Welt*, Sigmaringen 1997, S. 307–364.

14 Vetter, Helmuth (Hg.), *Heidegger und das Mittelalter*, Frankfurt a. M. 1999; zur Historie: Schreiner, Klaus, »Führertum, Rasse, Reich. Wissenschaft von der Geschichte nach der nationalsozialistischen Machtergreifung«, in: Lundgren, Peter (Hg.), *Wissenschaft im Dritten Reich*, Frankfurt a. M. 1985, S. 163–252.

Damit aber ist die Geschichte des Mediävalismus deutscher Prägung noch nicht zu Ende. Es waren in der Nachkriegszeit Denker wie Hans Sedlmayr (»Der Verlust der Mitte«, 1948), Romano Guardini (»Das Ende der Neuzeit«, 1950), Hans Freyer (»Theorie des gegenwärtigen Zeitalters«, 1955/»Weltgeschichte Europas«) und andere, die – in direkter Anknüpfung an ihre eigenen Ideen oder die antimoderner Gesinnungsfreunde der 1920er- und 1930er-Jahre – die Erinnerungsskultur in das naturrechtlich Humane zurückzuführen suchten und sie sowohl von ihren völkischen Besudelungen reinigten als auch gegen den Histomat im erstarkenden Ostblock abgrenzten. Dies in vorherrschenden pessimistischen Grundtönungen und unter Berufung auf Engbindungen an ein atlantisch gebundenes »Abendland« bzw. »Alteuropa« jenseits nationalistischer Zuspitzungen. Darin wurde auch dem Mittelalter zentrale Bedeutung als kulturhomogenem Großraum (»Lateinisches Mittelalter«) beigemessen[15], und zwar in der Form eines statischen Gegenbildes von einer verlorenen Welt, deren Vergegenwärtigung Mühe koste, weil sie durch die Moderne selbst verstellt sei. Trotz dieses Entnationalisierungs- und Distanzierungsgewinns sowie weit verbreiteter Bekenntnisse zu »ideologischer« Abstinenz[16] konnte die Entzweitheit des Mittelalters vor allem deshalb nicht zu Grabe getragen werden, weil den kommunistischen Legitimationsansprüchen auf die Geschichte entgegenzutreten war, die sich eng an die Maximen der Aufklärung hielten, zugleich aber mit nationalgeschichtlichen Kontinuitätselementen aufgemischt waren, den »progressiven Traditionen«. Auf eine Nachzeichnung dieses geschichtspolitischen Dauerkonflikts zwischen den ideologischen Fronten etwa der BRD und der DDR und der vielschichtigen Rolle, die das Mittelalter und der Feudalismus dabei spielten, muss ich hier verzichten.[17] Sie dürfte zudem auch noch in genügender Erinnerung sein.

---

15 Oexle, Otto Gerhard, »Die Moderne und ihr Mittelalter«, S. 320f., S. 358ff.; Bödeker, Erich/Hinrichs, Ernst (Hg.), *Alteuropa – Frühe Neuzeit – Moderne Welt. Probleme und Methoden der Forschung*, Stuttgart/Bad Cannstatt 1991, S. 11–50.

16 Hierzu und zum folgenden: Schreiner, Klaus, »Wissenschaft von der Geschichte des Mittelalters nach 1945. Kontinuitäten und Diskontinuitäten der Mittelalterforschung im geteilten Deutschland«, in: Schulin, Ernst (Hg.), *Deutsche Geschichtswissenschaft nach dem Zweiten Weltkrieg (1945–1965)*, München 1989, S. 87–146.

17 Neben Schreiner, »Wissenschaft von der Geschichte des Mittelalters nach 1945« nun, nach der »Wende«, Borgolte, Michael (Hg.), *Mittelalterforschung nach der Wende* 1989, Historische Zeitschrift, Beiheft 20, München 1995, Kuchenbuch, Ludolf, »Marxens Werkentwicklung und die Mittelalterforschung«, in: Lüdtke, Alf (Hg.), *Was bleibt von marxistischen Perspektiven in der Geschichtsforschung*, Göttingen 1997, S. 35–66 und Töpfer, Bernhard, »Die Herausbildung und die Entwicklungsdynamik der Feudalgesellschaft im

Alterität und »neue« Europäisierung seit dem späteren 20. Jahrhundert

Schließlich die jüngste Vergangenheit: Auch sie ist nicht frei von Mediävalismen. Doch scheinen sie anderer Art zu sein oder mindestens in anderen Zusammenhängen zu stehen – sieht man einmal von Standardfloskeln der Aufklärung über das »finstere Mittelalter«, »feudale Privilegien« und dergleichen im politischen Tageskampf um Fort- oder Rückschrittlichkeit ab. Eine neue Komponente im aktuellen Profil der Mittelalterimaginationen scheint das Infotainment zu sein, ein breiter Bereich unterhaltsamer und hobbyartiger Vorliebe zu Ausschnitten aus dem Mittelalter, die, gefördert durch Archäologie, vielerlei Musealisierungsaktivitäten, populärwissenschaftliche Publikationen, zu einem Geschichtskonsum gehören, der nicht mehr der historischen Tiefenorientierung dient, sich nicht mehr an der Frage »Woher kommen wir?« orientiert, sondern am beliebig »Anderen« Gefallen findet – von der Klosterkrimi-Sucht über cineastische Leidenschaft bis hin zum »echten« Brotbacken oder der Segeltour mit einer nachgebauten mittelalterlichen Kogge. Es scheint klar, dass diese mediävalisierenden Leidenschaften als lebensweltlich solidierte Surrogate gegen den »Preis des Fortschritts« fungieren und relativ immun gegen mediävistische Aufklärung sind. Doch wäre es eine wichtige kulturwissenschaftliche Aufgabe zu fragen, inwieweit die bis zur Zusammenhangslosigkeit spezialisierte Mediävistik[18] solchem mediävalisierenden Einzelkonsum zuarbeitet. Den zeitdiagnostischen Rahmen für den alteritären Massenkonsum bietet Umberto Ecos Trendwerbung für ein postmodernes »neues Mittelalter« voller Mobilität, Buntheit, Instabilität und Unübersichtlichkeit.[19]

Dass politische Transformationen, die auf das Ende des Nationalstaats hindeuten, neue Mittelalterimaginationen anregen können, beweist ein geschichtskulturelles Feld, das, wiewohl von langer Tradition, neuerdings überaus kulturrelevant wird: Neo-Europa. Die neuen, nicht nur postsowjetischen, sondern inzwischen auch postatlantischen Auseinandersetzungen um die politische Gestalt und Rolle Europas in einer multilateral ausbilanzierten Weltordnung stimulieren einen brisanten kulturpolitischen Orientierungsdurst, der ohne tiefengeschichtliche Dienstleistungen kaum stillbar sein wird. Ich brauche hierzu nicht in die Details laufender Diskurse zu gehen,

---

Meinungsstreit von Historikern der DDR«, in: Fryde, Natalie/Monnet, Pierre/Oexle, Otto Gerhard (Hg.), *Die Gegenwart des Feudalismus*, Veröffentlichungen des Max-Planck-Instituts für Geschichte, 173, Göttingen 2002, S. 271–291.
18 Guerreau, *L'avenir d'un passé incertain*, S. 275ff.
19 Eco, Umberto, *Über Gott und die Welt*, München 1972/1985, S. 8–33.

die sich mittlerweile fast im Tagestakt fortentwickeln. Klar ist nur die Unklarheit darüber, aus welchen Bestandteilen Neo-Europa gebaut werden soll. Solches Bauen ist aber unmöglich ohne ständige Rekurse auf die Tiefengeschichte Europas, und das heißt des Okzidents mit seinen sich abwechselnden Zentren, seinen instabilen Grenzen, seinen großräumigen Umgebungen – ein äußerst suggestives Feld für Mediävalisierungen aller Art. Es könnte sein, dass sich hier eine ganz neue Konjunktur des Mediävalismus ankündigt, welcher der Wissenschaft vom Mittelalter äußerst wichtige, besonders mythenkritische Aufgaben zuweist.[20]

Zwischenbemerkung

Ich hoffe, klargemacht zu haben, dass in den Wechsellagen des mentalen Klimas der Moderne die unmittelbare Vormoderne sehr verschiedene mediävalisierende Gestalt und Bedeutung hatte, und zwar in allen Bereichen und auf allen Ebenen der Erinnerungskultur. Selbstverständlich war auch die entsprechende historische Forschung selber der »persuasiven Steuerung« (Oexle) durch die oben angedeuteten Varianten des Mediävalismus mehr oder weniger ausgeliefert. Jede Vergegenwärtigung des Ganges der Forschung liefert endlose Beweise dafür.[21] Man könnte von einer sublimierten Spiegelbildlichkeit von Mediävalismus und Mediävistik sprechen: die groben, als kulturelle »Wertideen« fungierenden Mittelalterbilder finden sich in der Fachwissenschaft doppelt rationalisiert wieder: als Koppelung des gesellschaftlich relevanten »Forschungsinteresses« (Thema) mit der operativ angemessenen »Fragestellung« (Methode). Je sublimer die Koppelung und je spezialisierter, detaillierter der Zuschnitt, desto plausibler die Leistung im Selbstverständnis der Fachkreise. Argwohn aber erregt, was man den Wertideen zu nahe wähnt, insbesondere »zu Allgemeines«, »Banales«, wie etwa epochale Profile. Trotzdem sei ein Versuch gemacht.

---

20 Eine methodisch innovative Bilanz, von der künftige Mediävalismusforschung über »Europa« profitieren kann: Schmale, Wolfgang, *Geschichte Europas*, Wien/Köln/Weimar 2001.
21 Zwei neuere Bilanzen: Goetz, Hans-Werner, *Moderne Mediävistik. Stand und Perspektiven der Mittelalterforschung*, Darmstadt 1999; Guerreau, Alain, *L'avenir d'un passé incertain. Quelle histoire du moyen âge au XXIe siècle?* Paris 2001.

Epochenprofil des christlich-feudalen Okzidents

Im Folgenden soll keine Faustformel, keine Definition, keine Reihung von Merkmalen, keine abgeschlossene Konstruktion und kein Idealtyp geboten werden, sondern ein von streng ausgewählter Literatur flankiertes Bündel von Hypothesen, das von drei Voraussetzungen lebt. Zum einen von der oben angedeuteten Abriegelung des »Alten« durch die sektoralen Erfahrungsperspektiven der frühen Moderne (Religion, Politik, Ökonomie) samt ihrer Grundbegriffe. Genau sie sind denkbar ungeeignet, ein Epochenprofil zum Ausdruck zu bringen, und sollen hier vermieden werden. Als positive Kehrseite dieser Entmodernisierung wird eine Alterität unterstellt, deren Grundlinien es erst noch zu entdecken gilt.[22] Das Kompositum »christlich-feudaler Okzident«[23] soll hierfür stehen. Drittens ist konstitutiv, dass die Moderne aus ihnen hervorgegangen, Resultat jener Zeiten ist. Daraus ergibt sich eine grobe Vierteilung. Zuerst ist in drei Schritten zu entwickeln, welche Prinzipien der Vergesellschaftung im »langen« christlich-feudalen Jahrtausend des Okzidents (4./5. Jahrhundert bis 17./18. Jahrhundert)[24] bestimmend waren. Hierzu wird die zeitliche Mitte der Epoche gewählt.[25] Anschließend muss es um die großen Trends, um Expansion und Wandel und die Frage nach den Abgrenzungen und Übergängen gehen; es wird dann also zurück und nach vorn gesehen.

Kirche (*ecclesia*)[26]

Fragt man radikal, wodurch alle Lebenden und Toten im christlich-feudalen Okzident sich gleichen und direkt miteinander verbunden sind, sozusagen

---

22 Beste Grundlage dazu: Le Goff, Jacques/Schmitt, Jean-Claude (Hg.), *Dictionnaire raisonné de l'Occident médiéval*, Paris 1999.
23 Ich meine den »Westen« Europas nicht im geographischen, sondern im Sinne von »katholisch« vor der Verengung zum dichotomen Konfessionsbegriff; hierzu Beinert, W., »Katholisch, Katholizität«, in: *Historisches Wörterbuch der Philosophie*, Darmstadt 1976 Bd. 4, Sp. 787–789.
24 Dieses »lange Jahrtausend« entspricht Jacques Le Goffs »langem Mittelalter«.
25 Hierzu leitend: Le Goff, Jacques, *Kultur des europäischen Mittelalters*, München 1970; Fossier, Robert, *Enfance de l'Europe. Aspects économiques et sociaux*, 2 Bde. Paris 1982; Le Goff/Schmitt, *Dictionnaire*.
26 Das Folgende im Wesentlichen nach Guerreau, Alain, *Le féodalisme. Un horizon théorique*, Paris 1980, S. 177–210); Guerreau-Jalabert, Anita, »*Spiritus* et *caritas*. Le baptême dans la société médiévale«, in: Héritier-Augé, Francoise/Copet-Rougier, Elisabeth (Hg.), *La pa-*

eine soziale Einheit bilden, dann gibt es nur eine Antwort: durch die kirchliche Taufe. Verglichen mit der Gotteskindschaft haben alle anderen entscheidenden Lebenskonditionen – das Unterhaltshandeln, die Abhängigkeit von Herren, das Geschlecht, die Verwandtschaft oder der Geburtsstand, die Herkunft oder die Sprache – nachgeordneten und partikularen Sinn für das Daseinsverständnis und die Lebensführung. Man sollte dies aber nicht als eigenständige Bindungsentscheidung – im Sinne moderner persönlicher Religiosität bzw. konfessioneller Christlichkeit – missverstehen. Im Chronotop des Okzidents werden Christen rituell »gemacht«, ohne dass sie die Wahl zum Eintritt oder Austritt hätten. Mit dem Basisritus der Taufe werden zugleich alle »Anderen« ausgegrenzt – im Innern als Ketzer, nach außen als Juden, Muslime, Heiden. Mit der Taufe steht der Christ in der Liebe (*caritas*) des dreieinigen Gottes und wird spiritueller Bruder seiner Mitmenschen. Damit öffnet sich der Weg zu Gnade und Heil, zur Freiheit von der Erbsünde, zur Läuterung des sich stets wieder versündigenden Fleisches (*caro*) und zur Rettung und Auferstehung des Leibes durch die spirituellen Kräfte der Seele (*spiritus/anima*). Dieser anthropologische, besser vielleicht hominologische Initialwert der Taufe wird systematisch ergänzt durch die Sakralisierung der Eckdaten und Grundrhythmen des christlichen Einzeldaseins. Die Sakramente der Firmung, der Heirat und des Sterbens heiligen das Erwachsenwerden, die Ehe und den Tod. Beichte, Absolution und Buße (jährliche Pflichtbeichte ab 1215) reinigen in überschaubaren Abständen von den aktuellen Sünden. In der sonntäglichen Messfeier bietet die Eucharistie die rituelle Wiedervereinigung mit Gott durch die Eingliederung in die Opfergemeinschaft und durch die Kommunion von Leib und Blut des Erlösers und aktualisiert damit auch den sozialen Frieden. Sakramentalisch durchflochten ist schließlich der gesamte Alltag von Bitten, Fürbitten, Bekenntnissen, Gebeten und Segnungen für die auf das Ende der Zeiten wartenden Toten, für einander, für die seinen und für sich. Alles in allem: *extra ecclesiam nulla salus*.

---

renté spirituelle, Paris 1996, S. 133–203 und dies., »*L'ecclesia* médiévale, une institution totale«, in: Schmitt, Jean-Claude/Oexle, Otto Gerhard (Hg.), *Les tendances actuelles de l'histoire du Moyen Age en France et en Allemagne*, Paris 2002, S. 219–226. Beide haben eine Forschungshaltung entwickelt, die man als Anthropologie der Kirche, Theologie und Mentalität des christlichen Okzidents bezeichnen kann. Zur christlichen Religiosität im Mittelalter: Angenendt, Arnold, *Geschichte der Religiosität im Mittelalter*, Darmstadt 1997.

All dies ist rituell und repräsentativ, doktrinal und doktrinär in der Hand der Geistlichen (*clerici*).[27] Sie bilden als zölibatäre Verzichter auf fleischliche Lust und leibliche Nachkommenschaft den besseren, weil »reinen« Teil der Christenheit als Kirche. Vielfältig längs- und quergeteilt in Säkularklerus, Mönche/Nonnen, Priestermönche auf allen sozialen Ebenen – vom Dorfpfarrer bis zum Papst, vom Konvent bis zum Kardinalskollegium, vom Novizen bis zum Abt – sind sie untereinander durch geistliche Verwandtschaft gestuft verbrüdert und leben nach fein abgesetzten Gemeinschaftsregeln für Heilssuche, Gnadenvermittlung und Seelsorge für die Lebenden und die Toten (*memoria*) bei Gott, Christus, Maria und den Heiligen, den Helfern der Gläubigen aus deren eigenen Reihen. Als geweihter *Ordo* sind die Kleriker befugt, Anteile vom himmlischen Gnadenschatz (*thesaurus ecclesiae*) für das Besserungs- und Erlösungswerk der Laien zu verausgaben. Dazu bedarf es des rechten Umgangs mit dem heiligen Wissen und formalen Traditionen.[28] Langjährige Übung und Unterweisung im Gebrauch der lateinsprachlichen und -schriftlichen *Vulgata*, vor allem aber derjenigen Teile, die in den Verbund der gesungenen bzw. gelesenen Liturgie gehören (*textus*), führt zu einer exklusiven Latinität, die neben Zölibat und Weihe das kulturelle Hauptmerkmal des Klerus bildet. Angelagert an die Heilige Schrift sind diverse, durch ständige Auslegung, Glossierung, Umschreibung und zunehmende Ordination geprägte Bestände heiligen und profanen Schriftwissens (*artes, leges, cartae, brevia, gestae, vitae, versus* usf.), die zur gleichen materialen und signativen Grundform tendieren: dem Pergamentcodex und dem aus *textus* und *glossa* komponierten Schriftbild der Seite. Als Zwillingsform des Wortwissens gilt dem Klerus das Bildwissen, mit dem, in ständigen Kombinationen von Erzählfigurationen (zum Beispiel der Verkündigung Mariens) mit Symbolzeichen (etwa Evangelist, Christus am Kreuz), alle sakralen Räume und Geräte ausgestaltet sind (*ornamenta ecclesiae*) und jedweder Schriftsinn figural aktualisiert wird.[29]

---

27 Über die soziale Struktur der (reichsdeutschen)Kirche: Borgolte, Michael, *Sozialgeschichte des Mittelalters. EineZwischenbilanz nach der deutschen Einheit*, München 1996.

28 Grundlegend zum Übergang vom monastischen zum scholastischen Lesen und Wissen: Illich, Ivan, *Im Weinberg des Textes. Als das Schriftbild der Moderne entstand. Ein Kommentar zu Hugos »Didascalicon«*, Frankfurt a. M. 1991; zur Geschichte des *textus*: Kuchenbuch, Ludolf/Kleine, Uta (Hg.), *Textus im Mittelalter. Komponenten und Situationen des Wortgebrauchs im schriftsemantischen Feld*, Göttingen 2006.

29 Kemp, Wolfgang, »Mittelalterliche Bildsysteme«, in: *Marburger Jahrbücher für Kunstwissenschaft* 22 (1989), S. 121–134; Baschet, Jérôme/Schmitt, Jean-Claude (Hg.), *L'image. Fonctions et usages des images dans l'Occident médiéval*, Paris 1996.

Drittens meint *ecclesia* die Kirche als Bauwerk, mit dem geweihten Altar – der die Reliquien des Patrons beherbergende Ort –, der Treffpunkt der Gemeinde mit dem Klerus zu den Riten, umgeben vom Friedhof. Sie ist das Zentrum eines Bezirks, das alle in ihm Wohnenden unter die Seelsorge des Ortsplebanen fasst (Pfarrzwang), ebenso zur Entrichtung der Abgaben verpflichtet (Zehnt, Stolgebühren). Pfarrei reiht sich an Pfarrei – der Okzident ist von einem lückenlosen Netz von Parochien in den ländlichen Siedlungen und den Städten überzogen, die in Kompetenz und Ausdehnung variieren, nicht aber in der Grundform.

Mittels der Pfarrei als kleinster toposozialer Zelle kontrolliert die Kirche als bischöfliche und päpstlich-kuriale Großinstitution die Seelsorge und die Rechtgläubigkeit aller Christen und organisiert ihre Einkünfte.[30] Eine stabile Homogenisierung und Hierarchisierung des christlichen Gesamtraums, in die auch das Pilgern der Christen zu den nahen und fernen heiligen Stätten eingebunden ist. Die Kontrolle erstreckt sich aber nicht nur über den Raum, sondern auch auf die Zeiten: Anfang und Ende der Welt, die Zeitrechnung, der Jahreskalender, die Sonn- und Feiertage, die Fastenzeiten, die Rufe der Glocke und später die Stundenschläge der Uhr; ebenso die Ausbildung der Jungen und die Armenfürsorge. Schließlich ist die Kirche Herr über ein Drittel bis ein Fünftel der liegenden Habe, und sie legitimiert mittels Weiherecht ihren »weltlichen Arm«. Das führt zum zweiten Schritt.

Mächte (*potestas, dominium*)

Im Gemenge mit der raumhomogenen Hegemonie der hierarchischen Kirche, aber mit weniger dichten, konstanten und stabilen Vergesellschaftungseffekten, liegen die polyarchischen »Mächte«, denen rechte Gewalt über Leib und Leben zusteht. Sie organisieren sich durch ein Beziehungsprinzip, dessen Variationsfülle am Ende der Epoche von den bürgerlichen Gegnern immer wieder auf den feudo-vasallitischen Nexus als Inbegriff bzw. Gesamtname reduziert worden ist (Lehnswesen/Feudalität). Dieses Prinzip besteht darin, dass auf allen sozialen Ebenen und in allen sozialen Kreisen. Jeder Herr, zugleich aber auch Diener ist – dauerhaft akephale soziale Beziehungen sind ausgesprochen selten. Man denke an die Hierarchie der Kirche vom Papst, sowohl Haupt der Kirche als auch *servus servorum Dei*, über Erzbi-

---

30 Zur räumlichen Herrschaft der Kirche: Schmidt, Hans-Joachim, *Kirche, Staat, Nation. Raumgliederung der Kirche im mittelalterlichen Europa*, Weimar 1999.

schof, Bischof, Archidiakon bis hinunter zum Leutpriester, der nach oben dient und über seine Pfarrkinder wacht. Das Prinzip, nach unten *potens, magnus, melior, dives, dominus, rector, magister, seigneur, lord, Herr*, und nach oben *pauper, minister, servitor*, ergebenster Diener zu sein, gilt, wie in den geistlichen, so auch in den weltlichen Ständen bzw. Ordnungen (*ordines*). Man denke etwa an die Rangfolge vom *rex* zum *dux, comes, miles, villicus, villanus* bis hinunter zum landlosen Ackersklaven (*mancipium*); selbst dieser regiert noch die Seinen. Gleiches gilt für die städtischen Rangordnungen; Ähnliches auch für die Generationsbeziehungen, und ebenso stuft das Geschlecht sozial ab. Dieses allgemeine Prinzip vertikaler Vergesellschaftung nimmt jedoch in den sozialen Positionen bzw. Milieus jeweils andere Form und Bedeutung an. Beziehungen zwischen dem *pater* und der *familia*, dem *abba*s und den *fratres*, dem *rex* und dem *populus*, dem *senior* und den *vasalli*, dem *dominus* und den *servi*, dem *villicus* und den *villani*, den *consules* und den *burgenses*, den *magistri* und den *scholares*, dem Hausherrn und den Seinen usf. betreffen verschiedene Leute, haben eigene soziale Inhalte, abgestufte Verbindlichkeit (Eid). Sie differieren danach, ob sie erboren oder gestiftet, von oben oder unten erzwungen oder gewählt sind. Sie können kombiniert werden, sich überlagern, ineinander geschachtelt, gegeneinander gerichtet sein. Sie können zwischen Einzelnen, aber auch zwischen Gruppen bestehen, die sich um dieser Beziehungsform willen organisieren. Die Mitglieder dieser Gruppen sind in ständiger solidarischer Bewegung, verstehen sich als Alle in ihrer Sache (*universitas*), als Verwandte (*proximi*), schwören Freundschaft (*amicitia*), verbrüdern sich (*fraternitas*), driften auseinander, erklären sich zu Feinden, schaden einander, befehden und befrieden sich. Diese Beziehungsformen können verschärft oder abgemildert, gelockert oder verfestigt werden. *Trotz* der verwirrend vielfältigen Variationen gilt, dass, je höher der soziale Rang, desto komplexer die Kombinationen bzw. Konglomerate solcher Beziehungen pro Position, desto größer der Bestand an (Vor-)Rechten (*iura, privilegia*). Hochrangige Herren vereinigen und nutzen viele Machtrelationen in ihrer Person (als namhafter und institutioneller »Körper«), arme Leute müssen mit der Verfügung über ihre schmale Habe auskommen, haben kaum einen Namen. Wegen dieser Variationsbreite gilt, dass alle Positionen instabil sind, ständig modifiziert werden. Die Grundregel all dieses Machthandelns ist das »Paktieren von Fall zu Fall« (Max Weber).

Übersetzt man das hier grob umrissene Profil der Kristallisations- und Bewegungsformen der Macht in die konventionelle Terminologie der Mediävistik, dann geht es um die Herrschaftsformen im Okzident zwischen *Imperium* und *Sacerdotium*, Wahl- und Erbmonarchie, Personenverbandsstaat und territorialem Flächenstaat, Iurisdiktionsprimat und Konzil, Leiherecht und Ständeparlament, Lehnspyramide und Grundherrschaft, Landesherrschaft und Kirchenpatronat, Städtebund und Ordensland, Königspfalz und Burgbezirk, Schirmvogtei und Markthoheit, Berggericht und Forstregal, Stadtkommune und Münzrecht, Brückenzoll und Mühlenbann usf. In diese polyarchische Machtformenwelt ist kaum staatstypologische Ordnung zu bringen, außer man schlägt sie über den viel zu kurzen Leisten moderner öffentlicher Gewalten- bzw. Verfassungslehren, oder man verortet jede Ausprägung zwischen den Polen von Herrschaft und Genossenschaft. Jede reale Herrschaft ist ein instabiles Mächte-Ensemble mit seinem eigenen kompositen Gesicht (übrigens auch mit seinem Namen, seinen Insignien und seiner Tradition) – und ändert es unentwegt.

Nun zur Gegenseite der Machtbeziehungen. Da jede Gemeinschaftsfunktion, sei es die Exkommunikation, der Kampf, die Messe, die Friedensstiftung, die Einkommensvermehrung, der Burgenbau, der Münzgeldwechsel, das Salzsieden, das Pflügen und das Gebären »Dienst« ist, kann es nicht verwundern, wenn alle diese Funktionen in das Licht der Abhängigkeit, Unfreiheit, Knechtschaft geraten können. Der Vielfalt und Beweglichkeit der Machtpraxen bzw. Herrschaftsweisen entspricht die der »Servilitäten«, der Verknechtungen bzw. Befreiungen. Unendliche Diskurse um mehr Freiheit bzw. Proteste gegen Verknechtung tönen durch das lange Jahrtausend des Okzidents – auf allen sozialen Ebenen. Jede Lebenskondition kann zum Signum irgendeiner Unfreiheit oder Freiheit werden, jede Lebenssituation zum Forum der Akzentuierung oder Modifikation des Status, der Würde, der Ehre (oder seines Gegenteils). Und hier gilt spiegelbildlich: je niedriger die soziale Position, desto schmaler der Bestand der Freiheiten und desto breiter der Bestand der Beschränkungen. Hinter jeder *libertas* oder *servitus* stehen Bindungskonglomerate, die auf alle Konditionen von Leib und Leben radiziert sein können: auf Zeugung und Geburt, Geschlecht und Herkunft, Haupt und Glieder, Haus und Hof, Hab und Gut, Mühsal und Können, Ehe und Erbe, Kind und Kegel, Bleibe und Abzug, Kauf und Verkauf, selbst auf den Tod und das Warten im läuternden Jenseitsraum des Fegefeuers. Auch hier gelten die oben genannten Regeln und Strategien der Variation: breite Zusammensetzung, Verdichtung, Lockerung, Verstärkung, Minderung. Konkreter: Was jemand zum Eigenmann, Wachszinser, Schutzhörigen, Mundmann, Gerichtsfreien, Hufner, Meier, Ministerialen, was Gruppen zu Königs-, Burg- oder Gotteshausleuten, zur *familia* eines Heiligen, zu Hintersassen, Bannleuten, zu Untertanen, armen Leuten usf. »macht«, hat seinen Namen zwar von einer (meist dominanten) »Eigen«-schaft, stellt aber jeweils ein Konglomerat vieler Kennzeichen dar. Ob ein Ensemble aber als Freiheit oder Unfreiheit gilt, hängt von ganz verschiedenen Umständen ab – und dabei steht dahin, ob die Betroffenen sich selber so verstehen oder dies ablehnen – und sich beharrlich anders »nennen«. Eines ist sicher: Reduktionen dieser Beziehungsfächer auf modernisierende Pole – Freiheit, Unfreiheit – oder auf ein Kriterium – Leibeigener, Grundhöriger – verdecken eher das grundsätzlich Andere dieser Abhängigkeitsbeziehungen.

Schließlich der materielle Zweck der »Gewalten«: der angemessene Unterhalt der Herren, ihre Einkommen. Um auch hier prinzipielle Klarheit zu gewinnen, bedarf es entsprechender Distanzierung von den Eigentums- und Einkommensbegriffen der modernen Ökonomie wie Eigentum/Besitz, Steuer, Profit (gespalten in Zins und Rente), Lohn usf. In Analogie zu den oben dargelegten Verhältnissen der Gewalten und Abhängigkeiten lässt sich Folgendes sagen:

Als Herr versteht man seine materiellen Ansprüche als Rechte und Ehren, seine Verfügung über ihre sachlichen Voraussetzungen als Macht über seine Habe bzw. sein Eigen, das daraus entstehende Einkommen selber schließlich als das Empfangene (*receptum*), das zurückgegeben wird (*redditus* – Rente) von denjenigen, die es schulden (*debitum*). Diese Dimensionen werden regelmäßig zusammengefasst zu einem Herrsein (*dominium, potestas*), das die Abhängigen in der Doppelform von *servitium* und *census*, Dienst und Zins »realisieren«. Der Hauptindex dieser Schuldigkeiten ist die Erde, das Land, der Grund und Boden. Die Macht wurzelt im feudalen Okzident im Boden, sucht sich in allen seinen Ausformungen zu verankern. Von Kopf und Herd, Haus und Hof, von der Beackerung, der Viehhaltung, der Wiesen-, Wald- und Wassernutzung bis hin zu diversen regionalen oder standortbedingten Kulturen (Weinbau, Salzsiederei, Töpferei, Erzgrabung), beanspruchen die Herren ihren Teil, entweder in der Form von (Fron-)Diensten, von fixierten bzw. anteiligen Erträgen, oder schließlich in Münz-Äquivalenten. Zu den die Wachstumszyklen anzapfenden Ertragsformen kommen nachgeordnete Unterhaltsbereiche, etwa die ländlichen und städtischen Handwerke (Gewerbezinse), der Marktbesuch und der Transport (Zoll), die Seelsorge (Zehnt), der Schutz und der Friede (Burgdienste, Gerichtsabgaben, Heeressteuern). Darüber hinaus trachten die Herren danach, sich auch Anteile der mittelfristigen Errungenschaften ihrer Untertanen zu sichern

(Erb- oder Verpachtungsgebühren, Kreditsteuern). Welche konkreten Variationen und Konstellationen aus diesen Möglichkeiten entstehen können, ist erstaunlich. Sie laufen zum einen darauf hinaus, dass jeder Abhängige – ob Kätner oder Vollbauer, Müller oder Priester, Handwerker oder Bergmann – mehreren Herren abgeben muss – den Pachtzins, den Zehnt, den Zoll, den Schlagschatz und die Münzwechselgebühr, die Vogtabgabe an jeweils einen anderen. Entsprechend sind die Einkünfte jedes Herrn anders zusammengesetzt, wachsen oder schrumpfen in anderen Rhythmen, bedeuten anderen Reichtum, haben andere Symbolkraft. Und jeder Herr rivalisiert mit seinesgleichen scharf um jedes Jagdrecht, jeden Sack Getreide, jedes Schwein, jeden Gerichtspfennig – mit der Folge, dass die Pflichtigen neben den täglichen Drohungen, Strafen und Bußen beständig um den Umschlag von der geregelten in die »wilde« Abschöpfung fürchten müssen (Fourage, Beutemachen, Plünderung), die Herren umgekehrt darum, dass ihre Leute überhaupt genug haben, um zinsen zu können. Das führt in den dritten Bereich.

Werke (*opus*)[31]

Wer im langen Jahrtausend des Okzidents nach »der« Arbeit sucht, wird enttäuscht. Ebenso fehlen Grundvorstellungen moderner Ökonomie wie Knappheit, Bedürfnis, Produktion, Ware, Zirkulation, Kapital, Konjunktur. Damit entfällt die Vorstellung vom *homo oeconomicus*. Als Schlüsselwörter, die das Unterhaltshandeln in ihre soziale Funktion fassen, gelten Termini wie »Dienst« bzw. »Amt« (*servitium, officium, ministerium*). Will man sich in der Sache ausdrücken, dann spricht man im Allgemeinen von »Werken« (*opera*) bzw. vom Werken. Wird man dann genauer, dann stellt jedes Werken eine jeweils andere Mischung von Mühsal (*labor*) und Können (*ars*) dar. Die Tatsache, dass den weitaus meisten Unterhaltstätigkeiten die Qualität reiner Lohnarbeit abgeht, bedeutet vor allem, dass sie keinen nur monetär messbaren Wert haben, sondern von je verschiedenem Nutzen sind (*usus, utilitas*). Anders die Resultate des Werkens. Viele gehen in das Getriebe des ergänzenden, münzgeldvermittelten Marktverkehrs ein oder werden an ihm orientiert und sind deshalb »Werk« und »Gut« zugleich, führen ihren Wert als

---

31 Zum folgenden: Eriksson, Ylva u. a., *Arbeit im vorindustriellen Europa*, 6 Teile, Studienbrief der FernUniversität Hagen 1989; Contamine, Philippe/Bompaire, Marc/Lebecq, Stephane/Sarrazin, Jean-Luc (Hg.) (1997), *L'économie médiévale*, Paris 1997; Guerreau, Alain, »Avant le marché, les marchés: en Europe, XIIIe-XVIIIe siècle (note critique)«, in: *Annales HSS*, 2001, S. 1129–1175 sowie den Beitrag »*Opus feminile*.

Preis mit sich. Von einer Epoche der Lohnarbeit zu sprechen, wäre absurd. Die Preis-Frage (*iustum pretium*) jedoch bewegt die Gemüter. Dennoch: Alles Mühen, Können und Werken dient vor allem der Notdurft, der Nahrung (*victus* und *vestitus*) für sich und die Seinen in Haus, Hof und Werkstatt. Kaum jemand haushaltet für sich allein. Zum Haushalt gehören die tätigen Männer und Frauen, die jungen und alten Esser. Aber man hat für mehr zu sorgen: für die Toten als gegenwärtige Vorfahren (*memoria*), für die künftigen Lebenden (*hereditas*), für Fremde und Gäste, für benachbarte Habenichtse und Sieche (*elemosina*) – und für die Herren, wovon bereits die Rede war. Den Glauben daran, dass die Werke nicht nur dem diesseitigen Auskommen, sondern auch dem jenseitigen Los, ob zu Heil oder Verdammnis, dienen, sucht die Kirche ohne Unterlass zu bestärken, dies auch mit der Folge, dass alle menschlichen als Nachahmung der göttlichen Werke, als Fortsetzung des Schöpfungswillens verstanden werden können.

Es gilt noch kurz zwei weitere Merkmale zu erörtern: den sachlichen Zusammenhang der *opera humana* und die räumlichen und zeitlichen Ordnungen des Unterhaltshandelns. Drei moderne Selbstverständlichkeiten, die Vorstellung von der gesellschaftlichen Arbeitsteilung, von den drei wirtschaftlichen Sektoren einer Volkswirtschaft – dem ersten als Agrar-, dem zweiten als Gewerbe- und dem dritten als Dienstleistungssektor – und von der Teilung in Stadt und Land haben es bislang verhindert, zeitgenössische Artikulationen ernster zu nehmen, die auf das Ganze der Unterhaltswerke zielen. In der Lehre von den sieben mechanischen Künsten (*artes mechanicae*) hat man eine solche vieldiskutierte Ordnungsform vor sich. In ihr werden alle Unterhaltswerke danach bestimmt, was sie dem Überleben des Menschen bieten. Vier von ihnen erhalten das Leben durch Hineinführung in den Körper: der Ackerbau liefert die vegetabilische Nahrung, die Jagd die animalische, die Medizin reguliert das Säftegleichgewicht, Schauspiel und Musik balancieren das Gemüt (*anima*). Die Webkunst kleidet, die Schmiedekunst stattet aus mit Werkzeugen und Gerät; der Handel beschafft das Fehlende; diese drei führen an den Körper heran. In der christlichen Wissenskunde sind diesen sieben »leibeskulturellen« Künsten spiegelbildlich sieben »geisteskulturelle« Künste (*septem artes liberales*) übergeordnet. Zusammen bilden sie eine umfassende Ausstattung zur Lebensbewältigung als Bedingung jedweder Heilssuche.[32] Jede Kunst dient einem anderen leibseelischen Teilzweck, nimmt dabei die vier Elemente (*terra, aqua, ignis, aer*) sowie deren Stoffe (*materiae*) unter Verwendung diverser Werkzeuge (*instru-*

---

32 Die genauere Erörterung der *artes liberales* muss aus Platzgründen unterbleiben.

menta) auf seine Weise hand-werklich in Dienst und vermittelt so an und in jeden Menschen hinein ihren Anteil an der materialen Schöpfung (*natura*). Kein Wunder, dass in diesem Sinngefüge der Mensch als *homo artifex* gilt. Und die räumliche und zeitliche Ordnung der Werktätigen? Auch hier: eine enorme Bandbreite von Verortungen (*locatio*) der Betriebe der Landleute. Weit gestreut liegende Einzelhöfe, weilerartige Hofgruppen, um zentrale Einrichtungen gruppierte Agglomerate, regellose Haufendörfer sowie ein ganzer Fächer von regelhaften Ordnungen sowohl der Höfe als auch der Felder. Jede Siedlung ist der jeweiligen Landesnatur angepasst, und mit ihr variiert die grundlegende Verbindung von Ackerbau und Viehhaltung, sorgen Gärten, Wälder, Weinberge, Baumpflanzungen, Teiche, Tongruben usf. für weitere Profilierung. Dort wird nach den Vorgaben der Jahreszeiten, dem schnellen Wechsel der »Werke und Tage« in Haus, Hof und Flur, den Begegnungen mit der Herrschaft und dem Kalender der kirchlichen Feiertage gelebt. Mehrere solcher Orte bilden ein kleinräumiges Siedlungsgefüge, das Anschluss hat an einen tagsüber erreichbaren Nahmarkt, an Wege oder schiffbare Gewässer, die zu größeren Zentralorten wie Gewerbe- oder Handelsstädten und Herrenresidenzen führen. Dort sind die vom Landbau abgeschichteten Handwerke und die herrenspezifischen Dienste je nach Umlandreichtum, Bewohnerzahl und Zentralfunktionen ausdifferenziert. In den agrarisch dominierten Marktflecken ist nur der grobe Satz der an die *artes mechanicae* erinnernden Grundgewerbe (Nahrung, Kleidung, Behausung, Gerät/Werkzeug, Fuhrwerk) vertreten, deren ländlicher Lebensrhythmus jedoch ergänzt wird von den Sequenzen der Markt- und Messetage. Die Gewerbe- und Handelsstädte beherbergen eine elaborierte Vielzahl von längs- oder quergeteilten Handwerken, die sich aus den *primae materiae* des Umlands entwickelt haben und sich gegenseitig zünftlerisch regulieren; ihr Auf und Ab ist bereits maßgeblich bestimmt vom initiativen Einkauf und vom Absatz der fertigen Güter. Eine Kombination ständigen Ladenverkehrs mit publiken Marktplätzen und weiträumig privilegiertem Kommerz, Speditionswesen und Kredit hat dafür zu sorgen. Schließlich die aufwendigen Hofhaltungen der geistlichen, adligen und bürgerlichen Herren, die mit ihren besonderen Verausgabungsstilen und -rhythmen auf das Stadtinnere und das Umland zurückwirken. »Raumsystemisch« ausgedrückt[33]: Die unzähligen

---

33 Hierzu konzeptionell: Guerreau, Alain, »Quelques caractères de l'espace féodal européen», in: Bulst, Neithard/Descimon, Robert/Guerreau, Alain (Hg.), *L'Etat ou le Roi. Les fondations de la modernité monarchique en France (XIVe-XVIIe siècles)*, Paris 1996, S. 85–101; empirisch, als umfassender Prozess eines »encellulement« in das Haus, in die Pfarrei die

Gehöfte und Werkstätten sind lokal verankerte, periphere Bausteine von polyzentrisch hierarchisierten Regionen. Jede Region hat ein grundlegend partikulares Profil mit mannigfachen Eigenheiten, zum Beispiel eigenen Maßen und Gewichten, eigener Währung, eigenem Orts- und Personen-Namensgut, besonderen Redeweisen und Gewohnheiten. Damit aber nicht genug. Auch das nahezu wirr erscheinende In-, Neben- und Übereinander der Rechte und Ansprüche verschiedener Herrschaften, von dem oben die Rede war, steigert die materielle und subsistenzielle Heterogenität zusätzlich, und zwar auch in dem Sinne, dass kaum jemand das gleiche Los wie sein Nachbar trägt, die Wahrnehmung gleicher Lagen und die Bildung gleicher Meinungen über die lokalen Gewohnheiten und Pflichten hinaus deshalb kaum möglich ist. Einheitliche Vergesellschaftung stiftet hier aber das Netz der Pfarrsprengel. Jede Pfarrkirche bietet dieselbe dreischrittige Steigerung des Sakralen vom Friedhof über den Kirchenraum mit den Reliquien unter dem Altar und der Eucharistie auf ihm. Jeder Christ erlebt so in »seinem« Ort die standardisierte Hierarchie des Raumes vom Grab bis in den Himmel hinauf, verbunden mit der Ordnung der Zeiten – von der Flurprozession bis zum Fest des Kirchenpatrons, vom Jahrmarkt bis zur Fastenzeit. An den Rändern und Horizonten dieser kultisch gefassten partikularen Kleinwelten beginnt das »Unland«, die Wildnis, die Fremde, das Unheimliche, der Aberglaube.

Um zusammenzufassen: Das Epochenprofil des Okzidents drückt sich, so scheint es, in einer eigentümlichen Polarität der räumlichen Vergesellschaftungen aus – eine widersprüchliche Einheit der umgebungsgeprägten Werktätigkeiten der Leute mit unstet rivalisierenden Kontroll- und Appropriationspraktiken der Mächtigen, systemisch durchflochten und überlagert von einem ortspräsenten Universalismus der christlichen Kirche.

Reform (*renovatio*)

In aller Kürze sollen noch einige Gedanken zum Charakter des sozialen Wandels im christlich-feudalen Okzident folgen. Eines steht – gegen alle ignoranten (gesellschaftswissenschaftlichen und geschichtsphilosophischen) Vorurteile, der vormoderne Okzident habe als statisches Zeitalter zu gelten – fest: Im langen Jahrtausend von zirka 400 bis 1750 gibt es massive Zeugnisse nicht nur für großes Kompensationsvermögen und hohe Anpassungs-

---

Herrschaft und die lateralen Solidaritäten: Fossier, Robert, *Enfance de l'Europe. Aspects économiques et sociaux*, 2 Bde. Paris 1982, Bd. 1, S. 288–601.

fähigkeit an verschiedenste naturale und soziale Herausforderungen und Destruktionen – Klimaschwankungen, Überflutungen, Ernteausfälle mit katastrophalen Hungersnöten, Pandemien, Invasionen, endemische Verwüstungskriege, Verfolgungen –, sondern ebensolche für eine materielle und operative Effektivität – weittragende Innovationen im Land-, Wasser- und Bergbau, im Waffen-, Textil- und Baugewerbe, im Speditions- und Münz-, im Schrift-, Mess- und Rechnungswesen – sowie für einen Verdichtungsdruck nach innen und für eine Übertragungsfülle nach außen, Bewegungsphänomene, die zusammen in ihren langfristigen Resultaten und Wirkungen auf eine räumliche Verdoppelung des *orbis christianus*, eine Verdreifachung der agrikolen Produktivität und der Bevölkerung sowie eine enorme Akkumulation von Gütern, Wissen und Macht hinausliefen.[34] Bevor man dieses Bündel von Phänomenen mit gängigen modernen Bewegungsbegriffen belegt (Wachstum, Expansion, Fortschritt, Entwicklungsdynamik, Konjunktur, Krise usf.), sollte gefragt werden, was das Zeitalter selber bietet. Es mag gewagt erscheinen, hierzu auf den Vorstellungsraum der Reform und Erneuerung zu rekurrieren. Aber die einschlägige Forschung[35] hat gezeigt, dass in der Patristik die antiken kosmologischen und vitalistischen Wiederkehrs- und Wiedergeburtstraditionen im Ausgang vom christlichen Offenbarungsbestand (besonders Paulus) zu einer eigenen Zeitform umgedeutet werden, der *reformatio in melius*. Diese Kombination von Rück- und Vorausorientierung, der *conservatio* des Guten mit der *reformatio* des Schlechten dient während des ganzen christlich-feudalen Jahrtausends, ausgehend von der Sinnesänderung der Einzelmenschen (Taufe, Reue, Bekehrung), in allen sozialen Bereichen als Bewusstseinsform des Wandels und als Argument für materielle und mentale Umgestaltungen. Nahezu alle Macht-, Wissens- oder Glaubenskonflikte – von Reichs(um)bildungen, Eroberungen, Missionen, Kolonisationen bis zu lokalen oder regionalen Herrschaftsstrukturierungen, Landeserschließungen, Umwandlungen in Ritus und Liturgie, Dogmatik und Erziehung, Recht und Gewohnheit – kleiden sich in Reform-Rhetorik,

---

34 Hierzu einige Überblicke: Einen umfassenden Überblick bietet Bartlett, Robert, *Die Geburt Europas aus dem Geist der Gewalt*, München 1996; zu Wachstum der »Staats«-Macht vgl Mann, Michael, *Geschichte der Macht, 2. Bd.: Vom Römischen Reich bis zum Vorabend der Industrialisierung*, Frankfurt a. M./New York 1991, Wirtschaft: Contamine u. a., *L'économie médiévale*, Technik: Lindgren, Uta (Hg.), *Europäische Technik im Mittelalter: 800 bis 1200. Tradition und Innovation*, Berlin 1996.

35 Zum folgenden: Ladner, Georg, »Erneuerung«, in: *Realenzyklopädie für Antike und Christentum*, Bd. 6, 1996, Sp.240–275; Miethke, Jürgen, »Reform, Reformation«, in: *Lexikon des Mittelalters*, Bd. 7, München 1995, Sp. 543–550.

werden von den Protagonisten (bzw. ihren Gegnern) als Reform, Reformation, Renaissance, Erneuerung des betreffenden Bereichs der Wirklichkeit (Diesseits und Jenseits) verstanden. Welche dieser Grundvorstellung nachgeordneten Bewegungsbegriffe das Verhältnis zwischen Einst (*antiquitus*) und Jetzt (*modernitas*) präzisieren, kann hier nicht mehr erörtert werden. Auf jeden Fall umreißen sie keine systemisch zusammenhängende Qualität der sozialen Zeit – wie etwa die ökonomische »Konjunktur« in der Moderne –, sondern stehen weitgehend im parabolischen Bann des Rads der *fortuna*, also dem unplanbaren Auf und Ab, den guten und schlechten Zeiten des irdischen Daseins, und natürlich der göttlichen Providenz und ihrer Einwirkungen (Wunder, Strafen). Abschließend sollen nur noch einige Grundphänomene des Wandels selber angedeutet werden, indem von der Mitte aus polarisierend in die früheren und die späteren Perioden der Gesamtepoche geblickt wird.

Die Zeiten zwischen dem 5. und 11. Jahrhundert sind räumlich von ganz verschiedenen Ausgangskonstellationen geprägt. Romanisierte Regionen, in denen sich die zum Christentum übergegangene senatorische Grundbesitzer-Aristokratie, integriert in Bischofsherrschaften, behaupten konnte, unterliegen anderen Konditionen des Wandels als heidnisch-akephale und wenig orts- und sozialstabile Ethnien, oder Kampfverbände, die unter einem Heerkönig Regionen erobern, das Christentum annehmen und dann dort nach dauerhafter Herrschaft und Siedlung trachten. Verallgemeinert man die regional ungleichzeitigen Formierungsprozesse auf das Äußerste, dann dürften sie von folgenden Tendenzen bestimmt gewesen sein: der Ruralisierung des lokal-materiellen Lebens, der Verherrschaftlichung der sozialen Bindungen und der Verkirchlichung der Jenseitsbezüge. Dabei werden in der Aufstiegszeit des Christentums zur katholischen Kirche zentrale antike Erbschaften wie die lateinische Schrift und Sprache, das heidnische Wissen, das Münzgeld und die sozialen Ordnungsmodelle modifiziert und inkorporiert in den Normenkanon und die Handlungsorientierung. Aus dem Ineinander dieser großen Trends entsteht dann in den fränkisch-angelsächsischen Kernregionen das oben dargelegte äußerst flexible Siedlungs-, Werke-, Herrschafts- und Kirchen-Muster des Okzidents und wird von dort aus, in rudimentären Missions- und Eroberungswellen, in die Zwischen- und Außenräume des Kontinents getragen.[36] Seit dem späteren 11. Jahrhundert wird dieses Muster, verfestigt und elaboriert durch inner-räumliche Feingliederung und Ver-

---

36 Einer dieser Großvorgänge von »Verwestlichungen« ist die Genesis der (späteren) Mitte des (späteren) Europas aus der *Germania romanica, Germania germanica* und *Germania*

knüpfung (Dorf-Markt-Stadt-»Netze«), dann systematisch über Skandinavien, Ostmitteleuropa, die atlantischen Inseln und die ganze iberische Halbinsel (sowie extern, aber befristet, in den Kreuzfahrerreichen) verbreitet. Zu dieser gigantischen Vervielfältigung kommen Ausdifferenzierungen und Funktionsteilungen in allen sozialen Bereichen: Verfestigungen der Vernakularidiome durch lateinschriftliche Fixierung, Regionalisierungen der dem Ackerbau aufsitzenden Güterherstellung, Zellteilung des Regular- und Säkularklerus, Söldnerwesen, Befestigungswerke und Distanzwaffen, Universitäten und gelehrte Stände, Formalisierung des Wissens und Buchdruck, Ämter- und Steuerwesen, Trennung von Güter- und Geldhandel. Aus beiden Trends resultieren neue Machtkonzentrationen (Papstmonarchie und Kurie, Königreiche, Städtebünde, Residenzen), weiträumige Beziehungsgeflechte (besonders der intensivere Güter- und Geldverkehr, die Heiratsbeziehungen der Dynastenhäuser, der Nachrichten- und Wissenstransfer) und schließlich Verlagerungen der Reichtums- und Machtzentren (von Oberitalien nach Flandern, vom Deutschen Reich nach Frankreich usf.). All das sind spannungsreiche »Reformen«, die meist durch Paktieren von Fall zu Fall reguliert und eingedämmt werden, sich aber immer wieder auch zuspitzen zu Ketzerkrieg, Inquisition, Reformation, Aufstand, Revolte, Fehde, Belagerung, Beutezug oder Verheerung.

Schlussbemerkung

Man hat diese Bewegungs-, Kumulations- und Transformationsqualitäten des Okzidents um und um bedacht. Die Stichworte – Rationalisierung, Säkularisierung, Kapitalisierung, Modernisierung usf. – sind bekannt und brauchen hier nicht angeschlossen zu werden. Neu – und damit komme ich zum ersten Teil dieses Beitrags zurück – ist die Vokabel des europäischen »Sonderwegs«.[37] Sie steht im Begründungszusammenhang mit neuerlichen neo-europäischen Sinnstiftungsaufgaben, die ohne epochenvergleichende Konzeptionsarbeit nicht gelöst werden können. Um sich diesem Aktualisierungsdruck zu stellen, muss die ganze Fachwissenschaft ihre methodische

---

slavica: die tütschen lande. Dazu grundlegend: Ehlers, Joachim (Hg.), *Deutschland und der Westen Europas im Mittelalter*, Stuttgart 2002.

37 Ein mutiger, in der Sache äußerst anregender Anfang: Mitterauer, Michael, *Warum Europa? Mittelalterliche Grundlagen eines Sonderwegs*, München 2003.

Souveränität und ihren diskursiven Mut aufbringen. Es gilt, eine historisch-kritische Diskussion um nicht nur »ein« Europa, nicht nur »eine« Neuzeit und nicht nur »eine« Moderne zu führen, zentrale Sinnfiguren, denen nicht ohne Weiteres der Okzident zugeschlagen werden darf. Dazu könnte eine »Okzidentalistik« taugen, deren Grundriss auf die historische Agenda gehört.

16. Das Huhn und der Feudalismus*

»Ich wollt, ich wär' ein Huhn«, hören wir hin und wieder die überlastete Jubilarin Karin Hausen seufzen-summen. Sie beschwört damit die dämliche Frohheit der Kreuderschen Foxtrotthenne (1936), die, frei von allen humanen Ruhm-, Denk- und Geldzwängen, vormittags ihr Ei legt; »und nachmittags wär' ich frei, juchhei«. Die Jubilarin wartet bisweilen aber auch, nicht ohne ihr bekanntes listiges Lächeln, mit einem Sprichwort auf, mit dem ihre Oma sie zur Mädchenzeit bedachte: »Mädchen die pfeifen und Hühnern die krähen, soll man beizeiten die Hälse umdrehen.« Die Oma meinte das voll ironisch-nachsichtiger Freude über die Unangepasstheit ihrer Enkelin, aber auch voll hellsichtiger Ahnung. Das Mädchen pfiff offensichtlich nicht nur in ihrer Gegenwart. Dies klang wie der Anfang eines Lebenstakts. Sie wollte weiter pfeifen. Und das hieß die Geschlechterspiele als verkehrte Welt erproben und damit Freiheiten herausfordern sowie Handlungssinn erarbeiten. Abgesichert durch Omas lebensklugen Spruch und Hans Fritz Beckmanns saublöden Schlagertext hat sie sich, hinaufverschoben in die Geschichte als Profession, der sozialen Dialektik des humanen Nicht-Huhn-Seins verschrieben: endlose emanzipatorische Mühsal gepaart mit beständiger Geschlechterverwirrung. Wer sich derart am Nicht-Huhn-Sein reibt, braucht konziseres Kontrastwissen, also mehr Hühnergeschichte, das scheint klar. Aber: Die Beiträge der Hühner zur Weltgeschichte der Menschheit liegen weitestgehend auf dem dunklen Misthaufen der Vergangenheit. Wie nicht anders zu erwarten, konnte sich allein der Hahn ab und an als Kultur- und Geschichtszeichen bemerkbar machen, als französisches Nationalsymbol, als anthropomorpher eitler Gockel oder Hahnrei, in der Kampfarena, auf den Kirchturmspitzen und Hoftoren, als krähender Vertreiber des nächtlichen

---

* Erschienen in: Duden, Barbara u. a. (Hg.), *Geschichte in Geschichten. Ein historisches Lesebuch*, Frankfurt a. M./New York 2003, S. 355–359. Die dort versammelten Geschichten bilden eine Hommage an Karin Hausen.

Dunkels, als Mahner zur Arbeit in morgendlicher Frühe, als Künder fataler Fristen: »Ehe der Hahn kräht, wirst du mich dreimal verleugnen« (Mk.14,16). Das Huhn dagegen gilt in der Tradition der Menschen bislang kaum als »als eigenständiges Wesen mit signifikanten Charaktereigenschaften, sondern hauptsächlich als eierlegender Nahrungsspender.«[1] Nicht nur in diesem Satz steckt offenkundige Misogynie. Als ob der Kosmos der menschlichen Eier- und Hühnerspeisen nichts Charakteristisches wäre. Kein Wunder, dass dem Huhn auch sein bedeutsamstes kulturelles Produkt genommen und dem Osterhasen zuerkannt wurde. All das ist im Wesentlichen modernzeitliche Misogynie und mündet in die Postkultur der Legehennenfabriken, Salmonelleneier usf.

Im vormodernen Europa war dies anders. Nicht nur, dass den Bewohnern des Schlaraffenlands die Brathühner in den Mund flogen, dass das Sonntagshuhn im Topf aller Franzosen zur königlichen Versorgungsdevise wurde. Das Huhn war ein Kulturindex ersten Ranges. Sicherster Garant dafür: die umfassende und detaillierte Aufmerksamkeit der Herren für die Hühner der Bauern. Belehrung im Detail verschafft hier das »Deutsche Rechtswörterbuch« (DRwb), das grandiose, immer noch nicht abgeschlossene »Wörterbuch der älteren deutschen Rechtssprache« (gedruckte partikulare Rechtsquellen aus dem deutschsprachigen Raum vom 13. zum 18. Jahrhundert). Dem Artikel »Huhn« (mit knapp 50 Belegen) sind 136 Verweisstichworte, vom »Althuhn« bis zum »Zwinghuhn«, beigegeben. Es folgen 91 weitere Einzellemmata, von der »Huhnbeute« bis zum »Hühnerzins«.[2] Zu diesem Bestand kommen die Einträge unter »Henne« (mit 25 Belegen) mit 34 Verweisstichworten und zehn Einzellemmata – vom *Hennenammann* bis zum *Hennenzettel*;[3] ebenso auch der Artikel »Hahn« (zehn Belege) mit 32 Verweisen und 18 Einzellemmata.[4] Natürlich ist mit diesem expliziten Wortbestand das vormoderne deutschsprachige Hühnervokabular noch nicht annähernd erfasst. Sämtliche unbegrifflichen Beschreibungen, sämtliche mundartlichen Stellvertretungswörter, sämtliche Abstraktionen, Subsumtionen und Deckbegriffe fehlen; ebenso die sinnverwandten Kontexte, andere, nicht auf das Recht abhebende Überlieferungsbereiche – und überhaupt alles nicht gedruckte Schriftgut. Doch hat dieser noch ganz vorläufige Bestand des »Deutschen Rechtswörterbuchs« schon genug zu bieten, um den Platz

---

1 Rodin, Kerstin, »Hahn, Huhn«, in: *Enzyklopädie des Märchens*, Bd. 6, Stuttgart 1990, Sp. 370–376.
2 Deutsches Rechtswörterbuch, Band VI, 1961, S. 23–33.
3 Ebd., Band V 1956, S. 724–726.
4 Ebd. Band IV, 1951, S. 1432–1434.

der Hühner im alteuropäischen Arbeits-, Herrschafts- und Glaubenssystem zu markieren und es als eine ausgesprochen hühnerbewusste Epoche zu begreifen. Besten Zugang vermittelt die Liste der 136 Verweisstichwörter zum Artikel »Huhn«:

»Alt-, Amt(recht)-, Auer-, Bann-, Berg-, Bischof-, Botding-, Brand-, Braut-, Bräutel-, Buben-, Bürgen-, Burkhards-, Buzen-, Dezman-, Dienst-, Ehren-, Ehrung-, Eigen-, Enget-, Erb(vogt)-, Ern(te)-, Fasching-, Faß-, Fast(el)abend-, Fasten-, Fastnacht-, Feld-, Feuer(platten)-, Feuerstatt-, Fides-, Förster-, Forstrecht-, Frei-, Funkel-, Futter-, Garten-, Gatter-, Gau(grafen)-, Gereut-, Gewalt-, Giel-, Graben-, Gras-, Gült-, Hafer-, Hals-, Hasel-, Haupt-, Herbst-, Herd-, Herren-, Herrschaft-, Hintersaß-, Hofgerichts-, Hof-, Höfer-, Hofstatt-, Hofzins-, Holz-, Hufen-, Huhnschatz-, Jahr-, Jakobs-, Kastor-, Kindbetter-, Kirchen-, Kirchmeß-, Kirchtag-, Koppel-, Kötter-, Küchen-, Kurmiet-, Läß-, Lauber-, Lehn-, Leib-, Leich-, Leih-, Lichtmeß-, Mahd-, Mai-, Mandel-, Martin(i)-, Matten-, Michaels-, Miet-, Minne-, Moos-, Müstel-, Nacht-, Not-, Oster-, Palm-, Peter-, Pfingst-, Pfund-, Rauch-, Reb-, Rechts-, Rod-, Schaft-, Schirm-, Schnitt-, Schultheißen-, Selden-, Send-, Sommer, Stephan-, Steuer-, Stift-, Stock-, Stoppel-, Stub(en)-, Teiding-, Umgang-, Ungeld-, Verspruch-, Vogt(ei)-, Wald(recht)-, Walpurgis-, Wasser-, Weid-, Weihnacht-, Weisat-, Weiß-, Wett(er)-, Wild-, Witt-, Wort-, Zelg-, Zeug-, Zins-, Zuschlag-, Zwinghuhn«[5]

Welche Fülle, welche Eigenartigkeiten! Natürlich kann ich hier nicht jeder Wortverbindung nachgehen – etwa umständlich klären, was ein *Buzenhuhn* (Busse) war, oder ein *Faßhuhn* (Fasan), ein *Fideshuhn* (abgabepflichtig am St. Fidentag), ein *Funkelhuhn* (Name eines lothringischen Dorfs) usf. Vieles ist ohnehin nicht überzeugend zu klären. Hier soll es nur um die Grundlinien dieser immens partikularen Verweiswelt gehen, ergänzt um weitere Aspekte, welche die anderen Wortverbindungen und Wortfelder sowie die Volkskunde bieten.[6]

Welche Sinnbezirke werden indiziert? Nahezu das ganze ländlich-agrarische Dasein kommt in den Hühnerkomposita zu Wort, und zwar in der für den europäischen Feudalismus charakteristischen Doppelung: in der Besitz- und Unterhaltswelt der Landleute zum einen, und in der sie ummantelnden Appropriationsvielfalt ihrer Herren zum anderen. Als symbolisches Zentrum der Hühnerpräsenz im bäuerlichen Anwesen gilt der *Herd* mit seinem *Rauch*. Wo Feuer ist – und das heißt: lebendiger bäuerlicher Betrieb, den man sehen und riechen kann -, dort sind auch die streunenden Hühner. Das Huhn ist

---

5 Ebd., Band VI, 1961, S. 26.
6 Güntert, Hermann, »Huhn«, in: *Handwörterbuch des deutschen Aberglaubens*, Bd. 4, Berlin 1932, Sp. 448–458, Jakoby, A. »Huhn, das schwarze«, in: ebd., Sp. 458ff.

neben dem Feuer *der* Garant präsenten bäuerlichen Daseins. Wo die Hühner, da das humane Leben; und: da auch der herrschaftliche Zins! Entsprechend heißen die Rekognitions-Hühnerzinse für intakte Bauernhöfe – *Herdhuhn, Rauchhuhn, Brandhuhn, Feuerhuhn*.[7] Hühnernamensgebend sind natürlich auch viele andere dingliche Elemente des ländlichen Betriebs: Mit der *hühnermäßigen* Größe des Kochtopfs fängt es an. Weiter geht es mit Küche, Stube, Hof, Hofstatt (Wort), Gatter, Garten, Graben, Wasser, Weide, Koppel usf. Aus dem breiten Brauchtum rund um das allerorten anwesende Huhn nur wenige Hinweise. Im Sachsenspiegel (III 51, Paragraph 1) hat das Huhn sein *Wergeld* von einem halben Pfennig. Für den Nachbarschaftsverband ist es wichtig zu wissen, wie weit die Hühner sich von Haus und Hof entfernen dürfen, ohne als vogelfreie Schädlinge zu gelten. Die Wurfweite des Hofinhabers (mit einem Hammer, einer Sichel, einem Ei oder auch einem Huhn) kann hier als Maß für die räumliche »Hühnerfreiheit« bzw. den »Hühnerfrieden« gelten.[8] Zum Erntedank, oder wenn ein Haus gebaut ist, kann man ein Huhn opfern und es unter die Schwelle legen.[9] So gut wie alle Körperteile des Huhns helfen gegen diverse Leiden und Krankheiten, sogar sein Dreck gehört in die bäuerliche Hausapotheke. Da jeder Hühner besitzt, lassen sie sich bei allerlei Gelegenheiten zu Mitbringseln machen: Hühner sind gute Geschenke bei Anlässen wie Hochzeit (*Brauthuhn*) oder Geburt (*Kindbetterhuhn*). Über den Einsatz schwarzer Hühner bei böswilligen Handlungen gibt es verstreute Hinweise.[10]

Die Hühner können auch als Beigabe nützlich sein, wenn man zur Herrschaft will oder muss (*Ehrenhuhn, Weisathuhn*). Damit sind wir bei der ungemein vielfältigen Bezeichnungswelt der Hühnerabgaben (*Zins-, Gült-, Recht-, Schirmhuhn*). An vorderster Stelle namensgebend sind die Zinstermine: 22 Hühnerzinse im Verweisbestand tragen den Namen ihres Fälligkeitstermins, vom *Fastnachtshuhn* durch das Jahr bis zum *Weihnachtshuhn*; jeder mittelalterliche Heilige kann als Patron einer Herrschaft oder Kirche zum Namensträger eines Hühnerzinses avancieren. Zu den zeitlichen Benennungen kommen die örtlichen und dinglichen: *Hufe, Feld/Zelge, Wild/Forst/Holz/Hasel, Gras/Weide, Wasser*. Oder es sind die verschiedensten Rechtsgründe, die der Hühnerabgabe ihren Namen geben: das Hofgericht (*Bann/Zwing/Gewalt/*

---

7 Erler, Adalbert, »Rauch, Rauchhuhn«, in: *Handwörterbuch der deutschen Rechtsgeschichte*, Bd. 4, Frankfurt a. M. 1990, Sp. 193f.
8 Schmidt-Wiegand, Ruth, »Hühnerrecht«, in: *Handwörterbuch der deutschen Rechtsgeschichte*, Bd. 2, Frankfurt a. M. 1978, Sp. 254ff.
9 Scheftelowitz, J., *Das stellvertretende Huhnopfer*, Gießen 1914.
10 Vgl. Jakoby, »Huhn, das schwarze«.

Teiding/Send), die Kirchenherrschaft (*Zehnt*), die hoheitliche Oberherrschaft (*Steuer/Schatz/Ungeld*), schließlich die diversen Formen der persönlichen Abhängigkeit (*Eigen/Leib/Frei/Hals/Haupt/Kurmiet*) oder der dinglichen Nutzungsrechte (*Leih/Lehn/Miet/Läß*). Nur konsequent ist dann auch, wenn an den rentpflichtigen Hühnern immer wieder der Empfängertitel klebt (*Herrschaft/Bischof/Stift/Graf/Vogt/Schultheiß*), wenn Verwaltungsschriftstücke ihr Hühnerattribut führen (*Buch/Brief/Zettel/Kerb*), selbst die Geldform des Hühnerzinses ihre Herkunft nicht abstreifen kann (*Hühnergeld*) und schließlich das Zinsen von Hühnern *hühnern* heißt.

Kurz und gut, das ältere deutsche Hühnervokabular spiegelt maßgebliche Ausdruckslagen des Wirtschaftens und der Appropriation vom 13. zum 18. Jahrhundert in überraschender Breite und Differenzierung. Das Huhn, nimmt man es semantisch ernst, wird zu einem beachtlichen Geschichtszeichen der alteuropäischen Alltagskultur. Gewiss kein martialisches, etatistisches oder genialisches Ereigniszeichen, aber ein allgegenwärtiges Struktursignum, beiläufig und grundlegend zugleich. Auffällig im hier untersuchten Bestand ist zweierlei: Zum einen wird das Huhn doch selten in den Konnotationsraum des spezifisch christlichen Gebarens gezogen – außer dass es überall als Beigabe auftaucht und sich an den Heiligentagen als Zins auf den Altären häuft (oder sie umgackert). Aber es hat, soweit ich sehe, keinen Platz im Dogma, wenn man von seltenen christologischen Assoziationen des Hahns einmal absieht. Oder hat es doch ein Huhn zur Heiligkeit gebracht? Vielleicht fehlt die biblische Verankerung. Zum anderen wird viel zu wenig deutlich, wie fest das Huhn in die Handlungskreise der Frauen eingebunden ist. Die ganze Bandbreite von Hut, Pflege, Fütterung, Verkauf, Schlachtung, Zubereitung, Feder- Klauen-, Schnabelverwendung gehört hierher, durchflochten mit vielgestaltigem Brauchtum.[11] Und was etwa gäbe es zu wissen über frühere Geschlechterkämpfe um das Huhn? Beide Auffälligkeiten ließen sich nur durch eine systematische Ausweitung der dokumentarischen Basis erhärten bzw. überprüfen. Erzählungen – besonders Schwänke, die von Tieren ausgehen –, Traktate, Bestiarien, Haushaltungslehren, Wunderberichte, administrative Dokumente, Urbare, Urkunden, Einnahme- und Ausgaberechnungen. All das käme in Frage, um die semantischen Grundlinien, die hier von der altdeutschen Rechtssprache aus gezogen wurden, mit handfesten Tatsachen zu unterfüttern. Doch bleibt das noch Programm. Trotzdem dürfte Einiges zur dringend notwendigen pullologischen Erinnerungskultur beigebracht sein, das einerseits dem heutigen produktivistischen Neutralis-

---

11 Güntert, »Huhn«.

mus dem Huhn gegenüber entgegengehalten werden kann und andererseits unserer ambiguen Beziehung zur faunischen Universalie »Huhn« projektive Nahrung gibt. Dazu hat gute Hühnergeschichte zu dienen. Möge die Jubilarin ihre Hühnerdevisen im Lichte solcher Geschichte pflegen!

17. *Censum dare*
Vorstudien zur herrschaftlichen Aneignungssprache im Deutschen Reich im Spiegel von Besitz- und Zinsregistern (12. bis 15. Jahrhundert)*

Zusammenfassung

Der folgende Beitrag ist das Ergebnis einer *longue-durée*-Untersuchung, deren Aufgabe es war, relativ allgemeine Hypothesen darüber zu bilden, welches nominale und verbale Vokabular für die Besitz- und Einkunfts-Register (Urbar, *censier, rent roll/survey*) des späteren Mittelalters typisch ist – dies in Anknüpfung an eine frühere analoge Studie zum früheren Mittelalter. Dazu wurde ein breit über das deutsche Reich verteilter Bestand aus 26 Dokumenten verschiedener Herrschaften (weltliche Territorialherren, Bistümer, Stifte, Abteien, laikale Aristokratie) vom 12. bis 15., aber mit dem Schwerpunkt im 13. und 14. Jahrhundert gebildet. Jedes Dokument dieses Bestandes wurde auf die Formelsprache seiner Aussageeinheiten hin untersucht (*ibi-quis-quid-quantum*-Schema des *Item*) und mittels einer für alle Stücke gleichen Ordnung im Anhang mit typischen Passagen dokumentiert (Dossier).

Ergeben hat sich folgender Befund: Trotz breit gefächerter Nomen- und Verbregister bzw. -felder zeigt deren Verteilung in den einzelnen Dokumenten und im ganzen Bestand, dass für die sprachliche Ordnung der herrschaftlichen Aneignung in diesem Großraum im späteren Mittelalter nur jeweils

---

* Deutsche Fassung der französischen Ausarbeitung eines Workshop-Beitrages (in Jaca, Spanien, Juni 2002) über die Anthropologie der herrschaftlichen Abschöpfung (*prélèvement seigneurial*) auf dem Land (11. bis 14. Jahrhundert), organisiert vom Laboratoire de médiévistique occidentale de Paris (LAMOP) und dem Instituto de historia Simancas der Universität von Valladolid. Erschienen unter dem Titel »*Censum dare*: exprimer l'appropriation seigneuriale dans les censiers du Saint Empire romain germanique (XIIe-VXe siècles). Etude préliminaire«, in: Bourin, Monique/Martínez Sopena, Pascual (Hg.), *Pour une anthropologie du prélèvement seigneurial dans les campagnes médiévales (XIe-XIVe siècles). Les mots, les temps, les lieux*, Paris 2007, S. 23–70. Das dieser Studie beigegebene Dossier entspricht der Arbeitsweise dieser europäischen Mediävistengruppe, charakteristische Dokumente zum Thema im Anhang nachzuweisen.

zwei Wortpaare bestimmend sind: die Nomina *census/tyns* und *redditus/gült* sowie die Verben *solvere/gelten* und *dare/geben*. Während mit dem *redditus*-Nomen der herrschaftliche Anspruch ausgedrückt wird (und es dementsprechend in den Titeln bzw. Incipit vorherrscht und selten Verbverbindungen eingeht), dient *census* als Passepartout für alle konkreten Zinsarten und wird alternativ mit *solvere* oder mit *dare* verbunden. Ersteres Verb drückt ganz allgemein die Lösung des Anteils der Bauern aus ihrer Verfügung hin zum Herrn aus, letzteres weist auf die konkreten Umstände der Übergabe hin. Indizien sprechen dafür, dass das Syntagma *censum dare* im Lauf der Zeit an Terrain gewinnt. Dies erlaubt die Hypothese, dass die Aneignungssprache in diesem Zeitraum allmählich dichter an die zinsenden Betriebe bzw. Inhaber heranführt.

Dieser Kern-Befund steht in deutlichem Kontrast zu dem des früheren Mittelalters. Dort regieren das Nomen *servitium* und das Verb *debere* (als Hilfsverb) sowie die alternativen Handlungsverben *solvere* bzw. *reddere* die Aneignungssprache. Eine zweite Hypothese lässt sich also formulieren: Verglichen mit dem *servilen* und *debitiven* Ausdrucksklima im früheren Mittelalter formulieren im späteren die Herren ihre Rentenansprüche als konkrete Gegebenheiten (naturalisierte Struktur).

Die Aufgabe

Der Gedanke liegt nahe, dass eine Betrachtung zur Bedeutung der Sprache im Rahmen einer Anthropologie der herrschaftlichen Aneignung bzw. Abschöpfung im Mittelalter eine leichte Aufgabe sein könnte: Ein kurzer Bericht über die bisherigen Leistungen, gefolgt von einigen programmatischen Bemerkungen zu Stoff und Methode, würde hinreichen. Aber nicht nur die kümmerliche Forschungslage zur sozialen und ökonomischen Semantik der mittelalterlichen Zeugnisse im Allgemeinen erschwert die Aufgabe beträchtlich.[1] Es fehlen bislang auch genauere Untersuchungen über die Eigentümlichkeiten der »Sprache der Abschöpfung«, fassbar im Vokabular (Lexik) und in der Ausdrucksweise[2] in einer ihrer Hauptzeugnisgruppen, den administ-

---

[1] Guerreau, Alain, *L'avenir d'un passé incertain. Quelle histoire du Moyen Age au XXIe siècle?* Paris 2001, S. 191ff.

[2] Ich bin kein Linguist, gehöre deshalb auch keiner terminologischen Schule dieser ausgefeilten Disziplin an. Ich benutze also sprachanalytische Begriffe auf die Gefahr hin, dass sie

rativen Listen und Registern der ländlichen Herrschaften im Mittelalter über ihren Güterbesitz, ihre Vorrechte und ihre Ansprüche auf Anteile des Arbeitsvermögens bzw. der Arbeitsresultate ihrer Leute.[3] Gleiches gilt *mutatis mutandis* auch für andere Zeugnisgruppen, die um die sozialen Beziehungen in der Herrschaft oder zwischen solchen kreisen (Briefe, Urkunden, Gerichtsprotokolle, Rechnungen, Edikte, Weistümer[4] usf.). Das traditionelle Interesse an sprachlichen Inhalten ist hierbei auf sachliche bzw. rechtliche »Definitionen« ausgerichtet. Es geht also weiter um adäquate Übersetzung von Wörtern, denen man eine sinnentscheidende Position und Rolle zuerkennt.[5] Auch dann noch, wenn man die in den Zeugnissen dokumentierten Reflexionen als Diskurse, oder als sprachliche Kompromisse sozialer Konflikte zu verstehen sucht, bleibt die Perspektive intentional, begrenzt auf begriffliche Erträge bzw. soziale Ausdruckswerte. Semantischem Interesse, selbst wenn es wie hier auf Wortkategorien beschränkt bleibt, geht es um die Bedeutungsräume der Dokumente insgesamt, sowohl um die gezielten als auch die geläufigen Ausdrucksformen.

Das Problem ist aber ein Doppeltes: Es geht nicht nur um die Bedeutungsräume der mittelalterlichen Dokumente, sondern auch um die Ausdrucksgewohnheiten in den modernen Darstellungen. Zwar hat man in den Gesamtdarstellungen und in der thematischen oder regionalen Detailfor-

---

aus rigider linguistischer Sicht problematisch verwendet sind. Entscheidend ist für mich die Eignung solcher Begriffe für die gestellte Aufgabe.

3 Ich verweise nur auf neuere Einführungen wie: Fossier, Robert, *Polyptyques et Censiers*, Typologie des Sources du Moyen Age Occidental 28, Turnhout 1978; Richter, Gerhart, *Lagerbücher- oder Urbarlehre. Hilfswissenschaftliche Grundzüge nach württembergischen Quellen*, Stuttgart 1979; Dollinger, Philippe, *Der Bayerische Bauernstand vom 9. bis zum 13. Jahrhundert*, München 1982, S. 26–28; Bünz, Enno, »Einleitung«, in: *Fränkische Urbare. Verzeichnis der mittelalterlichen urbariellen Quellen im Bereich des Hochstifts Würzburg*, Neustadt a. d. Aich 1998, S. 11–42; Harvey, P. D. A., *Manorial Records*, 2. Aufl., London 1999, S. 15–24; Fossier, Robert, *L'histoire économique et sociale du moyen âge occidental. Questions, sources, documents commentés*, Turnhout 1999, S. 71–82.

4 Ein grundlegender Neuansatz für die lexikometrisch-semantische Analyse der Weistümer bei Morsel, Joseph, »Le prélèvement seigneurial est-il soluble dans les *Weistümer*«, in: Bourin, Monique/Martínez Sopenas, Pascal (Hg.), *Pour une anthropologie du prélèvement seigneurial dans les campagnes médiévales. Réalités et représentations paysannes. Colloque tenu à Medina del Campo du 31 mai au 3 juin 2000*, Paris 2004, S. 155–210 (mit Dokumentation).

5 Hierbei spielen die einschlägigen Wörterbücher/Glossare die Rolle des Sinnanbieters, dies natürlich auch für die semantische Arbeit. Entsprechend sind auch hier die mittellateinischen und mittelhochdeutschen Lexika benutzt. Aber die semantische Erkenntnis entsteht eben nicht in der Abgleichung der engen Wortumgebung im Zeugnis (Kontext der Stelle) mit dem lexikalischen Sinnaspekt. Vorrang hat der Sinn im Zeugnis als Ganzem.

schung stets auf *census* und *servitium*, die beiden zeitgenössischen Leitwörter zur Bezeichnung der seigneurialen Einkünfte, hingewiesen. Dabei hat man sich auch um die Klärung von terminologischen Besonderheiten bemüht, von denen die regional bestimmten Dokumente in Hülle und Fülle zeugen. Jede Spezialstudie ist darin buchstäblich verstrickt. Doch eine terminologische Ordnung des »wirren« Vokabulars scheint aussichtslos. Die Lösung sucht man dann im »Herausspringen« aus der Überlieferungssprache. Man benutzt in der eigenen Darstellung dann modernsprachlich konventionelle Termini – im Deutschen etwa Nomina wie Renten, Pflichten, Abgaben (und Dienste), Zinse, Einkünfte. Diese Modernisierung gilt nicht nur für die leitenden Nomina, sondern auch für die Verben, und damit nicht nur für das nominal-begriffliche Gerippe, sondern auch für die Darstellung der Abschöpfung als Handlung. Im Deutschen führt das zu Sätzen wie: Abgaben *lieferten* die Bauern an ihre Herren ab; Renten *kamen ein* oder wurden *eingenommen*; Zinse wurden *bezahlt* – die Koppelung von Subjekt und Verb kann dabei beliebig ausgetauscht werden wie bei stilistischer Variation. Auf Ähnliches trifft man in den anderen modernen Wissenschaftssprachen im semantischen Kostüm der jeweiligen Nationalsprache.[6] Aber, so ist zu fragen: treffen diese Anpassungen, diese Modernisierungen das Eigentümliche der damaligen Denkform und Ausdrucksweise? Gibt es überhaupt eine solche? Und wenn, wie lässt sie sich ermitteln und beschreiben? Dieser Aufgabe soll im Folgenden nachgegangen werden.

Vorarbeit: Das *census*-Verbfeld im früheren Mittelalter (8. bis 12. Jahrhundert)

Um klarzustellen, worum es geht, knüpfe ich an Befunde an, die sich mir bei der Suche nach dem Sinn von Geschenken im Rahmen domanialer Herrschaften im früheren Mittelalter ergeben haben. Der Untersuchungsgegenstand waren Besitz- und Einkünfteregister (8. bis 12. Jahrhundert).[7] Ich habe

---

[6] Erste wichtige Orientierungen bieten die kurzen Ausführungen von Bourin/Martinez Sopena, »Prologue«, in: dies. (Hg.), *Pour une anthropologie,* S. 11–38, besonders S. 14–18.

[7] Kuchenbuch, Ludolf, »*Porcus donativus*: Language Use und Gifting in Seigneurial Records between the Eighth and the Twelfth Centuries«, in: Algazi, Gadi/Groebner, Valentin/Jussen, Bernhard (Hg.), *Negotiating the Gift. Pre-Modern Figurations of Exchange*, Göttingen 2003, S. 193–246, besonders S. 199–209.

mich dabei nicht nur auf das nominale Vokabular beschränkt, wie dies in begriffsgeschichtlicher Perspektive üblich ist, sondern auch den Verbgebrauch einbezogen. Meine Befunde: Trotz aller unterschiedlichen Detaillierungen und Varianten im Ausdruck steckt in diesen Besitz- und Einkünfteregistern ein Deskriptions-Kern, der stets zum Vorschein kommt, wenn man alle entbehrlichen Umstände und Details der Einzelposten tilgt. Als irreduzible Teile bleiben der Ort (*locus*) und das Objekt (*res*) mit seinen jährlichen Einkommensforderungen bzw. -erwartungen (*quantitas* der *qualitates*) übrig. Dazu kommen häufig die Namen der Rentenpflichtigen. Man könnte von einem *ibi-quid(-quis)-quantum*-Schema sprechen, oder, nominal ausgedrückt: von einer *locus-res/(homo)-servitium/census*-Kombination, die auf die Menge des Anzueignenden zielt. Das nominale Grundvokabular (*qualitates*) dieses Schemas bezieht sich auf drei Bereiche:

1. auf die Besitzeinheiten,
2. auf die Abhängigen,
3. auf den Katalog der bemessenen Zinse und Dienste.

Diese Angaben schrumpfen oder entfalten sich je nach Beschreibungsstil bzw. Redaktionstyp. Im einen Falle kommt man mit nur drei *qualitates*-Substantiven aus, im anderen braucht man mehrere Dutzend. Jede fest stilisierte Aussageeinheit ist von der anderen syntaktisch (und auch graphisch) abgesetzt. Seit dem 8. Jahrhundert kommt ein einleitendes Adverb in Gebrauch, das später das Signet für alle nach einem gleichen Schema formulierten Einheiten eines Registers (bzw. einer Liste) bildet – das *Item*. In jeder *Item*-Einheit eines Registers ist dessen zielgerecht redigiertes Grundvokabular präsent.[8] Geht man über die nominale Grundstruktur der Register hinaus und interessiert sich für die in ihnen ausgedrückte Handlungsweise, dann trifft man auf einen breiten Bestand von Verben. Zwischen die meist am Anfang stehende Besitzerfassung *(habemus in N. mansos X)* und die abschließende Summierung *(Sunt in summa)* schieben sich regelmäßig Translationsverben wie *accipere, colligere, dare, debere, donare, exigere, exire, facere, prestare, recipere, reddere, (per-, ex-, de-, ab-)solvere, venire;* lediglich das Verb *censere/censire* fehlt.[9] All diese Verben rufen die Handlungen der an der Abschöpfung Beteiligten auf. Konzentriert man sich auf die *census*-verbundenen Verben und lässt das weit aufgefächerte Gebrauchsfeld von *servitium* bzw. *servire*

---

8 Siehe hierzu am Fall der Abtei Werden/Ruhr den Beitrag »*Register* und *Rekenschap*«.
9 Dazu kommt natürlich das für die frühmittelalterlichen Domänen typische breit gefächerte Verbfeld der *servitia*.

beiseite, das – nicht nur – für die frühmittelalterlichen Register so zentral ist[10], dann ergibt sich ein überraschender Befund. Im sprachlichen *census*-Umfeld sind nach Position und Häufigkeit nur sechs Verben ausschlaggebend: die Verben *debere, solvere, reddere, dare, exire* sowie *venire*. Was ist charakteristisch für ihren Gebrauch?

Debere fehlt in so gut wie keinem Verzeichnis. Es kann alle anderen Verben ersetzen bzw. ist mit ihnen kombinierbar (*dare debent, solvere debent, servire debent* usf.). Man könnte dies den debitiven Grundzug der Aneignungssprache nennen. Dieser Sollensmodus, innerhalb dessen der Hortativ und der Optativ kaum voneinander trennbar sind, kann natürlich ebenso durch den Konjunktiv der anderen Verben ausgedrückt werden. Insofern fungiert *debere* als generalisiertes Hilfsverb des ganzen Ausdruckssystems. Mit dem Gebrauch von *solvere* wird die Aneignung des *census* als Loslösung dinglicher Art imaginiert, der eine Aufteilung des Jahresertrags (*conlaboratus*) im Wirkungsbereich des Bauern und seiner Habe vorausgeht. Der Bauer soll den *census* ganz konkret von seinem erarbeiteten (Jahres-)Ertrag »lösen«. Wovon, also von welchem dinglichen Substrat, und wofür, das wird immer wieder en passant eingeflochten: pauschal *de suo*, im Einzelnen *de manso, de capite, pro pasco, in hoste* oder mittels adverbialer oder präpositionaler Wendungen (mit *unde, (ex)inde, ex hoc* usf.). All das muss also nicht an den (namentlich genannten) Pflichtigen (sein *caput*) gebunden[11], sondern kann ebenso in der konzedierten Habe (*domus, casa, curtis, mansus*) verankert sein. Durch die Namensnennung wird die aktuelle Pflicht zur Zinsentrichtung ausgedrückt, mit der Habe die dauerhafte. Man konnte also zwischen der Habe und dem Haupt als Index unterscheiden und – begrenzt auf zeitliche Perspektive – wählen. Mit dem Gebrauch von *reddere* wird wohl zweierlei ausgedrückt. Im ersten Wortglied wird der Rückbezug auf eine nicht im

---

10 Verb (*servire*) und Substantiv (*servitium*) bilden im früheren Mittelalter die Hegemonialwörter nicht nur für die ökonomische, sondern, viel weiter gehend, für die soziale Synthesis. Hierzu Demade, Julien , *Ponction féodale et société rurale en Allemagne du sud (XIe-XVIe siècles). Essais ur la fonction des transactions monétaires dans les économies non capitalistes*, Strassburg 2004, Teil 1.

11 Ich vermeide hier das Wortpaar »Person/persönlich«, ebenso die Antonyme »persönlich/sachlich« bzw. »dinglich« weil damit eine grundsätzliche konzeptuelle Modernisierungen eingeführt wären, für die es noch keine allgemein gültige Grundlage in der hier untersuchten Herrschaftssprache gibt. Die *persona* bzw. das *personaliter solvere, dare* usf. fehlt so gut wie ganz in der mittelalterlichen Aneignungssprache. Was an die Stelle der »Person« gehört – *caput, corpus, homo, nomen, vir, mansuarius* usf. –, stellt eine zentrale künftige Forschungsaufgabe dar. Zu Ausnahmen, die zum Ausgangspunkt taugen könnten, siehe weiter unten.

Register enthaltene, nicht näher datierte Voraus-Gabe – das heißt die Konzession des Gutes (Leiheakt) angespielt. Im zweiten ist es der der Ab-Lösung folgende nächste Schritt, die Ab-Gabe, durch die sich der bäuerliche *conlaboratus*-Anteil zum herrschaftlichen Anteil (*pars*) wandelt. *Solvere* bzw. *reddere* meinen also verschiedene *census*-Bewegungen, die vom Bauern ausgehend zum Herrn führen. Am einen Pol die (Los-)Lösung, die bäuerliche Abtrennung des Zinses, am anderen Pol der Transfer des Zinses an den Herrn in der Vorstellung als Rückgabe, als Ausgleich für dessen Vorleistung. Es scheint den Schreibern relativ frei zu stehen, für welches der zwei Ausdrucksmuster, das solvitive oder das redditive, sie sich entscheiden. Beide aber werden vom debitiven als dem allgemeineren Muster überlagert.

Dementsprechend kommt es, wenn Aussagen größerer Tragweite gemacht werden, immer wieder zur Verklammerung, Überlappung oder Ineinssetzung von Schuldigkeit, Rückgabe und Loslösung, Zum Beispiel: *censum reddere debent, solvunt* bzw. *reddunt omne debitum, cum plena redditione sui debiti, reditos terre [...] dissolvant, solvit in omni servitio et censu* u. a. m.¹²

Das Verb *dare* dagegen dient wesentlich dazu, bestimmte, konkretere Bedingungen der Entrichtung zu formulieren: Abweichungen von der Norm, Termine, statusspezifische Besonderheiten. Die dative Attitüde wird immer dann gewählt, wenn bereits die Über-Gabe des Zinses durch den Pflichtigen imaginiert wird, wenn man sich diesen Vorgang konkret als direktes, das heißt termin- und ortsgebundenes Überreichen/Übergeben vorstellt. Im *dare*-Gebrauch ist die Ausdrucksweise auf den – auch als Geste präsenten – Moment zugespitzt, in dem sich der *census*-Anspruch definitiv zum Empfang einer Sache konkretisiert. Man könnte dies den »dativen Augenblick« nennen. Mit ihm driftet die Aussage bereits vom debitiven Grundmuster, das ja den abstrakten Ausgangspunkt der Aneignung deckt, hin zu ihrem Resultat, dem *receptum*, dem Leitterminus der späteren Einnahmerechnungen. Man kann diese Beobachtung dahingehend verallgemeinern, dass den Schreibern ganz bestimmte Verben, besonders aber ihre Kombinationen für gezielte Präzisierungen und für Nuancierungen zur Verfügung stehen – ein flexibler, für verschiedene konzeptionelle Entscheidungen offener Ausdrucksraum ist er-

---

12 Solches Verschwimmen/Überlappen/Ineinanderfließen der Ausdrucksbereiche bleibt im Übrigen nicht auf das Latein beschränkt. Im altsächsischen Verzeichnis der Abtei Freckenhorst (Münsterland) wird, was die Nonnen von ihren Bauern erwarten, immer wieder zu dem Standardsatz geschürzt: *Thit sind thie sculdi* (= »Schuld«/*debitum*), *the* (die) (*gebure*) *an the* (den) (*Meier-)hof geldad* (= »vergelten«/*reddere*). Friedländer, Ernst (Hg.), *Die Heberegister des Klosters Freckenhorst nebst Stiftungsurkunde, Pfründeordnung und Hofrecht*, Codex Traditionum Westfalicarum I, Münster 1872, S. 25–59.

kennbar. Die Passagen, in denen die Verben *exire* und *venire* vorkommen, zeigen einen ganz anderen Lösungsweg auf. Betroffen sind meist Besitzobjekte außerhalb des direkt genutzten Besitzes (*Salland*) und der *mansus*-Ordnung. Diese Verben erlauben, die eben erläuterten Schritte des Aneignungsweges zu einer dinglichen Vorstellung zusammenzuziehen, bei der alle sozialen Umstände der Aneignung getilgt sind. Es sind hier die Besitzobjekte selbst, aus denen die Erträge kommen.

Zusammengefasst: Im Verbgebrauch der frühmittelalterlichen Verzeichnisse wird insgesamt ein Aktiv-Register von Transferansprüchen realisiert, das im Wesentlichen sechs Ausdruckskomponenten enthält. Bestimmend für alle Verzeichnisse ist ein allgemeines, debitives Ausdrucksklima. Die Bauern stehen in der Schuld ihrer Herren; die *census* werden als zu entgeltende Schuld imaginiert und aufgezeichnet. Diese kann nun grundsätzlich mittels zweier Muster konkretisiert sein. Jedes der beiden repräsentiert eine eigene Sicht: das erste, das solvitive, setzt direkt beim Pflichtigen an, das zweite, das redditive führt zum Empfänger (zurück). Ob bzw. inwiefern die redditive Option als reziprozitäre Imagination verstanden wurde, lässt sich aus der Sprache der Register nicht entscheiden, denn Vor- bzw. Gegenleistungen gleich welcher Art gehören nicht in ihren Absichtshorizont. Ergänzt werden beide Muster durch drei Attitüden. Am häufigsten ist die dative Attitüde, welche die Situation der Zins-Übergabe imaginiert. Nur selten ist diese Attitüde jedoch zum dominanten Muster verallgemeinert. Nie geschieht dies beim Gebrauch von *exire* und *venire*. Ihr gelegentlicher Gebrauch erlaubt eine um die Pflichtigen gekürzte, sozusagen ahumane Vorstellung von der Realisierung der Ansprüche und damit eine verdinglichte Imagination der Aneignung. Die geringste Bedeutung hat der Gebrauch von *donum* und *donare*. Nomen und Verb erscheinen wie Konzessionen an Phänomene, die nicht zur normalen *census*-Aneignung gehören, wohl aber zu ihrer Spezifikation und zur Modifikation benutzt werden können. Überblickt man schließlich diese Ergebnisse zeitlich und räumlich, dann ergibt sich als wichtigste Beobachtung, dass der Verben-Bestand – abgesehen vom Schwinden des *donare*-Gebrauchs seit dem späteren 9. Jahrhundert – konstant verwendet bleibt. Benutzungstrends sind nicht deutlich zu erkennen – ein stabiler Code, so scheint es. Auch in den Fällen, in denen man die Ausdrucksweise in einer Serie von Registern der gleichen Herrschaft durch die Zeiten (9. bis 11. Jahrhundert) verfolgen kann, ergibt sich wenig Prägnantes über Konstanz oder Änderung des verbalen Deskriptions- und Registrierungsstils. Kontinuierlich bewahrte Ausdruckstraditionen stehen neben kurzfristigen Änderungen. Keine Antwort ist bislang darauf möglich, warum um die Alpen herum und in England dem redditiven Muster und in den Großregionen der karolingischen Francia dazwischen dem solvitiven Muster der Vorzug gegeben wird.

Das Dossier – Ausrichtung und Methode der Untersuchung

An diese Ergebnisse kann angeknüpft werden. Dazu wird der Rahmen erweitert: Nicht nur die Verben, sondern auch die Titulierungen, die Nomina und die Präpositionen sind zu berücksichtigen.[13] Die Hauptfrage ist dabei: Bleibt die nominale und die verbale Kodierung des Sinnfelds der Aneignung in der folgenden Zeit (späteres 12. bis frühes 15. Jahrhundert) die gleiche? Oder lassen sich Veränderungen konstatieren? Von großem Nutzen bei der Durchsicht der ausgewählten Dokumente waren die Fragen, die Monique Bourin und Pascual Martínez Sopena stellen:

– nach dem Einfluss der Dokumententypen auf die Ausdrucksweise,
– nach den Schlüsselwörtern im jeweiligen semantischen Feld der Abschöpfung,
– nach dem Verhältnis zwischen den standardisierten Formeln und den Nuancen,
– nach den Beziehungen zwischen der lateinischen und der vernakulären Ausdrucksweise,
– nach den Gemeinsamkeiten und Differenzen im *census-* und im *servitium*-Feld.

Dreierlei muss ich zur Charakterisierung des hier gewählten Weges vorausschicken:

1. Bei der Durchsicht der Dokumente galt meine Aufmerksamkeit vier Teilphänomenen: am Anfang der Dokumente den Incipit-Titeln bzw. Intitulationen, das heißt den Versuchen einer thematischen Zusammenfassung des Schriftwerks als einem Ganzen. Weiter suchte ich nach den leitenden Nomina und ihren Positionen im ganzen Zeugnis (*redditus, census, servitium* usf.). Der zweite Schwerpunkt lag bei den Verben und ihren syntaktischen Verbindungen im *servitium-* und *census*-Feld. Daneben habe ich schließlich

---

13 Hierzu allgemein Fritz, Gerd, *Historische Semantik*, Stuttgart/Weimar 1998.

auch ergänzend auf den Gebrauch von Präpositionen geachtet, weil diese, in der Verbindung mit den jeweiligen *qualitates*, die Radizierung, die sachliche Verankerung der *census* zum Ausdruck bringen können. Bei all diesem Suchen habe ich vor allem nach den Regelmäßigkeiten der Ausdrucksweise, den regierenden Formeln im jeweiligen Dokument gesucht. Nuancen, Abweichungen und Verdeutlichungen konnten, um das Ganze nicht ausufern zu lassen, nur exemplarische oder ergänzende Beachtung finden.

2. Ich habe die Befunde weder ausgezählt noch ihre Häufigkeit bzw. Verteilung errechnet, sondern mich auf grobe Qualitäten wie »regelmäßig«, »häufig«, »lückenhaft«, »selten« bzw. »gar nicht« beschränkt. Dies deshalb, weil bei der Abfassung jeder standardisierten Aussageeinheit, in jedem *Item* sozusagen, die hier betrachteten Wortarten des Formulars nicht ständig wiederholt zu werden brauchten, weil sie sowohl dem Schreiber als auch dem Benutzer unausgesprochen präsent waren. Diese Tendenz aller Register-Sprachen zur Auslassung alles Selbstverständlichen bis hin zur vollständigen Eliminierung alles Syntaktischen, das heißt bis hin zur möglichst reinen Nomen-Zahl-Kombination von *qualitas* und *quantitas,* macht sie für formalisierte Auszählungsverfahren des Vokabulars ungeeignet.[14] Ob diese Rechtfertigung wirklich tragfähig ist, muss die künftige Forschung entscheiden.

3. Bei der Auswahl der 26 Zeugnisse habe ich nicht auf räumliche Dichte und Geschlossenheit, sondern auf breite Streuung geachtet. Chronologisch ist es mir um den Anschluss an den Registerbestand in der oben referierten Studie gegangen, also um die Zeit ab dem späteren 12. Jahrhundert. Der Schwerpunkt liegt im 13. und 14. Jahrhundert (19 Zeugnisse). Im 15. Jahrhundert nimmt die administrative Schriftlichkeit so zu, dass Repräsentativität nur über einen völlig veränderten Aufwand erreichbar gewesen wäre (oder, wahrscheinlich richtiger: durch regionale Verdichtung und Beschränkung). Dabei habe ich räumlich auf das Römische Reich Deutscher Nation, institutionell bzw. sozial auf Register verschiedener Herrschaftstypen geachtet: Zeugnisse aus 8 Abteien, 5 Stiften, 3 Bistümern, von 3 Landesherren sowie zwei aus der hohen, eines aus der niederen Aristokratie. Neben der großen Mehrheit von Besitz- und/bzw. Einkünfteregistern habe ich ergänzend zwei Einkünfterechnungen (St. Blasius, Hattstatt) berücksichtigt. Lo-

---

14 Am meisten bietet in der Regel die Ausdrucksweise im ersten Abschnitt, mit dem exemplifiziert wird. Hier ist die Chance am größten, das Formular vollständig (besonders mit den später weggelassenen Verben) vorzufinden.

kale Hofrechte und Weistümer, regionale Gewohnheiten und urkundliche Einzelabmachungen sind beiseitegelassen.[15] Schon oberflächlichste Übersicht macht klar, dass diese Schriftgattungen jeweils eigenständige Sinnbezirke repräsentieren. Sie sind in einem späteren Arbeitsschritt zu berücksichtigen. Fünf der gewählten Zeugnisse sind bereits in vernakulärer Sprache verfasst: eine unverzichtbare Ergänzung des (ober-)deutschen Vokabulars zum lateinischen der Mehrheit der Register. Die Gesamtheit der Zeugnisse nenne ich im Folgenden »Dossier«, jedes Einzelzeugnis ab und zu auch »Fall«.

In einer chronologisch geordneten Übersicht der Zeugnisse/Dokumente (Ziffern 1–26) habe ich die Befunde wörtlich zusammengestellt – Namen und Zahlen sind getilgt –, bibliographisch aber nur pauschal, also ohne Angabe der einzelnen Seite pro Beleg nachgewiesen. Viele Belege in den Zeugnissen zeigen auch, dass ich sie nicht durchgehend dem Gesamtwortlaut des (oft sehr ausgedehnten) Zeugnisses entnommen, sondern mich um sinnvolle Abkürzung bemüht habe – und zwar im Wege einer Auswahl typischer Abschnitte/Kapitel (Ämter, Ortschaften). Auf diesen Belegbestand beziehe ich mich in den folgenden Bemerkungen und Erwägungen. Er ist unterteilt in drei Kategorien:

1. die Sätze/Formulierungen/Termini am Beginn des Dokuments – Titel bzw. Incipit (abgekürzt: T/I);
2. das Formelgut in der Reihenfolge seiner Bedeutung für das Zeugnis (abgekürzt: Fa, Fb, Fc usf.);
3. auffällige Nuancen in der Diktion und bei der Konkretisierung von sachlichen Details (abgekürzt: N1, N2, N3 usf.).

Insgesamt habe ich mich also noch im Vorfeld methodisch gesicherter semantischer Feldanalysen vollständig erfasster Texte bewegt. Es ging um Indizienermittlung zum Zweck vorläufiger Hypothesenbildung, mehr um eröffnende Evidenz als um gültige Stringenz innerhalb einer sprachlichen Oberfläche als ganzer.

---

15 Im *Oculus Memorie* der Abtei Eberbach (Nr. 1) sind die urbariellen Notizen eng mit den Urkunden und Kurzberichten über den aktuellen Besitz (Käufe und Verkäufe, Tauschgeschäfte) verknüpft.

Die Befunde – Beobachtungen im semantischen Feld

Nach kurzen Hinweisen darauf, wie die Schreiber bzw. Redakteure ihr Schriftstück zusammenfassend nennen und institutionell verorten, sollen im Folgenden zuerst die Aneignungs-Substantive im Kontext der sachlichen und rechtlichen Besitzbezeichnungen erörtert werden, danach die verbalen Ausdrucksformen. Wiederholungen, die sich dabei notwendig ergeben, muss ich um der lexischen Klarheit willen in Kauf nehmen.

Gattungsbezeichnungen

Im Dossier ist weder eine verfestigte Gattungsterminologie der administrativen Schriftguttypen erkennbar, noch auf dem Wege. Die Titel und Incipits der Zeugnisse sind nach Form und Ausdruck instabil. Zwischen nominal verdichteter Kurzüberschrift (etwa ein Ortsname: *in ON sunt; de ON*) und erzählendem Eingangssatz (*hii sunt [...], qui anno [...] in loco ON*) gibt es viele Zwischenstufen; breit ist auch die Palette der sachlichen Dimensionen.[16] Selten ist die formale Kennzeichnung des Schriftstücks. Im 12. und 13. Jahrhundert ist es die *adnotatio* (Nr. 2, 11), im 14. und 15. das *registrum* (Nr. 17, 26: dort formal näher gekennzeichnet als: *registrum ordinatum [...] secundum ordinem litterarum alphabeti*). An dieses Nomen knüpfe ich im Folgenden an. Höchst anschaulich ist der Titel des Eberbacher Kartular-Urbars (Nr. 1): *Oculus memorie* – das herrschaftliche Schriftwissen über Besitz und Einkünfte als wachsames Auge des Gedächtnisses, das den lesenden Augen der Gegenwart hilft, die Zukunft von Besitz und Einkommen zu sichern. Im Herforder Urbar (Nr. 5) hat man ein hochinteressantes, ganz anders ausgerichtetes Incipit gewählt: *Hic inscripti sunt omnes debitores Hervordensis ecclesie*. Eine Begriffswahl, die auf die Verschuldungs-Perspektive der Herrschafts-Leute abzielt.[17] In einem Subtitel des Osterhofener Registers wird schließlich die Ertragssicht in ein Nomen gefasst: *hoc registrale urbarium* (Nr. 26/T/I). Im ersten Teil des Dossiers referiert der *titulus* mehrfach

---

16 Zur Entstehung administrativer *tituli* aus *incipit*s vgl. Kuchenbuch, Ludolf, »Ordnungsverhalten im grundherrlichen Schriftgut vom 9. zum 12. Jahrhundert«, in: Fried, Johannes (Hg.), *Dialektik und Rhetorik im früheren und hohen Mittelalter. Rezeption, Überlieferung und gesellschaftliche Wirkung antiker Gelehrsamkeit vornehmlich im 9. und 12. Jahrhundert*, München 1997, S. 175–268.

17 Im Binnen-Wortlaut dominiert dann freilich die *res*-bezogene, auf Dauerhaftigkeit der Ansprüche abzielende Ausdrucksweise (Nr. 5/Fb).

auf die regionale administrative Ordnung: *officium, ampt, burg; curia, haupthof* (Nr. 3/A-C, 6, 7, 9, 11, 13). Später stehen Besitztermini, Substantive und Verben, im Vordergrund: *bona, possessiones, terra, esse, haben* (Nr. 15, 16, 18, 20, 21, 22, 25), oft in enger Verbindung mit den Schlüsselwörtern der *tituli*, den *census*-Wörtern.

Substantive

Damit sind wir beim Bestand der Nomina in Titel und Wortlaut der Zeugnisse. Zu beginnen ist mit einem überraschenden Grundbefund: Das *servitium*, das hegemoniale Nomen im früheren Mittelalter[18], fehlt im Dossier nahezu vollständig. Es bildet also kein prominentes Element der Aneignungssprache. Eine Ausnahme bestätigt die Regel.[19] Im durch die Register repräsentierten Ausschnitt der Verwaltungssprache spielt also der Dienstgedanke keine konstitutive Rolle. Worauf lässt dies schließen? Hat man es allein mit einer gattungsinternen Erscheinung zu tun? Das scheint fraglich. Dagegen wird man einen Zusammenhang mit dem Übergang der bipartiten Domanialstrukturen in diverse Pacht- und *census*-Regime schwerlich leugnen können. Allerdings soll damit nicht gesagt sein, dass der Schwund vollständig und definitiv wäre. In vielen Registern dürfte das *servitium* fehlen, weil der Verschriftungszweck ganz auf die *census*-Erträge abzielte, also nicht deshalb, weil die Umwandlung von Frondiensten in *census*-Formen abgeschlossen war, ohne weitere Ausdrucksspuren zu hinterlassen.[20] Warum die *servitia* so weitgehend weggelassen sind, ist zunächst immanent, also jeweils im Einzeldokument zu klären. Einige Anhaltspunkte dafür sollen hier aus dem Dossier beigebracht werden. Das *servicium curruum* im Formular des Landbuchs der Mark Brandenburg, glossiert mit *rosdynst vel mandinst* (Nr. 22/Fc), ist ein deutliches Indiz für mannigfache *servitia*, die in den sich ausweitenden Bereich landes- und gerichtsherrlicher Ansprüche gehören (Visitation, Gastung, Burg- und Trossdienst). Hier bieten der *Falkensteiner Codex*

---

18 Vgl. Demade, *Ponction*.

19 Das *servicium* in Nr. 26/N1, das dort eindeutig nur den *census*-Sinn deckt, steht zu isoliert da, um eine weitergehende Bedeutung für das Dossier zu haben. Ob es sich um eine regionale sprachliche Besonderheit handelt oder um einen Trend, der für das 15./16. Jahrhundert typisch sein könnte, wäre die anschließende Frage. Zum *dare*-Sinn des dortigen *servire* vgl. weiter unten.

20 Ein typischer Satz im Neumärker Landbuch, der auf diese Vorgänge zurückweist: *PN pro servicio X (mansos); nunc dedit pactus Y solidos* (Nr. 19/Fb).

und die Register des Busdorfstifts und Salzburgs solide Details (Nr. 2/Fa-Fb; Nr. 3B/Fc; Nr. 6/Fa). Weiter sind diverse Dienste im Umfeld von domanialen Betrieben (*villicatio*) nötig, die nicht auf autonome Regie zu fixierter oder quotierter Pacht umgestellt sind oder mittels saisonal beschaffter Lohnknechte bewirtschaftet werden. Klare Belege hierfür bieten viele Trierer Villikationen (Nr. 8/Fb und Fe). Gleiches gilt für Melker und Essener Meiergüter (Nr. 11/Fd; 17/Fb), für Salzburger Hufen (Nr. 3C/Fa), ein Herforder Weingut (Nr. 5B/Fc), für viele Herrschaften Bayerns[21] sowie andere Regionen im Reich und anderswo im katholischen Europa.[22] Vergessen werden sollte auch nicht die gehobene administrative Ebene der vielen *ministeria*. Ihr servitialer Grundzug bleibt vielfach präsent, auch wenn die Dienste längst zu Zinsen kommutiert sind.[23] Dennoch: Die Abwesenheit des *servitium* im Nominalvokabular des Dossiers muss man ernst nehmen. Es bleibt die Hypothese, darin ein Kennzeichen der Epoche zu sehen.[24]

Das *census*-Vokabular ist vielfältig, aber nicht strukturlos. Ich habe im Dossier folgende lateinischen Termini mit ihren deutschen Äquivalenten, soweit möglich[25], gefunden: *census/tyns, redditus* (Rente) bzw. *gült/gelt (schultgelt, ungelt), pactus* (Pacht), *decima/zehend, iura/rehte, ususfructus/nutz, exactio/sture, precaria/bede, tributum, pensio, xenium, mortuarium, collectus*. Die Verteilung dieses Bestandes ergibt überdeutlich, dass alle Wörter außer *census* und *redditus* nur in spezifizierten Aussagemomenten bzw. -feldern auftau-

---

21 Vgl. Dollinger, Philippe, *Der Bayerische Bauernstand vom 9. bis zum 13. Jahrhundert*, München 1982, S. 147–158; Details aus den Abteiherrschaften Benediktbeuren, Tegernsee und Geisenfeld (13. Jahrhundert): ebd., S. 443–454.

22 Kuchenbuch, Ludolf, »Vom Dienst zum Zins? Bemerkungen über agrarische Transformationen in Europa vom späteren 11. zum beginnenden 14. Jahrhundert«, in: *Zeitschrift für Agrargeschichte und Agrarsoziologie* 51/1 (2003), S. 11–29.

23 Hier lässt sich anfügen, welche Bedeutung die Servitialordnungen für die Beschickung der *mensa* des herumreitenden deutschen Königs (*servitium regis*) hatten. Hierzu Göldel, Caroline, *Servitium regis und Tafelgüterverzeichnis: Untersuchungen zur Wirtschafts- und Verfassungsgeschichte des deutschen Königtums im 12. Jahrhundert*, Sigmaringen 1997. Gleiches gilt für die Servitien bzw. Reichnisse/Präbenden für die Kanoniker nach der Auflösung der Stiftsmensen sowie für die Ämter nach der administrativen Binnendifferenzierung vieler Konvente. Aufschlussreiche Belege etwa für das Domstift Bamberg bei Guttenberg, *Urbare*.

24 Hier wäre der Anschluss zu suchen an die hochinteressante neue Hypothese von Demade, Julien, »Les ›corvées‹ en Haute-Allemagne. Du rapport de production au symbole de domination (XIe-XIVe siècles)«, in: Bourin/Martínez Sopena (Hg.), *Pour une anthropologie*, S. 337–363.

25 Für die frühdeutschen Übersetzungen ist benutzt: Diefenbach, Lorenz, *Glossarium Latino-Germanicum mediae et infimae aetatis*, Nachdruck Darmstadt 1997 (1857).

chen. Dies sind einerseits breite, um Vollständigkeit bemühte Reihungen der Besitz- und Einkommensarten im Incipit bzw. Titel. So im Habsburger Urbar: Aufgezählt ist ein funktional nicht ganz klares Konglomerat: *gulten, sture, nutze und recht* (Nr. 13T/I). Präziser wird im Brandenburger Landbuch gesprochen. Dort wird bereits – ein seltener Fall – in der Fragenliste ein Quartett von Einkommensarten aufgeführt, das für die folgenden lokalen Inventarisierungen konsequent gilt. Erfragt werden soll, *quid de pacto, de censu, de decimis, de precaria* zu erwarten ist (Nr. 22/Fragenliste; ähnlich, aber ohne Fragebezug, das Landbuch der Neumark: Nr. 19). Im Konstanzer Urbar wird nicht nur nach Getreide- und Geldzinsen *pro censu, pro advocacia* und *pro castro* unterschieden, sondern auch pauschal von *styris, mortuariis et aliis iuribus ac iurisdiccionibus* gesprochen, die dem Bischof zuständen (Nr. 14/N1), ähnlich im Salzburger Register von 1290 (*pro censu, pro steura*: Nr. 3C/Fc). In diesen vier Registern wird eine landesherrlich erweiterte Sichtweise deutlich, die über die normalen *annuatim*-Erträge der bäuerlichen *census*-Objekte hinausführt, besonders zur Steuer (bzw. Bede) und zu Gerichtserträgen.[26] Derlei konnte für Adels-, Stifts- und Klosterherrschaften weniger gelten. Dort kommt man meist mit einem Terminus, entweder den *census/tynsen* oder den *redditus/gülten* aus (Nr. 1, 7, 11, 12, 15, 16, 17, 24). Weiter kombiniert man beide (Nr. 9) oder einen der beiden Termini mit anderen Rentenformen (*redditus/ususfructus*: Nr. 3, 10; *gült* und *nutz*: Nr. 7, 23). Oder man intituliert ausgehend von allgemeinen Gütertermini: *bona, possessiones, terrae* (Nr. 6, 8, 15, 21) und verbindet diese mit einem geläufigen Zinswort: *bona et redditus* (Nr. 18, 20). In den programmatischen Titulaturen der großen Mehrheit der Dokumente regiert also das Wortpaar von *census* und *redditus* bzw. *tyns* und *gült* das nominale Bezeichnungsverhalten. Und auch beim gelegentlichen Einzelgebrauch ist dies nicht anders.[27] Dies stellt ein deutliches Ergebnis dar.

Demgegenüber fällt der Gebrauch der anderen Nomina außerhalb von Titulatur und Incipit radikal ab. Das *tributum*, nur im ohnehin konservativ

---

[26] Meines Erachtens passt das *incipit* des Trierer Registers in diese breite Perspektive: *Hec sunt iura archiepiscopi in ON* (Nr. 8/T/I). Die *iura* dienen als möglichst breiter und übergeordneter Terminus. Ähnlich das Essener Stiftsregister (Nr. 17/T/I)

[27] Diese nominale Bezeichnungsattitude greift auch auf attributive Formulierungen über, so zum Beispiel im Register von St. Michael in Hildesheim in der Unterscheidung der *areae censuales* von den *areae decimales* (Nr. 15/Fa), oder zeigt sich bei den typisch deutschen Zins-Wortkombinationen im Pappenheimer Urbar (Nr. 7/Fb: *habergült, käßgült* u. a. m.). Gleiches begegnet in einer dortigen Weisung: *Wann ain hinderseß, der zinsber ist dem hof, von tod abgat, so nimbt der man von im daz best haubt an sich, daz er hat* (Nr. 7/N2).

formulierten Falkensteiner Codex belegt, ist hier als Äquivalent zum *census* zu verstehen, allerdings in pauschalisierender Absicht (Nr. 2/Fc). Sein Gebrauch, im bayerischen Sprachraum üblicher als anderswo[28] ist wohl gebunden an Visitation bzw. Gastung. Die Verbreitung des Zehnten (*decima*) in den *census*-Katalogen ist nicht nur Ausdruck seiner parochialen Durchsetzung, sondern ebenso seiner grundherrlichen Nutzung (Nr. 19, 22).[29] Gleiches gilt für die Bede/Steuer (*sture, precaria, exactio*) (ausführlich: Nr. 13, 3B/C), die zunehmend von Inhabern landesherrlicher Rechte erhobene *census*-Form. Beide Formen geraten schnell in den für alle Einkommensformen so typischen Sog der Fixierung und Valuierung, der Parzellierung und Mobilisierung (Verkauf, Verpachtung).[30] Mit dem *xenium*, nur einmal belegt (Nr. 11/N1), sind Gaben (Geschenke) angesprochen, welche die Leute ihren verschiedenen Herren bei diversen Begegnungen mitbringen und anbieten, die aber nur schwer zählbar und in feste Ansprüche umsetzbar, also kaum für festgelegte Aufzeichnung geeignet waren.[31] Das *mortuarium*, als Anteil am mobilen Vermögen beim ihrem Tod erhoben, fällt, ähnlich wie die Geschenke, aus den vom agrikolen Jahresertrag abzulösenden Ansprüchen heraus, und gehört deshalb nicht in das typische *Item* der Register.[32] Schließlich der *collectus*: Nur in den beiden Rechnungen des Dossiers ist er belegt und erweist durch seine syntaktische Umgebung, dass er für dem Abschluss der Aneignung, den Empfang steht (St. Blasius, Nr. 12/T/I: *census collectus*; Landvogt von Hallstatt, Nr. 23/Fa: *empfieng ich von der colleckten (den zinsen bzw. des zehenden) wegen*). Der seltene Gebrauch, der besondere Ort und Sinn all dieser Termini bestätigen den Grundeindruck, dass sowohl bei der Titulierung der Register als auch in ihrer *Item*-Sprache im Fahrwasser vor allem zweier Nomina gedacht und geschrieben wurde: *census/tyns* und *redditus/gült*. Die *servitium*-Lücke und die *census/redditus*-Dominanz sind, so kann man schon hier resümieren, die herrschenden Phänomene im Nominalvokabular des Dossiers.

---

28 Dollinger, Philippe, *Der Bayerische Bauernstand vom 9. bis zum 13. Jahrhundert*, München 1982, S. 172.

29 Das *pactum* im Brandenburger Landbuch, regelhaftes, jährlich fixiertes Getreidequantum, ist als Resulttat solcher Vorgänge zu verstehen (Nr. 22/passim).

30 Das Unstete, ja »Flüssige« der *sture/precaria* wird deutlich in den Registern der Habsburger und denen von Konstanz, Essen und der Neumark (Nr. 13/Fa; 14/N1; 17/N2; 19/N1). Im Brandenburger Landbuch (Nr. 22/pass.) scheint die Lage stabiler, oder besser: vorläufig erstarrt zu sein.

31 Vgl. Kuchenbuch, *Porcus donativus*..

32 Für diese Einkunftsart werden später allerorten eigene Register geführt oder besondere Sektionen in *receptus*-Rechnungen eingerichtet.

Damit können wir zur Radizierung der *census/redditus* übergehen. Wie und wo sind sie verankert, wofür gehen sie an den Herrn? Es geht, wie im Konstanzer Urbar ausgedrückt, um die *ratio* der Aneignung (Nr. 14/N2).[33] Verglichen mit dem früheren Mittelalter hat sich der Fächer der materiellen Substrate enorm ausgefaltet. Fast jedes Register zeugt davon. Viel hängt im Einzelnen jedoch davon ab, wie weit die Beschreibung der Güterbestände jeweils ins Detail vorangetrieben wurde. Bei pauschalen Großindizes wie *predium* oder *bona* ist dies weniger zu erwarten als etwa in parzellierten Weinbauorten oder mitten in Ortschaften, wo der Ertrag jeder Kleinstparzelle, jedes Hauses und Gärtchens zählte. Wichtiger aber ist, ob die für das frühere Mittelalter typische Betriebseinheit des *mansus* aufgelöst ist, nun also das Haus bzw. der Hof (*domus, hus, boda, curia, curtis, area, scopoza, hofstat,*), die diversen Bodenanteile (*mansus, vinea, iugum, campus, pratum, garten* usf.) und alle anderen Nutzungsberechtigungen (Wald-, Weide-, Wasser- und Wegenutzung) als voneinander getrennte *census*-Indizes fungieren. Lokale oder regionale Besonderheiten (*piscina, taberna, swaiga* usf.) fallen daneben weniger ins Gewicht. Die meisten Details bieten hier die lateinischen Register von Essen und Osterhofen bzw. die beiden deutschen Urbare des Klosters Adelhausen (Nr. 17, 26; Nr. 16, 25). Ob diese chronologische Verteilung im Dossier als Indiz für eine langfristige Detaillierungstendenz erst seit dem 14. Jahrhundert zu deuten ist, sei dahingestellt. Neben den materiellen Indizes, der *habe*, sind rechtliche wie *lehen* bzw. *beneficium* oder *teloneum* bzw. *iudicium/advocacia* nicht eben häufig. Ins Auge fallen hier landesherrliche Register, in denen zwischen *census, precaria/sture, advocatia, questus, decima/pactus* unterschieden wird (Nr. 3B-C, 13, 14, 19, 22). Schließlich sind Hinweise auf im Detail ausgehandelte und entsprechend instabile Verpachtung unübersehbar.[34] Die Anspruchsorientierung ist vorwiegend verdinglicht: Es sind weiter primär der *mansus*, dazu aber alle anderen ertragsbildenden Güter wie die Hofstatt, die Mühle, der Garten usf.; alle können im Register mit der Entrichtung der *census* verknüpft sein. Dies wird nicht nur als Hauptsatz mit dem Sachindex als Subjekt (*mansus solvit*) oder gerundivisch (*mansus solvens*) formuliert, sondern ebenso durch verschiedene Kasusverbindungen (*census*

---

33 Der Sachverhalt *Item de suprascriptis bonis et hominibus dantur annuatim nomine advocacie* (ff. Zinsquanta) (S. 82) wird später in anderer Formulierung wieder aufgenommen: *Item advocacia monasterii in ON et redditum ac bonorum ipsius 20. lib. Den. Constanc. racione sture advocacie ibidem* (S. 93).

34 Exemplarische Passagen aus dem Ebracher Urbar (Nr. 20/N3 und S. 49): *Item in ON sunt X agri locati pro* (ff. *census*) und Salzburg (Nr. 3A/N4): *silva, que quandoque venditur pro Y talentis, et quandoque pro plus, quandoque pro minus.*

domorum, redditus hubarum et scopossarum bzw. *curtis, de quibus dabitur, quorum quilibet dabit*) sowie in Verbindung mit Präpositionen und Adverbien: *de manso/foedo/allodio/piscina/areis, ex manso, pro decima/tynze/vogetbede/ steura/auro, in pactu/censu* oder *inde* bzw. *unde solvit (darvon gibt)*. In dieser deklinativen Bezugsvielfalt des für die Aneignung relevanten Vokabulars kommt zum Ausdruck, wie zugleich eng und starr, umfassend und variabel allein schon der nominale Anteil der Aneignungssprache der Register strukturiert ist. Nahezu jede nominale Ausdrucksform ist möglich. Man hat ein auf die Engstverbindung von Gut und Zins zugeschnittenes, für jede Variation offenes Artikulationsregister vor sich. Seine Verbindlichkeit kann bis zur verblosen Subjekt-Objekt-Verbindung gesteigert werden: *X mansi Y solidos*.

Die Leute (*homines, cultores, lüte/man, hindersassen*) schließlich, die »zwischen« Gut und Zins für sich und die Herrschaft arbeiten, sind, wie oben bereits angedeutet, nur ausschnittweise präsent. Auch dies nicht ohne Grund, und nicht ohne System. Je klarer in den Registern die Dauerhaftigkeit der Besitzverhältnisse und Einkommensansprüche im Vordergrund steht, desto weniger haben die instabilen und unübersichtlichen Daseinsverhältnisse der Abhängigen darin zu suchen. Doch je aktueller und konkreter es auf die Realisierung des *census* nach Qualität und Quantität ankommt, desto »näher« rücken sie im Verschriftungskalkül der Herren. Im Incipit des Ebracher Registers wird dies klipp und klar zur Devise gemacht: *Et quia ex diversis causis mansorum et feodorum cultores aliquociens variantur, ideo tantum notati sunt summatim locorum redditus ac decime predictorum. Nam officiales hec nominatim et singulariter, prout euentus mutuaverit, debent scire* (Nr. 20/T/I). Im Detail zeigen dies die beiden Rechnungen im Dossier, die ja Endpunkte des Aneignungsprozesses markieren. Da man aus einem parallel überlieferten Urbar des Braunschweiger Domstift St. Blasius weiß, dass der *census*-Index dort der *mansus* ist,[35] kann man ersehen, dass der Schreiber der zeitgleichen Einkommensrechnung diesen Index ausgewechselt hat. Er verzeichnet nun die Leute, welche die *mansi* nutzen, Name für Name und Jahr für Jahr mit dem aktuellen, vielfach wechselnden Betrag: *Ludolfus de Dalem dedit* (ff. Getreidesumme, in späteren Jahrgängen Pfennige), *Hinricus magister civium (dedit) [...], Hervicus rufus (dedit) [...], de manso Cronesben (dedit)[...], Henricus decimator* usf. (Nr.12/Fa). All dies dem Verwalter gegebene Zinsgetreide wird am Ende der lokalen Auflistung summiert. Im Einnahmeteil der Rechnung Landvogt Friedrichs von Hattstatt trifft man auf

---

35 Hoffmann, Hartmut, »Das Braunschweiger Umland in der Agrarkrise des 14. Jahrhunderts«, in: *Deutsches Archiv für die Erforschung des Mittelalters* 37 (1981), S. 162–286.

das betreffende Nomen, die *colleckte*. Es gehört in das mehrgliedrige *census*-Vokabular der Rechnung: das *gelt*, die *stur*, die *nutze*, den *zehend*, den *zins*. Verbunden sind diese Zinsleistungen auch hier mit den Namen der Abgebenden, mit derselben durchgängigen Namhaftigkeit wie in Braunschweig – *empfieng ich von meister Jos Riechensheim, von Zörnlis, des wirtes, wegen; von einem Maßmunster, heisset der Riese* usf. (Nr. 23/Fa). Daneben aber drückt Friedrich sich auch »institutionell« aus: *vom gericht, von dem richter, von dem kilchherren, von den zinsen von ON*.

Diese Nuancen lassen erste Schritte des Abrückens von den Personen hin zu den Gütern erkennen, oder anders gesagt: eine schrittweise Verdinglichung, besser wohl »Vergüterung«[36], ohne welche die Schriftwirklichkeit der Aneignung unverständlich bliebe. Folgende Schritte meine ich zu erkennen: Der Ausgangspunkt ist die Koppelung der Zinspflichtigkeit mit mehrgliedrigen Namen – *singulariter et nominatim*. Mit dem Gebrauch von Funktionstermini – *cultor, silvarius, villicus* usf. – ist Anonymität erreicht. Mit der Koppelung des Zinses an den Besitz- bzw. Bewirtschaftungstitel (*mansus* usf.) im Ort bzw. nur noch an den Ort erreicht man die entscheidende »Vergüterung«. Bei der Summierung am Ende fällt schließlich selbst der Ort weg. Damit ist der einzelne *census* zur anonymen Teilmenge im jährlichen Gesamt-*collectus* objektiviert. In dieser Reihe nun haben Details zu Personen ihren eigenen begrenzten Platz. Wie zeigt sich dies im Dossier? In einem Drittel des Bestandes sind Personen namentlich als Inhaber mit oder ohne ihr Gut und mit ihrem *census* notiert, bilden so ganze Auflistungs-Serien (Nr. 7, 11, 14, 16, 17, 18, 20, 25). Ab und an trifft man auf Personen mit Sonderaufgaben (*piscatores* usf.). Regelmäßig werden, wo vorhanden, die *villici* mit ihren detaillierten *census*-Komplexen genannt (Nr. 5/Fa, 8/Fa, 12/Fa, 17/Fb, N2). So selten die Zinsenden im Binnenwortlaut zu *homines* zusammengefasst werden (Nr. 3/Fb), so groß ist der Bedarf, dies im Titel zu sagen. Im Incipit des Registers für Burg und Amt Neuburg im Pappenheimer Urbar heißt es: *Das sind ains marschalcks von Bappenheim leut, die er hat belehet in dem amt Nüenburch mit den guoten, allz hernach geschriben stant* (Nr. 7/T/I). Werden hier die Abhängigen als Güterinhaber »definiert«, so im Herforder Register als Zinspflichtige: *omnes debitores Herfordensis ecclesiae* (Nr. 5/T/I). Zwischen den wenigen sozialen Gesamtbezeichnungen und den peniblen

---

36 Meines Erachtens wäre es auch für eine Entmodernisierung der Darstellungssprache heilsam, wenn man sich – von hier aus – angewöhnen würde, »Vergüterung« zu benutzen. Der damalige Begriff der »Sache« trifft diese Verschiebung vom Inhaber-Namen zum Gut nicht. Vgl. Schmidt-Wiegand, Ruth, »Sache«, in: *Handwörterbuch der deutschen Rechtsgeschichte* (HRG), 2, München 1988, Sp. 1216–1218.

Namenslisten breitet sich das Feld der begüternden Details aus. Damit aber nicht genug: Im Salzburger Registerbruchstück von 1290 heißt es einmal: *Item sunt homines censuales in officio, qui solvunt de personis suis censum scilicet libras Y* (Nr. 3C/N2). Im früheren Register (A) werden diese Leute als *homines unde solvunt* oder schlicht *censuales* bezeichnet. Im Neuwerker Register werden solche Zinser als *progenies pertinentes Novo operi* geführt (Nr. 21/Ff). Hier geht es nicht um wechselnde Verpflichtung von Gut bzw. Mann, sondern allein um die abhängige Herkunft von *personae*, die diese Abhängigkeit (*pertinere*) durch jährlichen *census* erweisen. Karge Spuren einer Bindungsart, die sich im Bewusstsein der Zeit als »Leib-Eigenschaft« (*homo de corpore, homo proprius, eigenliute*) herausbildet, im Dossier wahrscheinlich aber unterrepräsentiert ist.[37] Das Hauptergebnis der Untersuchung des Nomen-Vokabulars besteht in der Vorzugsstellung des Wortgespanns von *census/tyns* und *redditus/gült*. Es bleibt noch abschließend die Aufgabe, das Sinnfeld beider Wörter zu prüfen. Kommt beiden auch ein eigenes Profil zu?

Mit dem Blick auf ihre Verteilung im Dossier ergeben sich neben der Grundgemeinsamkeit doch charakteristische Differenzen. Zum einen, das wurde oben bereits angedeutet, fungieren beide Wörter, im Gespann benutzt, als Bezeichnung des »Ganzen« der Aneignung. *Census* deckt den Sinnbereich des valuierten und gezählten Ertragsanteils (*qualitas/quantitas*) ab, *redditus* den der Transferart (Nr. 14, 19). Die jeweilige nominale Engstumgebung zeigt, wie beide Aspektrichtungen ausgeweitet werden können: entweder zur Güterseite durch Koppelung mit verschiedenen Besitztiteln (*possessiones, bona*) oder verbunden mit anderen Einkunftsarten (*decima/zehend, pactus, precaria, exactio/stiure*). Es lohnt aber noch genaueres Hinschauen. Was bedeuten *census* bzw. *redditus* im Gemenge mit anderen Termini? Sie sind dort meist als partikulare Einkunftsart *neben* anderen zu verstehen – in der Abgrenzung vom Zehnt, von Steuern, von Gerichtseinnahmen, Zöllen usf., also Ansprüchen benachbarter oder übergeordneter Herren. Dies ist – indirekt – so zu deuten, dass beide Wörter dann zur Bezeichnung des Kernbereichs der Aneignung dienen, die im Leiheverhältnis der Güter gründen

---

37 Köhn, Rolf, »Wahrnehmung und Bezeichnung von Leibeigenschaft in Mittel- und Westeuropa vor dem 14. Jahrhundert«, in: Miethke, Jürgen/Schreiner, Klaus (Hg.), *Sozialer Wandel im Mittelalter. Wahrnehmungsformen, Erklärungsmuster, Regelungsmechanismen*, Sigmaringen 1994, S. 301–334; Töpfer, Bernhard, »Naturrechtliche Freiheit und Leibeigenschaft. Das Hervortreten kritischer Einstellungen zur Leibeigenschaft im 13.-15. Jahrhundert«, in: ebd, S. 335–351; Demade, *Corvées*; Bourin, Monique/Freedman, Paul (Hg.), *The »New Serfdom« in North and Central Europe in the Thirteenth to Sixteenth Centuries*, Tournhout 2005.

und die dem agrikolen Jahreszyklus folgt.[38] In der Forschung wird hier konventionell von »Grundzins« oder »Grundrente« gesprochen.[39] Die Vorrangstellung beider Termini im Dossier ist jedoch keine ausschließliche. Teilweise wird die Doppelfunktion als *nomina generalia* und *specialia* auch durch übergeordnete Wörter mit anderer Sinnausrichtung vermieden. Im Trierer Register hat man sich mit den *iura*, im Herforder mit den *debitores* für andere Gesichtspunkte als den leitenden entschieden (Nr. 5, 8). Weiter lässt die exklusive Koppelung von *redditus* und *gült* mit administrativen Termini wie *officium, ambt* oder *burg* (Nr. 3, 7, 9, 11, 13) die Vermutung zu, dass hier die gleiche Funktionsebene gemeint ist. Und die Unterschiede? Mit der *redditus*-Wahl konnte man ausdrücken, dass das bäuerliche Soll bereits in den Verfügungsraum der Herrschaft übergegangen ist, dies aber eher im abstrakten Sinne, als Anspruch. Eigenheiten im *census*-Gebrauch stützen diese Vermutung gewissermaßen *ex negativo*. Die verstreuten *census*-Passagen im Dossier verweisen vorwiegend auf genauere Bedingungen bzw. Umstände. Erweiterungen wie der *mansus censualis* oder der *census dandus* weisen in diese Richtung. In ein Bild gefasst, in dem alle semantischen Unschärfen, Überlappungen und Widersprüche übertüncht sind: Der *census* haftet noch an den Händen der Leute, muss noch über*geben* werden; der *redditus* ist schon zum Herren, in dessen *Gelt*ungsraum »zurück«-gekommen. Mit dieser fast antonymischen Zuspitzung bin ich bereits mit einem Fuß im Sinnfeld der Verben gelandet.

---

38 Viel zu häufig wird übersehen, dass andere Abschöpfungsarten ganz anderen Zyklen unterliegen – Leben, Ehe, Leihe, Gerichts-, Markt-, Visitationstermine u. a. m.

39 Ich zögere inzwischen bei der Benutzung dieses modernen Begriffs, weil der Forschung ein genaueres Bild von der zeitgenössischen Semantik vom »Gut« (*bonum, praedium*) sowie vom »Grund und Boden« (*fundus*) fehlt (auch im Verhältnis zum »Eigen« sowie zum »Land« und zur »Erde«). Diese Mängel beginnen damit, dass das Bewusstsein vom Gebrauchswert des Gutes (*habe, nutz*) sowie von der Gegenläufigkeit des Grundes als »Tiefe« zur »Flächigkeit« des Bodens verblasst ist. Nur Bruchstückhaftes weiß man über die Sinnentwicklungen. Sie stehen immer noch viel zu sehr im Fahrwasser der Rezeption und Fortbildung der römisch-rechtlichen Lehre vom *dominium directum* und *domnium utile*. Die besten Ausgangspunkte für die deutschen Verhältnisse bietet immer noch Schreiner, Klaus, »Grundherrschaft‹. Entstehung und Bedeutungswandel eines geschichtswissenschaftlichen Ordnungs- und Erklärungsbegriffs«, in: Patze Hans (Hg.), *Die Grundherrschaft im späten Mittelalter*, Bd. 1, Sigmaringen 1983, S. 11–74.

Verben

Der Bestand der Aneignungsverben im Dossier macht im Verhältnis zu seinem Gebrauch einen zwiespältigen Eindruck. Die Reihe der Verben ist durchaus lang: lat. *cadere, ac-, re-, percipere, colligere, contribuere, dare, debere, extorquere, ministrare, ostendere, presentare, procurare, reddere, servire, (per) solvere* und dt. *empfangen, (ge)vallen, geben, ge(he)n, gelten, (ein)nemen, werden, (ge)weren, bezaln.* Zählte man die in Verbindung mit *debere* gebrauchten Verben für konkrete Frondienste hinzu, dann würde sich die Liste beträchtlich verlängern (Nr. 5B/Fc; 8/Fe). Diesem breiten Bestand steht – nicht anders als bei den Substantiven – sein ausgesprochen selektiver Gebrauch gegenüber. Ihn gilt es im Folgenden zu beschreiben.

Analog zum Nomen *servitium* ist auch das Verb *servire* im Dossier so gut wie überhaupt nicht benutzt. In einem einzigen späten Fall regelmäßigen Gebrauchs, dem Osterhofener Register, vertritt das Verb klar den Sinn von *geben*. Die Hauptformel: *Amthof* (bzw. *curia, huba, rusticus, quartale, area, ager, ortus, pratum, molendinum, feodum)[...] servit* meint definitiv keine Dienste, sondern ausschließlich den folgend aufgezählten *redditus* bzw. den *census* oder die *gullt*, wie es später heißt (Nr. 26/Fa). Ein Passus in einer Erbrechtsweisung im Urbar drückt diesen Zusammenhang konkret aus: *Item: All, die iren dinst [...] wisher nicht geben haben, traid oder pfenning gült, die sullen [...]* (Nr. 26/N4). Solches *servire* kann man glossieren als »ver-dienen«, genauer: sich durch Geben von der Verpflichtung lösen.[40] Diese semantische Verschiebung vom eigentätigen Dienen zum Zinsen deutet viel über den Gesamttrend im Dossier an. Das *servitium*, das wurde ja oben gezeigt, ist nahezu absent in der Sprache des Dossiers. Dementsprechend gibt es auch kaum Gelegenheit zum Gebrauch von *servire* und seinen Konkretisierungen – außer bei Restbeständen domanialer Verhältnisse in einigen Registern.[41] Dies leitet über zum Gebrauch von *debere*. Hier sieht es ähnlich aus. Der Aneignungssprache des Dossiers fehlt der für das frühere Mittelalter so typische debitive Grundzug. Nur wenige Gebrauchsspuren habe ich finden kön-

---

40 Die weiteren wenigen seltenen *servire*-Belege in Dossier gehen in die gleiche Richtung: Nr. 2/Fc; 11/Fc.

41 Dieser Befund darf nicht zu der Vorstellung verleiten, dass vor Ort keine Dienste verlangt und geleistet bzw. dass sie auch im Weiteren administrativen Schriftgut der jeweiligen Herrschaft fehlen würden. Man denke nur an die Ergänzungsfunktion der Hofrechte und Weistümer zu den Registern und Rechnungen, an Dienstforderungen anderer Herrschaften, die nicht im Register präsent sind, und ebenso an die vielen Möglichkeiten der fallweisen Kommutation von Zinsen in Dienste.

nen. Sie tauchen dort auf, wo domaniale oder vogteiliche Dienste verlangt werden, wie in den Registern der Grafen von Falkenstein, der Abtei Herford und den Erzbistümern Salzburg und Trier (Nr. 2/Fa, 3C/Fa, 5B/Fc, 8/Fd), oder wo an Abgaben erinnert oder auf ihnen insistiert wird (Nr. 1/Fb, 22/ N1). Hat dies damit zu tun, dass diesen Forderungen terminliche, sachliche und normative Ungewissheit anhaftet? Dagegen kommt man für die *census*-Sektion der Registersprache ohne »Sollens-Attitüde« aus. Warum? Spiegelt sich darin schlicht eine höhere Effektivität der Aneignung? Hat, verglichen mit dem der domanialen *servitium*-Herrschaft im früheren Mittelalter, die im Dossier so dominante *census*-Herrschaft sich zur relativ gesicherten Aneignungs-Routine verfestigt? Haben sich neue Beziehungsformen zwischen den *debitores* und ihren Herren entwickelt? So wichtig der *redditus* im *census*-Vokabular, so selten ist – drittens – der Gebrauch von *reddere*. In das Standardformular gehört *reddere* nirgendwo. Neben einem Streubeleg (Nr. 10/Fb) bin ich nur im Konstanzer Urbar auf mehrfachen Gebrauch gestoßen, nicht aber durchgängig und ausschließlich, das heißt im Sinne einer spezifisch redditiven Ausdrucksweise wie im früheren Mittelalter, sondern im diffusen Gebrauchsgemenge mit *solvere* und *dare* (Nr. 14/Fa). Auch die verbale Attitüde der Zurückerstattung gegen eine grundherrliche Vorleistung ist im Dossier also ohne Bedeutung.

Diesem klaren Zurücktreten von *servire*, *debere* und *reddere* korrespondiert die Gebrauchsfülle von *solvere* bzw. *dare*. Sie erweist sich zunächst einmal im absoluten Vorkommen. Neben dem Osterhofener *servire*-Typ machen nur vier Register eine Ausnahme, aber nur eine bedingte. Im ohnehin lakonischen Bosauer Zehntregister hat man sich im exemplifizierenden ersten *Item* für das Verb *recipere* entschieden (Nr. 4; in den folgenden *Items* ist es weggelassen). Eine durchaus angemessene Attitüde deshalb, weil hier die Zahlen der *mansi* pro Ort, für die man einen fixierten Zehnt von einem Schober (60 Garben) festgesetzt hat, den *Item*-Sinn bestimmen (Nr. 4/T/I, F). Ähnliches gilt für Hildesheim, denn dort geht es primär um die *possessiones* und nur ergänzend um der *census* (Nr. 15/Fa). In den weitgehend abbreviierten Registern der Babenberger und der Habsburger über das Amt Kiburg fehlt das Verb in der jeweiligen Hauptformel ganz (Nr. 9/Fa; 10/Fa). Schaut man aber genauer auf die Nebenformeln für sekundäre Besitztitel und auf die nuancierenden Besonderheiten, dann sieht man, dass, wenn Verbgebrauch nötig ist, auch hier *solvere* bzw. *dare* Vorrang haben (Nr. 4/ N1-N2; 9/Fb, Fc, Fd; 15/Fb, Fc, N1).[42] Hinter der verbalen Lakonie, so

---

42 Zu *reddere* im *Kiburger Register* s. o. (Nr. 10/Fb).

kann man aus diesen Dokumenten folgern, existiert also der solvitive bzw. dative Ausdruckscode weiter, ohne Ausnahme. Dies lässt sich auch dadurch belegen, dass dort, wo im ersten, exemplifizierenden *Item* eines der beiden Verben gebraucht ist, in den folgenden *Items* dieses Verb zeitweilig oder durchgehend wegfallen kann. Der Verzicht auf den Verbgebrauch dient zur Abkürzung, ist sekundärer Art (Nr. 11, 14 u. ö.). Die *census/redditus* werden bzw. wurden also in allen Registern des Dossiers sowohl durchgehend, das heißt entsprechend der Hauptformel, als auch in den Nebenformulierungen »erlöst« bzw. »entgolten« oder »gegeben«.

Lässt sich darüber hinaus mehr über die Gebrauchsgemeinsamkeiten bzw. –unterschiede dieser beiden führenden Verben sagen? Manche Register vermitteln durchaus den Eindruck ununterscheidbarer Verwendung. Für das Brandenburger Landbuch wurde im Frageregister in allen relevanten Fragen konsequent *solvere* eingesetzt (Nr. 22/FL). Im Teilregister über den Teltow, das ich ausgewählt habe, wird jedoch durchgehend *dare* benutzt (22/Fa), ebenso in dem der Altmark; dagegen in dem des Barnim meist *solvere*, und im dem über das Havelland eine unentwirrbare Mixtur aus *dare*, *solvere* und verblosen Sätzen. Ähnlich diffus scheint der Gebrauch im Konstanzer Register zu sein (Nr. 14/Fa). Auch innerhalb der Nuancen stößt man vereinzelt auf regellose Variation. Derlei deutet darauf hin, dass hinter beiden Verben ein ihnen gemeinsamer Sinn steht, für den es kein subsumptives, diesen Sinn übergreifendes Verb gibt – denn *servire* und *debere*, das wurde oben ausgeschlossen, sind es nicht. Welcher Sinn dies sein könnte, lässt sich erst aus den Gebrauchsunterschieden ermitteln. Gibt es solche Unterschiede? In neun Registern regieren *solvere* bzw. *gelten* die Hauptsätze der normalen *Items* (*solvere*: Nr. 1, 3A-C, 6, 11, 17, 18, 20; *gelten*: 7, 13). Von *dare*- bzw. *geben*-Formeln beherrscht sind acht Register (*dare*: Nr. 2, 5, 12, 22, 24; *geben*: 7, 16, 25). Die Gebrauchsweise ist im Dossier also keineswegs diffus, sondern sogar relativ klar polarisiert. Mehr als relativ ausgewogene Entscheidungsverhältnisse belegt diese Beobachtung jedoch noch nicht. Man hatte die Wahl und entschied sich so oder so. Wofür aber stand die jeweilige Verbwahl?

Eine weitere Beobachtung führt tiefer in das Ausdrucksfeld. Im Dossier gibt es vier Register, innerhalb derer zur Differenzierung bewusst polarisiert wurde. Im Trierer Register koppeln die Redakteure *solvere* mit dem *mansuscensus*, *dare* hingegen mit den Pflichten des *maior* bzw. *villicus* (Nr. 8/Fa, Fb).[43] Im Neuwerker Register unterscheidet der Propst deutlich, wenn auch

---

43 Anklänge an die gleiche Ausdrucksweise sind im Essener Register zu finden (Nr. 11/Fa, Fb).

nicht durchgehend zwischen dem *dare* der Teilbauerträge der Vier-Hufenbetriebe und dem *solvere* der fixierten Zinse von *curiae* bzw. *areae* (Nr. 19/Fa-Ff). Pacht, Zins und Bede sowie der Mühlenzins werden im Neumärker Landbuch gegeben, der Tavernenzins hingegen wird durchgehend erlöst (Nr. 19/Fa). Im elsässischen Amt Ensisheim des Habsburger Urbars schließlich wird *zu stiure genomen*, die Hufen hingegen *gelten* ihren Zins (Nr. 13/Fa, Fb). Diese Gebrauchssituationen bezeugen, wie gezielt eines der Verben gewählt werden konnte, wenn Grund dafür bestand. Zwei Tendenzen sind erkennbar. Sie knüpfen gut an das an, was einleitend über die Differenz zwischen »Lösen« und »Geben« in den frühmittelalterlichen Registern angedeutet wurde. Insofern besteht Sinn-Kontinuität. Das Verb *solvere* konnotiert den Ausgangspunkt der Hufe, des Hofes, der Taverne usf. oder seines Inhabers, von denen bzw. von dem der Zins gelöst bzw. gegolten wurde. Seine Fixierung bedeutet in gewisser Weise schon die Lösung vom Betrieb, aus der Habe. Entschied man sich also für die Verwendung von *solvere*, sah man Hof, Hufe oder Bauer als relativ autonome Instanz, die man als »lösungs«-verpflichtet bezeichnen und anerkennen konnte, dies aber gewissermaßen aus der herrschaftlichen Anspruchs-Distanz. Je näher man den Zins jedoch ins Auge fasste, desto logischer wurde es, *dare* bzw. *geben* zu sagen bzw. zu schreiben. Die Differenz ist schon – wie im Neuwerker Register –, beim Unterschied zwischen Fixzins und Teilbau erkennbar. Der einkommende Fixzins war mühelos als Distanzverhältnis fortzuschreiben, indem man das aktuell transferierte Zinsquantum mit der urbariellen Norm abglich.[44] Ertragsgenaue Quotierung dagegen nötigte jedes Mal zur Überprüfung der konkreten Erntesituation durch den »holenden« bzw. »nehmenden« Rentenkollektor (Holschuld). Anschließend übergab der *debitor* den ermittelten Anteil, das heißt die Trennung vom Hersteller und der Transfer fielen, wie bei der Verzehntung bzw. der Versteuerung von Getreide und Vieh, tendenziell in eine Handlung zusammen. Diese Beweisführung mag vielleicht etwas künstlich erscheinen. Klar aber ist, dass der *dare*-Gebrauch immer dann zunimmt, wenn der betreffende *census* verbunden ist mit einem festen Termin (den üblichen Festtagen wie Weihnachten, Ostern, Johanni, Martini usf.) und einem benannten Ort bzw. einer definierten sozialen Adresse (Amtmann, Meier, Kellerer, Zehnter). Dies zeigen so viele Nuancen in vielen Dokumenten des Dossiers, dass sich Nachweise im Einzelnen erübrigen. Am klarsten wird die Affinität zwischen *dare*-Gebrauch und Herren-Nähe erneut

---

44 Die gängigen *restat*-Vermerke in Einkommensrechnungen belegen dieses Verfahren. Die Rechnungen von St. Blasius sind voll davon (Nr. 12).

in den beiden Rechnungen. Hier ist der Moment verschriftet, in dem der von Hof, Hufe oder welchem Sachindex immer gelöste Zins vom *debitor* übergeben wird bzw. wurde. *Anno Domini [...] fuit collectus iste census [...] Ludolfus de Dalem dedit Y modios [...]*, so beginnt die älteste erhaltene Rechnung des Braunschweiger St. Blasiusstifts (Nr. 12/Fa). Man könnte daraus die Regel ableiten: Welcher Mann sich zum Zinsen in das Subzentrum seiner Herrschaft begibt, wandelt sich vom »Löser« zum »Geber«.[45]

Genau hier trifft er auf den »Empfänger«. Damit wechselt in der Sprachhandlung das Subjekt. Ein anderer Pulk von Verben kommt nun ins Spiel. Am aspektreichsten wird dieser Verbwechsel vom Hattstatter Landvogt artikuliert. Es sind Wendungen wie *So ist dis das gelte, so ich [...] ingenomen habe, empfieng ich von der colleckten wegen, da ist mir uberhoupt worden an dem zehenden, hant mir die zehender* (Zehnteinnehmer) *ze ON bezalt von dem zehenden [...] und hant ouch gewert [...]* (Nr. 23). Spuren oder Bruchstücke zur gleichen Aussageweise bieten die Register von Salzburg, Busdorf, Essen, Ebrach, Bamberg, Osterhofen (Nr. 3A/T/I, 6/Fb, 17/Fb, 20/N3, 24/T/I, 25/N1, N2). Aus ihnen lassen sich folgende Handlungsstationen konstruieren, die jeweils variierende Ketten bilden können. Die *census* haben den Geber verlassen. Damit verschwindet er aus dem sprachlichen Handeln. Man hat die Zinse an- bzw. eingenommen oder empfangen (*ac-, per-, recipere*), bzw. sie sind (zu einem bestimmten Termin, von einem bestimmten Besitztitel) an den Empfänger *gevallen*. Also gehören sie ihm nun *(pertinere)*. Sie werden vom lokalen Einnehmer (*officialis, maior, villicus, advocatus, zehender* usf.) gesammelt (*colligere*) und verwaltet (*ministrare, procurare*). Das wiederum kann vielerlei bedeuten: Sie *ge(he)n* an bestimmte Empfänger, werden ihnen zugeteilt (*contribuere*), gereicht (*presentare, ostendere*), gewährt (*weren*), schließlich auch aus*bezalt*. Hier findet sich der einzige Beleg für »bezahlen« im Dossier, ohne Bezug auf die Bauern. Am häufigsten aber wird auch hier *dare* benutzt. Der lokale Herrschaftsvikar hat nur begrenzte Verbrauchs- und Verteilungsmacht, in der Regel *gibt* er den *census* weiter. Wie es dann weitergehen, worin der soziale Nutzen bestehen kann, davon berichtet folgender Passus aus den *Acta Murensia* (Ende 12. Jahrhundert): *Triginta ergo talentis predium in B. emit* (gemeint ist der Kellner der Abtei, Konrad); *ea condicione, quatenus XXIII solidi, qui a predio nostro W. annuatim solvuntur, in festo sancti Johannis Baptiste cellerario dentur, ipsosque in ministerium fratrum in feria tertia [...] expendat, et missa pro fidelibus defunctis cum pulsatione*

---

45 Dies gilt für den Fall der Bringschuld; im Fall der Holschuld (s. o.) liegt die gegenläufige Ausdrucksweise nahe.

campanarum publice cantetur, ut dum corpora carnaliter reficiuntur, anime ex gratiarum actione per pena refrigerentur.[46] Hier wird einmal die ganze Kette von der Beschaffung eines Gutes über die Aneignung seines Ertrags bis zu dessen intendierter jenseitiger Wirkung kenntlich. Aber dies ist nur einer von vielen Wegen.

Damit dürfte das verbale Aussagefeld der Register abgeschritten sein. Doch es bleiben noch zwei Verben nachzutragen, die in enger Nachbarschaft zu einer bestimmten *census*-Kategorie stehen, der Steuer bzw. Bede (*stiure/ precaria*). Im Habsburger Register trifft man ganz regelhaft, also innerhalb des Formulars, auf folgende Wendung: *In dem dorf ON hat man genomen in gemeinen jaren [...] ze sture* (ff. Kornquantum) (Nr. 13/Fa). Ein ergänzender Satz im Essener Register lautet: *Villicus curtis extorquet precariam et solvet eam advocato* (Nr. 17/N2). Hier zeigt sich, zurück- und vorausblickend, die dramatische Ambiguität der Aneignung, die in der Routinesprache der Register verdeckt bleibt: *ze sture nemen, precariam extorquere.*

Bilanz

Abschließend ist nun zu bündeln und vorauszuschauen. Zunächst versuche ich den lexischen Befund zum semantischen Ganzen zu ordnen. Dann sind einige Spuren der Veränderung zu diskutieren. Schließlich muss an die Begrenztheit dieser Untersuchung erinnert und auf bleibende bzw. künftige Aufgaben hingewiesen werden.

Die sprachliche Ordnung

Die Durchmusterung des Substantiv- und Verbgebrauchs im Dossier hat doch recht klare Ausdrucksgewohnheiten erwiesen. Trotz des breiten nominalen und verbalen Vokabulars und trotz vieler Verschwommenheit und Lakonie: Die Bezeichnungsroutine in den Registern zentriert um zwei Qualitäten und zwei Handlungsmomente der Aneignung.

---

46 Martin Kiem O.S.B. (Hg.), *Das Kloster Muri im Kanton Argau*, Quellen zur Schweizer Geschichte, 3/2, Basel 1883, S. 98.

Qualität

Die beiden Nomina *redditus/gült* und *census/tyns* umreißen die doppelte Qualität der Aneignung im Allgemeinen. Im damaligen Verständnis der dialektischen Unterscheidungskunst[47] müsste man sie als zweifache *Genera* des Transfers auffassen. Mit *census/tyns* artikuliert man die Gestalt und Menge des Transfers, mit *redditus/gült/schultgelt* seine Legitimität. Der *redditus* steht kaum in Verbverbindungen, wird also nicht erlöst oder gegeben, höchstens ab und an identifiziert (*iste est redditus*). Sein Gebrauchsfeld sind die Titulatur und das *Incipit*. In den *Items* dagegen dominiert der *census*. Er wird in diversen Klärungsmomenten (*id est, census plenus, census qui dicitur, preter censum* usf.) benutzt und wird als *Nomen generale* mit *solvere* und *dare* verbunden – soweit muss hier vorgegriffen werden. Will man eine Entscheidung in eine der beiden Richtungen vermeiden, dann bieten sich die *iura/ rehte* dafür an. Sie führen in die der Aneignung übergeordnete Anspruchsebene, in das debitive Feld gewissermaßen, zurück. Dieser Rückgriff wird jedoch selten gewählt. Neben ihrer *Genus*-Funktion spielen beide Wörter aber ihre Rolle als *Species* im wechselnden Verbund mit anderen Arten: dem kirchlichen Zehnt (*decima/zehend*), dem Pulk der Schutz-, Kontroll- und Friedenszinse (*exactio/stiurel, precaria/bede, advocatia*), den merkantilen Abschöpfungen (*theloneum/zoll*), den Kopf-, Heirats- und Sterbezinsen (zum Beispiel *mortuarium*), schließlich auch mit den *xenia*. Die *Species*-Palette teilt sich danach auf, welcher Modus sie regiert: als jährlich fixierte Gewohnheit, oder als *onera inconsueta* (Nr. 17/N3), etwa Steuer und Gastungszinse. Alle diese *Census*-Arten sind in erster Linie in *bona* bzw. *res* verankert, deren Auffächerung vom Pauschalbezug auf ein ganze *villa* bis zum singulären Garten reichen kann. Die *homines/leute* können mit dem Zweck der Aktualisierung der Pflichtigkeit pauschal bzw. *nominatim* die Stelle der Güter einnehmen, werden aber auch *personaliter* mit *census* in die Pflicht genommen.[48] Zu ergänzen ist noch, welche Nomina – neben dem oben ausführlich dargestellten *servitium* – eigentlich fehlen. Es sind die *Gabe*, die *Zahlung*, der *Fall*, die

---

47 Hierzu hierzu Fried, Johannes, »Vom Nutzen der Dialektik und Rhetorik für das Leben. Eine Einführung«, in: ders. (Hg.), *Dialektik und Rhetorik im früheren und hohen Mittelalter. Rezeption, Überlieferung und gesellschaftliche Wirkung antiker Gelehrsamkeit vornehmlich im 9. und 12. Jahrhundert*, München 1997, S. VII-XX.

48 Im Landbuch der Mark Brandenburg heißt es einmal zusammenfassend: […] *cum censu et pactu, cum […] iudicio, cum servicio currum et quolibet alio servicio reali et personali, cum omnia precaria, cum advocatia, cum decima frugum et carnium, cum omnibus attinentiis, pertinentiis et appendiciis eiusdem ville universis et cum omni ac plena libertate et utilitate sunt* (f. die belehnte Einrichtung) *[…] appropriata* (Nr. 22, S. 193).

Gebühr, die *Kosten*.⁴⁹ Mit Wörtern wie *collectus* und *pensio* wird der Aneignungsraum bereits verlassen, die Getreide- Vieh-, Münzquanta haben dann ihre Zinsgestalt abgestreift. Der *ususfructus/nutz* (*niesbrauch/viteductus*) kann beginnen.

Handlungsmomente

Die beiden zentralen Handlungsmomente spiegeln sich in den Verben *solvere* und *dare*. Sie verhalten sich nicht antonymisch zueinander, sondern – parallel zum *census-redditus*-Profil – eher wie *genus* zu *species*. *Solvere* vereint folgende zwei Basisbedeutungen: die allgemeine, grundsätzliche Ausgliederung des beanspruchten Herrschaftsanteils aus den Jahreserträgen der *gueter* und der *liute* (*annuatim*) und die damit erfolgende Lösung von der Verpflichtung (*debet, ius*). *Dare* steht für die direkte Übergabe des *census* an den Herrn bzw. seinen Vertreter, für das festgelegte »Wann«, »Wo« und »Wem«, für den Moment des Handwechsels des Zinses an den Empfänger. Die *dare* benachbarten Verben sind deshalb: *übergeben, empfangen, fallen*. Es ist auffällig, dass die beiden verbalisierten Vorgänge nicht als nacheinander folgende Schritte verstanden werden. Es gibt also keine Verkoppelungen beider Verben in derselben Formel. Stets wird im Dossier nur ein Verb benutzt. Jede Ausdrucksentscheidung genügte per se, sagte gewissermaßen das Entscheidende. Eine eigentümliche Ambiguität, der noch weiter nachzugehen wäre. Abstrahiert zur einfachen Formel: Steht *solvere* für die Legitimation, so *dare* für die Situation. Insofern besteht auch die Affinität des Ersteren für *redditus/gült*, des Letzteren für *census/tyns*. Gleichwertig gebrauchte Paarungen bilden sie – im Dossier – jedoch nicht. Soweit die Verbalisierung im Zentrum. Das Verbfeld ist noch zu komplettieren: Mit *nemen* konnotiert das okkasionelle Aneignen aus der Sicht der Herrschaft. Hier geht es um die oben genannten *onera inconsueta*, um alles Riskante, um die für die Bauern schwer übersehbaren und bedrückenden aktuellen Herren-Nöte (*necessitates*). Und schließlich: Es fehlen die Verben *censere* (sein Gebrauch verbleibt im evaluierenden Vorfeld der Aneignung) und *pagare* (romanisch). Mit der

---

49 Nur einmal taucht die *datio* auf (Nr. 1/N3). Dort geht es aber um die Aussetzung einer Ertragsweitergabe an einen Schenker nach seinem Tod. Der *erschatz* im ersten Adelhauser Register versteht sich als Reduktionszins im Verarmungsfall, hat also primär Rekognitionssinn (Nr. 16/N1). Ausführlicher nachzugehen wäre dem Wort *plega*/Pflege (Nr. 22, S. 84, S. 89). Im Dossier fehlt ebenso die *rente*. Das Wort ist romanischer Herkunft und wanderte aus dem Altfranzösischen in das herrschaftliche und merkantile mittelhochdeutsche Vokabular ein.

Übergabe endet die Aneignung. Die Verbsprache verschiebt sich. Die Brücke bilden die Rechnungen (Nr. 12, 23). An die Stelle der Translationsverben tritt nun ein Pulk, der die Sammlung und Summierung, dazu die Weiterreichung und Verteilung sowie den Verbrauch des Eingekommenen unter den Empfängern ausdrücken: *colligere, ministrare, dare, distribuere, presentare, bezaln* und schließlich (ge)*niessen*. Damit dürfte das Ganze, dürften Vorfeld, Kernbereich und Peripherien der Aneignungssprache im Dossier ausreichend beschrieben sein. Um es auf den kürzesten Punkt zu bringen: Die Hauptbotschaft geht auf im Syntagma *censum dare*.

Indizien des Wandels?

Ich hoffe, indirekt mitvermittelt zu haben, dass das Thema selbst eines der *longue durée* ist. In extenso zu wiederholen, was die Abarbeitung von Grundeindrücken von der Aneignungssprache der Register des früheren Mittelalters erbracht hat, ist wohl nicht nötig: Die Abwesenheit aller debitiven und servitialen Grundartikulationen. Das Dossier wirkt wie ein Paradefeld einer güterradizierten und jahreszyklischen *census*-Herrschaft, ergänzt um Zehnte und lebens- bzw. leihezyklische *iura*, erweitert durch akzidentelle Forderungen rivalisierender Herrschaftsträger. Im Kern also ein stabiles Ensemble, umgeben von mobilen Ergänzungen. Wie viel Wandel ist zu erkennen?

Die Zeichen für Veränderungen sind selbst dort schwach, wo man mehrere Register verschiedener Zeitstellung aus der gleichen Herrschaft vergleichen kann. So sind etwa in beiden Adelhauser Registern von 1327 und 1423 die Güter, ihre Inhaber und die Zinse in auffallend gleicher Manier aufgezeichnet. Es ist keine maßgebliche sprachliche Änderung spürbar (Nr. 16, 25) – eine erstaunliche Kontinuität. In den beiden jüngeren Salzburger Teilregistern des 13. Jahrhunderts sind im Vergleich mit dem älteren von 1177 der *questus* und die *steura* hinzugekommen. Diese Erweiterung gehört, wie oben angedeutet, zur Ordnung selbst. Sie als Realphänomen im Verhältnis zu Zins und Zehnt zu gewichten, ist hier nicht das Thema.[50] Auch die verbalen Ausdrucksverschiebungen in Herford und Busdorf im Laufe des 13. Jahrhunderts vom *solvere* zum *dare* bzw. umgekehrt bieten im Grunde zu wenig für eine weiterreichende Deutung (Nr. 5A/5B; Nr. 6A/6B). Trotzdem sei hier die Hypothese angefügt, dass ein langsamer und ungleichmäßiger

---

50 Vgl. die Typologie bei Morsel, Joseph, *L'aristocratie médiévale. Ve-XVe siècle*, Paris 2004, S. 204–208.

säkularer Vormarsch des Syntagmas *censum dare* zu erkennen ist. Dies gilt nicht nur im Vergleich mit dem Verbgebrauch in den frühmittelalterlichen Registern, wo *dare* ja nur eine ergänzende Rolle für Konkretisierungen hatte. Genau diese Funktion hat sich im Dossier von Beginn an mindestens zur Parität mit dem *solvere*-Gebrauch, quasi zur Alternative ausgeweitet. Blickt man auf die Verteilung sowohl der Hauptformeln als auch der Nuancierungen, dann ergibt sich vom 12. und 13. Jahrhundert hin zum 14. und 15. Jahrhundert eine klare Zunahme des *dare*-Gebrauchs. Mit der gebotenen Vorsicht kann man daraus folgern, dass die Aneignungssprache näher an die Güter (und ihre lokale Verortung), ihre *cultores* (und deren Inhaberschaftsverhältnisse – *concessio, pactus, locatio, littera*), die Zinse und deren Übergabekonditionen heranführt. In der schriftsprachlichen Fassung der Aneignung schwinden die pauschalisierenden und normativen Attitüden und machen einer Anpassung an die konkreten Gegebenheiten sowie der Aneignungsroutine Platz. Sicher haben die Übergänge in das Deutsche dabei eine fördernde Rolle gespielt. Dies spiegeln die beiden Register aus Adelhausen in aller Deutlichkeit (Nr. 16, Nr. 25). Wieder gebündelt zur These: Es findet eine fast unmerkliche säkulare Verschiebung des Standpunkts im Aneignungsprozess vom Debitiven zum Deskriptiven und vom Normativen zum Praktischen statt.

Risiken und Aufgaben

Kann diese These, die durch neue regionale Forschungen gestützt scheint[51], eine Geltung beanspruchen, die auch über die Gattung der Güter- und Zinsregister hinausweist? Das ist die sich anschließende Hauptfrage. Vorweg sollte aber noch an die methodische Engführung der Untersuchung erinnert werden. Reichen allein zwei Wortkategorien aus, um das Charakteristische der Register-Sprache zu treffen? Die Register fußen zwar in der Regel auf präzise geplanten Wissensermittlungen vor Ort (*inquisitio*) und enthalten oft noch Reste dieser Vorgänge.[52] Aber durch ihre Redaktion – Übersetzung, stilistische Standardisierung, räumliche oder sachliche Ordination, Reinschrift bzw. Abschrift – werden sie zu Instrumenten herrschaftsinterner Wis-

---

51 Demade, *Les Corvées*, sowie Morsel, »Le prélèvement«, S. 365, S. 182ff.
52 Die Register von Essen und Brandenburg (Nr. 17, Nr. 22) zeugen wiederholt davon. Über Formen der Detaillierung und Summierung beim Erstellen von Registern vgl. Beitrag »Teilen, Aufzählen, Summieren«.

sensbewahrung und -nutzungen, durchaus im Sinne von Michael Clanchys *keeping* und *using*.[53] Sie besteht zugleich in der Reinigung von Außenbezügen, das heißt vor allem der Tilgung des »Du« nach unten und zur Seite bzw. nach oben, das heißt der Verständigung mit den Untergebenen und den Rivalen. Im Ergebnis verfügt die Herrschaft dann über ein geistiges Eigentum in einer umadressierten, für eigene Zwecke objektivierten Diktion, ohne aufwendige Sozialrhetorik, gewissermaßen ausgetrocknet zu einer schlichten Form, der Litanei der variierenden *Items*. Auch hier ließe sich zuspitzen: In der Sprache der Register manifestiert sich eher eine epische Machtmechanik als eine dramatische Herrschaftsszenerie, eher eine eherne Liturgie als ein flexibler Diskurs der Aneignung. Mit und in diesen Dokumenten spricht eine Herrschaft, eine aristokratische Einrichtung quasi im Monolog mit sich selbst, wenn auch mit Seitenblicken auf die Herren nebenan. Wenn man diese Eigenart anerkennt, dann kann man in den Substantiven und den Verben doch die maßgeblichen Komponenten dieser Sprache sehen.

Um die hier erzielten Ergebnisse zu korrigieren bzw. zu ergänzen, das heißt das weniger Repräsentative im hier untersuchten Dossier zu tilgen, wären in künftigen Arbeitsschritten weitere Register zu untersuchen, sowohl solche innerhalb der gleichen Institution als auch innerhalb einer Region. Statt der hier angestrebten großräumigen Streuung wäre die kleinräumige Verdichtung angeraten.[54] Auch wenn die gewählten beiden Wortarten[55] also ein legitimer Wegweiser in die Sprache der Register sein können, bleibt doch fraglich, ob die gleiche Methode auch Erfolg verspricht für andere Zeugnisarten, deren Vokabular, Syntax und Kommunikationsstruktur nicht die gleichen sind. Von dieser Frage aus ergeben sich Bedenken zur Verallgemeinbar-

---

53 Clanchy, Michael T., *From Memory to Written Record. England 1066–1307*, 2. Auflage, Oxford 1993. Hildbrand, Thomas, »Quellenkritik in der Zeitdimension – Vom Umgang mit Schriftgut. Anmerkungen zur theoretischen Grundlegung einer Analyse von prozesshaft bedeutungsvollem Schriftgut mit zwei Beispielen aus der mittelalterlichen Ostschweiz«, in: *Frühmittelalterliche Studien* 29 (1995), S. 349–389 liefert tragfähige Argumente für verschiedene Formen des »Wiedergebrauchs« von administrativen Dokumenten.

54 Ein neueres Beispiel: Hitz, Florian, »Eine alpine Schriftlichkeitslandschaft. Rätische Klosterurbare um 1500«, in: Meier, Thomas/Sablonier, Roger (Hg.), *Wirtschaft und Herrschaft. Beiträge zur ländlichen Gesellschaft in der östlichen Schweiz (1200–1800)*, Zürich 1999, S. 397–414.

55 In der Diskussion meiner Thesen kam die wichtige Frage auf, ob man auch den Gebrauch von Präpositionen als aufschlussreich für die semantische Struktur der Register ansehen könne bzw. müsse. Was ich oben im Zusammenhang mit der Radizierung der *census* auf die Vielfalt der Güter darüber ausgeführt habe, reicht sicher noch nicht aus.

keit der Ergebnisse. Briefe, Pacht- oder Leiheurkunden, Hofrechte bzw. Weistümer, Verwaltungsanweisungen, Gerichtsprotokolle usf., so eng sie oft ineinandergreifen und so wenig sie voneinander getrennt werden können, folgen anderen Ausdrucksregeln und erfüllen andere soziale Funktionen.[56] Am Fall der Rechnungen im Dossier war dies ebenso zu erkennen wie in den Registersektionen, die von der Weiterverteilung der villikalen Erträge handelten. Es empfiehlt sich also die Erweiterung der sprachlichen Untersuchung um ebendiese anderen Zeugnisarten. Joseph Morsel hat einen vorzüglichen Anfang mit den fränkischen Weistümern gemacht.[57] Doch erst nach einer Untersuchung möglichst aller Zeugnisarten des schriftpraktischen Ensembles wäre es möglich herauszufinden, was im Ganzen der herrschaftlichen Schriftsprache das Bestimmende war.

Schließlich sollte trotz des Aufwandes, der zur semantischen Arbeit über Zeugnisse wie die Register gehört, das Auge der Historikerinnen und Historiker voller Argwohn darauf gerichtet bleiben, wie das Auge der Herrschaft seine Leute beobachtet, beschreibt und übergeht bzw. verschweigt, die auf und mit ihren Gütern arbeiten und den Zins geben. Denn diese Sprache bildet die Aneignung nicht nur ab, sie verhüllt sie zugleich.[58]

---

56 Hildbrand, Thomas, »Der Tanz um die Schrift. Zur Grundlegung einer Typologie des Umgangs mit Schrift«, in: Meier/Sablonier (Hg.), *Wirtschaft*, S. 439–466.
57 S. o. Anm. 4. In ähnliche, aber mehr schriftpraktische Richtung geht die Längsschnittstudie von Hildbrand, Thomas, *Herrschaft, Schrift und Gedächtnis. Das Kloster Allerheiligen und sein Umgang mit Wissen in Wirtschaft, Recht und Archiv (11–16. Jahrhundert)*, Zürich 1996.
58 Morsel, *Aristocratie*, S. 209: »masque le rapport de production«.

Anhang

Abkürzungen

T/I	= Titel/Incipit
F	= Formelgut
Fa	= typisch
Fbff.	= ergänzend
N1ff.	= Nuance(n): 1,2,3 ff.
ON	= Ortsname
PN	= Personenname
X	= Güteranzahl (*curia, mansus, ager* usf.)
Y	= *census*-Stückzahl

Zusammenstellung der Belege aus den benutzten Dokumenten

1.

1152/1211 – Güterverzeichnis (*Oculus Memoriae*) der Abtei Eberbach (Rheingau, zwischen Bingen und Worms); ein Kartular der Erwerbsurkunden mit urbarialen Ergänzungen, nach Zentralorten geordnet; ausgewählt ist das Kapitel über den Besitz und die Einkünfte in Reichardhausen, basierend auf Schenkungen seit 1152.

T/I: *Census, qui de hoc manso (de parte vinee), solvitur,*
Fa: *ita variatur: anno quo maior est census solvit Y uncias [...] Quando vero minor est [...], Y uncias [...] minus.*
Fb: *[...] ut censum, qui ex ipsis bonis debetur, statuto tempore persolvat.*
N1: *[...] censu predicto in statu suo permanente.*
N2: *ON dabit*: (ff. 9 *census*-Empfänger). *In festo sancti Martini dantur omnes.*
N3: *PN in ON promiseramus singulis annis dare I maldrum tritici tantum quamdiu ipse vitam ageret, et ut post obitum eius statim dacio ipsa cessaret.*

Quelle: Hermann Meyer zu Ermgassen (Hg.), *Der Oculus Memorie, ein Güterverzeichnis von 1211 aus Kloster Eberbach im Rheingau*, Wiesbaden 1984, Kap. XIII, S. 191–204.

2.

1166/1190 – Besitz- und Einkommensnotizen der Grafen von Falkenstein (*Codex Falkensteinensis*); Besitz um Burgen zentriert (Oberpfalz/Oberbayern); berücksichtigt sind hier die Zinslisten.

T/I: – Keine Fundstellen
Fa: (Gastung des Vogtes beim Gerichtstag) *[...] quid vel quantum procurator [...] debeat ad expensas ministrare. [...] Hoc sunt: Y porci, [...] Y modii avene Y [...] Hec ad servitium suum pertinent, quando legitimum placitum in advocatia habuerit.*
Fb: *De ON* (bzw. *curia, decima*) *dantur* (ff. Vieh-, Getreide-, Gemüse-*census*); *ad visitationem Y* (Maß Getreide).
Fc: *Predium Comitis apud ON servit annuatim* (ff. Geld-*census*). *Quod tributum dabitur annuatim in festo sancti Martini; et quicumque id non dederit eodem die, duplex tributum persolvet.*

Quelle: Ernst Noichl (Hg.), *Die Rechtsaufzeichnungen der Grafen von Falkenstein*, München 1978.

3.

1177/1216, 1250, 1290/91 – (A) Abgabenrotulus der Ämter des Vizedominats Salzburg; in 27 Ämter gegliederte Aufstellung eines großen Teils des erzbischöflichen Gesamtbesitzes aus der Zeit um 1200; ergänzt um Verzeichnisse von in A beschriebenen Ämtern von zirka 1250 (B) und von 1290/91 (C).

A
T/I: *In officio ON est curtis in ON, cuius ususfructus frumenti medietas cedit episcopo;*
Fa: *Item curtis (decima) in ON, (que) solvit [...];*
Fb: *In officio ON sunt mansi (swaiga, vinee, beneficia, molendinum, aree, domus, homines) Y, qui (unde) solvent [...];*
Fc: *Item decimalis in ON, que solvit [...];*
N1: *[...] de suaigis (husgelende, banno, theloneo, iudicio) dantur [...]; dantur pro agricultura;*
N2: *In eodem officio sunt redditus domini PN, swaige Y, que solvunt [...].*
N3: *In officio ON sunt vine X, que solvent pro qualitate anni.*
N4: *[...] silva, que quandoque venditur pro Y talentis, et quandoque pro plus, quandoque pro minus* (ähnliche Passagen auch in B).

N5: *curtis solvit [...] oves quantum obtulerit fortuna.*
N6: *[...] vinee, que solvunt pro qualitate anni.*

B
Fa: *Officium ON, in ipsa villa sunt mansi X, quorum singuli solvunt [...].*
Fb: *Item pratum* usf. *ibidem solvit [...]; secundum cursum anni [...]*
Fc: *Item de questu, id est de stokreht, purcreht et aliis questibus solvit officialis annuatim* (Geldquantum); *[...] Summa [...] de censu mansorum libras Y preter hoc, quod officialis solvere debet de questu et preter censum de forestis et de iudicio.*
Fd: *Item in ON sunt plura novalia, de quibus census solvitur, qui dicitur reutreht; [...] pro iure, quod percreht dicitur [...].*

C
Fa: *Officium in ON, [...], habet in loco [...] quadrantem unius mansi, qui solvit* (ff. Getreide- und Viehzinse), *[...] (redditus) pro auro denarios Y* (ehemaliger Goldsandzins), *pro stiffistewer* (ehemaliger Baudienst), *pro werchart dies Y* (Hand-dienst).
Fb: *Item quadrantes in ON [...], quorum uterque solvit plenum censum ut quandrans in ON; pro sui quantitate plenum censum solvens.*
Fc: *Item de dimidio mansu ON pro censu den. Y, pro steura Y den.*
N1: *Item ze ON quadrantes X, in quibus deficient in steura den. Y.*
N2: *Item sunt homines censuales in officio, qui solvunt de personis suis censum scilicet lib. Y.*

Quelle: Herbert Klein, »Die ältesten urbarialen Aufzeichnungen des Erzstifts Salzburg«, in: *Mitteilungen der Gesellschaft für Salzburger Landeskunde* LXIII, Salzburg 1933, S. 133– 184; S. 185–186; S. 192–200.

4.

1181/1214 – Zehntregister des Klosters Bosau (Pleißengau); 184 Orte um Altenburg, aufgezählt in der Reihenfolge der Visitation durch die Dezimatoren.

T/I: *In ON X mansus, inde recepimus Y scrobones.*
F: *In ON Y (*ausgelassen: *scrobones).*
N1: *In ON Y, excepto dominicali domini regis, inde solvitur recta decima.*
N2: *De villa (curia) ON Y solvent.*

N3: *Hic adnotamus villas, unde trituratum accipimus.*

Quelle: Hans Patze, »Zur Geschichte des Pleißengaus im 12. Jahrhundert auf Grund eines Zehntverzeichnisses des Klosters Bosau (Zeitz) von 1181/1214«, in: *Blätter für deutsche Landesgeschichte* 90, 1953, S. 78–108, Edition S. 102–108.

5.

Ende 12. Jahrhundert – Heberolle der Abtei Herford (A); breit gestreuter Besitz in Westfalen und Engern. Summarisches Register von gut 30 Villikationen, wenig später erstellt (B).

A
T/I: *Hic inscripti sunt omnes debitores Hervordensis ecclesie.*
Fa: *(In) ON ipse villicus dat (dabit, daturus est) Y malt siliginis etc.*
Fb: *Eadem villicatio habet sub se X mansos. ON Y modios avene* etc.; bzw. *unus (primus, unusquisque) dat* (selten: *persolvit*) *Y modios avene* etc.; (selten:) *dat villico.*
N1: *Scire etiam oportet, quod ex debitoribus in ON pertinentibus nobis solvuntur Y cervisie.*

B
T/I-Fa: *Villicatio ON persolvit* (ff. Gesamtsumme der *census* – Getreide, Schweine, Schafe, Käse, Honig, Eier, Holz, Pfennige, Visitationszins; teilweise nach Lieferungsterminen geordnet).
Fb: *Villicatio dabit* (wie Fa; selten).
Fc: *Ecclesia ON habet in villa ON curiam cum X mansis, qui distribute sunt in diversas vineas, [...], in quibus ecclesia duas partes vini percipit, terciam partem cultores vinearum; de reliquis omnibus solvitur medietas [...].* Dazu folgt der *census: item de unoquoque X mansorum in ON dabunter Y denarii;* ff. sieben Tätigkeiten zur Instandhaltung des Weinkelters und des Herrenhofs sowie zur Herrengastung: *debent procurare, construere, serare, edificare, conservare, mittere, equos recipere.*

Quelle: F. Darpe (Hg.), *Einkünfte- und Lehns-Register der Fürstabtei Herford sowie Heberollen des Stifts auf dem Berge bei Herford,* Codex Traditionum Westfalicarum 4, Münster 1892 (Nachdruck Münster 1960), S. 21–43, S. 52–62.

6.

Zirka 1210 – Einkünfteverzeichnis des Stiftes Busdorf (A) (Paderborn, Westfalen); breit gestreuter Grundbesitz in der weiteren Umgebung, in weiten Teilen ein Zehntverzeichnis; mit späteren Zusätzen (späteres 13. Jahrhundert) (B)

A

T/I: *De curia ON; de pensione decimarum; de oboedientiis; quid pertineat decanatui (scolastrie, cellerariae, cantorie, custodie).*
Fa: *Curia (mansus) in ON, [...] solvit (pro decima) annuatim* (ff. Geld- , Getreide- und Vieh-*census*) *[...] tria servitia quando prepositus ibi celebrat synodum vel tres solidos pro quolibet servicio.*
Fb: *Obedientia ON valet* bzw. *confert* bzw. *solvit* (ff. *census*).
N1: *Curia de ON solvit pro decima* (ff. fixierte Getreidequanta).
N2: *Curia ON secundum quod potest convenire cum domino decime, que quandoque valet Y maldere, quandoque Y.*

B

Fa: *Scultetus de ON dabit [...] domino preposito. [...] Item mansus* (ff. *census*-Form ohne Verb) *[...] duo mansi dabunt [...] in ON molendinum dabit [...].*
Fb: *Ista est avena synodalis: de ON Y sceppel, de ON Y sceppel* usf.

Quelle: J. Meier, »Das Einkünfteverzeichnis des Busdorfstiftes zu Paderborn aus dem Anfang des 13. Jahrhunderts«, in: *Westfälische Zeitschrift* 119, 1969, S. 315–352.

7.

1214 – Urbar der Reichsmarschälle von Pappenheim; Burg und Amt Neuberg und Rechberg sowie die Herrschaft Pappenheim (Donaugebiet).

T/I: *Das sind ains marschalcks von Bappenheim leut, die er hat belehet in dem amt Nüenburch mit den guoten, allz hernach geschriben stant.*
Das seind die gült(pfennig, an korn vnd an sweinen) der bürg bzw. *aus dem ampt.*
Fa: *Des (forsters)hof (lehen, hofstat* usf.*) ze ON gilt Y (pfunt pfenning).*
Fb: *Census*-Wörter: *weinstür, gült an roggen, habergült, vogthaber, käßgüllt, sweingült, gült der hüner, ayr vnd genß.*
N1: *[...] zinsslütte; der bawman so geben zu ostern [...].*

N2: *Wann ain hinderseß, der zinsber ist dem hof, von tod abgat, so nimbt der man von im daz best haubt an sich, daz er hat.*

Quelle: Werner Kraft, *Das Urbar der Reichsmarschälle von Pappenheim,* München, 1929 (Nachdruck Aalen 1974).

8.

1220 – Besitz- und Einkünfteregister des Erzbistums Trier; diverse Besitzungen in über 70 Orten (*curtis, curia, villa, bannus*) (weit über 1.000 *mansi,* geordnet nach Visitationsrouten).

T/I: *Hec sunt iura archiepiscopi in ON; liber ab exactione; exemtus ab omni iure.*
Fa: *In ON habet dominus archiepiscopus Y mansos (areae, molendinum, domus, piscatores), de quolibet solvitur [...]; mansi Y, solvent [...].*
Fb: *Maior (villicus) in ON dabit in natale domini [...].*
Fc: *[...] de mansis [...] dantur in festo Petri et Pauli [...].*
Fd: eingestreut: *debere.*
Fe: breit gefächertes Feld von *servitia*-Verben.
N1: *Et quilibet in banno manens dat (facit tres dies) [...].*
N2: *Medietas omnium [...] censuum solvenda est in festo [...].*
N3: (betrifft das *officium dolabri*) *solidi dantur [...].*

Quelle: Hans Beyer/ Leo Eltester/Andreas Goerz (Hg.), *Urkundenbuch zur Geschichte der mittelrheinischen Territorien,* Bd. 2, Koblenz 1865 (Nachdruck Aalen, 1972), Nr. 15, S. 391–428.

9.

Zirka 1220/1230 – Landesurbar der Babenberger; in Ämter (*officia*) geordnete Güterkomplexe; hier ausgewählt sind die Ämter Graz und Voitsberg (Steiermark).

T/I: (*Hii sunt redditus) In officio ON.*
Fa: *PH/ON Y urnas (vini).*
Fb: *In ON X mansi [...], quilibet (solvit; dat, facit) Y modios tritici* usf.
Fc: *[...] et dant censum sicut ON.*
N1: *[...] sed deficit, quod non solvitur plene.*
N2: *X mansi, qui adhuc servire debent.*

Quelle: Alfons Dopsch (Hg.), *Die landesfürstlichen Urbare Nieder- und Oberösterreichs aus dem 13. und 14. Jahrhundert*, Wien/Leipzig 1904, S. 5–15 (Österreichische Urbare, I. Abteilung Landesfürstliche Urbare, Bd. 1).

10.

1279 – Urbar der Einkünfte und Rechte der Habsburger; das erste große landesfürstliche Urbar im Reich; hier gewählt: die Ämter Kiburg, Schwamendingen, Embrach (Einzugsbereich Oberrhein).

T/I: *Hii sunt redditus prope ON.*
Fa: *Item (curtis, scopoza, de agris, villicus) (in maio) in ON Y modios* (Getreide, Gemüse, Schweine usf.).
Fb: *Item molendimun vacat, reddens Y modios [...]* .
N1: *[...] remisso censu [...].*

Quelle: R. Maag (Hg.), *Das Habsburgische Urbar*, Bd. II, 1 , Basel 1899, S. 74–79.

11.

1289/94 – Urbar des Stifts Melk (Oberösterreich, Donau); inventarisiert ist der Besitz in sechs Ämtern und mehreren einzelnen *villae*.

T/I: *Annotatio reddituum in officio ON; redditus in officio ON.*
Fa: (exemplifizierendes, erstes *Item*) *In ON sunt X mansus, quorum X solvent equalem censum, ita quod [...]* (die ff. *Item*-Einträge ohne Verb).
Fb: *Item de bonis PN X aree solvent [...].*
Fc: *Item in ON* (bzw. *domus PN) quidam servit* (ff. *census*-Quanta).
Fd: *Item PN* (betrifft Meiergüter) *idem servicium per omnia et eisdem temporibus.*
N1: *Item de [...] foedo Y caseos* (ff. weitere *census); horum xeniorum omnium partem terciam recipit officialis [...].*

Quelle: E. Kummer (Hg.), *Das älteste Urbar des Benediktinerstifts Melk (1289–1294)*, Wien 1970.

12.

1299 bis 1304 – Einnahmerechnung des Domstifts St. Blasius/Braunschweig; weit verstreute Güter um Braunschweig (Ostfalen) betreffend.

T/I: *Anno domini 1300 fuit collectus iste census (annone, denariorum).*
Fa: *ON: PN* (bzw. *Villicus) (de manso, de allodio, bonis) dedit Y modios* (Getreide).
N1: *Pro omni neglecto istius anni dederunt villici jugera.*

Quelle: Hans Goetting/Hermann Kleinau (Hg.), *Die Vizedominatsrechnungen des Domstifts St. Blasii zu Braunschweig 1299–1450*, Veröffentlichungen der Niedersächsischen Archivverwaltung 8, Göttingen 1958, S. 17–22.

13.

Ende 13. Jahrhundert – Urbar der Einkünfte und Rechte der Habsburger; das erste große landesfürstliche Urbar im Reich; hier gewählt: das Amt Ensisheim (Unterelsass).

T/I: *Officium in ON. Dis sint die gulten sture, nutze und recht, die die hertzogen von Österreich [...] hant oder haben sullen in dem ampt und in der stat ze ON an den dörfern, die hie nah geschriben stant.*
Fa: *In dem dorf ON hat man genomen in gemeinen jaren [...] ze sture* (ff. Kornquantum), *fur herberg* (Kornquantum). *Diu herschaft hat ouch da twing und ban und tub und vrevel ze rihtende. Es gi(b)t jelich hus Y haberhuon.*
Fb: *Diu herschaft hat ouch in dem selben dorf X hof [...]; hoerent ouch X huben, der jeglich giltet Y S(chillinge); [...] es git ouch je das hus ein vasenachthuon.*
N1: *[...] gebent (gilt) ze zinse von X aker.*
N2: *Daz selbe dorf git ouch gemeinlich fiur alle, die da sint gesessen, fur herberg [...] (nah genaden).*
N3: *[...] von dien* (Roggenzins) *gat ½ ze vogtstiure.*
N4: *[...] und ein zol [...] ze ON; was ouch der gelt, ist noch nicht ervarn.*

Quelle: R. Maag (Hg.), *Das Habsburgische Urbar*, Bd. 1, Quellen zur Schweizer Geschichte, Bd. 14, Basel 1894, S. 1–15.

14.

1302/03 – Urbar des Bistums Konstanz; der Besitz ist in 18 *castrum*-Komplexe geordnet; verzeichnet ist nur der *census*.

T/I: *Isti sunt census et redditus (et advocacia) castri in ON (pertinentes episcopatui Constanciensi); redditus hubarum et scopossarum;* am Ende jedes Abschnitts: *Summa reddituum [...].*
Fa: (exemplifizierendes erstes *Item*) *Advocacia (mansus, curia, scopossa* usf.) *in ON reddit (reddere potest)* bzw. *solvit* bzw. *dantur*; häufig fehlt das Verb überhaupt.
Fb: *Item in ON de piscina (decima, aliis bonis, theloneo pontis, huba, curia, hominibus, areis* usf.) *dantur.*
N1: *Salvis insuper episcopo styris, mortuariis et aliis iuribus ac iurisdiccionibus quibuscumque.*
N2: Die rechtliche Begründung ist mehrfach ausgedrückt als: *ratione* bzw. *nomine (sture, advocacie).*
N3: *Item de curia villici (cellerarii) in censibus [...].*

Quelle: Otto Feger (Hg.), *Das älteste Urbar des Bistums Konstanz, angelegt unter Bischof Heinrich von Klingenberg,* Karlsruhe 1943.

15.

1321 – Güterverzeichnis der Abtei St. Michael in Hildesheim; inventarisiert sind zirka 330 *mansi* und 75 *curiae* in 100 Ortschaften rund um Hildesheim.

T/I: *[...] omnia bona, sicut monasterium in possesione habet nunc.*
Fa: *(In) ON X mansos cum areis (censuales, decimales, indecimales).*
Fb: *(In) ON X mansos, de quibus dabitur [...].*
Fc: *(in) ON X mansos [...] quorum quilibet dabit sicut in ON [...]; dat censum sicut in ON.*
Fd: *de domo PN Y solidos [...].*
N1: *medietas istius census datur Michaelis et alia medietas datur pasche.*

Quelle: K. Janicke/H. Hoogeweg (Hg.), *Urkundenbuch des Hochstifts Hildesheim und seiner Bischöfe,* Bd. IV, Hannover 1908, Nr. 638, S. 344–352.

16.

1327 – Urbar des Klosters Adelhausen/Freiburg; Güter im Breisgau; ausgewählt: Haupthof Adelhausen.

T/I: *Dies sind die garten (joch akers) zinse die wir hant ze* (ff. *ON*).
Dis sint die zinse von den nun J(och) akers an dem obern velde, die wir ze erbe verluhen han.
Fa: *Ein aker (hus, garte, matte, rebstuke, hofstat, jugert* u. a.) (ff. ausführliche örtliche Lagebeschreibung), *das giltet Y pfunt Friburger munse*; [...] *Davon git PN Y* (Geldzins).
N1: [...] *das der den zins nit getragen mohte,* [...] *so git man uns einen kappen* (Kapaun) *ze erschatze.*

Quelle: Norbert Ohler (Hg.), *Die Adelhauser Urbare von 1327 und 1423*, Veröffentlichungen aus dem Archiv der Stadt Freiburg im Breisgau 18, Freiburg i. Br. 1988, S. 5–20.

17.

1332 – Zinsregister (*registrum*) des Stiftes Essen; Besitzungen (in der Mark, im Münsterland), organisiert in 16 Oberhöfen.

T/I: (für den *mansus*-Besitz): *Mansi et bona spectantes ad curtem ON*; *regestrum curtis ON*; *redditus dictos scultgelt.*
(für den Oberhof): *hec sunt jura, que solvuntur omni anno de curte ON*; (*isti sunt redditus antiqui*).
Isti sunt redditus curtis in ON (qui solent dari in Purificatione beate Marie virginis); pensiones et redditus infrascripti solvendi in curtem (in die s. Andree).
Fa: *mansus (casa) in* (mnd. *tho) ON, quem colit PN, solvit* [...] (regelmäßig gebraucht beim ersten *mansus*, dann weggelassen); *pro (mnd. to) vogetbede, ungelde, tynze, decima, ad precariam.*
Fb: *scultetus* bzw. *villicus colens (eandem curtem principalem)* [...] *dabit* [...], *contribuet* [...], *ministrabit* [...], *presentabit (ostendet)* [...] *Item serviet* (ff. *census*) [...] *Et ad ista servitia villicus curtis ON contribute superiori sculteto* (ff. Vieh-*census*).
Fc: *Item de domo (bonis, manso, prato)* [...].
N1: *Iste mansus est concessus PN* [...] *ad viteductum pro ista pensione, de quo est littera sive contractus.*
N2: *Villicus curtis extorquet precariam et solvet eam advocato.*

N3: Bestimmungen über die Verteilung der Einkünfte des Viehhofs (an Äbtissin, Konvent, einzelne Kanonissen, Küche) *Isti sunt redditus [...] In primis* (ff. zirka 20 Einzelzinse). *Ista sunt de jure consueto. [...] Item wynvuore, que non sunt de antiquo jure, sed sunt onera inconsueta, pro solutione istorum et quorundam aliorum onerum inconsuetorum quolibet anno cuilibet colono imponitur certa summa pecunie, quam solet colligere pro predicte curtis [...].*

Quelle: F. Arens (Hg.), *Das Heberegister des Stiftes Essen*, Essen 1912.

18.

1335 – Güterverzeichnis des Neuen Klosters (Bredenbeck) bei Buxtehude (Unterelbe).

T/I: *[...] liber in quo continentur bona et reditus ecclesiae nostrae (et redactus in hanc formam).*
Fa: *(In) ON habemus decimam (villam, areas, domum), solvens/haec solvit [...].*
Fb: *In ON habemus censum X domorum [...].*
Fc: *In parochia ON habemus X jugera [...]; PN de X iugera dat Y solidos.*
Fd: *In ON habemus X marcas quas dedit PN(1) pro remedio animae suae, I marcam dat PN(2) aliam dat PN(3).*
Fe: *In villa ON [...] PN dat Y solidos de sua area (uno quadrante, manso).*
N1: *[...] denariorum reditus; hos reditus dedit [...]; in ON habemus reditus Y solidos quas dedit nobis PN [...].*

Quelle: J. F. H. Müller, »Ein Güterverzeichnis des Neuen Klosters bei Buxtehude aus dem Jahre 1335«, in: *Stader Jahrbuch*, 1969, S. 130–151.

19.

1337 – Landbuch der Neumark (östlich der Oder); geordnet nach *terrae* und *mericae* (?).

T/I: *Hic incipit terra transoderana et primo Ciuitatis ON.*
Fa: *ON habet X mansos,* (ff. die an die Kirche und namentlich Genannte *pro servicio* vergebenen *mansi*), *in pactu Y* (Getreide, Pfennige) *et in censu* (Pfennige), *dedit precariam, taberna solvit Y solidos, molendinum (curia) dat (solvit) Y frusta.*
N1: *[...] quondam dedit precariam.*
N2: *[...] et cum hoc censum currificatorum [...] et cum hoc redditus mellis.*

Quelle: L. Golmert (Hg.), *Das Neumärkische Landbuch Markgraf Ludwigs des Aelteren vom Jahre 1337*, Frankfurt 1862, S. 11–32.

20.

1340 – Gesamturbar der Zisterzienserabtei Ebrach (bei Würzburg); ausgewählt die Abschnitte über Güter bei Würzburg, Dürrhofen, Stockheim, Kleinochsenfurt.

T/I: *Nota quod anno [...] notata sunt hic universa bona, possessiones, redditus ac decime villarum ac grangiarum ad monasterium ON et eius officia tunc pertinencia, prout in singulis locis et scriptis eius cercius poterant experiri. Et quia ex diuersis causis mansorum et feodorum cultores aliquociens variantur, Ideo tantum notati sunt summatim locorum redditus ac decime predictorum. Nam officiales hec nominatim et singulariter, prout euentus mutuauerit, debent scire.*
Fa: *[...] in ON sunt X curie (domus, cubile), quod solvit annuatim* zw. *De qua solvuntur* (ff. Getreide- bzw. Geld-*census*); *in villa ON PN colit mansum solventem* (Getreide).
Fb: *de X iugera (curia) dantur.*
Fc: *PN habet (hereditarie) pro censu* (ff. Geldsumme).
Fd: *In ON sunt redditus* (Getreide); *iugera sita in ON cum redditibus.*
Fe: *PN (vineam) colit pro* (Geldzins).
N1: *Hic notatur census dandus magistro de vineis in ON [...] solvuntur* (ähnlich beim Hof-*census,* der an verschiedene Emfänger weiterverteilt wird); *nota censum, qui datur de predicitis quibusdam bonis.*
N2: *Summa reddituum (census).*
N3: *[...] iugera locata pro quarta parte et decima* (bzw. *sed decima cedit nobis*).

Quelle: W. Wiessner (Hg.), *Das Gesamturbar des Zisterzienserklosters Ebrach vom Jahre 1340*, Veröffentlichungen der Gesellschaft für Fränkische Geschichte X, 8, Würzburg 1973, S. 47–61.

21.

1355 – Güterverzeichnis der Benediktinerinnen-Abtei Neuwerk (Goslar). Erfasst sind gut 230 *mansi* und Zehntrechte in 16 Dörfern, Haus- und Budenbesitz in Goslar, sowie diverse Einnahmen und Zinse aus Darlehen.

T/I: *Ista sunt bona claustri Novi operis [...], que possederunt, possident et possidebunt sanctinoniales [...].*

Fa: *In ON X mansos et X curias [...], quorum X solvent (dant) annuatim Y modios* etc.
Fb: *In ON X mansos, de quibus datur tercia pars [...], porci [...], pulli [...], solidos.*
Fc: *[...] et unam aream solventem Y solidos [...].*
Fd: *hec sunt domus et bode* (in der Stadt Goslar) *[...], quarum partim solvent dominabus annuatim partim preposito censum.*
Ff: *Hec sunt progenies pertinentes Novo operi in ON, [...] isti tenetur dare triticum omni anno; [...] dabunt annuatim Y denarios.*
N1: *De censu perpetuo; de censu weddeschat; de censu, qui redimitur per mortem; de censu frumenti, qui redimitur per mortem.*

Quelle: Georg Bode (Hg.), *Urkundenbuch der Stadt Goslar und der in und bei Goslar belegenen geistlichen Stiftungen*, Bd. 4, Halle 1905, Nr. 525, S. 388–398.

22.

1375 – Landbuch der Mark Brandenburg; erstellt im Auftrag Karls IV. mithilfe einer stark standardisierten Fragenliste; ausgewählt ist das Dorfregister des Teltow (Mittelmark) mit 72 Dörfern mit durchschnittlich 35 Hufen pro Dorf.

FL (Auszug aus der Fragenliste für die Erstellung des Landbuchs) [...] *Quot mansi sunt in villa? [...] Quid solvit quilibet mansus de pacto, quid de censu, quid de decimis, quid de precaria? [...] Cui solvit pactum [...] censum? Quid solvit pro precaria, cui? [...] Quot sunt cossati, quid solvit quilibet, cui? Quot sunt taberne, quid solvit quilibet, cui? Si molendinum, stagnum? Quantum solvit, cui?[...]*
T/I: *ON* (Region)
Fa: *ON* (*villa*/Dorf) *sunt X mansi. Quilibet mansus dat:* (selten, auch abwechselnd innerhalb eines *villa*-Inventars benutzt: *solvit*) *decimam mandalem in pacto de omni annona* (= *decima*)*, quilibet dat Y solidos in censum, et Y solidos in precariam.* Mitgenannt sind die diversen Empfänger der lokalen, *mansus*-radizierten Anteile an *pactus, decimae, census, precaria*; etwa in der Form wie *PN, civis in ON, habet pactum siliginis et ordei et censum de X mansis, alia omnia PN habet.* Zinsfreie *mansi* (*liberi*) werden wie folgt inventarisiert: *PN habet X mansos, quorum X sunt liberi a pacto, censu et servicio curruum [...].*
Fb: *Taberna (cossati) da(n)t [...]; (cossati ignorant quid dant).*

Fc: *PN habet servicium curruum (quod dicitur Rosdynst [...] vel mandinst) habet marchio.*
N1: *PN dicit, quod quilibet mansus debet dare Y solidos in censum, sed buriste* (Bauern) *dicunt, quo ex antiquis temporibus non dederunt.*
N2: *PN habet Y choros avene et Y modios siliginis et censum secundum modum supradictum.*
N3: *Taberna nichil dat, nisi quando venditur, tunc pro collacione dat PN Y solidos.*
N4: *PN [...] eandem villam cum omni iure habet: pacto, censu, servicio curruum, cum supremo et infimo iudicio.*
N5: *et sic remanent X (mansos) pactuales, quorum quilibet solvit [...].*
N6: *Tota villa cum [...] omnibus iuribus et pertinentiis eiusdem ville universis est episcopi ON [...] et ad ecclesiam et mensam episcopalem ON est appropriata cum omni et plena libertate et utilitate.*

Quelle: Johannes Schultze (Hg.), Das Landbuch der Mark Brandenburg von 1375, Veröffentlichungen der Historischen Kommission für die Provinz Brandenburg und die Reichshauptstadt Berlin VIII, 2, Berlin 1940, S. 67, S. 76–105.

23.

1399 bis 1404 – Abrechnung (Ausgaben und Einnahmen) des Landvogts Friedrich von Hattstatt (Oberrhein). Hier ist nur der Einnahmeabschnitt berücksichtigt.

T/I: *So ist dis das gelte (die nutze), so ich [...] ingenomen habe [...].*
Fa: *[...] empfieng ich von der colleckten (den zinsen, des zehenden) wegen.*
Fb: *[...] da wart mir [...] (ist mir uberhoupt worden an dem zehenden) [...].*
N1: *[...] hant mir die zehender* (Zehnteinnehmer) *ze ON bezalt von dem zehenden* (f. Haferquantum) *und hant ouch gewert* (f. Roggenquantum).

Quelle: Rolf Köhn, »Die Abrechnungen der Landvögte in den österreichischen Vorlanden um 1400. Mit einer Edition des *raitregisters* Friedrichs von Hattstatt für 1399–1404«, in: *Blätter für deutsche Landesgeschichte* 128, 1992, S. 117–178; Edition der Einnahmenrechnung S. 168–170.

24.

13. Jahrhundert – Zinsrolle des Bamberger Domstifts über Güter um Ochsenfurt (Franken); terminierte Geldzinse aus drei Orten.

T/I: *Hii sunt redditus [...] in Epiphania domini recipiendi seu colligendi (in villa, in opido).*
Fa: *Dictus PN tenetur dare singulis annis Y* (Geldrente);
Fb: *Item PN* bzw. *de curia (bonis), Y (Zins).*

Quelle: Ernst Freiherr von Guttenberg (Hg.), *Urbare und Wirtschaftsordnungen des Domstifts zu Bamberg*, I. Teil, Würzburg 1969, Nr. XII, S. 119–121.

25.

1423 – Urbar des Klosters Adelhausen (Freiburg); Güter im Breisgau; ausgewählt: Adelhausen.

T/I: *Dis sint die zinse die wir hant zu ON in dem dorf und in der ON.*
Fa: *1 gart (reben, hofstat, holcz, krutgarten, schure, acker, hus und hof), lit* (ff. Lage), *dovon git PN* (Geldzins) *uf Martini.*
N1: *Und ist derselb zins uns zugeteilt sust am gut und gevelt uf Martini.*
N2: *Item der zehend der do velt von den güteren die do ligent in der ON [...]. Dieser zehend ist halber* (Empfänger) *unde halber* (Empfänger).

Quelle: Norbert Ohler (Hg.), *Die Adelhauser Urbare von 1327 und 1423*, Veröffentlichungen aus dem Archiv der Stadt Freiburg im Breisgau 18, Freiburg i. Br., 1988, S. 299–317.

26.

1440 – Urbar des Prämonstratenserstifts Osterhofen (Oberbayern); ausgewählt: das Amt Osterhofen.

T/I: *Hoc registrum ordinatum est anno [...] et diligencia sollerti secundum ordinem litterarum alphabeti. [...] hoc registrale urbarium nobis et nostris successoribus premisimus observandum, nichil veteribus abstrahentis registris [...].*
Officium de ON. Oder: *Redditus officii in ON.*
Fa: *Amthof* (*curia, huba, rusticus, quartale, area, ager, ortus, pratum, molendinum, feodum*) (ff. ON/PN und genauere Lagebeschreibung) *servit* (ff. Katalog der *census;* bei gleichem *census: (servit) tantum*). Daneben fällt das Verb in ganzen Abschnitten auch komplett weg.

N1: *[...] servicium pullos Y, in nativitate similam aut Y* (Pfennige).
N2: *Eadem (curia) servit advocato* (ff. *census*).
N3: *Redditus: PN in ON ad pietenciam; domini abbatis ad processionem feriis quintis.*
N4: (Erbrechtsweisung) *Item: All, die iren dinst und hochzeit wisher nicht geben haben, traid oder pfenning gült, die sullen all verpoten sein, und an unser urlawben nicht von danen komen bey unsers gotshauss wandel.*
N5: Sonderlisten einzelner *census*-Formen: *Census graminis, sancti Georgy, curie ON* usf.; deutsch: *nota grastzins in ON.*
N6: *Decima de ON.*
N7: *Hie vermerckt die gullt und lehenschaft der hoffmarch zu ON.*

Quelle: Heinrich Lickleder, *Das Prämonstratenserstift Osterhofen im Spätmittelalter. Urbar- und Kopialbuch 1440. Studien zur Rechts-, Sozial- und Wirtschaftsgeschichte*, Deggendorf 1988, S. 3ff.

Mediävistische Anthropologie

18. Zwischen Lupe und Fernblick
Berichtspunkte und Anfragen zur
Mediävistik als historischer
Anthropologie*

Historische Anthropologie heute: eine »Kakophonie von Diskursen«[1]

Obwohl das Wortpaar *Historische Anthropologie* »widerspenstig« ist, ja wie ein Widerspruch in sich klingt[2] – die Zeiten scheinen vorbei, in denen man historische Disziplinen, ihre Selbstbegründungen, Verfahrensweisen und Sachfelder gegen systematisch (also unhistorisch) angelegte Anthropologien ausspielen konnte. So wie die Wesensbestimmungen und Phänomenologien des Menschen in Biologie und Philosophie sowie die Strukturen von Verwandtschaft, Wirtschaft und Glauben in der Ethnologie/Anthropologie in den Sog ihrer Geschichtlichkeit gerieten, so ist in den Geschichtswissenschaften das Interesse an den Elementarbedingungen langfristiger Vergesellschaftung und ihrer Modifikationen, also am »Wandel des Beständigen«[3], ebenso gestiegen wie der Wille, soziale Kleinformationen als spezifische Aneignungsprozesse von Normen und Werten im Sinne einer umfassenden Lebenspraxis zu studieren. Über die Historisierungsansätze und -wege in der Humanbiologie, der philosophischen Anthropologie und der Ethnographie/ Anthropologie kann hier nicht berichtet werden.[4] Sie hatten und haben,

---

* Erschienen in: Goetz, Hans-Werner/Jarnut, Jörg (Hg.), *Mediävistik im 21. Jahrhundert. Stand und Perspektiven der internationalen und interdisziplinären Mittelalterforschung*, Mittelalter-Studien, 1, München 2003, S. 269–293.
1 Bynum, Caroline, »Warum das ganze Theater mit dem Körper? Die Sicht einer Mediävistin«, in: *Historische Anthropologie* 4 (1996), S. 1–33, hier S. 6 (bezogen auf Körperdiskurse).
2 Köhler, Oskar u. a., »Versuch einer ›Historischen Anthropologie‹«, in: *Saeculum* 25 (1974), S. 129–246, hier S. 141; Böhme, Gernot, *Anthropologie in pragmatischer Hinsicht. Darmstädter Vorlesungen*, Frankfurt a. M. 1985, S. 251.
3 Martin, Jochen, »Der Wandel des Beständigen. Überlegungen zu einer historischen Anthropologie«, in: *Freiburger Universitätsblätter* 126 (1994), S. 35–46.
4 Lepenies, Wolf, »Geschichte und Anthropologie. Zur wissenschaftshistorischen Einschätzung eines aktuellen Disziplinenkontakts«, in: *Geschichte und Gesellschaft* 1 (1975), S. 325–343; Hermann, Bernd, »Zwischen Molekularbiologie und Mikrohistorie. Vom Ort der

unübersehbar, aber jeweils schwer durchschaubar, ihren Einfluss auf die langwierigen und uneinheitlichen Versuche der Anthropologisierung der Historie.[5] Viele Schritte der Annäherung und Adaption sind von Missverständnis, Polemik, Abwehr durch den herrschenden Fachkonsensus, das heißt von den Abgrenzungsideologien der Disziplinen bestimmt oder begleitet gewesen und sind es noch. Ich nenne hier nur drei aktuelle Konfliktfelder: das Verhältnis der Sozialgeschichte Bielefelder Typs zur Historischen Anthropologie Göttinger Herkunft[6], die Spannungen zwischen historischer Kulturwissenschaft bzw. Kulturgeschichte und historischer Anthropologie[7]

Historischen Anthropologie«, in: *Leopoldina* (R 3) 46 (2001), S. 391–408; Gebauer, Gunter: »Anthropologie«, in: Pieper, Annemarie (Hg.), *Philosophische Disziplinen. Ein Handbuch*, Leipzig 1998, S. 11–35; Wulf, Christoph (Hg.), *Vom Menschen. Handbuch Historische Anthropologie*, Weinheim/Basel 1997; Szalay, Miklos, Die Ethnologie auf dem Weg zur Historie?, in: Nixdorff, Heide/Hauschild, Thomas (Hg.), *Europäische Ethnologie. Theorie- und Methodendiskussion aus ethnologischer und volkskundlicher Sicht*, Berlin 1982, S. 271–290.

5 Überblick bei Dressel, Gert, *Historische Anthropologie. Eine Einführung*, Wien/Köln/Weimar 1996, S. 29–57.

6 Initiative Polemik: Medick, Hans, »›Missionare im Ruderboot‹? Ethnologische Erkenntnisweisen als Herausforderung an die Sozialgeschichte«, in: *Geschichte und Gesellschaft* 10 (1984), S. 295–319; kurze Einführung von anthropologisch-kulturgeschichtlicher Seite: Van Dülmen, Richard, *Historische Anthropologie: Entwicklung, Probleme, Aufgaben*, Köln/Weimar/Wien 2000, S. 5–31; ein verständnisvoller Essay zur »lebensweltlichen« Erweiterung der Sozialgeschichte: Vierhaus, Rudolf, »Die Rekonstruktion historischer Lebenswelten. Probleme moderner Kulturgeschichtsschreibung«, in: Lehmann, Hartmut (Hg.), *Wege zu einer neuen Kulturgeschichte*, Göttingen 1995, S. 5–28; eine nützliche Klärung und Zurechtrückung der Fronten aus der Sicht der Historischen Sozialforschung: Sokoll, Thomas, » Kulturanthropologie und Historische Sozialwissenschaft«, in: Mergel, Thomas/Welskopp, Thomas (Hg.), *Geschichte zwischen Kultur und Gesellschaft. Beiträge zur Theoriedebatte*, München 1997, S. 233–273; polemische Bilanz von sozialgeschichtlicher Seite: Wehler, Hans-Ulrich, *Die Herausforderung der Kulturgeschichte*, München 1998; dazu die solide Kritik aus Foucaultscher Sicht von Maset, Michael, *Diskurs, Macht und Geschichte. Foucaults Analysetechniken und die historische Forschung*, Frankfurt/New York 2002, besonders S. 71ff.

7 Medick, Hans, »Quo vadis Historische Anthropologie? Geschichtsforschung zwischen Historischer Kulturwissenschaft und Mikro-Historie«, in: *Historische Anthropologie* 9 (2001), S. 78–92. Eine pointierte Entfaltung des Konzepts der Aneignung bei Lüdtke, Alf, *Alltagsgeschichte, Mikro-Historie, historische Anthropologie*, in: Goertz, Hans-Jürgen (Hg.), *Geschichte. Ein Grundkurs*, Reinbek 1998, S. 557–578; programmatisch zur Kulturgeschichte: Daniel,Ute, *Kompendium Kulturgeschichte. Theorien, Praxis, Schlüsselwörter*, Frankfurt a. M. 2001; programmatisch zur philosophisch-literarischen Kulturwissenschaft: Böhme, Hartmut/Matussek, Peter/Müller, Lothar, *Orientierung Kulturwissenschaft. Was sie kann, was sie will*, Reinbek 2000; programmatisch zur »Historischen Kulturwissenschaft«: Oexle, Otto Gerhard, »Geschichte als Historische Kulturwissenschaft«, in: Hardt-

sowie die Kompromisssprache in der Leitprogrammatik der Historischen Anthropologie selber[8]. Alle diese Spannungen und Konflikte, wie disziplinpolitisch hoch sie auch immer gehängt seien (Erweiterung, Innovation, Wende, Paradigmenwechsel usf.) kennzeichnet eine terminologische Unschärfe, die das Ganze zu einer »Kakophonie von Diskursen« stempelt. Es ist nahezu hoffnungslos, die verschiedenen Stränge zu einem überschaubaren, geschweige denn homogenen Diskursfluss ordnen zu wollen.[9] Zu den Dissonanzen und Unklarheiten tragen im Übrigen auch die nationalen Bezeichnungstraditionen und ihre thematischen Hintergründe bei.[10] Das beginnt schon bei der Anthropologie selbst, denn es geht ja nicht an, die amerikanische *cultural anthropology* mit der englischen *social anthropology* und der französischen *ethnologie*, die erst Levy-Strauss in *anthropologie* umbenannte, zusammenzurühren.[11] Oder: Was neuerlich als »symbolische« oder »inter-

wig, Wolfgang/Wehler, Hans-Ulrich, *Kulturgeschichte Heute*, Göttingen 1996, S. 14–40; eigenständig: Kittsteiner, Heinz-Dieter, »Was heißt und zu welchem Ende studiert man Kulturgeschichte«, in: *Geschichte und Gesellschaft* 23 (1997), S. 5–27; ein perspektivreicher Diskussionsband aus Italien: Musio, Gavinia (Hg.), *Storia e Antropologia storica. Dalla storia delle culture alla culturologia storica dell'Europa*, Rom 1993.

8 Man denke an das Editorial der seit 1993 erscheinenden Zeitschrift *Historische Anthropologie* 1 (1993), S. 1–3. Vgl. dort zum Beispiel folgende kritische Reflexionen: Hausen, Karin, »Historische Anthropologie – ein historiographisches Programm?«, in: *Historische Anthropologie* 5 (1997), S. 454–462, sowie meine Auseinandersetzung mit dem Berliner Kreis der Historischen Anthropologie, der die Zeitschrift *Paragrana. Internationale Zeitschrift für Historische Anthropologie* herausgibt: Kuchenbuch, Ludolf, »Makro-Fraktales vom Menschen – oder wie viel Geschichte braucht eine ›historisierende Anthropologie‹?«, in: *Historische Anthropologie* 8 (2000), S. 150–156. In der von dem Freiburger »Institut für Historische Anthropologie« herausgegebenen Zeitschrift *Saeculum* stehen vergleichende Studien im Vordergrund. Das gilt auch für die Reihe der dort erscheinenden Sammelbände (Themen 1978–1987: Krankheit-Heilkunst-Heilung; rechtliche Traditionen; Geschlechtsreife und Legitimation zur Zeugung; Kindheit; Aufgaben, Rollen und Räume von Frau und Mann) mit nicht kontinuierlicher Beteiligung von Mediävisten.

9 Nützliche Überblicke: Martin, »Wandel«; Dinges, Martin, »›Historische Anthropologie‹ und ›Gesellschaftsgeschichte‹. Mit dem Lebensstilkonzept zu einer ›Alltagskulturgeschichte‹ der frühen Neuzeit?«, in: *Zeitschrift für historische Forschung* 24 (1997), S. 179–214; hier S. 186ff.

10 Für die engere (aber sehr erfolgreiche) französische Tradition und Ausrichtung vgl. Burguiere, André, »Historische Anthropologie«, in: Le Goff, Jacques/Chartier, Roger/Revel, Jacques (Hg.), *Die Rückeroberung des historischen Denkens. Grundlagen der Neuen Geschichtswissenschaft*, Frankfurt 1990, S. 62–102; dazu die historiographisch wichtige Analyse von Raphael, Lutz, *Die Erben von Bloch und Febvre. Annales-Geschichtsschreibung und nouvelle histoire in Frankreich 1945–1980*, Stuttgart 1994, S. 364–382.

11 Kurze Informationen über die nationalen Traditionen in: Barnard, Alan/Spencer, Jonathan (Hg.), *Encyclopedia of Social and Cultural Anthropology*, London/New York 1996, S. 25–28, S. 76–79, S. 167f., S. 242–246, S. 263ff., S. 493ff.

pretative« Anthropologie aufgebracht wurde, muss sich erst einmal erklären und bewähren.[12] Im Deutschen signalisieren »Völkerkunde«, »Ethnographie« und »Ethnologie« sehr verschiedene Etappen bzw. Bereiche, ebenso die aus der Aufklärungs-Anthropologie entstandenen Zweige der philosophischen, humanbiologischen und literarischen Anthropologie. Dass aus der »Volkskunde« bzw. »Folklore« inzwischen »Empirische Kulturwissenschaft« bzw. »Europäische Ethnologie« geworden sind, mahnt zu weiterer Vorsicht.[13] Auf der Ebene des Disziplinengefüges der Historie wiederholt sich diese Wirrnis. Die dortige Position bzw. der systematische Standort der Historischen Anthropologie ist alles andere als klar. Kultur-, Mentalitäts-, Alltags-, und Mikro-Geschichte stehen, alle als innovatorische Unternehmungen, in enger und durchaus rivalisierender Nachbarschaft, überlappen, überlagern bzw. durchkreuzen sich mit der Historischen Anthropologie. So wundert es nicht, wenn von jeder historischen Neudisziplin, jeder neuen Zugangsweise aus anders gegliedert, kombiniert und hierarchisiert wird. Hier ist die Historische Anthropologie als Arbeitsfeld der Kulturwissenschaft oder als Thema der Kulturgeschichte unterstellt; dort stellt die Kultur einen Leitbegriff für Historische Anthropologie, wird die Mikrogeschichte als ein Problem bzw. als eine Perspektive für jene begriffen. Man muss aber noch weiter gehen in der Diagnose der Unübersichtlichkeit. Auch die begriffliche Ordnung der jeweiligen Grundeigenschaften dieser Historien, das heißt auch der Historischen Anthropologie, schwankt: Es bleibt offen, ob es sich bei ihnen um Gebiete (Bereiche, Sektoren), um Dimensionen einer neuen Historie handelt, ob neue Zugangsweisen, Perspektiven, Sichtweisen, Blicke gemeint sind, ob man andere Fragen stellt, andere Lesarten bevorzugt, andere Methoden anwendet. Bei solcher konzeptionssprachlicher Diffusität verwundert es schließlich nicht, wenn auch die materialen Profilierungen des Gegenstands, die sachlichen Eingrenzungen des Felds oder die Bestimmung der Methode nicht recht gelingen. Alle Beteiligten müssen sich mit Vorläufigkeit, mit sachlicher Exemplarität oder mit begrenzter Kompetenz im Blick auf ihre innovativen Absichten entschuldigen. Das Kompetenzfeld Historischer Anthropologie, wenn man den Singular überhaupt rechtfertigen kann, ist in nahezu all seinen Begründungsbelangen unscharf, instabil, ja schwammig.

---

12 Guter Überblick bei Kohl, Karl-Heinz, *Ethnologie – die Wissenschaft vom kulturell Fremden. Eine Einführung*, München 1993, S. 129–166.

13 Brednich, Rolf W. (Hg.), *Grundriß der Volkskunde. Einführung in die Forschungsfelder der Europäischen Ethnologie*, 2. Auflage, Berlin 1994.

Natürlich ist es nicht profillos. Wo Großordnungen gewagt werden, wiederholt sich Vieles, das auf unverzichtbare Kernbereiche schließen lässt, die für alle Konzepte gelten. Dabei gilt, dass das thematische Einzugsfeld umso größer ist, je weiter der disziplinäre Anspruch reicht. Wenn etwa die Historische Anthropologie nur als eines von sechs Arbeitsfeldern der kulturwissenschaftlichen Forschung bestimmt ist, scheint konsequent, wenn sie selbst auf die Geschichte der Sinne und drei elementare Polaritäten (das materiellraumhafte Außen und das immateriell-raumlose Innen des Menschen, Gesundheit und Krankheit, Männliches und Weibliches) begrenzt bleibt.[14] Umgekehrt kann einleuchten, dass eine Enzyklopädie der Historischen Anthropologie unter sieben Großkategorien (Kosmologie, Welt und Dinge, Genealogie und Geschlecht, Körper, Medien und Bildung, Zufall und Geschick, Kultur) fast 100 Stichworte – von den Elementen über den Raum, die Geburt, das Gehirn, die Zahl, den Gast bis zur Musik und zum Schweigen – versammelt.[15] Zwischen solchen Polen angesiedelt ist Gert Dressels Liste der Themenfelder, die er am Maßstab der »menschlichen Elementarerfahrungen« gebildet hat. Sie umfasst 14 Stichwortgruppen von »Familie – Verwandtschaft« bis zur »Beziehung – Mensch – Umwelt«.[16] Damit könnte das unübersichtliche, mehrschichtige und randdurchlässige Terrain der Historischen Anthropologie im Allgemeinen verlassen werden, wäre nicht noch hinzuzufügen, dass sowohl in den programmatischen Auseinandersetzungen als auch in allen Einführungen das Mittelalter kaum berücksichtigt wird. Man begnügt sich in der Regel mit wenigen Standardreferenzen (Emmanuel Le Roy Ladurie, Aaron Gurjewitsch, Georges Duby, Jacques LeGoff) und mehr oder weniger zufällig aquirierten Titeln der spezielleren mediävistischen Forschung, die sich selbst als anthropologisch orientiert erklären oder als solche verstehbar und damit verwertbar sind.

Externe und informierte Fürsprecher für ein enges Wechselverhältnis zwischen Historischer Anthropologie und Mediävistik gibt es also nicht. Und wie verhalten sich die Mediävistinnen und Mediävisten selbst? Was äußern sie programmatisch? Ist ein eigenes Profil erkennbar? Wie stehen Programmatik und Einzelforschung zueinander? Ich möchte in drei Schritten auf diese Fragen eingehen. Zuerst ist auf neuere mediävistische Bilanzen einzugehen. Dann soll mittels der wichtigsten Gründungsleistungen die Ausgangslage umrissen werden. Sie wird dann über programmatisch breite Ori-

---

14 Böhme u.a. (Hg.), *Orientierung*, S. 138–147.
15 Wulf (Hg.), *Vom Menschen*.
16 Dressel, *Anthropologie*, S. 71–155.

entierungsleistungen und an beispielhaften jüngeren Arbeiten ergänzt. Abschließend sind Gesichtspunkte zukünftiger Forschung zu benennen.

Mediävistische Bilanzen

In ihren Grundzügen bieten die neuerlichen Bilanzen der Mediävistik – das ist nicht anders zu erwarten – in etwa das gleiche Bild wie das Allgemeinfeld: Ungleichgewichtigkeit, Unübersichtlichkeit, Unschärfe.[17] Schon ein oberflächlicher Blick in neuere Einführungen in die Mittelaltergeschichte zeigt dies: Historische Anthropologie, bei Heinz-Dieter Heimann überhaupt nicht erwähnt, wird von Hans-Werner Goetz als einer der vier »neueren Forschungsansätze« ausgewiesen.[18] In neueren, auf kommende Aufgaben hin orientierten Bilanzen spielt sie eine ähnlich unterschiedliche Rolle. In der großen Umschau der »Fédération Internationale des Instituts d'Etudes Médiévales« (1993) fehlt jeder Hinweis.[19] In der kollektiven Selbstdarstellung der französischen Mediävistik von 1991 wird ihr dagegen anteilsgerechter Raum gegeben.[20] In der auf Internationalität bedachten amerikanischen Diskussionsdokumentation von Lester K. Little und Barbara Rosenwein ist sie eher indirekt präsent.[21] Ähnlich vorsichtig drückt sich Patrick Geary in seinem vergleichenden Essay zur »Mittelalterforschung heute und morgen« aus, wenn er seinen amerikanischen Kolleginnen und Kollegen die Neigung zu anthropologischen Methoden attestiert.[22] Auf dem großen deutsch-deut-

---

17 Klarer, aber auch schlichter sind Programmartikel der 1970er-Jahre. Vgl. etwa Sprandel, Rolf, »Kritische Bemerkungen zu einer historischen Anthropologie«, in: *Saeculum* 25 (1974), S. 247–250.

18 Heimann, Heinz-Dieter, *Einführung in die Geschichte des Mittelalters*, Stuttgart 1997; Goetz, Hans-Werner, *Proseminar Geschichte: Mittelalter*, 2. Auflage, Stuttgart 2000, S. 415f.

19 Hamesse, Jacqueline (Hg.), *Bilan et perspectives des études médiévales en Europe*, Louvain-la-Neuve 1995.

20 Berlioz, Jacques/Le Goff, Jacques/Guerreau-Jalabert, Anita, »Anthropologie et histoire«, in: Balard, Michel (Hg.), *L'histoire médiéval en France. Bilan et perspectives*, Paris 1991, S. 267–304;

21 Little, Lester K./Rosenwein, Barbara (Hg.), *Debating the Middle Ages. Issues and Readings*, Malden/Oxford 1998, S. 7–14; S. 107–113; S. 213–218; S. 301–309.

22 Geary, Patrick, »Mittelalterforschung heute und morgen. Eine amerikanische Perspektive«, in: Oexle, Otto Gerhard (Hg.), *Stand und Persektiven der Mittelalterforschung am Ende des 20. Jahrhunderts*, Göttingen 1996, S. 75–97, hier S. 92–95; aufschlussreiche Orientierung zur aktuellen Alteritätsproblematik, die ja vielfach im Hintergrund anthropologisierender Interessen steht, bieten Freedman, Paul/Spiegel, Gabrielle M. »Medievalisms Old

schen »Wende«-Kongress in Berlin (1993) wurde die Historische Anthropologie nicht direkt thematisiert.[23] 1999 wurde sie dann von Hans-Werner Goetz in seiner breit angelegten Umschau zur Modernen Mediävistik als zentraler »Trend« in der Mittelalterforschung »zwischen Gesellschaft und Kultur« gewürdigt.[24] Historische Anthropologie, so muss man aus dieser groben Übersicht schließen, hat bislang keinen festen Platz in der internationalen Leistungsbilanz der Mediävistik. Die Unterschiede sind von Land zu Land erheblich[25], und auch innerhalb der nationalen Mediävistiken wechseln Aufmerksamkeit und Zuordnung.

Dieser Sachverhalt soll hier nur an einem Fall vertieft werden. In seiner verdienstvollen, mit Einzelinformationen prall gefüllten Übersicht zur Historischen Anthropologie in der modernen Mediävistik hat Hans-Werner Goetz, von Mitarbeiterinnen und Mitarbeiter unterstützt, eine Zweiteilung vorgenommen, in der ihr folgende Themen bzw. Ansätze zugeschlagen sind: Vorstellungen und Wahrnehmungen, Mentalitäten, Psychohistorie, Alltagsgeschichte, Frauen- und Geschlechtergeschichte. Zur Kulturwissenschaft hingegen gehören die Volks- und Elitekultur, die Kommunikation (Schrift/ Schriftlichkeitsforschung, Rede, Symbolik, Ritual) und die Memoria.[26] An dieser Ordnung fällt auf, dass Goetz primär mithilfe innovativer Forschungsfelder ordnet und nur ergänzend ausgewählte Grundkategorien des Menschseins und der Lebensführung heranzieht (Geschlecht, Seele/Gedächtnis). Derlei Kategorien, die in systematischen Anthropologien die höchste anthropologische Ordnungsebene stellen, wie Körper, Geist, Seele; Geburt, Tod, Lebensalter; Familie und Verwandtschaft; Raum und Zeit; Natur/Umwelt

---

and New: The Rediscovery of Alterity in North American Medieval Studies«, in: *The American Historical Review* 103 (1998), S. 677–704.

23 Borgolte, Michael (Hg.), *Mittelalterforschung nach der Wende* 1989, Historische Zeitschrift, Beiheft 20, München 1995; vgl. jedoch die Beiträge, in denen die historische Anthropologie gestreift wird: Otto Gerhard Oexle (S. 107), Sabine Tanz (S. 237), Johannes Fried (S. 273f.), Hanna Vollrath (S. 322ff.).

24 Goetz, Hans-Werner, *Moderne Mediävistik. Stand und Perspektiven der Mittelalterforschung*, Darmstadt 1999, S. 262–329. Hingewiesen sei schließlich noch auf die vielen informativen Hinweise in der sozialgeschichtlichen Großbilanz der deutsch-deutschen Forschung von Borgolte, Michael, *Sozialgeschichte des Mittelalters. Eine Forschungsbilanz nach der deutschen Einheit*, München 1996, s. v.

25 Vgl. ergänzend: De Jong, Mayke, »The foreign past. Medieval historians and cultural anthropology«, in: *Tijdschrift voor Geschiedenis* 109 (1996), S. 326–342.

26 Goetz, *Mediävistik*, S. 262–370. Im Zuge dieser Ordnung war natürlich ohne Vorausnahmen (S. 237–242: »Von der Gesellschaft zur historisch-sozialen Anthropologie: Von Schichten und Gruppen zu Gemeinschaften, Lebensformen und Lebenskreisen«) und Rückverweise nicht auszukommen.

usf., sind bei Goetz dezentral in den Darlegungen verstreut, ja versteckt. Das karge Sachregister vermag da nicht gegenzusteuern; man erfährt nur wenig zu Position und Gewicht des Einzelthemas im Forschungsfeld und kann deshalb nicht über Ausgewogenheit oder Lückenhaftigkeit urteilen – dies auch im Blick auf mediävistische Disziplinen, die höchstens gestreift werden, wie Linguistik, Literaturwissenschaft, Bildwissenschaft, Theologie/Philosophie, Medizingeschichte, Geographie oder, Archäologie. Weiter fehlt der Ordnung nach Forschungsimpulsen und Intensitätsfeldern das genauere chronologische Profil. Wer wissen will, wann und von welchen kulturellen bzw. politischen Wertfeldern aus anthropologisches Interesse in der Mediävistik aufgekommen ist und welche Ketten von Forschungen die neuen Felder aufgebaut und zur ihrer Durchsetzung (oder Stagnation) beigetragen haben, muss den Text und die ungemein reichhaltigen Fußnoten gegenlesen. Es ergibt sich, insgesamt gesehen, ein sachlich und zeitlich nur diffuser Eindruck breit voranschreitender Produktivität im Bezugsrahmen von »Stand« und »Perspektiven«. Und dieser Gesamteindruck wird noch dadurch unterstützt, dass unklar bleibt, welche der zitierten Autorinnen und Autoren sich diesem Neuansatz der Historischen Anthropologie des Mittelalters selber zugeordnet haben oder diesem durch Hans-Werner Goetz und seine Mitarbeiterinnen und Mitarbeiter subsumiert worden sind. Man weiß also nicht genauer: Wer hat am Boot einer mediävistischen Anthropologie mitgebaut, wer gehört zur angeheuerten Mannschaft? Wer will den Kurs mitbestimmen, wer ist aus Opportunität zugestiegen? Und schließlich: Wer wurde zur Mitfahrt Überredet, wer verpflichtet, wer weiß gar nicht, dass er längst darinsitzt?

Um des Kontrastes willen seien noch zwei Berichte angesprochen, die, ausgehend von anderen Informationsaufgaben, entprechend andere Lösungen bieten. In der breit angelegten Leistungsbilanz der französischen Mediävistik von 1991, auf die oben bereits verwiesen wurde[27], wird prinzipiell von zwei distinkten Disziplinen gesprochen: *anthropologie* und *histoire*. Erstere ist klarer umrissen als ethnologisch orientierte Anthropologie sowie als europäische Volkskunde. Die Mediävistik spielt im Bericht den »nehmenden« Part und bemüht sich um anthropologischen Zugang/Blick (*approche, regard*) in vier Forschungsfeldern: Verwandtschaft, Körper, Repräsentation (einschließlich Bild/Imagination) und Politik. Das Aufkommen des Interesses und die folgenden Forschungsleistungen werden als auseinander hervorgehende Sequenzen geschildert. Schließlich werden Chancen einer Rückwirkung dieser

---

27 Berlioz u.a., »Histoire«.

Forschungen auf die »gebende« Anthropologie angesprochen.[28] Es bleibt also beim Nebeneinander zweier Wissenschaften, die systematisch voneinander lernen (sollten); es geht nicht um Infiltration, Kolonisation oder Assimilation. Der Germanist Christian Kiening hingegen hat eine frappant umfassend belesene Umschau vorgelegt (605 Titel)[29], in der er die Konzepte der Historischen Anthropologie und der *writing culture* ordnet und daraufhin sichtet, wie sie zu einer Erweiterung des in der Germanistik vorherrschenden Ausdrucksverstehens von mittelalterlichen literarischen Texten beitragen könnten – epochenspezifische Alterität, Mimesis und Repräsentation (mit Rückwirkung auf die Lebenswelt) sind die Stichworte, die helfen, den Ertrag zu bündeln. Auch hier gilt: Die Literaturwissenschaft gibt sich bei dieser Begegnung mit der Anthropologie nicht auf, sondern testet anthropologische »Zugänge«, um ihrem Gegenstand besser gerecht zu werden.

Gründungsleistungen

Obwohl man also insgesamt davon ausgehen muss, dass die druckvollsten Initiativen in der Begegnung zwischen Anthropologie, Ethnologie und Volkskunde und den Geschichtswissenschaften nicht von Mediävisten ausgegangen sind, hat es doch auch bei ihnen an Pionierleistungen nicht gefehlt. Sie fallen in die Jahre zwischen 1964 und 1975. Alle haben ihre eigene Signatur und sind deshalb auch nicht zum kohärenten Programm für das internationale Fach zusammengewachsen. Was sie eint, ist der gleiche generationelle Hintergrund. Jacques Le Goff, August Nitschke, Aaron Gurjewitsch, Rolf Sprandel, Arno Borst und Emmanuel Le Roy Ladurie, auf die ich hier allein eingehen kann[30], gehören zu der Generation, die, geboren nach dem Ersten Weltkrieg, als Jugendliche schuldlos in die verstörenden Brutalisierungen der heroischen Moderne – Diktaturen und Zweiter Weltkrieg, Holocaust und Gulag, Dekolonisationskriege und Dritte-Welt-Genese, Atombombe und kalter Krieg, Depravierung des Sozialismus – hineinge-

---

28 Vgl. dazu auch Auge, Marc, *Orte und Nichtorte. Vorüberlegungen zu einer Ethnologie der Einsamkeit*, Frankfurt 1994 (frz. Original: 1992), S. 14ff.

29 Kiening, Christian, »Anthropologische Zugänge zur mittelalterlichen Literatur. Konzepte, Ansätze, Perspektiven«, in: *Forschungen zur germanistischen Mediävistik. Jahrbuch für internationale Germanistik*, Reihe C, 5 (1996), S. 11–129.

30 Zu Karl Bosl vgl. Borgolte, Michael, *Sozialgeschichte des Mittelalters*, S. 143–154.

zogen und mit den politischen und kulturellen Befreiungs-Provokationen der Nachfolgegeneration konfrontiert wurden.[31] Auch wenn jeder von ihnen Anspruch auf sein unverwechselbares Profil hat – von diesem Erfahrungsbestand aus haben sie sich als Mediävisten für eine Erweiterung herkömmlicher Mittelalterforschung eingesetzt; und zwar mit Blick auf die raumzeitlichen Grundgegebenheiten des Menschseins im Mittelalter, in schrittweisen Modifikationen des strukturfunktionalen Denkens in der Sozial- und Wirtschaftsgeschichte durch neue Leitstichworte wie Mentalität, Imagination, Weltbild und anderen sowie in der Suche nach ganzheitlich-einzelmenschlichen Glaubens-, Bewährungs- und Erneuerungsformen.

Sehe ich richtig, dann machte 1964[32] Jacques Le Goff, der zuvor mit Monographien über Kaufleute und Bankiers sowie Intellektuelle im Mittelalter hervorgetreten war, den Anfang mit seinem großen Essay »La civilisation de l'Occident médiéval«, den er immer wieder als seine grundlegende Arbeit bezeichnet hat und von dem er im Vorwort zur Neuauflage 1984 meinte, dort habe sein Weg zur *anthropologie historique* begonnen.[33] Insbesondere die vier Kapitel des zweiten Teils (*structures spatiales et temporelles; la vie matérielle; la société; mentalités, sensibilités, attitudes* des 11. bis 13. Jahrhunderts), lassen sich in der Tat als Exposition seiner vielfältigen, von Thema zu Thema, Zeugnisgattung zu Zeugnisgattung, Leitbegriff zu Leitbegriff fortschreitenden Forschung der folgenden Jahrzehnte bis heute verstehen. Es fehlt der Platz zur Nachzeichnung dieser Schritte, die über arbeits-, mentalitäts-, imaginations-, zeit-, raum- und körpergeschichtliche Einzelstudien[34], die große Monographie zur Aufkunft des Fegefeuers als drittem Jenseitsort

---

31 Biographische Hinweise gibt es nur wenige. Im Gespräch erklärt hat sich Le Goff, Jacques, *Une vie pour l'histoire. Entretiens avec Marc Heurgon*, Paris 1996; dazu auch ders., »Der Appetit auf Geschichte«, in: Chaunu, Pierre/Duby, Georges/Le Goff, Jacques/Perrot, Michelle, *Leben mit der Geschichte. Vier Selbstbeschreibungen*, Frankfurt 1989, S. 100–177. Die beste wissenschaftsgeschichtliche Analyse: Raphael, *Erben*, besonders S. 315ff., S. 337ff., S. 364ff.

32 Zur Anbahnung vgl. Raphael, *Erben*, S. 177–199.

33 Le Goff, Jacques, *La civilisation de l'Occident médiéval*, 2. Auflage, Paris 1982 (dt. 1970), S. 4; vgl. auch seine Erinnerung in: ders., Une *vie*, S. 143–151.

34 Le Goff, Jacques, *Pour un autre moyen âge*, Paris 1977 (dt. 1984); ders.: *L'imaginaire médiéval*, Paris 1985 (dt.: Phantasie und Realität des Mittelalters, Stuttgart 1990). Zu Le Goffs Arbeiten sind zwei Untersuchungen zu nennen: Oexle, Otto Gerhard, »Das Andere, die Unterschiede, das Ganze. Jacques Le Goffs Bild des europäischen Mittelalters«, in: *Francia* 17/1 (1990), S. 141–158 würdigt Le Goffs umfassenden Ansatz, ergänzt aber sein »Imaginaire«-Konzept um deutsche bild- und symbolwissenschaftliche Leistungen (Aby Warburg, Erich. Panofsky, Percy Ernst Schramm); Scholze-Irrlitz, Leonore, *Moderne Konturen historischer Anthropologie. Eine vergleichende Studie zu den Arbeiten von Jacques Le*

bis zu den experimentellen Arbeiten zur »Politischen Anthropologie« führten – den Biographien über Ludwig dem Heiligen und Franziskus. Le Goff hat seiner von Jules Michelet, Marc Bloch, Roland Barthes und der französischen Volkskunde und Anthropologie beeinflussten Arbeit auch dadurch das neue Ziel vorgegeben, dass er der von ihm geleiteten Arbeitsgruppe »Histoire et sociologie de l'Occident médiéval« an der Ecole des Hautes Etudes en Sciences Sociales 1976 den Namen »Anthropologie historique de l'Occident médiéval« gab. Schließlich liegt seit 1999 der große, von ihm mitherausgegebene »Dictionnaire raisonné de l'Occident médiéval« vor, über dessen Format und Ausrichtung weiter unten zu berichten ist.

Nur drei Jahre nach Le Goffs *civilisation*-Essay meldete sich August Nitschke (Jahrgang 1926) mit einer Studie zu Wort, mit der er völlig neue Wege der Begründung und Einbettung des politischen Handelns in das intellektuelle und soziale Umfeld im Mittelalter suchte.[35] Später baute er diesen Ansatz zu einer Epochen und Kulturen übergreifenden »Historischen Verhaltensforschung« aus, die, angelehnt an Norbert Elias, gesellschaftliche Verhaltensweisen untersuchen will, »die erkennen lassen, von welcher Mentalität und welchen Aktionen die Angehörigen einer Gruppe oder einer Gesellschaft abhängig sind«[36]. In weiteren Arbeiten sowie den Einführungen zum Nachdruck von 28 seiner Fallstudien zum Mittelalter (4. bis 16. Jahrhundert)[37] verdeutlichte er dann seine Auffassung von der prinzipiellen Fremdheit der mittelalterlichen Wirklichkeiten. Er fasst sie als epochenspezifische Umweltkonfigurationen, welche die Menschen nicht selbst schaffen. Die Menschen »konzipieren« ihr konkretes Dasein nicht – so kritisiert er alle Ansätze, die vom Menschen ausgehen –, sondern sie »geraten« in die Umwelt und machen sie durch Anpassung (Verhalten) zu der ihren. Zugang zum Verhalten fand Nitschke (und ein allmählich wachsender Kreis von In-

---

Goff und Aaron J. Gurjewitsch, Frankfurt a. M. 1994, S. 11–68 (Werkbeschreibung bis 1992); S. 113–132 (Vergleich).

35 Nitschke, August, *Naturerkenntnis und politisches Handeln im Mittelalter. Körper – Raum – Bewegung*, Stuttgart 1967.

36 Ders., *Historische Verhaltensforschung*, Stuttgart 1981, S. 10.

37 Ders., »Verhalten und Wahrnehmung. Eine umweltbezogene Anthropologie«, in: Gadamer, Hans-Georg/Vogler, P. (Hg.), *Neue Anthropologie*, Bd. 4, Stuttgart 1973, S. 123–149; ders., *Fremde Wirklichkeiten*, Band I (= Politik, Verfassung und Recht im Mittelalter) und Band II (= Dynamik der Natur und Bewegungen der Menschen), Goldbach 1993, S. XVI: »Fremde Wirklichkeiten sind Wirklichkeiten, in die der Mensch gerät, und nicht Wirklichkeiten, die er sich in Auseinandersetzung mit früheren menschlichen Arbeiten und dank seines Wissens oder bei Bildung eines Ideals erschaffen kann.«

teressierten³⁸) über Bewegungs-, Gebärden- und Kraftbegriffsstudien. Eine feste Zuordnung zur historischen Anthropologie strebt Nitschke mit seinen rein deskriptiv gemeinten Arbeiten nicht an, stellt sie aber in ihre Nähe.³⁹

Das breiteste internationale Gehör vermochte sich Aaron J. Gurjewitsch (Jahrgang 1924) mit seinen suggestiv geschriebenen Büchern zu verschaffen. Nach historisch-materialistischen wirtschafts- und sozialgeschichtlichen Studien über ländliche Herrschaftsverhältnisse in West- und Nordeuropa suchte er nach differenzierteren Erklärungshypothesen als dem kruden Basis-Überbau-Schema und wandte sich, beeinflusst von Wilhelm Grönbech, Marcel Mauss, Marc Bloch und Michail Bachtin, sozialpsychologischen Erklärungsmustern zu. In seiner 1972 erschienenen Monographie »Kategorien der mittelalterlichen Kultur«, die bald in verschiedene westeuropäische Sprachen übersetzt wurde⁴⁰, liegt der Versuch vor, ein Grundinventar des (eher früh-) mittelalterlichen Weltbildes zu erstellen, bestimmt von den fünf Kategorien Raum, Zeit, Recht, Arbeit und Eigentum. Diesen Großrahmen eines kollektiven Vorstellungsgefüges hat Gurjewitsch in seinen folgenden Arbeiten dann zu konkretisieren versucht, indem er sich unter thematischen Leitstichworten wie etwa Volkskultur, Gemeindechristentum, Bildwelt der einfachen Menschen den besonderen mentalitären Horizonten verschiedener Zeugnisgattungen (Heiligenviten, Jenseitsvisionen, Bußbücher, Predigtexempla) und einzelnen Autoren (Berthold von Regensburg) zuwandte. Dies mit dem Ziel, das, was der illiterate Jedermann glaubte, durch die Überlieferungsbrille der literaten Geistlichen herauszufinden und zu ordnen.⁴¹ Eine Etikettierung seiner Arbeiten hat Gurjewitsch lange durch ständige Reformulierungen umgangen, sich seit den 1990er-Jahren dann doch programmatisch zur Historischen Anthropologie (im Dreiecksverhältnis mit der Sozial- und Kulturgeschichte) bekannt – aber in dem Sinne, dass solche Anthropologie eine dialogische Form hat, Begegnung zweier einmalig-geschichtlicher »Totalitäten« ist: »Indem die Historiker und Kulturwissenschaftler ihre eigene Kultur

---

38 Kuolt, Joachim u. a. (Hg.), *Das Mittelalter – unsere fremde Vergangenheit*, Stuttgart 1990.
39 Nitschke, August, »Plädoyer für eine alternative Anthropologie«, in: *Geschichte und Gesellschaft* 2 (1976), S. 261ff.
40 Deutsche Übersetzung: Gurjewitsch, Aaron J., *Das Weltbild des mittelalterlichen Menschen*, Dresden 1978.
41 Ders.,*Mittelalterliche Volkskultur*, München 1987 (russ. Original: Moskau 1981); ders., *Himmlisches und irdisches Leben. Bildwelten des schriftlosen Menschen im 13. Jahrhundert. Die Exempel*, Amsterdam/Dresden 1997; ders., *Stumme Zeugen des Mittelalters. Weltbild und Kultur der einfachen Menschen*, Köln/Weimar/Wien 1997; zu den Arbeiten Gurjewitschs: Scholze-Irrlitz, *Konturen*, S. 69–112 (Darstellung); S 113–132 (Vergleich mit Le Goff); Goetz, *Mediävistik*, S. 336–339.

durch Einsichten in die bedeutsamen Reichtümer fremder Kulturen bereichern, entdecken sie andere Gehalte der von ihnen untersuchten Kultur.« Schließlich sieht Gurjewitsch voraus, »dass die Geschichtswissenschaft des 21. Jahrhunderts anthropologisch forschen wird mit dem Ziel, die sozialen und kulturellen Aspekte des menschlichen Lebens zur Synthese zu bringen«.[42]

Ebenfalls 1972 machte Rolf Sprandel (Jahrgang 1931), angeregt von der französischen Mentalitätsforschung und der Systemtheorie, den quellengeleiteten Versuch einer Vermittlung des Strukturwissens mit Grundeinstellungen mittelalterlicher Autoren zu Natur, Tod und Gesellschaft.[43] Die Studie traf auf relativ wenig Widerhall. Sprandel ließ sich aber von seinen Fragestellungen weiter leiten.[44] Er beteiligte sich als Mediävist an den vergleichend-anthropologischen Studien zur Universalgeschichte des Freiburger »Instituts für Historische Anthropologie« und plädierte in einem kritischen Grundsatzbeitrag für die Entwicklung einer »Gesamtwissenschaft vom Menschen« und der Beteiligung der Historie daran.[45]

Ein Jahr später, 1973, erschienen die »Lebensformen des Mittelalters« von Arno Borst (Jahrgang 1925), eines der großen deutschsprachigen Erfolgsbücher des späteren 20. Jahrhunderts über das Mittelalter, orientiert an und vergleichbar mit Johan Huizingas »Herbst des Mittelalters«, dem Borst auch die Einbürgerung seines eigenen Leitbegriffs »Lebensform« in die Historie zuspricht.[46] Für unseren Zusammenhang leitend[47] ist Borsts dreifacher Ausgangspunkt: Erstens die Gewissheit, heute vom Mittelalter radikal ge-

---

42 Gurjewitsch, Aaron J., *Stimmen des Mittelalters, Fragen von heute: Mentalitäten im Dialog*, Frankfurt a. M. 1993, S. 7–40; die Zitate: S. 12, S. 40.

43 Sprandel, Rolf, *Mentalitäten und Systeme. Neue Zugänge zur mittelalterlichen Geschichte*, Stuttgart 1972.

44 Vgl. Ders., *Gesellschaft und Literatur im Mittelalter*, Paderborn 1982; dort haben die standesspezifischen Mentalitäten ihren festen Platz.

45 Beiträge zur Agression (Kriegsmotive im europäischen Mittelalter) und zum Mönchtum (Zu den Funktionen des Mönchtums) in Köhler, Oskar, »Versuch einer ›Historischen Anthropologie‹«, in: *Saeculum* 25 (1974), S. 173ff., S. 211–214; sowie: »Kritische Bemerkungen zu einer historischen Anthropologie«, in: ebd., S. 247–250. Dazu kommt die Beteiligung an den Veröffentlichungen des Freiburger Instituts (zum Beispiel zum Thema Kindheit).

46 Borst, Arno, Lebensformen des Mittelalters, Frankfurt a. M./Berlin/Wien 1973; zu Huizinga S. 33.

47 Die folgende Charakterisierung fußt auf dem Vorwort (S. 9–26), den Zusammenfassungen zu beiden Teilen (*Conditio Humana*: S. 332–337; *Societas humana*: S. 652–659) und im Nachwort (S. 660–676). Zur Charakterisierung des Werkes als »anthropologisch geprägter Sozialgeschichte« vgl. Borgolte, Michael, *Sozialgeschichte des Mittelalters*, S. 154–159.

trennt zu sein, zugleich aber in seinen gegenwärtigen Spuren sich zu bewegen, zweitens eine kompromisslose Absage an alle Unterstellungen der modernen Anthropologie von »Konstanten der Menschennatur«, auch in vergangenen Zeiten einschließlich des Mittelalters, und schließlich die kritische Abwehr zweier damals einflussreicher anthropologischer Theorien – des Begriffs der traditionsgeleiteten Gesellschaft von David Riesman und der Institutionenlehre Arnold Gehlens, Theorien, die beide auf gegenbildliche Statik im Kontrast zur Dynamik der Moderne abzielen. Diesen Ansätzen stellt Borst die Vielfalt, Wandlungsfähigkeit, Interdependenz und Widersprüchlichkeit mittelalterlicher Lebensbedingungen (vitale Bedürfnisse, soziale Konventionen, Normen und Werte) und Lebenskreise (Arbeit, Herrschaft, Wissen, Außenwelten) gegenüber, deren Verbindung zu geschichtlich eingeübten sozialen Verhaltensweisen (das heißt den »Lebensformen«) führen, die sie mit keinem anderen Zeitalter teilen. Die überaus proportionsbewusste Umsetzung dieses Konzepts besteht in einer Folge von miniaturartigen, vertiefenden und verknüpfenden Kommentaren zu 100 Abschnitten aus mittelalterlichen Zeugnissen, wodurch sich dieses Mittelalter in gewisser Weise »unmittelbar selbst« erzählt, zugleich aber beständig kommentierend und erklärend auf Distanz gehalten wird. In einer überarbeiteten Sammlung von 27 Aufsätzen unternahm Borst 1988 dann einen weiteren hochinteressanten Versuch, drei spezifische Verhaltensweisen mittelalterlicher Menschen, die zur Vitalität und innovativen Mobilität der Epoche maßgeblich beitrugen – nämlich römisch-barbarisch, christlich-häretisch oder lateinisch-artistisch zu sein – für vorsichtige Anfragen an die Gegenwart fruchtbar zu machen – übrigens auch um der Vermeidung einer »Wiederholung« des Mittelalters (das heißt eines neuen Mittelalters) willen.[48] Auch Borst verzichtet weitgehend auf anthropologisierende Programmatik.[49] Umso dringlicher ist sein Rat, »den Menschen aus dem Mittelalter zuzuhören und über ihre Aussagen nachzudenken«, weil, wie er in seiner autobiographischen Skizze von 1983 sagt: Die

---

[48] Borst, Arno, *Barbaren, Ketzer und Artisten. Welten des Mittelalters*, München 1988; auch zwei weitere, an ein breiteres Publikum gerichtete Bücher wären für die Erklärung des Wechselspiels zwischen Mittelalter und Gegenwart heranzuziehen, für die Borst plädiert: ders., *Mönche am Bodensee 610–1525*, Sigmaringen 1978; ders., *Computus. Zeit und Zahl in der Geschichte Europas*, Berlin 1990.

[49] Er kennzeichnet seine »Lebensformen« selbst als »eine schlichtere Art, mit Geschichte zu leben, fern von den hohen Häusern der Staaten, Kirchen und Schulen, im Kreis der Mitmenschen oder, wie Dante sagte, auf der kleinen Tenne der Sterblichen, wo der Umgang miteinander fast geräuschlos einem jeden seine tägliche Aufgabe zuwies«. Borst, *Barbaren*, S. 612.

»Vergangenheit der Anderen [...] Möglichkeiten für uns« eröffne, Möglichkeiten der Mitmenschlichkeit in »Grund- und Grenzsituationen«.⁵⁰

Nach gewichtigen Büchern über die Bauern des Languedoc und zur Klimageschichte veröffentlichte Emmanuel Le Roy Ladurie (Jahrgang 1929) 1975 eine Studie über die Bewohner des kleinen Dorfes Montaillou (am Nordosthang der Pyrenäen) um zirka 1300, das nach kurzer Zeit zu einem der meistgelesenen historischen Bücher Frankreichs aufstieg.⁵¹ Die Inquisitionsprotokolle der des Albigensertums verdächtigten Dorfleute hatten es möglich gemacht, nicht nur ihre häuslichen Verhältnisse und Unterhaltsmühen, sondern auch ihre Liebesbeziehungen, ihre ehelichen Gewohnheiten, die Kinderaufzucht, ihr Sterben, ihre Geselligkeiten und ihre Vorstellungen von Zeit und Raum, von Magie und Erlösung, von Jenseits und Himmel darzustellen. Damit erstellte Le Roy Ladurie ein bis heute einzig dastehendes Nah-Porträt eines mittelalterlichen Dorfes. Mit ihm zog ein Mediävist gewissermaßen gleich mit den Dorfstudien der Ethnologie und Volkskunde. Pate standen dabei natürlich anthropologische Arbeiten, besonders aber Pierre Bourdieus einflussreiche Beschreibung und Deutung des kabylischen Hauses.⁵² Für die Historische Anthropologie will Le Roy Ladurie sein Buch nicht in Anspruch nehmen; ihm gilt, wie er am Schluss schreibt, das durch die Lupe der Inquisition sezierte »Zuhause« der Menschen von Montaillou als eine fremdartig-traditionelle Kultur, die für sich zu sprechen vermag und uns Heutige zu gleich fasziniert.

Um zusammenzufassen: Wie verschieden die Ausgangslagen, Arbeitsfelder und Vorstellungen vom Nutzen ihrer Forschung zum Mittelalter auch sind und wie direkt sie für Historische Anthropologie (des Mittelalters) Partei ergreifen oder nicht, alle sechs Mediävisten eint meines Erachtens das Folgende:

1. Das Mittelalter ist heute eine fremde, war aber eine soziale Welt, die zu uns zu sprechen vermag (Le Roy Ladurie), der zuzuhören lohnend sein könnte (Borst), die uns um Vorstellungen und Lösungen bereichern kann (Gurjewitsch).

---

50 Ebd., S. 609.
51 Le Roy Ladurie, Emmanuel, *Montaillou, village occitan de 1294 à 1324*, Paris 1975 (dt.: *Montaillou. Ein Dorf vor dem Inquisitor 1294 bis 1324*, Frankfurt a. M./Berlin/Wien 1980).
52 Bourdieu, Pierre, *Entwurf einer Theorie der Praxis auf der ethnologischen Grundlage der kabylischen Gesellschaft*, Frankfurt a. M. 1979 (frz. Original: *Esquisse d'une Théorie de la Pratique, précédé de trois études d'ethnologie kabyle*, Genf 1972).

2. Man sucht nach den unausgesprochenen epochenspezifischen Grundbedingungen dieses sozialen Lebens, nach Räumlichkeiten, nach den Formen der Zeit, nach den Wechselverhältnissen zwischen unbewussten Dispositionen, expliziten Normen, sozialen Zwängen und praktischen Bewährungen (Gurjewitsch). Leitend dabei ist die Vorstellung, dass man in das Leben »gerät« und sich »anpassen« (Nitschke), mit ihm »fertigwerden« (Sprandel), ständig »Not abwehren« muss und nur gemeinsam »zurechtkommen« kann (Borst), auf »Selbsterhaltung« bedacht sein muss (Le Roy Ladurie), jedem sozialen Lebenskreis aber eigene Vorstellungen eigen und andere Spielräume möglich sind (Le Goff, Borst). Leitend ist dabei zugleich die Abwehr simplifizierender Projektionen des marxistischen Überbau-Schemas auf mittelalterliche Verhältnisse.

3. Der Oberbegriff für diese Mehrzahl von Wörtern zum Thema Lebensbewältigung scheint mir der der »Verhaltensweise« zu sein. Mit ihm wird nach einer Zwischenposition zwischen zielstrebig gestaltendem Handeln und einer kruden Auslieferung an Lebenszwänge gesucht. All das deutet darauf hin, dass diese Generation die Lebensstile im Mittelalter im Licht eines defensiven und zugleich erfinderisch offenen Existenzialismus sieht, der gegen strukturalistische und funktionalistische Verengungen vorsichtig Front macht.[53]

Panoramen anthropologisierender Mediävistik heute

Auch wenn die oben skizzierten Gründungsleistungen nicht zu einem internationalen Programm einer Anthropologisierung der Mediävistik geführt haben – führende Vertreter der Nachfolgegeneration sind längst dabei, die obigen Initiativen fortzusetzen oder eigenständig zu elaborieren. Am weitesten geht in Deutschland zur Zeit Johannes Fried: »Wir befinden uns inmitten einer anthropologischen Neuorientierung der Geschichtswissenschaft. Die Mediävistik hat diese Entwicklung entscheidend vorangetrieben.«[54] Er

---

[53] Ich teile hier – vorläufig – die Skepsis von Goetz, *Mediävistik*, S. 241, gegenüber der These von Borgolte, *Sozialgeschichte des Mittelalters*, S. 477, das anthropologische Interesse sei in Deutschland von Anfang mit dem sozialgeschichtlichen verknüpft gewesen.

[54] Fried, Johannes, *Die Aktualität des Mittelalters. Gegen die Überheblichkeit unserer Wissensgesellschaft*, Stuttgart 2002, S. 55.

plädiert für eine Historische Anthropologie als neuer Integrationsdisziplin, in der die fatale Trennung der Natur- von den Geisteswissenschaften seit dem frühen 19. Jahrhundert endlich überwunden, ja in einer »als Anthropologie verstandenen Geschichte« wieder vereint werden könne. Dabei gelte es, »den lebendigen Menschen und seine Lebenswelt, an Körper, Geist und Emotionen, umfassend zu betrachten« und deshalb nichts auszuklammern, weil jeder Aspekt, jede Einzelheit, anthropologisch betrachtet, »Einsicht ins Ganze« verheiße.[55] Natürlich ist Fried sich klar darüber, welche Selbstherausforderung diese Devise darstellt, und er gibt zu, dass es bislang an Erfahrungen mangele, sie zu realisieren – sowohl in der Ordnung der Phänomene – er nennt über 25 sachfeldartige Stichworte (wie Alltag, Körper, Sinne, Gefühle, Geschlecht, Familie, Technik, Gedächtnis usf.) – als auch in den Darstellungsformen. Genau hier aber lässt sich konkretisierend ansetzen. Waren die Vertreter der Gründungsgeneration noch vorsichtig bzw. schwankend[56], so liegen nun solide Ordnungsversuche vor. Man denke etwa an die Komposition der »Europäischen Mentalitätsgeschichte« von Peter Dinzelbacher.[57] Locker dem Gefüge der Nachbardisziplinen (Anthropologie, Psychologie, Ethnologie, Volkskunde, Religionswissenschaft) zugeschrieben, ist das Forschungsfeld »Mentalität« in 17 selbständige Hauptthemen/Teilbereiche aufgeteilt. Ohne interne Hierarchisierung angeordnet, vertritt das Feld aber doch den Anspruch, in der Summe einen Kanon dessen zu bieten, was Mentalitätsgeschichte als ihr Territorium betrachtet.[58] Jedes Hauptthema ist chronologisch gleich behandelt: Es besteht aus drei selbständigen Essays über Antike, Mittelalter und Neuzeit. Zum Mittelalter wird so ein 17-teiliges Panorama geboten, geschrieben von zehn Mediävistinnen und Mediävisten, ohne ausgelegte Vorgaben zu Anlage und Gliederung, immer aber belegreich das Sinnfeld und den Wandel des jeweiligen Phänomens während des Mittelalters berücksichtigend, und mit einem Block einschlägiger Literatur ver-

---

55 Ders., »Geschichte als historische Anthropologie«, in: *Geschichte, Politik und ihre Didaktik* 28 (2000), S. 9–24. Bernd Herrmann, *Zwischen Molekularbiologie* vertritt, von der Paläobotanik, Osteologie, Parasitologie und anderen, archäologisch eingesetzten Bio- und Umweltwissenschaften ausgehend, ähnliche Positionen.
56 Vgl. die weitgehend assoziative, 13 Punkte umfassende Themenliste von Gurjewitsch, *Stimmen*, S. 33–35.
57 Dinzelbacher, Peter (Hg.), *Europäische Mentalitätsgeschichte. Hauptthemen in Einzeldarstellungen*, Stuttgart 1993.
58 Zur Konzeption ebd. S. IX-XXVII; allerdings ist die Gliederung dort (S. Xf.: 22 Einzelfelder) nicht deckungsgleich mit der des Buches (17). Die Gliederung führt vom Einzelmenschen über seine leib-seelisch-geistigen Lebensbedingungen zu Tätigkeitsfeldern, Verständigung, Abgrenzung, Sozialbeziehungen bis zu Umwelt, Raum und Zeit.

sehen. Hier liegt also eine erste Bestandsaufnahme vor, die bleibenden Wert für erste Orientierungen eines für die Historische Anthropologie entscheidenden Überschneidungs- und Nachbarfelds haben wird. Dieses verdienstliche Werk hat nur die im Bauplan angelegte Schwäche, jedes mentale Phänomen für alle drei Hauptepochen der europäischen Geschichte gewissermaßen gleichmäßig zu veranschlagen.

Genau dies ist in dem voluminösen »Dictionnaire raisonné de l'Occident médiéval«, herausgegeben von Jacques Le Goff und seinem langjährigen Mitarbeiter und Nachfolger im Amt Jean-Claude Schmitt, mit Bedacht vermieden.[59] Schon das Attribut *raisonné* ist programmatisch gewählt, verweist es doch auf die *Encyclopédie* von D'Alembert und Diderot. Man kann hier von einer kooperativen *Summa mediaevistica* sprechen, hervorgegangen aus der französischen Brutstätte der historischen Anthropologie des Mittelalters, der Arbeitsgruppe um die beiden Herausgeber. Eine »Koine« von 68 Autorinnen und Autoren, darunter 20 nichtfranzösische, hat in 82 Essays ein in vielem neuartiges Konzept mitverwirklicht, das von den Herausgebern in einem konzisen Vorwort erläutert wird.[60] Sie verstehen sich als Marc Blochs Erben, als Repräsentanten einer neuen Historie, die jeder sachlichen Ausweitung des geschichtlichen Feldes offenstehen, zugleich aber im Bewusstsein arbeiten, dass auch Mediävistik »Problemgeschichte« betreibt, ihre Fragen an die Überlieferung aus der eigenen Gegenwart bezieht, das Fremde dieser Geschichte mühsam nahe zu bringen, das (scheinbar) Vertraute aufwendig auf Distanz zu halten hat – beides im relativierenden Fluss des Kultur- und Wertewandels. Das Konzept des Werkes, sein Stichwortgefüge und die Ausrichtung seiner Artikel, ist von dieser Totalisierung und kulturalistischen Reflexivität maßgeblich geprägt. Die 82 Stichworte, gewissermaßen auf der mittleren Ebene über den Ereignissen und Namen und unter den Disziplinen angesiedelt[61], wurden daraufhin gesucht und geprüft, ob sie charakteristisch für die Epoche sind und die neuerlichen Fortschritte und Ausweitun-

---

59 Le Goff, Jacques/Schmitt, Jean-Claude (Hg.), *Dictionnaire raisonné de l'Occident médiéval*, Paris 1999..

60 Le Goff, Jacques/Schmitt, Jean-Claude (Hg.), *Dictionnaire raisonné*, S. I-IX. Als flankierende Studie hierzu: Le Goff, Jacques/Schmitt, Jean-Claude, »L'histoire médiévale«, in: *Cahiers de civilisation médiévale 30* (1996), S. 9–26 (zur historischen Anthropologie: S. 16ff.); vgl. auch die Polemik von Dominique Barthelemy und die Replik beider Autoren: ebd. S. 355–359, S. 361ff.

61 Ich nenne zur Veranschaulichung hier nur die ersten und die letzten zehn: *Ages de la vie, Alimentation, Amour courtois, Anges, Animaux, Artisans, Assemblés, Au-delà, Bible, Byzance et l'Occident – Sexualité, Sorcellerie, Symbole, Temps, Terre, Travail, Univers, Université, Ville, Violence*.

gen der mediävistischen Disziplinen spiegeln. So kamen nicht die Kunst, sondern das Bild, nicht die Religion, sondern ein Ensemble von Gott, Teufel, Engel, Glaube, Kirche, Ketzerei usf. zum Zuge. Man vermied bewusst solche Schlüsselwörter der Moderne wie den Raum, die Wirtschaft, die Politik, und entschied sich vielmehr für zeitspezifische Einzelstichworte oder Gruppen, mit denen man von der Moderne geprägte Ordnungsformen und Sichtweisen umgehen konnte. Maßgeblich bestimmt ist diese Machart des *Dictionnaire* aber auch von einem vorangegangem 20-jährigen Bemühen um die Historische Anthropologie. Gemeint ist damit das interdisziplinäre Trachten nach einer Adaption von Methoden, Themen und Problemen der Sozial- und Kulturanthropologie besonders französischen Zuschnitts. Die Herausgeber nennen hier die Analysemethoden der strukturalistischen Anthropologie, Gegenstandsbereiche wie die Verwandtschaft und das Wunderbare sowie Problemfelder wie Riten bzw. Rituale. Wer in diesem Wälzer liest, ist nicht nur angetan über neue Stichworte (etwa *Ecrit/Oral, Péché, Mer, Masculin/Féminin, Raison, Chasse*), sondern grundsätzlich überrascht über die Kombination von Sachinformation und Problembewusstsein – der Ärger über oberflächliche oder misslungene Essays (zum Beispiel *Seigneurie, Terre*) und über grobe Lücken (Musik/Gesang/Tanz) hält sich daneben in Grenzen. Ohne hier auf weitere Dimensionen[62] und Details dieses neuartigen Handbuchs hinweisen zu können – es dürfte klar geworden sein, dass es eine lexikalisch gefasste Synthese bietet, die Johannes Frieds Diagnose des Trends zur Historischen Anthropologie bekräftigt und seine Forderung nach Ausweitung und Verschmelzung derartig orientierter Forschung stützt.

Kaleidoskop der begrenzten Lösungen – aktuelle Einzelleistungen

Es bleibt die Pflicht, über neuere Einzelleistungen zu berichten, die sich entweder selbst programmatisch in das Feld anthropologisch arbeitender Mediävistik stellen, oder, etwas vorsichtiger, vom »Licht« anthropologisierender

---

62 Besondere Beachtung unter historisch-anthropologischem Blickwinkel verdient die Begründung und Auflistung des »grille des principaux ressorts«, der Gliederungsebene über den Stichworten. Hier liegt meines Erachtens ein hochinteressanter Ansatz zur abstraktiven Schürzung der mittelalterlichen Welt als imaginierter Totalität vor, ein dringendes Desiderat zu Zeiten in das Endlose, damit auch Belanglose spezialisierter Forschung.

Fragestellungen profitieren wollen. Aus genau diesem Entweder-Oder aber resultiert die Schwierigkeit, einen gründlichen und klar abgegrenzten Überblick über die neuesten Leistungen zu liefern – wenn man, als Berichterstatter, eine eigenständige Programmatik, auch unterschwellig, vermeiden will. Genauso schwer, das hat sich ja schon an der Revue von Hans-Werner Goetz gezeigt, fällt eine plausible Ordnung der Hinweise. Mehrere Kriterien könnten dabei helfen: die Ausgangsdisziplin, die Überlieferungsbasis, die methodische Ausrichtung, das thematische Feld. Aber diese Kriterien bündeln bzw. überkreuzen sich bei den Autorinnen und Autoren auf vielfach eigene Weise, die Verfolgung eines Ordnungsprinzips greift nicht, ihre systematische Kombination trägt nicht durchweg. So blieb mir nur eine teilweise chronologische, teilweise auf Einflusslinien, teilweise auf disziplinäres Interesse achtende Darstellungsweise. Ich gehe im Folgenden also von auffälligen Positionen und Leistungen der Nachfolgegeneration, aus und erweitere sie thematisch um passende neuere Gruppen- oder Einzelleistungen jüngerer Kolleginnen und Kollegen.

Beginnen lässt sich wieder mit Johannes Fried, dessen große skeptische Erzählung über die Geschichte Deutschlands »vor seiner Entstehung« als eine »Anthropologie der Anfänge Deutschlands« gewichtet wurde[63]. Er selbst versteht seine provokativen, akribischen Studien über Fälle oralisierender Verformung der Erinnerung im früheren Mittelalter (aber auch anderer Fälle zu anderen Zeiten) als Beiträge zur Erforschung von Erinnerung und Gedächtnis als »anthropologischer Größe«, überschreitet dabei unbekümmert die Gattungsgrenzen und bindet seine systematische Orientierung an die aktuellen humanwissenschaftlichen Ergebnisse der Gehirnforschung – ein doppelter Ansatz zur Anthropologisierung eines begrenzten kulturellen Feldes sozusagen.[64] So weit geht die besonders in Deutschland gepflegte Forschung zur Memoria in der Regel zwar nicht, aber man kann ihr manche Inklination zur Historischen Anthropologie ansehen.[65] Dies insbesondere

---

[63] Fried, Johannes, *Der Weg in die Geschichte: die Ursprünge Deutschlands bis 1024*, Berlin 1994; dazu die Besprechung von Michael Borgolte, in: *Göttingische Gelehrte Anzeigen* 247 (1997), S. 88–102.

[64] Fried, *Aktualität*, S. 54–84; grundlegend: ders.,*The Veil of Memory. Anthropological Problems when considering the Past*, London 1998; zu seinen Einzelstudien vgl.ders., »Erinnerung und Vergessen. Die Gegenwart stiftet die Einheit der Vergangenheit«, in: *Historische Zeitschrift* 273 (2001), S. 561–593.

[65] Vgl. den jüngsten Überblick von Borgolte, Michael, »Memoria. Bilan intermédiaire d'un projet de recherche sur le Moyen Age«, in: Schmitt, Jean-Claude/Oexle, Otto Gerhard (Hg.), *Les tendances actuelles de l'histoire du Moyen Age en France et en Allemagne*, Paris

dann, wenn, wie jüngst Gabriela Signori im Spiegel Basler Testamente gezeigt hat, dass die Erinnerungsarrangements an die wechselnden Konstellationen zwischen den vererbenden Alten, den erbenden Jüngeren und der erbenden Kirche gebunden werden können.[66] Der hier geöffnete Forschungsraum lässt sich zum Ineinander zwischen mündlich vollzogenen und schriftlich geleiteten Verständigungstechniken erweitern – dieses latent anthropologisierende Forschungsfeld Schriftlichkeit-Mündlichkeit steckt voller interessanter Initiativen[67], innerhalb derer sich die Germanistik massiv, vielstimmig und methodisch geschult zu Wort meldet[68].

Ähnliches wie von Fried kann man in Frankreich von Jean-Claude Schmitt sagen. Er arbeitet seit Anbeginn an Themen und mit Zeugnisarten, die er, zuerst im Programmrahmen der *mentalité* verortet, nunmehr deutlich als Beiträge zu einer »anthropologie historique du moyen âge« verstanden wissen will[69]: Häresie, Heiligenkult und Aberglaube, Gesten, schließlich Bildwelten (*images/imaginaire*)[70]. Hier lassen sich einerseits die volkskulturellen, mentaliäts- und religionsgeschichtlichen Forschungen von Peter Din-

---

2002, S. 53–69 und dazu der weiterführende Kommentar von Lauwers, Michel, ebd., S. 105–126.

66 Signori, Gabriela, *Vorsorgen – Vererben – Erinnern. Kinder- und familienlose Erblasser in der städtischen Gesellschaft des Spätmittelalters*, Göttingen 2001.

67 Versuch einer breiten, disziplinübergreifenden Umschau: Kuchenbuch, Ludolf, »Ecriture er oralité. Quelques compléments et approfondissements«, in: Schmitt, Jean-Claude/Oexle, Otto Gerhard (Hg.), *Les tendances actuelles de l'histoire du moyen âge en France et en Allemagne*, Paris 2002, S. 155–161, S. 143–166, anknüpfend an allgemeine Erläuterungen von Keller, Hagen, *Oralité et Ecriture*, ebd., S. 127–142; systematisch ergänzend: Hildbrand, Thomas, »Der Tanz um die Schrift. Zur Grundlegung einer Typologie des Umgangs mit Schrift«, in: Meier, Thomas/Sabloner, Roger (Hg.), *Wirtschaft und Herrschaft. Beiträge zur ländlichen Gesellschaft in der östlichen Schweiz (1200–1800)*, Zürich 1999, S. 439–460.

68 Vgl. die Arbeiten von Christian Kiening, »Zugänge«, und ders., »Historische Anthropologie in literaturwissenschaftlicher Perspektive«, in: *Historische Anthropologie* 10 (2002), S. 305ff. (kurze Zusammenfassung seiner »Zugänge«); sowie den knappen Überblick von Wenzel, Horst, »Mediävistik zwischen Textphilologie und Kulturwissenschaft«, in: *Mitteilungen des deutschen Germanistenverbandes* 46 (1999), S. 548–561.

69 Zuletzt programmatisch: Schmitt, Jean-Claude/Iogna-Prat, Dominique, »Une historiographique au milieu du gue«, in: Schmitt, Jean-Claude/Oexle, Otto Gerhard (Hg.), *Les tendances actuelles de l'histoire du moyen âge en France et en Allemagne*, Paris 2002, S. 399–424, hier S. 402f.

70 Ich nenne hier nur Schmitt, Jean-Claude, *Die Logik der Gesten im europäischen Mittelalter*, Stuttgart 1992 (frz. Original: 1990); ders., *Heidenspaß und Höllenangst. Aberglaube im Mittelalter*, Frankfurt 1993 (frz. Original: 1988); ders., »Images«, in: Le Goff, Jacques/Schmitt, Jean-Claude (Hg.), *Dictionnaire raisonné de l'Occident médiéval*, Paris 1999, S. 497–511.

zelbacher[71], andererseits verschiedene Annäherungsbewegungen seitens der Bildwissenschaften, aber auch bildwissenschaftlich arbeitenden Mediävistinnen und Mediävisten anfügen[72]. Als dritten Pionier der zweiten Generation nenne ich hier Michael Mitterauer. Er hat der Erforschung von Haushalt und Familie, Verwandtschaft und Namengebung (als Indikator sozialer Beziehungsstiftung), dazu der Jugend und der ledigen Mütter im deutschsprachigen und slawischen Raum entscheidende Impulse gegeben.[73] Bedauerlicherweise hat er in der Mediävistik viel zu wenig Beachtung und Nachahmung gefunden.[74] Den Weg von der mittelalterlichen Demographie über die Haushalts-, Familien- und Genderforschung bis zur Anthropologie der Verwandtschaft teilt er mit Christiane Klapisch-Zuber, Zwi Razi, Richard M. Smith, Régine Le Jan und Anita Guerreau-Jalabert oder auch Bernhard Jussen.[75] Deren Arbeiten sind jedoch stärker von der Auseinandersetzung

71 Zuletzt: Dinzelbacher, Peter, *Handbuch der Religionsgeschichte im deutschsprachigen Raum*, Bd. 2: Hoch- und Spätmittelalter, Paderborn 2000. Ich maße mir nicht an, das sich gerade rasant entwickelnde Feld der »Heiligenverehrung« in das Magnetfeld der historischen Anthropologie zu stoßen, solange es an Selbsterklärungen der Beteiligten fehlt.

72 Belting, Hans, *Bild-Anthropologie: Entwürfe für eine Bildwissenschaft*, München 2001, S. 115–142, 189–211; Falkenburg, Reindert, »Ikonologie und historische Anthropologie: eine Annäherung«, in: Halbertsma, Marlite/Zijlman, Kitty (Hg.), *Gesichtspunkte: Kunstgeschichte heute*, Berlin 1995, S. 113–142; einen guten Überblick gibt Signori, Gabriel, »Wörter, Sachen und Bilder. Oder: die Mehrdeutigkeit des scheinbar Eindeutigen«, in: Löther, Andrea u. a. (Hg.), *Mundus in imagine. Bildersprache und Lebenswelten im Mittelalter. Festgabe für Klaus Schreiner*, München 1996, S. 11–34.

73 Mittauer, Michael, *Historisch-anthropologische Familienforschung. Fragestellungen und Zugangsweisen*, Wien/Köln 1990; ders.: *Ahnen und Heilige*, München 1993; ders.: *Entwicklungstendenzen von Verwandtschaft, Haushalt und Familie im Mittelalter*, Studienbrief der FernUniversität, Hagen 2002.

74 Umso mehr in der (früh-)neuzeitlich orientierten historischen Sozialforschung: Ehmer, Josef u. a.(Hg.), *Historische Familienforschung. Ergebnisse und Kontroversen. Michael Mitterauer zum 60. Geburtstag*, Frankfurt/New York 1997.

75 Ich nenne hier nur: Klapisch-Zuber, Christiane, *Das Haus, der Name, der Brautschatz. Strategien und Rituale im gesellschaftlichen Leben der Renaissance*, Frankfurt a. M. 1995 (frz. 1990); Razi, Zwi, »Kinship in Medieval English Villages«, in: *Tel Aviver Jahrbuch für deutsche Geschichte* 22 (1993), S. 207–229 (dort auch zu Studien von Richard M. Smith); Le Jan, Régine, *Famille et pouvoir dans le monde franc (VIIe-Xe siècle). Essai d'anthropologie sociale*, Paris 1995; Guerreau-Jalabert, Anita, »Parenté«, in: Le Goff, Jacques/Schmitt, Jean-Claude (Hg.), *Dictionnaire raisonné de l'Occident médiéval*, Paris 1999, S. 861–876; Jussen, Bernhard, *Patenschaft und Adoption im frühen Mittelalter: künstliche Verwandtschaft als soziale Praxis*, Göttingen 1991; zuletzt der schöne Forschungsüberblick von: Guerreau-Jalabert, Anita/Le Jan, Régine/Morsel, Joseph, »De l'histoire de la famille à l'anthropologie de la parenté«, in: Schmitt, Jean-Claude/Oexle, Otto Gerhard (Hg.), *Les tendances actuelles de l'histoire du moyen âge en France et en Allemagne*, Paris 2002, S. 433–446; sowie die Replik aus deutscher Sicht von Bernhard Jussen, ebd., S. 447–460.

mit der großen Provokation der Mediävistik durch Jack Goody geprägt und haben zu wirklich neuartigen Ergebnissen zur Rolle des (vielfältigen) Verwandtseins, seiner Modellierungsstrategien und sozialen Reichweite geführt. Von hier aus lässt sich zum Körper-Feld weitergehen[76]. Als einflussreiche Initiatorin hat sich hier Caroline Bynum erwiesen. In einem hochinteressanten Aufsatz[77] hat sie, anknüpfend an ihre eigenen Arbeiten und in breiter Auseinandersetzung mit aktuellen Forschungen, temperamentvoll dafür geworben, sich nicht zu sehr an den Konstanten des Körperbildes »zwischen Plato und Descartes« abzuarbeiten, sondern mehr sowohl auf die Variablen und Devianzen der körperlich-seelischen Grunderfahrungen (Körperflucht, Auferstehungsproblem und Jenseitsbegehren, Reliquien) als auch auf die komplexen »Antizipationen« des »modernen« personalen »Selbst« im Mittelalter zu achten. Hierzu passen die mediävistischen Einzelstudien zur Historisierung des Körpers, initiiert von Klaus Schreiner, und eine Monographie Rüdiger Schnells, in der mit allen groben Projektionen moderner Geschlechterpolarisierung im Sex-Gender-Feld gründlich aufgeräumt wird.[78]

Neuerlich hat sich Ernst Schubert mit einer an Arno Borst und Gerhard Jaritz[79] anschließenden Monographie zum mittelalterlichen Alltag – gefasst als »Umwelt und Umgang« der einfachen Leute – zu Wort gemeldet, die geprägt ist von den beeindruckenden Ergebnissen der vielseitigen mediävistischen Umweltforschung.[80] Hier lässt sich gut die von Harry Kühnel und Gerhard Jaritz inaugurierte Sachkulturforschung des Kremser Instituts angliedern, die in einer imposanten Reihe von Tagungsbänden dokumentiert

---

[76] Ich setze hier nur in Einzelpunkten fort, was Hans-Werner Goetz und Hedwig Röckelein bereits ausgebreitet haben: Goetz, *Mediävistik*, S. 288–299; S. 318–329. Ich nenne ergänzend: Duden, Barbara/Illich, Ivan, »Die skopische Vergangenhit Europas und die Ethik der Opsis«, in: *Historische Anthropologie* 3 (1995), S. 203–221; Jütte, Robert, *Geschichte der Sinne: von der Antike bis zum Cyberspace*, München 2000.
[77] Bynum, »Theater«.
[78] Schreiner, Klaus/Schnitzler, Norbert (Hg.), *Gepeinigt, begehrt, vergessen. Symbolik und Sozialbezug des Körpers im späten Mittelalter und in der frühen Neuzeit*, München 1992; Schnell, Rüdiger, *Sexualität und Emotionalität in der vormodernen Ehe*, Köln/Weimar/Wien 2002.
[79] Jaritz, Gerhard, *Zwischen Augenblick und Ewigkeit. Einführung in die Alltagsgeschichte des Mittelalters*, Köln/Wien 1989; ein methodisch vorbildliches Buch deshalb, weil der Verfasser alle Barrieren zum »Direktverständnis« sogenannter Alltagszeugnisse verdeutlicht und zugleich die Wege zu den indirekten Aussagefeldern aufbereitet.
[80] Schubert, Ernst, *Alltag im Mittelalter. Natürliches Lebensumfeld und menschliches Miteinander*, Darmstadt 2002; Schubert setzt sich dabei deutlich von Nitschkes »individualistischer« Verhaltensforschung ab (S. 14f.).

ist.⁸¹ Beeindruckend tief in das Beziehungsfeld von Dinggebrauch und Dingsymbolik führen die Studien der Festschrift für den viel zu früh gestorbenen Harry Kühnel.⁸² Die Zeit ist meines Erachtens reif dafür, dass sich auch die Maßgeschichte – man denke an die Studien Vitold Kulas und Harald Witthöfts – und die Mittelalterarchäologie, über ihre geo- und biowissenschaftlichen Determinanten hinaus, mit ihren Instrumenten in das Orchester anthropologisierender Forschung einfügen.⁸³

Bereits 1971 rief Jacques Le Goff zur Erweiterung der Mittelalterforschung um die politische Anthropologie auf.⁸⁴ Er selbst hat die Aufgabe in Form der großen Biographie Ludwigs des Heiligen geschultert.⁸⁵ Wie sich die deutsche Mediävistik schrittweise vom moderen Nationalstaatsdenken löste und über die Zwischenstufe des »Personalverbandsstaates« nun zur Konzeption der »Politik« als einer adligen Machtpraxis »ohne« Staat entwickelt hat, ist eine lange, viel diskutierte und beschriebene Geschichte, die hier nicht wiederholt werden muss. Neben den vorliegenden Berichten zur deutschen und französischen Forschung, die besonders um Rituale und Institutionen kreisen⁸⁶, an die aber auch das Recht anschlussfähig scheint⁸⁷, sollte man englische, amerikanische Forschungen nicht vergessen, die noch deutlicher zu herrschaftsanthropologischen Attitüden neigen.⁸⁸

Bleiben schließlich die Anthropologie der Gruppenbildung sowie die ökonomische Anthropologie. Schon bald nach dem Boom der Klassen- und

---

81 Dazu der kurze Bericht bei Goetz, *Mediävistik*, S. 304–308.
82 Blaschitz, Gertrud u. a. (Hg.), *Symbole des Alltags und Alltag der Symbole*, Graz 1992.
83 Herrmann, »Molekularbiologie«; um hier einmal programmatisch zuzuordnen: Steuer, Heiko, *Waagen und Gewichte aus dem mittelalterlichen Schleswig. Funde des 11. bis 13. Jahrhunderts aus Europa als Quellen zur Handels- und Währungsgeschichte*, Köln 1997.
84 Le Goff, *Phantasie*, S. 339–352, S. 412–418.
85 Ders., *Ludwig der Heilige*, Stuttgart 2000 (frz. Original: 1996).
86 Zusammenfassung der letzten Etappen bei Goetz, *Mediävistik*, S. 174–218; sowie: Schmitt, Jean-Claude/Oexle, Otto Gerhard (Hg.), *Les tendances actuelles de l'histoire du moyen âge en France et en Allemagne*, Paris 2002, , besonders Abschnitt »Rituel et institutions«, S. 231–282. Von Interesse ist, dass auch Gert Melville und Peter von Moss (Hg.), *Das Öffentliche und Private in der Vormoderne*, Köln/Weimar/Wien 1998, ihr Thema kulturanthropologisch dimensionieren (S. XIV).
87 Meyer, Christoph H. F., »Mittelalterliche Rechts- und Verfassungsgeschichte. Die Methodenfrage aus anthropologischer Sicht. Forschungserträge und Perspektiven«, in: Duchardt, Heinz/Melville, Gert (Hg.), *Im Spannungsfeld von Recht und Ritual*, Köln 1997, S. 71–102.
88 Ich bringe hier nur zwei wichtige Bände der Gruppe um Wickham, Davies und Fouracre in Erinnerung: Davies, Wendy/Fouracre, Paul (Hg.), *The Settlement of Disputes in Early Medieval Europe*, Cambridge 1986; dies. (Hg.), *Property and Power in the Early Middle Ages*, Cambridge 1995; dazu Rosenwein, Barbara, *Negotiating Space. Power, Restraint, and Privileges of Immunity in Early Medieval Europe*, Ithaka 1998.

Schichtungsforschung in den 1960er- und 1970er-Jahren zeigte sich, dass das von Durkheim inaugurierte Konzept der Gruppenbildung zur Beschreibung und Deutung der ungemein dynamischen sozialen Beweglichkeit im Mittelalter besser geeignet sein könnte. Otto Gerhard Oexle hat diesen Weg konsequent beschritten, ohne ihn programmatisch für eine Anthropologisierung der Sozialgeschichte auszugeben.[89] Im Fahrwasser dieser Hypothese sind ihm aber Jüngere – auf je eigenen Wegen – gefolgt: Bernhard Jussen, Simon Teuscher, Frank Rexroth etwa.[90]

Schließlich die »ökonomische« Anthropologie. Auch hier waren Jacques Le Goff und Aaron Gurjewitsch, sozusagen im Gleichschritt mit Georges Duby, die ideenreichen Pioniere; Lester K. Little und Ernst Pitz kommen hinzu.[91] Sie haben, angeregt besonders von der Gabentheorie eines Marcel Mauss, von der Marktformenlehre Karl Polanyis und vom breiten Spektrum der postkolonialen Wirtschaftsanthropologie (Marshall Sahlins, M. Godelier, C. Meillassoux, Pierre Bourdieu)[92], erste Distanz gesucht zu modernen Grundkategorien des Wirtschaftens, etwa dem vom Wechselspiel von Angebot und Nachfrage bestimmten Austausch (Markt). Inzwischen ist die Forschung der nachfolgenden Generation längst in die komplexen Details zur sozialen und symbolischen Reichweite und Ambiguität der Gaben und Ge-

---

89 Vgl. hierzu den Bericht von Borgolte, Michael, *Sozialgeschichte des Mittelalters*, besonders S. 418–422, S. 452–460. Weitere Nachweise erübrigen sich – bis auf den folgenden: Oexle, Otto Gerhard, »Gruppenbindung und Gruppenverhalten bei Menschen und bei Tieren. Beobachtungen zur Geschichte der mittelalterlichen Gilden«, in: *Saeculum* 36 (1985), S. 28–45.

90 Jussen, *Patenschaft*; Teuscher, Simon, *Bekannte – Klienten – Verwandte. Sozialität und Politik in der Stadt Bern um 1500*, Köln/Weimar/Wien 1998; Rexroth, Frank, *Das Milieu der Nacht. Obrigkeit und Randgruppen im spätmittelalterlichen London*, Göttingen 1999. Ergänzen ließe sich hier noch: Künzel, Rudi, *Beelden en zelfbeelden van middeleeuwse mensen. Historisch-anthropologische studies over groepsculturen in de Nederlanden, 7de-13de eeuw*, Nijmegen 1999.

91 Vgl. Le Goff, Jacques, *Pour un autre Moyen Age. Temps, travail et culture en Occident*, Paris 1977; Gurjewitsch, *Weltbild* besonders S. 247–326; Duby, Georges, *Guerriers et paysans, VII-XIIe siècle. Premier essor de l'économie européenne*, London 1973, besonders S. 60–86; Little, Lester K., *Religious Poverty and the Profit Economy in Medieval Europe*, Ithaca 1978, S. 3–18; Pitz, Ernst, *Wirtschafts- und Sozialgeschichte Deutschlands im Mittelalter*, Stuttgart 1979, S. 27ff.

92 Guter Theorie-Reader: Schrift, Alan D. (Hg.), *The logic of the gift. Toward an ethic of generositiy*, New York/London 1997; beste deutsche Auseinandersetzung mit diesem Theorieangebot Groh, Dieter, *Anthropologische Dimensionen der Geschichte*, Frankfurt 1992, Teil I (leider ohne Berücksichtigung des Mittelalters).

schenke übergegangen.⁹³ Als große Herausforderung für die zukünftige Arbeit schließlich ist die umfassende Kritik Bartolomé Claveros an den bisherigen ethnologischen Projektionen reziprozitärer Sozial- und Wirtschaftsvorstellungen in ein Mittelalter anzusehen, das als Zeitalter normativer Gnade zu gelten habe.⁹⁴ Auch zur Anthropologie der »Arbeit« im Mittelalter sind erste Schritte getan. Vom Arbeitsbereich »Ältere Geschichte« der FernUniversität in Hagen liegt hierzu ein umfassender anthropologisierender Kurs zur Arbeit im vorindustriellen Europa vor.⁹⁵

Ausblick: Hominologie statt Anthropologie

Die Revue anthropologischer und anthropologisierender Forschungen aus der multidisziplinären Epochenwissenschaft Mediävistik konnte erweisen, auf wie breiter Front zur Zeit begrenzte Aufgaben gelöst und wie viele Wege dabei beschritten werden. Ob diese Diversifikation zu einer einheitswissenschaftlich formierten »Anthropologie des europäischen Mittelalters« tendiert, lässt sich derzeit kaum vorhersagen. Viel hängt hier von einem epochenübergreifenden Trend ab, dem einer Anthropologisierung der Historie überhaupt. Wenn man sich eher epochenspezifisch begrenzen will, wofür die anthropologisierende Grundattitüde der Fremdheit ja gerade spricht, dann gilt es meiner Meinung nach auf viererlei zu achten.

Zum einen sollte, wie die französische Mediävistik mit Recht betont, die rhetorische Ineinssetzung mit den etablierten anthropologischen Disziplinen, besonders der Erforschung rezenter kleiner Gesellschaften, vermieden werden. Diese Wissenschaften haben ungemein anregende Sachzusammenhänge, Konkretionsstufen, Nahverhältnisse, Kontrastqualitäten, Fremdheitselemente zu bieten und können deshalb vielfältig helfen, den Projektionssuggestionen nicht zu erliegen, die den Gegenwartserfahrungen und ihren

---

93 Ich nenne hier nur Kellogg, Judith, *Medieval Artistry and Exchange. Economic Institutions, Society, and Literary Form in Old French Narrative*, New York 1989; Cohen, Esther/De Jong, Majke B. (Hg.), *Medieval Transformations. Texts, Power, an Gifts in Context*, Leiden/Boston/Köln 2001, Teil 2, S. 123–274; Algazai, Gadi/Goebner, Valentin/Jussen, Bernhard (Hg.), *Negotiating the Gift. Pre-Modern Figurations of Exchange*, Veröffentlichungen des Max-Planck-Instituts für Geschichte, 188, Göttingen 2003.

94 Clavero, Bartholomé, *La grâce du don. Anthropologie catholique de l'économie moderne*, Paris 1996 (span. Original: 1991).

95 Eriksson, Ylva/Kuchenbuch, Ludolf/Teubner-Schoebel, Sabine/Sokol, Thomas/Vanja, Christina, *Arbeit im vorindustriellen Europa*, 6 Teile, Hagen 1986.

begrifflichen Selbstverständlichkeiten innewohnen. Aber theoretische Hilfe im strengen Sinne – Applikation von Modellen »einfacher« bzw. »klein«-maßstäblicher Vergesellschaftung, Übernahme von Terminologien etwa von Verwandtschaft, Wirtschaft, Macht[96] usf., direkter Vergleich von Institutionen und Relationen – all das sollte man nicht erwarten bzw. praktizieren. Die so wichtig gewordene Erfahrung der Alterität des Mittelalters sollte man nicht verähnlichend einebenen, sondern kontrastiv stärken.

Zweitens sollte Jacques Le Goffs Rat beherzigt werden, dass das Mittelalter und die Frühe Neuzeit zur einer großen Epoche verbunden werden – hier über einen adäquaten Titel zu diskutieren (langes Mittelalter, Vormoderne, Alteuropa, christlicher Okzident, Feudalismus usf.), ist der falsche Ort. Die Dringlichkeit dazu spürt deutlich, wer die aktuellen Diskussionen seismographisch aufzunehmen versteht. Derlei im Auge, wären auch die hochinteressanten mikrohistorisch-anthropologisierenden Forschungen, mit denen die Kolleginnen und Kollegen der Frühen Neuzeit ja unbestritten führend sind, mit im Boot – eine ganz maßgebliche Bereicherung, auf die ich hier weitgehend verzichten musste. Die Arbeiten von Carlo Ginsberg, Peter Burke, Nathalie Zemon Davis, David Sabean, Gianno Levi, Hans Medick, Richard van Dülmen, Reiner Beck und Norbert Schindler stehen dafür[97], wie inzwischen auch viele hochinteressante Studien jüngerer Kolleginnen und Kollegen. Hier ist besonders an die nun bereits zehnjährigen frühneuzeitlichen Bemühungen der epochenübergreifenden Zeitschrift *Historische Anthropologie* zu erinnern.

Drittens sollte man mehr über die misslich etablierte Polarisierung der beiden Grundattitüden der Makro- und der Mikroanthropologie hinaus-

---

96 Guerrau, Alain, *L'Avenir d'un passé incertain. Quelle histoire du moyen âge au XXIe siècle?*, Paris 2001, S. 259f.

97 Ich kann nicht darauf verzichten, wenigstens an dieser Stelle explizit auf die Arbeiten des Grenzgängers Norbert Schindler hinzuweisen, der ausgehend von einer neuerungsbewussten Rezeption der »akten-kundigen« Volkskunde und auf der Höhe jedweder internationalen theoretischen Diskussion, eine Serie von beispielgebenden Studien zur Volkskultur (15. bis 18. Jahrhundert) geschrieben hat. Ich nenne nur: Schindler, Norbert, *Widerspenstige Leute. Studien zur Volkskultur in der frühen Neuzeit*, Frankfurt a. M. 1992; ders., *Wilderer im Zeitalter der Französischen Revolution. Ein Kapitel alpiner Sozialgeschichte*, München 2001; weitere Aufsätze in der Zeitschrift »Historische Anthropologie«. Sehr lesenswert auch seine Kritik der Debatte um die Leitfunktion der Kulturwissenschaft: Ders.,»Vom Unbehagen in der Kulturwissenschaft. Eine Polemik«, in: *Historische Anthropologie* 10 (2002), S. 276–294.

denken.⁹⁸ Es ist meines Erachtens nicht mehr lohnend, auf der einen, der makrohistorischen Seite, Qualitäten wie allgemein, abstrakt, ganz, oben, hinter, unwirklich, fern, normativ, präskriptiv, oberflächlich, außen, vorgestellt, homogen, ideologisch, diskursiv, strukturell, kollektiv usf. zu verorten, auf der anderen, der mikrohistorischen, dann konsequent spiegelbildlich solche Prädikate wie besonders, konkret, genau, vorn, unten, detailliert, wirklich, nah, dicht, tief, innen, konfliktuös, praktisch usf. Die Diskussionen, die hier nicht nachzuzeichnen sind, hatten stets etwas künstlich Polarisiertes. Die spektakuläre, vom Suchgeschick und Überlieferungs-Glück begünstigte Aufdeckung mentaler Eigenheiten, politischer Beharrlichkeiten und sozialer Beziehungsfigurationen und Spielräume einzelner Leute (Menocchio, Martin Guerre) oder Dörfler bzw. Städter (in Montaillou, Santena, Neckarhausen oder Unterfinning; in Florenz, Lyon, Nürnberg oder Basel) hat leicht darüber hinweggefasziniert, dass der Alltag der meisten Mediävisten in der methodischen Bewältigung des Überlieferungs-Pechs besteht. Wie leicht Mediävisten scheitern können, die zu viel Überlieferungsglück unterstellen, zeigte nicht nur die Quellenkritik an Le Roy Laduries Montaillou-Buch. Auch der Versuch von Guy Bois, aus mehreren Dutzend Urkunden der Abtei Cluny über Besitzungen in der nahegelegenen Siedlung Lournand eine Welt um das Jahr 1000 zu ermitteln, die zugleich Zeugnis von einem dramatischen weltgeschichtlichen Wandel von der Antike zum Feudalismus ablegen sollte, weist in diese Richtung.⁹⁹ Mikro- und Makrohistorie sind epochentheoretisch so direkt, wie bei Bois intendiert, nicht vermittelbar. Aus der Debatte, die Bois – zum Beispiel in *Past & Present* – auslöste, sind aber nicht nur wichtige Verfeinerungsargumente zum Verhältnis von politischer Gewalt und sozialer Bewegung hervorgegangen, sondern auch solche für die raumzeitliche Differenzierung der großen Veränderungen im Laufe des Mittelalters (Periodisierung). Auch für die Annäherung beider Pole gibt es viele Anzeichen, auf die hier nicht mehr eingegangen werden kann. Damit haben sich aber inzwischen verschiedene Auswege aus der Polarisierung der Maß-

---

98 Guter Anfang (allerdingser ohne Mediävistik): Schlumbohm, Jürgen (Hg.), *Mikrogeschichte – Makrogeschichte: komplementär oder inkommensurabel?*, Göttingen 1998.
99 Bois, Guy, *La mutation de l'an mil. Lournand, village mâconnais de l'Antiquité au féodalisme*, Paris 1989. Ich verweise auf die weiterführende Diskussion in *Past and Present*. Mikrohistorische Ansprüche erfüllt hingegen die weniger hoch gehängte, verschiedene Disziplinen (Diplomatik, Namenskunde, Archäologie, Geographie) kombinierende Studie von Davies, Wendy, *Small Worlds. The Village Community in Early Medieval Brittany*, London 1988; vgl. auch Wickham, Chris, *Community and Clientele in Twelfth Century Tuscany. The origins of the rural commune in the plain of Lucca*, Oxford 1998 (ital.: 1995).

stäbe ergeben, die künftig noch genauer ausgearbeitet werden sollten. Ich beschränke mich hier nur auf Methodisches, abgeleitet aus verschiedenen Überlieferungslagen bzw. Wissensniveaus:

1. Es gibt unendlich viele einzelne Schrift-, Bild- und Ding-Dokumente (Überlieferungs-»Stücke«), die man penibel auf ihre Aussagefelder hin untersuchen kann, die widersprüchlich, hierarchisiert und offen oder versteckt, intern geschlossen oder prall voller literater, figurativer oder praktischer Verweisungen sein können, und zwar in weitester zeitlicher Perspektive. Zu dieser den Brillen- und Lupeneffekt nutzenden Erschließungsarbeit kann, neben der Wortfeld- und Bildfeldsemantik, auch die typologisch verfahrende Bedeutungsforschung genauso nützlich sein wie alle praxeologischen Konzepte von Performanz, Benutzung, Aufführung, Gebrauch. In diesem Feld haben die sprach-, literatur- bzw. text- und die bildwissenschaftlichen mediävistischen Disziplinen, besser geschult in der Beschreibung und Deutung von traditions-»tiefen« Ausdrucksräumen, methodisch die Nase vorn.

2. Die Fälle von um eine Situation gehäufter, gerade auch verschiedener Zeugnisse (Überlieferungs-Nester oder -Ballungen) lassen sich für die Ermittlung des Ineinanders von Grundsätzlichem, Unvermeidlichem, Unhintergehbarem und den situativ gegebenen Variations- und Modifikationsmöglichkeiten nutzen. Bei dieser Methode, eine »Welt im Tropfen« zu ermitteln und zu zeigen, haben wiederum die Historiker mehr Erfahrungen, weil sie bei ihren Dokumenten nicht haltmachen, die ästhetischen bzw. theologischen Vetos der Literatur-, Bild- und Glaubenswissenschaften umgehen und auf der Konstruktion damaliger Lebensformen bzw. Beziehungs- und Verhaltenspraxen bestehen.

3. Daran anschließen kann man die Vergleiche räumlich oder zeitlich auseinanderliegender Dokumente oder Momente zum selben Thema, aus möglichst ähnlichem sozialem Milieu und auf ähnlichem Aussageniveau. Der Zeiten bzw. Orte überspringende Vergleich – sei er auf Ähnlichkeit oder Kontrast aus – bietet gute Möglichkeiten zur Herausarbeitung langfristiger Sinnverschiebungen oder auch abrupter Sinn- und Bedeutungsbrüche. Derlei Vergleiche, man könnte sie in die Bilder des Seitenumschlagens oder des Rückens mit dem Fernrohr von einem Zeit- bzw. Ortspunkt zum anderen fassen, sind für anthropologisches Arbeiten zu stärken.

4. Schließlich bedarf es der Steigerung von Vergleichbarem, von sich beständig Wiederholendem, zu dem, was über die Jahrhunderte hinweg bestimmend in den Menschen, unter ihnen und für sie bleibt und wirkt. Dass diese Steigerung, nennen wir sie hier den Aufstieg zur weitblickenden Vogelschau, notwendig zur Entfernung von den Dokumenten und Einzelsituationen führt, sich also zur essentialisierenden Abstraktion ausdünnt, ist überhaupt nicht ausgemacht – es wird viel zu wenig darüber nachgedacht, wie das Essentielle im Besonderen, das Grundlegende in der Variation, der Ausprägung, der Verformung usf. bis hin zur Einmaligkeit bzw. Irreversibilität verbleibt. Nötig bleibt dies Verfahren anthropologischen Weitblickens allemal deshalb, weil es nicht allein den Soziologen oder Philosophen überlassen werden darf, die solche Abstraktionen allzuleicht enthistorisieren und in epochenindifferente Systeme oder Typologien einbauen und damit das tilgen, worauf es historisch ankommt.

Schließlich eine terminologische Erwägung. Wie wäre es, wenn Mediävistinnen und Mediävisten künftig zu den gängigen leitbegrifflichen Anknüpfungen sowohl an die Antike wie an die Moderne terminologisch auf Distanz gingen? Und zwar durch eigenständige Begrifflichkeit, abgesetzt von den antiken und modernen Ausgangspunkten, die Anthropologie erst möglich gemacht haben: die antiken Menschenlehren, insbesondere Aristoteles und Galen, auf der einen Seite, auf der anderen die modernen Neubegründungen im Zuge der Aufklärung und ihre disziplinären Fortentwicklungen: philosophische, literarische, biologisch-medizinische, pädagogische Anthropologie und Völkerkunde.[100] All dem gegenüber erscheint mittelalterliches Mensch-Sein als exotisch.[101] Die okzidentale Menschenkunde zwischen Antike und Moderne hat nicht nur ihre eigene lateinische Ausdrucksform, sondern auch ihren eigenen Sinn und ihren eigenen institutionellen Rahmen. Man könnte von christlicher Hominologie im Rahmen der Kirche (*ecclesia*) sprechen.

---

100 Guter Überblick: Marquard, Odo, »Anthropologie«, in: *Historisches Wörterbuch der Philosophie*, Bd. 1, Darmstadt 1971, Sp. 362–374. Vgl. weiter Rössler, D., »Anthropologie, medizinische«, in: ebd., Sp.374ff.; Schläger, Jürgen, »Literarische Anthropologie«, in: Nünning, Ansgar (Hg.), *Metzler Lexikon Literatur- und Kulturtheorie*, Stuttgart/Weimar 1998, S. 315ff.; Heinz, Jutta, *Wissen vom Menschen und Erzählen vom Einzelfall. Untersuchungen zum anthropologischen Roman der Spätaufklärung*, Berlin/New York 1996; Kohl, Karl-Heinz, *Entzauberter Blick. Das Bild vom guten Wilden*, Frankfurt a. M. 1986.

101 So Le Goff, Jacques, »Einführung. Der Mensch des Mittelalters«, in: ders. (Hg.), *Der Mensch des Mittelalters*, 2. Aufl. Frankfurt a. M./New York 1990, S. 7–45, hier S. 36.

Kirche, verstanden zugleich als Haus Gottes, als hegemonialer geistlicher Stand und als das soziale Ganze der getauften und damit erlösbaren Christenheit.[102] Die Überlieferung ist voll von Menschenbildlichem und Menschenkundlichem in diesem doppelten Sinne, voll von Grundsätzlichem darüber, was für den *homo christianus* zwischen Engel und Tier galt: gottesebenbildlich und als mikrokosmischer Ausdruck der Natur erschaffen, zur Sünde verdammt und zur *perfectio* berufen zu sein, androzentrisch modelliert, aus sterblichem Leib und unsterblicher Seele zusammengesetzt, in die soziale Ungleichheit des irdischen Lebens eingebunden, zur Person (*per se una*) individualisiert.[103] Dies aber nicht in statisch-archaischer Holzschnittlichkeit für »das« Mittelalter gültig – wie etwa von Aaron Gurjewitsch vorgeschlagen –, sondern in ständigen Abwandlungen auktorial intendierter oder sozial umstrittener Vielsinnigkeit. Wer die schriftliche, bildliche und dingliche Überlieferung des christlichen Okzidents kennt, wird nicht bestreiten können, dass so gut wie jedes Dokument, egal ob Urkunde oder Register, Statut oder Ritual, Wunderbericht oder Tatenchronik, Kathedrale oder Patrizierhaus, Krone oder Kerbholz, Grabstein oder Werkzeug von dieser Ineinssetzung von hominologischer Allgemeinheit und hominoformer Besonderung zeugt. Warum sollte man daraus nicht die Konsequenz ziehen und zukünftig, anstelle aller Anthropologie, von okzidental-christlicher Hominologie sprechen?

---

102 Guerreau-Jalabert, Anita, »L'ecclesia médiévale, une institution totale«, in: Schmitt, Jean-Claude/Oexle, Otto Gerhard (Hg.), *Les tendances actuelles de l'histoire du moyen âge en France et en Allemagne*, Paris 2002, S. 219–226; sowie: Guerreau, Alain, »Féodalité« in: Le Goff, Jacques/Schmitt, Jean-Claude (Hg.), *Dictionnaire raisonné de l'Occident médiéval*, Paris 1999, S. 387–406, besonders S. 397ff.

103 Vgl. die Einführung von Neumeyer, Martina (Hg.), *Mittelalterliche Menschenbilder*, Regensburg 2000, S. 7–20. Darin auch aufschlussreiche Einzelstudien, etwa Sturlese, Loris, »Von der Würde des unwürdigen Menschen. Theologische und philosophische Anthropologie im Spätmittelalter«, S. 21–43; siehe auch: Struwe, Tilman, » Die Anthropologie des Alfredus Anglicus in ihrer Stellung zwischen Platonismus und Aristotelismus«, in: *Archiv für Kulturgeschichte* 55 (1973), S. 366–390.

Veröffentlichungen und Manuskripte*

Selbständige Schriften

1. Feudalismus – Materialien zur Theorie und Geschichte, hg. v. Ludolf Kuchenbuch in Zusammenarbeit mit Bernd Michael, Frankfurt/M.-Berlin-Wien 1977 (daraus S. 694–761 in spanischer Übersetzung: Estructura y dinámica del modo de producción ›feudal‹ en la Europa Preindustrial, in: Studia Historica, H. Medieval, IV, 2, 1986, S. 7–57).
2. Bäuerliche Gesellschaft und Klosterherrschaft im 9. Jahrhundert. Studien zur Sozialstruktur der Familia der Abtei Prüm (Beih. d. VSGW, 66), Wiesbaden 1978.
3. Die Neuwerker Bauern und ihre Nachbarn im 14. Jahrhundert, Habilitationsschrift TU Berlin 1983 (Ms).
4. Grundherrschaft im früheren Mittelalter (Historisches Seminar, N.F. Bd. 1), Idstein 1991.
5. »Textus« im Mittelalter. Komponenten und Situationen des Wortgebrauchs im schriftsemantischen Feld, hg. von Ludolf Kuchenbuch und Uta Kleine (Veröffentlichungen des Max-Planck-Instituts für Geschichte, 216), Göttingen 2006.
5a. Zur Entwicklung des Feudalismus-Konzepts im Werk von Karl Marx (Philosophische Gespräche 24: Marx und der Feudalismus 1), Berlin 2012.
6. Jenseits von Sklaverei und Leibeigenschaft. Zur Semantik der Servilisierung im früheren Mittelalter (erscheint voraussichtlich in der Reihe ›Figura‹, hg. Bernhard Jussen).

Lehrbriefe der FernUniversität (Auswahl) – *A. Autor (A)/ Koautor (KA)/Mitarbeit (M)/Redaktion (R)/Bearbeitung (B)*

*7. Alteuropäische Schriftkultur (550 S.) Hagen 2003; KE 1: Vom Alphabet zum Druck: Einführung (A); KE 2: Von der Tonscherbe zur wissenschaftlichen Edi-

---

* Mit Asterix gekennzeichnete Titel sind in dieser Sammlung enthalten.

tion (R); KE 3: 4 Fallstudien zur antiken Schriftkultur (R); KE 4: Von der ›Inquisition‹ zum Internet: Die Überlieferungsgeschichte des Prümer Urbars (A); KE 5: Von der Bibel zur Bibliothek: 7 Fallstudien zur Schriftkultur im Mittelalter (KA); KE 6: Von der Flugschrift zur Kirchenordnung: Die Reformation in Straßburg im Spiegel ihres Schriftguts (KA).
8. Grundkurs Ältere Geschichte: Arbeit im vorindustriellen Europa (insgesamt 615 S.), Hagen 1988; KE 1: Einführung (KA); KE 2: Griechische Antike (M); KE 3: Römische Antike (KA); KE 4: Früheres Mittelalter (A); KE 5: Späteres Mittelalter (A); KE 6: Frühe Neuzeit (KA).
9. Geschichtswissenschaft für RestauratorInnen – Eine Einführung. KE 1–5. (A, R), Hagen 2001.
10. Einführung in die Kulturwissenshaft (KA), Hagen 2004.
11. Marc Bloch als Geschichtstheoretiker (A), in: Methoden der Kulturwissenschaft (KA), Hagen 2003.
12. Vom ideologischen Gegensatz zum konzeptionellen Kaleidoskop: Die *Feudalismus*-Diskussionen, ausgehend von Deutschland, von den 50er Jahren bis zur Wende 1989 (A), in: Die Gegenwart Alteuropas: Antike, Mittelalter und Frühe Neuzeit im historischen Horizont der Nachkriegszeit. KE 2: Schlüsselthemen der deutschen Geschichtswissenschaft in Ost und West, Hagen 2007, S. 131–174.

B. Editionen/Redaktionen von Studienbriefen auswärtiger Autoren

13. Robert, Jean/Kleine, Uta: Raum und Geschichte (KA,R), Hagen 1998.
14. Mitterauer, Michael: Entwicklungstendenzen von Verwandtschaft und Familie im Mittelalter (M, R), Hagen 2000.
15. Teubner-Schoebel, Sabine: Wissen und Glauben als soziale Praxis: Universitäten vor 1800 (R), Hagen 2002.

Aufsätze

16 Zur Periodisierung des europäischen Feudalismus. Überlegungen und Fragen (m. Bernd Michael), in: Gesellschaftsformationen in der Geschichte (Argument, Sonderband 32), Berlin 1978, S. 130–49.
17. Wege aus der Krise des Feudalismus im Spätmittelalter. Zu den Voraussetzungen eines Unterrichtsprojektes in der Sekundarstufe II (m. Dieter Kalinka), in: Sozialwiss. Informationen f. Unterricht und Studium (SOWI), 8, H. 3 (Feudalismus und Kapitalismus auf dem Lande), 1979, S. 146–50.

18. Konjunktur und Mentalität – Beobachtungen zur französischen Mediävistik (m. Klaus Herbers), in: lendemains, 4, H. 16 (Mittelalter), 1979, S. 25–42.
19. Brief eines Mediävisten zu neueren und älteren Märkten, in: Freibeuter 4, 1980, S. 105–10.
20. ›Finden ist nicht verboten‹ – Probleme einer marxistischen Geschichtstheorie am Beispiel der ›vorkapitalistischen Produktionsweisen‹, in: Jörn Rüsen/Ernst Süssmuth (hg.), Theorien in der Geschichtswissenschaft, Düsseldorf 1980, S. 95–117.
21. Bürger und Bauern. Neues zum Verhältnis von Stadt und Land im späten Mittelalter, in: Journal f. Geschichte 3, 1981, S. 9–13.
22. Bäuerliche Ökonomie und feudale Produktionsweise. Ein Beitrag zur ›Welt-System‹-Debatte aus mediävistischer Sicht, in: Perspektiven des Weltsystems, Materialien zu E. Waller-stein ›Das Moderne Weltsystem‹, hg. vom Berliner Institut f. vergleichende Sozialforschung, Frankfurt 1982, S. 112–41.
23. Probleme der Rentenentwicklung in den klösterlichen Grundherrschaften des frühen Mittelalters, in: Benedictine Culture (Mediaevalia Lovanensia XI), Leuven 1983, S. 132–72.
24. Der gute Griff nach der Kultur. Zur Attraktivität neuerer Bücher über das Mittelalter, in: Mitteilungen des Deutschen Germanistenverbandes 30/4, 1983, S. 29–34.
25. Trennung und Verbindung im bäuerlichen Werken des 9. Jahrhunderts. Eine Auseinandersetzung mit Ivan Illichs Genus-Konzept, in: Frauen in der Geschichte VII, hg. Werner Affeldt/Anette Kuhn, Düsseldorf 1986, S. 227–43 (zugleich in: Wider den Turmbau zu Babel. Disput mit Ivan Illich, hg. S. Pfürtner, Reinbek 1985, S. 131–45, Titel: Bäuerliches Genus im Frühmittelalter?).
26. Abfallpräsentation im Freilichtmuseum? Historisierende Vorbemerkungen, in: Freilichtmuseum und Sozialgeschichte, hg. Konrad Bedal/Heinz Heidrich (Kl. Schriften d. Fränkischen Freilandmuseums, H. 6), Bad Windsheim 1986, S. 122–37.
27. ›Säuisches Wirthschaften‹ auf dem Land als Problem der Volksaufklärung, in: Jb. f. Volkskunde 1987, S. 27–42.
28. Die Klostergrundherrschaft im Frühmittelalter. Eine Zwischenbilanz, in: Herrschaft und Kirche. Beiträge zur Entstehung und Wirkungsweise episkopoler und monastischer Organisationsformen, hg. v. Friedrich Prinz (Monographien z. Geschichte d. Mittelalters, Bd. 33), Stuttgart 1988, S. 297–343.
29. Abfall. Eine stichwortgeschichtliche Erkundung, in: Mensch und Umwelt in der Geschichte, hg. Jörn Rüsen/Jörg Callies/Meinfried Striegnitz (= Geschichtsdidaktik, NF 5), Pfaffenweiler 1989, S. 257–76.
30. ›Adel‹, in: Das Fischer Lexikon, Geschichte, hg. Richard van Dülmen, Frankfurt/M. 1989, S. 105–120.
31. Glocke und Uhr bis zum 18. Jahrhundert. Bemerkungen zum Lauf- und Schlagwerk der Breckerfelder Turmuhr, in: Breckerfelder Telegraph 1989, S. 5–11.

32. ›Seigneurialisation‹ – Marc Blochs Lehre im Lichte heutiger Forschung und Diskussion, in: Marc Bloch aujourd'hui. Histoire comparée et Sciences sociales, hg. H. Atsma/A. Burguière, Paris 1990, S. 349–61.
33. Notizen zur ›Notation‹ im Amateurjazz der Sechziger und Siebziger Jahre, in: Jost, Ekkehard (hg.), Darmstädter Jazzforum 89, Beiträge zur Jazzforschung, Hofheim 1990, S. 161–189.
*34. Vom Brauch-Werk zum Tauschwert: Überlegungen zur Arbeit im vorindustriellen Europa (zus. mit Thomas Sokoll), in: Sozialphilosophie der industriellen Arbeit, hg. Helmut König u.a. (= Leviathan, Sonderheft 11), 1990, S. 26–50.
35. Mühsal, Werk, Kunst, Lohn – Zur ›Arbeit‹ im mittelalterlichen Ruhrgebiet, in: Vergessene Zeiten. Mittelalter im Ruhrgebiet, hg. Ferdinand Seibt u. a., Katalog zur Ausstellung im Ruhr-landmuseum Essen, Bd. 2, Essen 1990, S. 103–110.
36. Verrechtlichung von Erinnerung im Medium der Schrift (9. Jahrhundert), in: Mnemosyne. Formen und Funktionen der kulturellen Erinnerung, hg. Aleida Assmann/Dietrich Hardt, Frankfurt/M. 1991, S. 36–47.
*37. *Opus feminile* – das Geschlechterverhältnis im Spiegel von Frauenarbeiten im früheren Mittelalter, in: Weibliche Lebensgestaltung im früheren Mittelalter, hg. Hans-Werner Goetz, Köln/Weimar/Wien 1991, S. 139–175.
38. *Bene laborare* – Zur Sinnordnung der Arbeit, ausgehend vom *capitulare de villis*, in: Von Aufbruch und Utopie. Perspektiven einer neuen Gesellschaftsgeschichte des Mittelalters. Für und mit Ferdinand Seibt aus Anlaß seines 65. Geburtstages, hg. v. Bea Lundt u. a., Köln/Weimar/Wien 1992, S. 337–352.
39. *Elevatis ad celum manibus et oculis*. Gebärden und Gebaren in den Miracula Sancti Annonis von 1184, in: Frömmigkeit. Formen, Geschichte, Verhalten, Zeugnisse. Festschrift f. Lenz Kriss-Rettenbeck z. 70. Geburtstag (Forschungshefte d. Bayerischen Nationalmuseums 13), München 1993, S. 27–44.
*40. »Lavoro« e »società« dal tardo X secolo al primo XII. Note basate prevalentemente sulla tradizione urbariale a nord delle Alpi, in: Il secolo XI: una svolta? hg. v. Cinzio Violante/Johannes Fried (Annali dell'Istituto storico italo-germanico. Quaderno 35) Bologna 1993, S. 205–235.
*41. Teilen, Aufzählen, Summieren. Zum Verfahren in ausgewählten Güterverzeichnissen des 9. Jahrhunderts, in: Schriftlichkeit im frühen Mittelalter (ScriptOralia 53), hg. v. Ursula Schaefer, Tübingen 1993, S. 181–206.
42. Karl der Große und die ›Wörter‹, in: Jahrbuch 1993, hg. von der Gesellschaft der Freunde der FernUniversität e.V., Hagen 1994, S. 33–49.
43. Die Achtung vor dem alten Buch und die Furcht vor dem neuen: Cesarius von Milendonk erstellt 1222 eine Abschrift des Prümer Urbars von 893, in: Historische Anthropologie 3, 1995, S. 175–202.
44. Links within the Village: Evidence from Fourteenth-Century Eastphalia, in: Agriculture in the Middle Ages: technology, practice, and representation, edited by Del Sweeney, Philadelphia 1995, S. 138–162.

45. Albrecht Dürer – oder: die mittelalterlichen Stadtbürger und ihr Schriftgut, in: Das Mittelalter. Ein Lesebuch zur deutschen Geschichte 800–1500, hg. v. Rainer Beck, München 1996, S. 259–269.
46. *Zukünfftig bessere Verwalltung*. Die Stadtwerdung Hagens im Spiegel ausgewählter Schriftzeugnisse (1713–1747/48), in: Peter Brandt/Beate Hobein (Hg.), 1746/1996: Beiträge zur Geschichte der Stadt Hagen, Essen 1996, S. 18–38.
47. Ordnungsverhalten im grundherrlichen Schriftgut vom 9. zum 12. Jahrhundert, in: Dialektik und Rhetorik im früheren und hohen Mittelalter. Rezeption, Überlieferung und gesellschaftliche Wirkung antiker Gelehrsamkeit vornehmlich im 9. und 12. Jahrhundert, hg. v. Johannes Fried (Schriften des Historischen Kollegs, Kolloquien 27), München 1997, S. 175–268.
48. Marxens Werkentwicklung und die Mittelalterforschung, in: Was bleibt von marxistischen Perspektiven in der Geschichtsforschung? (Göttinger Gespräche zur Geschichtswissenschaft 3), Göttingen 1997, S. 35–66.
49. *Potestas* und *Utilitas*. Ein Versuch über Stand und Perspektiven der Forschung zur Grundherrschaft im 9.- 13. Jahrhundert, in: Historische Zeitschrift 265 (1997), S. 117–146.
*50. *Register* und *Rekenschap*. Schriftkulturelle Streiflichter zur Wirtschaftsführung in der Abtei Werden, 12. bis Anfang 16. Jahrhundert, in: Jan Gerchow (Hg.), Das Jahrtausend der Mönche. KlosterWelt Werden 799–1803, Köln 1999, S. 138–144.
51. Kerbhölzer in Alteuropa – Zwischen Dorfschmiede und Schatzamt, in: Balázs Nagy/Marcell Sebök (Hg.), ... The Man of Many Devices, Who Wandered Full Many Ways... Festschrift in Honor of János M. Bak, Budapest 1999, S. 303–325.
52. Marc Bloch und Karl Marx? Annäherungen an eine fragliche Beziehung, in: Peter Schöttler (Hg.), Marc Bloch: Historiker und Widerstandskämpfer, Frankfurt a. M. 1999, S. 145–170.
*53. Sind mediävistische Quellen mittelalterliche Texte? Zur Verzeitlichung fachlicher Selbstverständlichkeiten, in: Hans-Werner Goetz (Hg.), Die Aktualität des Mittelalters (Herausforderungen, Bd.10), Bochum 2000, S. 317–354.
*54. Zurück zu Kunst und Werk? Ein mediävistischer Essay zur mittelalterlichen Vorgeschichte der modernen Arbeitsgesellschaft in: Zeno. Zs. f. Literatur u. Sophistik 22, 2000, S. 4–17.
55. Ecriture et oralité. Quelques compléments et approfondissements, in: Jean-Claude Schmitt/Otto Gerhard Oexle (Hg.), Les tendances actuelles de l'histoire du Moyen Age en France et en Allemagne, Paris 2002, S. 143–165.
*56. Feudalismus. Versuch über die Gebrauchsstrategien eines wissenspolitischen Reizworts, in: Natalie Fryde/Pierre Monnet/Otto Gerhard Oexle (Hg.), Die Gegenwart des Feudalismus, Göttingen 2002, S. 293–323 (Veröffentlichungen des Max-Planck-Instituts f. Geschichte 173).

*57. Das Huhn und der Feudalismus, in: Geschichte in Geschichten. Ein historisches Lesebuch, hg. Barbara Duden/Karin Hagemann/Regina Schulte/Ulrike Weckel, Frankfurt a. M. -New York 2003, S. 355–359.
58. Porcus donativus. Language Use and gifting in Seigniorial Records between the Eighths and the Twelfth Centuries, in: Gadi Algazi/Valentin Groebner/Berhard Jussen (Hg.), Negotiating the Gift. Pre-Modern Figurations of Exchange, Göttingen 2003, S. 193–246 (Veröffentlichungen des Max-Planck-Instituts für Geschichte 188).
*59. Pragmatische Rechenhaftigkeit? Kerbhölzer in Bild, Gestalt und Schrift, in: Frühmittelalterliche Studien (FS f. Hagen Keller) 36, 2002, S. 469–490 (u. Tafeln XIII-XV).
60. Vom Dienst zum Zins? Bemerkungen über agrarische Transformationen in Europa vom späteren 11. zum beginnenden 14. Jahrhundert, in: Zeitschrift für Agrargeschichte und Agrarsoziologie 51/1, 2003, S. 11–29.
61. Herleiten und Rückerarbeiten. Geschichte und Form(bild)ung in *Ferne Zwecke*, in: Bernhard Jussen (Hg.), Ulrike Grossarth *Ferne Zwecke*, Köln 2003, S. 45–74 (Von der künstlerischen Produktion der Geschichte 4).
*62. Zwischen Lupe und Fernblick. Berichtspunkte und Anfragen zur Mediävistik als historischer Anthropologie, in: Mediävistik im 21. Jahrhundert. Stand und Perspektiven der internationalen und interdisziplinären Mittelalterforschung, hg. v. Hans-Werner Goetz/Jörg Jarnut, München 2003, S. 269–293.
*63. Mediävalismus und Okzidentalistik. Die erinnerungskulturellen Funktionen des Mittelalters und das Epochenprofil des christlich-feudalen Okzidents, in: Handbuch der Kulturwissenschaften, hg. v. Friedrich Jaeger/Jörn Rüsen, Bd. 1 (Grundlagen und Schlüsselbegriffe), Stuttgart 2004, S. 490–505 (Übersetzung ins Chinesische in Vorbereitung).
64. Sind Epochen notwendig(e) Mythen? In: Mythen in der Geschichte, hg. v. Helmut Altrichter/Klaus Herbers/H.Neuhaus, Freiburg i. B. 2004, S. 29–53.
65. Sources ou documents? Contribution à l'histoire d'une évidence méthodologique, in: Hypothèses 2003. Travaux de l'école doctorale d'Histoire de l'Université Paris-1 Panthéon-Sorbonne, Paris 2004, S. 287–315.
66. Abschied von der Grundherrschaft. Ein Prüfgang durch das ostfränkisch-deutsche Reich 950–1050, in: Zeitschrift der Savigny-Stiftung für Rechtsgeschichte. Germanistische Abteilung 121, 2004, S. 1–99.
67. Kontrastierter Okzident. Bemerkungen zu Michael Mitterauers Buch »Warum Europa? Mittelalterliche Grundlagen eines Sonderwegs«, in: Historische Anthropologie 14, 2006, S. 410–429 (Wiederabdruck in: Jürgen Osterhammel (Hg.), Weltgeschichte. Basistexte Geschichte 4, Stuttgart 2008, S. 121–140).
*68. *Censum dare*: exprimer l'appropriation seigneuriale dans les censiers du Saint Empire romain germanique (XIIe-XVe siècles), in: Monique Bourin/Pascual Martínez Sopena (Hg.), Pour une anthropologie du prélèvement seigneurial dans les campagnes médiévales (XIe-XIVe siècles). Les mots, les temps, les li-

eux. Colloque tenu à Jaca du 5 au 9 juin 2002, Paris 2007, S. 23–70 (Histoire ancienne et médiévale 91, Université Paris I Panthéon-Sorbonne).
69. Alteuropäische Domestizität, in: La Mirada invertida. Jean Robert 70, Ocotepec 2007, S. 103–120.
70. Die Feudalismusdiskussion in Europa in der zweiten Hälfte des 20. Jahrhunderts; in japanischer Übersetzung in: Dezentralisierung und Machtteilung – Japan und Westeuropa im Vergleich, hg. S. Kondo, Y. Kojita, D. Taranczewski, R. Horres, Tokio 2009, S. 384–439 (deutsche Fassung in Vorbereitung).
71. Am Nerv des Geldes: Die Verbankung der deutschen Verbraucher 1945–2005, in: Historische Anthropologie 17, 2009, S. 260–275.
72. ... *mit Weib und Kind und*...: die Familien der Mediävistik zwischen den Verheirateten und ihren Verwandten in Alteuropa, in: Karl Heinz Spieß (Hg.), Die Familie in der Gesellschaft des Mittelalters, Ostfildern 2009, S. 325–376 (Vorträge und Forschungen LXXI).
*73. Zwischen Improvisation und Text. Schriftanthropologische Erwägungen eines Jazzamateurs und Mediävisten zur Musikhistorie, in: Historische Anthropologie 18/1, 2010, S. 120–139.
74. La construction processionelle de l'espace communautaire (m. Joseph Morsel u. Dieter Scheler), in: Didier Boisseuil/Pierre Chastang/Laurent Feller/Joseph Morsel (Hg.), Écritures de l'espace social. Mélanges d'histoire médiévale offerts à Monique Bourin, Paris 2010, S. 139–182.
75. Die »heilige Familie« im christlichen Alteuropa. Ein Traktat über ihre Grundlagen und langfristigen Wandlungen, in: Charlotte Jurk/Reimer Gronemeyer (Hg.), Bodenlos. Vom Verschwinden des Verlässlichen. Marianne Gronemeyer zum 70. Geburtstag, Frankfurt a. M. 2011, S. 168–186.
76. Postskript: Karl Marx und die Feudalismusdiskurse, in: Marx und der Feudalismus 2 (Philosophische Gespräche 25), Berlin 2012, S. 37–64.
*77. *Numerus vel ratio*. Zahlendenken und Zahlengebrauch in Registern der seigneurialen Güter- und Einkünftekontrolle im 9. Jahrhundert, in: Moritz Wedell (Hg.), Was zählt. Ordnungsangebote, Gebrauchsformen und Erfahrungsmodalitäten des *numerus* im Mittelalter, Köln-Weimar-Wien 2012, S. 235–279 (Pictura et Poesis 31).

Als Manuskript vorliegend:

*78. Die dreidimensionale Werk-Sprache von Theophilus presbyter. ›Arbeits‹-semantische Untersuchungen am Traktat *De diversis artibus* (MS 37 S.).

Artikel

79. Sanktion I, in: Historisches Wörterbuch der Philosophie, Bd. 8 (R-Sc), Darmstadt 1992, Sp. 1167f.
80. Marc Bloch, La société féodale, in: Volker Reinhardt (Hg.), Hauptwerke der Geschichtsschreibung, Stuttgart 1997, S. 52–55.
81. Familie (Frühes Mittelalter), in: Der Neue Pauly, Bd.4, 1998, Sp. 420–422; Geld, Geldwirtschaft (Frühes Mittelalter), in: Ebd., Bd.4, 1998, Sp. 886–88; Grundherrschaft, in: Ebd., Bd. 5, 1998, Sp. 2–3; Handel (Frühes Mittelalter), in: Ebd., Bd. 5, 1998, Sp. 125–127; Handwerk (Frü-hes Mittelater), in: Ebd., Bd. 5, 1998, Sp. 148–150; Landwirtschaft (Frühes Mittelalter), in: Ebd., Bd. 6, 1999, Sp. 1122–1123; Lohn (Frühes Mittelalter), in: Ebd., Bd. 7, 1999, Sp. 411f.; Markt (Frühes Mittelalter), in: Ebd., Bd. 7, 1999, Sp. 925f.; Preis (Frühes Mittelalter), in: Ebd., Bd. 10, 2001, Sp. 295f.; Sklaverei (Frühes Mittelalter), in: Ebd., Bd. 11, 2001, Sp. 631f.; Sozialstruktur/Gesellschaft (Spätantike/Frühes Mittelalter), in: Ebd., Bd. 11, 2001, Sp. 771ff.
82. Aristokratie/Adel, in: Fischer Lexikon Geschichte, hg. v. Richard van Dülmen, 2.Aufl., Frankfurt 2003, S. 122–32, 521f.
83. Lebensräume und Bedingungen, Naturräume, Sozialräume, Ländliche Räume (zusammen m. Joseph Morsel), in: Enzyklopädie des Mittelalters, hg. Gerd Melville/Martial Staub, Darmstadt 2008, Bd. 2, S. 241–243, 246–256.
84. Bauern, in Enzyklopädie des Mittelalters, Darmstadt 2008, Bd. 1, S. 139–149.

Interviews

85. Vom Alltag der leidenden Mehrheit, in: GEO Epoche. Das Magazin für Geschichte. Das Mittelalter: Ein neuer Blick auf 1000 rätselhafte Jahre, Hamburg 1999, S. 108–115.
86. Von geküssten Madonnen und Papiergeruch, Schreibtischachsen und Karteileichen. Ein Gespräch über den »Eigensinn des Gewesenen« (zusammen mit Alf Lüdtke und Philipp Müller), in: Österreichische Zeitschrift f. Geschichtswissenschaft 18/2, 2007, S. 159–176.

Editionen

87. Wolfgang H. Fritze, Frühzeit zwischen Ostsee und Donau. Ausgewählte Beiträge zum geschichtlichen Werden im östlichen Mitteleuropa vom 6. bis zum 13.

Jahrhundert, hg. v. L. Kuchenbuch und Winfried Schich (Berliner Hist. Studien, 6/Germania Slavica III), Berlin 1983.
88. Ivan Illich, Schule ins Museum. Phaidros und die Folgen, m. einer Einleitung von Ruth Kriss-Rettenbeck und L. Kuchenbuch (Schriftenreihe z. Bayerischen Schulmuseum Ichenhausen, Bd. 3, 1), Bad Heilbrunn 1984.
89. Hans Moser, Volksbräuche im geschichtlichen Wandel. Ergebnisse aus fünfzig Jahren volkskundlicher Quellenforschung (Bayerisches Nationalmuseum. Forschungshefte, 11), München 1985.
90. Rainer Beck, Naturale Ökonomie, Unterfinnung: Bäuerliche Wirtschaft in einem oberbayerischen Dorf des frühen 18. Jahrhunderts, München/Berlin 1986.

Mitherausgeberschaft

91. Historische Studien bei Campus; 1990–2003.
92. Historische Anthropologie. Kultur- Gesellschaft – Alltag. Köln 1993ff.
93. Historische Semantik; 2003–2006.

Berichte

94. Volkskultur und Mentalitäten im Mittelalter – Bemerkungen zu zwei Publikationen, in: SOWI 2, 1989, S. 132–5.
95. Makro-Fraktales vom Menschen – oder: wie viel Geschichte braucht eine ›historisierende‹ Anthropologie? In: Historische Anthropologie 8, 2000, S. 150–156.

Rundfunkmanuskripte

96. Gnadenschatz und Rechtfertigung. Luthers Kritik der spätmittelalterlichen Heilsökonomie (m. Heinz-Dieter Kittsteiner), Juni 1983 (50 S.).
97. Plastikwörter – Über die neuerliche Enteignung unserer Umgangssprache, 12/1988 (12 S.).
98. Vom Schriftstück zum Computer. Die zu Ende gehende Ära der Buchorientierung in der Geschichte, Dez. 1991 (12 S.).

99. Als Deutschland noch nicht Deutschland war. Ethnogenese in Mitteleuropa bis nach der ersten Jahrtausendwende, Sept.1994 (12 S.).
*100. Vom Mönchslatein zum Schriftdeutsch. Über die Dynamik der Schriftkultur im Mittelalter, Juli 2001 (10 S.).

Museumsschrifttum – *Autorschaft/Redaktion*

101. Bayerisches Schulmuseum Ichenhausen – ein Zweigmuseum des Bayerischen Nationalmuseums München, Bildführer, München 1985.

Schulbuch

102. Wir machen Geschichte. Hg. E. Hinrichs, J. Stehling (Diesterweg), Bd. 2: Vom frühen Mittelalter bis zum Beginn der Neuzeit, Kap.2: Grundherrschaft im Mittelalter, Kap. 3: Adliges Leben und Lehnswesen (zusammen mit S. Teubner-Schoebel; M Kerber), Frankfurt 1997, S. 22–61; Lehrerband 2: Vom frühen Mittelalter bis zum Beginn der Neuzeit, hg. v. Gudrun Gleba, Ernst Hinrichs u. Jutta Stehling, Kap. 2: Grundherrschaft im Mittelalter, Kap.3 Adliges Leben und Lehnswesen: Ideal und Wirklichkeit; Frankfurt a. M.: Diesterweg 1999, S. 16–29.

Rezensionen (Auswahl)

(Insgesamt ca. 90 in ca. 20 verschiedenen Zeitschriften u. Zeitungen, darunter Journal f. Geschichte, lendemains, IWK, ZGO, ZVHG, RhVjbll, ZfG, VSWG, BlldtLg, Kurtrier.Jb, Francia, BayerJbVkde, SKS, ThRev, HZ; FAZ, NZZ, HSK, HA.)

103. Georges Duby, Krieger und Bauern. Die Entwicklung von Wirtschaft und Gesellschaft im frühen Mittelalter, Frankfurt a.M. 1977, in: lendemains 4, 1979, S. 149ff.
104. Jürgen Miethke/Klaus Schreiner (Hg.), Sozialer Wandel im Mittelalter. Wahrnehmungsformen, Erklärungsmuster, Regelungsmechanismen, Sigmaringen 1994, in: HZ 262 (1996), S. 851–854.

105. Patrick Geary, Phantoms of Remembrance. Memory and Oblivion at the End of the First Millenium, Princeton 1994, in: HZ 262 (1996), S. 866–868.
106. Johann Konrad Eberlein, Miniatur und Arbeit, Frankfurt a. M. 1995, in: ZfG 10 (1996), S. 930f.
107. Marion Janzin/Joachim Güntner, Das Buch vom Buch: 5000 Jahre Buchgeschichte, Hannover 1995, in: NZZ v. 4./5.1.1997.
108. Aaron Gurjewitsch, Himmlisches und irdisches Leben. Bildwelten des schriftlosen Menschen im 13. Jahrhundert. Die Exempel, Dresden 1997, in: NZZ v. 14.10.1997.
109. Michael Borgolte, Sozialgeschichte des Mittelalters. Eine Forschungsbilanz nach der deutschen Einheit (HZ Beih.22), München 1996, in: HZ 266, 1998, S. 172–174.
110. Jacques LeGoff, Ludwig der Heilige, Stuttgart 2000, in: NZZ v. 8.11.2000.
111. Johannes Fried, Der Schleier der Erinnerung, München 2004, in: NZZ v. 10.11.2004.
112. Hubertus Lutterbach, Sexualität im Mittelalter, Köln 1999, in: Theologische Revue 101/6, 2005.
113. Joseph Morsel, L'aristocratie médiévale, Paris 2004, in: HSK Juni 2006.
114. Jean-Pierre Devroey, Economie rurale et société dans l'Europe franque (VIe-IXe siècles), Paris 2003; ders., Puissants et misérables. Système social et monde paysan dans l'Europe des Francs (VIe-IXe siècles), Bruxelles 2006, in: HZ 288, 2009, S. 193–196.
115. Wolfgang Reinhard/Justin Stagl, Menschen und Märkte, Wien/Köln 2007, in: HA 17/2, 2009, S. 147–152.
116. Ernst Schubert, Essen und Trinken im Mittelalter, Darmstadt 2006, in: HZ 290, 2010, S. 179–180.
117. Valentin Groebner, Das Mittelalter hört nicht auf, München 2008, in: RG 2012 (i.Dr.).
118. Karl Ubl, Inzestverbot und Gesetzgebung. Die Konstruktion eines Verbrechens (300–1100), Berlin/New York 2008, in: HA (i. Dr.).

Campus Historische Studien

Simon Teuscher
Erzähltes Recht
Lokale Herrschaft, Verschriftlichung und Traditionsbildung im Spätmittelalter
2007. 359 S., Band 44, ISBN 978-3-593-38494-8

Richard Hölzl
Umkämpfte Wälder
Die Geschichte einer ökologischen Reform in Deutschland 1760–1860
2010. 551 S., Band 51, ISBN 978-3-593-39171-7

Anne-Katrin Ebert
Radelnde Nationen
Die Geschichte des Fahrrads in Deutschland und den Niederlanden bis 1940
2010. 495 S., Band 52, ISBN 978-3-593-39158-8

Vera Caroline Simon
Gefeierte Nation
Erinnerungskultur und Nationalfeiertag in Deutschland und Frankreich seit 1990
2010. 415 S., Band 53, ISBN 978-3-593-39192-2

Stefan Mörchen
Schwarzer Markt
Kriminalität, Ordnung und Moral in Bremen 1939–1949
2011. 515 Seiten, Band 54, ISBN 978-3-593-39298-1

Norman Domeier
Der Eulenburg-Skandal
Eine politische Kulturgeschichte des Kaiserreichs
2010. 433 S., Band 55, ISBN 978-3-593-39275-2

Alexandra Kaiser
Von Helden und Opfern
Eine Geschichte des Volkstrauertags
2010. 462 S., Band 56, ISBN 978-3-593-39288-2

Dorothea Weltecke
»Der Narr spricht: Es ist kein Gott«
Atheismus, Unglauben und Glaubenszweifel vom 12. Jahrhundert bis zur Neuzeit
2010. 578 S., Band 57, ISBN 978-3-593-39194-6

Isabel Richter
Der phantasierte Tod
Bilder und Vorstellungen vom Lebensende im 19. Jahrhundert
2011. 380 S., Band 58, ISBN 978-3-593-39424-4

Walter Sperling
Der Aufbruch der Provinz
Die Eisenbahn und die Neuordnung der Räume im Zarenreich
2011. 481 S., Band 59, ISBN 978-3-593-39431-2

Benjamin Städter
Verwandelte Blicke
Eine Visual History von Kirche und Religion in der Bundesrepublik 1945–1980
2011. 432 Seiten, Band 60, ISBN 978-3-593-39487-9

campus
Frankfurt. New York

www.campus.de/wissenschaft

Geschichte

Ute Frevert, Monique Scheer,
Anne Schmidt, Pascal Eitler,
Bettina Hitzer, Nina Verheyen, Benno
Gammerl, Christian
Bailey, Margrit Pernau
Gefühlswissen
Eine lexikalische Spurensuche
in der Moderne
2011. 364 Seiten
ISBN 978-3-593-39389-6

Alexander Kraus, Birte Kohtz (Hg.)
Geschichte als Passion
Über das Entdecken und Erzählen der Vergangenheit
Zehn Gespräche
2011. 348 Seiten, ISBN 978-3-593-39409-1

Sven Reichardt, Wolfgang Seibel (Hg.)
Der prekäre Staat
Herrschen und Verwalten im Nationalsozialismus
2011. 300 Seiten, ISBN 978-3-593-39422-0

Oliver Janz, Roberto Sala (Hg.)
Dolce Vita?
Das Bild der italienischen Migranten in Deutschland
2011. 299 Seiten, ISBN 978-3-593-39482-4

campus

www.campus.de/wissenschaft   Frankfurt. New York